Preiswert durch Südafrika

Mit Lesotho, Swasiland & Mosambik

Wolfgang T. Klein

interconnections

I believe that South Africa is the most beautiful place on earth.
(Nelson Mandela, 1994)

PS. Falls einer unserer Leser schon mal überland durch Ostsibirien gereist ist, vom Baikalsee zur Tschuktschen-Halbinsel und weiter nach Alaska - bitte Erfahrungen & Tips an toni7tiger@gmx.net

chlorfrei Gedruckt auf chlorfreiem Papier

Impressum
Reihe Preiswert, Band 16
Wolfgang T. Klein
Preiswert durch Südafrika
3. Auflage

2001, 2000
es gilt letztgenannte Jahreszahl
Umschlag & Layoutsatz (DTP): Grafik-Design – Anja Semling

Schillerstraße 44, T. 0761-700 650, Fax 700 688
internet: http://www.interconnections.de
E-Mail-Adresse: interconnections@t-online.de

ISBN 3-86040-065-7

Preiswert durch Südafrika

Mit Lesotho, Swasiland & Mosambik

Wolfgang T. Klein

interconnections

Vielen herzlichen Dank...

allen, die mit Tips, Anregungen und Berichten dazu beigetragen haben, daß auch die dritte Auflage von „Preiswert durch Südafrika" (hoffentlich) aktuell & lesenswert geworden ist und allen Benutzern (wiederum hoffentlich) viel Freude bereitet!

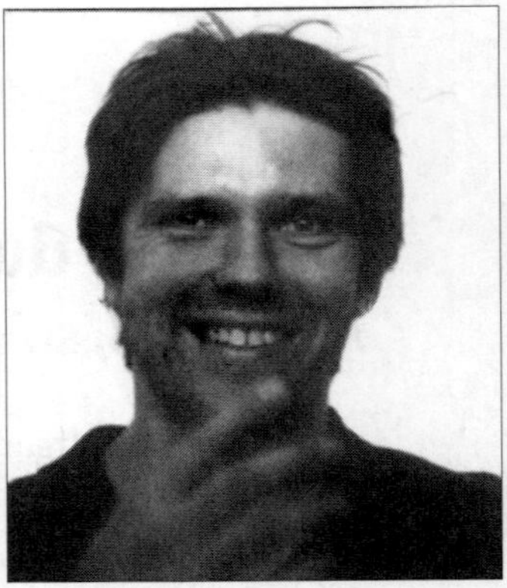

Wolfgang T. Klein

Birgit & Peter Althoff (Köln), Thomas Anschütz (Königsee), Birgit Arndt (Frankfurt), Bernd Barnekow (Brandenburg), Frauke Behrend, Erhard Heinrich & Boris Töppler (Frankfurt), Klaus Benselmann (Hamburg), Sabine Berger (Birsfelden/CH), Antje Bernhardt & Dr. Steffen Heublein (Bröthen-Michalken), Gabriele Berthold (Hockenheim), Dr. Axel Berthold & Gabriele Berthold-Schellwald (Lüneburg), Markus Beuschlein (Rodgau), Michael Beyer (Paderborn), Heiko Binder & Nadja Mahmoud (Stuttgart), Ursula Bisa (Langenfeld), Michael Blank (Salzgitter), Birgit Blum-Reinbold (Meckenheim), Katharina Bohnekamp (Berlin), Laurence Bohren (Bern/CH), Claudia Brandau & Manfred Hess (Homberg), Johanna Braun (Berlin), Eva Bublies (Bingen), Antje Buch & Jochen Beckert (Kapstadt), Martin Buchholz (Diekholzen), Shauna Burford (Adelaide), Dr. Otto Doermer (Frankfurt), Christa Dörr (Burgwedel), Gisela Dossmann (Hemen), Anne Dumkow (Freiburg), Heinrich Eberhardt (Heidelberg), Nine Ehlers (Osnabrück), Ramona Elwes (Hamburg), Thomas & Petra Engelhardt (Wiesbaden), Stefanie Escher (Boppard), Wolfgang & Anke Fiege (Bochum), Edgar Flory (Frankfurt), Sebastian Frick (Göttingen), Bettina Fromm (Köln), Jana Funke & Steffen Donner (Bühl), Dagmar Furtmeier (Genderkingen), Markus Georg (Heiligenborn), Jürgen Gerhardt (Halver), Sonja Gessler & Gerhard Uhlig (Obersulm), Martina Gockel & Helmut Frank (Köln), Mechthild & Manfred Görlach (Erftstadt-Liblar), Walter Götte (Mainz), Imke Groß (Münster), Hannelore Gruber (Riedering), Manfred Hähnert (Ettlingen), Albrecht Haffner (Köln), Sven Hartmann (Erfurt), Sven Heber (Dresden), Anne-Rose Heck (Brühl), Volker Heidkamp (Köln), Christiane & Frank Heiermann (Tostedt), Karin Hein (Putzbrunn), Matthias Heller (Rüdenau), Andreas Hempel (Rudolstadt), Judith Henke (Berlin), Uwe Hering (Butzbach), Marco Herrmann (Alfter), Silvia Hipp (Herrsching), Ralf Hochwald (Wuppertal), Heike Hoffmann (Leipzig), Ute Hofstetter (Wien/Ö), Hannelore Holzer (St. Pölten/Ö), Alexandra Hüller (München), Franziska von Hünerbein & Jens Stein (Karlsruhe), Martina Hürter (Ingolstadt), Barbara Huhnke (München), Anette Husmann (Berlin), Bernadette Jacobi (Rhumspringe), Doris Jährling (Darmstadt), Barbara Janßen (Hamburg), Petra & Frank Jenssen (Friedland), Gisela Johannßen (Hamburg), Eva Jung (Hamburg), Volkmar Kästner (Erfurt), Georg Kallmeier (Ingolstadt), Christiane Kaske (Lübeck), Matthias Kassner (Meiningen), Thomas Keidel (Naunhof), Christine Kellmann (Bonn), Eva-Maria Kläy (Brig/CH), Elfi Klapproth (Nürtingen), Jens Kleinert (Hannover), Ingo Klenner (Ingolstadt), Abhilosha Kley (Kreiensen), Christina Krause (Wiesbaden), Torsten Krekeler (Bremen), Claudia Kremer (Aachen), Elke Kretzschmann (Gärtringen), Dirk Krosdorf (München), Susanne Kubesch (Adligenswil/CH), Beate Kursitza (Dresden), Sandra Lichtensperger (Markt Indersdorf), Dr. Edeltraud Loos (Erlangen), Susanne Ludwig (Berlin), Susanne Lüder (Düsseldorf), Katrin Luppold (Karlsruhe), Peter Lutz & Bärbel Jahn (München), Rosmarie & Günter Mair (Obergünzburg), Ursula Martin (Lübeck), Matthias Maurer (Peine), Dan Matzke (Berlin), Ulrike Mayr & Klaus Patzelt (München), Ada & Kay Meister (Burgtonna), Caroline Michal (München), Wolfgang Michel-Gstettenbauer (Berlin), Barbara Millies (Bremen), Alexandra & Carsten Milzarek (Eschborn), Robert Möcke (Neubiberg), Frank Möser (Berlin), Ferdl Mosbacher (Steiermark), Irmgard Moser (Graz), Dorothee Mühlhäuser (Schlat), Jörg Müller (München), Mathias Müller & Anuschka Gerlach (Wettenberg), Ulf Müller (Berlin), Ulla Musshoff (Waltrop), Gabriele Noßmann (Erfurt), Dagmar Offizier (Köln), Sebastian Orthmann (Wachenheim), Manuela Osswald (Ostfildern), Tanja & Michael Paterka (Groß-Gerau), Mario Peters (Langerwehe), Agnes Pinnel (Frankfurt), Familie Pfahl (Berlin), Silke Pfitzer (Kirchheim-Teck), Silvia & Uwe Pöppinghaus (Oberhausen), Clara & Almud Pollmeier (Ratingen), Sabine Protze (Dresden), Martina Prudlik (München), Ulrike Raupach (Odenthal), Karin Regnet (Köln), Dr. Gabriele Reich (Bonn), Gabriele Reichenberger (Warmensteinach), Angelika Reinecke (Karlsruhe), Elke Reinhardt (München), Karin Reißner & Bernd Renz (Isny), Andrea Rendler (Ludwigsburg), Bryan Mark Rigg (Hartford CT), Katrin Rüppel (Frankenthal), Frank Russow (Darmstadt), Sabine (München), Priess dos Santos (Gauting), Michael Schaberl (Feldkirchen), Gudrun Schacht (Remagen), Karl-Heinz Schäfers (Porta Westfalica), Andrea Schaller (Nürnberg), Torsten Schelhase (Frankfurt/Oder), Silvia Scheuer (Radolfzell), Elisabeth Schibisch (Hückeswagen), Beate Schierle (Esslingen), Kai Schlesinger (Gründau), Ingke & Manfred Schocker (Badendorf), Till Schoneberg (Münster), Sieglinde Schopf (Höxter), Markus Schröder (Sachsenheim), Tilman Schulze (Freiburg), Astrid Schweitzer (Neustadt/Orla), Mirella Schwinge (Berlin), Angela Sellhorst (Mannheim), Simone & Judith (Saarbrücken), Dimitri Speck & Kordula Rausch (München), Sabine Stankmann (Kaufbeuren), Marion Stegmüller (Wernau), Klaus Steiner (Schwarzenbruck), Jochen Stender (Bielefeld), Steffi Steppich (München), Manfred Tenzer (Ronnenberg), Britta Thiel (Hemmingen), Andreas Thierer (Bayreuth), Katja Tietjen (Bremen), Stefan Ulbrich (Aschaffenburg), Sabine Vetter (Kraichtal), Gerhard Walker (Gießen), Matthias Walz (Kiel), Rolf & Birte Wandhoff (Detmold), Claudia Weiher & Lars Oberbeck (Augsburg), Tanja & Frank Weinsberg (Düsseldorf), Knut Werblow (Dresden), Christine Wilde (Rheine), Michel Wolf (Nürnberg), David Wurz (Iffezheim), Colette Zeysig (Hochheim), Kathrin Ziegler (Berlin), Doris Zürl & Sven Gruschkus (Bad Windsheim), Elke Zuern (New York), Olaf Zymelka (Bruchköbel).

...und eine herzliche Bitte

Eine Reiseführer wie "Preiswert durch Südafrika", der über 50.000 Einzelinformationen enthält, lebt von seinem Gebrauchswert. Dieser Wert wird von seiner Aktualität bestimmt. Nun schließt aber heute dieses Bed & Breakfast, wechselt morgen jenes Steakhaus Besitzer, Namen und Preisvorstellungen.
Und schon gestern wurde dort hinten, zweites Tal links, die niedliche Schmalspurbahn stillgelegt – ohne uns, die wir sie noch in höchsten Tönen preisen, vorher Bescheid zu sagen.
Falls also ein Preis, eine Telefonnummer, eine Beschreibung nicht stimmt: bitte uns die kostbaren Entdeckungen zukommen lassen. Monatlich erhalten die fünf besten Zuschriften als Geschenk ein Buch aus dem Verlagsprogramm. Versprochen ist versprochen.

Inhalt:

◆◆◆

Kastengeschichten:

Südafrika gehörte immer schon zu den schönsten, vielseitigsten Reisezielen der Welt – seit den freien Wahlen 1994 ist es endlich ohne Gewissensbisse zu besuchen.

Einleitung

Im Zeichen des Regenbogens leben ungemein gastfreundliche Menschen unterschiedlicher Hautfarben. Ihre Heimat bietet einzigartige Landschaften und Naturwunder, dazu die bestorganisierten Tierparks der Welt. Südafrikas Weine und Speisekarten versprechen außergewöhnliche Genüsse. Und das alles in Preisdimensionen, die zwar über dem Niveau seiner Nachbarn liegen, aber noch locker unter dem Mitteleuropas oder Nordamerikas. Wer für eine Weile umfassendem Komfort und hervorragender Infrastruktur (in den „weißen" Gebieten) entfliehen will, wird sich anstrengen müssen.

Nach dem Ende der Apartheid wurde Südafrika mit offenen Armen wieder im Kreis der Staatengemeinschaft aufgenommen. Eine Reise in dieses Land ist immer noch etwas Besonderes, der Besucher spürt beides hautnah: den Aufbruch in eine hoffnungsvolle Zukunft, und die tiefen Wunden, welche die lange Zeit des staatlich gepredigten Rassismus' den Menschen und der Gesellschaft zugefügt haben.

Zur Verwendung der Begriffe

Natürlich muß man in solch einem Land besondere Vorsicht walten lassen. Wir haben darüber ungezählte Gespräche geführt und versuchen den Stand der Diskussion zu berücksichtigen. „Schwarz" ist nicht rassistisch gemeint; im Gegensatz zu Nordamerika wird dieser Begriff nicht problematisiert und könnte auch gar nicht durch „Farbige" ersetzt werden, ohne Mißverständnisse hervorzurufen. In Südafrika trennte der Staat selbst zwischen *black* und *coloured people.* Auch nach Wegfall der Rassendoktrin herrscht noch ein feines Gespür für ethnische Unterschiede. Begriffe wie „Bantu", „Eingeborene" oder „Mischlinge" sind aber verpönt, ihre Verwendung zeugt von Ahnungslosigkeit.

Es fällt schwer, bei Südafrika nicht mit schwarz-weißer Begrifflichkeit, mit Verantwortung & Opferrolle zu operieren. Wir wollen es versuchen.

Gebrauchsanweisung

Konsequent legt „Preiswert durch Südafrika" auf Angaben Wert, die vor Ort von Nutzen sind. Es will Hilfestellungen für Entdeckungen abseits festgefahrener Routen bieten. Eben dort, wo Bahn- oder Busfahrt, Wanderung oder Kanutour selbst schon zum Erlebnis werden. Schließlich bleibt (auch) der Weg das Ziel.

Kurz & knackig: als erste Anlaufstellen werden örtliche Verkehrsämter aufgeführt, die Auskünfte jeder Art und aktuelle Stadtpläne verteilen (inzwischen wurden viele Straßen und Plätze umbenannt). Deshalb druckt dieser Führer nur Pläne der Metropolen ab.

Übernachten: jede Preisklasse ist vertreten, das Hauptaugenmerk liegt aber auf 10-50 DM/Nacht. An erster Stelle stehen Zeltplätze und Backpackers, deren Netz kaum einen Wunsch offenläßt. Dann folgen charmante B&Bs in Hülle &Fülle, Pensionen, Feriensiedlungen, schließlich Hotels und Luxus-Lodges – man gönnt sich ja so selten was.

Essen und **Trinken:** neben kulinarischen Durchgangsstationen, Steakhäusern und Cafés wird auf (bezahlbare) Restaurants für Genießer hingewiesen.

Tanzen & Feiern: zwar bleibt das Nachtleben vielerorts protestantisch-bescheiden. Schluckspechten und Nachteulen wollen wir aber unsere heimlichen Adressen offenbaren.

Festivals: wenn man zur richtigen Zeit am richtigen Ort wäre ...

Anschauen: was einen Umweg rechtfertigt, wird als sehenswert hervorgehoben. Diese Hervorhebungen sollen die Planung erleichtern, entsprechen allerdings nur *unserem* Geschmack! Umso besser, wenn jeder Besucher eigene Schmankerl entdeckt.

Unternehmen: wo man dem Bewegungsdrang eine Freude bereiten kann, wird drauf hingewiesen: ob mit Mountainbike oder Bergpony, in Wanderstiefel oder Kanu, am Kletter- oder Bungiseil. Ehrensache, daß auch Surfer & Sandboarder zu ihrem Recht kommen.

Hin & weg: Häufigkeiten und Zeitangaben für Verbindungen gelten werktags. Am Wochenende herrscht eingeschränkter Betrieb, v.a. bei Stadtbussen und Minibustaxis. Die Fahrtdauer wird nach dem schnellsten Zug/Bus angegeben, der Bahnpreis in der ersten Klasse (zweite minus 30%, dritte nicht zu empfehlen).

☞ **Abkürzungen:** Wochentage: Mo, Di usw. Monate: Jan, Feb usw. Std – Stunden, min – Minuten, AA – Automobile Association, B&B – Bed and Breakfast, BP – Backpackers, F – Frühstück, HP/VP – Halb/Vollpension, NP – Nationalpark, NR – Naturreservat, P – Person, WR – Wildreservat.

So bezeichnen Südafrikaner ihre „langen" Städte: *Bloem* (fontein), *Jay Bay* (Jeffreys Bay), *Joburg, KWT* (King-Williamstown), *Maritzburg, PE* (Port Elizabeth), *Plett* (enberg Bay).

Die heikle Preisfrage

Der Tourismus in Südafrika erlebt seit den Wahlen 1994 Goldgräberzeiten, die die Hoffnungen kühnster Optimisten übertreffen. Zugleich macht der Rand Turbulenzen durch, die die Angabe aller **Preise in DM** ratsam erscheinen ließen.

Drittes Sorgenkind für Reisebuchautoren ist das ausgeklügelte Preissystem bei Unterkünften. Andere behelfen sich mit nebulösen Kategorien, wir haben uns fast um den Verstand recherchiert. Aber: zur Hauptsaison (Dez/Jan und Ostern) wird v.a. in den Ferienzentren entlang der Küste bis zum Doppelten des Normalpreises kassiert, teilweise an Wochenenden ebenso. Dafür wird's billiger mit *Midweek Specials* (min. zwei Nächte), ganz billig wenn man auf F oder gar VP verzichtet. Entsprechend sind alle Preise als Richtwerte anzusehen.

Das Kleingedruckte: Jede Zahl, jede Uhrzeit, jeder Preis wird ohne Gewähr mitgeteilt. Das Leben ist eben nicht immer und überall ein langer, ruhiger Fluß ...

Langer Rede kurzer Sinn: wir wünschen eine dicke Portion Spaß beim Entdecken Südafrikas. Auf Kritik, neue Tips und olle Kamellen freuen wir uns wieder.

Wolfgang Klein & das Verlagsteam

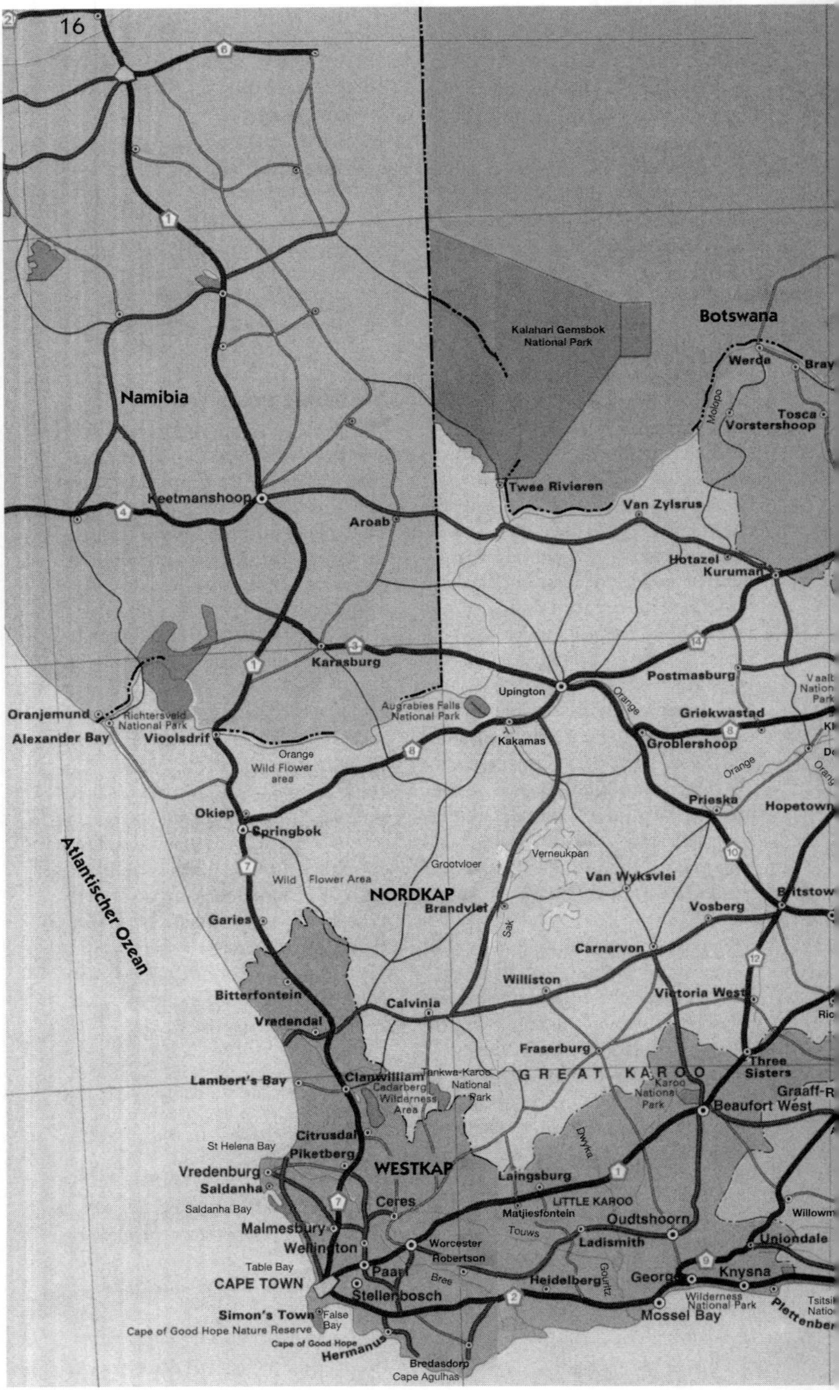
Namibia
Botswana
Kalahari Gemsbok National Park
Werda
Bray
Mokopo
Tosca
Vorstershoop
Twee Rivieren
Keetmanshoop
Van Zylsrus
Aroab
Hotazel
Kuruman
Karasburg
Postmasburg
Vaalbos National Park
Upington
Orange
Griekwastad
Oranjemund
Richtersveld National Park
Augrabies Falls National Park
Alexander Bay
Vioolsdrif
Kakamas
Groblershoop
Orange Wild Flower area
Prieska
Hopetown
Okiep
Springbok
Atlantischer Ozean
Verneukpan
Grootvloer
Van Wyksvlei
Wild Flower Area
NORDKAP
Brandvlei
Britstown
Vosberg
Garies
Sak
Carnarvon
Williston
Victoria West
Bitterfontein
Calvinia
Vredendal
Fraserburg
Three Sisters
Lambert's Bay
Clanwilliam
Tankwa-Karoo National Park
GREAT KAROO
Karoo National Park
Graaff-R
Cedarberg Wilderness Area
Beaufort West
Citrusdal
Dwyka
St Helena Bay
Piketberg
Vredenburg
WESTKAP
Laingsburg
Saldanha
LITTLE KAROO
Saldanha Bay
Ceres
Matjiesfontein
Willowm
Oudtshoorn
Malmesbury
Touws
Ladismith
Wellington
Worcester
Uniondale
Robertson
Table Bay
Paarl
Bree
Gouritz
CAPE TOWN
Heidelberg
George
Knysna
Stellenbosch
Simon's Town
False Bay
Wilderness National Park
Mossel Bay
Cape of Good Hope Nature Reserve
Plettenber
Tsitsi Natio
Cape of Good Hope
Hermanus
Bredasdorp
Cape Agulhas

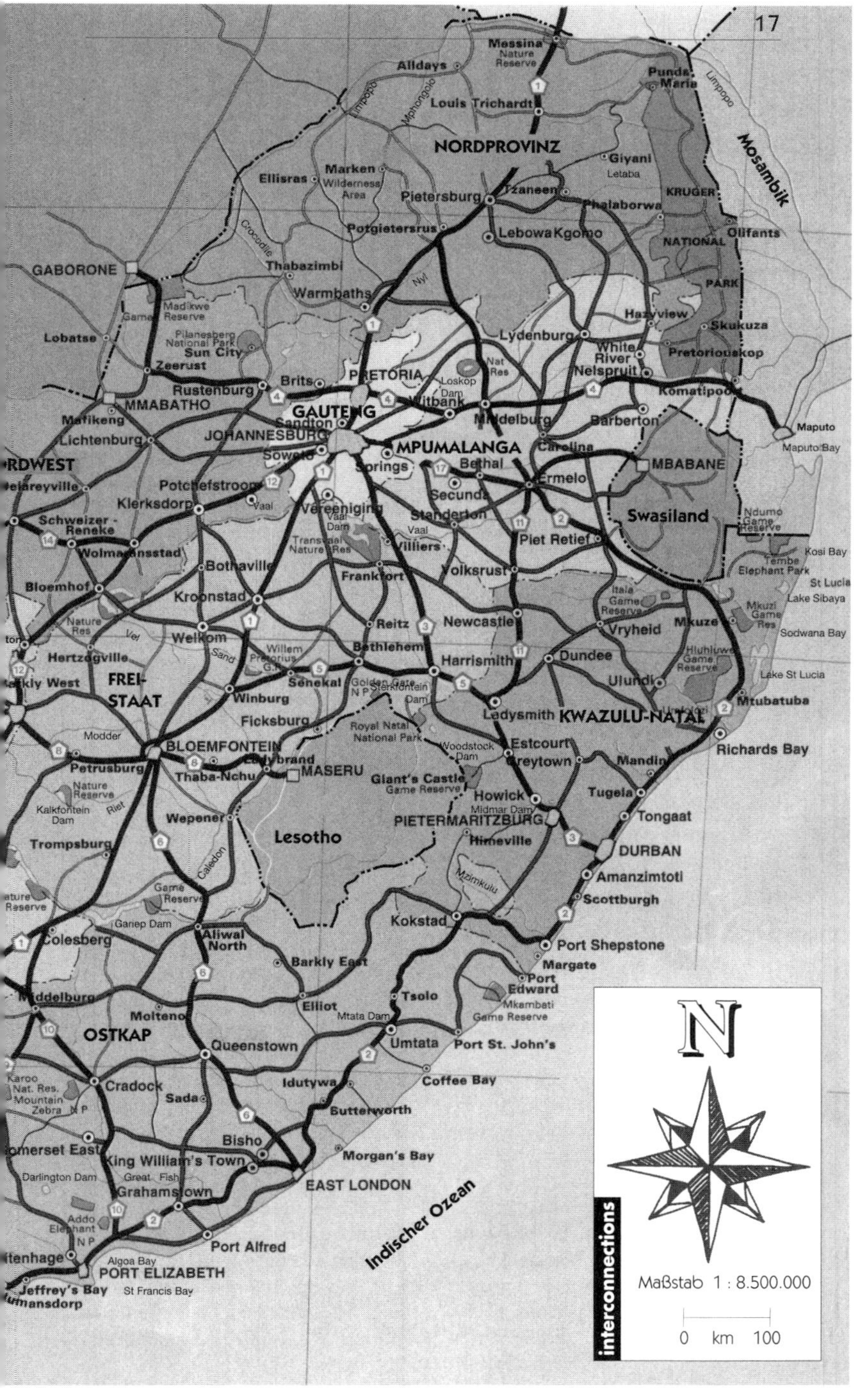
Messina Nature Reserve
Alldays
Punda Maria
Limpopo
Louis Trichardt
Mphongolo
NORDPROVINZ
Giyani
Letaba
Mosambik
Marken
Ellisras
Wilderness Area
Pietersburg
Tzaneen
Phalaborwa
KRUGER
Potgietersrus
Lebowa Kgomo
Olifants
NATIONAL
PARK
Crocodile
GABORONE
Thabazimbi
Nyl
Warmbaths
Madikwe Game Reserve
Hazyview
Skukuza
Lobatse
Pilanesberg National Park
Sun City
Lydenburg
White River
Pretoriouskop
Zeerust
Nat. Res
Nelspruit
Rustenburg
Brits
PRETORIA
Loskop Dam
Komatipoort
MMABATHO
Witbank
Maputo
Mafikeng
GAUTENG
Sandton
Middelburg
Barberton
Maputo Bay
Lichtenburg
JOHANNESBURG
MPUMALANGA
Carolina
RDWEST
Soweto
Springs
Bethal
MBABANE
Delareyville
Potchefstroom
Secunda
Ermelo
Klerksdorp
Vaal
Vereeniging
Vaal Dam
Standerton
Swasiland
Ndumo Game Reserve
Schweizer-Reneke
Transvaal Nature Res
Villiers
Piet Retief
Kosi Bay
Wolmaransstad
Tembe Elephant Park
Bothaville
Frankfort
Volksrust
Bloemhof
St Lucia
Kroonstad
Itala Game Reserve
Lake Sibaya
Mkuzi Game Res
Nature Res
Reitz
Newcastle
Vryheid
Mkuze
Vet
Welkom
Sodwana Bay
Hertzogville
Willem Pretorius G.R.
Sand
Bethlehem
Harrismith
Dundee
Hluhluwe Game Reserve
Barkly West
FREI-STAAT
Senekal
Golden Gate N P
Sterkfontein Dam
Ulundi
Lake St Lucia
Winburg
Ladysmith
KWAZULU-NATAL
Mtubatuba
Ficksburg
Royal Natal National Park
Modder
BLOEMFONTEIN
Woodstock Dam
Estcourt
Richards Bay
Petrusburg
Thaba-Nchu
Ladybrand
MASERU
Greytown
Mandini
Giant's Castle Game Reserve
Nature Reserve
Riet
Howick
Tugela
Kalkfontein Dam
Midmar Dam
Tongaat
Wepener
PIETERMARITZBURG
Lesotho
Trompsburg
Himeville
DURBAN
Caledon
Amanzimtoti
Mzimkulu
Game Reserve
Scottburgh
Nature Reserve
Ganep Dam
Kokstad
Aliwal North
Colesberg
Port Shepstone
Barkly East
Margate
Port Edward
Middelburg
Tsolo
Elliot
Mkambati Game Reserve
Mtata Dam
Molteno
OSTKAP
Queenstown
Umtata
Port St. John's
Karoo Nat. Res.
Cradock
Idutywa
Coffee Bay
Mountain Zebra N P
Sada
Butterworth
Bisho
Somerset East
Morgan's Bay
King William's Town
Darlington Dam
Great Fish
EAST LONDON
Grahamstown
Indischer Ozean
Addo Elephant N P
Port Alfred
Uitenhage
Algoa Bay
PORT ELIZABETH
Jeffrey's Bay
St Francis Bay
Humansdorp
N
interconnections
Maßstab 1 : 8.500.000
0 km 100

Die ganze Welt in einem Land - wer von Südafrika spricht, schwelgt zwangsläufig bald in Superlativen. Diese Begeisterung darf allerdings nicht den Blick auf eine unselige Vergangenheit und eine Zukunft voller Probleme verstellen.

Südafrika

Die ganze Welt spricht vom „Neuen Südafrika". Jeder weiß: in diesem Land hat sich unvorstellbar viel geändert innerhalb der letzten Jahre. Mehr als noch 1989, zu Zeiten eines Staatspräsidenten Pieter Willem Botha, gehofft werden durfte. Doch wenn das Staunen sich gelegt hat, beginnen die Fragen nach den Ursachen. Journalisten & Politologen haben eine Vielzahl von Erklärungen für die aktuelle Entwicklung veröffentlicht. Natürlich fanden seit 1990 beträchtliche Umwälzungen statt - wir möchten aber wissen: wieviel hat sich geändert? Was genau? Und warum?

Das Neue Südafrika

Editorial von Elke Zuern und Wolfgang Klein. Elke Zuern war im April 1994 als Wahlbeobachterin in Südafrika.

De Klerks Eröffnungsrede vor dem Parlament am 2. Februar 1990 wird als Initialzündung für den Transformationsprozeß angesehen. An diesem Tag hob der Ministerpräsident und Vorsitzende der staatstragenden Nationalen Partei (NP) die Verbote von African National Congress (ANC) und anderen Parteien auf. Zudem versprach de Klerk, Nelson Mandela, den seit 27 Jahren inhaftierten Vorsitzenden des ANC, ohne Vorbedingungen freizulassen, womit er die Tür für Verhandlungen öffnete. Dies ist sicherlich ein wichtiges Datum - die Apartheid wurde aber nicht an *einem* Tag erschaffen und auch nicht an *einem* Tag zerstört. Das System wies bereits Jahre zuvor empfindliche Risse auf.

Massenproteste

Die Paßgesetze der Apartheid sahen für Schwarze bei Nichtbefolgung harte Gefängnisstrafen vor, doch sie wurden seit Jahrzehnten von Tausenden mißachtet. Die *Defiance Campaign* zeigte mehr Wirkung, als das Regime je zugab. Die politische Maßgabe, Schwarze in eigene „Homelands" zusammenzupferchen, weit weg vom weißen Wohlstand, hatte sich als undurchsetzbar erwiesen. In den 80er Jahren wucherten im Gegenteil immer größere *Squattercamps* (Wellblechsiedlungen) im Dunstkreis der Städte.

Aufstände in den Townships, etwa in Soweto 1976 oder die weniger schlagzeilenträchtigen nach 1985, ließen auch innerhalb der Staatsmacht die Erkenntnis reifen, daß die Mehrheit nicht mehr auf Dauer unterdrückt werden konnte. Der ANC half zwar beim Kanalisieren dieser Proteste, führte die Bewegung aber keinesfalls ständig an. Demonstrationen entzündeten sich immer häufiger spontan - dank des überwältigenden Hasses auf das System. Oft fand sich der ANC selbst von der Entwicklung überrollt und mußte eifrig arbeiten, um die Unzufriedenheit für seine Zwecke zu nutzen. Der Wandel ging von unten aus, von den einfachen Menschen, nicht von einigen Führern. Diese Tatsache beflügelte

Kommentatoren zu Lobgesängen auf die Zukunft der Demokratie in diesem Land.

Dabei wurde allerdings die Kehrseite der Medaille übersehen. Viele Schwarze legten ihre Ablehnung mit außergesetzlichen Mitteln dar, weil ihnen andere nicht zur Verfügung standen. Anti-Apartheids-Verbände waren verboten. Schwarze durften nicht, Inder und Farbige nur Abgeordnete ohne nennenswerte Befugnisse wählen. Die Presse war nicht wirklich frei.

So entstanden neue Formen des Protests. Mietboykotts griffen um sich. Schwarze mißachteten Gesetze, die ihnen vorschrieben, wo sie leben oder wann sie reisen durften. Streiks wurden organisiert, weiße Geschäftsleute boykottiert. Weiße Polizeibeamte & Folterknechte wurden bedroht, manchmal getötet. Sabotageakte standen auf der Tagesordnung.

Eine Kultur der Mißachtung und Verweigerung machte sich breit. Hinzu kamen die ausufernden Kosten der Apartheidsmaschinerie, diplomatischer Druck von außen und internationale Wirtschaftssanktionen. Natürlich stieg die Unzufriedenheit der (zunehmend liberalen) weißen Elite und jener Industrieunternehmen, die vom Export abhingen. All diese Faktoren zwangen schließlich die weiße Regierung an den Verhandlungstisch.

Wahlen

Nach Mandelas Freilassung gingen NP und ANC schrittweise aufeinander zu. Erste Geheimkontakte hatten ihre Spitzenvertreter noch während seiner Haftzeit geknüpft. Die Gespräche zur Vorbereitung freier, allgemeiner Wahlen erwiesen sich aber als äußerst schwierig. Wegen Störmanövern von rechts und links, schwarz und weiß, Militär und unzufriedenen Guerillas, mußten sie mehrfach abge- und unterbrochen werden. Die brutalste Rolle spielten dabei die Inkatha-Bewegung unter Mangosuthu Buthelezi und die sogenannte „Dritte Kraft", eine Verschwörung aus Teilen von Armee, Sicherheitsdienst und Polizei.

Dennoch konnten die Wahlen 1994 wie vorgesehen stattfinden. Vor allem in Buthelezis „Homeland" KwaZulu wurden Fälle von Wahlbetrug bekannt. Abschließend sprachen die internationalen Beobachter dennoch von einem fairen Wahlverlauf. *Was durfte man auch anderes erwarten von der Premiere eines Dramas mit 40 Millionen Hauptdarstellern auf 15.000 Bühnen, die nie eine Generalprobe erlebt hatten?*

Vom 26.-29. April 1994 hielt die Welt den Atem an. Südafrikaner aller Rassen reihten sich geduldig, teils tagelang in die Warteschlangen vor den Wahllokalen ein. Die Monate davor waren blutig gewesen, aber plötzlich endeten die Gewalttätigkeiten fast überall. Nur wenigen Nationen gelang je nach Jahrzehnten des Quasi-Bürgerkriegs ein ähnlicher Akt der Selbstreinigung. Immer noch bekommen viele Schwarze wie Weiße leuchtende Augen, wenn sie an diese Kollektiverfahrung zurückdenken.

Regierung Mandela

Am 10. Mai 1994 nimmt die Regierung der Nationalen Einheit unter Präsident Nelson Mandela ihre Arbeit auf - der Tag eines wundervollen Sieges, aber zugleich der Beginn eines umso härteren Kampfes. Jetzt muß nicht nur der Staat umgekrempelt werden, sondern auch die Einstellung vieler seiner Bürger.

Die Kultur der Mißachtung, die die Apartheid zu Fall gebracht hatte, soll nun einer Kultur der Demokratie weichen. Proteste sollen sich nicht mehr auf der Straße entladen, sondern an der Wahlurne. Führer, die gestern Konfrontation predigten, treten heute für die Abgabe der Waffen ein. Jeder Einzelne muß davon überzeugt werden, daß gute Bürger ihre Miete zahlen und die Verwaltung unterstützen. All das wäre selbst im glücklichsten aller Staaten eine schwere Aufgabe. In Südafrika türmen sich aber zusätzliche Hindernisse auf - demokratische Spielregeln werden nicht von einem Tag auf den anderen erlernt.

Im Herbst 1995 lanciert die Regierung das *Masakhane*-Programm. Es soll die Menschen überzeugen, daß sie für Miete, Strom, Wasser (sofern ein Anschluß vorhanden) auch wirklich die Gebühren entrichten. Bischof Desmond Tutu, oberster Fürsprecher der Kampagne, beschwört häufig auf den Bildschirmen mit ausholenden Armbewegungen eine strahlende Zukunft. Die Quote zahlender Mieter ist seither zwar nennenswert gestiegen, übertrifft aber auch 1999 in manchen Armensiedlungen kaum die 50%-Marke. Der ANC tut sich schwer damit, seinen Anhängern deutlich zu machen, daß es das bessere Leben auch unter Mandela nicht kostenlos gibt.

Der Wohnungsmisere nimmt sich ein anderes Programm an. Seit Juni 1995 erhalten Familien mit Monatseinkommen unter 3500 Rand einmalig 15.000 Rand für den Eigenheimbau. Private Banken zahlen die staatlich gedeckten Anleihen aus, allerdings nur an Antragsteller aus Gemeinden, in denen wenig Gewalt und gute Mietzahlungsmoral herrscht. In der Vorbereitungsphase liegt die 16seitige Broschüre, die das *Home Loan Programme* in drei Sprachen erklärt, drei Tage lang jeder Zeitung im Lande bei. Auch im Bildungs- und Gesundheitswesen sind bald hoffnungsvolle Ansätze zu erkennen.

Kriminalität

Zu den Überbleibseln aus den Zeiten der Repression zählt indes die enorme Verbrechensrate. Gefährlichstes Pflaster bleibt der Großraum Johannesburg. An einem durchschnittlichen Wochenende werden 40-50 Menschen getötet, 350 Fahrzeuge gestohlen, davon über 80 mit Gewaltanwendung gegen Besitzer/Zeugen, und 500 Geschäfte oder Wohnungen aufgebrochen. Immer noch gibt es für Weiße *No-Go-Areas.* Dazu gehören praktisch alle Townships in der Nähe großer Städte.

Die Polizei ist unterbezahlt, zu schwach besetzt und entsprechend unmotiviert. Oft genug werden nicht einmal Versuche unternommen, die gemeldeten Verbrechen zu untersuchen. Eine Studie der unabhängigen Nedcor-Gruppe fördert 1996 Erschreckendes zutage. Von 1000 Verbrechen werden rund 450 gemeldet, nur 230 aufgeklärt. 100 Tatverdächtige werden angeklagt, davon 77 verurteilt. 36 Verbrecher landen hinter Gittern, 8 bleiben länger als zwei Jahre im Knast. Acht von tausend ...

Ein hartnäckiger Störfaktor des Friedensprozesses ist IFP-Chef Mangosuthu Buthelezi. Der Zuluführer schürt die Gewaltbereitschaft in „seinem Homeland" KwaZulu auf zynischste Weise. Doch auch einige von Mandelas Drohungen gegen Buthelezi und die Gesetzesbrecher besitzen einen streng-autoritären Beigeschmack. Kritiker weisen oft darauf hin, wie sehr Teile des ANC noch mit dem Ein-Parteien-Staat liebäugeln.

Stimmung

Die neue Regierung hat auch im Staatsapparat immense Hindernisse zu überwinden. Von Beamten, die jahrelang die Apartheid stützten, wird nun gefordert, daß sie deren Überwindung verwalten. Viele flüchten sich dagegen in schleppenden Widerstand. Auch wenn Spitzenbeamte auf NP-Druck mit Spitzenrenten in Ehren verabschiedet wurden, klebt doch die überwiegende Mehrheit an ihren Posten.

Polizisten, die jahrzehntelang Befehle mit unverhohlener Brutalität durchführten und dabei Häftlinge wie Steve Biko zu Tode folterten (Unglücksfall, natürlich!), sollen plötzlich ihre Ansichten ändern? Und nun jene Menschen schützen, an deren Unterdrückung sie sich gewöhnt hatten? Natürlich werden Umschulungskurse angeboten, Vorfälle mit rassistischem Hintergrund treten dennoch immer wieder auf.

Der wilde Optimismus, der das ganze Land 1994ff erfaßte, verfliegt immer mehr. Beinahe einstimmig gestehen zwar auch weiße Farmer: „Mandela did a very good job". Und unter Schwarzen genießt er ohnehin ein Höchstmaß an Vertrauen, selbst im Elend von Khayelitsha: „Wir alle lieben Mandela. Er würde nie lügen, deshalb müssen wir warten."

Nach dem Abgang des Über-Vaters darf Nachfolger Thabo Mbeki aber nicht mit derselben Geduld rechnen. Sein Land ächzt unter der Kriminalität, 42% der Schwarzen haben keine Arbeit, unter Weißen rückt das Thema „Auswanderung" immer weiter in den Vordergrund. Und wie katastrophal ein Exodus weißen Know-hows sich auswirkt, hat die Region zwischen Angola und Mosambik bereits oft genug erlebt. Noch liegen also ungeheure Aufgaben vor Regierung und Wahlvolk – doch der Anfang ist gemacht. Mandelas Wunder der Versöhnung scheint zu gelingen.

Geschichte

Südafrikas Geschichte stellt sich als jahrhundertelange Chronik von Krieg & Leid dar. Rassismus wurde im 20. Jh nirgends so ungeschminkt zur offiziellen Doktrin erhoben.

Das führte zu einer Fülle von Publikationen, die Quellenlage ist ausgezeichnet. Wenig ist dagegen über die Verhältnisse im südlichen Afrika *vor* der Ankunft der Eisenzeitvölker bekannt. Mehrere Fundorte im historischen Transvaal (u.a. Sterkfontein, Taung) brachten Hinweise auf *Missing Links* in der Evolutionskette zwischen Affe und Mensch. Einige Funde sind drei Millionen Jahren alt, mehrfach wurden auch 200.000 Jahre alte Menschenknochen ausgebuddelt.

San & Khoikhoi

Die San („Buschmänner") sind die letzten Überlebenden des einst weitverbreiteten Volkes von *Aborigines.* Als nomadisierende Jäger und Sammler streiften sie seit 30.000 Jahren durch das Gebiet südlich des Sambesi. Felsmalereien belegen, daß dies lange vor der Ankunft schwarzer Stämme war, deren kulturelle Entwicklung völlig getrennt verlief.

Unschwer an ihrer geringen Körpergröße (im Durchschnitt 1,40m)

Früher als Hottentotte oder Buschmann tituliert: jagender San im Nördlichen Kap

zu erkennen, leben San heutzutage nur noch in wenigen, weitverstreuten Gruppen im nördlichen Kap, in Namibia und Botswana. Unter allen heutigen Völkern Südafrikas ist ihr Schicksal das traurigste.
Die Khoikhoi, von den ersten Siedlern „Hottentotten" genannt, waren halbnomadisierende Jäger und Hirten mit langgehörntem Vieh und wolligen, dickschwanzigen Schafen. Wie die San entwickelten sie weltweit einmalige Klicklaute.

Auch in physischer Hinsicht gibt es Gemeinsamkeiten: helle, honigfarbene Haut, kurzes, dichtgekräuseltes Haar, hohe Backenknochen mit asiatischem Einschlag, ausgeprägtes Gesäß als Fettreserve. Daher wird gelegentlich von **Khoisan** gesprochen (nicht zu verwechseln mit Xhosa). Allerdings werden Khoikhoi dank größerer Vielfalt in der Ernährung etwas größer als San.

Jahrhundertelang funktioniert das Zusammenleben beider Völker. Die Khoikhoi erreichen auf ihrer Wanderung gen Süden um die Zeitenwende das Kapland. Weiße Siedler treffen später zuerst auf verstreute Khoikhoi-Gruppen, die im 17. Jh. die West- und Südküste samt des Hinterlandes bevölkern. Im Laufe der Jahrhunderte assimilieren sie unter dem Zivilisationsdruck. Ihre Nachfahren werden heute den „Farbigen" *(Coloureds)* zugerechnet.
Die erste Bedrohung für die friedlichen Khoisan stellt die Ankunft bantusprachiger Stämme dar. Diese hatten sich entlang des Indischen Ozeans nach Süden vorangetastet und im 3. Jh. nach Chr. das niederschlagsreiche heutige Zululand erreicht. Woher genau sie kamen, entzieht sich noch der Kenntnis der Anthropologen. Erst ab dem 12. Jh. wagen sie sich auf das trockenere Highveld, seit dem 14. Jh. sind ihre Spuren im heutigen Freistaat zu finden.
Da aber für Tiere und Getreide der Bantu ein gewisses Maß an Feuchtigkeit unabdingbar ist, bleiben sämtliche Regionen mit weniger als 200 mm Niederschlägen bis zum späten 18. Jh. sichere Territorien für die Khoisan. In den Bantu-Regionen werden wiederum Formen der Koexistenz gefunden. Mischehen sind nicht selten, Xhosa und Zulu übernehmen die Klicklaute.

Schwarze Völker

Die heutigen Schwarzen im südlichen Afrika sind Nachfahren dieser negroiden Bantu-Stämme, die sich vornehmlich der Rinderzucht widmen. Sie besitzen Gemeinschaftsfelder und probieren sich in Landwirtschaft, erreichen ihre stolzesten Leistungen aber in Bergbau und Metallbearbeitung. Kaum eine Goldmine entgeht ihnen. Ihre Schmelztechniken werden in Europa erst zur Industriellen Revolution übertroffen. Mehr ist allerdings kaum bekannt über die Geschichte dieser Stämme, bis im 19. Jh. zwei Katastrophen über sie hereinbrechen: der Aufmarsch weißer Siedler und die erzwungene Völkerwanderung *(Difaqane).*

Vier Hauptgruppen bantu-sprachiger Völker leben im heutigen Südafrika: Nguni, Sotho-Tswana, Venda und Shangaan. Einige der folgenden Kategorisierungen sind in der Forschung umstritten.

Nguni

Wiederum werden vier Gruppen definiert, v.a. aufgrund sprachlicher Unterschiede.
Zulu leben im wesentlichen in KwaZulu-Natal. Dieses Gebiet war

zu Beginn des letzten Jahrhunderts von einer Vielzahl autonomer Stämme bevölkert, bevor König Shaka sie zu einem gefürchteten Kriegervolk eint.

Xhosa sind heute v.a. in der Ostkap-Provinz anzutreffen. Als Nachfahren der allerersten Bantustämme waren sie südwärts die Ozeanküste abgewandert, kamen als erste mit den Khoisan in Berührung und am Keifluß auch mit weißen Siedlern. Zu den südlichen Nguni zählen außerdem Stämme, die während Shakas Herrschaft in die Trans- und Ciskei flohen.

Swasi leben im Königreich Swasiland und dessen Grenzregionen (bis 1994 „Homeland" KaNgwane). Sie überqueren die Lebomboberge von Nordosten her und lassen sich unter dem Zepter von Sobhuza I. rund ums heutige Manzini (Swasiland) niederlassen. Erst unter dessen Sohn Mswati kommt dieser Stamm mit Weißen in Berührung.

Ndebele unterstehen zum Teil dem Einfluß von Sprache und Kultur der Nord-Sotho. Ndebele-Gruppen sind in der heutigen Nordprovinz sowie östlich und nordöstlich von Pretoria beheimatet. Ethnologen unterscheiden sie von den Matabele in Simbabwe.

Sotho-Tswana-Völker

Nord-Sotho sprechen im allgemeinen Pedi und umfassen eine stolze Anzahl verschiedener Stämme in der Nordprovinz (bis 1994 „Homeland" Lebowa). Manche zählen zum großen Reich der Pedi, deren Herrschaft erst Mitte des 19. Jhs durch Mzilikazi gebrochen wird. Dessen Ndebele hatten ihrerseits vor Shakas Zuluhorden Reißaus genommen. Der Zerstörung des Pedi-Reiches folgt eine unglückselige Epoche der Uneinigkeit und Entsiedlung. Erst nach der Ankunft der Weißen vermag Pedi-Häuptling Sekwati wieder Ordnung in die eigenen Reihen zu bringen.

West-Sotho sprechen Tswana und bevölkern neben Abschnitten von Nordprovinz, Nordwest und Nordkap auch ganz Botswana. Ihre Ahnherren kamen in Wanderungsschüben aus dem Norden, was zahllose Kämpfe verursachte und neue Stämme hervorbrachte. Die Errichtung von Betschuanaland fügt 1885 eine weitere Trennlinie hinzu: zwischen Tswanas inner- und außerhalb der Protektoratsgrenzen.

Süd-Sotho oder Basutho, heute im Königreich Lesotho und in angrenzenden Gebieten des Freistaats zu finden, können ihre Geschichte bis ins Jahr 1822 zurückverfolgen, als die Stammeswanderungen infolge von Shakas Eroberungszügen auf das Hochplateau überschwappen. Um ihre Hochburgen in den Drakensbergen gründen Sekonyela, Häuptling der Tlokwa, und Moshoeshoe, Häuptling der Kwena, zwei rivalisierende Reiche. Mit der Unterwerfung der Tlokwa gelingt Moshoeshoe der große Streich. Bis heute beherrschen seine Nachfolger das Bergreich Lesotho. Seit 1875 lassen sich verwandte Süd-Sotho-Gruppen auch im Südosten des Freistaates nieder. Unter der Apartheid werden sie im erbärmlichen „Homeland" QwaQwa zusammengepfercht.

Shangaan

Ursprünglich wohnte das Tsonga sprechende Volk östlich der Lebombos im heutigen Mosambik. Um 1850 trifft der KwaZulu-Flüchtling Soshangana mit seinen Horden ein und unterwirft eine Tsonga-Gruppe nach der anderen. Wegen nachrückender Voortrekker ziehen ab 1894 immer mehr Shangaan durchs Lowveld in den Transvaal nach. Häufig ist daher auch von Shangana-Tsonga die Rede, denen Pretoria später auf Teilen ihres Stammlandes das „Homeland" Gazankulu zuweist.

Venda

Die ersten Bantustämme, die den Limpopo überqueren, sprechen Venda. Woher sie kamen, ist noch nicht zweifelsfrei geklärt. Zuvor Untertanen des Monomotapa-Reiches in Simbabwe, stoßen sie in mehreren Schüben bis zum Jahr 1700 in die Soutpansberge vor.

Diese Vorgriffe sollen zeigen, daß es eine Besiedlungstradition in den meisten Regionen des südlichen Afrikas ***vor der Ankunft der ersten Weißen*** *gibt. Jene brechen in ein teils friedlich, teils kriegerisch austariertes Stammesgeflecht ein.*

Europäer am Kap

Am 6. April 1652 segelt **Jan van Riebeeck** unter niederländischer Fahne in die Tafelbucht. Das hatten zwar schon viele Seefahrer getan, doch alle mit einem anderen Ziel: den Seeweg nach Indien zu finden. Die bewährten Handelswege ins Märchenreich der Gewürze waren gerade dem Vormarsch des Islam in Arabien zum Opfer gefallen. Portugiesen und Spanier brauchen aber Gewürze *(eine Erkenntnis, die übrigens britischen Küchenmeistern nicht dämmert, selbst als Indien bereits zum Empire gehört).*

So umrundet 1487 **Bartolomeu Dias** mit zwei winzigen Karavellen (heute im Museum von Mossel Bay) eine Landzunge, der er den Namen Cabo da Boa Esperança gibt, „Kap der Guten Hoffnung". Elf Jahre später erfüllt sich diese Hoffnung, **Vasco da Gama** erreicht 1498 tatsächlich Indien. Seit 1580 machen englische und niederländische Seefahrer den Portugiesen Konkurrenz. Doch allen gilt das südliche Afrika nur als Hindernis mit unwirtlichen Landschaften. Handelsversuche mit Eingeborenen enden nicht selten in Gewalttaten.

Dann aber erleidet ein Schiff der niederländischen ***Vereenigde Oost-Indische Compagnie*** (VOC) 1647 in der Tafelbucht Schiffbruch. Seine Besatzung muß bis zu ihrer Rettung fast ein Jahr an Land verbringen. Plötzlich erkennen die Niederländer den Bedarf eines verläßlichen Stützpunktes in jener Weltregion. Also geht 1652 eine VOC-Expedition an Land, um eine Siedlung zu gründen. Sie soll dank Gärten, die van Riebeeck großflächig anlegen läßt, vorbeikommende Handelsschiffe mit Proviant versorgen. Bald ankern Seefahrer aus aller Herren Länder am Kap, um im „Gasthaus der Meere" Wasser & Fleisch, Gemüse & Obst zu tanken. Das Geschäft gedeiht so prächtig, daß die Arbeitskräfte nicht mehr ausreichen.

Van Riebeeck greift nun auf zwei Rezepte zurück, die ihm aus Europa bekannt sind: Sklaven und Einwanderer – die ersten Schritte auf dem südafrikanischen Sonderweg.

Sklaven & Bürger

Bald wird zwar Handel mit den benachbarten Khoikhoi getrieben, auf weitere Kontakte aber verzichtet. Van Riebeeck beschreibt sie als „stinkende Hunde", als „trottelig, dumm und faul" und nennt sie wegen ihrer abgehackten Sprechweise „Hottentotten". Bei den Khoikhoi stößt die Landnahme auf Widerstand. Nach zweijährigem Guerillakrieg werden sie besiegt und samt Vieh und Weiden in Besitz genommen. Noch schlimmer ergeht es den San, die van Riebeecks Gesellen wie Tiere einfangen und umbringen. Die Überlebenden ziehen sich nach Nordosten in immer unzugänglichere Gegenden der Karoo zurück.

Die meisten Arbeitskräfte kommen aber von auswärts, aus Madagaskar, Ostafrika und Indonesien. Die Kapkolonie wird zur Sklavenhaltergesellschaft. Um 1790 sind 17.000 Sklaven und 14.000 freie Bürger registriert.

Zugleich werden aus den Niederlanden und aus deutschen Fürstentümern ***Burgher*** mit großen Versprechungen geködert. Zwar obliegen sie zunächst dem VOC-Kommando. Aus den prächtigen Böden holen die fleißigen Landmänner aber bald zuviel Wein und Getreide heraus. Als das Angebot die Nachfrage übersteigt, satteln mehrere Burgher auf Viehzucht um und weichen wegen des entsprechenden Platzbedarfs ins Umland aus.

Als 200 französische **Hugenotten** 1688/89 vor den Verfolgungen in der Heimat ans Kap fliehen, haben sich bereits an vielen Stellen der breiten Ebene hin zu den Franschhoekbergen Siedler niedergelassen. Begegnungen mit den Khoikhoi sind unvermeidlich, und in diesen „gottlosen Kreaturen" erkennen die lammfrommen, ihrerseits simpel gestrickten Siedler einen Beleg ihrer Auserwähltheit. Hatte sie nicht ihr kalvinistischer Gott ins fruchtbare Land geführt? Hatte er ihnen nicht rassisch „Minderwertige" vorgesetzt, auf die sie bereits die Bibel vorbereitet:

> „So sollt ihr alle Einwohner vertreiben vor eurem Angesicht und alle ihre Säulen zerstören, daß ihr also das Land einnehmet und darin wohnet. Denn euch habe ich das Land gegeben, daß ihr es einnehmet." (4. Mose 19)

Vorstoß in die Wildnis

Auch wenn die Zahl der Siedler bis 1760 die Tausendergrenze nicht überschreitet, haben sie bald ein beachtliches Gebiet durchmessen. Sie stoßen als Viehzüchter nach Norden über den Olifants, nach Osten über den Breede und immer weiter entlang der Küste. Mit der Bibel in der Linken, dem Gewehr in der Rechten werden sie zum Urbild des **Trekburen:** auf sich selbst gestellt, ungemein tapfer und zäh, keiner staatlichen Autorität unterworfen.

Die **Wagenburg** ist ihnen nicht nur die geschickteste Verteidigungsformation. Sie wird auch zum Symbol der Abschirmung von einer Außenwelt, die gerade das Zeitalter der Aufklärung einläutet. Die Buren schotten sich bewußt von jenen fortschrittlichen Gedanken ab, die in Nordamerika und Frankreich in Revolutionen münden.

Britische Kronkolonie

1795 besetzen britische Truppen das Kap. Die Gelegenheit ist günstig: die Niederlande waren von Frankreich annektiert worden, die neugegründete Batavische Republik hatte sich mit dem revolutionären Nachbarn verbündet. Auch Frankreich wirft zwar ein Auge auf das südliche Afrika, doch das britische Empire kommt ihm zuvor. Seine Truppen erobern Mitte September

Nachfahren der ersten Einwanderer ins südliche Afrika: zwei Kunsthandwerker im Transvaal

Kapstadt gegen schwachen Widerstand der holländischen Garnison.

Eine Bestandsaufnahme der Kronkolonie ergibt: 22.000 Sklaven, 18.000 Siedler, 15.000 Khoisan, 1000 freie Schwarze. Die Teilnahme am öffentlichen Leben hängt von der Hautfarbe ab, die Viehzüchter außerhalb Kapstadts verharren in ihrer mittelalterlichen Gedankenwelt.

Durch den Friedensschluß von Amiens 1802 müssen die Briten die Kapkolonie zwar kurzfristig an die Batavische Republik abtreten. Aber schon die Napoleonischen Kriege nutzen sie, um 1806 mit einer starken Truppenübermacht erneut zu landen. Am **13. August 1814** treten die (restaurierten) Niederlande die Kapkolonie endgültig an Großbritannien ab. Diesmal greifen die Briten in das soziale Geschehen ein. Weltweit sind Ideen von der Gleichheit aller Menschen und der Unverletzlichkeit der Menschenwürde auf dem Vormarsch. Englands **philantropische Bewegung** setzt 1807 das Verbot des Sklavenhandels auf britischen Schiffen durch. Bald folgen weitere Einschränkungen. 1828 erhalten die Khoisan alle bürgerlichen Rechte (auch auf Landbesitz), 1833 wird schließlich die Sklaverei aufgehoben.

Bei den gottesfürchtigen Buren führen solche Edikte zur Entfremdung von der andersssprachigen Verwaltung. Exerziert ihnen nicht das Alte Testament eine Sozialordnung mit Herren und Dienern vor? Erscheint in ihrem kalvinistischen Verständnis solche Gleichstellung nicht als Sakrileg? Mit dem Wegfall des Sklavenhandels zerbröselt ein Eckpfeiler der Burenwirtschaft.

Burische Verbitterung

Zwar setzen sie zunächst eine „Paßverordnung für Hottentotten" durch, die den nomadisierenden Ureinwohnern einen festen Wohnsitz und einen Arbeitspaß vorschreibt. Aus Hilfskräften der Farmer werden praktisch Sklaven. Doch 1828 bzw. 1833 ist damit unwiderruflich Schluß. Hier wurzelt eine Feindschaft zwischen beiden europäischen Volksgruppen am Kap, die die nächsten 120 Jahre prägen wird.

Den Kapholländern in Kapstadt, Stellenbosch und Swellendam gelingt die Assimilierung noch halbwegs. Die Buren im weiten Land ziehen sich dagegen in ihrer Verbitterung zurück. Liberale Eingeborenenpolitik, Glaubensfreiheit und britisches Recht hatten schon zur Ernüchterung geführt. Seit 1827 werden sogar Gerichtsverhandlungen nur noch in der verhaßten fremden Sprache geführt.

Britische Siedler

Mit ihrer zweiten Machtübernahme treiben die Briten eine Anglisierung der Region voran. Das Empire steht auf der Höhe seiner Macht. Der Kapitalismus feiert ungehemmte Triumphe. Industrialisierung und Urbanisierung verändern die Welt, werfen aber viele Menschen aus den geregelten Bahnen.

Vor Armut und Arbeitslosigkeit fliehen Tausende von Briten nach Übersee. 5000 von ihnen, vornehmlich Handwerker, folgen dem Lockruf der Kap-Regierung und landen im April 1820 in der Algoa Bay (heute Port Elizabeth). Sie sollen die Zusammensetzung der Bevölkerung zu englischen Gunsten verschieben und zugleich am Great Fish River einen Puffer von Farmen zwischen den verfeindeten Buren

und Xhosa bilden, wegen deren Viehherden es ständig zu Zusammenstößen kommt.
Doch die Böden sind ungeeignet, die Lage zwischen den Fronten zu brenzlig. So nehmen die meisten Neuankömmlinge nach zwei Jahren im nahen Grahamstown ihre angestammten Berufe wieder auf. Damit scheitert der letzte Versuch, eine Aufspaltung der weißen Bevölkerung zu verhindern. Hier werden Verwaltung und Handel von Engländern kontrolliert. Dort murren die Buren; ihnen bleiben nur das weite Land, die Bibel und ihr Gewehr.

Shaka

Im Jahre 1816 usurpiert der vermutlich 28jährige Shaka, eine der rätselhaftesten Gestalten in Afrikas Geschichte, den Thron eines unbedeutenden, 1500köpfigen Nguni-Clans namens Zulu. Der latent homosexuelle Krieger, vaterlos und mit überstarker Mutterbindung aufgewachsen, ist ein **Psychopath.** Er mordet grundlos, immer wieder, umgibt sich mit einem Exekutionskommando, das aus nichtigen Gründen nur auf sein Kopfnicken hin auch eigene Leute erschlägt. Aber er beginnt auch mit dem Neuaufbau einer Armee. Mit deren Hilfe gelingt ihm bis 1823 die Unterwerfung sämtlicher Nachbarstämme. Zwischen den Flüßen Tugela und Umfolozi entsteht innerhalb kurzer Zeit ein streng zentralisierter Kriegerstaat.
Den Grundstein dafür hatte bereits Mtetwa-Häuptling **Dingiswayo** mit der Aufstellung disziplinierter *Impis* (Regimenter) und der Entwicklung neuer Kampftechniken, langer Speere, großer Lederschilde gelegt. Dingiswayo und Shaka, der mit bis dato unbekanntem Sadismus vorgeht, eilen von Erfolg zu Erfolg. Mit fortschreitendem Persönlichkeitsverfall wird der König aber immer gemeingefährlicher. Als seine Mutter stirbt, läßt er binnen eines Tages **7000 Untertanen** abschlachten. Schließlich bringt am 22. September 1828 sein Halbbruder Dingane den Begründer der Zuluherrlichkeit um. In Rinderfelle gewickelt, wird Shakas Leiche in einer Weizengrube verbuddelt - wo genau, ist bis heute unbekannt.
Weitreichendere Folgen hat das Verhalten entfernter Stämme, die aus Angst vor Shakas Grausamkeit ihre Gebiete fliehen und nach 1822 auf das Hochplateau ausweichen. Hier beginnt wegen des Wanderungssdrucks die Difaqane, die entsetzliche Periode erbitterter Stammeskriege jeder gegen jeden im südlichen Afrika. Weite Gegenden Zululands bleiben unbewohnt, so daß die Voortrekker wenig später fast widerstandslos einrücken können.

Difaqane: „erzwungene Auswanderung" (Sotho) - eine Epoche gravierender Umwälzungen und unbeschreiblicher Leiden.

Der Große Trek

Nach fortwährenden Auseinandersetzungen mit den Xhosa am Great Fish River, die nach 1779 in neun Grenzkriege münden, schwindet das Vertrauen der Trekburen in die Verwaltung und ihre Schutzangebote. Zudem erzählen Gerüchte von paradiesischen Böden jenseits der Berge, die das Highveld umkränzen. Und natürlich schmerzt das Unverständnis über eine Kolonialpolitik im fernen Kapstadt, die zwischen Hautfarben kaum Unterschiede kennt, Buren keine Mitsprache bietet und jetzt auch noch

ihren Bevölkerungsanteil zurückdrängt.
So entschließen sich 1835 rund 15.000 Buren zur Massenauswanderung aus der Kapkolonie nach Nordosten. Mit Ochsenkarren beginnt **„der letzte große Landraub des weißen Mannes"** (Jaenecke). Als Großer Trek wird er zum zentralen Identifikationsobjekt burischer Kultur, in seinem mythischen Stellenwert Maos Langem Marsch nicht unähnlich. Erst mit der Gründung von Burenrepubliken in Oranje (1842) und Transvaal (1853) findet er seinen Abschluß – und trägt maßgeblich zur Ausdehnung Südafrikas in seinen heutigen Grenzen bei.
Entlang der Drakensberge finden die Buren den Weg ins Zululand. Die Umstände zwingen sie zur Annahme, dies sei der natürliche Zustand des Landes: verlassene fruchtbare Böden, dazu Flüchtlingshorden und Gerüchte von Greueltaten. Das paßt vorzüglich ins Wunschbild vom europäischen Eroberer, der einem verwilderten Land die Segnungen der Zivilisation bringt. Den letzten Beweis für ihre göttliche Sendung erbringt die Schlacht am **Blood River 1838.** Eine Handvoll Voortrekker behauptet sich ohne nennenswerte Opfer gegen 12.000 Zulus!

Burenrepubliken

Ihre Republiken Winburg, Potchefstroom und Natal sollen endlich der wahren Burenlehre zum Durchbruch verhelfen. Umgehend werden wieder „Hottentottengesetze" eingeführt. Jeder angestellte Afrikaner muß eine Erkennungsmarke am Hals tragen. Wer sich weiter als zwei Wegstunden von seinem Arbeitsplatz entfernt, wird festgenommen.

Aus den kleineren Republiken schälen sich allmählich die Staatsgebilde Transvaal und Oranje Vrystaad heraus. Während letzterer, seit 1854 unabhängig, immerhin noch an britisches Kolonialgebiet grenzt, entwickelt sich das abgelegene Land jenseits des Vaal zur Keimzelle des Burentums. 1853 wird Transvaal Republik, 1858 in Pretoria die Verfassung verabschiedet, deren neunter Artikel zur Sache kommt:

> „Das Volk wünscht, daß keine Gleichheit zwischen farbigen Menschen und weißen Bürgern gestattet wird, weder in der Kirche noch im Staat. Alle überflüssigen (sic) Kaffer, die jetzt zwischen uns leben, müssen an einem getrennten Ort untergebracht werden."

Diamanten & Gold

In ihren Sklavenhaltergesellschaften bleiben die Buren aber nicht lange ungestört. 1867 wird bei Kimberley im Freistaat der erste Diamant gefunden. Binnen kurzer Zeit folgen so viele weitere Klunker, daß sich bald 45.000 Glücksjäger auf ihre Suche begeben. Als Einwanderer *(Uitlanders)* belasten sie das wenig tragfähige Gemeinwesen. Natürlich erwachen da auch britische Begehrlichkeiten, und 1871 annektiert die Kappolizei das Gebiet.
Noch heftiger schlägt das Schicksal im ländlich-trägen Transvaal zu. 1877 hatten die Briten die Republik halbherzig einkassiert, nach Burenaufstand und ruhmlosem Krieg 1881 aber wieder in die Unabhängigkeit entlassen. Doch dann im Jahre 1886 die Sensation: Gold wird entdeckt im Witwatersrand, und zwar gleich das größte Vor-

kommen der Welt! Innerhalb von zehn Jahren schuften über 100.000 Bergarbeiter unter Tage. Blitzartig wird die Stadt Johannesburg aus dem Staub gestampft.
Seit 1883 leitet Präsident **Paul „Ohm" Krüger** (1825-1904) die Geschicke Transvaals, und hartnäckig hat er sich britischer Interessen zu erwehren. Zunächst versucht London die Einkreisung der Republik durch Kolonien: Betschuanaland 1885, Rhodesien 1888/91, Swasiland 1894. Dann inszeniert **Cecil Rhodes,** seit 1890 Ministerpräsident der Kapprovinz, 1895/96 einen dilettantischen Staatsstreich gegen Krüger. Fürderhin begegnen Krüger und seine Buren den Briten mit noch größerer Skepsis. Prompt läßt Rhodes' Nachfolger Alfred Milner bei seinem Amtsantritt verlauten, daß er den sich verschärfenden Gegensatz notfalls mit Gewalt lösen werde. Wechselseitige Forderungen spitzen die Lage zu, Krüger ist auch kein Meister der Diplomatie - so beginnt am 11. Oktober 1899 der Waffengang.

Burenkrieg

Oft wird der Burenkrieg gegen die Briten 1899-1902 als Kampf um die Vorherrschaft im südlichen Afrika gesehen. Im wesentlichen geht es den überrannten Transvaalern und Oranjern aber nur um die eigene Unabhängigkeit. Militärisch sind sie deutlich unterlegen. Auf ihrer Seite kämpfen 50.000 Mann, darunter 2000 „Rebellen" aus den Kronkolonien Kap und Natal. Die britischen Streitkräfte hingegen bieten 450.000 Soldaten auf.
Dennoch verbuchen die Generale **Jan Smuts** (1870-1950), **Louis Botha** (1862-1919) und **Barry Hertzog** (1866-1942) spektakuläre Anfangserfolge, was ihnen auch die heutigen Buren noch mit Ehrenplätzen in ihrem Pantheon danken (bis 1995 waren die größten Flughäfen nach ihnen benannt, beispielsweise). Allmählich setzt sich aber doch die zahlenmäßige Überlegenheit der Briten durch.

Britensieg

Nun leisten die Buren mit Guerillataktik der britischen Armee erbitterten Widerstand. Die Engländer unter Oberbefehlshaber **Lord Kitchener** nehmen dafür grausame Rache. Farmen werden verwüstet und niedergebrannt, fast die Hälfte der Buren landet in Konzentrationslagern. Über 25.000 Menschen, vornehmlich Frauen und Kinder, sterben, weil es an Nahrung, Hygiene und medizinischer Betreuung fehlt - während die Weltöffentlichkeit ihrer Lieblingsbeschäftigung nachgeht und lautstark protestierend wegschaut.
Im Friedensvertrag von Vereeniging, am **31. Mai 1902** in einem Armeezelt ausgehandelt, verlieren die Burenrepubliken ihre Souveränität. Das gesamte südliche Afrika steht jetzt unter britischem Oberkommando. Zwischen den umliegenden Hochkommissariaten Basutholand (Lesotho), Betschuanaland (Botswana), Swasiland und Südrhodesien (Simbabwe) reihen sich Oranje und Transvaal neben die Kolonien Kap und Natal ein.

Burenverwaltung

London verzichtet aber darauf, die Rassengleichheit durchzusetzen. Die Philantropen haben längst den Imperialisten Platz gemacht. Hochkommissar Milner betreibt zwar eine verstärkte Anglisierung des Landes. Dabei hat er aber seit 1905 nicht nur die erste burische Partei *Het Volk* (mit Botha und Smuts) gegen, sondern auch neue Dienstherren über sich.

In Downing Street 10 hat die Liberale Partei die Tories abgelöst und tritt für eine Versöhnung ein. Bald schon erhalten die Buren die weitgehende Selbstverwaltung: Transvaal im Dezember 1906, Oranje-Freistaat im Juni 1907. Niederländisch wird sogar erstmals zur Amtssprache (und 1923 von der Neuschöpfung *Afrikaans* abgelöst).

Südafrikanische Union

Bei den Wahlen der Kolonialparlamente hatten in Transvaal und Oranje die Burenparteien unter Louis Botha bzw. Abraham Fischer die Mehrheit erhalten. Nun soll aus handels-, aber auch außenpolitischen Erwägungen (Konfrontation England-Deutschland wegen Kaiser Wilhelms Weltmachtallüren) der Zusammenschluß der burischen Territorien mit den Kronkolonien Natal und Kap folgen. Am **31. Mai 1910** wird die Südafrikanische Union aus der Taufe gehoben. In ihr leben 4 Millionen Schwarze, 1,3 Millionen Weiße, 500.000 Farbige und 150.000 Inder.

Alle Nichtweißen zahlen die Zeche für diese Einigung. Die Buren setzen die Streichung des Gleichheitsprinzips aus der neuen Verfassung durch, und London stimmt aus taktischen Gründen zu. Damit werden in drei Provinzen die Schwarzen zu politisch rechtlosen Bürgern zweiter Klasse. (Am Kap wird das liberale Wahlrecht erst 1936 abgeschafft.)

Bald formiert sich der schwarze Widerstand. Zunächst sind es nur Honoratioren, die 1912 den *African National Congress* gründen und durch Verhandlungen Zipfel der Gleichberechtigung zu erhaschen hoffen. Sein prominentester Präsident wird Albert Luthuli (1899-1967). Der Friedensnobelpreisträger, bis zum Verbot des ANC 1960 im Amt, notiert:

> „Die Weißen wurden 1910 Eigentümer des neuen Staates, die übrigen Völker wurden ihnen wie der Viehbestand einer Farm übergeben. Diese Staatsgründung war ein Akt der Piraterie."

Burenparteien

Die Buren gießen umgehend ihren Rassenwahn in Gesetzesform. Darüber herrscht bemerkenswerte Einigkeit, auch wenn sich **Südafrikanische Partei** unter Jan Smuts (Regierung 1919-24) und **Nationale Partei** unter Barry Hertzog (Regierung 1924-33) ansonsten nicht gerade grün sind. General Smuts tritt für ein größeres Südafrika im Rahmen des Commonwealth ein, General Hertzog für die politische Ausschaltung Englands.

Die Weltwirtschaftskrise erzwingt dann 1933 die Wiedervereinigung. Hertzog entschließt sich auch aufgrund einer anhaltenden Dürre zur Bildung einer „Regierung der Nationalen Einheit". Er holt Smuts in sein Kabinett, und 1934 schließen sich beide Parteien zur neuen **Vereinigten Nationalen Südafrikanischen Partei** zusammen. Wichtigstes Ergebnis dieser Elefantenhochzeit: eine Fraktion von 19 unzufriedenen Nationalisten geht eigene Wege. Daniel François Malan (1874-1954) gründet die **Gesäuberte Nationale Partei**, aus der in Kürze sämtliche Seilschaften erwachsen, die in der Apartheid eine Rolle spielen werden.

Unabhängigkeit

1931 erhält die Südafrikanische Union nach dem Statut von Westminster die vollständige Unabhängigkeit innerhalb des Commonwealth. In den folgenden Auseinandersetzungen verläuft die Trennlinie gradlinig zwischen liberalen Englisch- und rassistischen Afrikaans-Sprachigen. Die Buren bleiben klare Sieger. Einige Führer sympathisieren offen mit den Nazis und brechen diese Beziehungen erst mit Kriegsbeginn 1939 gezwungenermaßen ab.

Rassenpolitik

Das Fundament der Apartheid steht schon seit 1913. Der *Native Land Act* weist „Reservate" für Schwarze aus, beschränkt die Landrechte von 66% der Bevölkerung auf 7,3% des Bodens. Eine Million Schwarze, die plötzlich auf „weißem Land" leben, verlieren ihre angestammte Heimat. Die nächsten Keulenschläge lassen nicht lang auf sich warten.

1923 folgt ein Gesetz über getrennte Wohnbereiche *(Native Urban Areas Act)*. Seit 1927 ist der Geschlechtsverkehr zwischen Weißen und Schwarzen verboten, seit 1949 auch die Eheschließung *(Immorality Act/Mixed Marriages Act)*. Der rassistische Schwung schwappt auch in die Kapprovinz über, wo Nichtweiße zumindest ein beschränktes Wahlrecht besaßen; dieses wird 1936 ersatzlos kassiert *(Representation of Natives Act)*.

Im ersten Wahlkampf nach dem Weltkrieg, in dem 186.000 weiße Südafrikaner und 123.000 unbewaffnete Nicht-Weiße an der Seite der Alliierten gekämpft hatten, tritt Malans Nationale Partei **1948** nur mit einem Thema an. Sie setzt dem Kriegskabinett von Jan Smuts, dessen Vereinigte Partei noch 1943 die absolute Mehrheit erobert hatte, das Schlagwort von der ***Swart Gevaar*** entgegen:

> „Wird die europäische Rasse imstande sein, ihre Herrschaft und Reinheit aufrechtzuerhalten? Oder wird sie im Schwarzen Meer dahintreiben, bis sie ehrlos untergeht?"

Apartheid

Mit ihrer Angstkampagne vor der Politisierung schwarzer Arbeiter (Streiks und Nachkriegsarmut waren an der Tagesordnung) fährt die NP 1948 unter den allein wahlberechtigten Weißen 40% der Stimmen ein. Das Stichwort „Apartheid" erobert ihr 70 von 150 Parlamentssitzen, im Verbund mit der obskuren Afrikaner Partei (neun Sitze) die Mehrheit.

Nun kann Malan die Rassentrennung in allen Bereichen radikaler denn je durchsetzen. Mithilfe geschickter Wahlkreisverschiebungen und schamloser Klientelwirtschaft gelingt es seiner NP, von nun an bis 1994 ununterbrochen die Regierung zu stellen.

1950 prasseln Malans schwerste Keulen „zum Schutz der drei Millionen Weißen vor elf Millionen Bantus" hernieder. Rassengruppen werden definiert und alle Bürger danach klassifiziert *(Population Registration Act)*. Alle Wohngebiete werden endgültig nach Rassen aufgeteilt *(Group Areas Act)*. Die Regierung erhält weitgehende Vollmachten, auch außerhalb der Kontrollmöglichkeiten von Gerichten *(Suppression of Communism Act)*.

Damit stellt Südafrika in legislativer Hinsicht selbst die NS-Judenpolitik bis 1939 mühelos in den Schatten. Diese Doktrin übernehmen auch Malans Nachfolger im Premieramt, J.G. Strijdom (ab 1954), Hendrik Verwoerd (ab 1958), Balthasar J. Vorster (ab 1966) und Pieter W. Botha (ab 1978). Die Apartheid, konsequent gegen die Opposition aus Progressiver Partei und ANC durchgezogen, wird flexibel aktuellen Bedürfnissen angepaßt.

Als immer mehr Afrikaner in den Wohlstandsgürtel Witwatersrand ziehen, wird das 1951 mit einem Erlaß gegen ungenehmigte Siedlungen erschwert – außerhalb der „Reservate" wird einfach keine Siedlung genehmigt. Immer wieder gibt es Ärger mit Aufenthaltsrechten? Prompt kommt das Paßgesetz von 1952; jeder Schwarze muß fortan sein Arbeitsbuch mitführen, andernfalls droht die Festnahme. Immer häufiger wird gegen Gesetze protestiert? Dann wird solche Unbotmäßigkeit ab 1953 eben ohne Prozeß mit Knast bestraft.

1953 folgen getrennte öffentliche Einrichtungen und ein besonderes Erziehungssystem für Schwarze. In der Industrie gelten seit 1956 *Job Reservations.* Bestimmte Arbeitsplätze sind bestimmten Rassen vorbehalten, Facharbeiter müssen weiß sein. Schwarze gelten nicht mehr als Beschäftigte im Sinne des Gesetzes, ihr Streikrecht wird kassiert, was sie de facto zu Lohnsklaven degradiert. Seit 1958 muß die schwarze Bevölkerungsmehrheit zur Finanzierung ihrer Unterdrückung mehr Steuern bezahlen als jede andere Rassengruppe.

„Es hat den Anschein, als sei die Geschichte an den Afrikaanern, den letzten Siedlern einer vergangenen Epoche, vorübergegangen. Sie sind ein weißer afrikanischer Stamm, der eine überholte Vision westlicher Zivilisation auf tragische Weise verteidigt und damit sich selbst und seine Werte der Auslöschung anheimgibt. Daß die Umstände gegen sie sprechen, wenn nicht demographisch, so doch durch ihre Blutschuld, scheint sie nicht zu kümmern.
Ihre Grausamkeit ist grenzenlos. Sie sind nicht verantwortlich für ihr Schicksal. Gott hat erschaffen, und zwar hierarchisch. Er ist schrecklich und zornig. In unseren Tagen speit er Feuer aus gepanzerten Fahrzeugen, die man „Hippos" nennt. Er sorgt für uns, aber wenn wir seinen Geboten nicht folgen, wendet er sein Gesicht von uns ab."
(Breyten Breytenbach, 1985)

Homelands

1959 folgt eine neue Stufe der Rassentrennung. Bisher hatten die mickrigen „Reservate" immerhin noch zur Südafrikanischen Union gehört. Jetzt sollen nationale Einheiten für Schwarze festgelegt und als eigenständige „Homelands" ausgegliedert werden.

Der neu eingerichtete „Bantustaat" Transkei macht 1963 den Anfang; Bophuthatswana, Ciskei, Venda, KwaZulu, KaNgwane, Lebowa, Gazankulu, Qwaqwa und KwaNdebele folgen. Teils lassen sie sich nur widerwillig ausgliedern, teils akzeptieren sie gar ihre „Unab-

hängigkeit"; zuerst die Transkei im September 1976, danach Bop, Ciskei und Venda.
Offiziell werden Homelands „in Gegenden eingerichtet, die traditionell von einheimischen Stämmen bewohnt wurden". Das müßten nach einem kurzen Blick in die Geschichtsbücher die allermeisten Gegenden sein. Beinahe überall hatten Voortrekker und Briten „ihr" Land von den schwarzen Bewohnern erkämpft. Nun werden aber nur solche Gegenden ausfindig gemacht, die vor bitterer Armut und Unterentwicklung strotzen.

Sharpeville & Widerstand

Bei einer Protestkundgebung am **21. März 1960** gegen die verhaßten Paßgesetze werden in Sharpeville (bei Vereeniging) 67 unbewaffnete Schwarze von der Polizei erschossen. Dieses Massaker verändert das Leben am Kap endgültig. Während UN und Weltpresse protestieren, setzt sich in Pretoria die Wagenburgmentalität durch.
Die Südafrikanische Union tritt aus dem Commonwealth aus und wird zur Republik. Der ANC, der radikalere Pan-Afrikanische Kongreß (PAC) und andere Oppositionsgruppen, bisher behindert, aber geduldet, werden nun verboten und ihre Führer, darunter Nelson Mandela, nach und nach verhaftet und verurteilt.
Militär soll künftig auch im Inneren quasi unkontrolliert für Ordnung sorgen. Die Regierung darf seit 1963 „Verdächtige" bis zu 90 Tage lang ohne richterliche Genehmigung inhaftieren, Gefangene nach Verbüßung ihrer Strafe weiter in Haft halten und Schutzhaft bis zu 180 Tagen verhängen. 1967 wird auch noch die praktisch unbefristete Einzelhaft ohne Gerichtsurteil rückwirkend erlaubt. Damit sind **alle Kennzeichen eines Terror-Regimes** erfüllt, nachdem bereits 1963 die Zensur eingeführt worden war. Allerdings schöpfen nicht alle staatlichen Institutionen ihre unerhörte Machtfülle bis zur Neige aus.

Überwindung der Apartheid

Viele Faktoren mußten zusammentreffen, damit Südafrika zu Beginn der 90er Jahre seine Staatsdoktrin aus eigener Kraft überwinden kann. Natürlich muß der Druck von außen genannt werden. Zunächst türmen sich nur UN-Resolutionen jahrzehntelang übereinander, doch dann macht die Staatengemeinschaft mit ihrem Sport- und Kulturboykott Ernst. Er trifft das sportversessene Land an einer nicht zu unterschätzenden Achillesferse. Selbst der weniger entschlossene Wirtschaftsboykott *(Disinvestment)* zeigt allmählich Wirkung. So sind die ersten kosmetischen Milderungen von Apartheidsbestimmungen, die das Kabinett Vorster 1974/75 erläßt, schon eine Reaktion für die Außenwelt.
Entscheidend ist aber der schwarze Widerstand von innen. Die Unruhen in Soweto markieren nach 16 weitgehend ruhigen Jahren ein neues Stadium des Kampfes. Im Juni 1976 protestieren Tausende von Schülern gegen die Einführung von Afrikaans als Unterrichtssprache - wohl die größte Dreistigkeit einer ohnehin wenig sensiblen Verwaltung.
Obwohl bzw. weil die Polizei rücksichtslos Hunderte von Demonstranten erschießt, weiten sich die Unruhen im ganzen Land aus und kosten in ihrem Sog Balthasar Vorster das Amt des Premiers. Nachfolger **Pieter Botha (September 1978)** sieht sich zu einer Reihe echter

Reformen gezwungen. Farbige und Inder erhalten 1984 ein beschränktes Mitspracherecht in eigenen Parlamentskammern, die verhaßten Paßgesetze werden aufgehoben.
Doch Bothas Pflästerchen kommen zu spät. Denn diesmal ist es die unorganisierte Basis, v.a. Schüler und Jugendliche, die den alten Slogan ***First education, then liberation*** ablehnen. Zuerst wollen sie Befreiung um jeden Preis, mit allen Mitteln, auch Waffengewalt - und dann Erziehung. Erst allmählich setzt sich der ANC, der zwei Jahrzehnte lang fast verstummt war, dank legaler Tarnorganisationen an die Spitze der Protestwelle.

Ministerpräsident de Klerk

Ein Sonderverdienst an der Aufhebung der Apartheid gebührt Frederik Willem de Klerk, dem letzten Ministerpräsidenten der NP. Nach elfjähriger Anwaltstätigkeit zieht de Klerk (*1936 Johannesburg) als Abgeordneter ins Parlament ein, wird 1982 Parteichef in Transvaal und übernimmt 1988 nach gesundheitlichen Problemen Bothas überraschend den Vorsitz der Gesamtpartei. Als Botha auf internen Druck auch noch vom Amt des Staatschefs zurücktritt, heißt der Thronfolger wiederum de Klerk.
Im September 1989, während sich eine neue Weltordnung am Horizont abzeichnet, wird er zum Ministerpräsidenten gewählt. Die Frontstellungen des Kalten Krieges, die Südafrika zur Bastion des Westens gegen kommunistisch orientierte Nachbarstaaten gemacht hatten, zerbröseln schlagartig. So zieht de Klerk schon nach fünf Amtsmonaten die Notbremse. Am 2. Februar 1990 verkündet der Premier zur Eröffnung der neuen Parlamentssession:

> „Unser Ziel ist eine vollkommen neue, gerechte Verfassungsordnung, in der jedem Bewohner des Landes gleiche Rechte und gleiche Chancen eingeräumt werden."

Die Wende 1990-94

Eine ähnliche Rede aus weißem Munde hatte Südafrika seit den ersten Europäern am Kap nie gehört. In den folgenden Monaten wird die Rassentrennung mit atemberaubender Geschwindigkeit überwunden. Der **11. Februar 1990** macht ANC-Führer Nelson Mandela nach 27 Haftjahren wieder zum freien Mann und holt 33 Oppositionsgruppen aus dem Bann der Illegalität. Binnen 18 Monaten annulliert de Klerk alle Apartheidgesetze.
Mühsam entwickelt sich dagegen die *Convention for a Democratic South Africa* zwischen NP und ANC in Johannesburg. Mehrmals drohen die CODESA-Verhandlungen zu scheitern, etwa nach dem Massaker von Boipatong. Schließlich einigen sich beide Seiten auf Wahlen nach dem Prinzip *One Man, one Vote* bis Ende April 1994 und auf eine „Regierung der Nationalen Einheit" für die erste Legislaturperiode.

Wahlergebnis

Vom 26. bis 29. April 1994, zum letztmöglichen Termin also, werden die ersten allgemeinen, gleichen und freien Wahlen in der Geschichte Südafrikas abgehalten. Davor war noch eine Welle der Gewalt v.a. über KwaZulu hinweggerast. Eine groteske Allianz aus Inkatha-Freiheitspartei und weißen Fascho-Gruppen hatte sich verlustreich,

Die Geburt der Demokratie

„Jene Tage im April bleiben unvergeßlich für alle, die daran teilhaben durften. Dies Ereignis brachte die Südafrikaner in einer Weise zusammen, die zuvor nicht ihresgleichen kannte. Der Wunsch zu wählen wurde zum Nationalwillen. Schwarze und weiße Bürger waren sich plötzlich ganz nah im unabänderlichen Entschluß, die Wahl zu einem vollen Erfolg zu machen – und in der erleichterten Freude, als es geschafft war. [...]
Für viele Weiße war das Erlebnis genauso bewegend wie für die Schwarzen. Vornehme Damen reihten sich mit ihren Dienstmädchen geduldig in die wartende Menge vor dem Wahllokal ein und genoßen den Beigeschmack der eigenen Befreiung. Als sie erfuhren, daß die Warteschlangen im benachbarten Squattercamp kürzer waren, trauten sich wohlhabende Weiße aus Joburgs nördlichen Vororten zum ersten Mal in ihrem Leben in jene Gegend und gaben ohne Beeinträchtigung ihre Stimme ab. Das Gefühl der Erleichterung, daß der Fluch der Apartheid nun aufgehoben würde, war unter den Weißen, die ihn heraufbeschworen hatten, genauso spürbar wie unter den Schwarzen, die darunter gelitten hatten. [...]
Es war eines dieser Ereignisse, über das die Alten sagten, sie könnten jetzt glücklich sterben. Die Jungen beschlich eine Ahnung, daß sie an der Schwelle zu einer verheißungsvollen Epoche standen. Und alle zusammen waren stolz darauf, später sagen zu können: **Ich war dabei.**" *(Martin Meredith, 1994)*

aber letztlich erfolglos für eine Verschiebung eingesetzt; s. die Kastengeschichten Buthelezi und Bisho.
Erwartungsgemäß erbringt das Endergebnis, das erst eine Woche später feststeht (!), einen überwältigenden Sieg des ANC, der aber die Zweidrittelmehrheit knapp verfehlt. Die nächsten Plätze nehmen de Klerks Nationale Partei und Buthelezis Inkatha ein, beide mit unerwartet guter Stimmausbeute. Die angesichts von 19 Parteien befürchtete Zersplitterung im Parlament bleibt aus. Den Sprung über die 0,25%-Hürde schaffen nur sieben Parteien.

ANC 62,6% (312 Abgeordnete), NP 20,4% (102), IFP 10,5% (48), VF 2,2% (11, burisch-nationalistisch), DP 1,7% (9, britisch-liberal), PAC 1,2% (6, afrikanisch-radikal), ACDP 0,5% (2, christdemokratisch).

Regierung der Nationalen Einheit

Am 9. Mai 1994 wird ANC-Führer Nelson Mandela in Kapstadt zum ersten schwarzen Staatspräsidenten des Landes gewählt und am folgen-

PAN AFRICANIST CONGRESS OF AZANIA	PAC
SPORTS ORGANISATION FOR COLLECTIVE CONTRIBUTIONS AND EQUAL RIGHTS	SOCCER
THE KEEP IT STRAIGHT AND SIMPLE PARTY	KISS
VRYHEIDSFRONT - FREEDOM FRONT	VF-FF
WOMEN'S RIGHTS PEACE PARTY	WRPP
WORKERS'LIST PARTY	WPL
XIMOKO PROGRESSIVE PARTY	XPP
AFRICA MUSLIM PARTY	AMP
AFRICAN CHRISTIAN DEMOCRATIC PARTY	ACDP
AFRICAN DEMOCRATIC MOVEMENT	ADM
AFRICAN MODERATES CONGRESS PARTY	AMCP
AFRICAN NATIONAL CONGRESS	ANC
DEMOCRATIC PARTY - DEMOKRATIESE PARTY	DP
DIKWANKWETLA PARTY OF SOUTH AFRICA	DPSA
FEDERAL PARTY	FP
LUSO - SOUTH AFRICAN PARTY	LUSAP
MINORITY FRONT	MF
NATIONAL PARTY - NASIONALE PARTY	NP

Wahlzettel im April 1994: erstaunlich, daß SOCCER und KISS so schlecht abgeschnitten haben

den Tag in Pretoria vereidigt. Damit finden dreieinhalb Jahrhunderte weißer Vorherrschaft in Südafrika ihr Ende.

Beleg für die Bedeutung, die die Welt diesem Vorgang beimißt: an Mandelas Vereidigung nehmen 42 Staatschefs & 5000 Amtsträger aus 169 Ländern teil. Dazu gehören UN-Generalsekretär Butros Ghali und der britische Prinz Philipp, US-Vizepräsident Al Gore und Kubas Fidel Castro, PLO-Chef Yassir Arafat und Tansanias Julius Nyerere. Nur die Mongolei, Bhutan, Antigua & Barbuda haben sich entschuldigen lassen.

Am nächsten Tag beginnt die Koalition aus ANC, NP und Inkatha mit der „Versöhnung" zwischen Schwarzen und Weißen. Vereinbarungsgemäß muß eine neue Verfassung bis April 1996 ausgearbeitet werden. Diese Zeit wird angesichts extrem unterschiedlicher Interessen bitter benötigt, weil dem ANC 15 Stimmen zur nötigen Zweidrittelmehrheit fehlen. Die NP kämpft bis zuletzt Minute um Minderheitenrechte, die IFP zieht sich beleidigt zurück, weil sie nicht ein Höchstmaß an föderativen Elementen für KwaZulu-Natal erhält. Am 8. Mai 1996 stimmen in Kapstadt schließlich fast alle Parlamentarier für die Geburtsurkunde des Neuen Südafrika; die Christdemokraten sind dagegen, die Freiheitsfront enthält sich, die IFP-Plätze bleiben demonstrativ leer.

Die Verfassung verbürgt das Grundrecht auf Eigentum, Wohnung, Nahrung, Zugang zu Wasser, Gesundheit & Erziehung. Das Streikrecht wird festgeschrieben, die Todesstrafe abgeschafft, die Abtreibung erlaubt. Ein Provinzrat ersetzt den Senat und soll, ähnlich dem deutschen Bundesrat, das Zusammenwirken von Zentralstaat und Provinzen gewährleisten.

Während Südafrika seine Verfassung feiert, spricht IFP-Chef Buthelezi von „der größten Unfreiheit in der Geschichte des Landes". Nur einen Tag später verläßt die Nationale Partei, seit 1948 durchgehend an der Macht, die Regierung. Sie geht in die Opposition und will sich dort zu einer neuen politischen Bewegung wandeln - doch bald schon erweist sich die kleine DP als einzige konstruktive, pfiffige Opposition im Parlament.

Am 6. September folgt dann der nächste Knall. Das Verfassungsgericht lehnt die Verfassung (und auch die Regionalverfassung für KwaZulu-Natal) ab. Sie entspreche z.B. bei den Rechten der Provinzen, der Kommunen und des Rechnungshofes nicht den Prinzipien der 1993 vereinbarten Interimsverfassung. Am **11. Oktober 1996** wird der überarbeitete Entwurf aber doch mit überwältigender Mehrheit verabschiedet.

NP-Rückzug und Verfassungsgerichtsurteil sind - auch wenn sie das Klima vorübergehend belasten - wichtige Signale für das Funktionieren von Demokratie und Rechtsstaat. Dem ANC, der oft Vorlieben für einen Ein-Parteien-Staat à la Simbabwe erkennen läßt, kann eine starke Opposition nur gut tun. Damit lassen sich auch die vielkritisierten Freisprüche für Ex-Verteidigungsminister Magnus Malan und seine Henkersknechte im Oktober 1996 ertragen, so bitter sie für die Verfolgten sein mögen: die Rechtssprechung ist tatsächlich unabhängig.

Auf den zweiten Blick

Nelson Mandela: Südafrikas erster schwarzer Präsident

Den Regenbogen im Herzen

Manchmal übertrifft das Leben selbst die kühnsten Phantasien, und die Welt steht staunend daneben. Vor acht Jahren noch war der Name Mandela ein bloßer Mythos; kaum einer hatte den Mann gesehen, der seit über einem Vierteljahrhundert im Gefängnis saß; noch wenigere hatten ihn jemals gesprochen. Und dann also nicht nur der direkte, strahlende Weg zur Macht, sondern auch die »Befreiung« eines großen Landes, das viele bereits auf direktem Wege in den Bürgerkrieg gewähnt hatten.

Nelson Rolihlala Mandela wird am 18. Juli 1918 (noch vor Ende des Ersten Weltkrieges) im Nest Qunu bei Umtata im Stammesgebiet Transkei als Sohn eines Thembu-Häuptlings geboren. Er absolviert sein Jurastudium in Fort Hare und später in Jo'burg, wo er 1952 mit Oliver Tambo das erste schwarze Anwaltsbüro Südafrikas eröffnet. Bereits 1944 war der entschiedene Gegner der Apartheid dem ANC beigetreten, dessen Jugendliga er nun mitbegründet. Als der ANC im Gefolge des Massakers von Sharpeville 1960 verboten wird, steigt Mandela in die obersten Ränge auf, auch zum Generalsekretär, ist an Aktionen und Streiks gegen die Regierungspolitik beteiligt und gründet 1961 den Guerillaverband »Umkhonto we Sizwe« (oft abgekürzt MK; übersetzt: Speer der Nation). Umkhonto fällt bald durch eine Reihe von Sabotageakten auf, der längst gesuchte Mandela dagegen durch sein Geschick, Südafrikas Polizei und Armee ein ums andere Mal Schnippchen zu schlagen.

Anderthalb Jahre lang organisiert er den ANC-Widerstand aus dem Untergrund, besucht sogar benachbarte und europäische Länder, bis er 1962 nach Verrat doch verhaftet wird. Anklagepunkte: Umsturzversuch, Terror und kommunistische Aktivitäten. Urteil zunächst: fünf Jahre Haft, dann nach weiterem Prozeß im Juli 1964: lebenslängliche Verbannung auf Robben Island. Auf der Gefängnisinsel muß er im Steinbruch arbeiten; seine Augen nehmen dabei so schweren Schaden, daß ihm später auf beiden Seiten graue Stare entfernt und künstliche Linsen eingesetzt werden müssen.

Erst in den achtziger Jahren erwacht (vor allem in Europa) die Erinnerung an den Eingekerkerten. Eine erste Kampagne, auch getragen vom Special AKA-Welthit »Free Nelson Mandela«, mündet in ein Angebot der Regierung Botha: Freilassung unter der Bedingung, Mandela schwöre im politischen Kampf der Gewalt ab. Der immer noch unbestrittene ANC-Führer, inzwischen in das »komfortablere« Pollsmoor-Gefängnis verlegt, lehnt dieses (Februar 1985) wie auch alle folgenden, ähnlichen Angebote ab.

Dann kommt der 11. Februar 1990. Frederik Willem de Klerk hat vor sechs

Monaten die Nachfolge Bothas angetreten, vor neun Tagen seine sensationelle, unerwartete »Wende-Rede« vom Aufbau einer Gesellschaft ohne Rassenschranken gehalten und neben verschiedenen anderen Verbänden auch den ANC wieder zugelassen, und heute entläßt er Nelson Mandela, den mit 28 Knastjahren berühmtesten politischen Häftling der Welt.
Noch am gleichen Abend hält Mandela vom Kapstädter Rathaus eine Ansprache an hunderttausend Zuhörer und an die ganze Welt: kein Gewaltverzicht, keine Aufhebung der Sanktionen, der Kampf geht weiter, One Man One Vote - und liefert, am Rande bemerkt, ein gutes Beispiel seiner kalorienarmen Rhetorik. In der Autobiographie wird auch das Glückwunschtelegramm einer weißen Hausfrau zitiert: »Ich bin sehr froh, daß Sie frei und wieder bei Ihren Freunden und Ihrer Familie sind. Aber Ihre Rede von gestern war sehr langweilig.«
Der Kampf geht also weiter. Im März 1990 wird er zum Vizepräsidenten, im Juli 1991 als Nachfolger des erkrankten Oliver Tambos einstimmig zum Präsidenten des wieder legalen ANC gewählt. Bereits im April 1990 hatten offizielle Gespräche mit de Klerk über politische Reformen begonnen. Wenige Wochen später gelingt der historische Durchbruch: Mandela gibt den Gewaltverzicht seiner Partei bekannt, de Klerk läutet das Ende der Apartheid ein. Beide werden dafür 1993 mit dem Friedensnobelpreis ausgezeichnet. Auf einer seiner nun zahlreichen Auslandsreisen ruft der ANC-Führer vor den Vereinten Nationen zur Aufhebung aller Sanktionen gegen Südafrika auf. An seiner Karriere und den immer neuen Skandalen seiner Frau zerbricht die Ehe mit Winnie Mandela, welche die gesamte Gefängniszeit überdauert hatte. Aus nicht näher erläuterten »Differenzen« trennt sich das Paar 1992.
Mit 73 Jahren hatte die eigentliche politische Laufbahn Mandelas begonnen, mit 76 erreicht sie ihren Höhepunkt. Bei den ersten freien, allgemeinen und gleichen Wahlen geht der ANC im April 1994 mit 62,6 Prozent aller Stimmen als klarer Sieger hervor. Am 9. Mai wird sein Führer zum ersten schwarzen Präsidenten Südafrikas gewählt, anderntags vereidigt. In Antrittsrede und Amtshandlungen seither beweist Mandela immer wieder seine Bereitschaft zur Versöhnung: er will den Weg zur Regenbogennation weisen und fordert alle Weißen auf, nicht auszuwandern, sondern an der Bildung einer nichtrassischen Nation mitzuwirken. Sein Name ist zum Symbol für den Befreiungskampf der Schwarzen in Südafrika geworden, zum Synonym für Verbitterung und Wut zunächst, und schließlich für Versöhnung. Längst sind auch die allermeisten Weißen stolz auf »ihren« Präsidenten, und oftmals wird nur eine Sorge geäußert: daß er zu früh sterben könne. Nun, seinen Rücktritt hat Mandela 1999 vollzogen, und derzeit gilt nach Angaben der Ärzte sein Gesundheitszustand »abgesehen von Alterserscheinungen als ausgezeichnet«. Er trägt im Ohr ein kleines Hörgerät, läßt Routine-Untersuchungen in der Faisal-Klinik im saudischen Riad vornehmen und gilt schon fast als alterslos, beinahe unantastbar.

Wachablösung: Mbeki für Mandela

Ob dennoch Verhältnisse wie im Nachbarland Simbabwe eintreten, wo Robert Mugabe die satte Mehrheit hat, jegliche Opposition kaltstellt, die Pressefreiheit mit Füßen tritt und die Wirtschaft ruiniert? Beim Generationenwechsel am Kap, von Mandela zu Thabo Mbeki, gelingt dem neuen Präsident ein überzeugender Start: Bei der zweiten freien Parlamentswahl am **2. Juni 1999** gewinnt sein ANC 66,5%. Mbeki verpaßt die angestrebte Zweidrittelmehrheit zwar um einen Sitz, stellt aber zusammen mit dem Koalitionspartner Inkatha (8,6%) drei Viertel aller Abgeordneten im Kapstädter Parlament. Damit könnte die Verfassung *inklusive* des Grundrechtskatalogs geändert werden.

Thabo Mbeki, der schon mehr als einmal Ansichten à la Mugabe offenbart hatte, wird am 16. Juni zum Nachfolger Mandelas als Präsident gewählt - und muß eigentlich nur mit einer seriösen Opposition rechnen. Die liberale DP unter dem scharfzüngigen Tony Leon erringt v.a. dank weißer und indischstämmiger Wähler 9,6% und mausert sich zielstrebig zur zweiten Kraft im Lande. Jene Partei, welche Südafrika aber mittels der Apartheid 46 Jahre lang kontrolliert hatte, schifft ebenso ab wie links- oder rechtsextreme Splittergruppen: Die Neue Nationale Partei unter dem blassen Martinus van Schalkwyk spielt nur noch am Westkap mit seiner Mischlingsmehrheit eine Rolle, fällt im Juni 1999 landesweit aber auf 6,9% zurück.

Wie sein Vorgänger wird auch Mbeki den schmalen Grat zwischen den hochgesteckten Erwartungen der Schwarzen und den Ängsten der Weißen abwandern müssen. Anders als Mandela mit seinen großen Versöhnungsgesten betont der Nachfolger aber stets die „Afrikanisierung" der Gesellschaft und will Überbleibsel weißer Privilegien beseitigen. Solange die Herrschaftsgewalt am Kap in schwarzen, die Wirtschaftskraft aber in weißen Händen ruht, gibt es keine Alternative zur Kooperation. Mandelas Regierungsbilanz ist schließlich nicht in allen Bereichen rosarot. Statt die versprochene Million neuer Jobs zu schaffen, zerstörten die restriktiven Arbeitsgesetze des ANC seit 1994 über 500.000 Arbeitsplätze, und die dafür federführenden Gewerkschaften sind eng mit Mbekis Partei verbandelt.

Daneben macht Mbeki die grassierende Kriminalität endlich zur Chefsache. Die weißen Auswanderungswellen berauben Südafrika nämlich jener Mittelschicht, die es zu seiner Entwicklung dringend braucht. Vielleicht gelingt Mbeki jetzt der Aufbau einer wirkungsvolleren Polizei und eines funktionierenden Rechtssystems. Nachdem das Land jahrelang in dunklen Tönen vom Tag nach Mandelas Abgang geraunt hatte, wurde nun im Juni 1999 dem Wirtschaftsfachmann Mbeki von innen wie außen viel Vertrauensvorschuß zuteil. Sogar die Finanzmärkte, eine der letzten weißen Spielwiesen, legten kräftig zu - die Wachablösung scheint zu klappen.

Thabo Mbeki, Südafrikas Präsident seit Juni 1999

Der Mann nach Mandela

Nelson Mandela würde nicht für eine zweite Amtszeit kandidieren, das war bald nach seiner Machtübernahme 1994 bekannt. Um Befürchtungen in der weißen Bevölkerung und im Ausland vorzubauen, der ANC könnte dann womöglich die sozialistische Keule auspacken, hat Südafrikas erster schwarzer Präsident frühzeitig seine „Nachfolge" geregelt.

Thabo Mvuyelwa Mbeki, 1942 in der Transkei geboren, trat am 16. Juni 1999 als Präsident in „Madibas" übergroße Fußstapfen. Der Sohn von Govan Mbeki, einem prominenten Mitstreiter Mandelas und Mithäftling auf Robben Island, floh nach dem ANC-Verbot 1962 ins Exil und begann zielstrebig eine steile Karriere: VWL-Studium an der University of London, Diplom am angesehenen Institut für Entwicklungsstudien in Sussex, später militärische Ausbildung in der Sowjetunion, seit den 80er Jahren Chefdiplomat des ANC im Hauptquartier in Lusaka/Sambia. Als Chef der wichtigen ANC-Informationsabteilung reiste Mbeki durch alle Welt, um für die Befreiung seines Landes zu werben, traf seit 1985 auch immer häufiger mit Vertretern des Apartheidregimes zusammen.

Erst nach Mandelas Freilassung 1990 betrat Mbeki wieder südafrikanischen Boden und spielte bald eine zentrale Rolle in den Verhandlungen mit den weißen Machthabern. Im Mai 1994 machte Nelson Mandela ihn zum Vizepräsidenten in seiner Regierung, damit war die Kronprinzenfrage bereits entschieden. Während der „Chef" sich immer mehr mit eleganten, großen Gesten auf die Rolle des Elder Statesman zurückzog, waren Tagesgeschäft, Kabinettssitzungen und Investorensuche im Ausland fürderhin Mbekis Aufgabe - spätestens seit 1996 war der „Vize" alleiniger Arbeitschef im Kabinett.

Stets fanden Beobachter an Thabo Mbeki allerlei Löbliches: er sei hochintelligent, weltgewandt, ein Großmeister des Taktierens, aber auch kühl, unsentimental und machtbesessen. Diplomaten schätzen sein britisches Auftreten mit Pfeife und feinem Zwirn, wo Mandela Schlabberhemden mit Folkloremotiven bevorzugte. Doch den gütigen Übervater hatten Schwarz und Weiß geliebt wie einen guten König, der pragmatische Manager und besessene Workaholic dagegen weckt im Volk keine romantischen Vorstellungen. Das Bad in der Menge liegt Mbeki nicht. Im Wahlkampf 1999 war er binnen weniger Monate ergraut, immer öfter stand ihm Erschöpfung ins Gesicht geschrieben - dafür legte Mbeki tatsächlich ein besseres Wahlergebnis hin als sein Idol fünf Jahre zuvor. Und noch ein Gegensatz zum Medienstar Mandela: Fragen nach seinem Privatleben sind dem kinderlosen Präsidenten regelrecht zuwider. Kaum jemand kennt seine Frau Zanele, die als Chefin einer Bank kaum an der Rolle einer First Lady interessiert scheint. In einem seiner wenigen Interviews nach der Amtsübernahme beschied Thabo Mbeki: „Ich glaube nicht, daß es irgendjemand interessiert, wieviele Tassen Kaffee ich am Tag trinke." Dem ANC und der Befreiung Südafrikas hat er jedes Privatleben geopfert: „Ich bin in den Kampf hineingeboren."

„Wir geloben feierlich, eine Gesellschaft aufzubauen, in der alle Südafrikaner, ob schwarz oder weiß, aufrecht gehen können ohne die geringste Furcht im Herzen, ihres unveräußerlichen Rechts auf Menschenwürde gewiß – eine Regenbogennation, in Frieden mit sich selbst und mit der Welt." Nelson Mandela, 10. Mai 1994

Zum Einlesen

☞ **Rian Malan,** ***Mein Verräterherz*** (Reinbek: rororo 1992, 16,90 DM). Malan, Jahrgang 1954 und Sproß einer bedeutenden Burenfamilie, gelingt es auf atemberaubende Weise, in Familienchronik, Autobiographie und Reportagen aus dem finstersten Südafrika die Wurzeln von Haß und Gewalt zwischen Weiß und Schwarz zu beleuchten.

☞ **Allister Sparks,** ***Morgen ist ein anderes Land.*** Südafrikas geheime Revolution (Berlin Verlag 1995, 39,80 DM). Einer der scharfsinnigsten Journalisten beschreibt den spannenden, spannungsreichen Einigungsprozeß zwischen Apartheidsstaat und ANC. Mit einer Fülle zuvor unbekannten Materials.

☞ **Nelson Mandela,** ***Der lange Weg zur Freiheit*** (Frankfurt: S. Fischer 1994, 58 DM). Lesenswerte, wenn auch streckenweise zähe Autobiographie, weitgehend von einem Ghostwriter verfaßt. Als passende Ergänzung: Albrecht Hagemann, *Nelson Mandela* (Reinbek: rororo-Monographien, 12,90 DM).

☞ **Hans Brandt/Bartholomäus Grill,** ***Der letzte Treck.*** Südafrikas Weg in die Demokratie (Bonn: Dietz 1995, 19,80 DM). Die Joburg-Korrespondenten von *FR* und *Zeit* beschreiben den Umbruch in spannender Reportageform. Dazu aufschlußreiche Gespräche aus dunkler Zeit: Thomas Kruchem, *Brücken über die Apartheid* (München: Piper, 1986).

Geographie

Die Republik Südafrika bedeckt die Südspitze des afrikanischen Kontinents mit einer Fläche von 1.222.161 qkm, gut dreieinhalbmal so groß wie Deutschland. Sie umschließt Lesotho vollständig und Swasiland weitgehend, grenzt im Norden an Namibia, Botswana und Simbabwe, im Osten an Mosambik. Die knapp 3000 km lange Küstenlinie führt von Ponta do Duro/Kosi Bay über das Kap der Guten Hoffnung bis zur Oranjemündung im Westen.

Südafrikas Topographie erinnert an eine auf dem Tisch umgestülpte Bratpfanne. Drum herum zieht sich ein Küstengürtel, der im Westen 60 km, im Osten bis zu 220 km breit ist. Mehrere Gebirgszüge umschließen das Hochplateau. Am Kap stapeln sie sich hintereinander, in KwaZulu-Natal übereinander, was die Drakensbergen zum höchsten Gebirge des Landes macht. Das Hochplateau dagegen stellt sich mit durchschnittlich 1200m über Meeresniveau als vorbildlich ebener Pfannenboden heraus. Nur die vorwitzigen, aber mickrigen Asbesberge und Langberge am Oranje spielen nicht ganz mit.

Höhenlage: Johannesburg 1735m, Pretoria 1362m, Bloemfontein 1390m, Pietermaritzburg 684m, Durban und Kapstadt am Meer.

Auf den zweiten Blick

Südafrika bewältigt seine jüngste Vergangenheit

Blicke zurück im Zorn

Von April 1996 bis Dezember 1998 muß sich Südafrikas Öffentlichkeit schonungslos wie nie mit ihrer Vergangenheit beschäftigen - vor der Wahrheitskommission unter Vorsitz von Erzbischof Tutu wie in den Prozessen gegen Magnus Malan (Verteidigungsminister 1980-1991 und gegen Eugene de Kock (Kommandant der berüchtigten Polizei-Spezialeinheit Vlakplaas 1985-1994). Dabei werden in entsetzlicher Zahl Zeugnisse von ungeahnter Grausamkeit abgelegt. „Die Fußtruppen des Apartheidsregimes haben nun auszusagen begonnen" (NZZ). Die dabei freigelegte Blutspur zieht sich bis vor den Amtssitz der Präsidenten Vorster, Botha und de Klerk.

Der Fall Eugene de Kock ist dabei schlimmstes unter vielen schlimmen Beispielen. Im Oktober 1996 wird der frühere Polizeioberst vom Obersten Gericht zu insgesamt 214 Jahre Haft verurteilt, für sechsfachen Mord, vielfache Anstiftung zum Mord, Folterungen und Dutzende weiterer Verbrechen bei „außerordentlicher Ruchlosigkeit". Vlakplaas verübte unter de Kock Mordanschläge auf ANC- und andere Aktivisten und konnte bis unmittelbar vor den Wahlen 1994 ungestört weiterarbeiten. Sein Vorgänger als Vlakplaas-Chef, Jack Cronjé, hatte ausgesagt, daß die Staatsführung zweifellos von den Mordkommandos gewußt habe.

Magnus Malan war dagegen wenige Tage zuvor mit den ehemaligen Oberkommandierenden der Streitkräfte und der Armee in Durban vom Mordverdacht freigesprochen worden. Das Gericht konnte ihnen keine Verantwortung an einem Massaker in KwaZulu nachweisen, bei dem im Januar 1987 dreizehn Schwarze, überwiegend Frauen und Kinder, bestialisch getötet worden waren. Die Geschichte der Inkatha-Todesschwadronen, die die Polizei gegen den ANC aufbaute und ausrüstete, muß noch geschrieben werden; seit 1986 wurden in KwaZulu-Natal mindestens 14.000 Menschen getötet.

Die pausenlosen Enthüllungen von Opfern und ehemaligen Polizisten vor der Wahrheitskommission in East London, Kapstadt und Joburg werden allerdings unweigerlich immer weitere Kreise ziehen. Unter Schwarzen taucht schon gelegentlich das Wort von „weißer Kollektivschuld" auf, während die meisten Weißen bekräftigen, nicht geahnt zu haben, was die Sicherheitskräfte im Namen der (alten) Ordnung anstellten.

Südafrikas Gestade werden vom Indischen und Atlantischen Ozean umspült. Deren unterschiedliches Temperant tritt an den Küsten zutage. Der **Agulhasstrom,** der sich von Zululand bis zur False Bay zieht, bringt vom Äquator viel Wärme mit. Der an die Westküste anbrandende **Benguelastrom** stammt dagegen aus der Antarktis und ist entsprechend bitterkalt. Beide prallen am Cape Point aufeinander, was zu erheblichen Winden führt.

Begriffe: immer noch werden Südafrikaner nach alter Sprachregelung eingeteilt, u.a. in Farbige oder *Coloureds* ("Mischlinge" nicht mehr gebräuchlich). Fragwürdig ist natürlich auch der Begriff „Schwarze", in den die weißen Herren alle Stämme packten, auf die sie bei ihren Trecks stießen. Er verschleiert, welch unterschiedliche Kulturen den Raum des heutigen Vielvölkerstaates seit vorgeschichtlicher Zeit bevölkern.
Wir sind uns der Zweifelhaftigkeit dieser Terminologie bewußt. Noch fehlt aber eine griffige Alternative.

Bevölkerung

Bei der ersten Volkszählung im Oktober 1996 nach der „Wiedervereinigung" zählte Südafrika 40,5 Millionen Einwohner, rund 33 pro qkm (Deutschland 228, Schweiz 169). Davon leben über 10 Millionen in den Agglomerationen Witwatersrand, Durban und Kapstadt. Das Bevölkerungswachstum erreicht seit den 80er Jahren Marken um 2-3%. Zwar ist die Geburtenrate für afrikanische Verhältnisse nicht hoch, doch nimmt die Bevölkerungszahl dank niedriger Sterbeziffer weiterhin zu. Die Lebenserwartung des durchschnittlichen südafrikanischen Mannes *(ob's den je geben wird?)* beträgt 60 Jahre, der Frau 66 Jahre. Zum Vergleich: Namibia 58/60, Lesotho 58/63, Mosambik 43/45.

32 Millionen Südafrikaner haben eine schwarze Hautfarbe (77%), 4,4 Millionen eine weiße (11%). Zahlreiche Weiße haben Südafrika seit 1994 den Rücken gekehrt, aus Angst vor der schwarzen Regierung oder der Kriminalität. Daneben gibt es drei Millionen Farbige und eine Million Inder, Malaiien und andere Asiaten.

Weiße

Ab 1652 kamen Siedler niederländischer, deutscher und französischer Herkunft ins Land. Aus diesem Gemisch entstand das „einzige weiße Volk Afrikas", das sich die Bezeichnung *Afrikaaners* zulegte. Heute bezeichnen 58% der Weißen Afrikaans als ihre Muttersprache.

Ab 1820 rückte eine beachtliche Anzahl britischer Siedler nach, v.a. in die Ballungszentren. Buren kreiden den anglo-afrikanischen Weißen an, daß sie sich häufig hinter den Wall des Afrikaanertums verzögen, „mit Gemecker, aber großem Nutzen" (Breytenbach).

Mit den Gold- und Diamantenfunden Ende des letzten Jahrhunderts, die Glücksritter und Pechvögel aus aller Welt anlockten, folgten weitere nennenswerte Einwanderergruppen. Doch ob aus Portugal oder Belgien, Italien oder Griechenland - alle haben sich sprachlich perfekt angeglichen. Daneben gibt es eine etablierte Judengemeinde. Die meisten der knapp 150.000 Juden leben in den Industriezentren Gautengs.

Farbige

Die ersten Weißen am Kap ließen sich das Leben standesgemäß durch Sklaven versüßen, die aus Westafrika, Madagaskar, Indien und Indonesien herangepeitscht wurden. Kinder, die aus Beziehungen dieser Sklaven mit Siedlern oder Schwarzen stammten, wurden als *Coloureds* zusammengefaßt. Welch apartheidsfremde Promiskuität zu Beginn der Kapbesiedlung herrschte, beweisen heute die Verbreitungszahlen dieser Coloureds. In den bis 1814 von Europäern beherrschten Gebieten sind sie mit 58/53% (West/Nordkap) deutlich in der Mehrheit. In später europäisierten Provinzen übersteigt ihr Anteil nicht 7%.

In der Regel bezeichnen sie Afrikaans als ihre Muttersprache. Abgesehen von Kap-Malaien hängen die meisten *Coloureds* dem christlichen Glauben an, und auch ihre Lebensweise ist westlich geprägt. Das wurde sogar zu Apartheidszeiten gewürdigt: den *Coloureds* in der Kapprovinz hätte Botha eine Parlamentsvertretung zugebilligt, den Schwarzen nicht.

Heute beschweren sich *Coloureds* über umgekehrte Diskriminierung, v.a. in der Arbeitswelt - früher nicht weiß genug, heute nicht schwarz genug.

Asiaten

Ihren Ursprung hat die asiatische Gemeinde im Jahre 1860, als in Madras viele **Hindus** rekrutiert (und in München wichtige Fußballvereine gegründet) wurden. Sie sollten auf Natals Zuckerrohrplantagen als Saisonarbeiter eingesetzt werden. Bei späteren Schüben kamen **gujaratisprechende Moslems** ins Land. Auch heute noch leben 800.000 Inder in KwaZulu-Natal, zwei Drittel davon sind Hindus. Die meisten sprechen fließend Englisch. Ihre ursprünglichen Muttersprachen (Tamil, Hindi, Gujarati, Urdu) sind nur noch in geschlossenen Versammlungen zu hören.

1904-06 wurden 63.000 Arbeitskräfte aus **China** angeheuert, die die Bergwerke im Witwatersrand für Hungerlöhne ausbeuten sollten. Zwar wurde die Mehrzahl nach getaner Pflicht heimgeschickt, doch blicken heute 13.000 Südafrikaner auf chinesische Vorfahren zurück. Sie beherrschen Englisch (selten Afrikaans) ebenso wie Mandarin und Kantonesisch.

Ein- und Auswanderung

In den Jahren 1988/89/90 lockte Südafrika durchschnittlich 12.000 Einwanderer v.a. aus Großbritannien und Simbabwe an, während ihm jährlich nur 5400 Staatsbürger den Rücken kehrten. Seit 1993 wandern dagegen jährlich über 10.000 Südafrikaner aus, darunter immer mehr weiße Farmer. Im Laufe vieler Gespräche mit Weißen taucht auch das Stichwort Emigration auf; als Beweggrund wird stets die unerträgliche Kriminalität genannt.

Unter Mandela vollzog das Department of Home Affairs fast eine Kehrtwende. Bis 1994 wurden Fachkräfte, die mit ihrer Familie einzuwandern wünschten, mit generöser Übernahme der Reisekosten angeworben. Heute haben selbst qualifizierte, finanzstarke Einwanderungswillige aus Europa einen schweren Stand. Bei schwarzen Einwanderern werden dagegen beide Auge zugedrückt, wenn sie seit zehn Jahren im Land wohnen, einen Arbeitsplatz haben oder in Südafrika verheiratet sind.

Mosambikaner: ein Riesenproblem sind illegale Einwanderer aus Nachbarländern, die sich zu Hungerlöhnen während der Erntezeit und mit Gelegenheitsjobs in Gauteng verdingen. Aus Mosambik kommen täglich Hunderte über die grüne Grenze. 1994 schickten die Behörden 70.000 Mosambikaner wieder heim, 1998 lag diese Zahl erheblich höher - die Hälfte ist nach Polizeischätzungen spätestens nach drei Monaten wieder im Lande.

Städte & Townships

Außer Kapstadt besaß Südafrika keine erwähnenswerte Metropole, bis im Herzen des Landes Diamanten (1869 in Kimberley) und Gold (1886 im Witwatersrand) gefunden wurden. Umgehend setzte rund um die Bergwerke eine breite Industrialisierung ein, mit der eine rasche Verstädterung einherging, v.a. durch schwarze Wanderarbeiter. Bis 1990 wurden zwar nur Zeitverträge ausgegeben, Schwarze sollten wieder in ihre „Homelands" zurückkehren. Diese Zuzugskontrolle scheiterte völlig, um alle Städte entstanden jene Townships, in denen inzwischen 54% der schwarzen Bevölkerung haust. Deren Drang in die Städte lohnt sich: im Ballungsgebiet Joburg hatten im Oktober 1996 „nur" 28% der arbeitsfähigen Menschen keinen Job, im strukturschwachen Norden und Nordwesten dagegen 46%. Rund um Kapstadt haben drei Viertel der 980.000 Haushalte Strom, in der Ostkapprovinz nur 300.000 der 1,3 Millionen Haushalte. In jeder zweiten Wohnung sind die Bewohner dort nach Sonnenuntergang noch auf Kerzen oder Paraffinlampen angewiesen.

Die größten Städte (mit Townships): Johannesburg 2 Millionen (Soweto rund 4 Millionen), Kapstadt 870.000 (rund 3 Millionen), Durban 750.000 (rund 2 Millionen), Pretoria 500.000 (rund 900.000), Port Elisabeth 300.000 (rund 700.000), Bloemfontein 230.000, Pietermaritzburg 170.000, Kimberley 150.000.

Völker auf Wanderschaft

Im ganzen Land sind unzählige "Spaziergänger" dunkler Hautfarbe zu sehen. Sogar vor den Autobahnen macht diese Marschierlust nicht Halt. Wohin gehen all diese Menschen bloß? Die Antwort hat viel mit dem "Warum gehen sie denn?" zu tun.

Die Entfernungen sind gewaltig, Wege abseits der Fernstraßen rar, Minibustaxis auf dem Lande noch rarer, und über Fahrzeuge verfügen die wenigsten. Darum wird marschiert: zum Einkaufen in den nächsten Shop, zur Shebeen im nächsten Dorf, zur Schule hinter den Hügeln, zur Arbeit in der großen Stadt - und oft einfach so, zum Zeitvertreib.

Die Fahrt durch abgelegene Gegenden, z.B. in KwaZulu, wird zum überwältigenden Erlebnis. Der Besucher, den schon von weitem die aufgewirbelte Staubwolke ankündigt, wird von allen Seiten entlang der Straße gegrüßt, fröhliches Gewinke, Kinderlachen. Wer im Mietwagen noch ein Sitzplätzchen übrig hat, sollte Anhalter mitnehmen - ein Gebot der Freundlichkeit und eine gute Gelegenheit, Bekanntschaften zu knüpfen.

Klima

Die mehr oder weniger subtropische Lage ermöglicht warme, im Sommer heiße Temperaturen. Weil aber der Meeresspiegel so weit unterhalb des Hochplateaus liegt, werden nicht die Wärmegrade anderer Länder auf vergleichbaren Breitengraden erreicht.

Dem Terrainanstieg Richtung Norden ist eine gewisse Ausgeglichenheit zu verdanken. Durchschnittliche Jahrestemperatur in Kapstadt 17°, in Pretoria 17,5°, obwohl fast 1400m höher. Erhebliche Unterschiede bieten dagegen die warme Ost- und die klamme Westküste. Auch wenn in den Drakensbergen schon -16° gemessen wurden, glänzt doch der Winter mit klarem Himmel und sonnigen Tagen; nur die Kaphalbinsel bekommt viele Wolken ab.

Nachtfrost tritt von Apr-Okt über 1100m immer mal wieder ohne Vorankündigung auf. Auf dem Highveld erhöht sich dafür die Zahl der Sonnentage, Regenschauer und Wolken machen sich noch seltener. Tag für Tag scheint in Südafrika die Sonne 8-9 Std lang - in Sydney nur 5,9 und in New York 6,9 Std. Im Juli 1996 forderte die strengste Kältewelle seit drei Jahrzehnten 30 Todesopfer. In Joburg wurden -10° gemessen, fünf der neun Provinzen lagen tagelang unter einer dünnen Schneedecke!

☞ **Breitengrade:** Messina wie Rio de Janeiro und Alice Springs auf 22°, Kapstadt wie Buenos Aires und Sydney auf 34°. Auf der Nordhalbkugel vergleichbar: Kalkutta bzw. Casablanca.

Klimageographie & Vegetationszonen

Südafrika ist ein trockenes Land mit gravierendem Niederschlagsgefälle (jährlich 502 mm, Weltdurchschnitt: 857 mm). Während auf Zululand, Wild Coast und Drakensberge über 1000 mm aus dem Himmel prasseln, müssen sich weite Teile des Nordkaps mit unter 200 mm bescheiden. Entlang der trostlosen Westküste und rund um

KLIMATABELLE

	Januar		Februar		März		April		Mai		Juni		Juli		August		Sept.		Oktober		Nov.		Dez.	
	°C	☼	°C	☼	°C	☼	°C	☼	°C	☼	°C	☼	°C	☼	°C	☼	°C	☼	°C	☼	°C	☼	°C	☼
Durban	26	6	27	7	26	6	25	7	23	7	22	7	22	7	22	7	22	6	23	5	24	6	25	6
Harare	26	8	26	8	25	7	23	7	21	7	21	5	20	5	22	6	23	6	23	6	24	7	25	8
Johannesburg	22	8	21	8	20	8	16	8	12	8	12	9	15	10	18	10	20	9	22	9	23	8	25	9
Kapstadt	25	11	25	11	24	10	22	8	19	6	17	6	17	6	17	7	18	8	20	9	22	10	23	11
Keetmanshoop	32	11	31	11	30	11	27	10	23	10	20	10	19	10	22	10	26	10	28	11	31	12	32	12
Port Elizabeth	24	9	24	8	23	7	22	8	20	7	19	7	19	7	18	8	18	7	19	8	21	9	23	9
Victoria Falls	29	7	29	6	28	7	28	8	27	9	25	9	25	9	28	9	31	10	33	10	33	7	30	6
Windhoek	28	9	27	8	26	8	24	9	22	10	20	10	20	10	23	10	26	10	28	10	29	10	29	10

Angegeben sind die durchschnittlichen Tagestemperaturen in °C und die durchschnittlichen täglichen Sonnenscheinstunden.

Kapstadt tritt der Regen in sanften, anhaltenden Winterschauern nieder. In anderen Landesteilen liefert er prächtige Inszenierungen mit kurzen, giftigen Sommergewittern. Auch Hagel ist oft mit von der Partie.

Die Rand/Subtropenzone an Natals Küste erlebt mittlere Temperaturen von 20° und Jahresniederschläge von 1000 mm. Weil Frost ausbleibt, werden auch tropische Pflanzen (Bananen, Zuckerrohr) kultiviert. Streifenweise stehen noch einheimische Wälder.

Das Sommerregengebiet im östlichen Highveld empfängt 500-1000 mm, überwiegend Okt-März. Über 1100m kommt es hin und wieder zu Frost, darüber auch Schneefall. Katastrophale Starkregenereignissen spülen die dünnen Böden ab. Grasland mit sanften Hügeln und wenigen Bäumen begleitet jeden Besucher zwischen Bloemfontein, Harrismith und Joburg.

Als binnenländische Trockengebiete (unter 500 mm) mit savannenähnlichem Bushveld werden Nordprovinz, Mpumalanga, Gauteng, Nordwest, Freistaat und der nördliche Teil der Kapprovinzen zusammengefaßt. Regelmäßig treten überlange Trockenperioden auf, die einer landwirtschaftlichen Nutzung abträglich sind. Joburg sieht manchmal acht Monate lang keinen Regentropfen!

In den Wüstengebieten von Westküste und Unterem Oranje fallen gar unter 200 mm. Hinzu kommen extreme Verdunstungswerte, so daß hier keine Nutzung mehr stattfindet. Im 15-125 km breiten Streifen hinter der Westküste ist die Pflanzenwelt der Wüste anzutreffen. Halbwüstenflora (Karoo-Vegetation) bedeckt fast das gesamte Nordkap.

Im Winterregengebiet um Kapstadt fallen 600-800 mm, in höheren Lagen bis zu 1000 mm. Von Apr-Sep herrschen niedrige Wintertemperaturen. Stellenweise wird Weizen angebaut. Hier wirkt die Pflanzenwelt fast mediterran und ungeheuer vielfältig. Wegen vieler endemischer Arten wird diese Region zu den sechs Florenreichen der Welt gezählt.

Im Westkap gibt es ein kleines Küstenrandgebiet zwischen Mossel Bay und PE, in dem sich 800-1000 mm über das ganze Jahr hinweg verteilen. Dank gemäßigter Jahrestemperaturen entstand hier ein kleiner Bereich mit immergrünen Wäldern (Garden Route).

Auf den zweiten Blick

Erosion: eines der größten Umweltprobleme in Südafrika

Wenn der Boden den Abgang macht

Von Frank Russow

Unter Bodenerosion versteht man die Abtragung des Bodenmaterials von der Oberfläche durch Wasser und Wind. Dieser Prozeß ist zwar natürlich, wird jedoch durch Nutzung der Böden durch den Menschen verstärkt oder gar in Gang gesetzt. Maß und Intensität der Erosion hängen von vielen Faktoren ab: Klima, Relief, Boden, Bewuchs, Bewirtschaftung usw.

Dongas und Gullys: der saisonbedingte Rhythmus zwischen Regen- und Trockenzeit bedingt meist eine spärliche Pflanzendecke, so daß bei starken Regen die Abspülung der oberen Bodenschicht größer ist als in Gebieten, die nicht einem solchen Wechsel unterworfen sind. Das Regenwasser sammelt sich in Bächen, die zur Bildung von Dongas (schluchtenähnliche Erosionsrinnen) führen. Starkregen, große Hangneigung und entsprechender Gesteinsuntergrund greifen also sichtbar ins Relief ein, so daß Rillen und Risse die Hänge zerfurchen und jeglicher Nutzung entziehen. Allgemein sind Böden in feuchten Klimaten mit geschlossener Pflanzendecke weniger erosionsanfällig als Böden in vegetationsfeindlichen Klimaten.

In Südafrika ist Bodenerosion weit verbreitet und tritt in zahlreichen Formen auf, als Rinnen (rills), Gräben (gullys) und V-förmige Schluchten (dongas) entlang der meist überweideten Hänge. In Gebieten, in denen Dongas weit verbreitet sind, ist die landwirtschaftliche Nutzung nur noch eingeschränkt möglich; in diesem Zusammenhang spricht man auch von Degradation.

400 Millionen Tonnen verloren: in ehemaligen Homeland-Gebieten ist die Lage besonders prekär. Hier lebten vier Fünftel der Einwohner auf weniger als einem Fünftel der Fläche Südafrikas vorwiegend von Viehwirtschaft und Feldbau. Hier wurden die Wälder oft gänzlich abgeholzt. Hier boten große Areale ohne schützende Bedeckung der Flächenerosion gute Angriffsmöglichkeiten. Jahr für Jahr gehen nach Regierungsangaben (1991) etwa 400 Millionen Tonnen Boden verloren! Diese bedenkliche Bodenzerstörung geht einher mit einem Verlust der Pflanzendecke, wodurch sich stellenweise der Grundwasserspiegel absenkt. Dieser Teufelskreis ist auch den regierenden Stellen bekannt, so daß versucht wird, in Zusammenarbeit mit Universitäten und anderen Institutionen Schutzmaßnahmen zu ergreifen. Eine Möglichkeit: an Hängen mit steilem Gefälle die Felder höhenlinienparallel zu bearbeiten, so daß mehr oder weniger ausgeprägte Terrassen entstehen, die im Hinblick auf Erosionsschutz spürbare Verbesserungen versprechen.

Auf den zweiten Blick

Vegetationszonen: je weiter westlich, desto trockener

Von immergrün bis ganz schön wüst

Von Frank Russow

Die Vegetationszonen Südafrikas sind geprägt durch das Klima und dessen wesentliche Einflußgrößen: Niederschlag, Verdunstung, Temperatur und Relief (Aufbau der Erdoberfläche). Das Relief spielt hier eine besondere Rolle im Hinblick auf Höhen- und Tiefenlagen, oder auch wegen der relativen Lage eines Hanges in Bezug auf Sonneneinstrahlung, Wind, Regen usw. Die von Ost nach West zunehmende Trockenheit (Aridität) bedingt einen stufenlosen Übergang von subtropischen immergrünen Wäldern zu Vollwüsten. Bezüglich einer Höhengliederung der Vegetation gibt es markante Unterschiede zwischen Küstenstreifen, Randschwelle und Binnenland (Highveld).

Immergrün: im äußersten Süden und auf der Ostseite Südafrikas kommt es zur Ausbildung immergrüner Wälder im immerfeuchten kapländischen Bereich. Diese Wälder haben sich einst wohl geschlossen zwischen Mossel Bay und Port Elizabeth ausgedehnt. Bestes übriggebliebenes Beispiel: das Naturschutzgebiet des Knysna-Walds.

Savannen: die typischen Vegetationsformationen im östlichen und nördlichen Südafrika sind ihrerseits gebunden an sommerfeuchtes Klima. Hauptkennzeichen der Savannen ist das je nach Jahreszeit höchstverschiedene Aussehen der Pflanzendecke. Zur Regenzeit sind Gräser und Sträucher frisch und grün belaubt. In trockeneren Monaten erscheint das Pflanzenleben sehr dürftig; Gräser sind gelblich gefärbt und oberflächlich abgestorben, Gehölze blattlos. Der Begriff Savanne umfaßt großzügig Feuchtsavannen der Küstenebenen, Trockensavannen und Dornsavannen des Kalaharibeckens.

Feuchtsavannen, ursprünglich in Natal, Mpumalanga und Swasiland weit verbreitet, sind durch den Menschen fast vollständig in landwirtschaftliche Nutzgebiete umgewandelt worden, was natürlich mit den problematischen Niederschlagsverhältnissen zu tun hat. Trockensavannen, immer noch weit verbreitet, sind zu erkennen an Akazien, Mopanewäldern und Baobabs, daneben Süßgräsern als wesentlicher Grundlage der Viehhaltung.

Dornsavannen kennzeichnen den Übergang des Binnenlandes zu den wüstenhaften Regionen des Westens; typisch sind Dornakazien und eine spärliche Grasflur, die dennoch für periodische Weidewirtschaft ausreicht.

Höhengras: die Höhengrasländer im Osten weisen wegen Höhenlage und Nachtfrost ein (weitgehend) baumfreies Grasland auf, das durch Rinder und Schafe beweidet wird.

Wüsten: im Westen des Landes sind durch klimatische Bedingungen Wüsten und Halbwüsten entstanden. Die Karoo, eine Formation von großer Ausdehnung, ist gekennzeichnet durch recht weitständige Sträucher und Sukkulenten, die im Schnitt etwa 50 cm hoch werden. Stellenweise werden die Halbwüsten noch als Schafweiden genutzt, da besonders im östlichen Teil Reste einer geringen Grasflur zu finden sind. Die Wüste im Westen ist dagegen vegetationsarm, auch wenn noch eine Reihe endemischer Sukkulenten auftritt. Eine Besonderheit dieser Trockengebiete: der Köcherbaum, eine Aloenart.
Feines Büschchen: im Gebiet des kapländischen Winterregens findet man die Fynbosvegetation, der eine besondere Rolle zukommt. Diese Pflanzengesellschaft besteht aus immergrünen Hartlaubsträuchern wie Ericaceen und Proteen, deren gewaltiger Artenreichtum oft als Kapflora bezeichnet wird. Diese Flora unterscheidet sich dermaßen von den Pflanzen der angrenzenden Gebiete und überhaupt den Pflanzen der restlichen Welt, daß man sie als Florenreich gleichsetzt mit den anderen »Floral Kingdoms« der Erde: Holarktis, Paläotropis, Neotropis Australis, Antarktis und dem ozeanischen Florenreich.
Insgesamt gehören zur Capensis 8500 Pflanzenarten, von denen sich knapp drei Viertel nur hier finden lassen. Die Gesamtmenge in diesem vergleichsweise winzigen Bereich entspricht immerhin 42 Prozent der Gesamtartenzahl im südlichen Afrika! Menschliche Eingriffe, Aufforstung und Überweidung bedrohen aber auch den Bestand dieser weltweit einzigartigen Pflanzenwelt.
Senkrecht: eine vertikale Vegetationszonierung läßt sich anhand des Beispiels der Drakensberge kurz beschreiben.
Steineibenwälder (Podocarpus-Arten) kennzeichnen Höhenlagen bis 1800 m; im Anschluß folgen Buschwälder bis 2000 m; hohe Gebüsche erreichen höchstens 2400 m; darüber findet man nur noch Heidevegetation.

Hindernis für Menschen, Nahrung für Elefanten: Kameldornbusch in der Halbwüste

Auf den zweiten Blick

Wasserwirtschaft: drei Aufgaben für 360 Stauseen

Ein Land lechzt nach Wasser

Von Frank Russow

Wie überall auf der Welt muß die Wasserwirtschaft auch in Südafrika drei Aufgaben gerecht werden: Sicherstellung der Trinkwasserversorgung, Gewährleistung des Wasserbedarfs der Industrie und die Versorgung der Landwirtschaft mit Wasser. Um diesen Anspruch zu erfüllen, mußte das Land mit einem Netz von 360 Strauseen überzogen werden; die größten liegen entlang des Oranje Rivers (Bloemhof, Gariep usw.).

Trocken bis 2060: Die Nutzung des Grundwassers ist nur in sehr beschränktem Maß möglich und hat deshalb geringe Bedeutung. Somit können die verfügbaren Wassermengen nicht oder nur wenig steigen, da man wegen der spärlichen nutzbaren Grundwasserreserven auf das bestehende Flußsystem angewiesen ist. Nach Schätzungen des Department for Water Affairs (1986) erreicht jedoch der Wasserbedarf noch mittlere Steigerungsraten von 7,5 Prozent pro Jahrzehnt. Das bedeutet: nach DWA-Berechnungen werden bis zum Jahr 2060 sämtliche Wasservorräte erschöpft sein und die weitere Entwicklung Südafrikas hinge von Wasserimporten ab. Der größte Teil der Landwirtschaft ist auf künstliche Bewässerung angewiesen, so daß dieser Sektor gut die Hälfte der Gesamtwassermenge beansprucht. Der Anteil des Trinkwassers, derzeit ungefähr 10 Prozent, wird sich stark erhöhen, sobald auch der nicht-weiße Teil der Bevölkerung ans Trinkwassernetz angeschlossen wird. Überdies dürfte der Brauchwasserbedarf für industrielle und bergbauliche Nutzung ebenfalls ansteigen, da Südafrika auf diese Haupteinnahmequellen angewiesen ist.

Verteilung: nächstes Problem der Wasserwirtschaft ist die räumliche und zeitliche Verteilung der Niederschläge. Keinesfalls kann auch nur von annähernd gleichmäßigen Regenfällen gesprochen werden.

Die subtropische Küstenzone von KwaZulu/Natal weist 1000 mm im Jahresmittel auf, verteilt auf sieben oder acht feuchte Sommermonate.

Im Bereich der Großen Randstufe werden Werte zwischen 800-1000 mm erreicht. In Regionen über 1300 m über Meereshöhe sind sogar noch höhere Werte aufgezeichnet. Hinzu kommt in diesen Gebieten Nebelfeuchte, so daß von zwölf humiden Monaten gesprochen werden kann.

Von West nach Ost nimmt dann die Niederschlagsmenge ab, bis hin zum nördlichen, wüstenhaften Teil der Kapprovinz, wo im Durchschnitt weniger als 200 mm pro Jahr fallen.

Verdunstung: als wesentlich für den Wasserhaushalt gilt auch die Verdunstung. Südafrika besteht zu gut zwei Dritteln aus trockenen oder bestenfalls halbtrockenen Gebieten. Also übertrifft die mittlere Verdunstung die vergleichbare Niederschlagsmenge, und nur etwa 9 Prozent der jährlichen Niederschläge gelangen in den oberflächlichen Abfluß, in Flüsse und Bäche. Hieraus folgt (zum Leidwesen vieler Touristen), daß die Fließgewässer zum größten Teil nicht dauerhaft Wasser führen, sondern oft austrocknen.

Die Verteilung der Niederschläge bestimmt über die Möglichkeiten landwirtschaftlicher Nutzung. Wo im Jahresschnitt 600 mm fallen, kann Mais oder Getreide angebaut werden, was im Osten und Nordosten des Landes auch geschieht. In Natal können sogar Intensivkulturen wie Zitrusfrüchte angebaut werden. Im Binnenland der Großen Karoo reicht das Wasser für Ackerbau nicht aus; hier findet man stattdessen extensive Viehwirtschaft. Erst in der Kapregion reichen die Niederschlagsmengen wieder aus, um Sonderkulturen wie Obst und Weinbau zu ermöglichen.

Noch erlaubt die Wasserversorgung beachtliche Extravaganzen: Toilettenhäuschen mitten in der Wüste

Bei Tourvorbereitung und Einreise muß man sich keine grauen Haare wachsen lassen. Südafrika gehört zur Ersten Welt - zumindest für Touristen.

Reisevorbereitung

Einreise

Deutschen, Österreichern und Schweizern reicht der **Reisepaß** (mindestens noch sechs Wochen gültig), sofern sie nach 90 Tagen wieder ausreisen. Wer länger bleiben will, besorgt ein Visum oder hüpft kurz in ein Nachbarland und setzt den Countdown neu in Gang. Verlängerungsgesuch ans **Department of Home Affairs,** *Sentrakor Bldg, Pretorius St, Pretoria, T. 012/324 1860;* dabei Flugticket & Paß vorzeigen, Gebühr rund 180 DM.

☞ Für die Einreise nach **Namibia, Botswana & Simbabwe** genügt der Reisepaß bei einem Aufenthalt bis zu drei Monaten. Zu Lesotho, Swasiland & Mosambik s. Landeskapitel. Alle Visa können schon zuhause oder in Pretoria eingeholt werden.

Einfuhrbestimmungen werden großzügig gehandhabt. Zollfrei: 1 Liter Spirituosen, 2 Liter Wein, 400 Zigaretten, 50 Zigarren, alles für den persönlichen Gebrauch. Wer am *Nothing to Declare*-Schalter nicht allzu sehr grinst, macht keine Bekanntschaft mit Zöllnern. Touristen dürfen 500 Rand in bar und Reiseschecks in unbeschränkter Höhe einführen.

Wer Haustiere mitbringen möchte, benötigt eine Tierärztliche Genehmigung. Näheres vom **Director of Veterinary Services,** *T. 012/206 9112.* Wer ausgefallene Hobbies betreibt oder ganz sicher gehen möchte: **Dept of Customs & Exercise,** *T. 012/284 3082.*

Botschaften & Konsulate

Publikumsverkehr meist nur vormittags, Mo-Fr 9-12h. B - Botschaft, K - Konsulat.

DEUTSCHLAND
(alle Bonn, ✆ 0228)
Südafrika: Auf der Hostert 3, 53173, T. 820 10, Fax 820 1148. - K: Harvestehuderweg 37, 20149 Hamburg, T. 040/450 1200. Sendlinger Torplatz 5, 80336 München, T. 089/231 1630. Ulmenstr. 37-39, 60325 Frankfurt, T. 069/719 1130.
Namibia: Mainzer Str 47, 53179, T. 346 021, Fax -025.
Simbabwe: Villichgasse 7, 53177, T. 356 071, Fax -309.

ÖSTERREICH
(alle Wien, ✆ 0222)
Südafrika: Sandgasse 33, 1190, T. 320 649 311, Fax -351.
Namibia: Strozzigasse 10-14, 1080, T. 402 9374, Fax -9370.
Simbabwe: Strozzigasse 10-14, 1080, T. 402 7936, Fax -9238.

SCHWEIZ
Südafrika: Jungfraustr. 1, 3005 Bern, T. 031/352 2011, Fax -1116. - K: Seestr. 221, 8700 Küßnacht, T. 01/911 0660.
Simbabwe: 5 Chemin du Rivage, 1292 Chambesy, T. 022/732 0434, Fax 338 4954.

SÜDAFRIKA
Deutschland: 180 Blackwood St, Arcadia, Pretoria, T. 012/427 8900, Fax 343 9401. - K: 825 St Martini Gardens, Kapstadt, T. 021/424 2410. Community Centre, 16 Kapteijn St, Hillbrow, Joburg, T. 011/725 1519. - 320 West St, Durban, T. 031/305 5677.
Österreich: 1109 Duncan St, Momentum Office Park, Pretoria, T. 012/346 2483, Fax -1151. - K: Norwich Life Tower, Fredman Dr, Sandton, Joburg, T. 011/784 0620. 33 Bellevue, Berea, Durban, T. 031/207 5408. 662 Hertzog Blvd, Kapstadt, T. 021/421 1440.
Schweiz: 818 George Ave, Arcadia, Pretoria, T. 012/343 6707, Fax -6771. - K: 21 Cradock Ave, Rosebank, Joburg, T. 011/442 7500. Waldorf Bldg, 80 St George's Mall, Kapstadt, T. 021/426 1040.
Botswana: Amos St, Colbyn, Pretoria, T. 012/342 4760, Fax -1845. - K: 122 De Korte St, B'fontein, Joburg, T. 011/403 3748. Southern Life Bldg, Kapstadt, T. 021/421 1045.
Namibia: 1243 Church St, Colbyn, Pretoria, T. 012/342 3520, Fax -3565. - K: Carlton Centre 209, Joburg, T. 011/331 7055. Standard Bank Bldg, Kapstadt, T. 021/419 3190.
Simbabwe: 798 Mertons, Arcadia, Pretoria, T. 012/342 5135. - K: Bank of Lisbon Bldg, 37 Sauer St, Joburg, T. 011/838 2156. 53/55 Fawley Towers, Kapstadt, T. 021/462 4349.
Lesotho: Momentum Centre, West Tower, 343 Pretorius St, Pretoria, T. 012/322 6090.
Mosambik: Glencairn Bldg, 73 Market St, Joburg, T. 011/234 907.
Swasiland: Rand Central Bldg 915, 165 Jeppe St, Joburg, T. 011/336 9776.

NAMIBIA (alle Windhuk, © 061)
Deutschland: Sanlam Centre, 6th Fl, 154 Independence Ave, T. 229 217, Fax 222 981.
Österreich: 60 Jan Jonker Rd, T. 237 934, Fax 238 795 (K).
Südafrika: RSA House, Jan Jonker/Nelson Mandela Ave, T. 229 765, Fax 224 140.

BOTSWANA (alle Gaborone)
Deutschland: Professional House, Segoditshane Way, Broadhurst, T. 353 143, Fax -038.
Südafrika: Kopanyo House, Plot 5131, Nelson Mandela Rd, T. 304 800, Fax 305 502.

SIMBABWE (alle Harare, © 04)
Deutschland: 14 Samora Machel Ave, T. 731 955/58, Fax 790 680.
Österreich: 30 Samora Machel Ave, T. 702 921/22, Fax 705 877.
Schweiz: 9 Lanark Rd, Belgravia, T. 703 997/98, Fax 794 925.
Mosambik: 152 Herbert Chitepo Ave, T. 790 837/39, Fax 732 898.
Südafrika: Temple Bar House, Baker Ave/Angwa St, T. 753 147.

Verkehrsämter

Satour bietet neben vielfältigen Broschüren, Faltblättern, Karten den tollen 250-Seiten-Wälzer „Eine Welt in einem Land". Er Soll allerdings bald durch ein Reisebüchlein (unter 10 DM) ersetzt werden. Dem Rotstift fielen im März 1999 bereits die Büros in Wien und Zürich zum Opfer; kein Publikumsverkehr mehr.

Europa-Zentrale: Hauptwache 11, 60313 Frankfurt, T. 069/929 1290, Fax 280 950.

Auch in Südafrika gerät Satour in die Defensive, u.a. durch InfoAfrica und private Marketingzusammenschlüsse. Dennoch bleibt die Fülle von Prospekten (selten kostenlos) und Infos ansehnlich. Gut für Reisende mit gehobenen Ansprüchen: *National Accomodation Guide* mit allen ein- bis fünfsternig dekorierten Hotels, Motels, Land- und Gästehäuser.

Südafrika-Zentrale: 442 Rigel Ave South, Erasmusrand, Pretoria, T. 012/347 0600, Fax 345 4889. Vertretungen in Bloemfontein, Durban, Joburg, Joburg Int'l Airport, Kapstadt, Kimberley, Nelspruit, Pietersburg, Port Elisabeth, Pretoria und Harare.

Tourist Offices sind am großen, kleingeschriebenen „t" oder „i" zu erkennen. Fast jede Stadt besitzt ein Verkehrsamt. Allüberall kümmern sich meist ältere Damen liebevoll darum, daß der Besucher aus Overseas ihr Städtchen in bester Erinnerung behalten möge.

Gelegentlich verläßt man sie erst nach einer Viertelstunde: ausgestattet mit einer originellen Unterkunft, Ideen für Ausflüge, Geheimtips für Speisestätten - und womöglich Gutscheinen fürs Weinfest im Nachbardorf, das in ein paar Minuten eröffnet.

Gesundheit

Das Reiseziel Südliches Afrika (mit Lesotho, Swasiland, Botswana, Namibia) ist gesundheitlich unbedenklich, die medizinische Versorgung gut und steht der europäischen in nix nach - zumindest für weiße Touristen mit mittlerem Budget. Südafrikas große Krankenhäuser sind hervorragend ausgerüstet, die Ärzte (im Telefonbuch: *Medical Practitioners*) hochqualifiziert. Nicht zufällig gelang die erste Herztransplantation 1967 in Kapstadt.

Allerdings treten mit Malaria und Bilharziose zwei ernstzunehmende Krankheiten auf, und gelegentlich wird aus Mosambik Cholera in Mpumalangas Elendssiedlungen eingeschleppt.

☞ **Europäische Krankenscheine** werden in Südafrika nicht angenommen. Für Arzt/Arzneimittelkosten lohnt sich daher der Abschluß einer Reisekrankenversicherung. Im Kleingedruckten prüfen, ob auch „gefahrenträchtige Unternehmungen" (Motorradfahren, Surfen, Tauchen usw.) abgedeckt sind. Behandlungskosten sind selbst zu tragen, nach der Rückkehr werden die Quittungen beim Versicherer wg. Kostenerstattung vorgelegt. Ambulanzen und Rettungswagen sind teuer werden, da oft von Privatunternehmen betrieben.

☞ **Keinerlei Impfzwang.** Für einige Gegenden empfiehlt sich Malariaprophylaxe. Tuberkulose, Wundstarrkrampf und Typhus sind nie auszuschließen. Der gelbe WHO-Impfpaß (bei Landesimpfanstalten) erleichtert jedem Arzt die Arbeit, sofern zuverlässig geführt.

☞ **British Airways Travel Clinics:** beste Anlaufstellen für Reisende, die völlig unvorbereitet ankommen. Nach dem Ausfüllen eines Fragebogens und Gespräch mit einem Arzt bekommt man Medikamente (günstiger als in Europa) und wichtige

Tips. Er kann am besten einschätzen, welche Mittel je nach Reisezeit/ziel geboten sind.

BA Clinics: Medical Centre, Adderley St, Kapstadt, T. 021/419 3172. - Med-Care Centre, Edison Cres/Maxwell Dr, Sunninghill, Sandton, T. 011/807 3132.

Malaria

Eine tödliche Krankheit. Malaria wird durch winzige Parasiten *(Plasmodien)* hervorgerufen, die sich ausschließlich in Anopheles entwickeln. Diese langbeinigen Mükken mit ausgeprägtem Stechrüssel übertragen die Plasmodien beim Stich auf den Menschen, wo die Erreger bei ihrem rapiden Vermehrungsprozeß den Organismus erheblich schädigen. Im Gegensatz zu anderen Stechmücken richten Anopheles den Körper beim Sitzen nach vorn abwärts. Sie treten selten über 1500m auf. Allerdings ist nicht jede Anopheles infiziert.

Anzeichen treten wenige Tage nach der Infektion auf: Kopfschmerz, Fieber, Schweißanfälle, Schüttelfrost. In der zweiten Krankheitswoche geht das Fieber in einen malariatypischen Wechsel über, mit sechs- bis zwölfstündigen Schüben im Dreitagesrhythmus.

Eine 100%ige Chemoprophylaxe ist nicht möglich. Viele Ärzte raten Afrikareisenden, eine Woche vor dem Abflug mit der Einnahme zu beginnen und sie nach der Rückkehr vier Wochen lang fortzusetzen. **Malariagebiete sind: Krügerpark, Nordprovinz, Lowveld von Mpumalanga, Swasiland und nördliches KwaZulu-Natal.** Die übrigen Landesteile sind malariafrei. Prophylaxetabletten in jeder südafrikanischen Apotheke rezeptfrei und **viel preiswerter** als in Europa, z.B. 20 Daramal nur 12 DM. Sie verhindern eine Ansteckung nicht, unterdrücken aber ihre Symptome.

Die allerbeste Prophylaxe bleibt das Vermeiden von Moskitostichen.

☞ **Nachts:** Moskitos sind von der Abenddämmerung bis zum Morgengrauen aktiv, v.a. nahe ihrer Brutplätze bei Seen, Tümpeln, Regentonnen, Sümpfen usw. Zu dieser Zeit möglichst in mückensicheren Räumen aufhalten und Wassernähe meiden. Moskitonetz am Fenster oder über dem Bett nutzen. Abends Moskitostäbchen entzünden, aber nicht inhalieren.

☞ **Parfüm,** Rasierwasser und dunkle Farben locken Moskitos an. Abends alle Hautpartien durch weite, helle Kleidung bedecken: lange Ärmel, geschlossene Schuhe, Strümpfe.

☞ **Gesicht** und Hände einreiben. *Peaceful Sleep* und *Tabard* gibt es als Deoroller, Spray oder Lotion in jedem Supermarkt und jeder *Apteek.* Durch Schwitzen oder hohe Luftfeuchtigkeit verkürzt sich deren Wirkungsdauer. Auch wer Malariaprophylaxe einnimmt, sollte durch Kleidung, Netz und Mückenschutz vorbeugen!

Bilharziose

Weniger beachtet, ebenso tödlich. Bilharziose wird von Parasitenwürmern *(Shistomiasis)* übertragen, die sich in Flüssen und Seen (v.a. Stauseen) aufhalten und durch die Haut in den Zwischenwirt Mensch eindringen. Zielstrebig suchen sie Geschlechtsorgane oder Harnblase auf, wo sie Unmengen von Eiern ablegen.

Symptome: zunächst leichter Juckreiz, nach einigen Wochen hohes Fieber und Unwohlsein, schließlich Unterleibsschmerzen und Blut im Urin.

☞ **Nicht in den Seen** von Nordwest, Nordprovinz, Mpumalanga und KwaZulu-Natal baden. Wer dennoch mit diesem Wasser in Berührung kommt, muß die betroffenen Hautstellen umgehend kräftig abreiben. Da die diagnostische Unterscheidung gegenüber Malaria und Typhus nicht leicht ist, sollte man dem Arzt einen Bilharzioseverdacht samt möglichem Ansteckungstermin mitteilen.

Luft

Die Atemwege sind ungewohnter Beanspruchung ausgesetzt. Abseits der Meeresregionen schwebt unheimlich viel Staub und feiner Sand durch die Luft. Gerade in Joburg kann die staubig-trockene Atmosphäre dem Rachen zu schaffen machen. Darum viel trinken und bei den Halsbonbons zugreifen, die in jedem Restaurant gereicht werden.

Auch wenn sich die Tage im Mai *noch,* im Sep *schon* angenehm warm geben, können die Nächte in Halbwüste und Highveld tief in den einstelligen Gradbereich abstürzen. Im Juli 1996 wurden in fünf Provinzen Werte unter dem Gefrierpunkt gemessen.

Ozon in Bodennähe ist bisher kein Thema. Auch wenn im Umweltschutz vieles brachliegt, wurden selbst in Joburg nie über 80 mg Ozon pro Kubikmeter Luft verzeichnet; Jahresschnitt in Kapstadt 20 mg. Andere Emissionen sind schlimmer, so die winterlichen Dunstglocken über den Townships, die von Tausenden von Holzfeuern stammen.

Sonnenbrand & Überhitzung

Kaum ein Besucher, der die Stärke südafrikanischer Sonnenstrahlen nicht am Anfang unterschätzt! Selbst im Lowveld und durch Wolkenschleier hindurch knallt sie unerbittlich.

☞ **Dünne Kleidung** mit langen Ärmeln oder Beinen, dazu Kopfbedeckung. Den Körper allmählich an die südliche Sonne gewöhnen. *Auch danach nie die heilige Dreifaltigkeit Hut, Schutzcreme und Sonnenbrille vergessen.* Wer die Hitze nicht gewohnt ist, sollte auf Signale seines Körpers achten. Hoher Wasserverlust durch Schwitzen muß durch viel Trinken ausgeglichen werden, auch wenn der Durst sich noch nicht meldet.

☞ **Zu Reisebeginn** in Ruhe akklimatisieren, nicht sofort mit größten Anstrengungen loslegen. Auf Wanderungen immer eine große Wasserflasche mitnehmen.

Nahrung

Salzmangel äußert sich in Lethargie, Kopfschmerzen und Muskelkrämpfen. Montezumas Rache ist furchtbar: Erbrechen & Durchfall brauchen binnen kurzer Zeit die Mineralreserven des Körpers auf, danach muß dieser Verlust schnell ausgeglichen werden.

☞ **Dabei helfen** Salz- oder Kohletabletten. Wer´s zum nächsten Supermarkt schafft, nimmt Zuflucht zu Montezumas Lieblingsgericht: viel Cola (nie eiskalt!) mit Salzgebäck.

☞ **Vorsicht mit** ungewaschenem Obst & Gemüse. Salate in Restaurants sind unbedenklich. Auch in den Ferien braucht jeder Körper ordentlich Vitamine. **Flüssigkeits-**

zufuhr ist unerläßlich – je nach Aktivitäten bis zu drei Liter täglich, möglichst aus original verschlossenen Behältern, nur im Hochgebirge aus offenen Quellen. Leitungswasser in Tourismusgebieten trinkbar. **Zum Essen** selbst nichts trinken. Dadurch kann die Magensäure unverdünnt Keime angreifen, bevor sie in den Darm weitergespült werden.

Apotheken

Ein *Chemist* (oder *Apteek)* wartet auch in der kleinsten Kleinstadt mit breitem Leistungsspektrum zwischen Drogerien (auch Kondome) und Notdienst. Bei Bedarf wird eingehend beraten. *Ein Apotheker in Upington lief mit uns geschlagene 20 min durch die Regalreihen und hielt dabei einen umfassenden Vortrag über Erscheinungsformen der Malaria.*

☞ **In die Reiseapotheke** gehören: Pflaster, Moskitoschutz, Durchfall- & Desinfektionsmittel, Wundsalbe, Tampons, elastische Binden, Verbandszeug, Schere & Thermometer.

„Hier sehe ich eine Seite von Südafrika, die ich so krass letztes Jahr gar nicht mitbekommen habe. Ich wußte zwar, daß es hier arme Menschen gibt, aber mir war nicht klar, daß hier Kinder verhungern. Wir sehen sämtliche Formen von Unterernährung bis hin zum Kwashiokor. Der Ausdruck „nur Haut und Knochen" gewinnt eine ganz neue Bedeutung. 40% der Babies sind HIV-positiv, demnächst geht eine ganze Generation daran zugrunde. Aber man kann wohl gegen die Promiskuität auch mit Aufklärung nicht vorgehen. Viele Kinder sind Tuberkulosekrank bis hin zu übelsten Formen, und in Kombination sind die beiden Krankheiten das schlimmste, was ich bisher gesehen habe. Dazu kommen vor allem Brandwunden, aber niemand diskutiert über Brandschutz oder ähnliches, wenn er erst seit kurzem über Elektrizität, warmes Wasser aus der Leitung usw. verfügt." (Anne Dumkow nach Famulatur im Krankenhaus von Empangeni)

Geld

100 Rand (ZAR) = 30 DM (Dez. 1999, aktuell unter www.travelsa.com). Im Umlauf sind Münzen zu 1, 2, 5, 10, 20 und 50 Cents sowie zu 1, 2 und 5 Rand, Scheine mit Tiermotiven zu 10, 20, 50, 100 und 200 Rand.

Südafrikas Währung steckt seit Jahren auf Talfahrt. 100 Rand waren im Feb 1993 noch 52 DM wert. Die Inflation gewöhnt sich an einstellige Raten: Jahresschnitt 1995 fast 15%, 1998 8,6%. Zugleich bleibt der Gegenwert für ausländische Besucher ziemlich hoch.

☞ **Kreditkarte muß mit! Auf keinen Fall in Europa Rand eintauschen.** Die hiesigen Kurse sind extrem besch-*eiden,* die Wechselschalter an südafrikanischen Flughäfen für jeden Interkontiflug offen. Landeserzeugnisse kaufen – Importprodukte sind wegen der Rand-Schwäche überteuert. Vor der Ausreise alle Rand verjubeln.

Was kostet die Welt?

Das hängt natürlich ganz von individuellen Bedürfnissen & Wünschen ab. Erstaunlicherweise wird eine Reise immer teurer als erwartet. Also lieber ein paar Schecks wieder heimbringen als in den letzten Tagen mit dem Hungertod kämpfen.

Preise: Soviel kostet Südafrika

Übernachtung pro Person: Zeltplatz 5-10 DM, Backpackers 14-20 DM, selbstgemietete Hütten 20-40 DM, B&B/preiswertes Hotel 30-60 DM, Spitzenhotel ab 100 DM.

Essen: Hamburger 2-4 DM, Steak mit Beilagen im Steakhouse 12-16 DM, gutes Tagesmenü 15-25 DM, Packung Brot ab 1 DM.

Trinken: Dose Bier ab 1,20 DM, Flasche guter Wein im Supermarkt ab 6 DM, im Restaurant 15-30 DM.

Vergnügen: 36er-Diafilm Fuji/Kodak 12-15 DM, Kino 8 DM, Postkarte/Standardbrief nach Europa 0,70/0,95 DM, Dreiminutenanruf nach Europa abends 4 DM.

Transport: Taxi 1-2 DM/km, Busfahrt in Großstädten 1-2 DM, Benzin bleifrei knapp 0,80 DM/Liter. Joburg – Kapstadt mit Flieger ab 250 DM, Trans Karoo-Zug 150 DM, Greyhound-Bus 190 DM, Transtate-Bus 120 DM.

☞ **Trinkgeld:** angesichts der Hungerlöhne in Gastronomie sind 10-15% üblich.

Unter 30 DM/Tag überleben nur Leute, die Survivalerkenntnisse umsetzen und sich auf eigene Faust durch die Provinz schlagen. **Mit 30-60 DM** kommt gut aus, wer in Backpackers oder Campingparks nächtigt, mit Bus & Bahn unterwegs ist, sich selbst verpflegt und auch mal ins Nachtleben reinhorcht.

Mit 60-90 DM kommt prima aus, wer sich vornehmlich in Städten aufhält, längerfristig ein Auto mietet und gerne der Gastronomie die Ehre erweist. **Mit 90-120 DM** sind gehobene Übernachtungsstätten drin und diverse Touren, die vor Ort gebucht werden können.

Mit 120-150 DM greift sich's schon nach Zipfeln des Luxus. Mal ein 4WD hier, ein edel besterntes Hotel dort oder der Besuch in einem privaten Wildschutzgebiet. **Wer über 150 DM** verpraßt, lebt nicht unter dem Joch deutscher Finanzämter, ist mit einem anderen Reiseführer unterwegs – oder einfach vom Wunsche beseelt, sich's richtig gutgehen zu lassen.

Banken

In jedem Ort, meist Mo-Fr 9-15h, Sa 9-11h. Auf dem Lande werden oft Mittagspäuschen eingeschoben. Sa keine Reiseschecks. Für Geldwechsel im Schnitt 30-45 min einplanen. Am besten verfügt man stets über zwei Tagesrationen in bar, eine in Griffweite, die andere versteckt. Größere Anschaffungen per Scheck oder Karte begleichen.

Kreditkarten

Erste Wahl, da mit Abstand die besten Kurse. In Restaurants, Pubs, vielen Herbergen und Supermärkten ist die bargeldlose Zahlungsweise selbst bei Kleinbeträgen üblich – Akzeptanz erheblich höher als in Deutschland. Verbreitet sind

Master-/Eurocard, Visa, AmEx und Diners Club. An immer mehr Geldautomaten (ATMs) kann man Bargeld per Karte ziehen; allerdings 3% Gebühr pro ATM-Aktion, min. 10 DM.

☞ **In Tankstellen, Backpackers &** Tante-Emma-Läden ist mit Karte nix ausrichten.

„In Touristenzentren verdient man sich gern mit Kartenbetrügereien ein nettes Taschengeld. Das Hotel oder Restaurant läßt sich den Beleg mal ohne, mal mit Trinkgeld quittieren und kann somit zweimal abrechnen. Ganz Unverfrorenen, z.B. Boulevard Protea in Pretoria, genügt eine *Unterschrift. Damit wird im Okt und nochmals im Nov abgebucht. Darum Belege aufheben und Abrechnungen prüfen." (Sylvia Hipp)*

Reiseschecks

Werden in gängigen Währungen (US-$, DM, SFr) in allen Banken und einigen Geschäften anstandslos eingetauscht. Als Bearbeitungsgebühr ziehen Banken aber 20-30 Rand ab - vorher fragen! First National Bank rangiert am freundlicheren Ende.

☞ **Rennie's Travel** (Thomas Cook-Partner) und **American Express** sind in jeder großen Stadt vertreten. Hier **keine *Commission*** auf Reiseschecks der jeweiligen Sorte! Kaufbestätigung der Schecks immer getrennt aufbewahren. Bei Verlust läuft die Erstattung unproblematisch, nimmt aber ein bis zwei Tage in Anspruch.

☞ **Zweitbeste** Zahlungsart: in Rand ausgestellte Reiseschecks, nur vor Ort kaufen.

Auslandsanweisung

Ein Anruf zuhause bei einer Vertrauensperson genügt. Diese füllt ein entsprechendes Formular aus, zahlt die zu überweisende Summe im Postamt bar ein, und nach wenigen Tagen wird sie dem Bedürftigen in der Landeswährung über den Schalter gereicht - theoretisch.

„Beim Geldnachschicken machten wir andere Erfahrungen in Kapstadt. Mit der Post dauert es bis zu drei Wochen, da das Geld erst nach Pretoria geschickt, dort umgerechnet wird und dann mit Briefpost nach Kapstadt kommt. Bei First National Bank mußten wir ein Schließfach nehmen, die Nummer nach Deutschland durchgeben und innerhalb 48 Std waren die Mäuse da - Gebühr 50 DM plus 40 Rand." (Georg Kallmeier)

Einkaufen

Geschäfte im allgemeinen Mo-Fr 8-17h, Sa 8-13h; einige in Großstädten auch abends und am So geöffnet. Das Satour-Blatt *Shopping* enthält Hinweise und Preisbeispiele.

Mehrwertsteuer: *Value Added Tax* (16%) in sämtlichen Warenpreisen und Dienstleistungen eingeschlossen. Ausländische Reisende können ihre Erstattung beantragen, wenn der Wert 250 Rand übersteigt und die Ware tatsächlich ausgeführt wird. Nicht erstattungsfähig sind Ausgaben für Nahrungs-, Verkehrsmittel oder Dienstleistungen.

Die Erstattung wird bei der Ausreise an den Flughäfen Joburg, Kapstadt und Durban (vor dem Abgeben des Gepäcks) oder in Zollämtern beantragt. Mitbringen: Rechnung, Antrag, Reisepaß **und** *die eingekauften Waren. Die Rechnung muß Name/Anschrift des Käufers, VAT-Betrag und -Nummer des Geschäftes enthalten (keine Kopie). Langes Prozedere wegen überprüfungswütiger Beamten. Nach der Paßkontrolle wird ein Scheck über den Erstattungsbetrag in Rand ausgestellt. Er kann sofort eingelöst werden.*

☞ **Wer mit handfesten** Shopping-Absichten ankommt, läßt sich bei der Ankunft einige VAT-Formulare geben, da nicht alle Geschäfte genug auf Lager haben. Näheres bei VAT Refund Admin, Box 9478, Joburg 2000, T. 011/484 7530.

Jobs & Praktika

Südafrika macht gerade eine Rezession durch. Daher ist die Nachfrage nach Arbeitskräften erheblich zurückgegangen, die Bestimmungen wurden verschärft. Trotzdem sind gerade im Fremdenverkehr Aushilfsjobs zu finden. *Work Permits* (150 DM, einmalige Einreise!) gibt es bei allen Konsulaten. Wer keins besitzt, arbeitet illegal.

In Ferienzentren hört man sich am besten im Okt/Nov um, vor Beginn des Rummels. Außerdem lohnt das Nachfragen in Backpackers um Kapstadt und Joburg. Freunde und Verwandte in Südafrika können wahre Fundgruben werden.

Nachdem ich beiläufig meine langjährige Taxi-Erfahrung erwähnt hatte, wurde ich schon zwei Std nach der Ankunft auf Joburg Int'l von einem Backpackerbetreiber gefragt, ob ich gleich ein paar Kurierfahrten übernehmen könne. Gegen freie Kost, Logis und Bier bis zum Anschlag. Das ist im Travellerbereich die übliche Form der Bezahlung, *plus some expenses.* Wer dagegen im Tourismus unterkommt, darf 4-8 DM/Std erwarten, plus Trinkgeld.

☞ **Auf legalem Wege** helfen Handelskammern, die Stellenmärkte großer Tageszeitungen und Vermittlungsbüros weiter. Allerdings muß der Arbeitgeber das *Work Permit* einholen. Wer als Tourist eine Anstellung findet, muß Südafrika zunächst verlassen und im Ausland auf die Bewilligung warten. Nützliche Adressen:

Zentralstelle für Arbeitsvermittlung, *Auslandsabteilung, Pf. 170 545, 60079 Frankfurt.* Aktuelle Angebote, Praktikantenprogramme.

Vereinigung ehemaliger SAF-Werkstudenten, *Pf. 210 187, 53156 Bonn, T. 0228/856 179.* Dreimonatige Programme um Kapstadt, Joburg/Pretoria & Durban für Studierende aller Fachrichtungen.

Deutsch-Südafrikanisches Jugendwerk, *Pf. 2631, 53016 Bonn.* Unbezahlte Praktika im Entwicklungs- und Sozialbereich in Nordprovinz & um Kapstadt.

Studieren

Das akademische Jahr (in Englisch und Afrikaans) dauert von März-Nov. Inzwischen rücken Zulu und Xhosa nach. Die Studiengebühren betragen bis zu 15.000 DM/Jahr, für fünf Hochschulen gibt es aber Stipendien - am prominentesten für Graduierte: Rhodes-Uni in Grahamstown und Rondebosch-Uni in Kapstadt im Wert von 900/1200 DM/Monat.

☞ **Famulaturen & Auslandspraktika** vermitteln je nach Studienfach verschiedene Bundesverbände, darunter DAAD, DFA und ZAD; Auskünfte an jeder deutschen Uni. Viele Südafrika-Neulinge entdecken während der Reise ihre Vorliebe für dieses Land und organisieren dann auf eigene Faust ein Auslandssemester. *Erfahrungsbericht willkommen.*

Nur per Auto zu erreichen: die Ausgangspunkte zu den schönsten Wanderungen, hier in den Natal Drakensbergen.

Ermäßigungen

Kinder bis 15 Jahre zahlen für die meisten Attraktionen den halben Eintrittspreis. Die Idee, auch Studierenden ein paar Prozente zu erlassen, ist dagegen fast fremd. Wo vorgesehen, wird der **ISIC-Ausweis** gefordert; alle Ermäßigungen im *World Travel Handbook,* kostenlos in guten Reisebüros.
Dem ISIC-Dachverband gehört auch der **SA Students Travel Service,** *1 Riverview Terrace, Anson Rd, Observatory 7925, T. 021/448 2984, Fax 447 5408,* an. SASTS-Filialen in Durban (Natal Uni), Kapstadt (Isaacs House) und Johannesburg (Wits Uni) geben Auskunft über ermäßigte Bahn-, Bus- und Flugtickets, die jeweilige Stadt, Unterkünfte sowie sämtliche Vergünstigungen, die ISIC-Inhaber in der Umgebung erwarten dürfen.

☞ **ISIC-Ermäßigungen:** u.a. Translux 10% (Feb-Nov); in etlichen Hotels und Herbergen 10-20%; in vielen Museen und Kunstgalerien freier Eintritt. Mit der JH-Karte winken ebenfalls Prozente auf Eintrittskarten, Tourenpreise, Bustickets.

„In der George Crocodile Farm wurde meine freundlich formulierte Frage nach ISIC-Rabatt von der deutschsprechenden Besitzerin schroff zurückgewiesen. Nur deutsche Studenten würden immer nach Ermäßigung fragen, dabei wären sie so reich, würden im Mercedes vorfahren und alles billiger haben wollen. Nur Ostdeutsche sollten geringere Preise zahlen als Wessis, die Farm würde für so wenig Eintritt (10 Rand) so viel bieten usw. Da sollten die Kroks mal richtig zuschnappen ..." (Frauke Behrend)

Zeit

Großer Pluspunkt: Kapstadt liegt auf demselben Längengrad wie Budapest und Stockholm, Joburg wie Istanbul. Bei Flügen aus Mitteleuropa entfällt damit der Jetlag! Solange in Europa Sommer herrscht, gibt es keine Zeitverschiebung zum südlichen Afrika. Im europäischen Winter dagegen: **Berlin 12 Uhr = Kapstadt 13 Uhr.**
Die beste Reisezeit hängt allein von den eigenen Wünschen ab. Das Klima jedenfalls spielt zu jeder Saison mit. Die Sommer (Dez-März) sind warm, in Kalahari und Karoo heiß, und die Winter (Juni-Sep) immer noch mitteleuropäisch-frühlingshaft. Allerdings wird's morgens und abends kühl, in Highveld und Halbwüsten gelegentlich sogar verdammt kalt.
"Nie wieder im Mai nach Südafrika! Es wird früh dunkel, Land und Kleinstädte sind nach 18 Uhr ausgestorben, man findet nur mit Mühe noch eine Übernachtungsmöglichkeit und kann nirgends draußen sitzen, weil zu kalt." (Michel Wolf)
☞ **Reservieren!** Für Hotels, Herbergen und die begrenzten Unterkünfte in Nationalparks empfiehlt sich die Vorausbuchung zur Hochsaison: Dez/Jan und Ostern. Zu Engpässen kommt es auch während der Schulferien, die jede Provinz eigenständig festlegt.

Ferien: Ostern: drei Wochen, März/April. Winter: drei Wochen, Juni/Juli. Frühling: acht bis elf Tage, Sep/Okt. Weihnachten: fünf bis sieben Wochen, Dez/Jan.

Feiertage

Neujahr, 21. März - Menschenrechtstag, Karfreitag/Ostermontag, 27. April - Verfassungstag, 1. Mai, 16. Juni - Tag der Jugend *(Soweto Day)*, 9. Aug - Frauentag, 24. Sep - Heritage Day, 16. Dez - Tag der Versöhnung, erster/zweiter Weihnachtstag.

Einen guten Einblick in die südafrikanische Mentalität bietet die Bestimmung, daß ein Feiertag, der auf Sams- oder Sonntag fällt, am Montag „nachzuholen" ist. ***Let`s party.***

Große Festivals

Jan: Cape Minstrel Carnival in Kapstadt.

März: Umhlanga-Fest in Umhlanga Rocks, Muschelfest in Jeffreys Bay.

April: Rand-Osterschau in Joburg (zwei Wochen, größte Messe des Landes), Community Chest in Kapstadt.

Mai: Indaba in Durban (fünftägige Tourismusmesse).

Juni: Zululand-Schau in Richards Bay.

Juli: Kulturfestival in Grahamstown (zwei Wochen) mit Musik & Theater.

Sep: Apple Express-Fest in Port Elizabeth.

Okt/Nov: zahlreiche Food- & Wine-Feste im Westlichen Kap, Walfestivals zwischen Hermanus und Garden Route.

Ausführliche Zusammenstellung in Satours kostenlosem *Calendar of Events.*

Ausrüstung

☞ **Mitnehmen:** Schlafsack (auch für Dorms), festes Schuhwerk, Taschenmesser, Taschenlampe, Klebeband, Reisewecker, Vorhängeschloß, Nähzeug. *Und natürlich den wichtigsten Gegenstand im Universum, ein von Douglas Adams signiertes Handtuch!*

Rucksack! Köffer oder Taschen ähnlichen Volumens sind für häufige Ortswechsel unpraktisch. Im Rucksack schwere Gegenstände hinter dem Rücken und nicht zu tief verstauen.

Selbstkocher? Werden begeistert sein, die Versorgungslage ist ausgezeichnet. Zeltplätze & viele Cottages sind auf reisende Möchtegern-Bocuses eingestellt. Backpackers stellen gut ausgestattete Küchen mit Geschirr, Besteck, oft auch Kaffee, Tee und Zucker bereit - Gewürze dagegen selten. Salzstreuer am besten von zuhause mitbringen, da vor Ort meist nur lapprige Plastiktüten oder große Plastikdosen. Kochgeschirr & Eßbesteck nur bei Camping nötig, Gaskocher oft entbehrlich, Kartuschen in Sportgeschäften. Allerdings findet sich *überall* eine Gelegenheit, günstig essen zu gehen.

Zelt? Von April-Okt ist selten mit Regen zu rechnen. Der im Vergleich zur JH billigere Campingplatz wäre also auch *ohne* Zelt eine gute Lösung. Zudem beeinträchtigen Zelte die Wendigkeit in Bahnhof, Bushalle oder Verkehrsmitteln. Ein Außenzelt ist nur in Regenmonaten sinnvoll. Wichtiger bleibt eine gute Belüftung, möglichst durch zwei Eingänge.

Kleidung? In jedem Fall leicht & luftdurchlässig. Auch im Hochsommer sollten Pulli und Regenumhang dabeisein, da zwischen Tag und Nacht oft große Temperaturunterschiede liegen. Gern pladdern heftige Regenschauer aus dem eben noch blauen Himmel herunter. Wäschewaschen? In Städten morgens abgeben, abends für 6-12 DM abholen.

***Formal** - diese Warnung findet sich häufig an nobleren Hotels oder Restaurants. Eingelassen wird nur, wer sich förmlich zu kleiden weiß. Ohne Jeans oder Shorts, mit Jackett und Krawatte. Wo bleiben da die inneren Werte?*

Landkarten & Stadtpläne

Wer es nicht erwarten kann, darf sich natürlich schon vor der Abreise mit Kartenmaterial versorgen. Zur Verfügung stehen derzeit mehrere Gesamtkarten, u.a. von Shell, Ravenstein und Barth. Wie üblich ist **Michelin** am besten: Karte 955 *Zentral-, Südafrika und Madagaskar* (1:4.000.000) - wegen zahlreicher Namensänderungen auf neue Ausgabe achten!

☞ **Kostenlos:** alle Zweigstellen der **Automobile Association** verteilen Regionalkarten an Mitglieder eines assoziierten Clubs, z.B. ADAC (keine Namenskontrolle). In Buchhandlungen vor Ort warten ausgezeichnete Karten des Map Studios. Jede Tankstellengruppe hat ihren *Road Atlas of Southern Africa,* am besten bei Shell (8 DM).

Minus: viele Karten weisen Schwächen in Ex-Homelands auf. Ansehnliche Orte sind oft gar nicht oder nur als mickriger Punkt verzeichnet, der sich tatsächlich aber 10-20 km an der Durchfahrtsstraße entlangzieht, z.B. Nongoma/R618 (Zululand) und Phuthaditjhaba/-R720 (Freistaat). Viele Nationalstraßen wurden seit 1995 umbenannt.

Fotografieren

Das südliche Afrika ist ein Paradies für Hobbyfotografen. Ausrüstung am besten komplett mitbringen. Nachkäufe vor Ort sind kaum möglich oder sündhaft teuer. Kameras bereiten bei der Einfuhr keinen Ärger, sind aber durch Staub & Hitze gefährdet. Bei Nichtgebrauch oder Fahrten über Schotterpisten wollen sie stoß- und staubsicher verstaut sein.

Respektieren Sie unbekannte Kulturen. Ein freundliches Fragen vor dem Porträtschuß hilft immer weiter, auch bei Gruppenbildern. Die Erlaubnis wird fast immer mit einem Lächeln erteilt. Zumal Kinder finden es amüsant, fotografiert zu werden. Wer um einen Abzug gebeten wird, sollte seine Zusage einhalten.

Wenn allerdings die Bitte abgeschlagen oder ihr nur für ein „Honorar" zugestimmt wird, sollten Sie auf das Bild **verzichten.** Auf keinen Fall den Schuß aus der Hüfte oder andere schmutzige Tricks probieren. Die Menschenwürde bleibt auch im Urlaub unantastbar!

Fotoausrüstung

Für Tieraufnahmen kann die Brennweite des **Teleobjektivs** nicht lang genug sein. Im Licht des Südens sind 500 mm-Bilder oft aus der Hand zu halten! An Raubkatzen, Hippo & Rhino kommt man so nah ran, daß mit 200-300 mm und UV-Filter schöne Erfolge zu erzielen sind. Wenn aber selbst per Tele das Tier nur ein dunkler Fleck links hinten bleibt, drücken Sie besser gar nicht ab; die Gäste Ihres Diaabends zuhause werden´s Ihnen danken.

Auch wenn sich das menschliche Auge daran gewöhnt, nimmt die Kamera unbestechlich die **Intensität** afrikanischen Lichts wahr. Für Aufnahmen in freier Wildbahn empfiehlt sich ein Blendenring oder Fotografieren aus dem Schatten heraus. Stative sind überflüssig. Für Gelegenheiten, wo sie nützlich wären, springt gerne das Autodach, ein Fels oder Ast ein.

Ein **UV/Skylightfilter** verbannt die dunstige Atmosphäre vom Film und schützt die Linse. Beste Zeit für Landschaftsaufnahmen sind ohnehin die dunstfreien Morgenstunden und vor dem Sonnenuntergang. Dann erzielt man mit und gegen die Sonne spektakuläre Effekte. Sobald offene Sandflächen ins Bild kommen, sollte die Belichtungszeit verlängert werden. Dasselbe gilt für Porträts vor lichtdurchflutetem Hintergrund.

Bei normalem Tageslicht eignen sich **Farbfilme mit 65-125** und Schwarz-Weiß-Filme mit 125 ASA, für Tieraufnahmen und in der Dämmerung 200-400 ASA. Bewährt haben sich nach meinem Geschmack *Kodak Elite* für Wüste & Felsen, *Fuji Sensia* für Vegetation & viel Himmel, *Ilford HP* für Porträts. **Kühl lagern.**

Außerhalb der Städte bestehen Engpässe an gutem Fotomaterial. Diafilme sind wenig begehrt, also doppelt so teuer wie ein Zehnerpack in Europa. Fragen Sie nach *Buy three, get one free* und in Supermärkten, was in *No-Name*-Packungen drinsteckt. Manchmal sind es Agfa- oder andere *Good-Name*-Filme, die unter Lizenz verscherbelt werden. Wer halbwegs begeistert fotografiert, darf mit **drei bis sechs Filmen pro Woche** rechnen.

Entwicklung

Belichtete Farbfilme, meist auch Dias, läßt man bedenkenlos in Südafrika entwickeln. Preise und Qualität schwanken aber. Im Zweifelsfalle gibt man **einen Film zur Probe** ab oder fragt am Abholschalter einen anderen Kunden, ob man einen Blick auf dessen Bilder werfen dürfe. *Daraus haben sich schon erstaunliche Bekanntschaften entwickelt.*

Langzeitreisende sollten Bilder/-Dias gleich entwickeln und heimschicken, um ihnen Hitze & Sonnenlicht zu ersparen; um sicherzustellen, daß Motive, die einem viel bedeuten, etwas geworden sind; um nicht Dutzende von Döschen herumzuschleppen; und um den Lieben zuhause unter die Nase zu binden, was sie verpassen.

Internet & eMail

Dieser Reiseführer nennt über 300 eMail-Adressen vor Ort. Immer mehr Backpackers & Hotels besitzen Zugang zum Internet. Bei Redaktionsschluß gab es Netcafés in einem Dutzend südafrikanischer Städte sowie in Mbabane. Für Reisende besonders von Interesse:

www.travelsa.com – das Informativste, was derzeit zur Region durchs Netz schwirrt. Schnell zu laden, übersichtlich gegliedert, unglaublich viele Zugriffe, stets brandaktuell.

Post & Telekommunikation

Telefonieren geschieht nirgendwo auf dem Schwarzen Kontinent problemloser. Südafrikas Fernsprechnetz ist modern und so gut ausgebaut, daß auch aus Kleinstädten direkt der Rest der Welt angewählt werden kann. Wenn die Leitung besetzt ist, ertönt ein Zeichen, das unserem Klingelzeichen verdächtig ähnelt. *Derzeit werden die Ortsnetze digitalisiert, damit ändern sich etliche Nummern zu Laufzeiten dieses Führers!*

✆ **Ortsauskunft 1023**, Landes-/Auslandsauskunft 1025, Ortsvermittlung 0020. **Notrufe** landesweit: Polizei 10 111, Notarzt 999, Feuerwehr 331 2222.

Telefonzellen

Neben jedem Postamt, in Städten auch an Hauptkreuzungen, in der Provinz selten auf offener Straße. Blaue Zellen sind dem Münzbetrieb vorbehalten. Grüne Zellen, über das ganze Land verteilt, fressen nur **Telkom Phonecards** zu 10, 20 und 50 Rand; u.a. in Postämtern und CNA-Buchhandlungen. Die nächste Verkaufsstelle wird in jeder grünen Zelle genannt.

Einheiten (30 Cent) sind je nach Tageszeit unterschiedlich lang, kurze Ortsgespräche in einer Einheit abgehakt. Ferngespräche am besten ab Hauptpost, wo nach dem Gespräch bar bezahlt wird; aus Hotels wird´s bis zu dreimal teurer.

✆ Südafrika 0027, Deutschland 0949, Österreich 0943, Schweiz 0941. Drei min ab Deutschland 8,40 DM, nach Deutschland 30 Rand.

Cellphone & Fax

Wer in Südafrika auf sich hält, besitzt e-Mail, Faxanschluß und *Cellular Phone.* Mit eigenem Cellphone: MTNs *Compagnon-Card* zu 50 DM bietet für vier Wochen (verlängerbar) eine eigene Telefonnummer plus eine Menge Einheiten. Das Freischalten von Deutschland ist scheußlich teuer. Miet-Cellphones (vor Ort ab 1 DM/Tag) sichern völlige Flexibilität.

☞ *Handy:* dieser Ausdruck ist außerhalb Deutschlands unbekannt.

Alle besseren Hotels und Postämter sind mit öffentlich nutzbaren Faxgeräten ausgestattet. Übernachtungsgäste dürfen in Backpackers zum Selbstkostenpreis faxen.

Postämter

Mo-Fr 8-16.30h, Sa 8-12h, auf dem Lande oft Mittagspause 13-14h. Unübersehbare rote Briefkästen immer in Postamtsnähe, ansonsten dünn gestreut. Porto für Postkarten nach Europa (mit Airmail 4-6 Tage) nur 0,85 DM, für die wunderschönen Riesenkarten und Leichtbriefe 1/1,20 DM. Pakete werden an den Zollschaltern aufgegeben.

Maßeinheiten

Es gilt allein das metrische System. Flüssigkeiten werden in Litern gemessen, Steaks in Gramm, Entfernungen in Kilometern. Das Stromnetz ist auf Wechselstrom 220/230 Volt ausgelegt. Bevor Batterieladegerät oder Rasierer sich also arbeitsbereit melden, lohnt sich die Anschaffung eines *Two-Pin-Adapters;* in Südafrika billiger als in Deutschland. Steckdosen sind dreipolig ausgelegt und wollen teilweise ein/ausgeschaltet werden.

Sprachen

Gibt es im weiten Erdenrund noch einen Staat, der sich seiner elf Amtssprachen rühmen könnte? Englisch und Afrikaans waren bis zu den Wahlen 1994 gleichberechtigt.

Seither haben sie Zuwachs bekommen durch Zulu, Xhosa, Sotho- und Tswana-Idiome.

Mit Englisch kommen Reisende bestens durch. Allerdings trifft man gerade auf dem Lande Weiße, Schwarze und Farbige, die nur Afrikaans beherrschen. **Mit Deutsch** kommen überraschende Kontakte zustande, meist zu Nachfahren von Einwanderern – mehr aber nicht.

☞ **Zulu, Xhosa, Tswana:** wer sich hierin einen Grundwortschatz zulegen will, ist mit dem *Berlitz African Phrase Book* bestens bedient; rund 16 DM, in allen Buchhandlungen.

Sicherheit

Mit 30 Morden pro 100.000 Einwohner belegt Südafrika weltweit den Spitzenplatz außerhalb von Krisengebieten. Den zahllosen Banden gilt ein Menschenleben deprimierend wenig, es gibt zu viele Waffen, und aus den Nachbarländern, die unter langen Bürgerkriegen litten (von Pretoria mitfinanziert!), strömen immer weitere nach. Dagegen fehlt es an Polizisten, Staatsanwälten, Gefängnissen. Inzwischen nennt jeder zweite Einwohner das Eindämmen der Kriminalität als wichtigstes Anliegen für den Staat.

Allerdings bleibt Südafrika als Reiseland weitgehend ungefährlich. Außerhalb ausgesprochener *No-Go-Areas,* u.a. aller stadtnahen Townships ohne schwarze Begleitung, ist es nicht gefährlicher als jedes beliebige Ziel in Europa. Schreckensmeldungen betreffen meist Gegenden, in die sich kaum ein Tourist verirrt, etwa im Hinterland KwaZulu-Natals.

Wer die folgenden Ratschläge beherzigt, muß sich nicht auf sein Glück verlassen.

☞ **Ausweise** kopieren und beglaubigen lassen. Erste Kopie bei Bekannten zuhause deponieren, zweite an anderer Stelle im Gepäck, dritte möglichst bei Mitreisenden.

☞ **Nirgendwo** als reicher Tourist auftreten. Wertgegenstände nicht frei am Körper tragen, nicht in Außentaschen des Rucksacks packen. Nichts Unersetzbares mitführen.

☞ **Safe:** fast jedes Backpackers und Hotel verfügt über einen. In Großstädten empfiehlt sich dessen Gebrauch.

☞ **Rucksack** mit Namens- und Adreßschildern versehen. Vor Abschluß einer Reiseversicherung klarstellen, welche Gepäckstücke und Wertgegenstände eingeschlossen sind.

☞ **In Vorortzügen** nicht allein fahren, möglichst im Wagen hinter dem Zugführer sitzen. Abends selbst in der Gruppe auf *Metros* verzichten. Nicht dritter Klasse fahren.

Speziell für Großstädte: gesunden Menschenverstand gebrauchen!

☞ **Nicht alleine** bummeln. Abends nur mit anderen losgehen und auf gut beleuchteten, belebten Straßen bleiben. Nachts auf Taxis zurückgreifen.

☞ **Augen auf** bei Gruppen herumziehender Jungspunde. Im Zweifelsfall einer Partie älterer Herrschaften anschließen. Bei Einheimischen nach unsicheren Gegenden fragen.

☞ **In Joburg** auf die Kamera verzichten, es bietet ohnehin kaum Motive. Mietwagen erst am Abfahrtstag holen. Auto stets verriegeln, an roten Ampeln auch Fenster schließen.

☞ **In Kapstadt** downtown treiben sich immer mehr Taschendiebe herum. Auch der Einsatz von

Gewalt ist abends um den Hauptbahnhof kein Einzelfall.

Wenn's mal brenzlig wird? Bei einem Überfall auf keinen Fall den Helden mimen, lieber gleich das Bargeld herausrücken. Wer im Auto verfolgt wird, steuert die nächste Polizeiwache oder Farm an. Wer im Auto überfallen wird, bedeckt schnellstens die Augen. Täter möchten ungern später erkannt werden. Manchmal lohnt sich die Klarstellung, daß man nicht Südafrikaner ist und keine Waffe trägt. **Notruf landesweit T. 10 111.**

Botschaften & Konsulate

Stellen bei Diebstahl der Papiere einen Ersatzreisepaß aus, bieten bei Verhaftung rechtliche Betreuung und übernehmen die Kosten für Anrufe oder Telegramme, mit denen Geld zuhause angefordert wird. Wer nicht versichert ist, erhält Krankenhauskosten vorgestreckt und muß sie später zurückzahlen. Selten ist auf unbürokratische Hilfestellung zu hoffen!

Und noch was

Bitte nicht paranoid werden! Auch wenn das jetzt alles dramatisch klang, so gibt es doch täglich Millionen von Südafrikanern, die den Alltag in Joburg, Kapstadt, Durban überleben, und Tausende von Touristen, die ihn farbiger finden als sonstwo im Land. Das beste Verhalten ist immer noch: freundlich auftreten, zuhören, erzählen, lächeln.

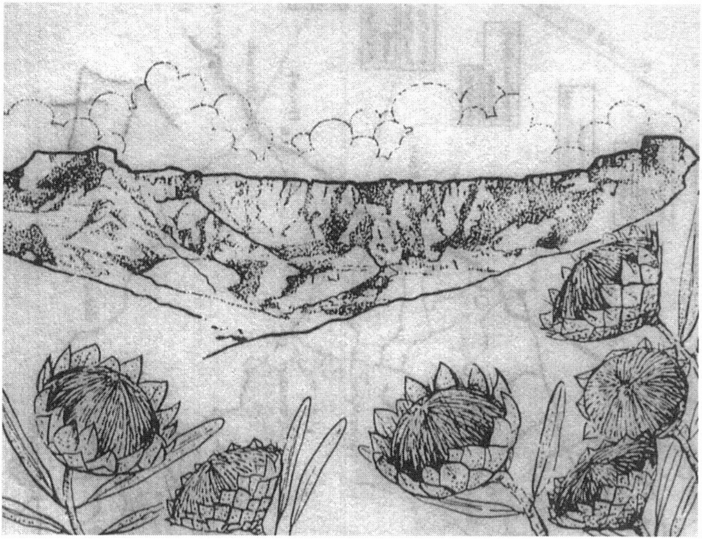

Silvester am Meer

„Zum Jahreswechsel reisen Tausende schwarzer Südafrikaner an die Strände des Landes. Von einem befreundeten Inder aus Durban hörten wir, daß zu dieser Zeit kein Weißer oder Inder aus dem Haus geht. In völliger Unkenntnis dieser Lage fuhren wir mit vollbepacktem Leihwagen am 1. Januar 1998 vom Addo-Park in die Transkei. Als wir in Port St Johns den Second Beach suchten, kamen wir urplötzlich in einen Riesenstau von Minibussen und konnten weder vor noch zurück. Tausende meist junger, teils völlig betrunkener Schwarzer umringten die Autos. An ein Weiterkommen war nicht zu denken: überall geparkte Minibusse und Imbißstände. An einem entgegenkommenden Minibus wurde mit einer Machete die Scheibe eingeschlagen, und alle Insassen mußten aussteigen. Die Stimmung uns gegenüber war aber durchaus positiv. Man klappte z.B. unsere Seitenspiegel ein, damit sie nicht abbbrechen. Das schlug allerdings um, als der Weg immer enger wurde und das Gedränge dichter. Niemand ließ uns vorbei, aber wir mußten weiter, da immer mehr Betrunkene versuchten, unser Auto zu öffnen. Einige verbogen die Heckscheibenwischer, doch gab es immer noch Besonnene, die sich schützend ans Heck stellten. Wir hatten Todesangst in diesen 1½ Std für 800m zum Campingplatz!
Am nächsten Tag waren viele schon wieder weggefahren. Später hörten wir von unserem Freund, daß an Silvester in Durban ein Deutscher vor den Augen seiner Söhne (9 und 13 Jahre alt) von zwei Jugendlichen erstochen wurde, direkt vor dem Holiday Inn am Strand - niemand hatte ihn gewarnt." (Angelika Reinecke)

Frauen allein

„Zu sagen sei noch, daß wir zwei Frauen total gut & sicher unterwegs waren. Es war eine wundervolle Reise." (Judith Henke) „Wir hatten, als zwei Frauen allein unterwegs, niemals Probleme, wobei vielleicht auch dazu beitrug, daß wir beide Eheringe trugen." (Steffi Steppich)

Von vielen Reisenden bevorzugt: die Gabelvariante mit Hinflug nach Joburg, Rückflug ab Kapstadt.

Hin & Weg

Es gibt keine Alternative zum Flugzeug, die bezahlbar und nicht allzu zeitraubend wäre. Die Anreise **über Land** ist eine halbe Lebensaufgabe für Abenteurer; gelegentlich trifft man am Kap Reisende, die den ganzen Kontinent in vier bis acht Monaten per Motorrad oder Bus bewältigt haben. Selbst *Encounters Overland,* der beste Tourenveranstalter, veranschlagt für Kairo - Kapstadt über 20 Wochen.

Die Anreise **über Wasser,** etwa auf Frachtschiffen, ist wenig gebräuchlich, verschlingt mehrere Tage und drei- bis viermal mehr Geld als ein günstiger Flug.

Internationale Flughäfen

Johannesburg (im folgenden *Joburg)* ist ***die*** Drehscheibe im südlichen Afrika. Das gilt für Flug, Bahn & Bus gleichermaßen. Zwar gibt es ab Europa immer mehr Flüge nach Kapstadt und Durban, viele legen aber einen Zwischenhalt in Joburg ein.

Die drei internationalen Flughäfen liegen allesamt 20 km außerhalb der Stadtzentren. Es gibt planmäßige Busverbindungen, Taxis und Transferdienste großer Hotels. Zudem haben die großen Autovermieter unübersehbare Büros und Fuhrparks am Flughafen.

Abflugsteuer: Deutschland 15 DM, Südafrika 25 DM (nach Namibia 16 DM, Inland 9 DM), Namibia 13 DM, Simbabwe 36 DM, Ankunft Frankfurt 21 DM.

Fluggesellschaften in Joburg

SAA: Carlton Tower, 14th Fl, Commissioner St, T. 333 6504.

SA Airlink: Bonaero Park, T. 394 2941 (mit ISIC 40% Ermäßigung).

BA Comair: im Flughafen, T. 973 2911.

Sun Air: Flughafen, 302 Admin Bldg, T. 970 1623.

Air Botswana: Flughafen, 301 Admin Bldg, T. 394 4727.

Air France: 196 Oxford Rd, Illovo, T. 880 8040.

Air Namibia: Carlton Centre, Commissioner St, T. 331 6658.

Air Zimbabwe: Carlton Centre, Commissioner St, T. 331 1541.

Alitalia: Sanlam Centre, 14th Fl, Jeppe St, T. 333 4704.

Balkan Air: Sandton, T. 883 0957.

British Airways: 158 Jan Smuts Ave, Rosebank, T. 331 0011.

KLM: 1a Stan Rd, Morningside, T. 881 9600.

Lesotho Airways: T. 970 1046.

Lufthansa: 22 Girton Rd, Parktown, T. 484 4711.

Royal Swazi Air: Finance House, E. Oppenheimer Dr, Bruma, T. 616 7323.

Für Jugend- und Studententarife: **SA Students Travel Services,** Wits University, Student Union, Jan Smuts Ave, T. 716 3045.

Ab Joburg International nach
Gaborone täglich mit SAA und BA Comair (1 Std, einfach 240-290 DM).
Harare täglich mit SAA und Air Zim (knapp 2 Std, ab 480 DM), auch nach Bulawayo und Vic Falls (ab 360/480 DM).
Lusaka mit SAA und Air Zambia (ab 450 DM).
Manzini täglich mit Royal Swazi Air oder BA Comair (1 Std, ab 150 DM).
Maputo mit SAA und LAM (1 Std, ab 250 DM).
Maseru täglich mit SAA und Lesotho Airways (1 Std, ab 150 DM).
Windhuk täglich mit SAA und Air Namibia (2 Std, 320-360 DM).

Flüge von/nach Europa

Mittlerweile steuern über 20 Gesellschaften Südafrika an. Last-minute geht nix.

Die günstigsten Return-Angebote bei Redaktionsschluß, zzgl. Tax: Joburg mit Balkan Air **ab 990 DM** *(via Sofia),* Kapstadt mit LTU ab 1199 DM *(ex Düsseldorf & München),* Durban mit Iberia ab 1220 DM *(Stopover Madrid & Joburg ohne Aufpreis).* Business/First Class mit Emirates ab 3200/4300 DM.

☞ **Jugendliche** und Studierende unter 30 Jahren erhalten z.B. bei SAA, Air Namibia und Lufthansa Ermäßigung. Näheres u.a. bei STA-Reisebüros und Council Travel Services.

☞ **Saison:** im Sep/Okt, Dez und an Ostern gelten Höchstpreise, bis zu 40% teurer als Jan-Juni. Das Preisgefüge variiert aber je nach Airline - ausgiebig vergleichen.

☞ **Maximal:** ein gutes Reisebüro wird jederzeit einen Flug unter 1500 DM ausfindig machen. Am besten dort schon den gewünschten Sitzplatz reservieren.

☞ **Emirates:** gehört zu den angenehmsten Gesellschaften, Stopover in Dubai möglich (60 DM), ab Frankfurt täglich außer Do. Wer sich was Gutes tun will ...

☞ **Freigepäck:** während BA meist ein oder zwei Augen zudrückt, steht z.B. KLM im Ruf, jenseits der zulässigen 20 kg für jedes weitere Kilo 60 DM zu kassieren.

☞ **Clever Fliegen:** eine Übersicht über die billigsten Angebote bietet die zweimonatlich aktualisierte Liste der Zeitschrift *Reisefieber.*
Mehrere Gründe sprechen für die etwas teurere **SAA:** die meisten Nonstopflüge ab Europa, während bei vielen anderen durch Zwischenlandungen Zeit & Spaß verlorengeht; die besten Anschlüsse im südlichen Afrika, im Preis enthalten oder gegen geringen Aufpreis; sowie der günstige *Africa Explorer*-Flugpaß, s. Verkehrsmittel/Flugzeug.

Für Langstreckenflüge sinnvoll: lockere Kleidung, etwa Jogginghose & Sweatshirt; warme Socken, um die Schuhe ausziehen zu können; Ohrenstöpsel & Augenklappen für leichteres Einschlafen - und kein übermäßiges Schlückchen Alkohol.

Wer aufs eigene Fahrzeug verzichten will/muß: der Fernverkehr mit Bussen und billigen Minibustaxis klappt gut, die Bahn beschränkt sich auf einige Vorzeigestrecken.

Kreuz & Quer

Südafrika ist ein riesiges Land - eine Binsenweisheit, na klar. Wer das Lenkrad in die Hand nimmt, wird verblüfft feststellen: die Entfernungen sind noch gewaltiger, als sie auf der Landkarte wirken. Diese Erfahrung der Weite hängt damit zusammen, daß anders als im zersiedelten Mitteleuropa zwischen einzelnen Zielen stundenlang **nichts** ist. Landschaft bis zum Horizont, die dem Auge keinen Halt bietet - *the middle of nowhere!* Das ist **wunderschön,** erfordert aber mehr denn je zuverlässige Verkehrsmittel und einige Planung.

Grenzen

Übergänge mehrheitlich nachts geschlossen, Öffnungszeiten unter T. 012/314 8911.

Nach Namibia: Hauptübergänge Vioolsdrif/Noordoewer (N7) und Ariamsvlei (N10, beide 24 Std). Außerdem Onseepkans/Velloorsdrif (R358, 7-20h) und Rietfontein (R31, 24 Std). Vom Kalahari Gemsbok NP keine Ausreise möglich.

Nach Botswana: Hauptübergänge Ramatlabama/Mafikeng (7-20h), Pioneer Gate/Lobatse (N4, 7-19h), Tlokweng Gate/Gaborone (R49, 7-22h) und Groblers Bridge (N11, 7-18h). Alle anderen mindestens 8-16h.

Nach Simbabwe: über den Limpopo nur Messina/Beitbridge (N1, 6-20h), oft Wartezeiten, da sinistre „Zollhelfer" (abwimmeln!) und gründliche Kontrollen.

Nach Mosambik: Komatipoort/Ressano Garcia (N4, 6-18h).

Nach Swasiland: Hauptübergänge Lochiel/Oshoek (N17), Mahamba/Piet Retief (R543) und Lavumisa/Golela (N2, jeweils 7-22h). Die übrigen neun schließen um 16/18h.

Nach Lesotho: unter einem Dutzend die wichtigsten: Ficksburg (R26, 24 Std), Wepener/Rooiensnek (R26, 7-20h) und Ladybrand/Maseru Bridge (N8, 6-22h).

Per Anhalter

In Joburg an der Straße vom Flughafen mußten wir mal trotz dichtesten Verkehrs eine Stunde warten. Dann nahmen uns zwei weiße Mädchen mit und lachten sich die ganze Fahrt über einen ab, wieviel Glück wir hätten.

Trampen ist derzeit nicht zu empfehlen. Gerade Schwarze warnen oft vor Gewalt *gegen* Anhalter - und auch *vor* manchen Anhaltern, die während der Fahrt unangenehm würden. Wir selbst haben keine schlechten Erfahrungen gemacht und auch von keinen gehört.

☞ **Mit Zeigefinger,** nicht Daumen, deuten Anhalter ihr Fahrtziel an. Finger nach unten: es bleibt im Ort/Stadt - zur Straßenmitte: bitte in die nächste Stadt - gen Himmel: ich will weit weg. Am Rand großer Städte wurden Anhaltestellen mit witzigem Schild eingerichtet: Rucksackträger im Profil und fünfeckigen Rahmen.

Mitfahrgelegenheiten sind sicherer, komfortabler & immer häufiger, z.B. am Schwarzen Brett in Backpackers. Natürlich lohnt auch das ungenierte Anhauen der Zimmernachbarn. Gelegentlich hängen

Zettel aus, die sämtliche Kosten den Mitfahrern aufbürden wollen!

Straßenverkehr

Welch Freude für alle, die sich noch nie in England oder seinen Ex-Kolonien ans Lenkrad gesetzt haben!
In Südafrika herrscht Linksverkehr. Das erste Abbiegen, die ersten Schaltvorgänge (mit links!) gehen mit Sicherheit schief - was aber wegen des dünnen Verkehrs nicht allzu tragisch ist. Und dann beginnt das Fahren bald viel Spaß zu machen.

☞ **Beim Verlassen** einer Tankstelle, eines Parkhauses oder beim Einbiegen in eine vierspurige Straße nicht in alte Rechtsfahr-Gewohnheiten zu verfallen. Beim Linksabbiegen anfangs großzügige Bogen ziehen. Wir kennen einen deutschen Korrespondenten, der in seinen ersten Joburg-Tagen drei linke Kotflügel lädiert hat.

Straßennetz

Die Straßen sind wenig befahren, so daß das grobmaschige Straßennetz vollkommen ausreicht. Sehenswürdigkeiten und Kreuzungen sind gut ausgeschildert. Von **Schotterpisten** muß sich niemand abschrecken lassen. Sofern als Durchgangspiste vorgesehen, lassen sie oft Geschwindigkeiten bis 100 km/h zu. Mit zweiradgetriebenen Straßenlimousinen empfiehlt sich aber erhöhte Vorsicht vor und in **Kurven!** Manchmal zwingen auch Wölbung der Fahrbahn und starke Absenkung der Straßenränder zu besonderer Aufmerksamkeit. Nach Regenfällen und in der Dunkelheit Fuß vom Gas! *„Auf einer dieser Gravel Roads habe ich einen Reifen mit Felge eingebüßt - Totalschaden." (Bernd Barnekow)*

Landesweit sorgt das Spiel „Wieviele Autos werden uns in der nächsten Stunde entgegenkommen?" für Zeitvertreib. Zwischen Aberdeen und Beaufort West waren es während unseres anderthalbstündigen Gastspiels auf der R61 ganze zwölf Exemplare.

Regeln

Offiziell wird die Einhaltung der Verkehrsregeln streng kontrolliert. Dazu zählt das Anschnallen und der völlige Verzicht auf Alkohol. Inoffiziell fallen die Herren Beamten mit ihrer aufwendigen Radaranlage jedem Blindenhund schon Meilen vorher auf.

☞ **Führerschein:** offiziell ist der Internationale nötig. Mit dem EU-Triptychon hat man bei den äußerst spärlichen Kontrollen aber nie Schwierigkeiten.

☞ **Tempolimit:** innerorts **60 km/h**, Landstraßen **100 km/h**, Autobahnen **120 km/h** (alle Nationalstraßen N1-17, obwohl selten mehr als eine Bahn pro Richtung). Der Gas-Fuß zwickt allerdings, wenn die nächsten 20 km schnurgerade in den Horizont verlaufen.

☞ **Km-Angaben** sind nicht immer exakt, auf Markierungen und Warntafeln ist dagegen Verlaß. Wenn ein Schild auf die nächste Kurve aufmerksam macht - dann bitte Augen auf!

☞ **Straßenschilder** werden sparsam eingesetzt, bilden mancherorts auch die Rückwand einer Squatter-Hütte. Oft am Bürgersteig angebracht und von parkenden Autos verdeckt.

☞ **Stoppschilder** überraschen selbst an läppischen Einmündungen. Die Ziffer darunter verrät, wieviele Richtungen zusammenkommen. Wer zuerst ein *Four-Way-Stop* erreicht, darf als Erster weiterfahren.

☞ **Ampeln** (*Robot*) hüpfen von Rot sofort auf Grün und genießen einen seltsamen Standort: auf der gegenüberliegenden Seite der Kreuzung.

Hallo Partner, danke schön!

Überholvorgänge sind ein schönes Schauspiel. Sobald von hinten ein schnelleres Fahrzeug auftaucht, was sich meist lange vorher im Rückspiegel ankündigt, wird bei gleichbleibendem Tempo etwas nach links gezogen, so daß der Schnellere noch auf demselben Streifen vorbeipreschen kann. Damit sind auf zweispurigen Straßen zwei Überholvorgänge gleichzeitig möglich. Wenn die Aktion abgeschlossen ist, zieht der Überholte wieder in die Mitte seines Fahrstreifens. Der Überholende bedankt sich mit kurzem Warnblinken. *Den Gipfel der Höflichkeit erklimmt der Überholte durch Betätigen der Lichthupe. Lauter freundliche Gesten in einem Land, das ansonsten das Gaspedal verehrt.*

Parken

Selten muß man suchen, da Plätze in grotesker Überzahl zur Verfügung stehen. Für Parker tabu sind *Loading Zones* (dickes L im gelben Kreis) und *No Stopping Zones* (gestrichenes S auf weißem Grund). Wer diese Tabus in Joburg oder Kapstadt verletzt, riskiert 10-15 DM.

☞ **Strafzettel:** der rosafarbene Schein klebt nur mühsam entfernbar an der Scheibe der Fahrertür. Ehrliche Seelen treten dann ihren Buß- und Zahlgang zur Ortsverwaltung an. Ein Verfahren wird erst 30 Tage später eröffnet ...

Tankstellen

Stehen selbst im kleinsten Dorf, auch in Reservaten, im Nordkap dagegen teils nur alle 100 km! Zapfsäulen sind täglich 7-18h in Betrieb, einige wenige auch rund um die Uhr. Es wird nach Oktanzahl unterschieden: 91, 93, 95, 97; letztere Sorten selten im Hinterland.

☞ **Zahlen:** Kreditkarten werden selten angenommen, Reiseschecks nur in Rand. Bleifreies Normalbenzin kostet rund 0,80 DM/Liter.

Die Automobile Association bietet umfangreiche Dienstleistungen. Mitglieder eines assoziierten Automobilklubs, z.B. des VCD, können in jedem AA-Büro den *Guest Service* in Anspruch nehmen. Dazu gehören Karten, Reisetips & praktische Hilfen.

Auto

Wenn Autofahrer ihr Paradies suchen sollten - hier isses. Das ganze Land wurde aufs Auto abgestimmt, viele reizvolle Regionen (z.B. Kalahari Gemsbok NP) sind gar nicht anders zu erreichen. So lautet denn die Kardinalfrage: Auto kaufen oder mieten?

Autokauf

Gebrauchtwagen sind nicht billig! Unter 2000 DM findet sich in den Anzeigenblättern Joburgs und Kapstadts (*The Ads* für kostenlose Kleinanzeigen, *Argus* mit großem Automarkt) kaum ein Angebot. Neuwägen sind teuer und die Einfuhrzölle so hoch, daß niemand sein Gefährt freiwillig hergibt. Zudem kennen die Fahrzeuge dank des Klimas wenig Rost. Wir trafen Leute, deren VW bereits mit dem fünften Motor lief und lief und lief ...

☞ **Townships:** die billigsten Angebote gibt's oft in Schwarzensiedlungen. Und kein Südafrikaneuling sollte seine Reise in Soweto oder den Cape Flats beginnen.

☞ **Roadworthy:** bei jedem Halterwechsel nötig. Die Untersuchung erinnert nur peripher an TÜV-Rituale. Dennoch scheuen sich viele Fahrer, ihre Mottenkiste zu verscherbeln. Solange kein Halterwechsel vorliegt, fragt niemand nach deren Verkehrstüchtigkeit.
☞ **Insurance:** die Suche nach einer Versicherung ist nervtötend, Urlauber ernten oft ein müdes Abwinken.
☞ **Wer keinen Blick** für Zustand & Zuverlässigkeit eines Fahrzeugs hat, sollte bedenken: Automechaniker sind freundlich & hilfsbereit, in vielen Regionen aber dünn gesät. Spätestens dann möchte man auf den prompten Service eines Vermieters zurückgreifen!
☞ **Wiederverkauf:** man benötigt eine Telefonnummer, unter der Interessenten einen Ansichtstermin vereinbaren, und viel Geduld/Zeit - schwierig, wenn die Ferien nur vier Wochen dauern. Viele Deals werden über Schwarze Bretter in Backpackers angebahnt.

„Nach Durchblättern der Kleinanzeigen in Kapstadt fanden wir innerhalb von drei Tagen das ideale Auto für uns, einen VW-Bus (Volksie) für 4500 Rand. Wir mußten kleinere Reparaturen vornehmen und verkauften ihn am Ende für 5000 Rand, drei Tage nach unserem Inserat. Alle Mechaniker, auf die wir trafen, waren äußerst hilfsbereit und fähig. Gleich am Anfang wurde ich Mitglied im AA, so daß wir das Geld für die drei Male, die wir abgeschleppt werden mußten, zum größten Teil zurückbekamen. Die AA hatte uns auch eine Versicherung angeboten, doch uns reichte die Third Party Insurance (Haftpflicht, in der Autolizenz enthalten). Ab einem Aufenthalt von acht Wochen finde ich den Autokauf durchaus sinnvoll." (Sabine Prachett)

Mietwagen

Ausgezeichnete Idee dank ziviler Tariflisten. Extrem gestaffelt nach gewünschten Frei-km, nach Vertragsdauer (je länger, desto **viel** billiger) und nach Typ: von Mazda 323 (drei Pax verkraftet der Kleine kaum) bis zu achtsitzigen VW-Bussen. **Mindestalter 23 Jahre.** Imperial läßt mit Zusatzversicherung (10 DM/Tag) auch Leute ab 21 Jahren ans Lenkrad.
☞ **Wo buchen?** Bereits von zuhause aus ist meist günstiger, da inklusive unbegrenzter km und freier AA-Mitgliedschaft für die Mietdauer. Kindersitze, Dachgepäckträger und ähnliches Sonderzubehör gegen Aufpreis. **Kleinstvermieter** sind billiger als die weltweiten *Big Players,* oft muß das Auto aber zum Ausgangspunkt zurück.
☞ **Kreditkarte** bei Buchung in Südafrika nötig. Barzahlung ist nicht in allen Fällen möglich, und auf die Kaution muß man dann eine Weile warten.
☞ **Freikilometer:** wer sich ein bißchen treiben läßt, kommt mit 400 km/Tag gut aus. Wer dagegen an manchen Orten auch ein Weilchen bleibt, dem reichen 200 km/Tag locker.
„Die Großen bieten manchmal Super-Deals an, um ihre Wagen z.B. nach Joburg rückzuführen. Uns offerierte Avis: in zwei Tagen von Kapstadt nach Joburg für 99 Rand, inklusive Versicherungen und 1500 Frei-km pro Tag! Diese Specials gelten nur für einen festgelegten Zielort, der Weg dorthin kann aber auch zur Serpentine werden." (Dan Matzke)

Das Kleingedruckte: Mehrwertsteuer VAT im Tarif enthalten? Wo ist die Rückgabe möglich? Wo gibt´s Aufschläge, z.B. *Airport*

Surcharge? Was sagt der Vertrag über Mietverlängerung, Auslandsfahrten, Schotter, Townships?

„Achtung Fallen bei Buchung in Südafrika! Wie hoch liegt die Selbstbeteiligung? Beim Corolla 130 gab's eine Spanne von 750-5000 Rand. Besondere Fiesheit: doppelte SB auf Schotter oder an Wochenenden." (Volker Heidkamp)

Autovermietungen in Südafrika

Es gibt drei Sorten: die kleinen billigen, die nur in einer Stadt vertreten sind (s. vor Ort); die landesweit präsenten; und die international renommierten mit dichtem Agenturennetz.

Je 60-70 Filialen, davon über zehn um Joburg und sechs bis neun in Kapstadt, unterhalten drei Vermieter: **Imperial,** T. 0800/131 000, Notruf 0800/118 898 (gebührenfrei); **Budget,** T. 011/392 3907, Fax -3015; und **Avis,** T. 011/974 2571, Fax -1884.

Die Tarife unterscheiden sich in diesem Bereich kaum. VW Citi-Golf für einen Tag rund 45 DM plus 0,45 DM/km; für drei Tage 300 DM (600 km frei), für 30 Tage 1500 DM (6000 km frei). Versicherungen: Haftpflicht 15-25 DM/-Tag bei SB 2000 DM, Diebstahl 6-10 DM/Tag, Insassen/Unfall 2 DM/Tag. **Billiger** bei Buchung von zuhause.

Zu den landesweiten gehören **Tempest,** T. 0800/031 666; **Dolphin,** T. 0800/011 344; **Panther,** T. 011/397 1469; **Alisa,** T. 021/931 2970 (Kapstadt, Joburg, Durban); und **HB Car Hire,** T. 0800/033 317 (Joburg, Kapstadt, Durban, PE, George). Tages-, Langzeittarife und Versicherungsgebühren liegen 10-20% unter den Branchenriesen. Dafür sind nicht immer Einwegmieten möglich.

Meine Favoriten: RMS in Joburg, T. 011/828 8195, Fax -1424; Dave & Meda Levett reißen sich mehr als ein Bein aus, um ihre Kunden (viele Backpacker) zufriedenzustellen. Dazu extrem günstige Wochentarife und freie Abholung/Zustellung im Großraum Joburg. **Comet** in Kapstadt, T. 021/510 5797, Fax -5798, comet@iafrica.com; saisonabhängige Sonderangebote ohne SB bei Vollkasko, dazu wiederum exzellenter Service.

Wohnmobile

Keine Lust auf Versorgungsprobleme, aber doch dieses Lodern im Herzen? Gerade für junge Familien ist die Anmietung eines Wohnmobils eine Überlegung wert. Das Angebot reicht vom sparsamen *Explorer Club* (zwei P) über den geländetauglichen *4x4 Camper* mit Doppeldach-Zeltaufbau (vier P) bis zum voll ausgerüsteten Straßenschiff mit fünf Schlafgelegenheiten. Und einer der 600 Caravanparks liegt immer in der Nähe.

Wohnmobile in/um Joburg vermieten u.a. **Britz Africa,** T. 011/396 1860, Fax -1937; **Leisure Mobiles** in Roosevelt Park, T. 011/477 2374, Fax -2321; und **Buffalo Campers** in Northriding, T. 011/704 1300, Fax 462 5266. **Campers Corner** in Roosevelt Park, T. 011/789 2327, Fax 787 6900, campers@iafrica.com, hat fünf Typen im Programm, z.B. *Penguin* für zwei Erwachsene & ein Kind pro Woche 1200 DM (1400 km frei), sechs Wochen 6400/8200 DM (8400 km/unbegrenzt); inklusive Versicherungen.

Busse

Weil Züge und Flieger so wenige Ziele erreichen, werden Busse wichtig für alle, die auf ein eigenes Auto verzichten. Allerdings nicht billig, zumal es an ordentlichen Buspässen fehlt. Dafür hat sich eine ausgezeichnete Idee etabliert: Backpacker-Busse.

Überlandbusse

Verschiedene Unternehmen verbinden praktisch alle großen Städte mit einigem Komfort. Ihre Preisgestaltung bevorzugt Langstreckenreisende: selbst in die Nachbarstadt nicht unter 20 DM, doch je länger die Fahrt, desto relativ günstiger. Grundsätzlich herrscht **Rauchverbot** an Bord, doch es gibt regelmäßig Erfrischungspausen.

Busverbindungen zwischen den 15 größten Städten unter *www.infoafrica.co.za/general_section/intercity-coachservices.html.* **Buchung** landesweit auch über Computicket.

Transtate: mit Abstand am billigsten, v.a. von Schwarzen genutzt, denen diese Busse zu Apartheidszeiten vorbehalten waren. Die Fahrzeuge sind lahm & unklimatisiert, erinnern aber daran, auf welchem Erdteil man sich befindet.
Ab Joburg: Pietersburg 24 DM, Sibasa 33 DM, Queenstown 48 DM, Hluhluwe 40 DM, Umtata 50 DM. Abfahrtsstellen sind schwer ausfindig zu machen. Nachfragen bei Weißen erübrigt sich, doch die meisten Schwarzen wissen Bescheid. *Reservierung* nicht möglich.

Translux: recht luxuriös, mit Komfort & Kaffee. Übersicht über Linien und Tarife im rot-weißen Faltblatt *Intercity Fares* an jedem Translux Express-Schalter.
Ab Joburg: Pietersburg 40 DM, Richards Bay 70 DM, Bloem 70 DM, PE 115 DM, Kapstadt 135 DM, Harare 110 DM. 10% Ermäßigung mit ISIC und IYHF. *Reservierung* möglichst 24 Std im voraus, Durban T. 031/361 8333, Joburg T. 011/774 3333, Kapstadt T. 021/449 3333. translux@mweb.co.za, *www.translux.co.za.*

Lux Pass bietet freie Fahrt auf dem gesamten Translux-Netz, binnen eines Monats mit sieben/zehn/15 Tagen 400/570/690 DM, binnen zweier Monate mit 21/30 Tagen 980/1230 DM. Lohnt gegenüber Normaltarif nur bei langen Strecken an jedem Reisetag. **Tourlink Pass** mit zwölf regionalen Varianten auf ähnlich hohem Preisniveau, interessant aber *All Southern Africa* für 675 DM: beliebige Zwischenhalte entlang der Route Durban - Harrismith - Bloem - PE - George - Kapstadt - Kimberley - Joburg - Pretoria - Harare, oder Gegenrichtung. Beide Pässe über Tourlink, T. 011/404 2617, Fax 402 7299.

Intercape Mainliner: preislich unter Translux-Niveau, dazu immer wieder Sonderangebote. Netz v.a. in den Kapprovinzen, dazu Abstecher nach Gauteng und Namibia.
Ab Joburg: Upington viermal pro Woche 65 DM, Windhuk dreimal 160 DM. *Ab Kapstadt täglich:* Joburg 120 DM, Windhuk 120 DM, PE/East London 50/85 DM. *Reservierung:* Joburg T. 011/333 5231, Kapstadt T. 021/386 4400.

Greyhound: nicht verwandt mit dem amerikanischen „Windhund", geringfügig teurer als Translux. Fährt auch nach Upington, Nelspruit, Transkei, Botswana und Simbabwe.

Ab Joburg täglich: Kimberley & Kapstadt 75/150 DM, Durban 65 DM, Bloem/PE 75/115 DM, Nelspruit 50 DM, Pietersburg-/Harare 40/110 DM, Gaborone 55 DM, Bulawayo/Vic Falls zweimal pro Woche 75/120 DM, Oudtshoorn/Knysna So-Fr je 115 DM. *Ab Kapstadt täglich:* Bloem-/Durban 120/150 DM, George/PE 40/60 DM. *Reservierung:* Durban T. 031/309 7830, Joburg T. 011-/830 1301, Kapstadt T. 021/418 4310.

Backpackerbusse

Halten ganzjährig direkt vor dem Backpackers, damit entfällt die Logissuche in einer unbekannten Stadt. Zudem prima Kontakte zu anderen Rucksackreisenden, und die Fahrer, meist quirlige Gesellen, halten auch mal an hübschen Punkten oder für Bungisprünge.
„Langstrecken werden für Langbeiner zur Qual, da die Busse aus Japan kommen, wo die Leute bekanntlich kleiner sind. Allerdings ist die Atmosphäre netter als z.B. bei Translux." (Christine Kellmann) „Pausen finden oft an Tankstellen (5-10 min) oder an Fast-Food-Restaurants statt, so daß man als Vegetarierin eben Pech hat." (Susanne Ludwig)
BazBus: Barry Zeidel war der Erste mit dieser prima Idee. Seine Busse sind seit Oktober 1995 im Einsatz und nehmen auf Anhängern auch Fahrräder mit. Tagesabschnitte: Kapstadt - Garden Route - PE täglich, PE - Transkei - Durban fünfmal pro Woche, Durban - Mbabane/Swasiland viermal, Mbabane - Joburg - Pretoria viermal, Pretoria - Joburg - Drakensberg - Durban fünfmal. Gesamtpreis hin/rück Kapstadt - Joburg 305/520 DM, Kapstadt - Durban 225/350 DM, Durban - Joburg über Drakensberg/Swasiland 55/90 DM, alle Teilabschnitte möglich. Keine zeitliche Beschränkung, aber Sitzplätze unbedingt reservieren, da die Busse nicht automatisch jedes Backpackers ansteuern. Pendelbusse kosten extra: von der Baz-Route nach Hermanus (ab Botrivier), Oudtshoorn (ab George), Hogsback (ab East London), Coffee Bay und Port St Johns (ab Umtata), Sani Pass (ab Kokstad oder Maritzburg).
Reservierung in jedem Backpackers; bei BazBus in Kapstadt, T. 021/439 2323, Fax -2343, info@bazbus.com; und Durban, T. 031/306 6585. *www.bazbus.com.*
Grasshopper pendelt täglich zwischen Kapstadt, Mossel Bay und PE. Komplizierteres Preissystem, aber gleiches Niveau. *Reservierung* in jedem BP oder in PE, T. 041/585 4000, Fax -8402.

Minibustaxi

Unter 6 DM/100 km! In Ex-Homelands oft einziges Verkehrsmittel neben dem Auto. Die 14- bis 18-sitzigen Kleinbusse japanischen Fabrikats rasen nur zwischen Industriezentren und Wohngebieten der schwarzen Arbeiterschaft. Vollgestopft mit Mensch & Gepäck, im Vergleich zu Schwarzafrika aber selten überbelegt und ohne den Lieblingssender des Fahrers in Höchstlautstärke.
Black Taxis eignen sich auch für Fahrten innerhalb der Städte. Standplätze oft schwer zu finden, in Großstädten meist Bahnhofsnähe. Es gibt keinerlei Fahrpläne oder sonstiges Schrifttum, das Fahrtziel ist selten angeschrieben.
„Es ist nie genau auszumachen, wieviele Minibusse einen gleichzeitig

überholen. Ob sie fahrtüchtig sind, ob nicht eine Flasche gerade durchs Fenster geflogen kommt, wohin sie fahren, woher sie kommen. Das einzige, worauf man sich verlassen kann: daß sie mit Vollgas unterwegs sind, und zum Bersten voll." (Karin Regnet)

Sicherheit: die Taxikriege, die Mitte der 90er Jahre v.a. in Kapstadt und Witwatersrand Schlagzeilen machten, sind mittlerweile abgeebbt. Das aktuelle Gewaltrisiko ist aber nur vor Ort abzuschätzen. In der Regel werden es Weiße über- und Schwarze unterbewerten. Die einen saßen nie in einem Minibustaxi, die anderen sind drauf angewiesen.

Taxilimousinen warten in jeder Stadt an Standplätzen, wo sie per Telefon abgerufen werden. Bezahlbare Ergänzung zu Stadtbussen, Kilometerpreis unter 2 DM. Für Überlandfahrten Festpreise aushandeln, da ansonsten kein billiges Vergnügen.

Eisenbahn

Die Staatsbahn Spoornet mußte nach Teilprivatisierungen in den 80er Jahren viele Verbindungen streichen und Strecken stillegen. Im Personenverkehr werden nur noch *Name Trains* zwischen den Metropolen losgeschickt - welch ein Jammer, wenn man die Länge des Schienennetzes kennt. Züge jeder Größe und Klasse können auf beinahe jeder Strecke komplett gemietet werden, auch Schnauferl und Blue Train. Auskünfte T. 011/773 7743.

Bahnpässe

Spoornet bietet vier Flexi-Pässe an (Preise erster/zweiter Klasse): fünf Reisetage innerhalb von 21 Tagen 500/350 DM, acht in 30 Tagen 760/540 DM, zwölf in 30 Tagen 1080/760 DM, 16 in 60 Tagen 1360/960 DM. Jede Option lohnt gegenüber den Normaltarifen erst, wenn pro Reisetag 700-800 km zurückgelegt werden - angesichts des Bahntempos eine unsinnige Zeitverschwendung. *Nächstens bitte besser kalkulieren, meine Herren.*

Ausstattung & Preise

Die meisten Strecken sind so lang, daß eine Übernachtung im Zug unabdingbar ist. Entsprechend ist der Schlafwagen im regulären Preis inbegriffen; Bettzeug 8 DM extra, bei Vorbuchung 5 DM. Auf Wunsch gibt's **Abteile** mit zwei Betten, zwei/vier Klappbetten (erste/zweite Klasse), Waschbecken und Klapptisch; oder beengte **Coupés** mit gleicher Ausstattung, aber nur der Hälfte der Schlafmöglichkeiten. Im **Speisewagen** werden gute Mahlzeiten & Erfrischungen kredenzt; F ab 12 DM, Lunch-/Abendessen ab 16/20 DM.

Hin/Rückfahrt kostet grundsätzlich den doppelten einfachen Fahrpreis; pro 100 km etwa 12/8/5,50 DM in der ersten/zweiten/dritten Klasse. Damit sind *Name Trains* in der zweiten Klasse etwa so teuer wie Translux- oder Greyhound-Busse, in der dritten so billig wie Transtate. Die Fahrt dauert länger, ist aber bequemer.

Buchung in jedem Bhf, für erste/zweite Klasse min. 24 Std vor Fahrtantritt. Für dritte Klasse keine Reservierung möglich. *„Die Masse der Fahrgäste bevorzugt durchaus die viel komfortablere erste Klasse, das zeigt auch das Verhältnis der Wagenzahl, z.B. im Trans-Karoo acht Wagen erster, nur drei Wagen zweiter Klasse." (Stephan Ulbrich)*

Ermäßigungen: mit ISIC 25%, für ausländische Touristen ebenfalls 25% (nur erster Klasse), Kinder unter sechs Jahren frei, unter zwölf Jahren 50%.

Name Trains

Fahrpläne auch unter *www.spoornet.co.za.* Buchung an jedem Bahnhof, s. vor Ort.

Algoa: Joburg – Bloemfontein – Cradock – Port Elizabeth täglich 14.30h, zurück 14.45h (19 Std für 1112 km, bis Bloem 48/33 DM, bis PE 120/81 DM).

Amatola: Joburg – Bloem – Queenstown – East London So-Fr 12.45h, zurück Mo-Sa 12h (20 Std für 1023 km, 108/75 DM).

Bosvelder: Joburg – Louis Trichardt – Messina – Beitbridge täglich 18.50h, zurück 14.25h (16 Std für 654 km, bis LT 56/39 DM, Beitbridge 72/49 DM).

Bulawayo: Joburg – Pietersburg – Beitbridge – Bulawayo Di 13.30h, zurück Do 10.30h (24 Std für 1189 km, bis P'burg 42/29 DM, Bulawayo 118/84 DM).

Diamond Express: Pretoria – Joburg – Kimberley – Bloemfontein täglich 18.35h, zurück 17h (11 Std für 565 km, 94 DM mit DB&B).

Komati: Joburg – Nelspruit – Komatipoort täglich 17.45h, Di/Do/So weiter nach Maputo; zurück 16h, ab Maputo Mo/Mi/Fr (12 Std für 530 km, bis Nelspruit 48/33 DM, K'poort 60/43 DM).

Limpopo: Joburg – Pietersburg – Beitbridge – Harare Fr 8.30h, zurück So 7h (26 Std für 1376 km, 160/110 DM).

Southern Cross: Kapstadt – George – Oudtshoorn – Port Elizabeth Fr 12h, zurück So 12.30h (24 Std für 1100 km, bis George 43/31 DM, PE 80/57 DM).

Trans Karoo: Pretoria – Joburg – Kimberley – Kapstadt täglich 10h, zurück 9.20h (27 Std für 1610 km, bis Kimberley 57/39 DM, Kapstadt 163/110 DM).

Trans Natal: Joburg – Ladysmith – Pietermaritzburg – Durban täglich 18.30h, zurück 18.30h (13_ Std für 722 km, bis PMB 71/47 DM, Durban 82/54 DM).

Trans Oranje: Kapstadt – Kimberley – Bloem – Durban Mo 18.50h, zurück Mi 17.30h (36 Std für 2010 km, bis Kimberley 110/78 DM, Bloem 150/100 DM, Durban 215/145 DM).

Blue Train

Auch wenn seine Preise jedes Luxushotel übertreffen, bleibt die Nachfrage ungebrochen. Jeder will mal die Legende auf Schienen genießen, und am Zielbahnhof sieht man entsprechend verzückte Gesichter auf den Bahnsteig treten. Das Geld ist ja dann ohnehin weg ... *Zum 50. Jubiläum wurde der Blue Train 1996 für 25 Millionen DM herausgeputzt. Alle Abteile jetzt mit Dusche, WC, Video, Telefon und Fax. In jedem Waggon bebauchpinselt ein Butler die werten Gäste. Aus dem Lokführerstand übertragt eine Kamera die Lukas-Perspektive in alle Wagen. Demnächst soll das rollende Hotel in freundlicherer Umgebung als von den schnöden Hauptbahnhöfen in Kapstadt bzw. Joburg loswackeln.*

Pretoria – Kapstadt jährlich 250 Mal für 1400-2700 DM! Abfahrt Sep-Apr am Mo/Mi/Fr, Mai-Aug alle fünf Tage; ab Pretoria 8.50h, Joburg 10.10h, Kimberley 19.05h; ab Kapstadt 11h, Worcester 14.15h, Matjiesfontein 17.30h.

Pretoria – Nelspruit ein- bis zweimal pro Monat, 6 Std, ab 350 DM.

Reservierung jederzeit unerläßlich,

Auf den zweiten Blick

Blue Train – einer der großen Züge dieser Welt

Traum vieler, Vorrecht weniger

Diese große weite Welt verfügt nur über wenige wirklich großartige Eisenbahnzüge. Südafrikas Blue Train, zwischen Pretoria, Jo'burg und Kapstadt unterwegs, ist einer davon. Reisende verbringen die Fahrt in ihrem exquisiten privaten Abteil oder im Salonwagen mit Bar, lassen sich im geschmackvoll eingerichteten Speisewagen von erstklassigen Küchenchefs den Gaumen kitzeln, während vor den (leider nicht groß genug ausgefallenen) Fenstern wunderschöne Landschaften vorbeiziehen. Seit 1995 werden auch die Viktoriawasserfälle im Norden Zimbabwes angesteuert.

Nostalgie: die Geschichte des Blue Trains erzählt immer wieder von Luxus, und zwar von Anfang an. Sein Ahnherr, der legendäre Zambezi Express, schaukelte bereits im vorigen Jahrhundert von Bulawayo nach Kapstadt: mit erlesenen De-Luxe-Abteilen und mit eichenvertäfelten Spielsalons. Während des wildesten Diamantenfiebers vor und nach der Jahrhundertwende verkehrten neben Imperial Mail und African Queen auch der Diamond Express. Die erste Luxuseisenbahn von Kapstadt nach Jo'burg, der Union Express, wurde im Jahre 1923 eingerichtet, und schon damals dominierte dieser edle Blauton. Pünktlich mit Beginn des zweiten Weltkrieges trafen zwölf klimatisierte Luxusschlafwagen aus England ein, kurze Zeit später gefolgt von zwei Salonwagen, zwei Speisewagen, einem Küchen- und einem Gepäckwagen. Allein den Menschen stand nicht der Sinn nach blauem Bahnkomfort, so daß der Betrieb für zwei Jahre eingestellt werden mußte.

Luxus: erst nach Kriegsende wurde der legendäre Zug aus der Mottenkiste geholt, auf Hochglanz poliert und jetzt auch offiziell mit ministerieller Segnung auf den Namen Blue Train getauft. Als 1972 zwei neue Zugkompositionen zur Konstruktion anstanden, folgten die Planer nur einem einzigen Gesichtspunkt: dem uneingeschränkten Luxus. So kommt es, daß heute im Speisewagen pro Sitzung höchstens 46 Personen gleichzeitig verköstigt werden – kein Grund zur Besorgnis, denn insgesamt werden pro Fahrt nur 92 Personen befördert. Während der Hochsaison verkehrt jeder Blue Train dreimal wöchentlich, was am Jahresende dann doch eine Beförderungskapazität von 20.000 Fahrgästen bedeutet. Jede Blue Train-Fahrt wird durch einen fünfzigminütigen Zwischenhalt aufgelockert. Auf der Strecke nach Jo'burg wird (mehr oder weniger pünktlich) um 16.40h Rast in Matjiesfontein gemacht. Schon die Diamantenschürfer und berühmtere Zeitgenossen unterbrachen in diesem viktorianischen Juwel ihre lange Reise zu den Diamanten- und später den Goldfeldern.Auf der Strecke nach Kapstadt hält der Zug um 16.20h in Kimberley. Die gute Dreiviertelstunde reicht für eine geführte Tour mit der alten Tram zum »Big Hole«, vom angrenzenden Museum bekommen blaue Zugreisende allerdings leider zu wenig zu sehen, denn bald schon gemahnt das Bimmelbähnchen zur Rückkehr an den Bahnhof.

Details: die traditionelle Fahrt mit dem Blue Train dauert 26-27 Stunden und wird in jedem Fall unvergeßlich bleiben. Der Zug zuckelt so gemächlich voran, daß alles gut im Blick bleibt, allerdings immer nur zu einer Seite hin. Wegen der Reise auf teils uralten Schienensträngen holpert's oft gehörig.

Während der Mahlzeiten ist formelle Kleidung erwünscht, dafür sind die (im Preis enthaltenen) Speisen vorzüglich. Bei der Tischverteilung wird rigoros zwischen noblen Suitengästen, Coupé-Schläfern und Billig-passagieren ausgesiebt.

Schade nur, daß einige der schönsten Landschaften nachts durchquert werden. Betten und Service sind zwar über jede Kritik ellenweit erhaben, aber man möchte eben doch noch mehr sehen ...

Neuerdings wird die Blue Train-Idee ausgeweitet: hinzugekommen sind die Linien Pretoria - Nelspruit (Lowveld Experience) und Jo'burg - Pretoria - Victoria Falls.

Die Bahnherrlichkeit beschränkt sich in Südafrika auf wenige herausragende Züge: Schnauferl im Transvaal

zur Hochsaison bis sechs Monate im voraus, z.B. in Jo'burg T. 011-/773 7631. *www.bluetrain.co.za.*

Tip für alle, die sooo gerne mal mit dem Blue Train führen: die Kurzstrecken Pretoria - Joburg und Kapstadt - Wellington (65/72 min) kosten unter 100 DM, das Vormittags-Erlebnis Pretoria - Klerksdorp bzw. Kapstadt - Worcester (4/3 Std) unter 250 DM. Gönnt man sich denn sonst was? Na also.

Dampflokfahrten

Freunde alter Dampfgemütlichkeit finden in Südafrika ein kleines Paradies vor. Zur Wahl stehen nostalgische Schnauferl-Ausflüge und mehrtägige Touren.

Apple Express, T. 041/507 2360: die Schmalspurbahn zwischen Port Elizabeth und Thornhill mußte früher die Kap-Äpfel vom Anbaugebiet zum Hafen karren. Ab PE am ersten Sa im Monat 8h (3-4 Std).

Outeniqua Choo-Tjoe, T. 044/801 8202: dampft von George durch Wald- und Seenlandschaften nach Knysna. Täglich zweimal hin & zurück (2½ Std). Unser Liebster!

Banana Express, T. 039/317 6443: von Port Shepstone entlang der Natal-Südküste zwischen Bananen und Zuckerrohr nach Izotsha. Jeden Do/So (2½ Std), in Ferien täglich.

Magaliesberg Express, T. 011/888 1154: zwischen Joburg und den nordwestlichen Bergen. Jeden So 9h (2 Std).

Spoornet Museum, T. 011/773 9238: veranstaltet bis zu 15tägige Touren in Originalzügen der Goldgräberzeit und siebentägige Dampfreisen durch Transvaal und die Drakensberge, mit Besuch eines Wildreservates, ab 2000 DM.

Union Limited, T. 021/449 4391, Fax -4395: lebt den *Dream of Steam* so richtig aus, auf fünf-, neun- oder 15tägigen Dampf-Safaris oder auf Tagesausflügen rund ums Kap. Auch vierstündiger, fünfgängiger Kulinaro-Trip mit *Roving Diner.*

Rovos Rail, T. 012/323 6052: detailgetreu restaurierte Oldtimerloks schütteln Uraltwaggons von Kapstadt nach Knysna oder Pretoria, von Pretoria nach Vic Falls, Swakopmund, Graskop oder Durban. In jeder Einzelheit wurde auf Luxus geachtet. Ein- bis dreitägige Touren je nach Suitenklasse ab 1000-2000 DM.

Vorstadtzüge (Metro)

Commuter Trains verbinden alle drei Metropolen mit ihrem Umfeld. Joburgs Metros, wegen brutaler Mordserien jahrelang in den Schlagzeilen, sind bis heute nicht zu empfehlen. Nützlich dagegen: Vorortzüge um Kapstadt (s. vor Ort) und Küstenzüge um Durban.

Flugzeug

Aus ökologischer Sicht sind Kurzstreckenflüge abzulehnen. Auf 500 km (Joburg - Kimberley) entsteht durch einen vollbesetzten Linienflieger pro Fahrgast sieben- bis neunmal soviel Schwefel- und Kohlendioxid wie durch einen vollbesetzten Zug.

South African Airways, T. 011/978 1111, bietet gute Planverbindungen zwischen einem Dutzend Inlandsflughäfen; keine

Zubringerbusse in George, Bloemfontein, Upington. Preislich sind Flüge keine Konkurrenz zu Bus & Bahn: Joburg - Kapstadt 300-400 DM. Allerdings gibt es v.a. abends billige *Standby*-Plätze und den günstigen *African Explorer*-Paß zwischen Joburg und allen größeren Flughäfen, auch Bulawayo, Harare, Maputo, Vic Falls und Windhuk; nur außerhalb Südafrikas zu kaufen. *www.saairways.com.*

SA Airlink, T. 011/973 2941, verbindet Kapstadt, George, Plett, PE, East London, Umtata, Margate, Durban, PMB, Maseru, Bloem, Ulundi, Joburg, Nelspruit, Phalaborwa, Pietersburg, Sun City und Upington.

BA Comair, T. 011/921 0222, fliegt zwischen Durban, Harare, Hoedspruit, Joburg, Kapstadt, PE, Skukuza, Vic Falls und Windhuk. *www.british-airways.com.*

Sun Air, T. 011/923 6400, pendelt u.a. zwischen Durban, Joburg und Kapstadt. *www.sun-air.co.za.*

Motorrad

Welch seltener Anblick in Südafrika! Dabei wäre es ideales Biker-Terrain, mit prima Wetter, guten Straßen, wenig Verkehr und Landschaften à la Easy Rider. Was den Spaß trübt: die wenigen Vermieter kassieren ordentlich ab. Erst ab 23 Jahren gibt´s den vollen Spaß, vorher nur 250er. Von Autos & Trucks darf man wenig Rücksicht erwarten.

Nationalparks & Reservate bleiben Motor- und Fahrrädern verschlossen. *„Für alle offen sind nur Kap der Guten Hoffnung & Augrabies. Anfahrt* ***bis zum Camp*** *möglich in den NPs Addo, Mountain Zebra, Tsitsikamma, St Lucia Wetlands. Im Kalahari Gemsbok NP nur bis zum Camp Twee Rivieren, dort teure Avis-Mietwagen; Trampen sinnlos." (Elisabeth Schibisch)*

Le Cap Motorcycle Hire in Kapstadt, T. 021/423 0823, Fax -5566, vermietet Yamaha SR 185 (280 DM/Woche), Suzuki DR 350 (400 DM/Woche) und Kawasaki KLE 500 für selbständige Touren. Außerdem zehntägige Motorradtouren durch Nordprovinz, Mpumalanga, Krügerpark für Fahrer-/Sozius 3300/1600 DM; durch Garden Route, Kleine Karoo, Namaqualand 2200/800 DM. - Weitere Vermieter s. Kapstadt.

Fahrrad

Es gibt mehrere Möglichkeiten, sich gut und sicher durch Südafrika zu bewegen. Das Fahrrad gehört nicht dazu! Es fehlen geeignete Wege. Auf den Straßen vermiesen Trucks & Minibustaxis den Radelspaß. Das weite Land bietet herzlich wenig zwischen zwei Städten, in der Karoo kommen sich Mitteleuropäer oft einsam vor. Nebenstrecken gibt´s nicht, allenfalls wenig befahrene Fernstrecken. Auch Nationalstraßen kennen herbe Steigungen.

☞ **Akute Diebstahlgefahr** in Städten. Kettenschloß und kleine Schlösser für die Packtaschen mitbringen. Auf dem Lande war bisher noch von keinen Übergriffen zu hören. Ersatzteile, Reparatur & Vermietung nur in Großstädten. Allmählich schaffen einige Lodges Mountainbikes für den lokalen Gebrauch an.

☞ **Das Wetter** zieht manchmal einen dicken Strich durch die Rechnung. Im West- und Nordkap Regenzeit von April-Okt; in Ozeannähe unerbittliche Winde; in anderen Landesteilen wütende Gewitter im Sommer; im Highveld bitterkalte Winternächte; in Nordkap, Nordwest und Nordprovinz schier unerträgliche Sommerhitze ohne Hoffnung auf Schatten; im Lowveld und in KwaZulu-Natal Sommerhitze mit unglaublicher Feuchtigkeit.

Pluspunkt: auf einer Radtour erlebt man Südafrikas grandiose Landschaften am intensivsten und knüpft am einfachsten Kontakte jeder Art. Bikes werden auch von BazBus und HopperBus befördert. **Radeljuwelen:** Winelands um Kapstadt, Garden Route, Transkei, Natal Drakensberge bis Golden Gate, Blyde River Canyon - schweißtreibend!

Hilfestellungen aller Art: Mountainbike Club in Joburg, T. 011/315 1285; Gauteng Pedal Power in Pretoria, T. 012/345 4534; Natal Pedal Power in Durban, T. 031/831 598; und Western Province Pedal Association in Kapstadt, T. 021/235 2268.

Touren ab Kapstadt: African Bikers, T./Fax 021/461 2349, radeln Sep-Mai an acht Terminen je 23 Tage lang nach Jeffreys Bay, über Garden Route oder Kleine Karoo. Fahrradvermieter s. Kapstadt, Durban & Joburg.

Gruppentouren

Das Tourenangebot ist längst nicht mehr überschaubar, für jeden Geldbeutel wird wahrlich genug geboten. Reisende ohne Auto greifen dankbar zu, zumal sich auch auf Rucksackniveau viele Veranstalter tummeln. Man lernt viel und entdeckt schneller, weil erfahrene Guides den Blick für das Wesentliche schärfen. Im Low Budget-Bereich hervorzuheben:

Africa Travel Centre, T. 021/423 4530, Fax -0065, backpack@gem.co.za, verkauft Touren zu sagenhaften Preisen. *Trans Africa* von Kapstadt nach Kenia (50 Tage, ab 2000 DM) ist schon legendär, die drei Mädels lassen sich ständig Neues einfallen. Dutzende von Angeboten fürs südliche Afrika; s. The Backpack in Kapstadt. *www.backpackers.co.za.*

„Ein toller Tip. Wir haben eine 19tägige Tour von Kapstadt zu den Viktoriafällen mitgemacht für 1000 DM, plus 150 DM Essenszuschlag. Einmalig!" (Claudia Weiher)

Gibela Safaris, T./Fax 031/209 7005, info@gibela.co.za. Elmar Neethling, einer der Nettesten in der Branche, veranstaltet *All-inclusive*-Touren ab Durban. Neun Tage Campingsafari Krügerpark & Swasiland 1100 DM, je fünf Tage mit Hüttenübernachtungen durch Drakensberge oder Zululand 420/500 DM, sechs Tage Lesotho 750 DM. *www.gibela.co.za.*

„Sehr positiv zu erwähnen. Die Route ist schön, der Preis gut, und Elmar sorgt dafür, daß sich alle wohlfühlen und stets was Gutes zu essen bekommen." (Manfred Hähnert)

Jochen Beckert Tours, T. 021/422 1849, Fax 423 0515, inkam@iafrica.com. Taufrisch, freundlich & unverbraucht. Der Kapstädter Albergo-Chef bietet Camping & Wandersafaris in nicht überlaufenen Gebieten: Richtersveld, Kalahari, Cedarberg, Garden Route - und *The Big One:* Lesotho. Ebenfalls empfehlenswert.

Touren durch Townships

Soweto, die „Vorstadt" Joburgs, wurde nach 1976 weltweit zum

Synonym für weiße Unterdrückung und schwarzen Widerstand. Außerhalb vom Witwatersrand waren es v.a. Kapstadts Townships, die im Kampf gegen die Apartheid eine Hauptrolle übernahmen.

In Jo'burg, Kapstadt, Durban und PE werden täglich Townshiptouren geboten; 3-5 Std, 40-70 DM. Jede Tour ist mit Haus- und Shebeenbesuchen verbunden, verfolgt eher aufklärerische als touristische Ziele, wird durch Vorträge oder Gespräche ergänzt. Auf eigene Faust in Townships zu gehen/fahren, ist immer noch töricht, da total unübersichtlich. Armut & Drogen, soziale Entwurzelung & Stammeskonflikte sind noch weit verbreitet.

„Wir sind nicht der Ansicht, daß man unbedingt in einem Township gewesen sein oder in einem Shebeen Bier getrunken haben muß, um sich ein Bild von Südafrika machen zu können. Wer aufmerksam durchs Land reist, bekommt genug von den Problemen mit, ohne Menschen wie im Zoo zu begaffen - denn was ist es denn anderes, wenn wohlausgerüstete Touristen durch die Slums latschen?" (Tanja & Frank Weinsberg)

Auf den zweiten Blick

Südafrika mit dem Fahrrad: ein Erfahrungsbericht

Kein Urlaub für schwache Nerven

Von Karin Regnet, die mit ihrem Mann Matthias im November und Dezember 1994 verschiedene Gegenden Südafrikas durchradelte

Nach einem langen Flug kommen wir endlich in Capetown an. Bei dem üblichen Schwätzchen mit dem Flughafenpersonal, das uns immer sehr interessiert beguckt, weil wir ja doch wegen der Räder immer die letzten bei der Gepäckausgabe sind, werden wir mit guten Ratschlägen überhäuft: »Fahrt bloß nicht durch das Township! Nehmt die N2 – da seid ihr sicherer!« Also steuern wir munter auf die N2 zu, um nach 2 km festzustellen, daß diese Straße zur Stadtautobahn wird und der Verkehr mit dem einer deutschen Autobahn durchaus mithalten kann. Mit der Einschränkung, daß mindestens die Hälfte der Fahrzeuge sich in einem wenig vertrauenserweckenden Zustand befindet ...

Wo bitte geht's zur zweitschönsten Stadt? Als wir uns dann auch noch an einem Autobahnkreuz verfahren, kommen mir leise Zweifel, ob es uns überhaupt noch gelingen wird, in den Teil der Stadt vorzudringen, der den Ruf als »zweitschönsten« Stadt der Welt begründet. Aber nach zweistündiger Fahrt durch die deprimierend häßlichen Hinterhöfe dieser gepriesenen Stadt stehen wir endlich vor dem Verkehrsamt und ich eile, ein Hotel möglichst in nächster Nähe zu buchen, um auszuruhen und anzukommen.

Als ich zu Matthias zurückkehre, der auf die Räder aufgepaßt hatte, finde ich ihn im heftigen Disput über die Qualität unserer Radtaschen mit einem Menschen, der sich als Arthur vorstellt. Die beiden unterbrechen ihr Fachgespräch nur kurz, um mich wieder in die Tourist-Information zurückzuschicken und die Hotelbuchung zu stornieren, denn selbst-verständlich können – nein müssen! – wir die nächsten beiden Nächte bei Arthur verbringen.

Arthur ist Schotte und von zu Hause aus quer durch Afrika bis zum Kap geradelt, dann wegen Liebe hier hängengeblieben. Da ihn der Anblick von Carradice-Taschen (und Radreisenden überhaupt) immer sentimental macht, pickt er sie auf der Straße auf, wo immer er sie sieht. Arthur wohnt in Seapoint. Blick aufs Meer, Lions Head im Rücken – was wollen wir mehr? Die Innenstadt ist nach dem Dreck und der Häßlichkeit der Vorstädte und Townships eine kühle Hochhauskulisse. Laut, lebendig, aber nicht über-wältigend. Ich würde jederzeit unsere europäischen Städte wie Rom, Paris, Prag für x-mal schöner halten.

Schreckgespenst Verkehr: unsere erste Etappe sollte die von allen empfohlene Kapumrundung sein. Aber auch wenn zig Capetonians mit Begeisterung diesen Rundkurs beradeln - wir können nur davon abraten, denn neben den Radlern gibt es eine weitaus größere Anzahl von Autos. Durch die Paßstrecken zum Kap hinunter wird zwar das Tempo ver-langsamt und die breiten Seitenstreifen in der Ebene halten die unmittelbare Bedrohung meist in Grenzen, aber die Begeisterung auch. So genießen wir die Landschaft eher von Halte- (und Flucht)punkten aus, als daß die Fahrt selbst ein Genuß wäre. Wir leiden unter dem Verkehr, der zwar im Vergleich zu deutschen Bundesstraßen gering ausfällt, aber dennoch auf den meisten Teerstraßen das Radlmaß für vergnügliches Reisen weit übersteigt.
Zudem gehören die südafrikanischen Autofahrer zu den rücksichtslosesten Fahrern der ganzen Welt; ihre Fahrweise ist einfach gräßlich. Kein Zentimeter Abstand mehr als nötig, um ohne Kratzer an einem vorbeizukommen - dabei immer freundlich und begeistert winken mit einem Tempo, das eher an Massenselbstmord als an Straßenverkehr erinnert.
Wirklich gefährlich sind die Riesenlaster, die mit Geschwindigkeiten dahinbrettern, die wir selbst unserem PKW nicht zumuten würden. Sie kleben fast Stoßstange an Stoßstange, und dann wird's wirklich brenzlig, denn im Vorbeifahren erzeugen sie durch den Fahrtwind einen Sog, der einen mächtig auf der Straße schlingern läßt. Dazu noch Seitenwind und womöglich kein Seitenstreifen vorhanden - na dann gute Nacht. In einer solchen Situation trennen mich vielleicht gerade mal zehn Zentimeter vom Witwendasein.

Endlich kein Gegenverkehr, eigentlich überhaupt kein Verkehr mehr:

Die meisten Teerstraßen sind lediglich die kürzeste Verbindung zwischen A und B. Die möglichst schnelle Überwindung von Entfernungen für leistungsstarke Fahrzeuge ist hier Grundlage des Straßenbaus, und wehmütig sehnen wir uns nach »good old Europe«, nach uralten Straßen und präautomobilen Handelswegen, die sich oft noch in die Landschaft schmiegen, mit ihr mitgehen, und die vor allem zahlreich vorhanden sind.
Minuspunkt Karten: zwar gibt es viele Schotterpisten, sie sind aber nirgends kartographiert. Und gute Landkarten – Fehlanzeige! In diesem Riesenland finden wir nur für drei Gebiete (Vinelands, Garden Route, Drakensberg) Karten im Maßstab 1:250.000, die allerdings oft nicht stimmen und nicht alle Straßen und Wege verzeichnen. Straßenatlas oder AA-Karten im Maßstab 1:1.000.000 verzichten auf jegliche topographische Kennzeichnung.
Wir haben uns angewöhnt, Autos, die aus ungekennzeichneten Straßen kamen, anzuhalten und uns erklären zu lassen, ob und wo man auf dieser Straße wieder rauskommt. Mit selbstgemalten Karten von Ortskundigen und gelegentlich vorhandenen Wanderkarten aus Verkehrsämtern haben wir uns dann durchs Land geschlagen. Wo immer wir entlang unserer Route ein »i« sahen, stürmten wir es in der Hoffnung auf eine Karte.
Hat man diese Widrigkeiten jedoch einigermaßen im Griff, dann wird das Radfahren in Südafrika zu einem unvergeßlichen, unvergleichlich schönen Erlebnis. Denn so gelangen wir an Orte jenseits der ausgelatschten Pfade, die den touristischen Höhepunkten in keiner Weise nachstehen.

Easy Riding in der Wüste

Was in Erinnerung bleibt: die überwältigende Freundlichkeit, überall bezahlbare freie Unterkünfte und der drohende Hungertod für Vegetarier.

Knack & Back

Auch abseits der Hauptpfade finden sich gute Unterkünfte samt Restaurants, Kneipen oder zumindest Nachschubstationen. Nach Befriedigung der Grundbedürfnisse Essen, Trinken, Schlafen & Sport hapert es außerhalb der Großstädte aber oft am Abendvergnügen.

Auskunft: jedes Örtchen hat seine *Tourist Info* oder *Publicity Association.* Dank grüner Hinweisschilder (**i** oder **t**) leicht zu finden, stets hilfsbereit, tapfer bei der Logissuche.

Unterkünfte

Am unteren Ende der Preisskala kennen die Turbulenzen seit 1994 keine Grenzen. Beinahe wöchentlich schießen neue prima Unterkünfte aus dem Boden. Die Grundüberlegung lautet:

☞ **Will ich** unter einem festen Dach im Bett schlafen, dafür aber Mitschnarcher in Kauf nehmen? **Will ich** nachts die Sterne zählen und den Wind um die Ohren sausen lassen, anderntags aber womöglich gerädert aufwachen? **Gönne ich** mir eine freundliche Buschhütten, zum Bed gleich noch das Breakfast, eine Übernachtung im Hotel? Jede dieser Varianten, eine südafrikanische Nacht zu verbringen, hat gute Argumente & Angebote für sich.

Preise hängen oft von der Jahreszeit ab. Hochsaison ist nur Dez/Jan und um Ostern; die übrigen Ferien werden gern als „Mittelsaison" eingestuft. Alle anderen Termine zählen zur kassenfreundlichen Nebensaison - jetzt ist Verhandeln möglich.

Backpackers (BP)

Südafrikas Antwort auf die JH-Bewegung der nördlichen Hemisphäre. Um den beständig anwachsenden Kuchen „Rucksacktourismus" streiten sich inzwischen über 300 BP, deren Verteilung natürlich den Besucherströmen entspricht. Kapstadt hat allein über 50, Garden Route, Transkei, Durban, Zululand und Joburg rangieren auch im zweistelligen Bereich. In weiten Bereichen des Nordens dagegen Fehlanzeige.

Die meisten BP sind unabhängig. Ausstattung & Komfort hängen vom Hausherrn ab, die Bandbreite ist beinahe unvorstellbar. Gemeinschaftsküche, genug Sanitäranlagen, Bar, Schwarze Bretter, haufenweise Infos & Tips, TV-Zimmer und Freizeitangebote gehören zum Standard echter BP - Trittbrettfahrer werden im Text gebrandmarkt. Hauptkriterium sind wohl die Schlafsäle (immer gemischt): wer sie mit Etagenbetten, miesen Matratzen & muffigem Bettzeug vollstopft, kann kein guter Mensch sein. **Preise:** im Schlafsaal 14-20 DM/P, meist auch DZ für 35-50 DM. **Reservieren** von jedem BP in jedem anderen möglich, v.a. in Kapstadt und Garden Route auch ratsam.

Literatur: derlei Dynamik hinkt jeder Reiseführer zwangsläufig hinterher. Näher am Puls der Zeit sind zwei Din A6-Büchlein. ***Backpackers Up-to-Date-Guide*** (BUG) listet in trockener Form alle Herbergen im südlichen Afrika auf, mit Adresse, Ausstattung & Preisen. ***Coast to Coast,*** gekko@aztec.co.za, beschränkt sich auf seine Lieblinge, würzt den Text aber mit sprudelnder Phantasie. Beide prima, da regelmäßig aktualisiert und in fast jedem BP zu erhalten.

Jugendherbergen (JH)

Hostelling International South Africa ist dem Internationalen JH-Verband angeschlossen. Das HISA-Emblem führen fast 40 freundliche, sichere Häuser im Schilde. Keine Schließzeiten, alle mit gut ausgestatteter Küche, sauberen Sanitäranlagen und Gemeinschaftsräumen, teils auch Mahlzeiten. Preise wie Backpackers.

IYHF-Ausweis für 20/32 DM u.a. bei HISA, 73 St George's Mall, Kapstadt, T. 021/424 2511, Fax -4119, info@hisa.org.za. Paßbild nicht vergessen! Damit bis 2 DM Rabatt in JHs, 10% bei Translux, Imperial (Tagespreis) und mehreren Reiseveranstaltern.

Zelten

Wild zelten ist aus Sicherheitsgründen so unratsam wie die Übernachtung im Auto. Ohnehin erschweren endlose Drahtzäune entlang der Fernstraßen dieses Vorhaben. Zudem gibt es überall Campingplätze, auf denen man ja auch wild sein darf. Wer in schwarzen Gegenden kein Logis findet, holt im nächsten Dorf die Erlaubnis zum Zelten ein. Je ranghöher der Befragte, desto besser - aber nicht schnurstracks zum Häuptling marschieren.

„Tip für bedingungslose Sparer: Übernachten im Auto bei Ultra-Shell-Cities entlang der Nationalstraßen, kostenlos unterm Dach. Mit Sicherheitsdienst, Restaurant rund um die Uhr und sauberen Sanitäranlagen. Praktisch keine Touristen, aber vollgepackte Taxis, dadurch ergeben sich immer lustige Begegnungen." (Dorothea Mühlhäuser)

Camping ist bei weißen Südafrikanern sehr beliebt, v.a. die kultiviertere Variante des *Caravaning* - könnte auch an den holländischen Vorfahren liegen. Darum verfügt das ganze Land über mustergültig geführte Caravanparks, deren Dichte v.a. entlang der Küsten keinen Wunsch unerfüllt läßt. Dünn wird's dagegen in Provinzen mit *Nord* im Namen. Meist zentral & einfach: städtische Campingparks mit 10-20 DM/Standplatz ungeachtet der Personenzahl, selten Stromanschluß. Mehr Komfort, oft mit Pool und Einkaufsladen, immer mit Braai: staatliche Caravanparks und Plätze in NPs mit 20-30 DM/Platz.

„Größtes Manko der ansonsten tollen Campingplätze: es fehlt überall an Sitzgelegenheiten, z.B. fest installierten Tischen & Stühlen." (Katja Tietjen)

Chalets & Bungalows

Sind auf den meisten Caravanparks und in Hunderten von Ferienanlagen *(Resorts)* zu mieten. Beinahe alle NPs und Reservate verfügen über wohlausgestattete Rundhütten *(Rondawel)* mit Kochgelegenheit, „normale" Hütten *(Cabins)* und/oder gehobenere Chalets mit zwei/vier /sechs Betten; 15-30 DM/P.

„Ich fand's am nettesten, in den Nationalparks zu zelten oder zu "hütten". Zum einen ist es schöner als auf privaten Plätzen, zum anderen fällt

der Eintrittspreis weg, ausgenommen die Parks in KwaZulu-Natal - lohnt sich aber trotzdem." (Abhilosha Kley)

Caraville Resorts, T. 031/701 4156, Fax -4159, ist eine Kette mittelklassiger Camping- und Chaletplätze, die v.a. die Küste von Kapstadt bis St Lucia pflastern. Häufig Sonderangebote auf ohnehin niedrige Preise. **Aventura Resorts,** T. 012/346 2277, Fax -2293, rangiert bei Ausstattung und Preisen eine Etage höher. In Nordprovinz, Mpumalanga, Freistaat und Gauteng verbreitet, immer mit Wasserspaß und Heilbädern.

Literatur: alle Logismöglichkeiten für Selbstversorger im jährlich aktualisierten Handbuch *Self-Catering Getaways Southern Africa,* mit einigen B&Bs, in AA-Büros.

Bed'n'Breakfast

Weitverbreitet in Vororten, Kleinstädten und auf dem Lande, womit meist ein Fahrzeug nötig wird. Komfort & Preis hängen von den Hausherren ab, Familienanschluß gibt's gratis dazu. Preislich übertrumpfen B&Bs fast jedes Mittelklassehotel; 30-90 DM/P.

Jede Gegend verfügt über ein Regionalbüro, das B&Bs bucht. Verkehrsämter wissen auch Bescheid. Der Dachverband **Bed'-n'Breakfast,** Box 91 309, Auckland Park 2006, T. 011/482 2206, Fax 726 6915, reed.res@pixie.co.za, vermittelt gern in so gut wie jedes Örtchen; 8 DM Gebühr unabhängig von der Zahl der Buchungen. *www.bnb.co.za.*

Gästefarmen bieten Urlaub auf dem Bauernhof, fast wie in Tirol, nur mit Antilopen statt Alpen. Info bei **Farm Holiday Association,** T. 021/696 8621. Für junge Familien, die nicht in allen B&Bs/Lodges wohlgelitten sind, eine feine Form des Mit-Lebens.

Portfolio, T. 021/686 5400, Fax -5310, collection@iafrica.com, leistet vorzügliche Arbeit für Reisende, die mit DZ ab 100 DM rechnen. Seine exzellenten Farbbroschüren werden jährlich aktualisiert und kostenlos auch nach Übersee verschickt: *Bed & Breakfast* mit über 550 Adressen für 45-120 DM/P, *Retreats* mit 250 Gästehäusern & Game Lodges für 80-400 DM/P, *Country Places* mit 100 erlesenen Plätzchen für 120-1000 DM/P.

Hotels

An jedem Flecken zu finden, wo Kirche, Bar & Tankstelle zusammenstehen. Meist sind es privat betriebene Häuser mit individueller Ausstattung. In Touristengegenden kommen Ketten wie Protea (preiswert), Holiday Inn, Karos, Sun usw hinzu. Betten, oft in Einzelausführung, sind erfreulich hart, aber selten für Leute über 1,90m gebaut. Genauso (zu) kurz fallen die Decken aus. Auch Drei-Sterne-Häuser können überraschend preiswert sein, weil sich Satours Bewertung nach Einrichtungen, Service & Freundlichkeit richtet.

Preise für DZ: in einfachen Häusern auf dem Lande und in Kleinstädten mit ansehnlichem F 40-80 DM, in Tourismusgegenden je nach Saison 50% mehr. In Mittelklassehotels mit Telefon, TV, diversen Freizeitanlagen und F 80-160 DM. In Spitzenhotels, oft in traumhafter Lage, großartig & exklusiv schon ab 200 DM.

Formule 1: die französische Hotelversion von *Reduce to the max* erobert seit 1996 auch Südafrika. Man stelle eine sterile Schuhschachtel mit reichlich Parkraum an die Autobahn neben einer Großstadt, packe in vier schmucklose Wände ein Doppelbett, darüber Kinderliegefläche, Aircon, Farb-TV und (teilweise) kleine Toilette mit Dusche – schon ist der Erfolg programmiert. Rund um die Uhr offen, sauber, sicher. Jedes Zimmer ungeachtet der Gästezahl 54 DM. Info bei F1 Hotel Group, T. 011/807 0750, Fax -3888. Reservierung direkt beim Hotel: in/um Joburg (neunmal), Pretoria, Pietersburg, Nelspruit, Durban, Richards Bay, Bloem, Kimberley, PE, Beaufort West, Somerset West und Kapstadt (drei).

Die Prokard ist Travellers Liebling. Die Jahresgebühr von 40 DM beschert mehrere Knallbonbons: jederzeit über 20% Rabatt in allen Protea-Hotels des südlichen Afrika, nach 15 Protea-Nächten zwei freie Übernachtungen für zwei Personen in jedem beliebigen Protea-Haus, vierteljährlich *Prokard News* mit Gutscheinen für alle erdenklichen Späßchen.

Der gewitzte Reisende sucht sich 15 mal Proteas aus, in denen DZ unter 100 DM kosten, z.B. Port Alfred, Kimberley, Brackenfell (Kapstadt) und Grahamstown. Und verjubelt dann seinen Bonus in Luxusschuppen der Premier-Class.

Speis & Trank

Fazit: hervorragendes Fleisch, durchschnittlicher Rest. Die Steaks sind so phantastisch, daß mancher dem BSE entkommene Besucher von der „Neuerfindung des Rindfleisches" schwärmen. *Glückliche Kühe also?* Vegetarier werden mit Gemüseplatten vertröstet, Salattheken glänzen oft mit mayonisiertem Fleischsalat. Der Wein versöhnt am Abend selbst mit dem dicksten Ärgernis des Tages – sofern eines auftaucht.

Paradies für Karnivoren

Steaks: Südafrika produziert soviel Rinder, die ihr Leben lang keinen Stall sehen, daß sich gleich mehrere Steakhaus-Ketten mit Riesenportionen zu Spottpreisen übertrumpfen. Bei Spurs, Saddlers & Steers kommen 300-Gramm-Sirloins ab 12 DM auf den Tisch!

Schnell: alles fast wie in Nordamerika? Irgendwie schon, und doch irgendwie anders. MäcD faßt nur langsam Fuß in einem Land, in dem Nuggets noch aus Gold bestehen. Häufiger geht's Hühnern an den Kragen, für Kentucky Fried Chicken, Nando's u.a. Ansonsten sorgen unabhängige Stände mit Fantasie-Burgern für *Fast Food* der ordentlichen Sorte.

Biltong: klingt so schwarzafrikanisch und ist doch *das* burische Nationalgericht. Getrocknetes Rind- oder Wildfleisch wird wie einst bei Voortrekkers per Fahrtenmesser in hauchdünnen Streifen abgekratzt. Biltongisiert wird alles, was sich zum Schlachten anbietet, ob Kudu, Büffel oder Rind. Es soll auch Menschen geben, die Biltong nicht mögen!

Restaurants tragen europäische & indische, malaiische & englische Züge. Genießer bestellen bei Satour das Faltblatt *Gut Essen & Trinken*; darin viele gehobene Adressen. Üblich sind rund 10% Trinkgeld. Gezahlt wird wie in Frankreich *à la discretion.* Wer kein Rausgeld erwartet, klappt die Zahlmappe zu und darf das Lokal verlassen. Wer *Change* bekommt, bleibt sitzen und legt nach Abschluß des Zahlvorganges sein *Tip* in die Mappe.

Paradies für Weintrinker

Trinkwasser: zwar nicht weltberühmt, aber einwandfrei und bedenkenlos ab Wasserhahn. Mineralwasser gibt's mittlerweile in jedem Supermarkt. Unter dem Etikett *Sparkling Water* versteckt sich dagegen perverse Plurre, die mit Aromastoffen zur Ungenießbarkeit verfeinert wurde: Pseudo-Apfel, Ekel-Kirsch usw.

Obstsäfte: sehr zu empfehlen – dank Ceres im appetitlichen, müllintensiven TetraPak. Soft Drinks sind nicht weniger verbreitet als in den USA. Selbst im hintersten Zululand wirbt jeder Tante-Mma-Laden mit dem Coke-Logo.

Alkohol: der Ausschank ist streng reglementiert. In Gaststätten **ohne** bringt man Alkoholika nach eigenem Gusto mit. Häuser mit **Y** servieren Wein & Bier zum Mahl, mit **YY** zu jedem Anlaß. Häuser mit **YYY** verkaufen alle Alkoholika, auch Spirituosen. Zu kaufen ist Alkohol wie in den USA nur in *Bottle Stores.*

Bier: zählt nicht zu den unvergeßlichen Hits. *Kein Wunder, daß man oft auf die Güte deutscher Biere angesprochen wird.* Frischgezapft wird selten, eher gibt's Dosen oder Fläschchen *(Stubbies)*. Castle ist am weitesten verbreitet, Carlsberg und Amstel auch noch erträglich. Am Kap hat sich Mitchell's mit Kleinbrauereien einen guten Namen erobert.

Weinproben sind natürlich ein Muß. Solange nicht dicke Brieftaschen ins Spiel kommen, haben sie oft einen Hopphopp-Charakter. Gläschen werden lieblos gefüllt, Tische & Stühle glänzen ebenso durch Abwesenheit wie Häppchen als Zwischenlage. Weingüter, die es bessermachen, werden vor Ort aufgelistet. Proben am hellichten Tage können danach zu Kopfschmerzen und vermehrter Schweißabsonderung führen.

Weinführer: wer vorab gezielte Informationen sucht, wird gut bedient von Heinz-Gert Woschek: *Die großen Weine vom Kap*, Woschek Verlag Mainz. Mit unglaublicher Detailfülle glänzt John Platters kleine blaue Wein-Bibel *South African Wine Guide* (20 DM). Dem Hauptanbaugebiet widmet sich Christine Rudmans *Guide to the Winelands of the Cape,* auch mit launigen Tourenvorschlägen (20 DM). Am ausführlichsten ist der Bildband von Hughes/Hands/Kench, *South African Wine* (Struik, 80 DM).

Unterhalten

Im allgemeinen gehen weiße Südafrikaner früh zu Bett. Das hat weniger mit Arbeitsbelastung oder Klima zu tun als vielmehr mit der protestantischen Ethik, die Sinnenfreude bekanntlich nicht als primäres Lebensziel begreift. Zudem sind sie auch in Ferienzeiten v.a. auf Vergnügungen bei Tageslicht, in freier Natur & am Braai versessen. Wandern, Wassersport, Wild- und Vogelbeobachtung besitzen einen sehr hohen Stellenwert.
Besucher begehen keinen Fehler, wenn sie diesem Rhythmus außerhalb der Städte folgen, weil am nächsten Tag wieder schöne Landschaften & Tiere warten.

Nachtleben

Bar- & Discoszene verdienen nur in Kapstadt, Joburg, Durban und PE eine Erwähnung. Im Dez/Jan bemühen sich auch mehrere Badeorte, allen voran Plett, Margate und Umhlanga Rocks, um Aktionismus bis Mitternacht.

Kino & Theater tragen vielerorts die Hauptlast am abendlichen Vergnügen außerhalb der eigenen vier Wände. In herausgeputzten Lichtspielhäusern führt man sich die daheim verpaßten Hollywood-Schinken im Original zu Gemüte. *Showtime* in der Regel täglich 20h, Fr/Sa auch 15/18/22h. Eintritt ab 5 DM, abends ab 8 DM.

☞ ***In einigen Orten** leben noch Exemplare einer fast ausgestorbenen Spezies: Autokinos! Wer irgend Gelegenheit hat und ein Fahrzeug dazu, sollte den Salto rückwärts in die westliche Kulturgeschichte wagen. Mit Popcorn & Hamburger natürlich.*

Computicket: mit dem zentralen Reservierungssystem lassen sich kurzfristig Tickets für Kino, Theater, Konzerte, Busse usw. vorbestellen. Büros in jeder größeren Stadt.

Begegnungen

Bei der überwiegenden Mehrheit ist das Aufatmen beinahe greifbar, den Fluch der Apartheid selbst abgestreift zu haben. Vielleicht geht diese Unbefangenheit mit dem Massentourismus in nicht allzu ferner Zeit verloren. Noch treten Weiß & Schwarz dem ausländischen Besucher aber offen, herzlich und freundlich entgegen. Noch sind viele Leute begierig darauf, fremde Ansichten zu vernehmen.

☞ **Besucher** sollten bereit sein, die soziale & politische Realität mit offenen Augen wahrzunehmen und darüber in Gespräche mit Einheimischen zu treten. In Südafrika wird leidenschaftlich debattiert. Niemand wird als bloßer Zuhörer geduldet, Meinung ist gefragt!

Presse

Wer nach Südafrika reist, läßt die Heimat weit hinter sich. Die einheimische Presse nimmt von Europa kaum mehr als die neuesten Streitereien im englischen Königshaus wahr, eine Bundestagswahl ist den Zeitungen nur eine Meldung auf der achten Seite wert.

☞ **Englischsprachige** Tageszeitungen gibt es in jeder größeren Stadt. Seit 1990 blüht die Meinungsvielfalt wieder, was sich v.a. in Sex & Crime äußert. Fast alle Branchenführer bedienen sich der Regenbogenmethoden und -aufmachung. Den besten Ruf genießen *The Star* (Mo-Sa, Joburg) und *Mail & Guardian* (So, Kapstadt). Schärfere Positionen beziehen die ultralinke *New Nation* (Mo) und der schwarze *Sowetan* (täglich). Den besten Veranstaltungskalender bietet die *Weekly Mail*, spitze Hintergrundberichte die *Sunday Times*.

Radio

Was von Kap bis Krügerpark über den Äther kommt, bereitet oft herbe Enttäuschungen. Auf dem flachen Land sind die Sender kaum hörenswert, verärgern mit uninspiriertem Gequatsche und wärmen Schnulli-Hits (nicht die *wirklich* guten) aus den Seventies auf.

☞ **Wenige Sender** sind überregional zu empfangen, deren lebhafteste sitzen in Jo'burg. Gedudel nach US-Machart dominiert: abgestandene Gags, immer dieselben Charthits. **KFM**, an sich eine der besten Stationen, hat es während einer unserer Stichproben geschafft, die aktuelle Nr. 1 sechsmal aufzulegen - innerhalb von 4 Std! *In Freistaat und Nordprovinz halten einige Sender noch das Fähnchen der Afrikaander-Volksmusik hoch. Das klingt dann wie Michael & Marianne mit Promille und verknoteter Zunge - eine drollige Hör-Erfahrung, die man nach einigen Minuten freiwillig beendet.*

Fernsehen

Die *South African Broadcasting Corporation* (SABC) strahlt drei Programme aus, die selten näheres Hinschauen verdienen. Ein Zehntel der Zeit nehmen Werbespots ein, ein erheblicher Teil wird mit Seifenopern aufgefüllt. **TV1** sendet meist in Zulu & Xhosa. **TV2** soll die „weniger gebildete ländliche Bevölkerung erreichen" (SABC) erreichen, in Sotho, Tswana, Hindu und Afrikaans *(Karikatur in einer Afrikaans-Tageszeitung: „Dies ist das Programm für Buren & andere Barbaren.")* **TV3** strahlt in englisch aus, ist aber nicht in allen Landesteilen zu empfangen. TV-Gebühr pro Haushalt 80 DM/Jahr.

M-Net, der 1986 lancierte Privatsender, kann sich überall, auch in den meisten Hotels & Lodges sehen lassen. Teilweise verschlüsselt, dazu Sonderkanäle in indisch, portugiesisch und für Kinder. Derzeit ist M-Net der drittgrößte Pay-TV-Sender außerhalb der USA.

Untertitel sind in diesem vielsprachigen Land fast unbekannt.

Sport

Es gibt fast keine Sportart, die sich hier nicht mit hohem Lustgewinn betreiben ließe. Satour verteilt gesonderte Faltblätter für Angler, Golfer, Surfer, Taucher und Wanderer.

Wer die Sportbesessenheit der Südafrikaner einmal erlebt hat, kann erahnen, wie sehr der Boykott geschmerzt haben muß. Nach 16 Jahren selten durchbrochener Isolation (Boris Becker trat mal als Junior in Joburg an) brachte das Jahr 1992 die strahlende Rückkehr auf die Bühne des Weltsports. Auf Anhieb fanden 3000 Sportler aus 90 Nationen den Weg nach Kapstadt oder Joburg, und die Olympiade zu Barcelona setzte dem Jubel die Krone auf. Elana Meyer, Zweite über 10.000m, avancierte fast zur Nationalheldin.

Tauchen

Auf Taucher warten bei 3000 km Ozeanküste besondere Erlebnisse. Zwei Meeresströmungen haben eine einzigartige Unterwasserfauna und -flora mit 2000 Fischarten geschaffen. Die nördliche Natalküste wimmelt von Korallengründen. Kalifornisch wirken die Riffe um die Kaphalbinsel mit Schwämmen, Weichkorallen, Hummern und weißen Haien. Aliwal Shoal südlich von Durban bietet eine versteinerte Sandbank mit einzigartigem Ökosystem. Um verschiedene Schiffswracks, v.a. vor PE, haben sich riesige Fischschwärme angesiedelt. Entlang mehrerer Unterwasserpfade stößt man auf riesige Gorgonien und Schwämme.

Al J. Venters *Where to Dive in Southern Africa* nennt die besten Tauchgründe samt günstiger Unterkünfte (Ashanti, 30 DM). Fachzeitschriften: *Divestyle* und *Diving Magazine.* Kurse, Ausrüstung & Tips an mehreren Orten. **Ocean Divers International** in PE, T. 041/585 6536, Fax 586 1907, ist der größte Händler und Tauchveranstalter im Lande.

White Shark Cage Diving

Neuester Thrill unter Südafrikas Jugend sind die Expeditionen ins Reich des Weißen Hais, v.a. vor Mossel Bay; ganztägig mit Scuba ab 120 DM. Keinerlei Vorkenntnisse nötig.

„Für mich war dieser Kick um einiges größer & anhaltender als beim Bungispringen. In M'Bay ist die zweit-

größte Dichte an Weißen Haien zu finden. Empfehlenswert für starke Nerven - sofern einem daran liegt, dem meistgefürchteten Meerestier mal Auge in Auge gegenüberzustehen." (Sabine Prachett)

☞ **Zoologen** können halbstündige Vorträge über den Unsinn dieses Nervenkitzels halten. Eine Kostensenkung, die für Schwimmer und „normale" Taucher gefährlich werden kann: *"Die Veranstalter locken die Haie direkt in die Bucht, um nicht weit rausfahren zu müssen. Normalerweise versammeln sich die Räuber lieber vor Seal Island, wo ihnen die Robben durchs offene Maul fast bis in den Magen schwimmen." (Dan Matzke)*

Wellenreiten

Beste Zeit im Indischen Ozean: Dez-März. Unter den Cracks werden die *Supertubes* von J'Bay in einem Atemzug mit Hawaii geflüstert. Leidenschaftlich beschreiben die Helden der Welle deren rollende Ausdauer - bis der Kamm kurz vor dem Strand zusammenbricht.

Windsurfen

Beste Bedingungen herrschen zum Jahreszeitenwechsel. Kenner kommen aus dem Schwärmen kaum heraus. In J'Bay empfehlen sie die *Magnatubes* sowie südlich davon *Kitchen Windows* und *Phantom Reef*, besonders bei Süd/Südwestwind. An die Ostseite der Kaphalbinsel wagen sich nur Tollkühne, in der False Bay dürfen auch junge Hasen üben.

Mark Jurys *Surfing in South Africa* enthält alles was das Surferherz begehrt, auch Detailkarten und Zeiten (16 DM). **Surfshops** versorgen zwischen Kapstadt und PE mit Ausrüstung und Tips. In jedem neuen Revier Wind- & Strömungsauskunft einholen.

Angeln

Hochseeangler bekommen ihre Touren samt Ausrüstung u.a. in PE, Durban und Hermanus. Im Hinterland ist Forellenfang der Volkssport Nummer eins. Joburger zieht es am Wochenende magisch an den Vaal, wo sie mit Barbe oder Karpfen jenem großen Fang hinterherjagen, der ihnen wochentags im Büro versagt blieb. Einen Run auf die besten Plätzchen erleben an jedem Sa auch ungezählte Stauseen zwischen Nelspruit und Upington.

Schwimmen

An ungezählten Stränden zwischen Kapstadt und Zululand eine wahre Freude. Nirgendwo außerhalb Natals harrt die Wärme so näckig aus wie in der weiten Algoa Bay; Mai-Okt 16-18°, Dez-Feb 21°. Zwischen Port Edward und St Lucia wird's wärmer, aber auch bedenklicher wegen Haien und Strömung. Um die Strände fürs Familienvergnügen zu retten, sind überall Planschbecken und Hainetze installiert, oft von Rettungsschwimmern bewacht.

Kanu & Wildwasser

Spritziges Spitzenterrain sind die Flüsse Breede, Doring und Tugela. Zur gemächlichen Begegnung mit der Stein-Zeit werden dagegen Kanutouren über den Oranje; s. Westkap und Nordkap. Tages- oder halbtagsweise kann man sich auch prima auf Seen & Flüssen entlang der Garden Route und in Mpumalanga amüsieren.

Adrenalinos

Bungis Anziehungskraft ist ungebrochen. Immer mehr Fall-Süchti-

ge drängeln sich über Gouritz und Blaukrans. Hinzu kommt neuerdings der sanftere **Bridge Jump;** s. Overberg bzw. Nature's Valley. Die nimmermüden Kapstädter bringen jeden Sommer neue Adrenalinhammer heraus: Kloofing in enger Bergklamm mit Planscheinlage, Abseilen am Chapman's Peak Drive, Sandboarding über die Dünen, Tubing über Wildbäche.
Als nächstes kommt wohl: mit verbundenen Augen & gefesselten Händen auf den Tafelberg klettern, inklusive Imbiß.

Rugby

Nationalsport der Weißen, seit dem WM-Titel im Juni 1995 auch für immer mehr Schwarze. In dieser Beziehung mußte der Sportboykott am heftigsten schmerzen, da die *Springboks* traditionell zu den Besten der Welt gehören. Und dann diese Dämpfer bei der Rückkehr in die internationale Arena: im Aug 1992 gab's deftige Klatschen gegen Australien und Neuseeland im Ellis Park, dann setzte es im Okt auch noch in England und Frankreich zwei auf die Mütze. Doch seit 1995 hängt der Burenhimmel wieder voller Rugbyeier.
Wer in Joburg weilt, während im Ellis Park die harten Männer zwischen die hohen Pfosten treten: hingehen, es lohnt sich! Und später irgendwo zu einem Fußballspiel, um die grundverschiedene Stimmung einzuatmen.

Fußball

Unter den Schwarzen der Knüller, kann bei Weißen gegenüber Rugby aber abstinken. Nur in wenigen Winkeln der Welt erntet man mit *Beckenbauer* und *Lodemaddäus* soviel ahnungsloses Schulterzucken. Südafrika wurde zwar 1992 von der FIFA aufgenommen, scheiterte aber in der Qualifikation für die WM 1994 kläglich (nur ein Sieg gegen Kongo). Sensationell dann der Gewinn des Africa Cups im Feb 1996: der 2:0-Endspielsieg über die ramadangeschwächten Tunesier versetzte eine ganze Nation in Freudentaumel und mündete in die Bewerbung um die Fußball-WM 2006. Beim Turnier 1998 kam WM-Neuling Südafrika nicht über eine Statistenrolle gegen Frankreich, Dänemark und die Saudis hinaus.
„Typisch war eine Szene in der 10. Minute, einem der brillantesten Angriffszüge, die es im Fußball der letzten Jahre zu bewundern gab. Masinga erobert die Kugel, manövriert einen Kontrahenten mit einem der unzähligen Beinschüsse des Tages aus, paßt quer zu Buthelezi, der einen heranstürmenden Deutschen mit einer Pirouette auf dem Ball in der Weite des Raumes stehen läßt und den Star der Bafana, "Doc" Khumalo, anspielt - eine in ihrer Artistik und Geschwindigkeit einmalige Aktion. Das Ende der rauschenden Kombination ist eher ernüchternd: Khumalo zielt mitten auf Andreas Köpkes Bauch statt einfach ins deutsche Tor." (SZ zum Länderspiel Südafrika - Deutschland, 16. Dez 1995)

Wandern

Neben Safaris der Freizeitfavorit weißer Südafrikaner. Entsprechend gut sind alle Wandergebiete literarisch und kartographisch erschlossen. Jaynee Levys Fleißarbeit *The Complete Guide to Walks and Trails in Southern Africa* (Struik, 50 DM) verschafft einen guten Überblick und macht viel Appetit.
Weil die Schutzhütten selten mehr als zwölf Betten besitzen und Natur/Tierwelt stärkeren Besuche-

Guided Walks: Büffel voraus

In mehreren Nationalparks werden am frühen Morgen geführte „Spaziergänge" durch den Busch angeboten. Unter der Obhut erfahrener Ranger pirscht man mit Herzklopfen ans Wild heran. Dabei muß jeder um jeden Preis deren Anweisungen Folge leisten.

Plötzlich ein Handzeichen: „Buffalo!" Alle ducken sich, hören sein Schnauben, riechen das ausgerupfte Gras, ziehen sich auf einen sicheren Posten zurück und können beobachten. Ganz nah, völlig ungestört. Manchmal geht man mitten durch eine Herde von Giraffen, die sogar ein bißchen näherkommen, um den Störenfried zu betrachten. Welch elegante Tiere, mit schönen Augen und langen Wimpern.

Wortlos durch die einmalige Landschaft zu streifen, über der sich der afrikanische Himmel spannt, läßt jeden Buschgänger die Größe der Natur körperlich spüren. In solchen Augenblicken wird die Erkenntnis zum greifbaren Schmerz, daß der Mensch fähig ist, dies alles zu zerstören. Und viel Schönes längst zerstört *hat.*

randrang nicht verkraften würden, sind die Teilnehmerzahlen für mehrtägige Trails beschränkt. Anmeldung samt Obolus bei örtlichen Forst- oder Verkehrsämtern, für Parktrails zentral bei SA National Parks.

An Wasserflasche, Sonnenschutz & Windjacke denken. Nie alleine losziehen. Auf Feuer, Müll oder Radios verzichten. Blumenpflücken wird ersatzlos gestrichen, ebenso Abkürzungen und das Füttern wilder Tiere. Fast alle Wege sind mustergültig markiert und ausgebaut, oft mit Planken. Jeder Schritt im Abseits ist ein Schritt hin zur Erosion.

Nationalparks & Naturreservate

Jeder Nationalpark ist auf eigene Faust prima zu entdecken (Ausnahme: Richtersveld). Wer mehr als Tiere sucht: Gesteinsstrukturen und Formenreichtum des Golden Gate NP sind unübertroffen, von Bienenwaben bis zu urzeitlichen Blumen.

Safari möglichst im kleinen Auto. Nie das Fahrzeug verlassen! Brauchbare Karten an allen Eingangstoren und in Camps, Wege sind gut ausgeschildert.

Pirschfahrten mit geschulten Führern in offenen Jeeps. Die Jungs nehmen es mit der Einhaltung der Wege nicht immer genau. Dafür entgeht ihnen kaum etwas, und so kann jeder Reisende sich voll aufs Beobachten & Fotografieren konzentrieren. **Bush Drives,** v.a. im Krügerpark, führen durch ansonsten unzugängliche Gegenden; max. sieben Gäste/Jeep.

Nachtsafaris: *„Man wird im offenen Geländewagen für 3 Std durch den Park gefahren. Zwei der zehn Mitfahrer sollen mit Halogenscheinwerfern während der Fahrt Tiere auffinden. Dabei stellte sich mir die Frage, ob es vielleicht doch Zeiten gibt, zu denen man die Tiere einfach schlafen bzw. jagen lassen sollte, ohne brummende Motoren und grelle Scheinwerfer. Unsere Mitfahrer waren danach enttäuscht, wieder keine Löwen gesehen zu haben. Sollen sie doch in den Zoo gehen." (Sabine Vetter)*

Camps

Mit allem ausgestattet, was das Leben annehmlich macht. Wasser fließt warm & kalt aus den Hähnen, Duschen gibt's überall (Brandwag/Golden Gate nur Badewannen). Verhungern muß auch niemand. Das verhindern überall Grillplätze und Restaurants, oft in Form geschützter Lagerfeuerstätten *(Lapas)*. Verpflegung meist vor Ort zu kaufen. Selbstversorger finden in jedem Parkcamp einfache Küchen mit Kochplatten vor.

Buchungen nur über South Africa National Parks in Pretoria, T. 012/343 1991, Fax -0905, oder Kapstadt, T. 021/422 2810, Fax 424 6211, reservations@parks-sa.co.za.

Für den Einkauf am Straßenrand sind keinerlei Tips nötig – aber in jedem Fall ein Lächeln.

Highlights in Südafrika

Die Frage nach der richtigen Route stellt sich jedem Reisenden, der seine Ferien nicht nur an einem Ort verbringen möchte - und wer will das schon? Links herum, rechts herum, oben bleiben, unten entlang, oder doch besser ab durch die Mitte - das muß wirklich jeder für sich entscheiden. Südafrika hält jedenfalls für jeden unvergeßliche Erfahrungen in Hülle & Fülle bereit.

Für Abenteuerlustige

Wandern: Natal Drakensberge, Tsitsikamma, Cedarberge, Blyde River Canyon.

Reiten: prima Angebote entlang der Garden Route.

Tauchen: vor Natals Küsten.

Surfen & Wellenreiten: vor Durban, Jeffreys Bay & Kaphalbinsel.

Kanu & Rafting: Unterlauf des Oranje, Breede & Keurbooms bei Plettenberg Bay.

☞ **Tip:** Kapstadts Adventure-Veranstalter kitzeln ständig neue **Adrenalinhämmer** hervor, von Bridge Jumping bis Abseiling, Kloofing bis Blackwater Tubing.

Für gemütliche Genießer

Bahnfahren: Blue Train, Outeniqua Choo-Tjoe von George nach Knysna.

Safaris: im offenen Landrover durch die Wildreservate KwaZulu/Natals.

Speisen: Iyavaya in Joburg, Mama Africa in Kapstadt, Mattsen´s Steakhaus in Swellendam, Mopaniwürmer im Vendaland.

Weinproben: Stellenbosch, Franschhoek, Tulbagh.

☞ **Tip:** nirgendwo hat man mehr Sandstrand für sich allein, samt bezauberndem Hinterland, als entlang der **Wild Coast.**

Für Geschichtsbewußte

Weiß: Voortrekker Monument in Pretoria, Battlefield Route, Grahamstown.

Schwarz: Townshiptouren in Soweto & Durban, MuseumAfrica in Jo'burg, Land der Venda, Lotlamoreng Village bei Mmabatho.

Glitzer: Big Hole in Kimberley, Cullinan Mine bei Pretoria.

☞ **Tip:** um zu ermessen, warum viele Nelson Mandela für den „Mann des Jahrhunderts" halten, kommt man an **Robben Island** vor Kapstadt nicht vorbei.

Für Naturfreunde

Botanik: Kirstenbosch Gardens in Kapstadt, Namaqualand im Frühjahr, Subtropen um Port St Johns.

Geologie: Tafelberg in Kapstadt, Karoo NP, Golden Gate, Richtersveld.

Aussichten: Three Rondawels & God's Window am Blyde River Canyon, Amphitheater im Royal Natal NP.

☞ **Tip:** zwischen den Elfen & Waldgeistern von **Hogsback/Katberg** sammelte J.R.R. Tolkien Inspirationen für den „Herr der Ringe".

Für Tierfreunde

Artenvielfalt: Krügerpark.

Einsamkeit: Kalahari Gemsbok-Park.

Schönheit: Umfolozi/Hluhluwe, Itala WR.

Walbesuche: von Hermanus bis Plettenberg Bay im Frühling.

Unterwasserwelt: Two Oceans Aquarium in Kapstadt.

☞ **Tip:** auf geführten *Wilderness Trails* in Umfolozi und Krügerpark kommt man dem afrikanischen Busch so nah wie nie zuvor.

Für Kulturmenschen
Architektur: Pietermaritzburg, Graaff-Reinet, Swellendam, Cape Winelands.
Theaterszene: Market Theatre u.a. in Joburg.
Musik & Tanz: Long St in Kapstadt, Yeoville in Joburg, Bat Centre in Durban.

☞ **Tip:** wer Südafrika verstehen will, zelebriert einen **Grillabend** mit Mittelschicht-Buren, besucht ein **Fußballspiel** in irgendeinem schwarzen Dorf, schaut dem indischen Treiben in den **Parks & Märkten** von Durban zu.

Unsere zehn Backpackers-Favoriten
*** **Rockey Street BP** in Joburg wg. Jetzt-erst-recht.
*** **Shunter's Express** bei Sabie/MP wg. Bahnnostalgie.
*** **African Tale** in St. Lucia/KZN wg. Abenteuer.
*** **Zululand BP** in Eshowe/KZN wg. Walter Cele.
*** **Rustler's Valley** bei Ficksburg/FS wg. Flowerpower.
*** **Buccaneers Retreat** in Cintsa/EC wg. Romantik.
*** **Coffee Bay BP** in Coffee Bay/EC wg. Wild Coast.
*** **Stans Halt** in Camps Bay/WC wg. Aussicht.
*** **Malealea** in Lesotho wg. Lesotho.
*** **Fatima's** in Maputo wg. Mosambik.

Für Hinweise, die wir in der nächsten Auflage verwerten, bedanken wir uns mir einem Buch aus unserem Programm.

Stinkreich & staubig, häßlich & hektisch, brutal & vital – wer Joburg nicht kennt, wird nie über ein stimmiges Südafrika-Bild verfügen. Viele Fanclubs hat die Stadt des Goldes aber nicht ...

Johannesburg

1402 km nordöstlich von Kapstadt, 1123 km südlich von Harare. ✆ 011.

Südafrikas heißeste Stadt, in jeder Beziehung. Noch vor 120 Jahren herrschte Ruhe auf dem Highveld. Doch dann, anno 1886, die Entdeckung, die die ganze Region in Bewegung versetzen wird: Gold. Als sich herausstellt, daß die ersten Funde nur Staubkörnchen eines bedeutenden Vorkommens sind, schießt über Nacht die „Stadt des Goldes" aus dem Staub der Transvaal. Zulus nennen sie **eGoli,** weiße Digger dagegen Johannesburg.

Kapstadt tanzt, Durban surft, Pretoria schlendert – Joburg aber schuftet. Die größte Stadt des Landes (Großraum 2,3 Mill. Ew ohne Soweto) ist zugleich sein wirtschaftliches Zentrum. Viele Reisende schlagen einen weiten Bogen drum, v.a. wegen des Palavers um die „gefährlichste Stadt der Welt". *Südafrikaner schrecken in ihrer Superlativ-Geilheit vor nix zurück!* Nun, es bestehen immer noch Möglichkeiten, Joburg unbeschadet zu überleben – **und dabei ein bißchen Spaß zu haben.**

Geographie & Klima

Joburg ist eine der wenigen Metropolen, deren Standort nicht durch die Nähe zu einem Fluß oder See bestimmt wurde, sondern allein durch Gold. So bleibt **Wasserknappheit** ein großes Problem. Bisweilen fällt sechs Monate lang kein Tröpfchen! Entsprechend staubig ist die Luft, der Bedarf an Taschentücher und Halsbonbons erreicht Rekordmarken.

Daß das Leben dennoch erträglich bleibt, verdankt die Stadt dem **Highveld.** In 1700m Höhe bleiben die Sommer gemäßigt, die Winter kühl & trocken. Wenn's im Dez/Jan mal regnet, peitschen gleich mächtige Gewitter durch die Straßenschluchten. Wenn dagegen die Mehrzahl unserer Leser unterwegs ist, zeigt sich das Klima von seiner angenehmen Seite:

Juni-Okt: die Tage pendeln sich bei 18-20° ein. Kein Wölkchen verstellt den klaren Blick auf die Sonne, die **Abende schreien nach einem molligen Pullover,** und nachts freut man sich, hier nicht zelten zu müssen.

Zurechtfinden

Joburgs Stadtbezirke könnten unterschiedlicher nicht sein. Das **Zentrum** rund um Bahnhof und Joubert Park gilt seit den 80er Jahren als gefährliches Pflaster. Viele Geschäfte & Firmen sind längst in den nördlichen Speckgürtel gezogen. Tagsüber bietet sich ein buntes Bild: statt wehenden Krawatten gemütliche Straßenhändler, die auch mal ihre Stimmen erheben und Diebe mit vereinten Kräften in die Flucht schlagen.

☞ ***Nach Ladenschluß trifft man in den Straßenschluchten kaum eine Menschenseele.***

Braamfontein, nordwestlich vom Bhf, ist ein Büroviertel mit vielen Hotels & wenig Vergnüglichem.

Jenseits der Bahngleise liegt **Newtown,** das trotz Market Theatre & MuseumAfrica stetig von seinem Ruf als kultureller Mittelpunkt verliert.

Hillbrow macht immer wieder eine Gratwanderung durch: ein wildes Gewimmel schwarzer Bars und weißer Kneipen, roter Lichter und grüner Männchen. Mit seinem Nachbar **Berea** dichter besiedelt als alle anderen Stadtteile. Nirgendwo ist nachts mehr los, nirgendwo kippt die Stimmung aber auch so schnell um.

☞ ***Weiße sagen: Berea & Hillbrow sind rund um die Uhr No-Go-Areas.***

Yeoville, 2 km nordöstlich, verdankt seine angenehme, weniger harte Atmosphäre der Mischung aus Einwanderern, Juden und Künstlern. In der Rockey St feiert es noch sorglos, während in den Nebenstraßen mit Sonnenuntergang die Bordsteine hochgeklappt werden.

Melville, 3 km nordwestlich, mauserte sich in den 90ern zur Yuppie-Zuflucht, so daß sich in den schmucken Häusern immer mehr Boutiquen, Antiquitäten, Cafés niederließen. **Parktown,** 3 km nördlich, ähnelt einem bewohntem Freilichtmuseum, Villen der Jahrhundertwende werden umrahmt von viel Grün – nette Gegend für den Sonntagsspaziergang!

Rosebank, 8 km nördlich, gibt sich reich & prestigeträchtig. Als Vorstufe Sandtons schon voller Einkaufszentren, Galerien, Antikem und gehobenen Restaurants.

Suburbia: um Joburg ist ein Speckgürtel selbständiger Orte zusammengewachsen, die unterschiedlicher nicht sein könnten. Im Witwatersrand leben fast 4 Mill. Schwarze, räumlich davon getrennt 1,1 Mill. Weiße, 200.000 Coloureds und 100.000 Asiaten.

Sandton: wenn man im Uhrzeigersinn vorgeht, stößt man in Halb-Eins-Stellung 15 km nördlich der Innenstadt aufs Villenrefugium weißer Bankangestellter & Börsenmakler. Ein Pool im perfekt bewässerten Vorgarten ist Teil der Eintrittskarte in diesen vornehmen Zirkel. Doch Stacheldraht am Zaun und Sicherheitsdienste signalisieren: hier lebt die Angst.

☞ ***Auf Sandtons Cocktailparties rühmen sich manche, seit acht Jahren nicht mehr downtown gewesen zu sein ...***

Alexandra: unermeßlich der Kontrast, wenn man auf die andere Seite der Louis Botha Ave blickt. Dieses Township ist berüchtigter als Soweto, weil hier noch *Shack* an *Shack* steht, Wellblechhütte an Bretterverschlag. Weil Wasserleitungen erst heute Einzug halten und die Hälfte der Menschen im erwerbsfähigen Alter ohne Erwerb dastehen, sind Anarchie und Gewalt verbreitet. Dagegen treten Dutzende unermüdlicher Selbsthilfeprojekte an.

Im Osten: in Halb-Zwei-Stellung, nördlich des Flughafens Joburg, liegen Tembisa & Kempton Park; außerdem links und rechts der Zufahrtsstraßen zum Flughafen Edenvale & Bedfordview. Um drei und vier Uhr folgen die profillosen Benoni, Germiston & Boksburg. Südlich der M2, etwa bei fünf Uhr, befindet sich Regents Park, weiter draußen Alberton.

Soweto: die *South Western Townships* im Südwesten, etwa sieben bis acht Uhr, sind von Joburg durch einen breiten Industriegürtel und mächtige Abraumhalden getrennt; s. unten.

Im Westen: Roodepoort & Kru-

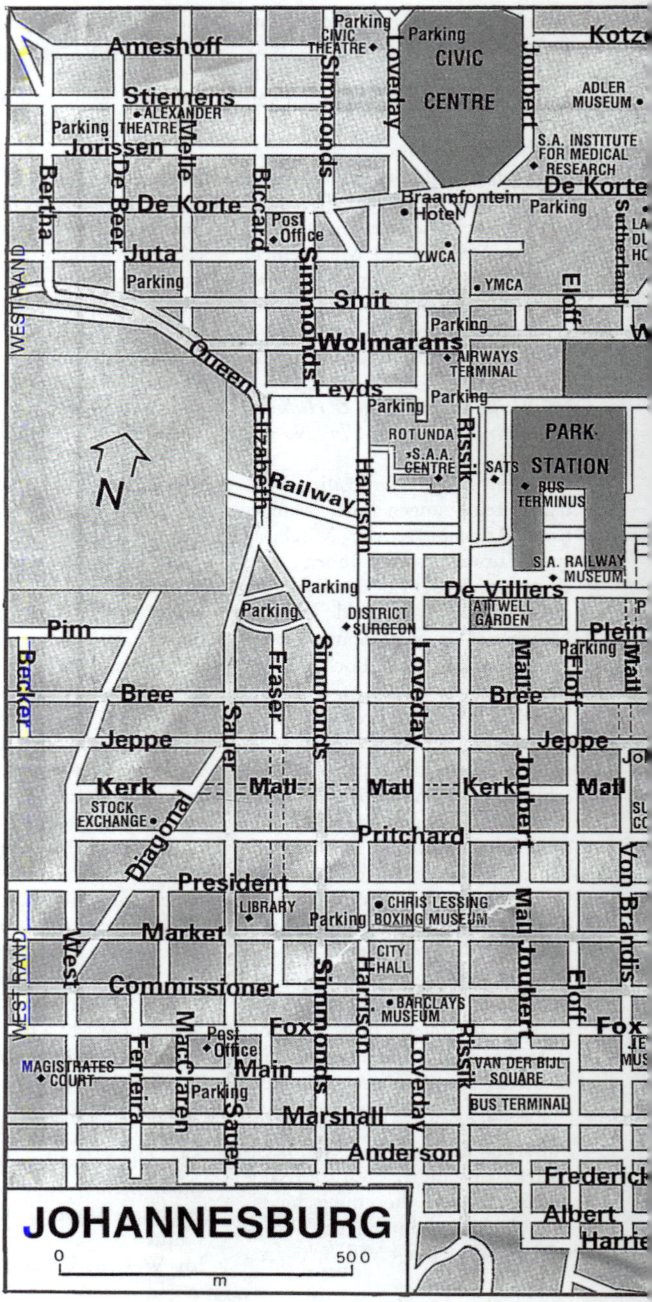

Ameshoff
Stiemens
ALEXANDER THEATRE
Parking
Jorissen
Melle
Bertha
De Beer
De Korte
Biccard
Post Office
Juta
Parking
Simmonds
CIVIC THEATRE
Parking
Loveday
CIVIC CENTRE
Joubert
Kotze
ADLER MUSEUM
S.A. INSTITUTE FOR MEDICAL RESEARCH
De Korte
Braamfontein Hotel
Parking
Sutherland
YWCA
YMCA
Smit
Eloff
Parking
Wolmarans
AIRWAYS TERMINAL
Leyds
Parking
Queen
Elizabeth
ROTUNDA
S.A.A. CENTRE
Rissik
SATS
PARK STATION
BUS TERMINUS
Railway
Harrison
S.A. RAILWAY MUSEUM
WEST RAND
N
Parking
Parking
DISTRICT SURGEON
De Villiers
ATTWELL GARDEN
Pim
Plein
Parking
Becker
Bree
Fraser
Simmonds
Loveday
Mall
Eloff
Bree
Mall
Jeppe
Sauer
Jeppe
Kerk
Mall
Mall
Kerk
Joubert
Mall
STOCK EXCHANGE
Diagonal
Pritchard
Von Brandis
President
LIBRARY
CHRIS LESSING BOXING MUSEUM
Parking
Market
Mall
West
CITY HALL
Commissioner
Harrison
Joubert
Eloff
BARCLAYS MUSEUM
Fox
Fox
Post Office
MacCaren
Ferreira
Rissik
Loveday
MAGISTRATES COURT
Main
VAN DER BIJL SQUARE
Parking
BUS TERMINAL
Sauer
Marshall
Anderson
Frederick
Albert
JOHANNESBURG
0
500
m

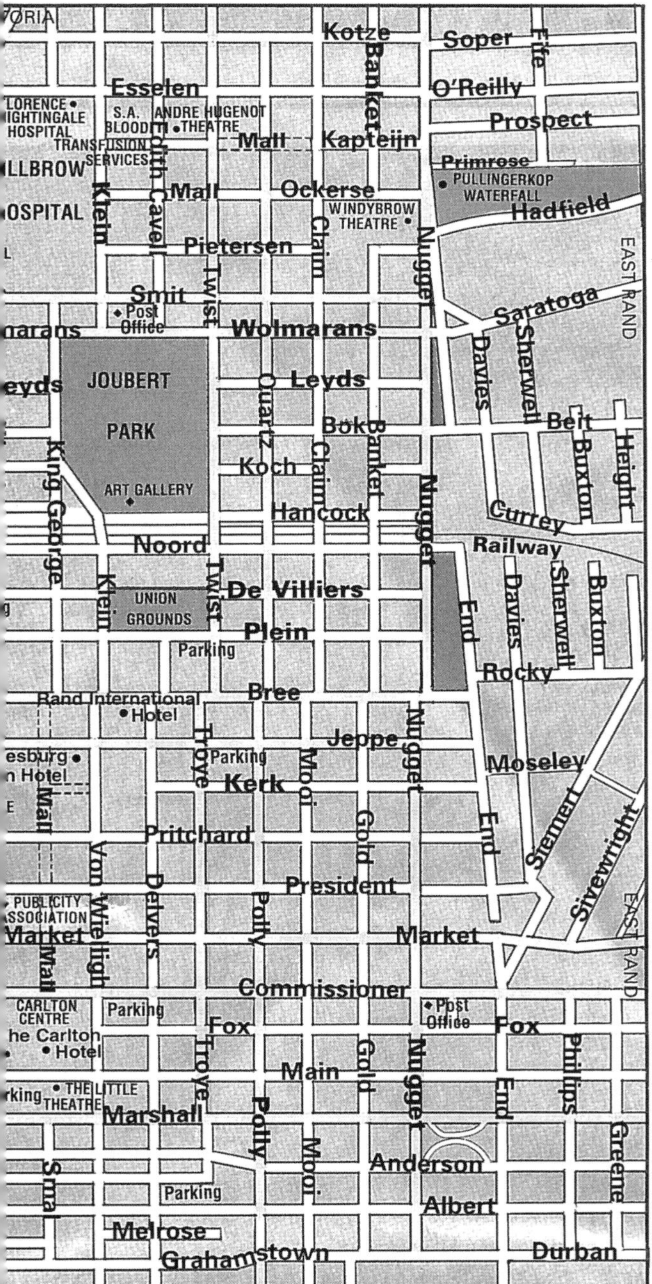
Kotze
Soper
Fife
Esselen
O'Reilly
Prospect
S.A. BLOOD TRANSFUSION SERVICES
ANDRE HUGENOT THEATRE
Mall
Kapteijn
Banket
Primrose
PULLINGERKOP WATERFALL
Hadfield
Klein
Edith Cavell
Mall
Ockerse
WINDYBROW THEATRE
Claim
Nugget
Pietersen
EAST RAND
Smit
Twist
Post Office
Saratoga
Wolmarans
Davies
Sherwell
JOUBERT PARK
Leyds
Quartz
Beit
Boku
Koch
Buxton
Height
King George
ART GALLERY
Hancock
Currey
Noord
Railway
De Villiers
UNION GROUNDS
End
Plein
Parking
Rocky
Bree
Rand International Hotel
Jeppe
Troye
Parking
Mooi
Moseley
Kerk
Mall
Pritchard
Gold
Siemert
Sivewright
Von Wielligh
Delvers
President
Polly
PUBLICITY ASSOCIATION
Market
Market
EAST RAND
Commissioner
CARLTON CENTRE
The Carlton Hotel
Parking
Fox
Post Office
Fox
Main
Phillips
THE LITTLE THEATRE
Marshall
Greene
Anderson
Small
Parking
Albert
Melrose
Grahamstown
Durban

gersdorp sind belanglose Industriestädte. Zu teurer Letzt, quasi fünf vor zwölf, wartet Randburg, der zweite Nobelvorort im Norden der Stadt.

Die Frage der Sicherheit

Südafrika kennt kein heißeres Pflaster als Joburg-Central und Hillbrow. Nachts meiden!

☞ **Für Autofahrer: Fenster** geschlossen lassen. Gegenüber dem Vordermann soviel **Abstand** bewahren, daß Abzischen ohne Rangieren möglich bleibt. „Blickduelle" mit anderen Fahrern oder Fußgängern tunlichst vermeiden. Auf **Provokationen** oder Fotografieren von Menschen ohne deren Zustimmung verzichten. Weg mit dieser zwangsneurotischen Hörigkeit gegenüber Verkehrsregeln – bei Gefahr darf auch eine rote **Ampel** mißachtet werden!

☞ **Für Fußgänger:** wenig **allein** unternehmen. Auf **Baumbehang** verzichten, z.B. Kamera, Uhren, Rucksack. Entschlossen voranschreiten – den Stadtplan können Sie im nächsten Laden konsultieren. Nach Sonnenuntergang **Taxi** nutzen (nicht allein). Sofern die Unterkunft keinen sicheren Parkplatz hat: Auto erst am Abfahrtstag aus Joburg mieten.

☞ **Bei einer Attacke: nie den Helden spielen.** Augen bedecken, um den/die Täter nicht zu sehen. Je jünger die Burschen, desto unberechenbarer. **Tränengas** höchstens in *One-on-One*-Situationen einsetzen. Klarstellen, daß Sie Tourist sind und **keine** Waffe tragen.

◆◆◆

Notfall: Polizei T. 10 111, Feuerwehr 998, Ambulanz 403 4227. Joburg General Hospital, York/Jubilee St, Parktown, T. 488 4911.

Und jetzt bitte durchatmen! Täglich überleben Millionen von Südafrikaner und Tausende von Touristen den Alltag in Joburg – und finden ihn hier schneller, farbiger, spannender als sonstwo im Lande.

Kurz & knackig

Publicity Assoc: North State Bldg, Kruis/Market St, Central, T. 337 6650. *Oft zu beschäftigt, um mehr als einige Broschüren auszuhändigen.* **Satour,** T. 331 5241, und **Info Africa**, T. 970 1220, beide im Flughafen, Internationale Ankunftshalle; täglich 5-21h.

Weitere Info Centres: im Bahnhof, Upper Level, T. 773 3994; Mo-Fr 8-17h, Sa/So 8-12h. Carlton Centre, 46th Floor, T. 331 2041; Mo-Fr 8.30-16.30h, Sa 9-12h. Rosebank Mall, 50 Bath Ave, T. 442 4707; Mo-Fr 8-17h, Sa 9-13h.

Dept of Home Affairs: 77 Harrison/Plein St, T. 836 3228; für Visumsfragen. **Hiking Federation of SA:** 43 Pendoring Dr, Dalpark, T. 886 6524; für Wanderer, Mo-Fr 8.30-16h. **Computicket:** T. 445 8445, für alles von Fernbussen bis Kinos/Konzerten.

Hauptpost: Jeppe/Von Brandis St, T. 222 0472, mit Postlager (PLZ 2001); Mo-Fr 8.30-17.30h, Sa 9-13h. **Internetzugang:** The Milky Way Café, 38 Raleigh St, Yeoville, T. 487 1340, info@milkyway.co.za, Mo-Sa 9-20h; im

Bahnhof, Lower Level, Mo-Fr 8-16h; beide 8 DM/Std online. Und mittlerweile in vielen Backpackers gegen geringe Gebühr.

Rennies Travel/Thomas Cook: 124 Main St, Central, T. 331 5898; auch in Flughafen, Eastgate Mall, Bruma und Sandton City. **AmEx:** Carlton Hotel, T. 331 2301; auch in Rosebank, Sandton City & Randburg Waterfront. Jeweils Mo-Fr 9-17h.

SA Student Travel Service: Student Union, Wits University, Jan Smuts Ave, T. 716 3045; mit Bahn/Bus/Flugkarten, Infos zu Stadt & Unterkünften für alle. Mo-Fr 9-16h. **Automobile Association:** 66 De Korte St, Braamfontein, T. 407 1000; mit Gratiskarten & Infos für Autofahrer, sehr freundlich. Hotline rund um die Uhr 0800/010 101.

German Bookshop: Randburg Mall, Shop 25, T. 787 3834; deutsche Zeitungen/schriften wöchentlich per Luftpost. **Joburg Central Library:** Market/Fraser St, Central, T. 836 3787; mehrere Zweigstellen übers Stadtgebiet. Mo-Fr 8.30-17h, Sa 9-12.30h.

Waschsalons: praktisch in jeder längeren Ladenzeile/Mall. **Gepäckaufbewahrung:** im Bahnhof, s. unten.

Was´n los? Allmonatlich erscheint *Hello Johannesburg* mit Restaurantliste, Veranstaltungstips, vielen Terminen; kostenlos in Hotels & Verkehrsämtern.

Verkehrsmittel

Die Innenstadt ist tagsüber problemlos zu Fuß zu entdecken. Wer abends was unternehmen will, ist auf den Nahverkehr angewiesen – und da schaut´s mau aus!

Stadtbusse: Mo-Fr 5.30-19h viertel/halbstündlich, Sa 7-14h ein/zweimal pro Std, So nur wenige Linien 6-20h stündlich. Am **Busbahnhof** Vanderbijl Square, Main/Eloff St, T. 836 2061, nehmen die meisten Linien ihren Anfang, ordentlich nach Bussteigen getrennt. Im runden Informationsgebäude kostenlose Fahrpläne jeder Linie. Einheitsfahrschein rund 1,50 DM, Zehnerheftchen 10 DM, Wochen/Monatskarte lohnen nicht. **Wichtige Linien:** #5 nach Hillbrow, Parktown, Rosebank; #19a/b nach Yeoville & Berea; #30/31 nach Bez Valley & Bruma Lake; #32 zur Eastgate Mall; #49a nach Forest Hill.

Tip für Angsthasen, denen Joburg nicht ganz geheuer ist: am Vanderbijl Square in einem der Doppelstöcker nach oben in die erste Sitzreihe klettern. Bis zur Endhaltestelle das geschäftige Treiben & Ambiente dieser Stadt auf sich wirken lassen, dann mit demselben Bus zurück. Da werden Berührungsängste bald abgebaut ...

Privatbusse: nach Rosebank, Sandton, Rivonia mit Comuta Services, T. 493 5640, ab Kruis/Fox St gegenüber Carlton Centre; außerhalb der Spitzenzeiten nur alle paar Std.

Taxis können selten an den Straßenrand gewunken werden. Bestellen bei Rose´s, T. 725 1111, oder Maxi Taxi, T. 648 1212. Standplätze u.a. vor Carlton Hotel, Holiday Inn GC, in Yeoville (Raleigh/Kenmere St), am Flughafen und rund um die Malls. Knapp 2 DM/km, kaum ein Fahrer vergißt das Taxameter anzuschalten oder fährt freche Umwege.

„Einige Piraten haben auch das

Schild auf dem Dach und ein meist kaputtes Taxameter. Sie hcren den Funk der lizensierten Taxen ab und schnappen dann die Kunden weg. Mitfahren ungefährlich, aber unfair gegenüber richtigen Fahrern." (Volker Heidkamp)

Minibusse kutschieren 9-15 Leute, fast nur Schwarze, regelmäßig in alle Vororte. Nur 1-2 DM/Fahrt, aber erst bei Belegung aller Plätze. Es gibt keine Strecken- oder Fahrpläne. Standplätze u.a. am Hbf/Wanderers St; Bree/Queen Elizabeth St; und vor Carlton Centre.

Fahrräder taugen nur für Extrem-Abenteurer & Ausflüge ins Grüne. Mieten bei Linden Cycle, 63b 3rd Ave, Linden, T. 782 7313. Tips beim Joburg MTB Club, T. 315 1285.

Metro: nur für Fahrten in „schwarze" Vororte hilfreich. Auskunft im Hbf, T. 773 5878. Die Welle der Gewalt, die 1992-94 in den Zügen zu den Townships viele Menschenleben kostete (Hintermänner in der *Third Force*), ebbte mit den Wahlen schlagartig ab.

Übernachten

Backpackers

Wer mit Rucksack auf dem Flughafen ankommt, darf sich auf die Fänger der Hostels freuen. Alle bieten **kostenlose Zubringerdienste,** wenn man in ihrem Haus zu logieren einwilligt – gute Idee, denn schließlich wäre allein der Transfer teurer als die erste Nacht.

Alle Entfernungen ab Bhf, Abholung nur bei Anruf. Dies ist einer jener Plätze, an denen man mit Rucksack nicht gerne ratlos herumsteht! Faule Eier im BP-Angebot werden im folgenden weggelassen oder gekennzeichnet.

Yeoville & Observatory

Rockey St BP, 34-36 Regent/Kenmere St, T. 648 8786, Fax -8423, backpackers@milkyway.co.za. Dauerbrenner im Fetenviertel, Lage unschlagbar, nur zwei Ecken nördlich der Rockey St, niedliche Shebeen im Hof, alle Infos, wunderschöner Nebentrakt, immer gute Laune. Schlafsaal 16 DM, geräumige DZ ab 45 DM. **Tip!**

Pink House BP, 73 Becker St, T./Fax 487 1991 (Carl & Marisa). In einer südlichen Parallelstraße der Rockey St, sauber, freundlich & ruhig. Preiswerte Ausflüge, Unzahl von Tips. Schlafsaal 16 DM, DZ 45 DM. Bus 19/20 bis Raleigh/Kenmere.

Wildlife BP, 105 Hunter/Raymond St, T. 648 1072, Fax -5636, wildlife-backpackers@milkyway.co.za, jung, purpur & ziemlich zentral, knubblige Räume, kleiner Teegarten, Bar mit Billard. Schlafsaal 16 DM, EZ/DZ 40 DM. – Wer Ärger mit Einheimischen sucht: **Backpackers Underground** – voller Minustip.

Explorers Club, 9 Innes St, Obs, T. 648 7138, Fax -4673 (Peter), info@explor.co.za, sauberer Neuling 500m vom Rockey St-Geschehen, gesetzte Stimmung mit Gärtchen, Planschbecken, Internet, Videos & Mahlzeiten. Schlafsaal 16 DM, EZ/DZ mit Bad 36/42 DM, Camping 10 DM. – **Brown Sugar,** 75 Obs Ave, T. 648 7397, nix Näheres bekannt.

Bushlink BP, 117 St Georges Rd, T. 648 5737, Fax -6769, mit eigenem Charakter: fünf A-förmige Buschchalets (mit Bad) im abgeschlossenen, schattigen Garten verbreiten Wildnis-Stimmung. Dazu

Lagerfeuer, Pub, Billard, Pool. Mit Bettzeug ab 20 DM/P. Hier starten die großartigen Wilderness Wheels-Touren, z.B. vier Tage *Krüger* ab 400 DM.

Zwischen Flughafen und Innenstadt

In Fairview: Southern Cross-/Fairview BP, 2 km östlich, 4 College St, T. 618 2048, Fax 614 2823 (Michael & Tracey), ivi@pixie.co.za. Ehrwürdiges Haus fast Ecke Commissioner, helle Räume, viele Ausflüge, Küche, rund um die Uhr offen. Nur wenige fühlen sich hier unwohl. Bus 32 bis Haltestelle 11 – nicht zu Fuß in die Innenstadt!

In Berea: Central Youth Hostel, 2 km nördlich, 4 Fife Ave, T. 643 1213, Fax -1412, ivi@pixie.-co.za. Rund um die Uhr, abendliche Solo-Spaziergänge entfallen in dieser Gegend. Mit Biergarten, M-Net, Mahlzeiten & Infos. Schlafsaal ebenfalls 16 DM, DZ 45 DM, täglicher Transfer von/nach Durban 30 DM (mit Fairview BP).

In Bez Valley: ITH Rising Sun/Kuena & Keke, 4 km östlich, 55 First St, T. 614 4640, Fax -7014. Eckhaus im unscheinbaren Wohnviertel, manche Gäste haben erhebliche Probleme mit dem Besitzer. Bis zu 15 Etagenkojen im 20-qm-Zimmer – wo sollen da die Siebensachen hin? Dafür englisches F in der Sonne (5 DM), legendäre Bar & echte Typen. Schlafsaal 18 DM, DZ 55 DM. Bus 31 ab Oriental Plaza.

In Bruma: Eastgate BP, 7 km östlich, 41 Hans Pirow/Marcia Rd, T. 616 2741. Geräumige Villa am Hang mit Rasen & Pool, alles sauber, zwei Küchen. Langweiliges Viertel nahe Eastgate Mall und Bruma-Flohmarkt. Schlafsaal 14 DM, EZ/DZ 32/40 DM.

In Kempton Park: Airport BP, 2 km vom Flughafen, 3 Mohawk St, Rhodesfield, T./Fax 394 0485. Großes Gelände mit Pool, Lapa & viel Ruhe; Malls & Pubs in der Nähe. Schlafsaal 16 DM, Chalets EZ/DZ 40/60 DM, Zelten 11 DM, freier Flughafentransfer.

Northern Suburbs

In Dunkeld West: Backpackers Ritz, 8 km nördlich, 1a North Rd, T. 327 0229, Fax 792 1376, ritz@iafrica.com. Klassiker im Herrenhaus am Ende einer Sackgasse, über Jan Smuts Ave schnell überall hin. Großes Grundstück mit Aussicht, Alibi-Pool, großer Gemeinschaftsküche, Wamas, Kellerbar mit Billard, allzeit partybereit. Nettester Schlafsaal in Rundtürmchen 14 DM, EZ/DZ 30/50 DM. Bus 73/80b bis D'West Mall. Prima!

In Parktown: Zoo Lodge, 6 km nördlich, 233a Jan Smuts Ave, T. 788 5182 (Tanya & Sam). Nette Menschen, sehr auf Sicherheit & lässiges Ambiente bedacht, aber begrenzte Räumlichkeiten hinter der *Millionaire's Row.* Parken an der Rennstrecke nach Randburg. Schlafsaal 14 DM, EZ/DZ mit Bad 32/45 DM, Zelten 8 DM. Bus 73/75/80 (Parkhurst).

In Kew: Kew BP, 11 km nordöstlich, 5 Johannesburg Rd/M20, T. 887 9072, ivi@pixie.co.za. Arg ungünstig ohne Auto, Vorstadtvilla nahe Mall, fühlt sich kaum wie Joburg an. Schlafsaal 16 DM, DZ 40 DM, Zelten 10 DM. Bus 13b (Lyndhurst) bis Haltestelle 40.

In Witkoppen: Joburg Ranch Hostel, 24 km nördlich, Inchanga Rd, T. 708 1304, Fax -1464, ivi@pixie.co.za. Sowas von *am Arm* der Welt; Abholung ab Fourways Mall hinter Randburg. Dafür echte Ranch mit grünem Gras, grunzenden Pferden und scharfen Hunden. Ausritte, Tennis, Jacuzzi, Billard, Bar, nette Zweibetthütten, Preise wie Kew BP.

In Sunninghill Park: Happy Valley BP, 22 km nördlich, Sackgasse ab Witkoppen Rd, T. 807 0972, jenseits N1/Sandton-Wisselaar. Nette Leute mit zelttauglichem Rasen, aber ein paar dunkle Zimmer voller Etagenbetten und ein Haufen Flugzettel machen noch kein Backpackers aus. Ohne Pkw unrealistisch.

B&Bs

Ausführliche Auflistung aller Angebote in und um Joburg bei: ***Bed & Breakfast Association,*** 20 8th Ave, Melville, T. 482 2206, Fax 726 6915, reed.res@pixie.co.za. 50 gehobene Adressen für 50-120 DM/P im ***B&B Portfolio;*** s. Durchschlagen/Übernachten.

Natürlich liegen die meisten in Sandton, Parktown, Melville usw., wo sich die weiße Mittelschicht sicher fühlt. Allesamt komfortable Plätzchen mit viel Beinfreiheit, oft Pool, immer Bad, selten Busanschluß. *Anmeldung mindestens am Vortag erwünscht.*

In Oaklands: Granny's House, 40 Haswell St, T. 728 2879 (Dave & Marilyn Nunn), im entzückenden Farmhaus von 1908, ab 60 DM/P. **In Observatory: Rambling Gardens,** 28 Gill St, T. 648 6287, Fax -8779 (Marie Nel), marienel@global.co.za, ab 60 DM/P. **In Melville: Lynview,** 14a 9th St, T. 888 1735, Fax 804 5176 (Margaret Berns), ab 50 DM/P. **Melville House,** 59 4th Ave, T. 726 3503, Fax -5990 (Heidi Holland), happy@iafrica.com, ab 80 DM/P.

Alle folgenden unter deutschsprachiger Leitung, alle 60-80 DM/P. **In Sandton: Kingsway,** 18b Homestead Rd, Rivonia, T./Fax 803 3831 (Karin Copsey). **Four Willows,** 37 Willow Ave, Fourways, T. 465 1095 (Kathy & Clive Queit), queit@icon.co.za. **Drei Burgen,** 54 Mulbarton Rd, Lonehill, T. 465 0593 (Claudia Dorfer), dreiburg@iafrica.com. **In Randburg: Darrenwood,** 3 Edgeworth Cres, T./Fax 888 5600 (Walter & Sophia Hofer), darrwood@mweb.co.za.

Hotels

Kurzporträt von 40 Hotels in/um Joburg im ***Satour Accomodation Guide.*** Die meisten im Zentrum wenden sich an Geschäftsleute, weil Touristen die Northern Suburbs vorziehen.

Joburg-Central ist generell nach Sonnenuntergang kein gutes Pflaster. Einzig ratsames Preiswertplätzchen beim Bhf, über Rissik St zu erreichen: ** **Springbok Hotel,** 73 Joubert/Bree St, T. 337 8336, Fax -8396, seit 1968 in Familienbesitz, liebevoll eingerichtet & sauber, knapp 30 EZ/DZ ab 50/75 DM. **Hillbrow** bietet die meisten billigen Betten, hier geht das Leben ab – seit einigen Jahren aber besser nicht für weiße Touristen! **Nur mal so,** zum Vormerken für später: ***** **Carlton Hotel/Court,** Main/Kruis, T. 331 8911, Fax -3555, das legendärste Haus am Platz, DZ ab 450 DM.

In Birnam Park, M1-Ausfahrt 22, gute Kompromißgegend unweit Rosebank Mall: ** **Ascot,** 59 Grant Ave, Norwood, T./Fax 483 1211, schnuckliger Winzling zum Verwöhnen, 15 DZ mit F ab 120 DM. ** **Sunningdales,** 88 Corlett Dr, T. 887 6810, Fax -6816, bis auf die abgefahrenen Wandbilder ohne Mätzchen, 19 DZ mit F ab 110 DM.

In Flughafennähe: über ein Dutzend moderner Häuser mit jenem Komfort, den müde Geschäftsmänner erwarten. DZ ab 150 DM z.B. in ** **City Lodge Edenvale,** Sandvale Rd, T. 392 1750, Fax -2644; und * **Town Lodge Germiston,** Herman Rd, T. 974 5202, Fax -5490. Am nächsten dran: *** **Holiday Inn Airport,** Germiston/Pretoria Highway, T. 975 1121, Fax -5846, mit 360 DZ ab 330 DM.

Northern Suburbs

Drei City Lodges mit viel Komfort, DZ aber schon ab 120 DM: ** CL Randburg in Bryanston West, Main/Peter Place, T. 706 7800, Fax -7819; *** CL Sandton, Katherine/Graystone Dr, T. 444 5300, Fax -5315; und *** CL Morningside, Hill/Rivonia Rd, T. 884 9500, Fax -9440.

In Sandton stehen massenweise Spitzenhotels, DZ ab 200 DM z.B. im *** **Holiday Inn GC,** Katherine/Rivonia Rd, T. 884 5660, Fax 783 2004; ab 250 DM z.B. im *** **Balalaika Protea,** 20 Maude St, Sandown, T. 884 1400, Fax -1463. Sonderstellung: ***** **Sandton Sun,** Alice/Fifth St, T. 780 5000, Fax -5002, ergänzt seinen eigenwilligen Las-Vegas-Stil im Luxusflügel gar mit griechisch befriestem Atrium. 311 DZ ab 550 DM.

Formule 1

Die französische Version von *Reduce to the max* okkupiert neun Schuhschachteln an Autobahnausfahrten im Großraum Joburg. Jeweils 54 DM pro Dreibettzimmer u.a. im **F1-City** (Berea), 1 Mitchell St, T. 484 5551; **F1-Airport** (Isando), R24-Ausfahrt Barbara Rd, T. 392 1453; und **F1-Sandton** (Wynberg), 1 Maree St, Bramley Park, T. 887 5555. Nur 39 DM im **F1-Park Station** (Zentrum), Wolmarans/Wanderers St, T. 807 0750, und **F1-Southgate,** Columbine-/Rifle Range St, T. 942 3350.

Essen, Trinken & Feiern

Wo wann & warum welche Band in Joburg spielt: Gig-Line T. 884 8410.

Ich weiß ich weiß, viele weiße Joburger kriegen einen Herzkasper beim Gedanken, ihren Feier-Abend woanders als in den aseptischen Amüsiermeilen von Sandton & Randburg verbringen zu müssen. Deren Standorte findet jeder Besucher mühelos selbst. Daher kommen hier andere eß- und tanzbereite Viertel zu Wort.

Rosebank

Iyavaya, 125 Oxford Rd, Mutual Square, T. 082/653 7561. Georgios, der sich nach Mitternacht schlankerer Tage als Weltenbummler zwischen Kap & Kreta erinnert, verspricht *A Taste of Africa* – und sein Küchenmeister zaubert ihn in die Tonschüsseln. Die Rezepte aus allen Teilen Afrikas schmeckt Fanwell solange ab, bis sein Werk laut Selbstauskunft das Original übertrumpft. Hauptgerichte 12-15 DM. **Tip!**

Daruma in Melrose North, Park Gallery, Corlett Dr/Atholl Oaklands Ave, T. 447 2260, mit japanischen Schlemmereien, zu deren Genuß Jeans & Nikes unerwünscht sind. Gourmets lieben auch **Les Artists** am Mutual Square, T. 880 2222.

Auf den zweiten Blick

Jo'burg: Spaziergang durch die Innenstadt

Viel Mammon und ein bißchen Zauber

Jo'burg ist bekanntlich noch sehr jung an Jahren, und dementsprechend darf man keinen Hauch der Weltgeschichte erwarten. Wenn von »alten« Gebäuden gesprochen wird, dann stammen diese aus den zwanziger und dreißiger Jahren, selten aus früheren Tagen. Es sind nur wenige, aber auch diese haben durchaus eigene Gegebenheiten zu erzählen.

Die Stadtwanderung könnte beim Market Theatre mit seinem tollen Flohmarkt und dem sehenswerten Museum beginnen (s. unten) und über Becker St, nach links in die Jeppe, dann nach rechts in die West, zunächst zum Bankenviertel führen.

Stock Exchange: die Börse, Diagonal St, Ecke Pritchard, tobt hinter architektonisch faszinierender Kulisse. Multimediale Vorführungen über Börsenhandel und Südafrikas Wirtschaft sowie Führungen Mo-Fr um 11h und 14.30h.

Der Muti Shop Kwa Dabgulamanzi, 14 Diagonal St, verkauft Kräuter und Pulver, Hühnerfüße und spirituelle Gegenstände - eben alles, was ein schwarzer Sangoma, der »Witch Doctor«, zu Heilzwecken verschreiben könnte.

Weltlichere Geister schlagen über die President Street den Weg zum Alten Rathaus ein, das den Straßenzug zwischen Rissik und Harrison beherrscht. Noch beeindruckender ist allerdings auf der gegenüberliegenden Seite der Rissik Street das Postamt von 1897, das seither weder innen noch außen gravierende Veränderungen erfuhr.

Bankenmacht: südlich des Rathauses warten nochmals drei Monumente des Mammons: das First National Bank Museum, Market, Ecke Harrison, der Klotz der Standard Bank, Commissioner, Ecke Harrison, und der Rand Club von 1904, Fox St, Ecke Harrison.

Wer dagegen die nördliche Parallelstraße Pritchard nach rechts wandert, entdeckt zunächst das Cuthberts Building und dann das Markhams Building an der Ecke Eloff. Weniger Tradition hat an dieser Straßenecke der OK Bazaar.

Supreme Court: zwei Häuserblocks weiter erhebt sich das ehrfurchtgebietende Gebäude des Obersten Gerichtshofs. Dieser ist wie in allen angelsächsisch verfaßten Ländern eine bedeutende Institution der Staatsmacht.

Und dann welche Freude für Stadtneurotiker in diesem fußgängerfeindlichen Asphaltdschungel: eine bescheidene Fußgängerzone, immerhin die längste der wenigen autofreien Refugien in Jo'burg. Wir schlagen uns nach links in die Smal Street Mall mit ihren schicken Läden und landen bald auf der Jeppe Street. Rechts das scheußliche Johannesburg Sun Garden Court, links die Hauptpost. Da muß man geradeaus durch, bis die Mall zur King George Street wird.

Shell House: feinen Straßenzug weiter, in der Plein Street, findet sich wenige Meter voneinander entfernt eine überraschende Allianz. Zur Linken die 1926 errichtete anglikanische St Mary-Kathedrale - zur rechten das Shell House, 51 Plein St, T. 330 7000, mit dem Movement-Verkaufsladen, darin alles vom Partei-T-Shirt bis zur Krawattennadel. Dieses Hauptquartier des ANC machte im März 1994 durch das sogenannte »Shell House-Massaker« Schlagzeilen, als auf ausdrücklichen Befehl Mandelas Parteiaktivisten in einen riesigen Protestmarsch von Inkatha-Anhängern feuerten, die offensichtlich zum Sturm auf das Gebäude ansetzen wollten. Ergebnis: über dreißig tote Zulus und im Zuge der späteren parlamentarischen Untersuchung der Hintergründe eine schwere Regierungskrise im Juni/Juli 1995.

Der progressive Besucher schlägt natürlich die ANC-Richtung ein und sich nach dem Parteiquartier gleich links in die Klein Street, benannt nach einem aufstrebenden Reisebuchautor aus Freiburg.

Joubert Park: diese Straße führt direkt auf den zentralen Park mit der Kunstgalerie. An der Ecke bieten Straßenhändler halbverkohlte Würstchen. Heerscharen von Friseuren, einzig bewaffnet mit Schemel und Elektrorasierer, grinsen sich eins, wenn langhaarige Weiße nach dem Preis für einmal Kahlschlag fragen.

Im Park selbst bleibt man gerne lang sitzen. Weder Penner noch Ramschhändler werden aufdringlich, an allen Ecken werden Instrumente ausprobiert und Stimmen geölt. Und wo immer ein Fußball auftaucht, haben sich im Handumdrehen zwei Grüppchen gebildet.

Am Golde hängt doch alles (zum Beispiel die Handelsbilanz Südafrikas): Barrenlager in Johannesburg

© **Rosebank** entwickelt sich immer zum Treffpunkt junger Leute, nicht unbedingt nur weiß & reich. Gängige Lokale an der Tyrwhitt Ave: u.a. Mea Culpa und TreScalini.

Yeoville

Joburgs klassische Amüsiergegend verliert immer mehr an Anziehungskraft. An den äußeren Enden der Hauptschlagader Rockey St nachts zunehmend gefährlich. Traurige Sogwirkung: Lokale bleiben v.a. während der Woche fast leer, man spricht vom Schließen.

🍴 **Time Square Complex,** Raleigh/Fortesque St, versammelt mehrere Top-Tips. Fürs Frühstück in herzhafter Hollywood-Gesellschaft: **Mohican Diner,** auch preiswerte Burger & Steaks; täglich 8-23h. Für spottbillige Curries in unangestrengtem Ambiente: **Charros,** T. 487 1068; Mo-Sa 10-22h. Für Nachbarschaftsgeflüster und Tische unter freiem Himmel: **Time Square Café,** T. 648 6906 – reservieren; täglich 9-2h.

🍴 **Schmausen** an der Rockey St: **BaPita,** #5b, T. 648 2804, ist eine der Kultkneipen der Stadt. Hier trifft sich die *Scene* auf Holzbänken, während koschere Gerichte im Teller dampfen. **Mamma's Place,** #2, T. 403 8606, hat sich mit Haut & Haar dem italienischen Fußball verschrieben, und da können unglaublich gute Pizze (auch Lieferservice 17-22h) nicht ausbleiben; Di-So 10-22h. **Tandoor,** T. 487 1569, leugnet seine indischen Wurzeln nicht – scharfe Sache.

🍸 **Bars** an der Rockey St: aus einem überwältigenden Angebot drei Appetithäppchen. Im **Rumours,** #24, T. 648 4605, trifft sich die Intelligentsia mit Alternativ-Yuppies, um sich selbst zu feiern und Jazzgrößen zu lauschen. Bands Mi-So, dann Eintritt 3 DM. **Rockerfellas,** #6, T. 648 8173, täglich bis 1/2h, So 14h trauen sich melancholische Jazzer auf die Bühne. **Talking Heads,** #16, T. 648 5071, läßt kurz vor Mitternacht Bands ran.

Bruma Lake

Ans östlichen Ende des Bezuidenhout-Tales wurde ein Pseudo-Fischerdörfchen verpflanzt, das wohl an Griechenland erinnern soll. Jedenfalls entfaltet das Ensemble dank guter Restaurants abends einen gewissen Schwung. Und nach dem Dessert gelangt man mit dem Taxi für 4-6 DM flott über Marcia St und Observatory direkt nach Yeoville.

🍴 **Mar e Sol,** T. 622 6162, tischt Leckereien aus Mosambik auf. **Al Capone's,** T. 622 9600, ist Pizzeria und Rock'n Roll-Kneipe unter einem Dach. Rund um die Uhr im Zeichen des finsteren Gangsterbosses vorzügliche Pizze 5-15 DM, Salate ab 6 DM. Zustellung im Umkreis von 5 km bis Mitternacht 4 DM.

Braam- & Doornfontein

🍴 **Wits ist die** größte englischsprachige Uni des Landes, immerhin 16.000 Studierende aus aller Welt. Im Gebäude der Student Union

holen sich ISIC-Inhaber (keine Kontrollen) für wenig Geld eine Mahlzeit in der Cafeteria und schließen Bekanntschaften.

Linger Longer, 94 Juta St, T. 339 7814, kultiviert die hohe Kunst der feinen Küche in Vollendung. **Leipoldt's,** gleiche Adresse, gleicher Eingang, T. 339 2765, verzaubert mit Gerichten nach Art des Landes; dazu ein Buffet, daß sich die Tische biegen.

Duke's, 12 Henri/De Korte St, begehrte Studentenkneipe bei Wits um die Ecke. Im **Sneaky,** 76 Juta St, trifft man ebenfalls einen Teil der geistigen Elite des Landes im nicht mehr ganz nüchternen Zustand; Mo-Sa ab 20h.

Caesar's Palace, 61 Jorissen St, ist der Nobeltanzpalast mit VIP-Bar. Wie ein Las Vegas-Import voll Soul und Rock'n'Roll; Mi/Fr/Sa ab 22h, Eintritt 10 DM. **Sweeney Todds** im Braamfontein Centre vermischt Rock mit *Instant Karma.* Überlebende möchten sich bitte melden; Mo-Sa ab 21h.

Nix gegen **The Doors,** 165 Marshall St! Jim Morrison wäre dieser Laden aber wohl drei Spuren zu laut, und so bleiben die Freaks unter sich. Di Studenten, Do Schwermetaller, Fr/Sa für alle, Eintritt 2 DM. Im **Razmatazz,** 63 Claim/Smit St, hauen schwarze Dancefloor-Brüder auf den Putz; Michael Jackson ist viel zu weiß, um gespielt zu werden.

Market Theatre: bei **Kippie's,** Bree/Wolhuter St, T. 832 1645, herrscht ein Gedränge, als ob auf der Bühne der Papst im Kettenhemd boxt. Stattdessen Mi-So nur feine Bands, Nelson Mandela feierte seinen Geburtstag 1992 im Kippie's. The Yard of Ale, jahrelang Sa *the place to be,* hat pleite gemacht; Ersatz noch nicht in Sicht.

Unternehmen & Anschauen

Museen & Galerien

MuseumAfrica am Market Square in Newtown, 121 Bree St, T. 833 5624. Die junge Konstruktion entführt den Besucher mit architektonischem Trickreichtum und pädagogischer Phantasie in die Historie dieser Stadt. SB-Cafeteria mit Designermobiliar, Sonderausstellungen in der Dachgalerie, zwischendrin das Bensusan Museum of Photography mit alten Kameras & Spielereien; Di-So 9-17h, 2 DM, So frei. **Höchst empfehlenswert!**

Ein Schwerpunkt: Leben der Schwarzen in diesem Jahrhundert. Man kauert sich in beklemmend echt aussehende Wellblechbuden, während der Straßenlärm hinter der mit Zeitungen austapezierten Wand an- und abschwillt und die Nachbarskinder im Hinterhofdreck toben. Dieses Museum zeigt Facetten Südafrikas, die den meisten Touristen sonst für immer verborgen blieben.

Museum of Military History in Saxonwold, Erlswold Way, T. 646 5513. Großangelegte Schau von Flugzeugen, Rüstungen und Waffen aus beiden Weltkriegen, darunter einer „Nachtkampfmaschine" von Messerschmitt. Aus den Zeiten, da Kämpfen noch ehrlicher war, stammen Messer, kleine Waffen und Uniformen. Zu den Marine-Exponaten zählt auch ein Einmann-Unterseeboot; täglich 9-16h.

Museum of Rock Art beim Zoo, Jan Smuts Ave, Parkview, T. 836 3787. Steingarten mit 100 Felsmalereien, die teils jahrhundertealt sein sollen; täglich 10-13h, 14-16h.

Adler Museum of Medicine

History im Klinikviertel von Hillbrow, Hospital Rd, zeigt Instrumente aus mehreren Zeitaltern, auch den Laden eines Medizinmannes. Für all die AIP-ler, die in Joburg landen.

☺ **In der Joburg Art Gallery** mitten im Joubert Park, T. 725 3130, schlägt das Herz südafrikanischer Kunst. Modernes & Traditionelles im harten Kontrast zu Werken niederländischer Schulen aus dem 17.-20. Jh; Di-So 10-17h, Dez/Jan 9-21h, Führungen Mi 10.30h und Sa/So 15h, Eintritt frei. Die **Soweto Gallery**, Commissioner/Harrisson, T. 836 0252, zeigt Kunst aus den Townships; Mo-Fr 8-18h, Sa 8-13.30h. **Operation Hunger Shop** im Dunwell House, Jorissen St, T. 403 6750, verkauft in Selbsthilfegruppen gefertigte Puppen, Stoffe, Perlenschmuck.

University of Witwatersrand

An Jan Smuts Ave/M1 in Braamfontein. Zählt zu den drei Großen des Landes: 17.000 Studenten, angenehmer Campus, Cafeteria in der Student Union, Reisetips bei SASTS.

☺ **Die Gertrude Posel Gallery** im Senate House, T. 716 3632, zeigt afrikanische Stammeskunst, von Masken bis zu Schmuck und Fruchtbarkeitspuppen. In der 22m-Kuppel des Planetariums, T. 716 3199, werden bis zu 9000 Sterne projiziert und Gestirnkonstellationen nachgestellt; Vorführungen Fr/Sa/So.

Carlton Centre

☺ **Top of Africa:** die beste Aussicht auf diese trockene Stadt des Goldes beschert der Wandelgang im 50. Geschoß des Carlton Centers, Commissioner St, T. 331 2629. Fahrstuhlsause bis in 202m Höhe, damit Joburgs höchstes Gebäude; 4 DM, täglich 9-19h.

☺ **Das Jüdische Museum** gegenüber, 29 Kruis St, T. 331 0331, informiert über das Leben der Juden in der Diaspora Südafrika seit 1920; Mo-Fr 9-16.30h. Die starke jüdische Gemeinde lebt v.a. in Berea (Yad Vashem Hall) und Yeoville (mehrere Synagogen).

Natur & Sport

☺ **Halt, nicht** überspringen – natürlich scheint es etwas widersinnig, im Land von Krügerpark & Umfolozi in einen **Zoologischen Garten** zu gehen. Zum weitläufigen Hermann Eckstein-Park zwischen Yeoville und Rosebank gehört aber mehr: Museen für Militärgeschichte und Steinkunst (s. oben), Schwimmbad, See mit Bootsvermietung, und natürlich der Tierpark mit 3000 Säugern, Vögeln, Reptilien, gar weißen Löwen; täglich 8.30-17.30h. Parkhurst-Bus 79 ab Loveday/Kerk St.

☺ **Stadtneurotiker** erfreuen sich an **The Wilds,** nördlich von Yeoville (von Houghton Ave durchschnitten) voller Proteen & Wildblumen aus Namaqualand. Noch mehr Blumen umfaßt der **Botanische Garten** in Parktown, T. 782 0517: viele Exoten, Bonsais, Gewürz- und Medizingärten, dazu große Rosenschau; täglich 7-16h.

☺ **Der Emmarentia Dam** in Linden, abseits Jan Smuts Ave, eignet sich zum Schwimmen, Segeln, Radeln, Booteln. Jeder weiße Joburger hat schon mal an diesem Ufer pickgenickt. Wer nicht mehr weiß, wie Vögel klingen: 1217 Schritte nach Osten führen zum **Melrose Sanctuary,** T. 782 7064. Ihrer Symphonie lauscht man frühmorgens oder spätabends.

☺ **Der Ellis Park** in Doornfontein

zählt zu den imposantesten Sportstätten des Kontinents. Im Prachtstadion für 70.000 Zuschauer finden Rugby-, davor Tennisturniere statt.

Ins Kollektivgedächtnis gebrannt hat er sich aber am **24. Juni 1995**, als Südafrikas Rugby-Nationalteam, die Springboks, hier den Weltmeistertitel gegen Neuseeland gewannen. Von allen Versöhnungsgesten im neuen Südafrika die bewegendste: als der ausverkaufte Ellis Park nach dem WM-Erfolg unter dem schwarzen Eisenbahnerlied „Shosholoza" erbebte, herausgeschmettert aus 70.000 (vornehmlich weißen) Kehlen.

Theater

Aktuelles Programm in allen Tageszeitungen.

☞ **Der Market Complex** in Newtown, Bree St, T. 832 1634, umfaßt vier Theater, Buchläden, eine Foto/Kunstgalerie, die Jazzbar Kippie's, ein Restaurant und Geschäfte. Die Theater selbst zählen zu Südafrikas Glanzlichtern – außergewöhnlich schon, weil hier Schwarz und Weiß immer zusammenarbeiteten. Hier begann *Sarafina* ihren Siegeszug. Selbst wer keine Aufführung besucht – toll zum Nachmittage-verstreichen-lassen.

Civic Theatre: gegenüber Civic Centre, Loveday St, T. 403 3408. Einerseits Kunstgenuß auf einer der bedeutendsten Bühnen, andererseits zauberhafte Führung mit Blick hinter die Kulissen, auf Bühnenbauten, Licht- und Toneffekte, Di/Do 11h und 14h. Im **Windybrow Centre** in Hillbrow, Nugget/Ockerse St, T. 720 7009, bebt das dramaturgische Epizentrum der Provinz. Das **Alhambra** in Doornfontein, T. 402 6174, bringt immer wieder Überraschungserfolge auf die Bühne, ebenfalls im geschichtsträchtigen Gebäude.

Gutes Programmkino in der Rosebank Mall.

Kaufen

Flohmärkte: vielseitiger & bunter als der Newtown-Markt (**Sa 9-15h**) vor dem Market Theatre, Bree/Wolhuter St, ist kein zweiter. Auf dem Parkdeck der Rosebank Mall (**So 9-17h**) drängen sich geschnitzte Holztierchen und etwas andere Souvenirs, dazu über 500 Stände mit afrikanischen, burischen, indischen Produkten. Beide empfehlenswert!

Oriental Bazar in Fordsburg, Bree/Main Rd: hinter Hunderten farbenprächtiger Tische taxieren indische Geschäftsleute den Gewürzpreis. Feilschen nicht vergessen; Mo-Fr 9.30-17h, Sa 9.30-13h.

Multiflora im Regents Park, Marjorie/Cogill St: ein Blumengroßmarkt mit Publikumsverkehr. Schlaue Köpfe besorgen hier Samen der Paradiesvogelblume, machen damit in Mitteleuropa zuerst eine Zucht auf und wenig später ihre erste Million – *im Erfolgsfalle Provision bitte an den Autor.* Mo-Fr 8-17.30h, Sa 8-15h.

Organic Village in Bryanston, Culross Rd, T. 706 3671, läßt Müslis & Ökos aufatmen, die in Südafrika wirklich leidgeplagt sind. Hier werden nur Erzeugnisse aus ökologischem Anbau feilgeboten; Di 15-17h, Sa 9-13h.

Schicke Malls, in denen niemand nach Schnäppchen sucht:

Sandton City an der Rivonia Rd; **Rosebank Mall** und The Firs an der Oxford Rd/Cradock Ave; **Hyde Park Corner** in Dunkeld, Jan Smuts/William Nicol Dr. **Randburg Waterfront** mit einem Loch im Boden, um das sich Curios, Karrussells & Restaurants drängeln; Aberwitzige springen Bungee oder lassen sich zu zweit in einem Käfig 30m in die Luft katapultieren (je 30 DM).

Gold Reef City

8 km südlich der Innenstadt, neben der M1. Am Northern Parkway werden die Tage des Goldrausches nochmals lebendig – ein Schuß Disneyland an realen Orten des Schweißes. **Themenpark,** T. 496 1600, mit durchschnittlichem Amüsierbetrieb; Di-So 9.30-23h, 12 DM – viele Attraktionen schließen 17h, danach Eintritt 5 DM.

☺ **Die City** drumrum bemüht sich, in Geschäften, Hotels, Theatern, Teegarten, Brauerei & Wäscherei die Jahrhundertwende zu dokumentieren. Alles stilecht & funktionsfähig, von amüsanten Pannen mal abgesehen. Während oben schwarze Tanzgruppen auftreten, sind unterirdisch herausgeputzte Teile des Bergwerks zu besichtigen; Di-So 9.30-17h.

Mitten im „Dorf": schnuckliges **Gold Reef Hotel,** T./Fax 496 1626. Auch hier gehorchen Fassade & Mobiliar viktorianischen Stilprinzipien. EZ/DZ mit F ab 150/200 DM.

Ohne Auto kaum erreichbar; Bus 55 ab Busbhf immerhin bis Althan Rd/Robertsham (Haltestelle 14). Dafür viele Touren, Treffpunkt jeweils Di-So 8.30/13h vor Carlton Hotel.

Touren

Für alle Besichtigungen Anmeldung erforderlich.

☺ **Diamantenschleiferei:** Mynhards Diamond Centre, 240 Commissioner, T. 334 8897, mit interessanter Führung, guten Erklärungen und Film, alles gratis. Weitere Schleifer & Schneider sind in der Mooi St, zwischen Bree und Jeppe, zu beobachten.

☺ Der **Fernsehsender SABC,** T. 714 3744, hält mit den Geheimnissen seiner Tagesarbeit nicht hinterm Berg. Führung Mo-Fr 9/10.30h, ab zwölf Jahren. Die **Börse,** 11 Diagonal/Pritchard St, T. 833 6580, wartet mit multimedialen Vorführungen über Börsenhandel & Binnenwirtschaft auf. Führung Mo-Fr 11/14.30h; Zuschauen von der Besucherterrasse. Eine der größten Tageszeitungen, ***The Star,*** 47 Sauer St (hinter der Börse), T. 633 9111, stellt sämtliche Facetten des Betriebs vor. Mo-Fr 10.45h.

☺ **Die Feuerwehrschule** Brixton, T. 837 8148, zeigt am letzten Mi jeden Monats, was die jungen Brandmeister so alles können – nicht unspektakulär.

Stadtrundfahrten

Klassisches Programm: **halbtägig** durch die Stadt 30-40 DM, Gold Reef City 50-70 DM; **ganztägig** nach Pretoria & Heia Safari Ranch ab 110 DM, Pretoria & Diamantenmine Cullinan ab 100 DM, Krugersdorp WR & Sterkfontein-Höhlen 90 DM, Sun City 130 DM. Um diesen Kuchen streiten sich Dutzende von Anbietern – Abholung vor großen Hotels.

Jimmy's Face to Face Tours, 130 Main St, T. 331 6109, Fax -5388, würzt das Ganze mit schärferen Sachen, z.B. *Joburg by Night* 110 DM, inkl. Dinner, Theater- und Discobesuch; Mi-Sa ab 18h.

Rundflüge
Erstaunlich, wieviele Veranstalter zeigen wollen, daß es aus der Luft über Joburg wenig Aufregendes zu zeigen gibt. Es drängeln sich Hubschrauber, Heißluftballons, Sportflieger:
Court Helicopters, T. 827 8907, ab Rand Airport; **Gold Reef Helis,** T. 496 1600, ab Gold Reef City; **Balloon Adventures,** T. 705 3201, auch Fahrten über Mpumalanga; **Pleasure Plane,** T. 659 1111, ab Lanseria oder Rand Airport.

Hin & Weg

Bahn
Park Station: Joburgs Hauptbahnhof ist ein moderner Betonklotz mitten in der Stadt, an der Wanderers St. Davor türmen sich Minibustaxis, dahinter Überlandbusse. Im alten Gebäudeteil zeigt das SA Transport Museum, T. 773 9118, was von Schiene, Straße, Hafen & Flieger zu zeigen ist – nett für Wartezeiten; Mo-Fr 7.30-16h. Gepäckaufbewahrung im *Lower Level* 1 DM/Stück, täglich 6-18h. **Spoornet,** T. 773 5878 für Metro-Fahrpläne, -3944 für Reservierung, -5879 für dritte Klasse, -7499 für Fundsachen; der Mainline-Verkaufsschalter beantwortet auch Fragen; Mo-Fr 7.30-17h, Sa 8-13h. Zu Blue Train nach Kapstadt & Nelspruit s. Allgemeiner Teil.
Name Trains: Preise erster Klasse – reservieren! **Algoa** Di/Do-/So nach Bloemfontein & PE (11/19 Std, 48/120 DM). **Amatola** So-Fr nach Bloem & East London (20 Std, 108 DM). **Bosvelder** täglich nach Louis Trichardt & Beitbridge (10/16 Std, 56/72 DM). **Bulawayo Exp** Di 13.30h nach Pietersburg & Bulawayo (8/24 Std, 42/120 DM). **Diamond Exp** So-Fr nach Kimberley & Bloem (mit DB&B 82 DM). **Komati** täglich nach Nelspruit & Komatipoort (9/12 Std, 48/60 DM); Di/Do/So bis Maputo. **Limpopo** Fr nach Harare (26 Std, 160 DM). **Trans Karoo** täglich 12h nach Kimberley & Kapstadt (12/27 Std, 56/160 DM). **Trans Natal** 18.30h nach Pm´burg & Durban (11/13 Std, 70/82 DM).

Bus
Rotunda hat ausgedient, es lebe das Park Station-Terminal hinter dem Bhf, T. 773 3994.
Baz-Bus, T. 012/323 1222, täglich von allen Backpackers auf Anruf nach Harrismith & Durban. **Roller Coaster,** T. 857 2398, nach Durban 40 DM. Beide sind schnell & sicher, man wird vor der Haustür abgeholt und am Zielort dort abgeladen. Infos in allen BPs.
Fernbusse, alle mit Schalter im Busbahnhof: **Transtate** am billigsten. **Translux,** T. 774 3333, zwei Stufen teurer, steuert im Norden & Osten jede Stadt mit mehr als zwei Kreuzungen an; ISIC minus 10%. **Intercape,** T. 333 5213, preislich wie Translux, prescht gern mit Angeboten vor, z.B. Kapstadt 100 DM; planmäßig Kapstadt täglich, Upington & Windhuk Mo/Mi-/Do/Fr/Sa (75/150 DM). **Greyhound,** T. 830 1400, ist am teuersten, aber Sondertarife v.a. zur Nebensaison, z.B. Durban 55 DM, PE 95 DM. Planmäßig täglich nach Nelspruit, Kimberley, Bloem, PE, Durban & Kapstadt (Di/Fr nonstop in 15½ Std!).

Flüge

Flughafen Joburg International: 22 km östlich der Stadt, T. 975 9963, Südafrikas wichtigste Drehscheibe. Satour & Info Africa in der Ankunftshalle.

Transfer: Shuttle-Bus, T. 394 6902 und 974 6561, vom/zum Busbahnhof halbstündlich von 5-22h, ab Ausgang Ankunftshalle; Fahrzeit 20-30 min, einfach 16 DM. Viele seriöse Minibusanbieter warten in der Halle; ab 25 DM/P. Per Taxi kostet die Fahrt ins Zentrum über 40 DM. **Magic Bus** (der mit dem Kußmund), T. 884 3957, täglich im Std-Takt von 7.30-18.30h zu den größten Hotels in Sandton; Fahrschein in Ankunftshalle und an Bord, hin/rück 32/56 DM. **Welcome Tours,** T. 442 8905, pendelt täglich im 45-min-Takt von 6.45-19.30h zum Sandton Sun; hin 40 DM.

☞ **Backpackers,** Hotels & Autovermieter holen Gäste kostenlos ab. Wer nix gebucht hat, aber nix zahlen will, läßt sich von einem der zahlreichen Schlepper ansprechen.

Inland: nach Kapstadt & Durban täglich 8-12 Verbindungen mit SAA und BA Comair (2/1 Std, Apex ab 150/120 DM). Nach Bloem, East London, George, Nelspruit, PE, Pietersburg, Plett, Sun City, Umtata & Upington täglich mit SAA/SA Airlink. Nach Hoedspruit, Kimberley, Richards Bay & Skukuza täglich mit SA Express und BA Comair.

Ausland: von/nach Europa s. Anreise. *Angegeben ist der normale Oneway-Tarif; unbedingt nach Apex, Frühbucher-, Last Minute- oder Return-Rabatt fragen.* Nach **Gaborone** 2-4mal täglich mit SAA & Comair (1 Std, 200-260 DM), **Windhuk** täglich mit SAA, Air Namibia & Comair (2 Std, 260-370 DM), **Harare** täglich mit SAA, Air Zim & Comair (2 Std, 380-470 DM), **Bulawayo/Vic Falls** mit SAA & Air Zim (ab 250/360 DM), **Manzini** täglich mit Royal Swasi Air (1 Std, 130-170 DM), **Maseru** täglich mit Lesotho Airways (1 Std, 140 DM), **Maputo** mit SAA, LAM & Metavia (220 DM).

Mietwagen

„Bis 5% Rabatt raushandeln ist normal." (Volker Heidkamp) "Mir wurde durch BP Ritz sehr günstig ein Mazda vermittelt, obwohl ich gar nicht dort wohnte – 75 DM/Tag, freie km." (Ute Hofstetter)

RMS: in Edenvale, T. 828 8195, Fax -1424. Dave & Meda Levett reißen sich mehr als ein Bein aus, um ihre Kunden (viele Backpacker) zufriedenzustellen. Dazu extrem günstige Wochentarife und freie Abholung/Zustellung im Großraum Joburg. **Tip!**

U-Drive: in Edenvale, T. 392 5852, Fax -5854, 7 km vom Flughafen. Tarife für 30 Tage: VW Citi-Golf 1260/1800 DM, VW Microbus 3780/5400 DM (je 4500/12.000 km frei); Versicherung 16-24 DM/Tag, 420-660 DM/Monat bei SB von 270-1500 DM. **Am billigsten** – allerdings muß das Auto zurück nach Joburg.

Apex: President/Siemert Rd, T. 402 7043, auf ***Rent A Wreck***-Basis, z.B. zehnjähriger Mazda 323 für einen Monat 800/1600 DM (1000 km/unbegrenzt), inkl. Versicherung bei SB 340 DM. Für Vielfahrer 10-15% billiger als U-Drive. *„Reparaturkosten wurden gegen Rechnung erstattet, für 20 DM wird man zum Airport gebracht." (Marco Herrmann)*

Wildnis nahe Johannesburg: Magaliesberge

Alisa: in Kempton Park, 60 Steel Rd, T. 394 4610, Fax 975 6011. Rückgabe in Durban & Kapstadt möglich. Für drei/30 Tage: Citi-Golf 340/1680 DM, VW-Bus 1020/6600 DM (je 400 km/Tag frei); Haftpflicht 15-25 DM/Tag bei SB von 900-2000 DM, Diebstahl 5-10 DM/Tag.

The Big Three nehmen jeweils ähnliche Tarife für drei/30 Tage: Citi-Golf 360/1820 DM, VW-Bus 870/5400 DM; Haftpflicht 18-25 DM/Tag bei hoher SB, Diebstahl 7-11 DM/Tag. **Imperial:** Troye/Main St, T. 334 5550, Fax -5743; u.a. auch Flughafen, T. 394 4020, Randburg, Rosebank, Sandton Sun. **Budget:** hinter Carlton Centre, 130 Main St, T. 392 3907, Fax -3900; u.a. auch Flughafen, T. 394 2905, Parktown, Randburg, Sandton (Holiday Inn). **Avis:** Isando, 3 Brabazon Rd, T. 974 2571, Fax -1884; u.a. auch Flughafen, T. 394 5433, Carlton Hotel, Bhf, Parkwood, Randburg, Sandton, Soweto.

Wohnmobile s. Allgemeiner Teil.

Soweto

Abkürzung für South Western Townships. Die N1 und N12 streifen das „Stadtgebiet", das eine größere Fläche bedeckt als Joburg selbst. Townships wie diese sind die Lebensrealität von drei Vierteln aller Bewohner Joburgs. Die meisten Weißen indes waren nie hier. Aus Berichten & Gerüchten haben sie sich längst ein Bild über Soweto gemacht: ein Ort voller Drogenkonsum, Stammeskämpfen, Aberglauben, beherrscht von Mord & Totschlag.

Weltweit wurde Soweto dagegen zum Synonym für gewaltsame Unterdrückung. 1976 sammelten sich seine Schüler zu Protestmärschen gegen die Einführung von Afrikaans als Unterrichtssprache. Die Polizei schlug brutal zurück, es gab Dutzende von Todesopfern. Danach befand sich Soweto im Dauerkriegszustand. Die Staatsmacht setzte Tränengas & Panzerfahrzeuge *(Hippos)* ein, ließ foltern und exekutieren. Tausende von Schwarzen starben; die genaue Zahl kennt niemand.

Jahrelang gab das Auswärtige Amt stereotyp die Empfehlung aus: von Townshipbesuchen v.a. rund um Joburg sei abzusehen. Der Journalist Randolph Braumann lebte lange Jahre in Afrika und war bis 1984 wöchentlich in Soweto, als Manager eines Fußballclubs. Bei einem erneuten Besuch 1992 hatte er dennoch den Eindruck, „daß man als Weißer nicht mehr nach Soweto gehen kann, ohne damit rechnen zu müssen, in Brand gesteckt oder zumindest mit Steinen beworfen zu werden."

Diese ständige Gewaltbereitschaft, geschürt von Armee & Polizei, hat seit dem Machtwechsel erheblich nachgelassen – auch dies ein Beleg für die Existenz einer ominösen *Third Force.* Den Nährboden für Kriminalität bereitet aber, neben Alkohol und Arbeitslosigkeit, die unglaubliche Bevölkerungsdichte: in Soweto leben auf 120 qkm laut Schätzungen 3,5-4 Millionen Menschen. In Berlin teilen sich etwas weniger Einwohner 890 qkm.

Auf den zweiten Blick

Ein Besuch in Soweto

Zwischen Rolls-Royce und Männerwohnheim

Jedes Mal überwältigt den Besucher derselbe erste Eindruck: unkontrolliert wuchernde Siedlungen, unüberschaubare Mengen von Menschen, vor allem Kinder. Jeder zweite Sowetaner ist jünger als 16 Jahre. An vielen Ecken gammelt der Müll. Auch das gehörte zum „Design" der Apartheid: selten Müllabfuhr als Beleg, wie dreckig Schwarze leben.

Soweto besteht aus 33 Bezirken und ist keineswegs ein gigantischer Slum. Wellblech und Villa, Armut und Reichtum liegen oft wenige Meter entfernt.

In vielen Townships Südafrikas gibt es vornehme Vororte, denen im Vergleich zu weißen Villenvierteln wenig fehlt. Eine winzige Elite läßt es sich in luxuriösen Bungalows gutgehen. In Orlando West leben zwei Dutzend Millionäre, sind sechs Rolls-Royces und Hunderte von BMW/Benzen angemeldet – nicht zufällig heißt es im Volksmund *Beverly Hills.* Ebenfalls noch zur „Oberschicht" zählen jene Schwarzen, die in staatlich errichteten Reihenhäusern mit zwei Zimmern, Wasseranschluß und Toilette Platz fanden.

Dann gibt es jene Bewohner mit einer kleinen Bodenparzelle und Wasseranschluß, die daraus im Rahmen ihrer Möglichkeiten das beste machen; und andere, denen zumindest erlaubt wurde, ihre Hütte in irgendeinem Hinterhof aufzuschlagen.

Buchstäblich am Ende rangieren die *Squatters,* vom Land kürzlich zugewandert und ohne familiäre Bindung. Sie haben nix, dürfen nix, errichten also unerlaubt (aber geduldet) Bretterverschläge ohne Sanitäranlagen. Kaum besser dran sind die Bewohner jener berüchtigten *Hostels* (Männerwohnheime), in denen ohne Rücksicht auf soziale oder ethnische Herkunft Tausende billiger Arbeitskräfte zusammengepfercht wurden. Auf ihre Bedürfnisse wurde nicht die geringste Rücksicht genommen; sie sollten malochen, trinken, schlafen – *that's it.*

An Sonntagen flanieren Tausende in ihren sauberen Uniformen zum Gottesdienst, unter der Woche gehen sie einer geregelten Beschäftigung nach und versuchen nicht aufzufallen. Minibusse transportieren vom Riesengelände gegenüber des Baragwanath-Krankenhauses täglich 600.000 Menschen zu ihren Arbeitsplätzen in der "Stadt". Die Lebensziele der meisten Sowetaner unterscheiden sich kaum von denen der Weißen in Randburg oder Rivonia: Geld verdienen, ein Heim aufbauen, dem Nachwuchs soviel Ausbildung sichern, daß er es später zu etwas bringt. Und nicht so endet wie Hector Peterson: der schmächtige 13jährige stand am 16. Juni 1976 unbeteiligt am Straßenrand und sah verwundert zu, wie sich aufgeregte ältere Mitschüler zum Protest formierten. Da traf ihn eine Polizeikugel – das erste Opfer der Schüleraufstände.

Soweto-Touren

Darf man, soll man überhaupt? Wer sich gegen den Besuch eines Townships entscheidet, muß gewahr sein, daß ihm damit eine Hauptfacette Südafrikas auch im 21. Jh verborgen bleibt. Die Lebenserfahrung der Mehrheit wird nicht von endlosen Maisfeldern oder Karoo-Schafweiden bestimmt, sondern von Orten wie Soweto.

☞ **Auf eigene Faust** durchzufahren ist für Weiße nicht mehr lebensgefährlich. Ohne ortskundige Begleitung fällt aber das Zurechtfinden schwer: kaum Schilder, unübersichtliches Straßennetz. Zudem bleiben damit wesentliche Erklärungen und viele Türen verschlossen.

☞ **Also eine Tour?** Manche Besucher gebärden sich, als sei dies ein heruntergekommener Nationalpark, in dem statt wilder Tiere halbwilde Menschen zu beobachten sind. Ein gewisses Prickeln, möglichst eine Urkunde *I survived Soweto* – und dann nix wie raus!

Sorgsamer gehen die folgenden Führer mit der Materie um, auch dank langjähriger Erfahrung. In 3-5 Std ermöglichen sie Begegnungen in Gemeinschaftszentren, *Shebeens* oder Privathäusern, was natürlich erheblich von der Gruppengröße abhängt. Jede Tour führt auch zum Denkmal für Hector Peterson (daneben Fotoausstellung zu den Schüleraufständen) und zu den Villen Tutus und Mandelas, die sich aber kaum noch in Soweto aufhalten.

Jimmy's Face to Face Tours, T. 331 6109, Fax -5388, täglich 9h/14h ab Carlton Hotel 35 DM, ab Rosebank/Sandton 42 DM. Meist leitet der geschäftstüchtige Hansdampf Jimmy Ntintili selbst die 3 Std-Führung im Minibus, mit der er bereits 1984 begann.

Max Maximum, T. 938 8703, wird von vielen BPs vermittelt, halbtags 35 DM. *"Wir fuhren an einem So im Mai zu zweit 5 Std durch Soweto. Unser Führer Adolph hat jede Menge erzählt. Auf dem Programm auch Mandela Squatter Camp mit Einladung in ein Haus; Millionärsviertel mit Nelsons alter Villa; Ersatzteillager der gestohlenen Autos; Freiluft-Supermarkt und eine Shebeen mit Imbiß." (Christine Kellmann)*

Etliche weitere Anbieter, weniger professionell aufgezogen und mit kleineren Gruppen, u.a. Soweto Tours, T. 932 3536. Das **Soweto Tourist Centre,** T. 336 4961, informiert über Unterkünfte, z.B. Diepkloof Protea.

Kaizer Motaung: Eine von Sowetos Erfolgsgeschichten

1965 trug Kaizer bereits das Trikot des größten Fußballvereins Südafrikas, der *Orlando Pirates* – mit 16 Jahren war er deren jüngster Spieler aller Zeiten. Ohne die Boykottjahre wegen Apartheid hätte der flinke Stürmer international Karriere gemacht. So schaffte er es „nur" zum mehrjährigen Gastspiel in der US-Profiliga, bei den Atlanta Chiefs.

Nach seiner Rückkehr 1979 wollte Motaung selber Häuptlinge haben und gründete einen eigenen Club, die *Kaizer Chiefs.* Weil professionell betrieben, erklomm er bald die Spitze im fußballverrückten Südafrika, und sein Vorsitzender ist so bekannt wie andernorts „Kaiser" Beckenbauer. Der Erfolg machte Kaizer Motaung reich, die Villa in Sandton samt 380er Benz davor folgten schnell. Doch satt ist der Vereinsboß längst nicht: „Ich will, daß die *Chiefs* das beste Team Afrikas werden und eines Tages den Weltpokal holen."

Südafrikas kleinste Provinz heißt seit 1994 *Gauteng* – in der Sprache der ansässigen Sotho „Platz des Goldes".

Gauteng

Sprich: *Hauteng*.
Nach der Neugliederung 1994 erhielt der Süden Transvaals zunächst die Abkürzung PWV *(Pretoria Witwatersrand Vereeniging)*, die verschämt verschwieg, welch pulsierendes Machtzentrum sich dahinter verbirgt. Der vitale Moloch Johannesburg vereinigt sich fast übergangslos mit Pretoria, dem behäbigen Hauptstädtchen, mit Vereeniging und Vanderbijlpark zu einer Agglomeration, in der mittlerweile jeder vierte Südafrikaner lebt.

Gold & Diamanten

In Betrieb sind noch mehrere Goldminen, z.B. in **Carletonville** an der R500, 45 km westlich von Joburg, T. 014/917 2131. Auf Leute mit Courage & gutem Kreislauf wartet ein außergewöhnliches Stück *virtual reality:* mit dem Kumpelaufzug Tausende von Meter ins Erdinnere. Die einen bauen Gestein, die anderen körperlich ab: Hitze, Lärm, Enge sind schwer zu ertragen. Führung erst ab 16 Jahren, **Anmeldung** obligatorisch: Chamber of Mines in Joburg, Hollard St, T. 011/838 8211.

Cullinan Pipe an der R513, 35 km östlich von Pretoria, T. 012/734 0081 oder 313 7694: der **Premier Diamond Mine** wurden weltberühmte Klunker entnommen, u.a. der 3106-Karäter Cullinan. Führung über Tage Mo-Sa 10.30h, 20 DM, möglichst schon um 10h am Museum stehen. Tip für alle, die sich Kimberley schenken.

Suikerbosrand-Naturreservat

40 km südöstlich von Joburg, Zufahrt über N3 und R550. In Gautengs größtem Schutzgebiet rund um den Perdekop (1903m) leben Gnus, Duiker, Kudus und Paviane. Vom Wegenetz (66 km) kann man v.a. friedlichem Buschveld und der namensstiftenden Zuckerbusch-Protea applaudieren. Trails sind in einer Std oder sechs Tagen zu absolvieren.

Einlaß 8-16h, 8 DM/Fahrzeug. Prima Abwechslung zur Großstadt.

Caravanpark, sechs Hütten mit Matratzen, Gaslampen & Geschirr; Anmeldungen im ausgezeichneten Besucherzentrum. Nahe des Reservats liegen auch zwei bodenständige **Aventura Resorts,** T. 012/346 2277: Kareekloof mit doppelter Endlos-Rutschbahn, Heidelbergkloof mit riesigem Pool und zuviel Beton; nur Camping.

Krugersdorp-Wildreservat

35 km westlich von Joburg, an der R24 hinter Krugersdorp. Nirgendwo im Witwatersrand bietet sich eine bessere Gelegenheit, Giraffen, Weiße Rhinos und Büffel in freier Wildbahn zu sehen. Löwen dösen im 200 Hektar großen Extra-Gehege.

Einlaß 8-18h, 20 DM/Fahrzeug (1-6 P).

Chalets, Rondawels, Caravanpark.

Sterkfontein Caves

8 km nördlich von Krugersdorp, Abzweigung Kromdraai an der R563 ausgeschildert. Die Höhlen

im Dolomithügel sollen älter sein als jede andere im südlichen Afrika. Seit Robert Broom hier "Frau Ples" *(Plesianthropus Transvaalensis)* entdeckte, zählen Anthropologen Sterkfontein zu den wichtigsten Schatzkammern der Welt. Schöne Gegend.

Führung halbstündlich Di-So 9-16h, 4 DM. Wichtigste Funde im Broom-Museumchen, T. 011/956 6342. In der Nähe auch die mächtige Kromdraai Wondercave.

Tswaing Eco Museum

40 km nördlich von Pretoria. Um den **Meteoritenkrater** mit brackigem Salzwassersee und schönem 2 Std-Trail liegen noch soviele Relikte aus Bergbautagen, auch Ruinen einer Villa, daß sich die Tswaing-Stiftung den hochtrabenden Titel „Ökomuseum" zugelegt hat. Beachtliche Synthese aus Natur und Kultur, gute Erklärungstafeln, kleines Umweltzentrum, selten zehn Besucher/Tag. Darum Besuch am besten ankündigen, T. 012/790 2302.

Zufahrt ab Pretoria-Nord über R35 (Abzweigung Soutpan), die lange durch Onderstepoort Reserve und Mabopane führt. Nicht leicht zu finden, **die Mühe lohnt aber!**

Pretoria

60 km nördlich von Joburg. Hauptstadt des Landes und mit 820.000 Ew auch seine viertgrößte. Daß hier dennoch ein halber Hund begraben liegt, hat mit seiner diplomatischen Mission zu tun. ***Botschafter brauchen eben Ruhe und blühende Bäume in ihrer Nähe.***

Bis hierher kam Mitte des 19. Jhs der Treck des einzigen weißen Volkes in Afrika. Hier wurde ein Dörfchen gegründet, in Anlehnung an Anführer Andries Pretorius benannt und bald zur Hauptstadt der Republik Transvaal gekürt. Als die Briten es dieser Würde beraubten, erwachte der burische Trotz. So gab es 1910, als andere Städte an Bedeutung vorgeprescht waren, für die Regierung der neuen Union nur einen Sitz: Pretoria. ✆ 012.

☞ **Am besten** im Okt/Nov kommen. Binnen sechs Wochen tauchen **65.000 Jacarandabäume** die Hauptstadt in ein lilafarbenes Blütenmeer. Schöne Schauplätze z.B. der Burgers Park mitten im Zentrum und Willem Punt St im Stadtteil Muckleneuk.

Kurz & knackig

Tourist Rendezvous Centre: Prinsloo/Vermeulen St, T. 323 1222; hier Broschüren, BazBus und Shuttle-Bus zum Flughafen Joburg; täglich 7-19h. **Satour:** 442 Rigel Ave S, Erasmusrand, T. 347 0600, Fax 345 4889. **SA National Parks:** 643 Leyds St, T. 343 1991, Fax -0905, für Buchungen & Anfragen; Mo-Fr 8-17h, Sa 8-13h.

Hauptpost: auf der Westseite des Church Square, T. 323 9231, mit Postlager; Mo-Fr 8-16.30h, Sa 8-12h. **Automobile Assoc:** 285 Schoeman St, T. 322 9033.

Notfall T. 10 111, Polizei T. 353 4233, Life Line T. 343 8888. Medical Centre in Sunnyside, Mears/Rissik St, T. 341 1500, rund um die Uhr.

Stadtbusse beackern Mo-Fr 5-19h, Sa 6-15h ein ausgedehntes Netz; je nach Entfernung 1-2 DM. Fahrpläne im Auskunftsbüro an der südöstlichen Ecke des Church Square, T. 327 5273. Fast alle Linien starten rund um den Platz, auch Vermeulen & Pretorius St.

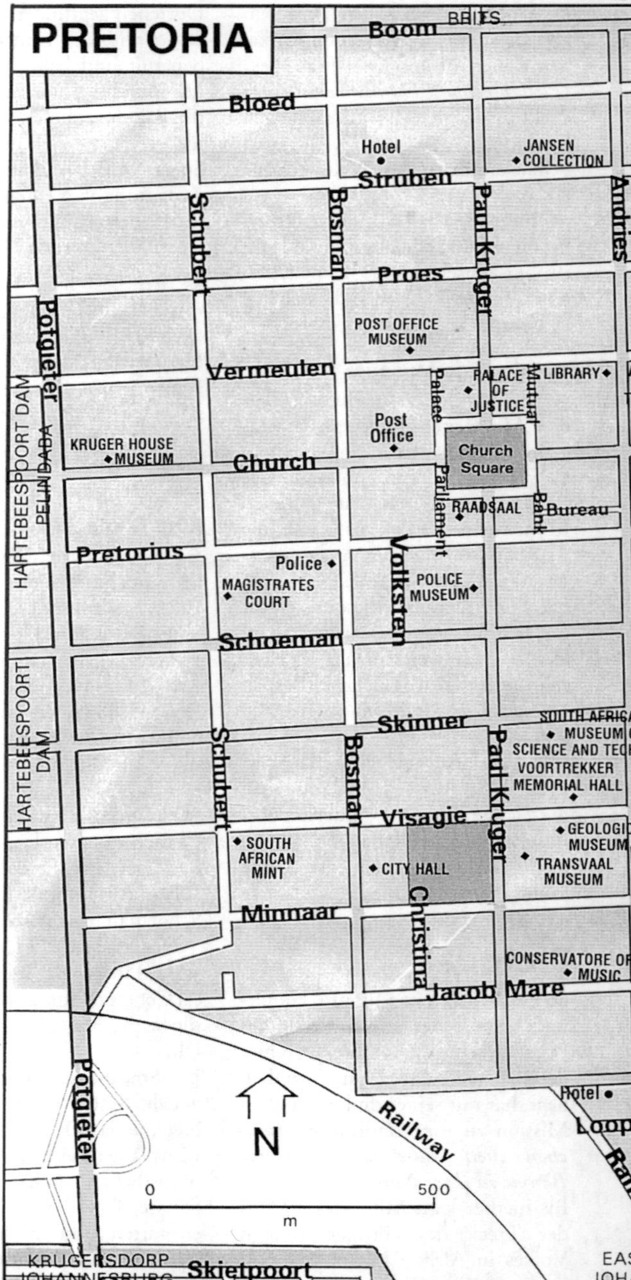
PRETORIA
BRITS
Boom
Bloed
Hotel
JANSEN COLLECTION
Struben
Schubert
Bosman
Paul Kruger
Andries
Proes
Potgieter
POST OFFICE MUSEUM
Vermeulen
Palace
PALACE OF JUSTICE
Mutual
LIBRARY
Post Office
HARTEBEESPOORT DAM
PELINDABA
KRUGER HOUSE MUSEUM
Church
Church Square
Parliament
RAADSAAL
Bank
Bureau
Pretorius
Police
MAGISTRATES COURT
Volkstem
POLICE MUSEUM
Schoeman
HARTEBEESPOORT DAM
Skinner
Schubert
Bosman
Paul Kruger
SCIENCE AND TECH
VOORTREKKER MEMORIAL HALL
Visagie
SOUTH AFRICAN MINT
CITY HALL
TRANSVAAL MUSEUM
Minnaar
Christina
CONSERVATORE OF MUSIC
Jacob Mare
Hotel
Loop
Railway
N
0
500
m
Potgieter
KRUGERSDORP
JOHANNESBURG
Skietpoort

BEATRIX STREET HOSPITAL
Belvedere
Hospital
Brown
Struben
Boom
Edmund
RED CROSS
Proes
Prinsloo
Edward Douglas
Apies
INFORMATION
Van der Walt
Vermeulen
H.F. Verwoerd Square
RESERVE BANK
Du Toit
TECHNIKON
Edward
LION BRIDGE
Church
Sentraal
STATE THEATRE
J.G. Strydom Square
Pretorius
CALEDONIAN SPORTS GROUND
Edward
Parking
Schoeman
van der Byl
Voor
Apies
Skinner
Skinner
Meintjies
LITTLE THEATRE
UNISA LAW
Esselen
Greef
Visagie
METRO SUNNYSIDE CINEMA
Kotze
van Lennep
Boeschoten
Inez
Hotel
Minnaar
MOTH CENTRE
Erica
Prinsloo
Van der Walt
Gerhard Moerdyk
BREYTENBACH THEATRE
Van
Joubert
Mears
Read
Rissik
Troye
Walker
Berea Park
BEREA PARK
Apies
Piet Uys
EDUCATION MUSEUM
DELMAS GERMISTON

Taxis nur auf Bestellung (Rixi, T. 325 8072; Minicar/Citycar, T. 804 1845) oder an den Standplätzen Church/Van der Walt und Vermeulen/Andries; rund 1,50 DM/km. Citybugs, T. 335 7383, kennen keine festen Routen und halten überall.

Übernachten

Immer mehr Reisende nutzen Pretoria als Alternative zu Joburg: überschaubar, sauber, weniger paranoid. Der **Caravanpark** Polkadraai am Hennops River hat einen gravierenden Standortnachteil: 12 km vom Zentrum, 6 km von Läden und Kneipen. Umso besser die **Backpackers,** alle mit Schlafsaal ab 14 DM, EZ/DZ ab 25/40 DM.

Im Fetenviertel Sunnyside: **Pretoria BP,** 34 Bourke St, T./Fax 343 9754, ptaback@hotmail.com. Zwei viktorianische Villen voller DZ bzw. geräumiger Schlafsäle. Gute Stimmung, Braaiabende, Reisebüro, Flughafentransfer, innerorts freie Abholung, Camping 10 DM, Wäscheladung 6 DM. – **Word of Mouth BP,** 430 Reitz St, T. 343 7499, w.o.m.@cis.co.za. Jacko holt seine Gäste mit Schäferhund am Bus/Zug ab und sorgt in jeder Beziehung für einen angenehmen Aufenthalt. – **Boggers Pozzie-/Mazuri BP,** 503 Reitz St, T. 343 7782, ersetzt Größe durch Ideen: Fahrräder 12 DM/Tag, Flughafentransfer 16 DM, sehr billige EZ/DZ.

In Bahnhofsnähe: **Kia-Ora BP,** 257 Jacob Mare St, T. 322 4803, Fax -4816, kia-ora@global.co.za. Untergebracht in Pretorias erster Kneipe beim Burgers Park, hübsch renoviert, mit Touren, Bustickets, extremen Sicherheitsvorkehrungen & beliebter Buren-Bar. DZ schon ab 30 DM. – **Fat Slags,** 243 Mears/Berea St, T. 341 1259, mit großen, langgedienten Dorms (16 DM) und klaustrophischen Holzhütten (DZ 35 DM). – Das **YMCA,** 460 Van der Walt St, gegenüber Burgers Park, T. 322 2110, ist arg runtergekommen.

Bei den Union Bldgs: **YWCA,** 557 Vermeulen St, T. 326 2916, wirkt dagegen hübsch, hell & sauber. Nur für Frauen, mit VP 25 DM.

Über 30 B&B im Angebot, das Verkehrsamt vermittelt gern. Zwei der hübschesten in Sunnyside: **That's it,** 5 Brecher St, Clydesdale, T. 344 3404, in sicherer Gegend, komplette Küche, alles sauber, mit Pool, Braaiplätzchen, Wamas, Radvermietung. DZ ab 90 DM. – **St Adens Manor,** 605 Jorissen, T. 344 3562, mit preisgekrönter Gastlichkeit und verlockendem Pool. EZ/DZ 80/120 DM.

Billighotels: Dreibettzimmer im **Formule 1,** 81 Pretorius St, T. 323 8331, oder **Formule Inn** nebendran, T. 324 1304, nur 54/39 DM. Anfahrt über R28, Skinner/Bosman St. – Außerdem in Arcadia: im **Malvern GH,** 575 Schoeman St, T. 341 7212, leiden etliche Zimmer unter dem Lärm des Autobahnzubringers Nord. Dafür nette, saubere DZ mit F ab 60 DM. Unter Dutzenden weiterer Hotels mit am preiswertesten: **Host International,** 573 Church St, T. 341 7455, v.a. bei Ost- und Zentralafrikanern beliebt; **Eureka,** 579 Church St, T. 344 4261; und **Panorama Budget,** 706 Arcadia St, T. 344 3010.

Sterne: EZ/DZ ab 125/150 DM u.a. im *** **Cresta Pretoria,** 230 Hamilton St, T. 341 3473, und *** **Karos Manhattan,** 247 Scheiding St, T. 322 7635. *** **Arcadia**

Hotel, 515 Proes St, T. 326 9311, Fax -1067, dank persönlicher Aufsicht der Eigentümer peinlichst sauber, 140 EZ/DZ ab 125/175 DM. *** **Holiday Inn GC,** Van der Walt/Minnaar St, T. 322 7500, Fax -9429, für Diplomaten & Geschäftsleute, 222 DZ ab 150 DM.

Spitze: **** **La Maison GH,** 235 Hilda St, Hatfield, T. 343 4341, Fax 342 1531, ragt unter den Luxusabsteigen heraus. Oase des Charmes und kulinarischer Freuden, individuell und elegant, dazu unvergeßliches Frühstück. Vier DZ ab 180 DM. **** **Pretoria Holiday Inn,** Beatrix St, Arcadia, T. 341 1571, mit EZ/DZ ab 165/220 DM.

Essen, Trinken & Feiern

Ab nach Sunnyside, dessen lockere Atmosphäre fast mit Ferienstädten am Mittelmeer konkurrieren kann. Man sitzt draußen, trinkt nicht zu wenig und ißt gut, z.B. griechisch im **Santorini** mit Windmühle als Blickfang; mosambikanisch im würzigen **Pipas,** 107 Jeppe/Esselen St, T. 341 3728; oder *homecooking* im **Grape Vine,** Esselen/Troye St. Und danach? Dänisches Eiscafé, Wiener Kaffeehaus, jede Menge Kneipen.

Top-Adressen in der Sunnyside-Nebenstraße Gerard Moerdyk St: Käsefäden bei Kerzenschimmer im **Temps des Fondues,** #91, T. 341 3004 – reservieren; preiswerte Lecker-Pfannkuchen mit exquisitem Service im **Pancake Palace,** #102, T. 341 3785; ordentliche Burenkost im **Oeka Toeka,** #119, T. 341 0084.

Gute Musikbars & Studi-Szene v.a. im ultra-trendigen Hatfield, östlich von Sunnyside und Universität. Zweifellos Pretorias schlaflosestes Viertel, hier findet man rund um die Uhr Gesellschaft und Entspannung, kaum eine Bar schließt Fr/Sa vor 3h. Das Restaurant-, Club- und Pubgeschehen konzentriert sich v.a. um die Hatfield Galleries und Hatfield Square, beide Burnett St. Prominent: **McGinty's Irish Pub** im südwestlichen Eck des Square; und **Herr Gunter** für reifere Herrschaften, Hilda/Burnett St. *„Auch schön: man kann mitten in der Nacht ohne Bedenken nach Hause laufen." (Rosmarie & Günter Mair)*

Festivals: im März steigt der **Art Mix,** T. 323 1222, mit ausgiebig Musik & Kunst. Die Wintertristesse durchbrechen in der dritten Aug-Woche die **Pretoria Show,** T. 327 1487, und Ende Sep ein veritables **Oktoberfest,** T. 803 4106. Mitte Okt revanchiert sich die Stadt bei ihrem Blütenmeer mit einem **Jacaranda Festival,** T. 342 1660. Bemerkenswerte Bühnenabende bescheren **State Theatre,** Andries/Church St, T. 322 1665, und das avantgardigere **Breytenbach Theatre,** Gerard Moerdyk St, T. 344 4834.

Unterhalten & Anschauen

Der zentrale Church Square ist umzingelt von Insignien weißer Macht. Der Justizpalast dient heute dem Obersten Gerichtshof von Gauteng, daneben das Ex-Hauptquartier der Nationalbank. Der Ratssaal (einst Regierungssitz) steht zur Besichtigung offen. Mitten auf dem Platz: Transvaal-Präsident Paul Kruger, wie ihn Anton van Wouw sah. Tagsüber nutzt die Dorfjugend den Rasen zu Sit-ins, abends verfällt das Ensemble in Tiefschlaf.

Zipfel der Macht: auf einem sanften Hügel nordöstlich des Church Square erheben sich die mächtigen **Union Buildings** mit Präsidentenbüro und Außenministerium. Wie mag sich wohl Nelson Mandela beim Blick auf derart geballte Burengeschichte fühlen ...

Pretorias Museenspektrum ist kaum zu überbieten. Wem Polizeimütze & Schießeisen, Familiensilber & Nachttopf der Trekker zum Durchblick verhelfen, ist gut aufgehoben.

Museum of Science, Skinner St, zu Kernkraft, Biologie, Optik, Raumfahrt. Zumal die „Spielwiese" Physikon erfreut sich hoher Beliebtheit. Mo-Fr 8-16h, So 14-17h, 3 DM.

Police Museum, Pretorius-/Volkstem St, mit Uniformen, Waffen und makabren Rekonstruktionen von Kriminalfällen, die einst für Aufsehen sorgten. Apartheidsverbrechen bleiben ausgespart. Mo-Fr 9-16h, Sa 8.30-12.30h, frei; **Nachttouren T. 211 678-260.**

Museum of Natural History, Paul Kruger/Visagie St, mit Geo- und Archäologie, Affenmenschen und südafrikanischen Vogelarten. Mo-Sa 9-17h, So 11-17h, 2 DM.

Im Post Office Museum, Proes/Paul Kruger St, wird die Geschichte der Kommunikation auch anhand eines antiken Postamtes samt Einrichtung dargestellt. Philatelisten spitzen schon ihre Pinzetten: fast 800.000 Briefmarken. Mo-Fr 9-16h.

Flohmärkte: wer Shopping Malls nicht mehr sehen kann, findet sich So 9-17.30h *vor* der Hatfield Mall, Burnett St, ein – beste Auswahl der Stadt an Kunsthandwerk, Büchern, Kram & Schmarrn. Fast genauso bunt: **Sunnypark Flea Market,** Esselen/Jeppe St, Sa 8-14h, So 11-17h.

◆◆◆

Voortrekker Monument

Der burische Nationalschrein auf einem Hügel 5 km südlich der Stadt, an der R101, wurde 1937-49 unter Federführung Gerard Moerdyks errichtet. Kühle Marmorplatten erinnern daran, wie weit „der weiße Mann" mit unbedingter Härte kommen kann. Auf 27 Reliefs wird der Große Treck nachgezeichnet. Bis 1990 war Schwarzen der Zutritt verwehrt, und auch heute interessiert sich kaum einer für diesen massiven Granitklotz.

Täglich 9-16.45h, Eintritt 4 DM. Museum mit stilechtem Restaurant unterhalb des Monuments, T. 323 0682. *Valhalla*- und *Voortrekkerhoogte*-Busse im Zehnminutentakt ab Church Sq.

Atmosphäre & Ausstattung gleichen einer Kirche. Den Zusammenhang mit der göttlichen Fügung betont auch der Marmoraltar mit den eingemeißelten Worten: ***Wir für Dich, Südafrika.*** Daß höhere Instanzen ihre Huld erteilen, wird am Nationalfeiertag der Apartheidszeit deutlich: am 16. Dezember, dem „Jubiläum" von Blood River, fällt pünktlich 12 Uhr durch eine Öffnung in der Kuppel ein feiner Sonnenstrahl genau auf diese Worte. *Hoch droben tänzeln dazu Engelsscharen durch den Äther und säuseln Afrikaans.*

Hin & weg

Bahnhof 20 min von der Innenstadt, Paul Kruger/Scheiding St; Bus 2 ab Church Sq. Buchung für alle Züge T. 315 2111. **Regionalzüge,** T. 315 2001, nach Joburg Mo-Fr bis 17h jede 1/2 Std, bis 22h jede Std; Sa bis 19.30h stündlich; So bis 20h alle 1 1/2 Std (80 min, 5 DM) – wegen Sicherheitslage vor

Ort fragen! Name Trains s. Joburg. **Busbahnhof** vor dem Bhf, gegenüber Paul Kruger/Scheiding St. **Greyhound,** T. 323 1154, und **Translux,** T. 315 2333, u.a. nach Kapstadt, Durban, PE, Bloem (16/8/16/6 Std, rund 130/60-/110/70 DM), Pietersburg, Nelspruit & Harare (3/4/15 Std, rund 40/45/120 DM). **Intercape,** T. 654 4114, am günstigsten für Nordwesten & Nordkap, u.a. nach Upington, Windhuk & Kimberley (10/18/7 Std, 70/140/50 DM). **Lebowa Transport,** T. 323 0379, u.a. nach Pietersburg. **Pretoria Shuttle,** T. 323 0904, ab Air Terminal vor Verkehrsamt stündlich zum Flughafen Joburg Int'l (50 min, 20 DM).

Mietwagen: Imperial, Pretorius St, T. 323 3259. Tempest im Boulevard Protea, T. 324 5007. Budget, Andries/Proes St, T. 323 3658. Avis, 70 Schoeman St, T. 325 1490.

Für Hinweise, die wir in der nächsten Auflage verwerten, bedanken wir uns mit einem Buch aus unserem Programm.

Um das goldene Hufeisen voller Naturschönheiten schlagen immer noch viele Besucher einen Bogen – zu Unrecht. *(Bis April 1995 Nordtransvaal)*

Nordprovinz

☞ **Malariaprophylaxe** ratsam, Bilharziose in Stauseen und einigen Flüssen.

Das Bushveld mit seinen verschiedenen Gebirgszügen ist noch so wenig berührt, daß die Beobachtung wilder Tiere zur persönlichen Begegnung wird, während im Krügerpark jeder Löwe von zehn Autos umrahmt ist. Je weiter östlich der Weg, desto dichter die Wälder, klarer die Forellenbäche, donnernder die Wasserfälle.

Von Pretoria nach Norden: reizvollere Variante über R101 nach Warmbaths und Nylstroom, bevor sie vor Naboomspruit doch in der Autobahn N1 endet (Mautstelle Kranskop). Über diese Wege ächzten vor 120 Jahren die Ochsenkarren der Voortrekker. Entsprechend häufig rücken geschichtenumrankte Ruinen in den Blick.

Warmbaths

98 km nördlich von Pretoria. Sein Name verrät's schon: dies verschlafene Feriennest abseits der N1 lebt von seinen Heilbädern. Jahresereignis: *Sunshine Show* im Sep. ✆ 014.

Warmbad Tourism: Marx St, 500m von Sutter St, T. 736 3694, Fax -2890. Mo-Fr 8-16h, Sa 9-12h. Mehrere **Banken** und zwei Malls (auch So 8-13h) am Ort. **Postamt:** Pretoria/Voortrekker St, T. 736 3451.

* **New White House,** Pretoria/Voortrekker St, T. 736 2876, bietet in zentraler Lage einfache EZ/DZ ab 55/75 DM,

Das *** **Aventura Spa,** T. 736 2200, ergänzt die Wildnis mit Campingplätzen ab 55 DM (1-4 P), Hotel-DZ ab 130 DM und feinen Vier/Sechsbett-Chalets ab 200/300 DM, mehr an Wochenenden. Um die heißen Quellen streifen Kudu, Zebra & Impala. Die Bäderanlage lockt jährlich über eine halbe Million Besucher mit zahllosen Einrichtungen, die gesund sein sollen und in jedem Falle Spaß machen! Mit-

Highlights der Provinz:

*** **Pietersburg,** die sanfte Hauptstadt des Nordens, und **Louis Trichardt** am Südhang der waldreichen Soutpansberge verfügen jeweils über leicht zugängliche Schutzgebiete, in denen man sich Antilopen und Zebras zu Fuß fast auf Streichellänge nähert.

*** Das **Land der Venda** ist so reich an Geheimnissen, Legenden & Baobabs, das man gar nicht merkt, wieviel Staub man unterwegs schluckt.

*** Wer mitten in Afrika ein bißchen Schwarzwald sucht: der **Magoebaskloof** bei Tzaneen ergänzt das Wäldergewoge mit Wasserfällen, Wolkbergen und tropischen Früchten.

ten im größten einer Unzahl von Pools verwirrt eine riesige Pseudo-Burg, dazu Endlos-Rutschen, Motorwinde für Wasserski, Schlammbäder, Wellenpool usw. Täglich 9-20h, Eintritt Mo-Fr 4 DM, Sa/So 7 DM.

Züge: Bosvelder täglich 22.33h nach Norden, 1.51h nach Süden. Bulawayo Exp Di 18.38h nach Norden, Fr 5.17h nach Süden. **Busse:** Transtate nach Pietersburg & Joburg.

Private Game Lodges

Bonwa Phala: 25 km westlich, an der Thabazimbi Rd/R516, T. 736 4101, Fax -4767. Wildschutzgebiet der halbteuren Art mit Antilopen jeder Couleur, Giraffen, Rhinos und den seltenen Burchell's Bergzebras. Hauptcamp mit VP, Wanderungen, Pirschtouren und strohgedeckten Hütten 300 DM/P. Einfacheres Buschlager mit sechs Vierbettzelten.

Mabula: 42 km westlich, am Fuße der Waterberge, T. 014/734 717, Fax -633. 1995 auf 120 qkm ausgedehnt, so daß die *Big Five* und 250 Vogelarten noch üppiger leben. 37 schnucklige Chalets an drei Standorten, mit Klimaanlage, Deckenventilator & Kamin, EZ/DZ ab 390/640 DM.

Nylstroom

27 km nördlich von Warmbaths, an der R101. Der Hauptort der Waterberge verdankt seinen Namen den braven Voortrekkern, die zwar bibeltreu, aber geographisch nicht sattelfest waren. Sie freuten sich darüber, auf die Quelle des Nils gestoßen zu sein. ✆ 014.

Nylstroom Tourism: in der Stadtbücherei, Kerk/Feld St, T./Fax 717 5211.

Nettestes B&B: **Komma Weer,** 17 Rupert/van Niekerk St, T./Fax 717 5539, plüschige EZ/DZ 50/80 DM – reservieren! * **Stokkiesdrai Motel,** T./Fax 717 4005, 3 km außerhalb bietet Chalets mit 2-12 Betten, Küche & Bad; 50-110 DM/P, Zeltplatz 10 DM. *** **Shangri-La Lodge,** Eersbewond Rd, T. 717 5381, Fax -3188, shangrila@chips.co.za, hat 33 altmodisch-stilvolle Zwei/Dreibettzimmer in die Idylle zwischen Nylstroom und Klein-Kariba gesetzt; mit HP ab 140 DM/P.

Im Nylsvley NR 35 km nördlich geben sich über 400 Vogelarten ein gefiedertes Stelldichein. Wanderwege erschließen jeden Reservatswinkel. Von **Dez-März,** wenn der Nyl über die Ufer tritt und zu Nestbau & Brut anfeuert, kommen selbst ornithologische Analphabeten auf ihre Kosten. Täglich 6-18h, für Zeltplatz anmelden, T. 743 1074.

Züge: Bosvelder täglich 23.07h nach Norden, 1.17h nach Süden. Bulawayo Exp Di 19.13h nach Norden, Fr 4.44h nach Süden. **Busse:** Transtate nach Pietersburg & Joburg.

Waterberge

Nylstroom eignet sich prächtig zur Erkundung der Bergkette, die sich auf 150 km Länge durchs Bushveld zieht. Hier ist noch nicht das gesamte Gelände durch Zäune aufgeteilt, so daß eine reiche Pflanzenwelt allerlei Getier anlocken konnte. Die Südhänge bereiten Sportkletterern mit zerklüfteten Felsen & Überhängen so manche Freude. An unzugänglichen Partien, den *Palaces of the Vultures,* brüten Kapgeier.

Thabatoer in Thabazimbi, T. 014/732 2590, Fax 737 1069, auch für die verschiedenen Reservate, Eco Parks und preiswerten Resorts.

Marakele-Nationalpark

Nördlich von Thabazimbi, nur für 4WD offen. Südafrikas jüngster Park, landschaftlich einer der schönsten, ist noch nicht den Kinderschuhen entwachsen. In der unberührten Berglandschaft haben sich aber schon die *Big Five* niedergelassen, und 1997/98 karrten WWF und Satour Dutzende abschußgefährdeter Elefanten aus dem Krügerpark herüber.

Safarizelte mit vier Betten, Küche & Dusche 70 DM (1-2 P), pro weitere P 20 DM.

Potgietersrus

52 km nordöstlich von N´spruit, an der N1. Weiteres Städtchen mit viel Bergbau, Zitrus, Tabak und Baumwolle. Diese Gegend ist stockkonservatives ***No-Country.*** Beim Referendum 1992 lehnte eine breite Mehrheit de Klerks Reformpläne ab, bei den Wahlen 1994/99 konnte der ANC wiederum nur wenige Blumentöpfe gewinnen. © 015.

„Unter Polizeischutz sind in Potgietersrus aufgrund eines höchstrichterlichen Urteils 16 Schüler schwarzer Hautfarbe erstmals in eine private Grundschule gekommen, die bislang Weißen vorbehalten war. Die 700 weißen Schüler boykottierten ***bis auf 20*** *den Unterricht auf Geheiß ihrer Eltern, so daß er abgebrochen wurde. Vor der Schule bezogen Polizeipanzer Stellung, um Übergriffe weißer Rassisten zu verhindern. Einige Weiße haben ihre Kinder inzwischen von der Schule abgemeldet." (SZ, 23. Februar 1996)*

Bosveld Publicity Assoc: Voortrekker/Kruger St, T./Fax 491 2244.

Weiß & Schwarz: über Burenleben anno dunnemals klärt das Arend Deperink Museum auf; Mo-Fr 8-16h. Im Okt erschüttert ein Festival die Stadt in ihren Grundfesten: das mehrtägige **Biltong-Hostsa** (Rex Gildo?). Wer sich für die Verhältnisse der Jasager in *No-Country* interessiert, sollte einige der Straßen östlich der N1 befahren: Lebowa zählt zu den ärmsten unter Südafrikas bitterarmen Gegenden.

Naturreservate

Das Potgietersrus NR am nördlichen Ortsrand hat sich als Breeding Centre für die Zoos des Landes auf seltene Arten wie Halbmondantilopen & Zwergnilpferde verlegt. Seine dicksten Brocken sind einige Weiße und Schwarze Rhinos. Einlaß täglich, nur mit Auto.

Percy Fyfe NR: 24 km nördlich, T. 491 5678. Dient ebenfalls als Aufzuchtstation, v.a. für bedrohte Antilopenarten, die später in größeren Parks ausgesetzt werden. Zu sehen sind v.a. Kudus, Wasserböcke, Impalas und Rappenantilopen, aber auch Büffel und Tsessebes. Zelten in toller Umgebung 10 DM/P, Häuser am Hang 40 DM/P.

Doorndraai Dam NR: 45 km südwestlich, T. 491 3629. Am Fuß der Waterberge leben Kudus, Riedböcke und Leoparden. Rund um den See liegt eine der letzten Zufluchten von Rappen- und Halbmondantilopen. Mit Kanus, Braai und Zeltplätzen ab 10 DM.

Lapalala Wilderness: 89 km nordwestlich, in den Bergen. Größtes Schutzgebiet der Provinz (350 qkm) mit langem Flußabschnitt & Kanus. Auf ausgezeichneten Trails stöbern Ranger seltene Pflanzen, Vögel und Tiere auf, u.a. Weiße & Schwarze Rhinos. Schönes **Camp**, T. 011/453 7645, Fax -7649, ohne Strom, mit Paraffin, heißen Duschen, Gasherd & Zeltplätzen; Zwei/Achtbetthütten am Fluß ab 30 DM/P. Für Ausritte im Reservat: Equus Safaris, T. 011/788 3923. **Tip!**

Pietersburg

254 km nordöstlich von Pretoria. Inmitten der stockfinsteren Umgebung von Ewiggestrigen flackert im Handels- und Verwaltungszentrum ein Licht der Hoffnung. Anno 1886 von Voortrekkern gegründet, hat Pietersburg entschlossen den alten Zeiten abgeschworen. Das öffentliche Leben trägt Schwarz-Weiß und gibt sich angenehm unverkrampft. ✆ 015.

Wie ehrlich *die Stadtväter zu Werke gingen, beweisen schon die Namen der Vororte. In Laboria und Industria sind die werktätigen Klassen zuhause, in Superbia lebt natürlich das gehobene Volk. Und daneben wartet dann das Nirvana – ohne Kurt Cobain Street!*

P'burg Marketing: beim Civic Centre, Vorster/Landdros Maré St, T. 290 2010, -2009; Mo-Fr 8-13h, 14-16.30h. **Postamt:** schräg gegenüber, Landdros Maré St. **Internet:** Vodashop im Savannah Centre, T. 296 3907, 500m östlich an der Grobler St; Mo-Fr 9-18h, Sa 9-14h, 4 DM/Std online.

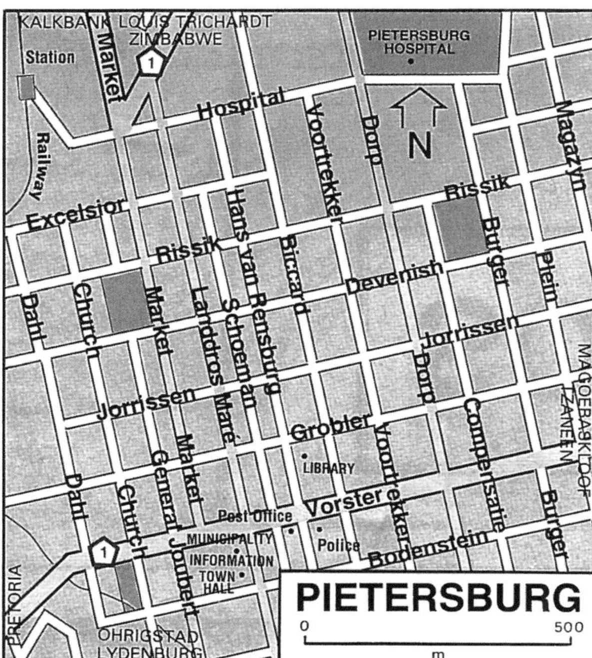

Übernachten

Viele Unterkünfte sind v.a. wochentags belegt, da Geschäftsleute sich hier wohlfühlen und Touristen die günstige Lage für Tagesausflüge nutzen.

Im Abseits: Caravanpark, T. 295 2011, im Union Park 4 km südlich, schattig & sauber, Zeltplatz 12 DM, zwölf Chalets mit Küchenzeile, Bad und vier/sechs Betten ab 45/60 DM. Dazu freier Eintritt im benachbarten Reservat! **Far North Oasis,** T. 296 0546, 7 km östlich an der R71. Dabei weiß die neue Anlage mit Pool, Laden und schmucken Rondawels ab 65 DM rundum zu gefallen. Seit 1999 besitzt P'burg ein **Formule 1**-Hotel.

Zentral: Arnotha's Lodge, 42 Hans van Rensburg St, T. 291 3390, Fax -3394, saubere DZ mit Küche, Bad & TV 50-70 DM. Eine Preisklasse höher: * **Great North Rd Hotel** beim Verkehrsamt, T. 291 1031; **Pietersburg Lodge,** 4 Pringle St, Ivypark, T./Fax 292 1214, 800m südwestlich an der N1; und **Vivaldi GH,** 2 Voortrekker/Suid St, T. 295 3445, Fax 297 3937, satours@cis.co.za, in ruhigem Wohnviertel, EZ/DZ ab 75/110 DM.

Sterne: *** **Holiday Inn GC,** Vorster St/N1, T. 291 2030, Fax -3150: es geht also doch, knapp 180 Räume nicht nach einer verschossenen Schlaffabrik ausschauen zu lassen. EZ/DZ ab 140/155 DM. *** **The Ranch,** T. 293 7180, Fax -7188, hochgelobter Familienbetrieb 22 km südlich an der N1 inmitten weiter Parkanlagen. EZ/DZ ab 140/200 DM.

Anschauen, Hin & weg

Im Pietersburg WR 4 km südlich neben dem Union Park, T. 290 2331, stöbert man auf Spazierwegen über 20 Wildarten auf, darunter Zebras, Oryx, Antilopen jeder Couleur und sogar sechs weiße Rhinos! Mit 30 qkm verhältnismäßig großes Gelände, in dem sich gerne stundenlang verläuft. Täglich 7-18h, 2 DM/Fahrzeug, 1 DM/P.

Das Bakone Malapa-Freiluftmuseum, 9 km südlich an der R37, T. 295 2867, befaßt sich mit der Kultur der Nördlichen Sotho (Bakone), zeigt auch einen echten Kraal. Ein Besucherzentrum stellt die historischen Bezüge dar. Mo 8-12h, Di-Fr 8-17h, 2 DM. Die breit ausgebaute R37 führt in südlicher Richtung zielstrebig auf die schöne Chuniespoort-Schlucht, auf der anderen Seite des Stausees dümpeln Krokodile in den Lebowa Pools.

Bahnhof, T. 299 6202, 800m nordwestlich der Innenstadt. **Bosvelder** täglich 2.45h nach Messina, 22h nach Joburg (je 7½ Std, erste Klasse 25/33 DM). **Bulawayo Exp** Di 22.50h nach Messina & Bulawayo, Fr 1.50h nach Joburg. **Limpopo** nach Harare.

Busse: Transtate ab Bhf täglich nach Joburg & Louis Tr. **Translux** ab Ultra City/N1 nach

Joburg, Pretoria, Beitbridge, Harare (42/30/30/90 DM). **North Link Tours**, T. 291 1867, ab Library Gardens, Hans van Rensburg/Grobler St, täglich 17h nach Tzaneen & Phalaborwa (1½/3 Std, 16/25 DM), täglich 7/10.15h nach Joburg (3 Std, 35 DM).

Gateway Airport vor Union Park und Wildreservat. **SA Airlink**, T. 288 0166, täglich nach Joburg, Durban & Kapstadt (250/200/330 DM). Mehrere **Autovermieter** im Schatten des Towers, u.a. Imperial, T. 288 0097, und Avis, -0171.

Louis Trichardt

117 km nordöstlich von Pietersburg. Dieses saftig-grüne Städtchen schmiegt sich an die Ausläufer der Soutpansberge, eine herrliche Landschaft voller Geheimnisse. Sein Name geht auf einen Anführer der Voortrekker zurück. An deren glorreiche Zeit erinnern auch die Ruinen von **Schoemansdal** westlich der Stadt: Blütezeit um 1890 dank Elfenbeinhandel, heute nettes Freilichtmuseum mit Aussichtsturm und prima Besucherzentrum. ✆ 015.

Dank Höhenlage (1200m) weder zu heiß noch zu trocken, während jenseits der Berge schon Mopanebäume und **Baobabs** die dürre Savanne beherrschen. Die eigenartigen Affenbrotbäume werden bis zu 25m hoch, ihr dicker Bauch sorgt gern für Umfänge von 10m – in Südafrika fast nur hier anzutreffen, in den subtropischen Ebenen des Nordens.

Tourist Info: Krogh/Erasmus St, T. 516 0040, Fax -1195; Mo-Fr 8-17h, Sa 8-13h. **Postamt:** Krogh-/Trichardt St, T. 516 0111, mit Postlager & Telefonzellen.

Der städtische Caravanpark, T. 516 0212, könnte kaum günstiger liegen. Hinter N1 und Grobler St im ruhigen, schönen Hain, Schatten in Hülle und Fülle dank der Ansammlung 114 heimischer Baumarten, prima Duschen & Badewannen, Zeltplatz 13 DM.

Ezriel Accomodation an der N1, T./Fax 516 2222, gegenüber Caltex. Nüchterne Viererchalets mit Telefon, TV, Braai ab 110 DM. *** **Bergwater Hotel**, 5 Rissik St, T./Fax 516 0262, erste Abzweigung gegenüber BP. Gediegenes Anwesen mit Palmen, Watergat-Bar, prima Restaurant und 24 EZ/DZ mit F ab 70/110 DM, Fr/Sa minus 15%.

Landhäuser: *** **Clouds End**, etwas nördlich an der N1, T. 517 7021, Fax -7187, DZ/Dreierzimmer mit F ab 140/170 DM. *„Für uns die positivste Überraschung" (Dimitri Speck).* *** **Ingwe Ranch**, T. 517 7087, Fax -7122, nicht zentral, aber mit den Bergen im Rücken. Mit ein/zwei/drei Betten, Bad & F: sechs Chalets 85/125/150 DM, acht Rondawels 65/105/- DM, 16 Hotelzimmer -/115/145 DM. * **Punch Bowl**, 11 km nördlich an der N1, T. 517 7088, mit netter Aussicht, DZ in den Bergen mit F ab 80 DM.

Bahnhof: Pretorius/Burger St, 400m südlich, T. 299 6202. **Bosvelder** täglich 6.30h nach Messina, 18.20h nach Joburg (4/11 Std, erste Klasse 15/50 DM). **Bulawayo Exp** Mi 2h nach Norden, Do 22.41h nach Süden. **Busse** ab Bhf: Transtate nach Joburg & Sibasa, Translux nach Joburg, P'burg, Beitbridge & Harare (50/30/30/85 DM). LT ab S&S Bande, Krogh St, nach Joburg & Phalaborwa. **Minibusse** ab OK Bazaar, Burger/Devenish St, nach

Thoho, Messina, P'burg & Tzaneen (6/8/8/10 DM).

Ben Lavin-Naturreservat

12 km südöstlich, neben der N1. Die *Wildlife Society* ließ schöne Wanderwege anlegen, auf denen man Giraff & Antilop, Zebra & Schakal bald auf die Schliche kommt. Leopard gibt's zwar auch, aber der mag keine Touristen und döst lieber im Schatten. An den Wasserlöchern schwirrt ständig was vorbei: 230 Vogelarten nisten hier. Täglich 6-19h, Tagesbesucher 10 DM, ein/zweitägige Birding Safaris mit Führung & Buschbraai 50/85 DM.

Wohlgeführtes Camp, T./Fax 516 4534, benlavin@mweb.co.za, mit Zeltplätzen für 12 DM, reetgedeckten Gruppenzelten für 18 DM/P, Hütten/Lodges mit Dusche & Küche für zwei P 65/80 DM, jede weitere P 20/25 DM. Mountainbikes zu mieten.

Soutpansberge

Diese dichtbewaldete Bergkette, bis zu 1718m hoch, durchzieht eine unverdorbene Gegend mit zwei Gesichtern. Südlich der Berge zeigt das Highveld noch weites Buschland mit viel Grün. Nördlich davon senkt sich die von Baobabs aufgelockerte Savanne dem Limpopo entgegen. Einziger befahrbarer Nord-Süd-Durchstich ist der Wylliespoort (N1). ✆ 015.

☞ **Die Landschaft** begeistert durch Vielfalt: üppiges Grasland wechselt mit dichtem Wald und zerzaustem Fels, hohe Klippen mit tiefen Schluchten. Mittendurch führen feine Pfade, auf denen Großstädter sich den Berufsstreß von der Seele marschieren.

Der Soutpansberg Trail (91 km) durchkreuzt fünf Tage lang exotische Wälder. Mehrere Abkürzungen für weniger Wanderlust, in angemessenen Abständen stehen rustikale Hütten; Anmeldung beim Forstamt in LT, T. 517 1152.

Weiter: spannender als Messina selbst ist die Fahrt dorthin. Für die Soutpansberge mußten sich die Straßenbauer einiges einfallen lassen. So führt die N1 durch mehrere Tunnels und über Pässe wie Wyllies und Masekwa. **Vorsicht** in den unbeleuchteten Tunnels!

Lesheba Wilderness

Ab LT auf der R522 gen Westen, nach 35 km (jenseits des Sand River) nach rechts auf eine Schotterpiste, die nach 10 km Steilanstieg vor dem Gate anlangt. *Zufahrt mit eigenem 2WD aussichtslos, Mietwagen (z.B. Corollas) setzen immer wieder auf, schaffen's aber zur Trockenzeit doch ...* Im schmalen Wildreservat auf den Höhen der Soutpans warten bereits Weiße Rhinos, Leoparden, Giraffen, 14 Wanderwege und 335 Baumarten. Eine Kolonie von Kapgeiern brütet regelmäßig auf den Klippen.

Camps Duluni & Hamasha, T./Fax 593 0076, mit je zwei Sechs- bis Zwölfbetthütten, jede mit Bad, dazu Gemeinschaftsküche und grandiose Aussicht; 30-50 DM/P. Aufenthalt mind. zwei Nächte, was niemandem zu lange erscheint. **Tip!**

Buzzard Mountain Retreat

In den südlichen Soutpans-Ausläufern. Schutzgebiet kleiner, Tierbestand weniger vielfältig, aber preiswertes Schmuckstück. Von LT auf der R522 gen Westen/Vivo, nach 18 km Abzweigung nach rechts (Mini-Schild). Im vorwiegend bewaldeten Gelände sind Tiere schwer zu sehen, aber umso leichter zu hören: die bunte Vogelwelt haut lautstark auf den Putz. Weniger Lärm verursachen die vielen Adler, Falken, Bussarde. Tagesbesuch 12 DM.

Kleines Camp, T./Fax 516 4896, am Fuße des Steilhangs mit Felspool, Wanderwegen, Vogelausguck & Braai. Zeltplätzchen ab 16 DM/P, steinerne Cottages mit Gasherd ab 40 DM/P, vier Holzkabinen mit zwei/fünf Betten 32 DM/P; keine Handtücher.

Messina

521 km nordöstlich Joburgs. Die unansehnliche Kleinstadt wird von Latifundien umzingelt. Ihre Kupferminen, um die sich seit 1905 Südafrikas Vorposten gruppiert, gewähren dem Besucher keinen Einblick. Am wichtigsten: **Standard Bank,** National/Emery St, wg. Währung für Simbabwe; Mo-Fr 9-15.30h, Sa 8.30-11h. ✆ 015.

Wer erst abends ankommt, versuche sein Glück auf dem schattigen **Baobab Caravanpark,** Irvin St, T. 534 5304; Stellplatz 5 DM/P. Oder in der zentralen **Limpopo River Lodge,** 6 National Rd, T. 534 0204; durchschnittliche EZ/DZ mit TV, Bad & Klimaanlage 40/60 DM.

Das Baobab NR südlich der Stadt, T. 534 2307, wurde 1926 zum Schutz der Dicken eingerichtet, die in dieser Gegend allenthalben im Weg stehen. Mit etwas Glück ist auch einiges Wild zu sehen, die 370 qkm durchstreifen sogar Leo- und Geparden. Täglich 8-16h, 4 DM/Fahrzeug, 2 DM/P – mehrere Autopisten, ein 8 km-Wanderweg, kein Logis.

Bahnhof hinter dem Taxistandplatz an der N1, T. 534 7225. **Bosvelder** täglich 9.25h nach Beit-

Nach Simbabwe

Grenzübergang Beitbridge täglich 5.30-22.30h, 12 km nördlich von Messina, an der einzigen Limpopobrücke zwischen beiden Ländern! Die einst grimmigen Kontrollen haben sich entspannt, dafür erhebt Simbabwe jetzt eine „Brückengebühr" (8 DM). Hoffentlich kommt eines Tages eine Höflichkeitsabgabe hinzu, seine Zollbeamten tun nämlich, als ob sie zum Neujahrsdienst an der rumänisch-bulgarischen Grenze zwangsverpflichtet wären.

☞ **Oft lungern Schwindler** um den simbabwischen Posten, die eine Gebühr für ihre „Hilfe" verlangen. Wimmeln Sie diese Burschen ab, *bevor* Sie irgendeine Formalität erledigen! Für die **Einreise** per Auto nötig: *Blue Book* (Fahrzeugbrief) mit Versicherungsnachweis. *Temporary Import Permit* gibt's an der Grenze. Haftpflichtversicherung bei AA in Südafrika abschließen, in Simbabwe wird Ihnen sonst das Fell über die Ohren gezogen. Benutzer von Mietwagen brauchen des Vermieters Einverständnis für die Überfahrt.

bridge, 14.45h nach Joburg (15 Std, 60/40 DM). **Bulawayo Exp** Mi 5h nach Norden, Do 20.19h nach Süden. **Busse:** Translux ab Limpopo River Lodge nach Joburg, P'burg & Harare (8/3/10 Std, 50-/25/70 DM). **Minibusse** hinter der Mall, täglich nach Louis Trichardt & Thohoyandou (5/6 DM).

Tshipise

36 km südöstlich, an der R525. *Tshipise* bedeutet auf Venda „heiße Quellen", also konnte Aventura nicht weit sein. Dem Schlußverkauf im benachbarten Honnet-NR fielen fast alle Tiere zum Opfer, seine Wanderwege bleiben aber hübsch. ✆ 015.

🏨 **Blitzblankes Aventura Resort,** T. 539 0624, Fax -0724, mit schattigen Zeltplätzen ab 20 DM/zwei P, vollklimatisierte Rondawels mit einem/zwei/vier Betten ab 85/110-/135 DM; Hochsaison & Wochenende teurer. Fast eine Kleinstadt mit Plansch-, schwefligen Mineral- und Rheumabädern, Minimarkt, Restaurant, Ladies' Bar, Minigolf, Tennis.

🏨 **Greater Kuduland Safaris,** T. 539 0720, Fax -0808, gksaf@mweb.co.za, betreibt zwei Game Lodges für zahlungskräftige Besucher. Billiger weg kommen u.a. Elefant, Rhino, Büffel, Geo- und Leopard. Reetchalets all-in ab 170 DM/P, mehrtägige Wanderung mit Knacken im Busch teurer.

Thohoyandou

90 km östlich von Louis Trichardt, entlang der R524 fantastische Obststände. Weil größte Siedlung im Lande der Venda, erkiesten sie die Herren der Apartheid zur Hauptstadt des „Homelands". Natürlich wurde ihr 1977 eine Luxus-Absteige mit Kasino eingepflanzt, dazu gesichtslose Verwaltungsgebäude, ohne daß dies den ärmlichen Charakter der Stadt verändert hätte. Allerdings sind von Thoho hübsche Ausflüge zu unternehmen. ✆ 015.

Sibasa, längst mit Thoho zusammengewachsen, besitzt für Rucksackreisende eine gewisse Bedeutung, da mehrere Busse (auch Transtate) nur diesen Ort anfahren.

Venda Tourism Dept: VDC Bldg, Louis Tr. Rd, T. 964 1577, Fax -1048, hilfsbereit & ideenreich, mit kümmerlicher Straßenkarte und Touren; Mo-Fr 8-16.30h, Sa 8-13h.

🏨 Mittelmäßiger **Acacia Park,** Louis Tr. Rd, T./Fax 962 3095, östlich der Abzweigung in der Stadtmitte. 16 renovierte, gut ausgestattete Chalets mit DZ, Küche, Dusche & Braai ab 50 DM; Zeltplatz 10 DM. **Boughainvillea Lodge** am Ortsausgang halbwegs gen Sibasa, T. 982 4064, ist sehr sauber. Wohlgesetzte EZ/DZ mit TV & F im Bett je 70 DM. Das **Venda Sun** im Ortskern, Mphephu St, T. 962 1011, zielt wie alle Sonnen-Hotels auf den Spieltrieb seiner Gäste. Altersschwache Klimaanlagen & Lichtschalter, die 79 EZ/DZ mit F sind ihre 155/210 DM aber allemal wert.

🍴 Gediegenes **Baobab-Restaurant** im Venda Sun mit *Nyula,* einem Venda-Fleischeintopf mit viel Gemüse. Für den Verdauungsdrink danach: La Paloma, um die Ecke.

Ditike Arts & Craft Centre neben dem Verkehrsamt, nahe Acacia Park. VhaVenda werden weithin gerühmt für ihre Tonwaren, Websachen & Schnitzereien. Täglich 8-19.30h. Ab Ditike geführte Wanderungen und halb/ganztägige **Touren** für 50/75 DM, min. drei P, z.B. 4 Std Sacred Forest, Fundudzisee, Phiphidi-Wasserfall & Töpfereibesuch.

Lukoto-Busse täglich 12h nach Sagole, Mi/Fr/So 17h nach Messina (3/6 DM), Haltestelle etwas außerhalb an der Straße nach LT. **Minibusse** steuern mehrheitlich Sibasa an.

Land der Venda

„Der Tag ist blau, rund um uns ist Afrika. Die Erde wird immer röter, es gibt leuchtende Blumen. Keine großen Plantagen mehr und keine Zitrushaine, sondern kleine Anwesen mit einem Gewirr von Hütten." (Breyten Breytenbach)

☞ **Eine meiner liebsten Gegenden,** unspektakulär & kraftvoll, aber nix für Stauballergiker! Die Pisten führen durch echtes Afrika, in dem sich um jeden Wald, jeden See uralte Legenden knüpfen. Affenbrotbäume und pieksaubere Rundhütten, in Rudeln an die Hänge geklebt, tragen zum Zauber bei. Die VhaVenda sind überaus freundlich, und wer sich mit ihnen beschäftigt, landet bald vor dem Häuptling und/oder Sangoma. ✆ 015.

Quellen, Wälder & Magie

Logisvorbuchung in Reservaten beim Venda Tourism Dept, T. 964 1577 – selten wirklich nötig. Ausflüge sind ohne ordentliche Karte fast sinnlos, da kaum Schilder und zu wenige Dörfer, um sich durchzufragen. Alles ist mit 2WD machbar, volltanken in Thoho!

Der Fundudzisee 35 km westlich von Thoho gilt den Venda als letzter Rest des Urmeeres, das die Erde einst bedeckte. Darin lebt ihr Fruchtbarkeitssymbol, die Python. *Deren mythische Bedeutung fiel später auch Sigmund Freud auf.* Die umliegenden Hügel drängen sich für Erinnerungsfotos auf, ein Besuch hängt aber von der Zustimmung der Fundudzi-Priesterin ab. Südlich von Fundudzi erstreckt sich eine urwüchsige Bergwelt voll plätschernder Bäche & Fälle. Im **Thathe Vondo-Wald** werden heimische Pflanzen gehegt, im **Sacred Forest** (nur Durchfahrt) die Stammeshäuptlinge der Venda beigesetzt.

In der Nähe des Vondo Dams zischt heißes Wasser aus der Erde. Drumherum entstand das komfortable **Mphephu Resort,** T. 30 049, 35 km westlich von Sibasa abseits der R523 zum Wylliespoort. Liebevoller Service, Pool, Zeltplätzchen, Cafeteria, 20 moderne Dreibett-Steinchalets mit Küche 50-60 DM.

Abseits der R525 Tshipise-Pafuri Gate, über 30 km nordöstlich von Thoho, blubbern die Heilquellen von **Sagole,** denen zwei einfache Vier/Sechsbetthütten mit Küche & Bad sowie sechs Dreibettrondawels, teils mit Dusche, nachgerückt sind; 30-90 DM/Einheit. Ums staubige Dörfchen (2000 Ew) lenken Kinder ihre klapprigen Eselgespanne, Wanderungen streifen einige „Burgruinen" und folgenden Baobab.

Big Tree: wenn ich Ami wär, würd ich meine Baseballmütze wegpfeffern und jubilieren, *I swear to God, the most beautiful tree in the whole world. (Tom Wanger)* Angeblich 3000 Jahre alt, umfaßt sein Bauch exakt 43m! Rinde und Mark erfreuen durchreisende Elefanten, seine Früchte auch Affe und Mensch, die faserige Borke wird für Seile und Klamotten genutzt. An seinen Wurzeln, die angeblich mehrere km weit reichen, findet man immer Wasser. Wer keine drängenden Termine hat, kann durchaus einen Tag an diesem *Muvhuyu* verbringen, oder auf diesem *Adansania digitata,* oder unter diesem *Upside-down-Tree,* oder mit diesem Baobab.

Nwanedi-Nationalpark

Südlich der R525 Tshipise-Pafuri Gate, ab Thoho (82 km) kaum beschildert, ab Tshipise (20 km) nicht zu verfehlen. Rund um die Nwanedi-Staubecken wurde ein feines, großes Schutzgebiet eingerichtet, in dem Angler & Weiße Rhinos unter sich bleiben. Löwen und Geparden wurden nach etlichen „Zwischenfällen" 1996 vom Dienst suspendiert. Täglich 6-18h, 1 DM. *"Nur für Leute, die absolute Ruhe & Einsamkeit suchen. Die Piste von Thoho ist auf den letzten 20 km sehr schlecht, man riskiert Achsenbruch & Reifenpanne. Nur Fragen hilft." (Klaus Steiner)*

Beschauliches Camp, T. 015/539 0723, 9 km vom Gate mit kleinem Restaurant, schattiger Zeltfläche (12 DM/Platz), 15 Vierbettrondawel mit Ventilator, Küche & Bad 50 DM, klimatisierte Chalet-EZ/DZ mit Kühlschrank, Bad & F ab 65/80 DM.

Tzaneen

95 km östlich von Pietersburg, an der R71. Was für eine Gegend! Im Handelszentrum des subtropischen Letabatals regiert die Farbenpracht. Auf seinen Straßen werden Avocados, Mangos, Kaffee, Nüsse, Kiwis, Papayas & Tomaten wohlfeil gehalten, die in der Umgebung ihre Reifeprüfung ablegten. Es geht das Gerücht, daß man für der Welt leckersten Obstsalat nur eine Runde durch dieses Tal drehen muß. ✆ 015.

Auch wenn das Kaff selbst kaum prickelt: wer für die Region drei Tage einplant, wird danach erst recht mehr sehen wollen. Andere Geschmäcker: *„Tzaneen im Regen kann man sich schenken." (Gabriele Reichenberger) "Öder Ort." (Sabine Berger)*

Tourism Centre: Danie Joubert/Agatha St, T. 307 1294, Fax –1271, mit ausgezeichnetem *Letaba Tourism Guide;* Mo-Fr 8-17h, Sa 8-11.30h. **Postamt:** Morgan/Danie Joubert St, T. 307 3616, mit Postlager. **Internetcafé:** ProCom, 18 Peace St, T. 307 4836; Mo-Fr 8-16.30h, Sa 9-12h, 6 DM/Std online.

Übernachten & Anschauen

Backpackers: Satvik Village im George´s Valley/R528, 1 km südwestlich, T./Fax 307 3920, satvik@pixie.co.za, ein himmlisches Plätzchen auf einer organischen Farm am Wasser, alles tropisch, nett & rustikal, dazu ausgefallene Touren. Schlafsaal 14 DM, EZ/DZ 26 DM, Farmhaus mit F 40 DM/P, geräumiges Zweier-Cottage mit Bad 110 DM.

Innerorts: Arbor Park, Soetdoring/Geelhout St, T./Fax 307 1831 (Judy & Steve Addison), 2500m vom Zentrum, hat 23 preiswerte EZ/DZ mit Bad, TV, teils Küche, dazu Garten & Wäscheservice. B&B 30-50 DM/P. – **Fairview Lodge,** Old Gravelotte Rd, T. 307 2679, Fax 307 4809, etwas außerhalb am Letaba mit Zeltmöglichkeit. Einfache bzw. gehobene Chalets mit 2-6 Betten, Küche & Bad 50-100 DM, Luxuschalets mit

Ventilator, TV & Bad ab 100 DM. – Im *** **Karos Tzaneen,** 1 Danie Joubert St, T./Fax 307 3140, könnte man aus fast jedem der 50 Zimmer in den großen Pool springen. Standard-EZ/DZ ab 130/150 DM.

Im New Agatha-Forst an der Old Coach Rd südlich der Stadt: **Wayside Lodge,** T. 307 4806, Fax -4051, mit tollem Blick, Mittelklasse-Komfort, Pool und viel Federvieh, auch Pfaue & Strauße. Sternlos, weil mit Satour im Clinch, aber DZ mit F 120 DM. – ***** **Coach House Hotel,** T. 307 3641, Fax -1466, verspricht *Country Hospitality* auf Höchstniveau. Alles *very british,* bis auf den traumhaften Bergblick, der in Cornwall irgendwie fehlt. Wenige EZ, aber 40 DZ mit allem ab 170 DM/P.

Der **Fanie Botha Dam** liegt auf halber Strecke nach Duiwelskloof rechts der R36. Am Wochenende suchen Kleinstädter und ihre Besucher Entspannung am See und im dazugehörigen Reservat. Zu sehen sind wenige Tiere, viele Wassersportler.

North Link-Busse, T. 307 2950, ab Morgan St gegenüber Postamt täglich nach Phalaborwa, P'burg & Joburg (1½/1½/6 Std, 25/25/50 DM). **Best Buy-Kombis,** T. 307 6262, ab Roadhouse-/Tzaneen Mall Mi/Fr/So 12h nach P'burg & Pretoria (1/4 Std, 14/35 DM). **Minibusse** allesamt neben Pick'n'Pay/Tzaneen Mall, u.a. nach Phalaborwa, Pretoria & Joburg (10/24/28 DM), nach P'burg nur mit Umsteigen in Boyne.

Modjadji-Naturreservat

23 km nordöstlich von Tzaneen biegt man von der R36 rechts ab, entdeckt nach weiteren 20 km die Zufahrt; allerletztes Stück ungeteert. Die Alternative von der R71 Tzaneen-Phalaborwa führt lange auf schlechten Pisten durch endlose Dörfchen.

Auf den Wanderpfaden durch Modjadji herrscht wirkliche Abgeschiedenheit; täglich 7-17h, 2 DM. Sie werden überwuchert von einer uralten Zykadenpalme, benannt zu Ehren der rätselhaften Regengöttin Modjadji. ***Eigenartige Stimmung, zumal bei Nebel.***

Magoebaskloof

Magoebaskloof heißt der von Wäldern eingerahmte Paß auf der Durchgangsstraße, aber auch der gesamte Bergrücken; auf vielen Schotterpisten ausgiebig erforschbar. Zwischen Tzaneen und Haenertsburg wechseln schattige Wälder, tropische Tee- und Obstplantagen ab. Bananen gehen staudenweise weg, während Mangos & Avocados Düfte verbreiten, die ihnen in unserer normierten Supermarktwelt längst abhanden kamen.

✆ 015.

Letaba Tourism: Rissett St in Haenertsburg, T. 276 4472, Fax -4386, sehr hilfreich.

Durch die herrliche Landschaft wurde querbeet der **M'kloof Hiking Trail** angelegt, der in verschiedenen Varianten die Berge und Wälder durchzieht. Gerade im Sommer ist mit kräftigen Regenschauern & Nebel zu rechnen. Einige Abschnitte erfordern eine gute Physis. Startpunkt in jedem Fall: De Hoek-Forsthaus 2 km oberhalb der Debegeni Falls. Anmeldung für zwei/drei/fünftägige Trails T. 307 1294, zumeist 20 DM/P.

Wer eine billige Bleibe sucht, wird in Tzaneen eher fündig. An den schönsten Zipfeln entlang der

R71 haben sich gehobene Landhotels eingenistet, z.B. *** **M'kloof Hotel**, T. 276 4276, Fax -4280; 60 DZ mit F ab 200 DM. **M'kloof Lodge,** T. 305 3147, Fax -3180, glänzt auf halber Strecke nach Haenertsburg mit einem Rudel von Rondawels. Aufgepäppelte Ausstattung, Pool, alle mit Küche, Bad, Braai und 2-6 Betten 100-160 DM.

** **Troutwaters Inn,** 8 km vor H'burg, T./Fax 276 4245, verfügt über 20 Suiten, Familienzimmer ab 150 DM, Restaurant und Dry Fly-Pub. Auf demselben Gelände die **Lakeside Chalets** mit 4-6 Betten für 70-90 DM, Booten, Wäscherei, Pools und allerlei Sport. Im großen Garten werden Zelte geduldet, allerdings gegen satte Gebühr.

The Log Cabin, 7 km vor H'burg, T./Fax 276 4242, mit Kamin, Küche & F 40 DM plus 16 DM/P. Die **** **Glenshiel Country Lodge** kurz vor H'burg, T./Fax 276 4335, schmiegt 15 Suiten ins rauschende Grün der Wälder. EZ/DZ ab 280/380 DM.

Tzaneen – Haenertsburg – Tzaneen

> ☞ Die folgende 72 km-Rundfahrt auf Teer zählt zu den schönsten der Provinz.

Die Teeplantagen, durch welche die R71 hinter Tzaneen emporkraxelt, wurden 1963 zunächst für den städtischen Eigenbedarf bepflanzt. Die Ausläufer des Magoebaskloof erwiesen sich aber als so ertragreich, daß bald eine eigene Industrie daraus entstand. Führungen z.B. durch **Sapekoe Middelkop,** 9 km von Tzaneen, Di-Fr 10-12.30h, 14-15.30h, Sa 10-12h; Anmeldung am Vortag, T. 307 3120. Dazu preiswerter *Tea Garden* mit Milkshakes, Sandwiches & Aussicht.

Die Debegeni Falls verbergen sich im De Hoek-Staatswald. Piste ab R71 hinter Bruphy-Sägemühle, Kassenhäuschen kurz vor dem Waldparkplatz; täglich 8-18h, 2 DM. Aus dem Mahagoniwald setzt ein Bächlein unverhofft zum mehrfach gestuften 80m-Sprung in ein natürliches Becken an. Darin zu baden ist ein Vergnügen, auch wenn rutschige Steine den Ausstieg nicht erleichtern! Wer's trockener mag, findet ein schattiges Braai-Areal vor, wo einstmals den Geistern des Wassers Opfer dargebracht wurden.

Der Ebenezer Dam zieht am Wochenende viele Ausflügler an, da es sich zwischen duftenden Kiefern prima bootelt, spaziert oder angelt. Das Waldnest **Haenertsburg** selbst gilt als Forellen-Hochburg, verdankt seine Existenz aber dem Goldrausch von 1887. Drumrum wuchern Azaleen zuhauf.

Zweiwöchiges *Spring Festival* im Sep/Okt mit Kirschblüten & Kinderspaß.

Zwecks Rückkehr biegt man vor H'burg auf die R528, die nach all den Schluchten & Urwäldern der Hinfahrt für beachtliche Langeweile sorgt. Das George's Valley windet sich zu Füßen des Wolkberges (2128m) nach Tzaneen zurück.

Wolkberg Wilderness Area

Das unwegsame, teils dichtbewaldete 170 qkm-Schutzgebiet ist nur auf Schusters Rappen zu erkunden. Die Vogelwelt liebt diese Mischung aus Grasland und subtropischem Wald. Nach ihrer Überjagung vor drei Jahrzehnten kehren auch Leopard & Hyäne zaghaft zurück. Zugang über die Forststationen Serala bei H'burg und New Agatha bei Tzaneen.

Wandern: über die Wolkberge sind einige Plätzchen für Zelte verteilt. Besucher müssen sich aber eingehend vorbereiten, da Fahrzeuge oder offene Feuer verboten sind und es im Sommer häufig regnet, im Winter manchmal gefriert. Trailanfragen an den Serala State Forester, T: 015/276 1303.

> ☞ **Baden im Letaba entfällt!** Wer keinem Krokodil oder (seltener) Hippo begegnet, fängt sich mit hoher Wahrscheinlichkeit Bilharziose ein.

Hans Merensky-Naturreservat

67 km östlich von Tzaneen, an der R529. Im 50 qkm-Reservat südlich des Groot Letaba tummeln sich viele Vogel- und Wildarten, auch Löwen und Leoparden. Ein Freilichtmuseum samt Kraal erzählt vom Leben der Tsonga vor dem Einfall der Weißen. ✆ 015.

Aventura Eco Eiland, T. 386 8667, Fax -8692, ist ein Massenbetrieb mit 500 Zeltplätzen und 100 Rondawels, mit zwei/vier Betten ab 135/155 DM. Tourenbusse, Reitpferde, Golfplatz mit Hippobewachung. Anmeldung für ein- bis viertägige Trails T. 386 8635.

Phalaborwa

Sprich: Palabora.

112 km östlich von Tzaneen, an der R71. Das nördliche Tor zum Krügerpark hat sich als Minenstadt einen Namen gemacht. Aus dem Krater, der es mit Kimberleys Loch aufnehmen kann, werden seit 1200 Jahren (!) Kupfer, Eisen & Phosphat gekratzt; Führung Fr 9h, 20 DM, Anmeldung im Verkehrsamt. Soviel Reichtum brachte 1958 ein hübsches Städtchen hervor, mit großzügigem Grundriß, Palmenalleen & Baumschau (Park St). ✆ 015.

Tourism Assoc: an der R71 kurz vor dem Krüger-Gate, T. 781 5860, Fax -5870. **Postamt:** Selati/Tamboti St, T. 781 1711. **Internetzugang:** Net-O-Mania in der Mall, T. 781 7812; Mo-Fr 9-17h, Sa 9-14h.

> ☞ **Wenn die Krügercamps** zu Ferienzeiten wieder ausgebucht sind, übernachtet man nahe der Parkgrenze: Phalaborwa Gate 2 km östlich, mehrere Tourenanbieter.

Übernachten, Hin & weg

Elephant Walk BP, 30 Anna Scheepers St, T. 781 2758 (Christa) oder 082/495 0575, ist der einzige Lichtblick für Rucksackreisende. Langweilige Einrichtung, herzensgute Managerin, gute Tagestouren, alles sauber. Schlafsaal 14 DM, B&B in eigenem Haus 45 DM/P. **Caravanparks** mit Plätzchen für 10-12 DM: **Koos Lubbe,** Anna Scheepers St, T. 781 5860, im Stadtpark; und **Ingwe Park,** 3 km westlich abseits der R71, T. 781 1964, auch Zweier-Rondawels mit Bad ab 75 DM.

Lodges: *** **Lantana,** Kiaat St, T. 781 5191, Fax -5193, ist für längere Aufenthalte die angenehmste Lösung. Flats ab 30 DM/P. – **Allin's,** Palm Ave, T. 781 3805, mit gutem Restaurant. Klimatisierte große DZ/Dreibettzimmer ab 100/130 DM. – **Matomani,** Essenhout/Selati St, T. 781 3680, Fax -1068, hat Zwei/Vierbetteinheiten mit Küche, Bad & TV ab 50 DM/P. – *** **Impala Protea Inn,** 52 Essenhout St, T. 781 3681, Fax -3234, sieht sich als Fluchtburg zu Golf & Wild. 60 EZ/DZ ab 140/200 DM. – Außerhalb am Olifants-Ufer: **Hippo Lodge Mfubu,** T./Fax 781 0412, mfubu@webmail.co.za, klein & friedlich.

Die Sefapane Lodge, Koper Rd, T. 781 7041, Fax -7042, ist eine tolle Anlage mit Clubcharakter. Reetgedeckte Chalets mit 4-7 Betten, Dusche & Ventilator 100-160 DM; Flats im Afro-Kuppelstil mit Küche & Bad; Camping mit sauberen Sanitärblocks, Wäscheservice, reetgedeckter offener Pub mit Blick auf den Pool. Das rustikale Tusk-Restaurant glänzt mit Curries, Salaten & Marzipan-Mousse; täglich 18.30-21h. Gute *Nightdrives* in den Krügerpark, 4 Std mit Braai im Busch 70 DM. *„Menschen aller Hautfarben teilen sich die gleichen Arbeiten, was eine entspannte Atmosphäre schafft." (Bettina Fromm)*

Busse: Transtate Mo/Mi/Fr nach Hoedspruit & Joburg. North Link ab Impala Protea So-Mo nach P'burg & Joburg (3/7 Std, 25/60 DM). **Minibusse** ab Sealene/Mellor Ave v.a. nach Tzaneen & Hoedspruit (je 10 DM). **Flüge:** SA Airlink, T. 781 3823, Mo-Fr dreimal, Sa/So einmal von/nach Joburg (hin ab 160 DM). **Mietwagen:** Imperial, T. 781 0376, und Avis, T. 781 3169, am Flugplätzchen nördlich der Stadt.

Hoedspruit

Sprich: Huttsprait.
73 km südlich von Phalaborwa, an der R40. Wo gibt's denn sowas? Ein „Ort" mit Postamt, Supermärkten, Banken, Metzgern, Immobilienmakler, Tankstelle – und kaum ein Wohnhaus! Nun, im benachbarten Klaserie-WR (Einlaß nur mit Einladung) haben sich Millionarios aus Joburg ihre Wochenendfarm gesichert. Und wo viel Geld plus Zeit, da hoher Bedarf an Dienstleist. ✆ 015.

Central Lowveld Tourism: T. 793 1678, Fax -1912.

Mehrere Lodges im Umkreis. **Matumi,** T. 793 2452, Fax –2743, matumi@global.co.za, mit Luxuslodge (inkl. Pirschfahrt, Wanderung und HP ab 170 DM/P) und Bushcamp für Selbstversorger (45 DM/P). – **Inkasi Game Farm,** T./Fax 793 2862, mit rustikalen Chalets am eigenen See; ohne/mit F 70/90 DM/P. – **Nirvana Game Lodge,** T./Fax 793 1350, nirvana@hixnet.co.za, 30 kn von Hoedspruit bei Kapama mit Chalets, Wohnzelten, Pool, Boma, Restaurant, Tourenbus; ohne/mit VP 60/100 DM/P.

Der Swadini Reptile Park, 14 km westlich neben der R531, T. 795 5203, hat neben Echsen auch viele heimische und exotische Schlangen. Führung sinnvoll & gut, *„der Typ hat voll die Ahnung" (Sieglinde Schopf),* freier Auslauf möglich. Täglich 8-17h, 6 DM.

Das Research & Breeding Centre, 20 km südlich neben der R40, T. 793 1633, dient als Aufzuchtstation für verschiedene Tierarten, darunter den seltenen Königsgeparden. Mo-Sa 8-16h, stündlich 1½Std-Führung 20 DM, Fütterungszeiten erfragen. *„Bloß nicht zur Mittagshitze kommen. Die Tiere sind faul, das Personal ist faul, man selbst wird faul!" (Martina Hürter)* Auch Nightdrives durch Klaserie: 2 Std vor Sonnenuntergang, nach Spitzen-Dinner nochmals 1½ Std, 70 DM – lohnt sich!

Die Provinz der vielen Veld-Gesichter verdient mindestens eine Woche lang ungeteilte Aufmerksamkeit. *(Bis 1995 Osttransvaal)*

Mpumalanga

Atemberaubende Steilhänge und natürlich der artenreiche Krügerpark machen das nordöstliche Mpumalanga zum **Muß** jeder Südafrikatour. Das Highveld, das schon zwischen Lydenburg und Nelspruit zu gefallen weiß, türmt sich unverhofft zu den Klippen der „Drachenberge". Es setzt undurchdringlichen Urwaldhängen eine felsige Rondawelmütze auf – um dann ohne Ankündigung, aber mit großartigen Aussichten 600-800m tief ins Lowveld abzustürzen. Die Gegenden südlich der N4 wollen dem Besucher dagegen v.a. die rasche Weiterfahrt nach Swasiland oder KwaZulu ermöglichen. Die N4 selbst ist bereits bis Waterval Boven (hinter Belfast) vierspurig ausgebaut, weitere Mautstellen sind vorgesehen.

☞ **Obwohl zahlreich**, belegen sich die Unterkünfte zur Ferienzeit von selbst – **reservieren**! Wo viel Nachfrage, dürfen auch die **Preise** rauf, haben sich die Hotels verschworen. Da den schönsten Gegenden nur touristische Bedeutung zukommt, blieben die Städtchen klein und **Busse rar.**

Wanderer finden ein prächtig bereitetes Terrain vor. Die schönsten Trails: **Blyde River** durch den Canyon, **Fanie Botha** von einer Forststation bei Sabie zu God's Window, **Prospector** rund um Sabie und Pilgrim's Rest. Daneben sind zahlreiche Rundtouren an einem Tag zu bewältigen. Zu jeder Jahreszeit mit Nebel rechnen!

Die nördlichen Drakensberge

Die schönste Art der Annäherung: **R36 ab Tzaneen.** Bald schieben sich rechts die ersten „Drachen" ins Bild. Hinter dem Strijdomtunnel gerät der Atem ins Stocken. Über den Abel Erasmus-Paß steigt man 800m rauf aufs Hochplateau, tiefe Schluchten wechseln mit Steilwänden und grimmigen Kuppen. Dazwischen schweift der Blick in die Ferne des Lowveldes, das jetzt zu unseren Füßen liegt.

Echo Caves

Seitensprung hinter der Kreuzung R36/R532. Das 16 km lange

Highlights der Provinz

*** Natürlich der *Krügerpark* – s. eigenes Kapitel.
*** Natürlich die *Drakensberge* – Eckchen wie das „Gottesfenster" vor Graskop gewähren Einblicke in die Ewigkeit. Und wenn je Afrikas sieben Naturwunder gekürt werden, muß eines davon Blyde River Canyon heißen.
*** Das *Mpumalanga Parks Board (MPB)* unterhält preiswerte Camps/Lodges an sechs aufregenden Standorten. Zentrale Reservierung T. 013/758 1035, Fax 755 3931.

Höhlensystem diente in der Steinzeit als Zufluchtsstätte – wahre Fundgrube für Anthropologen. Ständig werden weitere Höhlenarme entdeckt, derzeit sind erst 900m zugänglich. Touristisch (noch) nicht voll erschlossen: keine Teerstraße, kaum Souvenirwesen. Nur mit Führung, Eintritt 7 DM.

Das Museum of Man, 4 km vor der Höhle, präsentiert einige Entdeckungen & Felsmalereien. Auf Schulklassen ausgerichtet, aber reizvoll unter Überhang. Fr-So 8-17h.

Blyde River Canyon

Heimat der Drei Rondawels, Südafrikas meistfotografierter Felsformation nach dem Tafelberg, *of course.* Das 220 qkm-Schutzgebiet umfaßt unzählige Tier- und Vogelarten. Die meiste Aufmerksamkeit zieht aber die Schlucht auf sich, durch die sich der Blyde auf 26 km Länge den Weg ins Lowveld freischaufelte. Zu deren Erkundung wurde der wundervolle Canyon-Wanderpfad angelegt. © 015.

Aussichten: World's End View & Three Rondawels beim Blydepoort (sehenswert!); Bourke's Luck Potholes 20 km südlich; Wonder View & God's Window vor Graskop.

☞ **Malariagefahr** nur im Lowveld. Bloß nicht die frechen Paviane füttern, die richtig aggressiv werden. Einer Freundin konnten sie eine Umhängetasche von der Schulter reißen und fast im Busch entfleuchen.

Übernachten & Wandern

Oben: Aventura Blydepoort (ex-FH Odendaal), T. 013/769 8005, Fax -8059, mit grandiosem Ausblick und gewohntem Komfort, Restaurant, Supermarkt, Minigolf. Zeltplatz 16-28 DM, klimatisierte Zwei/Vier/Sechsbett-Chalets mit Küche & Bad ab 105/140/175 DM. In Hauptsaison plus 50%, min. fünf Nächte, für Tagesbesucher geschlossen. – Ein paar km weiter: Parkplatz mit fliegenden Händlern und freiem Blick auf die Three Rs.

Unten: Aventura Swadini, T./Fax 015/795 5141, am Fuße der Drei Rondawels, in Wassernähe zwischen Krugerkop und Mt Marepe, einen Deut schicker. Aventura übernahm die Baracken der Bauarbeiter am Staudamm und putzte alles mächtig raus. Pseudo-Vier/Sechsbett-Rondawels mit Lounge, Küche, Bad, Veranda & Braai ab 155/195 DM.

Unten an der Driehoek Rd (Schotter), die 18 km vor Hoedspruit von der R527 nach Süden biegt: **Trackers** in Blydenähe, T. 795 5033, vereint Preis-Wert mit scheuer Gastlichkeit. Bei der Abendtafel erzählt das Besitzerpaar von Damals in Rhodesien, oder auch nicht. Zelten auf dem Rasen 5 DM/P, einfache Zweierrondawel mit Dusche, WC, Fensterfront & Veranda 30 DM/P. **African Camping Safaris** am Blydeufer, T. 012/802 0272, Fax -0677, mit Zweibett-Holzhütten, Zweimannzelten, Sanitärblock & Koch; ab 30 DM/P.

Unten an der R531: **Marepe Lodge** am Fuße des Mt Marepe, T./Fax 795 5061, mit voll eingerichteten Pseudo-Baumhäusern in himmlischer Ruhe am kleinen Stausee. Zwei/Vierbett-Chalets 40-60

DM/P, Gartensuiten mit B&B, in Nebensaison vierte Nacht frei.

Im River Blyde: Otter's Den, T./Fax 795 5250, catfish@mweb.-co.za, auf einem 50-Hektar-Inselchen mit Rafting & anderen Abenteuern. Zeltähnliche Chalets im Auenwald mit VP ab 150 DM/P. Exklusiv & sehr schön.

Vor dem Strijdomtunnel/R36: **Manoutsa Park,** T. 795 5125, am Olifants 4 km vom Tunnel, mit drei Fünfbett-Rondawels, Küche, Dusche, Pool 20-40 DM/P. Zelten möglich. **Mariepsig Restcamp,** T. 795 5130, mit Vier/Fünfbett-Rondawels für 60-80 DM.

Der **Fanie Botha Trail** (80 km) durchstreift ab dem Forstamt Ceylon (bei Sabie) vier Tage lang Plantagen und grandiose Landschaften bis God's Window; drei Schutzhüttlein, 14 DM/P. Der **Blyde River Canyon Trail** (56 km) beginnt an God's Window und erreicht Swadini nach drei bis fünf unvergeßlichen Tagen. Anmeldung für beide ratsam, über Safcol Ecotourism, T. 012/481 3615.

Bourke's Luck Potholes

Neben der R532, tolle Fotomotive. Wo sich Blyde und Treur vereinigen, hat die jahrtausendelange Schmirgelarbeit von Sand und Steinen tiefe Zylinder ausgewaschen – schönes Beispiel von Flußerosion. Täglich 7-17h, Eintritt 2 DM, Besucherzentrum mit Wissenswertem über Geologie, Pflanzen- und Tierwelt des Canyons. Hier beginnen drei Wanderpfade für Kurzentschlossene: Eerste Liefde, Geelhout und Op de Berg (1-4 Tage).

God's Window

Am südlichen Ende des Naturparks. Gewährt dank eines Pfades auch dem Menschen großartige Ausblicke auf Lowveld und die bewaldeten Hänge der Drakensberge. An klaren Tagen sieht man tief in den Krügerpark. In undurchdringlichen Wäldern schimmern Weiher und rauschen Wildbäche, denen ungezählte Wasserfälle & Kavernen zu verdanken sind.

3 km nördlich von Graskop schlägt die R534 einen Bogen zum „Fenster". Ihm entgeht auch nicht die einsame Felsnadel in der ebenso waldreichen Nachbarschlucht: der **Pinnacle** aus massivem Granit trotzt jedem Wind & Wetter.

Graskop

30 km nordöstlich von Sabie, an der R532/R533. Seit den Tagen des Goldrausches zog die Zeit an dieser Straßenkreuzung fast spurlos vorbei – wären da nicht M-Net und Postkartenständer. Umso mehr bezaubert die Umgebung voller Wälder & Wasserfälle. ✆ 013.

Tourist Office: im Spar Centre, Hoof/Richardson St, T./Fax 767 1833; täglich 9-17h. **Crafts Shop:** Delagoa, T. 767 1081, ist am schönsten.

Das Panorama Restcamp, 2 km östlich beim Kowyn's Pass, T./Fax 767 1091, hält was der Name verspricht: hart an der Kante des gähnenden Abgrunds plitschert ein Pool mit Nixenfels. Zwei/Vier-/Sechsbett-Chalets mit Gaskocher & Bad 50-80 DM, Zelten möglich. Das städtische **Holiday Resort,** T. 767 1126, liegt zentraler, aber unspektakulärer. Fünfbett-Chalets mit Wohnzimmer & Küche, große Zwei/Vierbett-Rondawels mit Küchenzeile, Duschraum & Eßecke ab 65 DM, dazu beheizter Pool, Paddelboote, Zeltgelände.

Blyde Chalets & Lodge, T. 767 1316, Fax -1798, sehen etwas langweilig aus, dafür Mittelklassekomfort von Hallenbad bis Wäscheservice. Gartensuiten mit zwei/vier/sechs Betten 40-60 DM/P, zur Nebensaison beachtliche *Midweek Specials*. **Log Cabin Village**, T. 767 1974, Fax -1975, schöne Anlage im Ort. Einzeln stehende Zwei/Vier/Sechsbett-Blockhäuser mit überdachtem Parkplatz & Küche ab 95/140/180 DM.

Wasserfreuden

Nördlich von Graskop führt die R532 durch eine Gegend voller Wasserspiele. Abstecher wert sind auch westlich davon die **Berlin Falls,** die nach 80m freiem Fall im badegerechten Pool enden. Den **Lisbon Falls** westlich der R534-Einmündung sind gar 92m vergönnt.

Dieses Geplansche setzt sich südlich von Graskop fort, wo die kristallklaren **Mac Mac Pools** zum Schwimmen einladen (inzwischen 2 DM!), während 2 km nordwestlich davon die Big-Mäc Falls im Duett 56m in eine dichtbewaldete Schlucht stürzen.

☞ **Einmal** im porentief klaren Blyde baden? 1200m südlich der Berlin Falls zweigt ein Feldweg ab, der fast am Ufer endet. Von Bilharziose war hier noch nie die Rede.

Pilgrim's Rest

16 km westlich von Graskop, an der R533. Anno 1873 entdeckten zwei Vagabunden am Wildbach die ersten Gold-Nuggets, woraufhin der geschwätzigere, Bill Trafford, freudig ausgerufen haben soll: „*The pilgrim is at rest!*" Ihre Funde waren so ergiebig, daß selbst Digger aus Kalifornien und Australien vorbeikamen. Immerhin dauerte die goldige Zeit 99 Jahre, bis Transvaal Gold Estate auch die letzte Mine schloß. Seither schrumpft eine touristengerechte Geisterstadt zusammen, deren herber Charme unter Denkmalschutz steht. Alles Wesentliche entlang der Hauptstraße, im Stil der Goldgräbertage. ✆ 013.

Tourist Office: Main St, T. 768 1211, mit Museumticket; täglich 9-17h.

Royal Hotel, T. 768 1100, mit ansehnlicher Palette von anno dunnemals, Zeltplätzen und EZ/DZ ab 135/175 DM. Auch die Hotelbar, einst eine Kirche in Maputo, bleibt den Tagen ungezügelten Goldrausches verhaftet. Über der Theke baumelt noch die Feinwaage des Wirtes, gezahlt wurde in Nuggets. – **Beretta's GH**, T. 768 1066, Fax -1224, schwelgt ebenfalls in Nostalgie. Lounge, Veranda, Restaurant, Goldwaschen, alle Zimmer mit Bad.

Das Verkehrsamt vermietet restaurierte Goldgräberhütten; für zwei/vier/sechs P 70/90/110 DM. Gleich könnten abgekämpfte Digger eintreten, in verbeulten Blechschüsseln den Goldstaub abwaschen, sich Braten mit dampfender Apfelsoße servieren und danach in die robusten Eisenbetten fallen. Leider etwas muffig.

Originalgetreu: das Freilichtspektakel Pilgrim's Rest ergänzen **Dresden Shop** als Krämerladen, **Miner's House** als Wohngebäude und *PR & Sabie News* als Zeitungsverlag. Täglich 9-127h, Kombi-Eintritt 2 DM (Verkehrsamt), Führung zu Schürfstellen 2 DM. **Ponieskranz Stables** lädt zu kurzen Spazier- und mehrtägigen Wanderritten. Vogelfreunde verlustieren sich im Schutzgegbiet hinter dem Städtchen.

Kein Linienbus, kaum Minibustaxis. Am besten also nach Leuten umhören, die den Abstecher planen.

Mount Sheba-Naturreservat

20 km westlich. Sanfte Hügel und unbefleckte Regenwälder bilden ein natürliches Amphitheater. Selbstverständlich wurden dessen Logenplätze zum wasserfallumrahmten Spitzenhotel umgebaut. Üppige Pflanzenwelt, verschiedene Trails, täglich 6.45-22.45h. Dazu die überwältigende **** **Mount Sheba Country Lodge** auf dem Bergrücken, T. 768 1241, Fax -1248, msheba@country-escapes.co.za. 25 Suiten mit HP ab 175 DM/P, im Winter ab 100 DM/P.

Lydenburg

52 km westlich von Sabie, an der Kreuzung R37/R36. In den reißenden Bächen tummeln sich Forellen, im lieblichen Tal am Rande des Highvelds die Tagestouristen, weil sich herumgesprochen hat, daß die Strecke nach Sabie höchst sehenswert ist. ✆ 013.

Und der betrübliche Ortsname? 1849 wollten die Voortrekker an die Opfer einer Malariaepidemie erinnern. Bald war auch ihre Gründung „Republic of Lydenburg" dahingerafft, und also begnügt sich das Städtchen heute mit Dienstleistungen fürs Farmland.

Uitspan Caravanpark, Viljoen St, T. 235 2914, mit Zeltplätzen für 12 DM, Dreier-Rondawels ohne /mit Bad 45/60 DM. **Paradise Camping** am anderen Ortsende bietet gleiche Preise, weniger Reiz. **The Manor,** 43 Viljoen St, T./Fax 235 2099, manorgh@intekom.co.za, bewahrt sich den Charme der Jahrhundertwende; acht EZ/DZ ab 70/100 DM.

Lydenburg ist fast umschlossen vom **Gustav Klingbiel NR**, das auf 22 qkm zwischen viel Kleintier und Antilopen beeindruckende Ruinen aus der späten Steinzeit schützen soll. Wanderpfad mit Hütten, Auskunft beim Verkehrsamt, T. 235 1776.

Transtate täglich nach Joburg, Hoedspruit & Phalaborwa. **Minibusse** ab dem Freigelände hinter der Mall regelmäßig nach Sabie, Joburg & Nelspruit.

R540 nach Belfast

Kaum berührter Abschnitt des Highvelds. Über forellenreiche Wildbäche und rauschende Wälder spannt sich ein klarer Himmel, der den Nächten eine empfindliche Kühle beschert.

Spitzenlogis zuhauf auf halber Strecke in Dullstroom. *** **Critchley Hackle Lodge,** T. 254 0415, chl-wks@mweb.co.za, und ** **Dullstroom Inn,** T. 254 0071, ab 160 bzw. 130 DM/P. **** **Walkersons,** T. 254 0246, im Stil von Camp David am Fischteich; 20 Zimmer mit HP ab 250 DM/P. Am preiswertesten: **Lakenvlei Forest Lodge,** T. 253 0550, lakenvlei@safcol.co.za, mit perfekter Ruhe & Seeblick.

R37 nach Sabie

Wer den hohen Long Tom-Paß im Angesicht des noch höheren Mt Anderson (2285m) bewältigt, kommt aus dem Staunen schwerlich heraus. Zuerst Lydenburgs kleines Stadtmuseum, dann das tolle Panorama, schließlich ein Wasserfall nach dem anderen. Die **Lone**

Creek Falls (60m) schaffen eine wilde Dschungelatmosphäre, während sich die **Bridal Veil Falls** eher züchtig als Brautschleier gebärden.

Natürlich möchten manche Leute wissen, was *hinter* dem Schleier steckt. Für die wurde der Fanie Botha Trail eingerichtet; ab Ceylon Forest Station.

Sabie

30 km von Graskop, 42 km von Hazyview, 57 km von Nelspruit. Das Zentrum von Südafrikas größtem Forst (Sappi liefert über die Hälfte des Holzbedarfs) belohnt mit vollem *Sightseeing*-Programm. Schmankerl unter den vielen Wasserfällen im Umkreis: die Horseshoe Falls 9 km außerhalb. © 013.

Info Centre: Ford/10th St, T. 764 1241. Rathaus und Postamt am schmucken Hauptplatz/Main St, dazu First National Bank und National Hiking Board – einen Besuch wert.

Übernachten

Caravanparks am Ufer des Sabie, Old Lydenburg Rd: der städtische **Castle Rock**, T. 764 1242, ist preiswert, auch wenn die Tarifliste Verwirrung stiftet. Dez-März 12 DM/Zelt plus 2 DM/P, Apr-Nov 9 bzw. 1,50 DM. **Merry Pebbles** nebendran, T. 764 2266, jongliert ebenfalls mit Jahreszeiten; zwei P im Zelt 20-30 DM, in Hütten 70-120 DM.

Backpackers: Jock of the Bushveld, Main/Glynn St, T. 764 2178, Fax -3215, zentral hinter Wimpy's, ist dem JH-Verband angeschlossen. Stolzes Sportangebot, rund um die Uhr offen, muffeliger Schlafsaal 14-18 DM, Zelten 12 DM, DZ ohne/mit TV 65/80 DM, Bungalows jeder Größenordnung ab 30 DM/P. – **Sabie Vallée Inn,** 10th St, T. 764 2182, Fax -1362, überaus zentral mit BP-Sektion, Gemeinschaftsküche & Schlafsaal ab 14 DM, DZ mit VP ab 140 DM.

B&Bs für 35-50 DM/P: **Serinndipity GH,** 7 Power St, T./Fax 764 2685 (Howard & Elize Mollner), das tollste der Stadt mit mächtigem F. – **The Kranz,** T. 764 1330, Fax -3135 (May & Peter Corsar), verwöhnt mit schottischer Gastfreundschaft. – **Wayfarers,** T./Fax 764 1500 (Sergio & Lynette), nüchtern & modern mit Gorgeblick.

Chalets unter 30 DM/P: **Fern Tree,** 800m jenseits der Sabiebrücke, T. 764 2215, Fax -2047, mit Mini-Pool und elf Vier/Sechsbett-Cottages. – **Sabi Star,** 3 km gen Hazyview/R536, T. 764 3328 (Shawn & Daphne), im versteckten Tal mit Wildbach & Vier/Achtbett-Hütten. – **Lone Creek,** Old Lydenburg Rd, T. 764 2611 (Liezle & Johanita), georgianische Landvilla am Sabie-Ufer, Chalets mit drei/fünf Betten.

Shunter's Express, T./Fax 751 3319, ist weit & breit das abgefahrenste Logis. Mitten im Wald, 800m unterhalb der R537 nach White River (Abzweig 12 km von Sabie), hat sich am „Bahnhof" Revolver Creek ein Dutzend Waggons aus den 30er Jahren zur Ruh' gesetzt: Speisewagen, *Conference Coach,* Schlafabteile, alles aus Holz, ehrwürdig & romantisch. Ü mit F/HP ab 60/75 DM/P. Auf dem Teich dümpelt ein Boothaus; für vier/sechs P 75/90 DM. Außerdem Wanderwege, Kanus, Mountainbikes, Ausritte (als Wochenendtour 160 DM).

◆◆◆

Sabie und der Wald

Die **Eukalyptusplantagen** entstammen dem 19. Jh., als Goldrausch & Bergbau den ursprünglichen Wald zerstört hatten. Schon mal auf deutschen Autobahnen einen Truck von *Sappi* gesehen? Über die Bedeutung Sabies klärt ein gut ausgestaltetes **Forstmuseum** neben dem Verkehrsamt auf. Mo-Fr 9-16h, Sa 9-12h, Eintritt 1 DM.

Forest Fair alljährlich im April/Mai.

Der **Prospector's Trail** schlängelt sich vier bis fünf Wandertage lang durch die Berge nach Pilgrim's Rest, ohne hohe Anforderungen zu stellen. Anmeldung T. 764 1058.

Linienbus ab Bhf täglich nach Nelspruit & Graskop. **Minibusse** neben Kwik Spar, Main Rd, u.a. nach Graskop, Hazyview, Nelspruit & Lydenburg (3/4/5/6 DM). **Arrow Trekkers**, T. 011/425 2385, direkt von/nach Joburg & Pretoria (hin 70 DM).

Lowveld

Die folgenden Orte entbehren jenes Charmes, mit dem Wälder bzw. Aussichten Sabie und Graskop versorgen. Wegen günstigerer Lage zum Krügerpark ist jedes zweite Anwesen ein Hotel oder B&B. Auf ein breites Freizeitangebot legen fast alle gesteigerten Wert.

Hazyview

15 km westlich vom Krügerpark-/Numbi Gate, an der R538. Unwichtiger Ort am Ufer des Sabie zum Einkaufen, Volltanken oder Logieren, zumeist in der Umgebung. ✆ 013.

Tourism Assoc: im Blue Haze Shopping Center, T./Fax 737 7414.

Backpackers: Kruger Park BP, Main Rd, T. 737 7224, krugback@mweb.co.za, 2 km südlich an der Straße zum Numbi Gate. Tips & Touren, schattige Anlage, zuwenig Gemeinschaftseinrichtungen, billige Mietwagen. Mehrere muffige Vier/Fünfbett-Rondawels und triste Achtbett-Schlafsäle je 14 DM/P, Zelten 8 DM. – Neuer Konkurrent: **Big Five BP,** 5 km südlich neben der R538, T. 737 6098. 18-Betten-Saal 12 DM, zwei DZ 40 DM.

Selbstversorger: billigstes Holiday Resort ist **Sabaan** auf halbem Weg nach Sabie, T./Fax 737 8114. – Gästefarmen zuhauf, z.B. **De Liefde Cottages,** 2 km außerhalb, T. 737 8733 (Marlene); **Sunbird,** T./Fax 737 7127, mit Chalets ab 35 DM/P, mit F 55 DM; und **Thika Tika,** T. 737 8108, mit Blockhütten am Flußufer für 35-50 DM/P.

B&Bs: Thulamela, T. 737 7171, gibt sich gesundheitsbewußt, jedes Cottage mit Spa Bath. – **Place of Rock,** T./Fax 737 7265, eluzai@global.co.za, mit Safaris, Pool & Lagerfeuer. – **Shingalana GH,** T./Fax 737 7045, shingala@satis.co.za, ab 60 DM/P.

Sterne: u.a. *** **Hazyview Protea**, Burgers Hall, T. 737 7332, mit 55 DZ ab 160 DM. *** **Hotel Numbi,** 19 km vom Numbi Gate, T. 737 7301, mit gutem Pioneer Grill und 22 DZ ab 210 DM. **** **Karos Lodge,** T. 735 5671, am Fluß 200m vom Kruger Gate mit 96 rustikal ausgestatteten EZ/DZ ab 160/230 DM.

Luthusaba, T. 736 7299, raftet & schlauchbootet auf dem Sabie. Aber auch sonst scheuen die Jungs vor nix zurück: Mountainbikes, Ausritte, Lachsfischen, Safaris. Beide Backpackers bieten Tagesausflüge in den Krügerpark ab 80 DM/P.

Busse: Transtate nach Joburg & Acornhoek. **Minibustaxis** ab Mall u.a. nach Sabie, Nelspruit & Joburg (4/4/24 DM).

White River

19 km nördlich von Nelspruit, an der R40. Weniger heiß & feucht als die anderen Orte im Lowveld. Diese günstige Lage im Obstanbaugebiet wird längst ausgeschlachtet: zwei Golfplätze, breites Safariprogramm, Heli-Rundflüge, Heißluftballons! ✆ 013.

Tourism & Publicity: T./Fax 750 1599.

White River brüstet sich nicht ohne Selbstironie als Nut Capital of SA. *Südlich der Stadt sind mehrere Plantagen zu besichtigen. Und dort gibt's einen auf ... aber lassen wir das.*

Zelten auf dem **Caravanpark** im Ortskern, T. 750 1176; oder im **Bundu Park Latwai,** 4 km Richtung Nelspruit, T./Fax 758 1221, auch Vier/Sechsbett-Chalets. Die **Flamboyant Rondawels** neben Kraalkraft/R 40, T. 758 1133, bieten 2-5 Betten für 40-80 DM.

Sterne: u.a. *** **Glory Hill GH,** Numbi Rd/R538, T. 758 3217, mit viel Flair, fünf DZ mit Radio ab 100 DM. ** **Karula Hotel,** Old Plaston Rd, T. 751 2277, mit nüchterner Einrichtung, knapp 40 Ein/Zwei/Dreibettzimmer mit TV & HP ab 140 DM. **** **Hotel Winkler,** T. 758 2317, mit aufregender Architektur im weiten Park, DZ ab 210 DM. *** **Hulala Lakeside Lodge,** T. 764 1893, Fax -1864, auf einer Landzunge im Dagama Dam, abseits der R40 nach Hazyview, 21 DZ mit HP ab 290 DM.

Busse: Prestige, T. 750 1228, täglich nach Nelspruit & Joburg.

Nelspruit

350 km östlich von Joburg, an der N4. Das Schönste an Nelspruit ist die Blütenpracht an den Gestaden des Crocodile. In der Umgebung werden soviele Zitrusfrüchte angebaut wie sonst nirgendwo in Südafrika, in der erst 1905 gegründeten Provinzhauptstadt pulsiert das Herz des Lowvelds. ✆ 013.

Publicity Assoc: Promenade Centre, Louis Trichardt St, T. 755 1988, Fax -1350, gut sortiert, mit Servicegebühr; täglich 8-16/17h. **Postamt:** Voortrekker St, mit Postlager, Telefonen & Taschendieben! **Internetzugang:** NetQuest, Old Mutual Bldg, Brown/Voortrekker St, T. 752 2707; Mo-Sa 8-17h, 4 DM/Std online.

Lowveld Tours: Joshua Doore Centre, Louis Trichardt/Paul Kruger St, T. 752 6108. **Taxi:** Citybugs, T. 755 3792.

Konsulat von Mosambik: CVA Bldg, Bester/De Waal St, T. 752 7396; Mo-Fr 8.30-15h, zwei Fotos, 35 DM Gebühr, 24 Std Wartezeit.

Übernachten & Anschauen

Gezeltet wird auf dem städtischen **Caravanpark,** westlich an der N4 hinter Caltex; im Casarina Park, 8 km südlich an der R40, T. 744 7181; oder im **Safubi Park,** Graniet St, T. 741 3253, 800m von der N4 in hügligem Vorort. Schattige Stellplätze je 12-18 DM, alle mit Rondawels & Chalets ab 60 DM.

Backpackers: Nelspruit BP, 21 Marloth St, T. 755 4429, Fax -2311, nelbackpackers@hotmail.-com, legt auf drei Dinge besonderen Wert: Infos (auch zu Swasiland & Mosambik), Entspannung und Party. Mit Lapa, Garten, Pool, Billard, Darts, TV, Wäscheservice, luftiger Küche und geräumiger Loun-

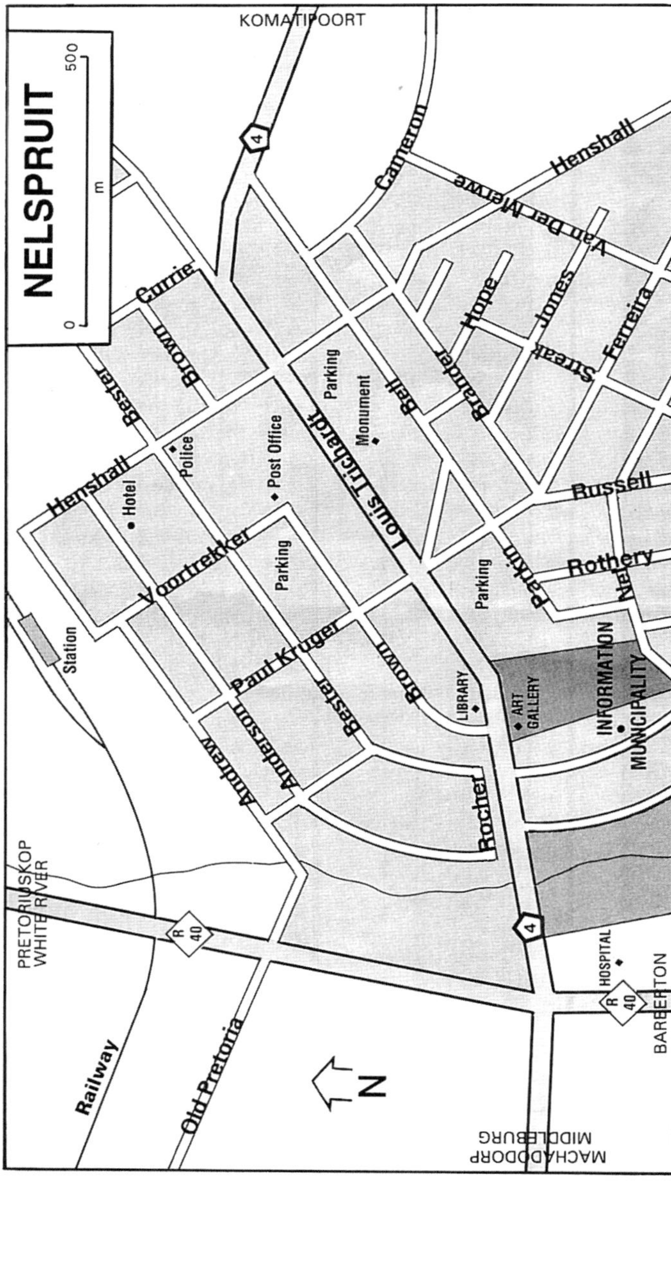
NELSPRUIT
0
500
m
KOMATIPOORT
Cameron
Henshall
Van Der Merwe
Currie
Brown
Bester
Hope
Jones
Ferreira
Brander
Streak
Bell
Parking
Monument
Louis Trichardt
Post Office
Police
Henshall
Hotel
Russell
Rothery
Paterson
Nel
Voortrekker
Parking
Parking
Station
Paul Kruger
Brown
LIBRARY
ART GALLERY
INFORMATION
MUNICIPALITY
Anderson
Andrew
Bester
Rocher
PRETORIUSKOP
WHITE RIVER
R 40
4
HOSPITAL
R 40
BARBERTON
Railway
Old Pretoria
N
MIDDLEBURG
MACHADODORP

ge. Schlafsaal 14 DM, ein DZ 40 DM. – **Rockery Hill,** Mataffin Rd, abseits der Kaapsehoop, T. 741 5011 (Richard), ist ein feines Refugium in den Bergen mit Paraffinlampen. Schlafsaal 14 DM, Zweier-Cottage 40 DM.

Bed & Breakfast bietet die Gegend in Hülle & Fülle. Vermittlung u.a. durch Lowveld B&B, T. 753 2997, und Bundubeds, T. 752 2709; je 40-70 DM/P. Die **Klipspringer Lodge,** T. 744 0195, Fax -9002 (Caroline & Jürgen Jösch) empfängt auf einer großzügigen Farm mit deutscher Sauberkeit. 14 km südlich, über Henshall, Ferreira und Uitkyk Rd.

„Empfehlenswertes ***Guesthouse:*** *bei Fam. Schmidt, T. 744 9984. Birgit & Mathias sind aus Deutschland und verwöhnen ihre Gäste soweit wie möglich. Das Haus liegt etwas außerhalb, aber ruhig, mit Pool. DZ mit F ab 120 DM." (Gabriele Berthold)*

Hotels: Formule 1, N4/Kaapsehoop St, T. 741 4490, mit Dreibettzimmer für 54 DM. – * **Town Lodge,** Dan Pienaar/Koorsboom St, T. 744 1444, Fax -2258. 106 nüchterne, geräumige DZ ab 80 DM. – Etwas teurer: ** **Fig Tree,** Anderson St, T. 755 3201, und das gegenüberliegende *** **Paragon,** T. 755 3205, mit kühner Fassade. – *** **Promenade,** Louis Trichardt St, T. 755 3000, Fax -5533, im alten Rathaus. 65 DZ ab 180 DM.

Der Lowveld Botanic Garden, 5 km nördlich der Stadt/R40, zeigt auf 150 ha Gartenkunst und einheimische Wälder am Crocodile-Ufer. Täglich 8-17h, 1 DM – sehr schön & afrikanisch, dazu angenehmer Crocodile Trail (2 Std), Picknickplätzchen und Café. Das Sonheuwel-Reservat südlich der Stadt steckt noch in den Kinderschuhen. Wer loswandern will, würfelt zwischen mehreren **Mehrtagestrails;** Anmeldung im Forstamt, T. 755 2169.

Hin & weg

Bahnhof 400m nördlich des Zentrums, Andrew/Henshall St, T. 752 9257; Tickets mindestens am Vortag der Reise besorgen, Mo-Fr 8-17h. **Komati** täglich 3.30h nach Maputo (8 Std, 35/25 DM, inkl. Einreisesteuer), 20.41h nach Joburg (9½ Std, 40/28 DM).

Busse ab Promenade Hotel: **Greyhound,** T. 753 2100, Mo-Sa 7.30h, So 16h nach Joburg (5 Std, 50 DM). **Translux,** T. 752 5134, täglich 11.30h nach Joburg (40 DM). **Matstrans** täglich 13/14-/15/16h nach Barberton (½ Std, 2 DM). **Transtate** ab Bhf Mo-Fr nach Komatipoort, Hazyview & Joburg. **Tropical Express** ab Lowveld Tours täglich 11.30h nach Maputo (4 Std, 30 DM). **Minibusse** ab Andrew St nach Joburg, Maputo, Piggs Peak (26/24/7 DM), Barberton, Hazyview, Sabie & Graskop (je 3-4 DM).

Flugplatz 8 km südwestlich, Kaapsehoop Rd, T. 741 4996. **Metavia,** T. 741 3141, täglich nach Maputo (½ Std, 105 DM). **SA Airlink,** T. 741 3557, täglich nach Joburg & Durban (1/1 ½ Std, ab 140/170 DM). **Mietwagen** am Flugplatz: Imperial, T. 741 3210; Budget, T. -3871; und Avis, T. -1087.

N4 nach Komatipoort

Die Fahrt von Nelspruit streift oft das Südufer des Crocodile. Kurz hinter Karino setzt die N4 sogar auf die andere Seite über. Aussichtswütige Leute lassen aber die Brücke links liegen und erklimmen über eine geteerte Nebenstrecke den **Mpageni-Paß.** Nur zwei Abzweigungen zum Krügerpark: bei Malelane und in Komatipoort. ✆ 013.

Malelane (km 55): **** **Malelane Sun,** Riverside Farm, T. 790 3304, verteilt 100 Suiten auf reetgedeckte Häuschen im sattgrünen Gelände, EZ/DZ ab 230/340 DM, Winter-Specials (Mai-Sep) ab 105 DM/P. Es geht auch billiger: **River Guest Cottages,** 3 min von der N4, T. 790 0825, mit EZ/DZ, Flußblick & F 70/100 DM.

Komatipoort (km 114) besitzt nur ein Bauwerk von Bedeutung, den Grenzübergang nach Mosambik; täglich 7-17h. Kurz davor, an der N4: *** **Border Inn,** T. 790 7328, Fax -7100, mit Rasen à la Wimbledon, Speisen à la carte und Preisen à la – nun gut, 17 EZ/DZ mit F 90/120 DM. **Komati GH,** Liedenburg St, T. 790 7109, klein & niedlich, EZ/DZ mit Bad & F 60/80 DM. Ähnlich preiswertes B&B: **Trees Too,** T. 790 8262.

Zug: Komati ab K'poort täglich 6.30h nach Maputo (4 Std), 18h nach Nelspruit & Joburg (2½/12 Std, 15/50 DM).

N4 nach Middelburg

30 km hinter Nelspruit wird der Montrose-Paß erreicht. Kurz vorher biegt die R539 nach rechts in die Mankelekele-Berge ab, wo einige Höhlen warten. ✆ 013.

Sudwala Caves: angeblich die ältesten der Welt. Wahrscheinlich hat bei der Altersbestimmung der Saurierpark gegenüber geholfen, dessen Nachbildungen die akkuratesten im Universum sind. Durch den Doppelpaß von Stalaktit (hängende Tropfsäule) und -gmit (wachsende Steinfigur) Führungen zur halben Std, täglich 8.30-17.30h, 12 DM.

Während sich der Crocodile an der parallel verlaufenden R539 über die **Montrose Falls** (6 DM) in die Schoemanskloof stürzt, folgen wir dem Lauf des Elands River – schöne Strecke. Auch er glänzt bald mit einem Wasserfall (frei) und hat die Voortrekker mächtig herausgefordert. Um die Jahrhundertwende errichteten sie vor Waterval Boven die steinerne **Five Arches Bridge** und durchstießen einen 400m langen Bahntunnel. Sensible Gäste bewundern und ziehen keinen Vergleich zu Verkehrswegen in den Alpen.

Sudwala Lodge am Fuße des Grottenhügels (km 15 ab Nelspruit), T. 733 3073, mit DZ ab 110 DM und reetgedeckten Vier-/Sechsbettchalets mit Küche ab 125/175 DM. **Come Together Farm** (km 16), T. 733 3052, Fax -4140, mit Camping und Sechsbett-Rondawels; B&B ab 25 DM/P. *** **Crocodile Country Inn** bei Schagen (km 20), T. 736 3040, läßt sich von subtropischen Gärten umgeben. 30 suitenartige DZ ab 180 DM.

In Waterfal Onder (km 82): **Elandskrans Resort** mit Camping & Sechsbett-Chalets ab 15 DM/P. *** **Bergwaters Lodge**, T. 013262-/A103, vor dem Elandspaß mit deftiger Burenkost und umfassenden Freizeitanlagen. Zehn große DZ ab 150 DM.

In Belfast (km 122): **Belfast Dam Resort,** 2500m nördlich an der R33, T. 253 1121, mit billigen Sechsbett-Chalets. * **Belfast Hotel,** 103 Vermooten St, T./Fax 253 0461, mit warmherzigem Ambiente – weil ohne TV? 14 EZ/DZ ab 60-100 DM.

Middelburg

167 km westlich von Nelspruit, abseits der N4. Das Wirtschaftszentrum verdient kaum Beachtung, umso mehr aber die Sehenswürdigkeiten nördlich davon. ✆ 013.

Middelburg stürzt sich v.a. auf Geschäftsleute, darunter *** **Midway Inn**, Jan van Riebeeck St, T. 246 2081, mit 130 bonbonfarbigen EZ/DZ ab 100/140 DM; und **Olifants Hotel**, President Rd, T. 242 2116, mit DZ ab 80 DM. – **Die Gastehuis**, T./Fax 243 2226, mit Country Cottages ab 50 DM. – **Olifants River Lodge**, T. 243 9401, Fax –9406, an der Witbank Rd mit Bar, Billard, Lounge, Lapa & breitem Sportangebot.

10 km nördlich, neben der N11, liegt **Fort Merensky**, das die Sotho zum Schutz vor marodierenden Banden 1895 errichteten. Mehr zu sehen bietet das **Botshabelo-Museum**, ein restauriertes Dorf der südlichen Ndebele; auch einfache Vier/Sechs/Achtbett-Zimmer und Camping, T./Fax 243 1319.

Alle Züge & Busse von/nach Nelspruit halten.

Loskop Dam-Naturreservat

53 km nördlich von Middelburg, an der N11. Ein kleines Naturparadies! Durchs trockene Hügelland streifen Weiße Rhinos, Leoparden, Büffel, Zebras & Giraffen. Wanderpfade entlang des 20 km langen Sees rücken Antilopen auf den Pelz. Eintritt 10 DM/Fahrzeug.

Aventura Eco, T. 012/346 2277, Fax -2293, am Stausee mit klimatisierten Zwei/Vier/Sechsbett-Blockhäusern ab 80/105/130 DM, Zeltplätze ab 20 DM, Schlafsäle.

Middleveld

Enttäuschung für Fußballfans: dieses Mittelfeld hat gar nix mit Günter Netzer zu tun, aber viel mit der unentschiedenen Lage zwischen *High* im Westen und *Low* im Osten.

Vom Witwatersrand dehnt sich ein begrastes Pizzablech durch Mpumalanga nach Swasiland aus. Anders als im wildreichen Lowveld ist hier nicht mit aufregenden Begegnungen zu rechnen, der weiße Mensch hat sich die Gegend längst untertan gemacht.

Witbank, noch im Dunstkreis Gautengs, zählt zu den Zentren des Kohlebergbaus. Hinter Evander bereichert Petrochemie (**Sasol II/III**) die Luft. Und ob Ermelo, Bethal oder Standerton – die Städte im Einzugsbereich des Vaal, der hier entspringt, entbehren jeglichen Reizes. Der weitere Weg zu KwaZulus Schönheiten führt durch eine Region, in der vor 100 Jahren blutige Schlachten geschlagen wurden.

☞ Nicht vergessen: **Seitensprung nach Swasiland**, am besten für mehrere Tage.

Barberton

43 km südlich von Nelspruit. Percy Fitzpatricks Roman *Jock of the Bushveld* machte Barberton (15.000 Ew) berühmt, die erste Börse im Transvaal machte es vorübergehend reich – bis Malaria ihre Opfer forderte und die Minen sich langsam erschöpften. ✆ 013.

Information Bureau: am Marktplatz, Crown St, T. 712 2121, Fax -5120; Mo-Fr 8-17h, Sa 9-13h. **Postamt:** De Villiers/President St.

Mäßiger Caravanpark, General St, T. 712 3323, mit Zeltplatz für 15 DM, Zwei/Vierbett-Chalets mit

Familienwirtschaft: Antilopen im Kalahari Gemsbok NP,

Nilpferde im Hluhluwe NP.

Produzenten & Verwerter: Elefantenkuh mit Nachwuchs,

Elefantenmistkäfer im Addo NP.

Die Schönen der Savanne: Geparden,

Giraffen im Krüger NP

Gefiedertes Gedränge: Strauße in Oudhtshoorn,

Kaptölpel in Lamberts Bay.

Küche 60-100 DM. Unschlagbar: in den **Fountain Baths,** 48 Pilgrim St, T./Fax 712 2707, im Jahr zwei des Goldrausches errichtet, badete einst die ganze Stadt. Anschließend wurde im buschigen Garten flaniert. Schöne Zwei/Vierbett-Cottages mit Küche & Bad 35 DM/P. * **Phoenix Hotel,** Pilgrim/President St, T. 712 4211, verströmt noch den Reiz alter Zeiten; DZ mit üppigem F ab 80 DM. Auf Durchreisende hat's das größere ** **Impala Hotel,** 75 de Villiers St, T. 712 2108, abgesehen; helle DZ mit F ab 100 DM.

Nur wenig erinnert an die Glanztage, die der Entdeckung von Gold anno 1884 folgten. Bald besaß das Nest über 200 Pubs – kaum vorstellbar im gedämpften Klima, das Forstwirtschaft und Obstanbau heute verbreiten. Die goldene Vergangenheit beschwört über ein Dutzend restaurierter Villen. Dazu passend: **Diggers Festival** im Sep.

Auf Wanderer warten mehrere mehrtägige Herausforderungen. Der **Gold Nugget Trail** beginnt am Parkplatz gegenüber der Polizei; zwei/drei Tage, 37/44 km, Hütten mit 20 Matratzen und Feuerholz, anmelden bei Makhonjwa Conservation, T. 712 4067. Außerdem kurzer Pfad zur **Fortuna-Mine,** durch Wälder und langen Tunnel (Taschenlampe).

Minibusse ab Emjindini Township nach Nelspruit & Badplaas (3/5 DM). Matstrans ab Crown/General St viermal täglich nach Nelspruit & Kaapmuiden (1/2/1 Std, je 2 DM).

Panoramastraße nach Swasiland

Die ungeteerte R40 zum Grenzübergang Josefsdal (8-16h) ist holperig, außerhalb der Regenzeit aber mit 2WD machbar. *„Unser Corolla hat doch arg gelitten." (Katja Tietjen)* Der steile Anstieg hinter der Stadt ergötzt sich an mehreren Aussichtspunkten. Nach 43 km durch den Wald ist die Grenze erreicht, nach weiteren 23 km Piggs Peak; s. Swasiland.

☞ **Bis Bulembu** führt die Piste immer wieder unter den Loren einer Transportseilbahn durch. Mit Hilfe dieser 20 km langen, von 50 Pfeilern getragenen Bahn wurde Asbest aus der **Havelock Mine** zum nächsten Bahnhof, eben Barberton, befördert. Auf dem Rückweg schaukelt Steinkohle für den Minenbetrieb über die Wälder.

Badplaas

61 km westlich von Barberton, an der R38. Diese **Oase der Beschaulichkeit** wird geadelt von Mineralquellen und Bergen, die Hlumuhlumu heißen oder so ähnlich. Kapital schlägt daraus v.a. eine mächtige Ferienanlage. Das benachbarte Overvaal NR (35 qkm) voller Antilopen lädt zu Wanderungen und Ausritten. ✆ 017.

Aventura Spa, T. 844 1020, Fax -1391, mit Pools, Laden, viel Sport & Camping. Rondawel mit drei/vier/sechs Betten und tollem F-Büffet ab 150/180/210 DM. Billiger bei **Deovolente,** T./Fax 844 1413; und **Panorama Resort,** T. -1400; 2/5 km von Aventura.

◆◆◆

Auf den zweiten Blick

Mit Zulus auf der Jagd

Von der Kunst, Giftschlangen zu fangen

Ein Erlebnisbericht von Bryan Mark Rigg. Der damals achtzehnjährige Rigg war noch zu Apartheidszeiten als Freiwilliger einer privaten amerikanischen Hilfsorganisation mehrere Wochen lang in Zuludörfern an der Grenze zu Swasiland im Einsatz.

Die ersten Sonnenstrahlen des jungen Tages wagen sich zaghaft in meine Hütte, durch die Fenster, in denen mich vier Zulukinder anstarren. Ich muß lachen und winke ihnen zu – sofort sind die Köpfe verschwunden.

Zweifach bezipfelt: Nachdem ich das Frühstück (Reis, Kohl und Kartoffeln) beendet habe, beginne ich mich mit der Umgebung anzufreunden. Der Morgentau schillert noch auf dem wogenden Grasmeer, durch das Zulukinder auf ihren spindeldürren Beinchen stapfen, rennen, toben. Abwechselnd verfolgen sie ihre japsenden Hunde oder einander.
Mir fallen sofort ihre langen »Bauchnäbel« auf – bei der Geburt durchtrennt der »Medizinmann« die Schnur über eine Handbreit vor dem Körper. Haut wächst über die Sache, und so laufen die Kinder noch jahrelang mit einem offenen Bruch herum. Manchmal wirken die nackten Jungs wie zweifach bezipfelt.

Hundezähneputzen: Gegen Mittag macht sich ein kleiner Regensturm wichtig. Nach zehn Minuten ist aber alles vorbei, die Sonne drückt noch unerbittlicher – und schenkt uns einen wundervollen Regenbogen, bald darauf einen zweiten, mit noch größerer Spannweite, aber nicht ganz so deutlich. Nach dem Essen gebe ich einigen der Kinder eine Vorführung über Zahnputztechniken. Sie sind so beeindruckt, daß sie nach dem eigenen Gebiß auch die ihrer Hunde schrubben wollen.
Das Nachbardorf hat für den heutigen Tag eine Antilopenjagd angekündigt, und auch uns Amerikaner eingeladen. Ich kann als einziger zusagen, weil die anderen noch zu tun haben. Gerade ist eine Lieferung mit Kleiderspenden aus den USA angekommen. Wir, die Jäger, würden abends losziehen und einige Tage unterwegs sein.

Klobesucher: Nach dem Abendessen macht sich die Verdauung bemerkbar. Schon auf dem Weg zu der einfachen Hütte mit dem Loch im Boden empfängt mich ein muffiger, unfreundlicher Geruch. Mitten im Geschehen höre ich plötzlich Bewegung unter mir. Flotter als sonst komme ich zum Ende und trete ein paar Schritte zurück. Als der Schein der Taschenlampe durch das Loch fällt, erkenne ich ganze Madenkolonien, die in den Exkrementen umherschwimmen.

Die Männer sind jetzt abmarschbereit. Ich muß gar nicht hinschauen, um zu wissen: ich werde der Einzige sein mit Rucksack, Stiefeln, Feldflasche oder überhaupt mit Kleidung. Sie tragen Lendenschurze, Säcke über ihren Schultern, und sonst nichts. Ihre Speere leuchten matt im Mondlicht, die Silhouette der umliegenden Hügel hebt sich zaghaft vom nachtschwarzen Himmel ab.
Die zehn Zulus schwärmen aus, lassen jeweils zwanzig, dreißig Meter zwischen sich. Sie zischen mir immer wieder zu, ich solle ruhig sein - aber wie sehr ich mich auch bemühe, irgendein Geräusch entsteht bei jedem Schritt. Also bleibe ich ein paar Augenblicke stehen und horche in die Wildnis: von meinen Begleitern ist nichts zu hören. Gar nichts. Bis mich eine Hand an der Schulter packt. Einer der Zulus bedeutet mir weiterzugehen.

Treffer: Plötzlich raschelt es im Gras, ein Jäger läuft zielstrebig los, ein Speer zischt durch die Luft, aus der Dunkelheit ist ein dumpfer Aufprall zu hören. Es fröstelt mich. Eine Minute später kommt der Jäger zurück, mit einer Gazelle auf den Rücken geschnallt. Das Blut strömt seinen Rücken hinab und spiegelt matt das Leuchten der Sterne. Das Gewicht des Tieres scheint die Behendigkeit des Jägers nicht zu beeinträchtigen. Er legt seine Beute ab und verschwindet wieder in der Dunkelheit, ohne die Stille zu stören.

Etwa eine Stunde nach Mitternacht schlagen wir unser Lager auf. Die Männer brechen die Gazelle auf, und jeder bekommt ein ordentliches Stück Schinken, das geröstet beinahe wie Steak schmeckt. Der Bauch meines »Tischnachbarn« ist bedeckt mit Narben. Später erzählt mir Sam, mein Dolmetscher, daß nur Medizinmänner diese Narben tragen dürfen.

Affentanz: Bei Sonnenaufgang packen wir unsere Sachen und machen uns wieder auf den Weg. Die Sonne taucht den Morgenhimmel von Blau über Violett nach Pink, bis endlich das gewohnte Goldgelb zu schimmern beginnt. Einer der Männer muß mich zweimal antippen, damit ich aufhöre zu starren und endlich losmarschiere.
Nach etlichen Stunden erreichen wir einen Bergkamm. Alle grinsen beim Blick über die Kante, denn in der Nähe des Flusses ist eine Gruppe von Pavianen ins Spiel vertieft. Ihre stämmigen Körper sausen von Busch zu Busch, Baum zu Baum. Offenbar ist Paarungszeit, denn überall sind wilde Kopulationen im Gange. Das größte Männchen scheint entschlossen, keines der Weibchen mit seinen Bemühungen zu verschonen - mit wenigen Ausnahmen, doch die haben bereits Nachwuchs um sich herum. Die Affenkinder hängen unter Mutters Bauch, und nur ab und an schält sich aus dem dichten Haarpelz ein kleines Affenköpfchen heraus, um neugierig in die weite Welt zu blinzeln.
Etwas scheint schief zu laufen, denn nun beginnen einige Männchen miteinander zu raufen. Sie umkreisen sich, bellen sich an wie Hunde, und schnell wird's bitterer Ernst. Sie beißen, kratzen, schlagen sich mit voller Wucht. »Wenn ein Baboon geht auf dich los, sag mir, ich töte es«, beruhigt

mich Sam. Nachdem das größte Männchen seine Kopulationsrunde beendet hat, stellt es sich auf die Hinterbeine, schnüffelt in die Luft und glotzt unschlüssig um sich. Plötzlich entdeckt er uns. Er stößt wilde Schreie aus, die wie hündisches Kläffen klingen, und alsbald ist die ganze Herde im Dickicht verschwunden.

Hälse, Rüssel, Penisse: Nach einer Weile kommen wir an Giraffen vorbei, die sich in den Bäumen verköstigen. Mit vollendeter Eleganz schreiten sie zwischen Grasland, Büschen und Bäumen davon. Sam nickt: »Das sind schnell Tiere«, und erzählt, er sei einmal mit seinem Jeep bei Tempo 40 von einer Giraffe überholt worden. An diesem Nachmittag kündigt Sam an, daß wir den Antilopen dicht auf den Fersen seien, und deutet wie zum Beweis auf eine frische Herdenspur. Während unseres Gesprächs fällt mir ein Elefantenverfolgungsrennen im Busch auf. Der Bulle stolpert im Eifer beinahe über einen Baumstumpf. Als er näherkommt, ist sein Phallus zu erkennen, der nach meiner Schätzung gut zwei Meter lang sein dürfte und am Boden entlangschleift. Offensichtlich hatte er sich auf eine nähere Bekanntschaft mit der Elefantendame vorbereitet. Ich breche in lautes Gelächter aus, ernte damit aber nur verständnislose Blicke der Männer. Ob ich denn so wenig Ahnung vom Leben habe?

Schlangenhaut: Wir machen uns wieder auf den Weg und steigen allmählich ins Flußtal hinab. Sam erklärt, daß die Herde wahrscheinlich das Wasser gesucht habe. Kaum ist sein letztes Wort verklungen, beginnen die ersten Männer der Gruppe zu schreien und zu gestikulieren. Sie haben eine Pythonhöhle entdeckt, und Pythonhaut bedeutet viel Geld von weißen Geschäftsleuten.

Einer der Jäger umwickelt in Windeseile sein Bein mit einem blutgetränkten Stofflappen. Darauf schiebt er sein ganzes Bein in die Höhle. Kurze Zeit später beginnt er zu rufen, vier andere Männer ziehen ihn heraus. Die Python hat das Bein bereits bis über das Knie geschluckt und kann jetzt nicht mehr loslasssen. Ihre seidige, schwarz-weiße Haut sieht wie frisch poliert aus, doch der Medizinmann hat jetzt kein Auge dafür. Mit wenigen Griffen schlitzt er ihre Flanke bis zum Bauch auf. Im Todeskampf windet sie sich noch blitzartig hin und her, aber nach und nach kommt ihre gesamte Körperlänge zum Vorschein. Mit meinen Stiefeln Größe zwölf messe ich: insgesamt 22 »Schuhlängen«.

Innerhalb zehn Minuten ist die Python komplett abgehäutet. Einige Männer greifen in ihre offene Flanke, holen Innereien heraus und essen sie roh. Nach halbstündiger Präparierung mit Salz und Öl wird die Haut aufgerollt, und wir suchen uns ein Nachtlager. Das Abendessen besteht aus Pythonfleisch, das mich an süßes Hühnerfleisch erinnert. Zum Nachtisch kramt Sam in seinem Erfahrungsschatz: »Ein Freund von mir hatte einmal Kampf mit Baboon, sein Hand wurde abgebissen. Baboons Klauen sind sehr sehr kräftig. Damit darfst du nie Spaß machen, Bruder Bryan.« Mitten in der Nacht weckt mich Sam, es ist 4.30 Uhr, wir müssen weiter. Ich betrachte das Kreuz des Südens über unseren Köpfen. Allmählich sind wir umzingelt von lautem Grunzen, die Büsche bewegen sich, ohne daß etwas zu sehen wäre. »Keine Sorge, nur Warzenschwein und sein Familie«, beruhigt mich Sam.

Am dritten Tag der Jagd stießen die zehn Zulus mit ihrem weißen Gast auf die verfolgte Herde. Es gelang ihnen, nicht weniger als vier Antilopen zu erlegen. Den Rückweg absolvierten sie in einem einzigen, sechzehnstündigen Tagesmarsch.

Beute in Sicht: junge Zulus auf der Jagd.

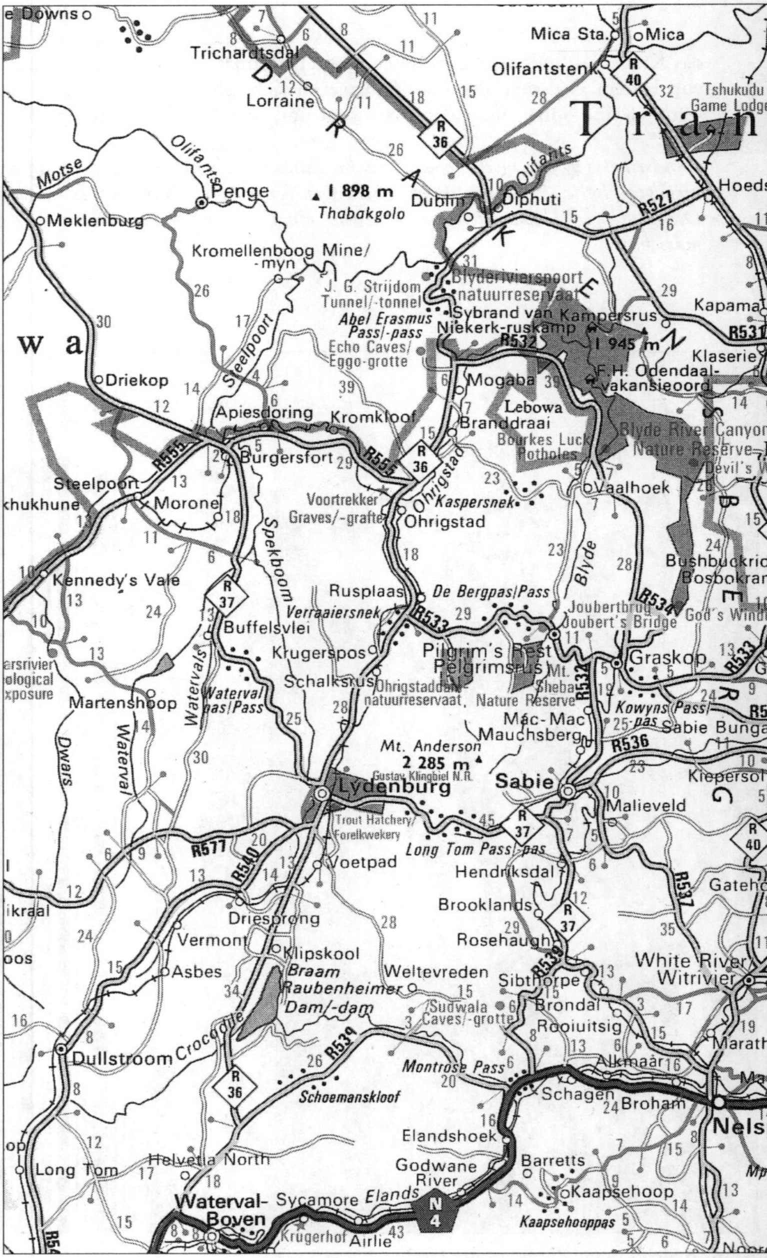
Trichardtsdal
Mica Sta.
Mica
Olifantstenk
Tshukudu Game Lodge
Lorraine
Olifants
Motse
Penge
1 898 m
Thabakgolo
Dublin
Diphuti
Hoedspruit
Meklenburg
Kromellenboog Mine/-myn
J. G. Strijdom Tunnel/-tonnel
Blyderivierspoort natuurreservaat
Abel Erasmus Pass/-pass
Sybrand van Kampersrus
Niekerk-ruskamp
1 945 m
Kapama
Klaserie
Echo Caves/Eggo-grotte
Steelpoort
Driekop
Mogaba
F. H. Odendaal-vakansieoord
Lebowa
Apiesdoring
Kromkloof
Branddraai
Bourkes Luck Potholes
Blyde River Canyon Nature Reserve
Burgersfort
Steelpoort
Morone
Voortrekker Graves/-grafte
Ohrigstad
Kaspersnek
Vaalhoek
Spekboom
Kennedy's Vale
Rusplaas
De Bergpas/Pass
Blyde
Bushbuckridge
Bosbokrand
Verraaiersnek
Joubertbrug
Joubert's Bridge
God's Window
Buffelsvlei
Krugerspos
Pilgrim's Rest
Pelgrimsrus
Mt. Sheba
Graskop
Schalksrus
Ohrigstaddam natuurreservaat, Nature Reserve
Martenshoop
Waterval pas/Pass
Watervals
Waterval
Dwars
Kowyns Pass/-pas
Mac-Mac
Mauchsberg
Sabie Bungalows
Mt. Anderson
2 285 m
Gustav Klingbiel N.R.
Lydenburg
Sabie
Kiepersol
Malieveld
Trout Hatchery/Forelkwekery
Long Tom Pass/-pas
Voetpad
Hendriksdal
Brooklands
Driesprong
Rosehaugh
Vermont
Klipskool
White River
Witrivier
Asbes
Braam Raubenheimer Dam/-dam
Weltevreden
Sibthorpe
Brondal
Sudwala Caves/-grotte
Rooiuitsig
Dullstroom
Crocodile
Montrose Pass
Alkmaar
Schoemanskloof
Schagen
Broham
Nelspruit
Elandshoek
Long Tom
Helvetia North
Godwane River
Barretts
Kaapsehoop
Waterval-Boven
Sycamore
Elands
Krugerhof
Airlie
Kaapsehooppas
R36
R37
R40
R527
R532
R533
R534
R536
R537
R539
R540
R555
R577
N4

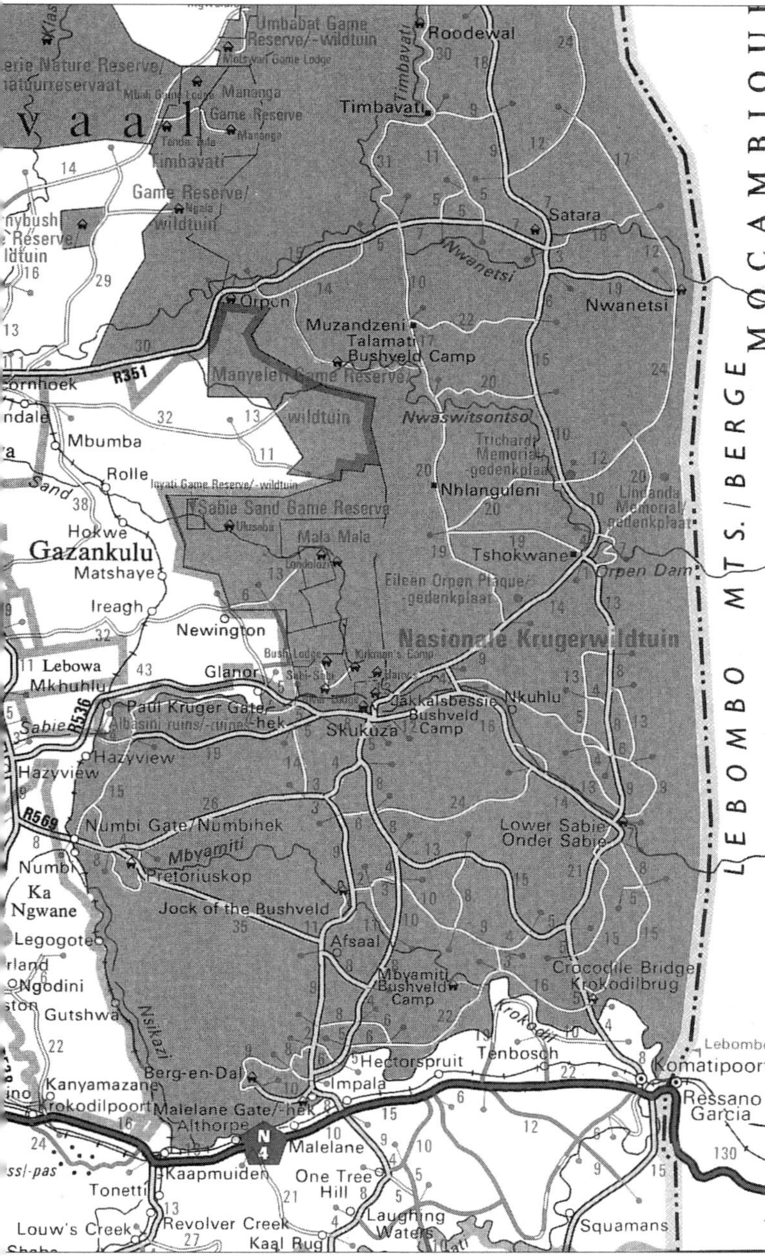
Umbabat Game Reserve/-wildtuin
Roodewal
Timbavati
Manyeleti Game Reserve/-wildtuin
Timbavati Game Reserve/-wildtuin
Manyeleti Game Reserve/-wildtuin
Satara
Nwanetsi
Nwanetsi
Orpen
Muzandzeni
Talamati Bushveld Camp
Cornhoek
R351
Nwaswitsontso
Trichardt Memorial/-gedenkplaat
Mbumba
Rolle
Inyati Game Reserve/-wildtuin
Nhlanguleni
Lindanda Memorial/-gedenkplaat
Sabie Sand Game Reserve
Ulusaba
Mala Mala
Londolozi
Hokwe
Gazankulu
Matshaye
Tshokwane
Orpen Dam
Eileen Orpen Plaque/-gedenkplaat
Ireagh
Newington
Nasionale Krugerwildtuin
Lebowa
Mkhuhlu
Bush Lodge
Kirkman's Camp
Glanor
Sabi-Sabi
R536
Paul Kruger Gate/-hek
Albasini ruins/-ruïnes
Jakkalsbessie Bushveld Camp
Nkuhlu
Skukuza
Sabie
Hazyview
Hazyview
R569
Numbi Gate/Numbihek
Lower Sabie
Onder Sabie
Mbyamiti
Numbi
Pretoriuskop
Ka Ngwane
Jock of the Bushveld
Legogote
Afsaal
Ngodini
Crocodile Bridge
Krokodilbrug
Mbyamiti Bushveld Camp
Gutshwa
Nsikazi
Krokodil
Tenbosch
Hectorspruit
Lebombo
Komatipoort
Berg-en-Dal
Kanyamazane
Impala
Ressano Garcia
Krokodilpoort
Malelane Gate/-hek
Althorpe
N4
Malelane
Kaapmuiden
One Tree Hill
Tonetti
Laughing Waters
Squamans
Louw's Creek
Revolver Creek
Kaal Rug
LEBOMBO MTS./BERGE
MOÇAMBIQUE

In Afrikas berühmtestem Park gibt's alles & alle zu sehen – inklusive vieler Touristen.

Krüger-Nationalpark

Südafrikas zweiter Besuchermagnet erstreckt sich über 350 km entlang der Grenze zu Mosambik vom Limpopo im Norden bis zum Crocodile im Süden. Auf seiner Fläche (19.500 qkm) könnten Rheinland-Pfalz oder Sachsen gemütlich Platz nehmen. Seit in Mosambik Frieden herrscht, reifen Pläne, den NP auf spärlich bewohnte Gebiete jenseits der Grenze auszudehnen. „Der Krüger" wird eines Tages Herzstück von Afrikas erstem Superpark (mit Mosambiks Zinave und Simbabwes Gonarezhou) sein – nur der Zeitpunkt ist fraglich.

Im Jahre 1898 ließ der Präsident der Südafrikanischen Republik, Paul Kruger, in weiser Voraussicht ein Schutzgebiet am Sabie einrichten. Trophäenjäger waren bereits weit vorangeschritten bei ihren beknallten Versuchen, das sensible Ökosystem zwischen Limpopo & Lebombobergen aus dem Gleichgewicht zu bringen – was die ansässigen Völker in Jahrhunderten nicht vermocht hatten, weil es ihnen „nur" um Nahrung & Verwertung der Beute ging. Dieses mehrfach erweiterte Schutzgebiet wurde schließlich zu Ehren seines Gründers umbenannt. Der Ärger mit Jägern währte aber noch weit in die 60er Jahre. Unter wohlhabenden Buren gehörte es zum guten Ton, im *Krüger* auf Jagd zu gehen. Jetzt dürfen nur noch Fotos geschossen werden.

Klima

Subtropisch, mit Niederschlägen von 400 mm (Norden) bis 700 mm (Süden). Im **Winter** (Mai-Sep) kann man prima der Kälte des Highvelds entrinnen. Die meisten Flüsse führen genug Wasser, um Tiere in großer Zahl anzulocken, dürres Gras und blattlose Bäume erleichtern die Sicht. Im **Sommer** (Okt-März) erlangen alle Lebewesen nach Regenschauern ihre Spannkraft wieder. Binnen kurzem verwandelt sich karge Savanne in grüne Paradiese, und Blumen wie Bäume werfen sich in ihre prächtigste Schale. Antilopen bekommen jetzt ihre Jungen, was erhöhte Aktivitäten nach sich zieht – auch unter den Raubtieren. Sommertage werden **brütend heiß**, oft über 40°! Weil sich mittags oft Gewitter zusammenbrauen, geht man frühmorgens und spätnachmittags auf Pirsch.

> ☞ **Malariaprophylaxe** notwendig – Tabletten in jeder Apotheke! **Bilharziose** ist inzwischen in allen gemütlichen Flüssen und Stauseen des Lowvelds verbreitet.

Flora & Fauna

Für viele Besucher stimmt erst das Lowveld so richtig mit ihren Vorstellungen von Afrika überein: durch grenzenlose Savanne ziehen unübersehbare Wildherden, stets auf der Suche nach Nahrung & Wasser, immer in Gefahr durch edle Raubtiere. Nun denn, derlei Vorstellungen werden vom Krügerpark nicht enttäuscht. Mehr Artenvielfalt bietet auf dem Kontinent kein zweiter Ort, eine bessere Infrastruktur wohl auch nicht. Also steht dieser NP bei den meisten Besuchern & Einheimischen ganz oben auf der Beliebtheitsskala.

☺ **Der südliche Parkteil** besteht aus Mischvegetation in sanft gewellten Grasebenen, im Nordteil beherrscht der Mopanebaum mit seinen schmetterlingsförmigen Blättern das Geschehen. In den Tälern der fünf Flüsse, die den Park von West nach Ost durchziehen, stehen üppige Wälder mit 300 Baumarten. Die **Tierwelt** besteht aus 147 Säugetier-, 49 Fisch-, 33 Amphibien-, 114 Reptilien- und 507 Vogelarten. Auf die Fläche umgerechnet leben hier mehr Raubvögel als an jedem anderen Ort der Welt, z.B. allein 15 Adlerarten.

Rasch entstehen Autotrauben um jede Löwenfamilie, die sich in Straßennähe niederzulassen geruht. Es wirkt beinahe beklemmend, wie sehr die Tiere sich schon an die Anwesenheit von Autos gewöhnt haben. Das bedeutet, daß man den Schau-Objekten fast hautnah auf die Pelle rücken kann – aber keineswegs, daß jemand sein Fahrzeug verlassen darf.

☞ **Säugetiere:** u.a.
220 Schwarze Rhinos, 300 Geparden, 350 Wildhunde, 500 Elands, 800 Leoparden, 900 Säbelantilopen, 1500 Löwen, 1800 Weiße Rhinos, 2000 Hyänen, 2300 Flußpferde, 4500 Giraffen, 7500 Elefanten, 15.000 Büffel.

Vergessen Sie alles, was Sie je im Zoo gesehen haben! Wem Tierbeobachtung auch nur ein bißchen Freude bereitet, der sollte mindestens 2-3 Tage im Park bleiben. 700.000 Besucher pro Jahr bedingen aber zu Spitzenzeiten drangvolle Enge in beliebten Camps. Gerade im südlichen Krügerteil könnten Einsiedler die Nase rümpfen, wie weit Teer & Komfort die Wildnis bereits vereinnahmt haben.

Rein, rum & raus

⚲ **Eintritt** 12 DM (Kinder bis 15 Jahre 6 DM), plus 9 DM/Fahrzeug. *Entrance Permit* jederzeit dabeihaben. Es gibt nur acht Gates zum Krügerpark. Von Norden nach Süden:

Pafuri 103 km von Tshipise (R525);
Punda Maria 54 km von Thohoyandou (R524);
Phalaborwa 2 km von Phalaborwa (R40/R71);
Orpen 45 km von Klaserie (R531);
Paul Kruger 42 km östlich von Hazyview (R536);
Numbi 19 km südöstlich von Hazyview (R569);
Malelane 1 km von Malelane (R570);
Crocodile Bridge 12 km von Komatipoort (R571).

Öffnungszeiten: Jan/Feb 5.30-18.30h, März 5.30-18h, April 6-17.30h, Mai-Aug 6.30-17.30h, Sep 6-18h, Okt 5.30-18h, Nov /Dez 5.30-18.30h. Daran hat sich im NP jeder zu halten, sonst pirschen Suchtrupps los. Wer zu spät ins Camp kommt, zahlt/tut Buße. Wer zu spät ans Gate kommt, wird auch mit Reservierung nicht mehr eingelassen.

Verkehrsmittel & Touren

Kein Fernbus/Zug durch den Park. Mehrere Ausgangspunkte werden aber von Bussen bedient, s. Phalaborwa & Hazyview. Gelegentlich Minibustaxis nach Punda Maria.

Flüge: in einigen Camps starten Rundflüge – aus ökologischer Sicht eine Dummheit! Skukuza, Hoedspruit/Eastgate und Phalaborwa werden täglich von Durban & Joburg angeflogen, z.B. BA Comair und SA Airlink ex Joburg dreimal täglich hin/rück ab 220/400 DM, plus 20 DM Landegebühr.

Auto: der Park wurde zur Eroberung auf vier Rädern konzipiert, daher fast 2400 km langes, v.a. im Süden dichtes Straßennetz. Ein Teerband durchzieht als Rückgrat den gesamten Park bis hinauf in den Norden. Um den Massen zu entkommen, empfiehlt sich immer der Absprung auf die (gepflegten) Schotterpisten. **Mietwagen** von Imperial, Budget und/oder Avis an den Flugplätzen Phalaborwa & Nelspruit und Camp Skukuza. Fast alle Lodges in & um Hazyview oder Nelspruit vermieten tageweise.

Verkehrsregeln: Motorräder und offene Fahrzeuge sind nicht zugelassen. **Tempolimit** auf Teer 50 km/h, Schotter 40 km/h, im Camp 20 km/h. Wer sich halbwegs umschauen will, wird pro Stunde nicht weiter als 20-25 km kommen. Es wird geblitzt!

Touren mit Bussen, offenen Landrovern oder Großraum-Pkw starten in allen größeren Orten zwischen Phalaborwa und Nelspruit. Natürlich lassen sich die „Großen" das Krüger-Geschäft nicht entgehen. Luxusliner ab Durban, Joburg & Nelspruit, z.B. mit Translux drei Tage ab Joburg, inkl. Pirschtag und zwei Nächten in Skukuza 500 DM. **Low-Budget:** am besten im eigenen Backpackers nachfragen, damit wäre Transfer & Gepäckaufbewahrung schon gelöst. Die Qualität der Tour hängt von Jahreszeit, Führer (Satour-Registrierung von Vorteil) und Fahrzeug ab – jeder will ans Fenster! Noch wichtiger ist die Chemie in der Gruppe, und ihre Fähigkeit, auch mal kollektiv die Klappe zu halten.

Camps

24 Camps halten ganzjährig Logis jeder Preisklasse bereit. Luxuriös: klimatisierte Sechsbett-Suiten mit Bad, Küche, Veranda & Grill. Klar in der Mehrheit: reetgedeckte Chalets oder Bungalows mit Bettwäsche, Handtüchern & Kochutensilien. Hütten generell nur mit Gemeinschaftstoilette. **Rollstuhlgerechte** Einrichtungen in Berg en Dal, Croc´ Bridge, Letaba, Lower Mopani, Nwanetsi, Olifants, Sabie, Satara, Shingwedzi und Skukuza.

Zelten in fast allen Camps möglich. Taschenlampe mitbringen! Jeder Platz ist auf sechs P ausgelegt, meist mit Stromanschluß. Gute Zwitteridee in Letaba, Skukuza & Tamboti: Vierbett-Wohnzelte mit festem Boden, Ventilator, Kühlschrank, Tisch & Stühlen.

Bushveld Camps mit 7-15 Cottages werden nur als Gesamteinheit vermietet. Naturnah, ohne Zeltgelände, Einkaufsmöglichkeit und Rundum-Ausstattung großer Camps. Dafür wird die Sonnenkraft angezapft. Für Tagesbesucher kein Zutritt!

Knappheit: weil die Natur Vorrang genießt, wird sich die Zahl von 4000 Gästebetten im Park kaum noch erhöhen lassen. Darum v.a. im Dez/Jan **früh buchen** oder nur tageweise besuchen. Anfragen bei **SA National Parks** in Pretoria, T. 012/343 1991, Fax -0905, oder in Kapstadt, T. 021/422 2810, Fax 424 6211, reservations@parks-sa.co.za.

Im folgenden werden alle Camps von Norden nach Süden aufgelistet, samt des für die Anfahrt günstigsten Parktores. Camp beim Pafuri Gate in Planung. ***Preisangaben*** *gelten für die Zahl der in Klammern genannten Personen;* ***pro weitere P*** *24 DM, in Hütten 17 DM, Wohnzelten 12 DM, Zeltplätzen 6 DM.*

Punda Maria

10 km vom PM Gate. Wegen vieler endemischer Pflanzen wird das Sandveld beim Dimbo-Berg oft als Krügers Botanischer Garten bezeichnet. Hoffen darf man auf Zebra, Büffel & Elefant. Camp in üppiger Flora & hübscher Lage, mit Restaurant, Grillplätzen, Laden.

Klimatisierte Vierbett-Cottages mit Bad, Küche & Wohnzimmer 210 DM. Zweier-Bungalows mit Dusche/Küche 110 DM, mit Dusche/Kühlschrank 105 DM. 240 Zeltplätze ohne/mit Strom 14/16 DM (1-2 P).

Safari: das einzige Teerband in der nördlichen Parkhälfte führt von Phalaborwa über Letaba entlang mehrerer Flußtäler nach Punda Maria. Ebenso bescheiden im Vergleich zum Süden ist die Zahl abzweigender Pisten, aber auch der Touristen. Außerhalb der Schulferien stellt sich das Wildnisgefühl bald von selbst ein.

Sirheni Bushveld Camp

37 km südöstlich von Punda Maria. Zehn Sechsbett-Cottages mit Lounge 250 DM (1-4 P), fünf Vierbett-Cottages 135 DM (1-2 P, zwei Betten im Wohnzimmer). Kein Camping.

Shingwedzi

70 km von Punda Maria, bezaubernde Atmosphäre! Das größte Camp im Parknorden läßt sein Restaurant den Fluß überblicken. Pool, Wäscherei, Einkaufsladen & Tierfilme ergänzen das Angebot. 129 Cottages und Hütten haben sich kreisförmig im Schatten von Mopanebäumen und Palmen versammelt; selten Klimaanlage, meist Deckenventilatoren.

Vierbett-Cottages mit Bad & Küche 140 DM. Zweibett-Bungalows mit Küche & Bad 85 DM, mit Dusche, Kühlschrank, Veranda & Ventilator 105 DM. Bungalows mit Kühlschrank, Veranda, drei Betten und zwei Matratzen auf Zwischenboden 105 DM (1-2 P). Dreibett-Hütten mit Kühlschrank & Veranda 46 DM (1-2 P). 300 Zeltplätze 24 DM (1-2 P). Rentmeester House mit sieben Betten nur komplett 530 DM.

Safari: im flacheren Gelände rund ums Camp empfiehlt sich die Pirschfahrt flußabwärts entlang des Shingwedzi River zum Kanniedood Dam. Wasserböcke, Nyala, Kudus und Elefanten beherrschen das Geschehen, die Vogelwelt zeigt alle Facetten.

Bateleur Bushveld Camp

30 km südwestlich von Shingwedzi, für Selbstversorger. Sieben Cottages mit zwei/drei DZ 230/265 DM (1-4 P). Kein Camping.

Mopani

61 km von Shingwedzi (Phalaborwa Gate), am Pioneer Dam. Bei der Errichtung des vorzüglichen jungen Camps wurde nur auf Naturstoffe, Steine und Reet zurückgegriffen. Schmiegt sich hübsch in die Umgebung, mit Restaurant, Laden, Wäscherei und Pool.

Sechsbett-Cottages mit zwei Badezimmern 300 DM, Zweibett-Rondawels 125-145 DM (1-2), pro weitere P in Etagenbett oder Couch 24 DM. Xanatseni House mit acht Betten nur komplett 800 DM. Kein Camping.

Shimuwini Bushveld Camp

51 km südwestlich von Mopani, nur Selbstversorgung. 15 Cottages mit einem/zwei/drei DZ 130/260-/280 DM (1-4 P). Kein Camping.

Letaba

50 km östlich von Phalaborwa (Mopani), genießt herrliche Ausblicke auf die Windungen des Letaba. Zum schattenreichen Camp zählen 142 Cottages und Rondawels, zwei *Donor Houses* (Melville/Fish Eagle mit neun/acht Betten 600/800 DM), außerdem Restaurant, Laden, Wäscherei, Werkstatt, Info-Zentrum. Die Zeltplätze mit Grasboden und viel Schatten sind jeden Pfennig wert; dazu Vierbett-Wohnzelte mit festem Boden.

Sechsbett-Cottage mit zwei Badezimmern 300 DM. Zwei /Dreibett-Chalets mit Dusche, Bad, Kühlschrank, Herdplatten 120 DM, mit Dusche/Kühlschrank 110 DM (1-2 P). Vierbett-Hütten mit Klimaanlage, Kühlschrank, Veranda 48 DM (1-2 P). 180 Zeltplätze 28 DM, Vierbett-Wohnzelte 44 DM (1-2 P).

Safari: die Gegend ist bekannt für ihre großen Schirmakazien und Mopanebäume. Die Piste zum Olifants Camp entlang des Letaba bietet zur schönen Aussicht noch gute Erfolge bei der Wildbeobachtung, ebenso Engelhardt- und Mingerhout Dam. Im Masorini-Freiluftmuseum, 12 km vor Phalaborwa, wurde ein Steinzeitdorf detailverliebt nachgebaut.

Olifants

32 km südlich von Letaba (Phalaborwa). Könnte kein hübscheres Örtchen haben als hart an der Kante oberhalb des Olifants-Flusses. Auf mehrere Terrassen verteilen sich 112 Chalets, Restaurant (gutes Buffet) und tolles Aussichtsdeck. Eines meiner Lieblingscamps.

Cottages mit zwei klimatisierten DZ & Bad 215-245 DM. Zweibett-Hütten mit Bad, Küche, Veranda 125 DM – *nach der untersten Reihe mit Flußblick fragen!* Gästehäuser Nshawu und Ellis an achtköpfige Gruppen für 800 DM. Offiziell kein Camping ...

Safari: zum besonderen Charakter tragen neben der saftigen Pflanzenwelt auch die Riolitformationen der Lebomboberge bei. Immer wieder stellen sich Fieberbäume, Wildfeigen und Wolfsmilchgewächse in den Weg. Zu sehen gibt´s am häufigsten Elefanten, Hippos, Zebras, Impalas und Kudus, wenn sie die Tränke zu Füßen des Camps aufsuchen.

Balule

11 km von Olifants (Phalaborwa). Urwüchsiger Winzling am südlichen Flußufer. Gäste melden sich

bei der Olifants-Rezeption, Tagesbesucher haben keinen Zutritt. Man schlummert zum Grunzen der Hippos im Fluß. Hütten ohne Kochzeug oder Fenster, dafür offene „Wandlöcher" & Funzellaternen. Da auch Läden oder Restaurant fehlen, werden sich Verfechter der Einsamkeit nicht unwohl fühlen.

Sechs Dreibett-Hütten mit Gemeinschaftsküche & -toiletten 34 DM (1-2 P). 15 Zeltplätze 16 DM (1-2 P).

Orpen

Am Orpen Gate. Sein Wasserloch lockt eine bunte Vielfalt von Getier heran, und der Rabelais Dam ist auch nur 7 km entfernt. Einfaches, ansehnliches Camp mit Laden & Grillplätzen, aber ohne Restaurant.

Sechsbett-Cottages 260 DM. Zwei/Dreibett-Hütten mit Veranda, Kühlschrank, Ventilator 56/72 DM, Gemeinschaftsküche nur mit Spülbecken und Herdplatten. Nur die Cottages und zwei der kleineren Hütten verfügen über Strom, ansonsten leuchten Laternen.

Maroela

4 km von Orpen. Einfaches Campingareal mit Gemeinschaftskühlschrank oberhalb des Timbavati-Flußes. Gäste melden sich an der Orpen-Rezeption. Zeltplätze 20 DM (1-2 P).

Talamati Bushveld Camp

22 km südöstlich vom Orpen Gate. 15 Cottages für Selbstversorger mit vier/sechs Betten ab 130/260 DM (1-2/1-4 P). Kein Camping.

Satara

48 km östlich von Orpen, 54 km südlich von Olifants. Mit 205 prima Unterkünften, Werkstatt, Wäscherei und Laden eines der größten Camps. Von der Terrasse des SB-Restaurants ist der Fluß einzusehen. Die Sonne gibt sich besonders viel Mühe beim Untergehen.

Fünf/Sechsbett-Cottages 290 DM. Zwei/Dreibett-Bungalows mit Bad, Kühlschrank und Küchenzeile 120/145 DM. 300 Zeltplätze 24 DM (1-2 P). Gästehäuser Stanley, Rudy Frankel und Wells mit neun/acht/sechs Betten nur komplett für 600/800/530 DM.

Safari: drei Seen und sechs Wasserlöcher sorgen für das saftigste Weideland im Park. Darum bekommt jeder einige der *Big Five* zu Gesicht, aber auch Elands, Wildhunde, Weiße und Schwarze Rhinos.

Jakkalsbessie Bushveld Camp

7 km von Skukuza. Das komfortabelste seiner Art verfügt gar über Klimaanlage & Tagungsräume. Acht Cottages mit je zwei DZ und Lounge 280/340 DM. Kein Camping.

Skukuza

12 km südöstlich vom Kruger Gate am Sabie-Ufer. Hier ließ sich die Parkverwaltung, T./Fax 013/735 5611, nieder, und so entstand nach und nach eine Kleinstadt mit 274 Cottages und Rondawels. Ihre "historischen" Plätzchen heißen Hundefriedhof, Glockenturm, alte Pontonbrücke und Selati-Bahnmuseum. Und was braucht eine Kleinstadt sonst so alles?

Info-Zentrum, Polizeiwache, Autovermietung/Werkstatt, Einkaufsläden, Fundbüro, einziger Bankschalter im NP (Volkskas), Notarzt neben Diplomatencamp. **Postamt** Mo-Fr 8-13h, 14-16.30h, Sa 8-12h. Bücherei für alle Mo-Sa 8.30-12.45h, 13.45-16h, 19-21h.

Preisrahmen: Cottages 40-55 DM/P, mit Flußblick 5 DM mehr; Chalets 60-70 DM/P; 360 Zeltplätze 24 DM, Vierbett-Wohnzelte 44 DM (je 1-2 P).

Mehrere Restaurants, darunter der zauberhafte Selati Train mit erlesener Menükarte; Di-Sa Lunch-/Dinner, So nur Lunch; Tischreservierung bei der Camprezeption.

Safari: anscheinend glauben viele Tiere, daß es etwas zu sehen geben muß, wenn sich soviele Menschen in der Wildnis versammeln, und kommen ebenfalls scharenweise herbei. Dadurch dürfen Tierfreunde rund um Skukuza hohe Erfolgsquoten erwarten, und Vogelfreunde kommen auch nicht zu kurz.

Pretoriuskop

10 km östlich vom Numbi Gate. Wegen recht hoher Lage im hügeligen Südwesten werden Sommertage nicht gar so heiß. Zum ältesten Krügercamp gehören 164 Cottages & Rondawels jeder Größenordnung, Restaurant, Laden, Wäscherei und Postamt. Das Naturbecken zwischen Felsen ist besonders hübsch.

Vier/Sechsbett-Cottages 195-/245 DM. Zweibett-Bungalows mit Kühlschrank, Bad, teils auch Küche 105/125 DM. Klimatisierte Zwei- bis Sechsbett-Hütten mit Kühlschrank ab 40 DM (1-2 P). 180 Zeltplätze 24 DM (1-2 P). Gästehäuser Pierre Joubert und Doherty Bryant Boma mit acht-/neun Betten nur komplett 800/600 DM.

Safari: zwischen malerischen Fels- und Granitformationen tauchen seltene Arten wie Säbelantilopen und Rhinos auf, aber auch Gnus und Zebras. Um den Pretoriuskop erinnern Voortrekker Road, die älteste Touristenhütte (Wolhuter) und die Ruinen von Albasini an die Frühzeit des Parks.

Malelane

3 km vom Malelane Gate. Das langjährige Privatcamp ist jetzt allgemein zugänglich. Drei/Vierbett-Bungalows mit Bad 105 DM, Zeltplätze 20 DM (je 1-2 P).

Berg en Dal

73 km südwestlich von Skukuza (Malelane). Modernes Camp in sanfter Hügellandschaft an der Matjulu-Quelle, mit Restaurant, Laden, Wäscherei, Pool und Filmen im Konferenzzentrum. In die behutsam gepflegte Camp-Fauna eingebettet: 163 Cottages & Hütten.

Sechsbett-Cottages mit zwei DZ, Küche, Bad, zwei Klappbetten 220 DM. Dreibett-Hütten mit Bad & Küche 110 DM, am Hang 130 DM (1-2 P). 420 Zeltplätze 24 DM (1-2 P). Gästehäuser Le Roux und Rhino mit sechs/acht Betten nur komplett, 530/610 DM.

Safari: im Norden und Süden führen ausgetrocknete Flußbetten und ein Stausee vorbei, an deren Ufern Baumriesen in den Himmel ragen.

Biyamiti Bushveld Camp

41 km nordöstlich von Malelane (Crocodile Bridge Gate), für Selbstversorger. 15 Cottages mit vier/fünf Betten ab 130/260 DM (1-2/1-4 P). Kein Camping.

Crocodile Bridge

13 km von Komatipoort, am Eingangstor beim Crocodile Fluß. Einziges Camp im äußersten Südosten, mit Strom, Wäscherei, Einkaufsladen, aber ohne Restaurant.

32 klimatisierte Zwei/Dreibett-Hütten mit Küche, Veranda und Bad 110/135 DM. 72 Zeltplätze 24 DM (1-2 P),

Safari: Besucher können 5 km außerhalb zum Planschbecken der Hippos spazieren. Elefant, Rhino, Büffel & Gnu geben sich in dieser Akaziengegend häufig die Ehre.

Lower Sabie

31 km nördlich von Crocodile Bridge. Lower Sabie schlummert mit großzügigem Rasen und vielen Bäumen am Ufer eines Stausees. Seine schnelle Erreichbarkeit macht es zum Familienterritorium mit 122 Unterkünften, Restaurant, Wäscherei, Bügelservice & Laden.

Vier/Fünfbett-Cottages mit lauter Einzelbetten und Küche 260/245 DM. Zwei/Dreibett-Bungalows mit Bad und Kühlschrank 110 DM (1-2 P), am Hang 125 DM. Klimatisierte Hütten mit Veranda, Kühlschrank und zwei-/drei/fünf Betten 42-48 DM (1-2 P). 168 Zeltplätze 24 DM (1-2 P). Keartland House mit sieben Betten nur komplett für 530 DM.

Safari: in dieser wasserreichen Region tummeln sich Büffel, Elefanten, Rhinos und Geparden. Die schönste Straße führt entlang des Sabie Richtung Skukuza. An einem weiteren Tümpel vor den Camptoren sind Krokodile, Hippos und viele Vögel zu beobachten.

Ausstattung

Der Krügerpark ist mit Bedacht so ausgestattet, daß es Besuchern an nichts fehlt.

Zu jedem großen Camp gehören Restaurants, Cafeterias und Einkaufsläden. Bushveld Camps sind dagegen Selbstversorgern vorbehalten (mit Kochgelegenheit, ohne Laden). **Restaurants** schenken Alkohol aus und servieren Mahlzeiten von 7-9h, 12-14h und 18-21h. Danach schaut's zappenduster aus, weil Park & Personal sich schon auf den nächsten Sonnenaufgang vorbereiten.

Läden: täglich von 8h bis eine halbe Stunde nach Toresschluß geöffnet, mit frischen Lebensmitteln (Brot, Butter, Eier, Milch), Fleisch/Wurstwaren, Konserven, Alkohol, Filmen, Gaskartuschen, Brennholz, Holzkohle, je nach Jahreszeit auch Obst/Gemüse.

Picknick: 13 Plätzchen sind über den Park verteilt, fast alle mit Toiletten und Grillstellen, Brennholz und Getränken.

Info-Zentren mit Filmshows und Ausstellungen in Berg en Dal, Letaba & Skukuza. **Autowerkstätten/**AA-Pannendienst in Letaba, Satara & Skukuza. **Münzwaschmaschinen** in Berg en Dal, Crocodile Bridge, Letaba, Lower Sabie, Mopani, Olifants, Pretoriuskop, Satara, Shingwedzi & Skukuza. **Swimming Pools** in Berg en Dal, Mopani, Pretoriuskop & Shingwedzi; nur Gästen des jeweiligen Camps zugänglich.

Auf Radio/TV wurde bewußt verzichtet, damit sich Gäste ungestört der Kulisse der Wildnis hingeben können. Wer ein Autoradio dabeihat, sollte diesen Wunsch achten.

Telefonieren aus jedem Camp in alle Welt. Das einzige Postamt steht in Skukuza.

Total-Tankstellen in allen Camps (außer Bushveld Camps) und an den Gates Orpen sowie Crocodile Bridge. Diesel nur in Berg en Dal, Letaba, Lower Sabie, Mopani, Olifants, Orpen, Pretoriuskop, Punda Maria, Satara, Shingwedzi & Skukuza.

Aktivitäten

Wilderness Trails

Acht große Wanderwege bieten hautnahen Kontakt mit der Wildnis unter Führung erfahrener Ranger. Ihre Routen variieren nach Jahreszeit & Tierverhalten. Es geht nämlich nicht um ein bestimmtes Ziel – der Weg selbst soll als Erlebnis begriffen werden. Die meisten Trails sind für drei Tage/zwei Nächte berechnet. Übernachtet wird in Zelten oder primitiven Hütten, für Ausrüstung & Verpflegung sorgt SA National Parks.

☞ ***Rucksäcke** nicht erforderlich! Max. acht Wanderer im Alter von 12-60 Jahren. Wegen der extremen Beliebtheit dieser Trails Reservierung nötig, bis zu zwölf Monate im voraus bei SA National Parks. Der Spaß kostet 400 DM/P – **lohnt sich!***

☼ Im Südosten durchqueren **Wolhuter, Napi & Bushman** (mit Felsmalereien) das Gebiet zwischen Pretoriuskop, Berg en Dal und Malelane – prima Löwen- und Rhino-Revier. Häufig sind hier seltene Arten zu entdecken, auch Rappenantilope und Bleichböcke.

☼ Zwischen Lower Sabie und Satara wurde **Metsimetsi** durch tierreichen Busch angelegt. **Sweni** führt von Satara zur Landesgrenze durch ein Gebiet mit großer Löwenpopulation. Rund um die Camps Letaba und Olifants stößt man auf dem **Olifants Trail** auf Zebras, Büffel, Elefanten, Krokodile und Hippos – mit etwas Glück. Oder Pech, je nachdem.

☼ Im Norden sind **Nyalaland** und **Bangu** (anstrengender) bei Punda Maria für Vogelfreunde ein Muß. Beide führen durch höchst unterschiedliche Ökosysteme.

„Einfach toll, ein paar Tage in die Wildnis abzutauchen. Außerdem bekommt man interessante Eindrücke, auch beim abendlichen Gespräch am Lagerfeuer. Vorher sollte man aber ausreichend Getränke kaufen – wir konnten drei Tage nur Leitungswasser, Tee oder Kaffee trinken. Das Essen war einfach aber schmackhaft. Alles in allem war der Trail ein Highlight, das ich nur weiterempfehlen kann." (Martin Buchholz)

Pirschfahrten

Auf eigene Faust ist der Krügerpark prima zu entdecken. Nur an markierten Stellen das Auto verlassen! Brauchbare Karten an allen Gates und Camps, Wege gut ausgeschildert.

Mit geschulten Rangern werden Pirschfahrten immer im offenen Geländewagen unternommen. „Vorteile": die Jungs nehmen es mit der Einhaltung der Wege nicht immer genau; ihnen entgeht kaum etwas; jeder Reisende kann sich allein auf das Spähen konzentrieren.

Bush Drives ab Berg-en-Dal, Letaba und Skukuza, als Beitrag zur Umwelterziehung konzipiert, führen durch unzugängliche Gegenden. Für Übernachtungsgäste des Parks, sieben Plätze pro Jeep. Tagesausflug 42 DM, Nachtfahrt 24 DM. Wegen begrenzter Fahrzeugzahl früh buchen bei Environmental Education KNP, Skukuza, T./Fax 013/735 5611.

Private Wildreservate

Diese Parks zählen zu Südafrikas teuersten Vergnügen! Die meisten grenzen an den *Krüger*, ihre Unterkünfte stellen (auch preislich) manches Fünf-Sterne-Hotels in den

Schatten. Ambiente wie bei Hemingway eben. Niemals übertrifft die Zahl der glotzenden Besucher die Zahl der beglotzten Tiere – wie so häufig im benachbarten Nationalpark. Nirgendwo rückt der Sensationslüstling Elefant, Löwe, Nashorn, Leopard & Büffel so dicht aufs Fell, oft meternah! Natürlich wird das Dinner unter freiem Sternenhimmel serviert, am offenen Feuer, von Straußenfilet bis Kuduspießchen. Die Unterkünfte signalisieren Urwüchsigkeit mit Reet, Holz, Naturstein – und Standleitung zur „zivilisierten" Welt.

Preise all-in, das heißt inklusive Logis, VP und täglich Tieren bis zum Abwinken, auf zwei Pirschfahrten im offenen Jeep, Nachtsafaris oder Wanderungen. EZ etwa 75% des DZ-Preises, Kinder unter zwölf Jahren halber Preis (sofern überhaupt zugelassen). „Preiswert" bedeutet: unter 300 DM/P. **Ermäßigungen** von Mai-Sep (z.B. Inyati, M'Bali, Motswari) über Pathfinders Travel in Joburg, T. 011/442 8007, Fax -8015.

Klaserie-Reservat

Westlich von Hoedspruit, Zufahrt vorbei am Flugplatz Eastgate. Vom Krügerpark durch den giraffenknietiefen Olifants River getrennt, treten auf einer Riesenfläche von 600 qkm fast alle größeren Tiere in Erscheinung, namentlich Löwen, Elefanten & Millionäre aus Gauteng. Das zaunlose Gelände teilen sich 80 Privatiers, die an Tourismus keinerlei Interesse haben. Wenige Besucher, daher scheue Tiere und nur ein kleiner Anbieter:

Patrick's Trail Camp, T./Fax 011/454 1953, ziert einen sanften Hang mit vier Reethütten, Baumhaus & Aussichtsterrasse. Wenig Komfort, WC/Dusche oben ohne hinter Reet, dafür blanke Wildnis – und der filmerprobte Graubart Patrick ist ein fantastischer Guide. Preis je nach Gruppengröße & -wünschen, aber in jedem Fall **empfehlenswert.**

Patrick leitet auch tolle Bush Walks für max. acht Teilnehmer, mit Übernachtung auf einer Plane ***unter freiem Himmel!*** *Stündlich wechselt die Nachtwache – man ist allein zwischen all dem Rascheln & Pfeifen. Patrick schnarcht die Löwen fort, Gewehr bei Fuß.*

Rund um Hoedspruit

Tshukudu: 5 km nördlich von Hoedspruit, an der R40 nach Phalaborwa. Das 50 qkm-Reservat hat keinen direkten Zugang zum Krügerpark, aber die *Big Five* und ein Waisenhaus für Löwen & Geparden. Seine **Game Lodge,** T. 015/793 2476, Fax -2078, tshukudu@iafrica.com, glänzt mit exzellentem Essen. 14 Luxusbungalows EZ/DZ ab 360/600 DM. Nebendran der Preisbrecher: **Bushcamp,** T. 793 1885, Fax -2078, mit komfortablen Rondawels, inkl. Aktivitäten ab 65 DM/P. **Tip!**

Pezulu Game Lodge, T./Fax 015/793 2724 (West & Gill Matthewson), hat echte Baumhäuser mitten in diverse Kronen gezimmert. Max. 14 Gäste, Buschwanderungen, UL-Flüge für alle. EZ/DZ all-in 260/440 DM.

Off Beat Safari Camp, T./Fax 015/793 2422, ist einer der Sparsamen der Region. Vier gestelzte Holz- & Reethütten, Bar, Lounge mit Planschbecken, Mountainbikes, Tagesausflüge. Ab 40 DM/P, mit VP 100 DM.

Maduma Boma, T./Fax 015/793 2813, maduma@iafrica.-com, 1/2 Std vom Orpen Gate, läßt jeden sich ohne Spielregeln austoben. Jedes Chalet völlig privat mit eigenem Pool & Boma, in Neben/Hauptsaison 100/140 DM /drei P, pro weitere P 30 DM.

Gwala Gwala, T./Fax 015/793 3491 (Dorian & Ann), gwala@netactive.co.za, 1/2 Std vom Orpen Gate, hat gepflegte Safarizelte ans Klaserie-Ufer gepflanzt. Anlage mit Pool, Lapa und erhobener Lounge. EZ/DZ mit F 110/180 DM.

Sandringham NR, T./Fax 015/793 2449, grenzt an den Krügerpark. Über seine 50 qkm um die Mäander des Timbavati streifen die Big Five. Ufer-Lodge mit vier Stein- & Reetchalets, Pool, Lapa am Fluß, Boma und Landebahn. Inkl. Pirschfahrten/wanderungen, Getränken & VP 280 DM/P.

Gary Freeman Safaris, T./Fax 011/814 2855, gfsafari@global.co.za, geht vom rustikalen Zeltcamp am Klaserie-Ufer auf mehrtägige Buschtrails, zu Fuß oder mit Elefant!

Balule-Naturreservat

17 km nördlich von Hoedspruit. Das 350 qkm-Gelände ist Krügers direkter Nachbar, womit dem Wild jeder Größe genug Auslauf bleibt.

Mehrere Game Lodges haben sich ihr Häppchen gesichert. **Drifters,** T. 011/888 1160, Fax -1020, res@drifters.co.za, gewährt sechs Zeltsuiten unter Reet den Blick aufs Flußbett des Mohlabetsi, dazu Felsenpool & Bar. EZ/DZ all-in 300/480 DM. – **Pondoro,** T./Fax 015/793 3363, pondoro@mweb.-co.za, hat seine vier klimatisierten Chaletsuiten unter jahrhundertealte Jackalberrys ans Olifants-Ufer gesetzt. Sehr persönlicher Service, herzhafte Buschküche, EZ/DZ all-in 260/440 DM.

Timbavati-Wildreservat

Nördlich vom Orpen Gate, mit Spitzenruf. Timbavati wird sogar vom ISIC-Verband empfohlen, denn hier steckt hinter dem Wort „Privatbesitz" ein Zusammenschluß vieler Naturschützer: 750 qkm Buschland voller Schupfwinkel für Wild, Vögel und gefährdete Arten. Berühmt ist das WR für seine weißen Löwen mit ihren "Schneekindern". Dazu finden in seiner reichen Tier- und Pflanzenwelt oft ökologische Studien statt. Parkgebühr 20 DM/P.

Motswari, 58 km nordöstlich von Hoedspruit, T. 011/463 1990, Fax -1992, mit 16 Zweibett-Rondawels, Restaurant & Pool. **M'bali,** 9 km von Motswari, gleiche T./Fax, mit acht Zelten auf Holzplattformen mit Blick auf Sharalumi-Stausee. Beide ab 660 DM/P. **Tanda Tula,** 70 km vom Orpen Gate, T. 021/794 6500, Fax -7605, cuisine@iafrica.com, mit acht reetgedeckten Safarizelten, Restaurant & Pool. Ab 550 DM/P. *Tanda Tula bedeutet auf Shangan "Liebe & Stille". Der Stille sind wir begegnet – wo bleibt die Liebe?*

Umlani, T. 012/329 3765, Fax -6441, umlani@cis.co.za, läßt wandern & pirschen, auch zum eigenen rustikalen Bushcamp. **Timbavati Wilderness Trails,** T. 031/21 3815, Fax -2857, inafrs@iafrica.-com, bietet ein Fünftage-Paket ab 560 DM.

Manyeleti-Reservat

Eigene Zufahrten ab Acornhoek und Cottondale. Flankiert von Orpen Gate, Timbavati und Sabie

In Touristenerwartung: ein Regiment fröhlicher Holz-Hippos

Sands, verfügt Manyeleti über eine lange grüne Grenze zum Krügerpark, so daß Tiere nach Lust und Laune durchwandern. Auf 230 qkm kommt jedes Großwild vor, hervorzuheben sind aber die Elefanten- und Hippoherden. Urwüchsigkeit zählt hier noch mehr als blanker Luxus – ideal für Gäste, die zu Fuß lospirschen wollen.

Khoka Moya, 2 km vom Orpen Gate, T. 011/788 1258, Fax -0739, khoka@country-escapes.co.za, mit zehn bequemen Blockhütten und Haupthaus mit Speisesaal, Bar, Pool. All-in ab 350 DM/P. **Honeyguide,** 7 km vom Manyeleti Gate, T. 011/341 0282, Fax -0281, mit acht ostafrikanischen Luxuszelten, vier Zeltsuiten & Speisesaal. Ab 300 DM/P.

Wanderlustige werden ab Di auf vier-, ab Fr auf dreitägigen *Foot Safaris* zum Outpost Camp in der Wildnis geführt und erlernen die Kunst des Spurenlesens. 160 DM/Tag.

Sabi Sands

Zwischen Manyeleti und Kruger Gate. Mit 600 qkm eines der größten, umfaßt dieses Schutzgebiet alle folgenden Spitzenreservate. Jedes Camp bietet eine betörende Mischung aus Extravaganz & Dekadenz, Abenteuer & Entspannung. Besuchergebühr 10 DM.

Mehrere Reservate nur für Logisgäste offen, meist mind. zwei Übernachtungen. Weitere Lodges der 350-800 DM-Klasse im Sabi Sand nennt Portfolios *Retreats Collection.*

Inyati-Reservat

45 km nördlich vom Kruger Gate. Ein kleiner Streifen im Sabi Sand, mit Luxuscamp am Fluß und einer stattlichen Anzahl von Hippos und Krokodilen, die die *Big Five* ergänzen.

Inyati Lodge, T. 011/493 0755, Fax -0837, mit neun geräumigen Chalets, großzügiger Veranda, *Haute Cuisine* im Boma, Spitzenweinen an der Bar. Ab 700 DM/P.

Mala Mala-Reservat

10 km nördlich vom Krüger Gate. Nie halten sich mehr als 50 Gäste im Reservat auf, alle Fahrzeuge stehen in Funkkontakt, so daß kaum eine der 200 Wildarten der Beobachtung entwischt. Auch Stubenhocker entgehen dem Zauber nicht: der Sand River lockt eine Fülle von Wild & Vögeln bis vor die Haustür. Für alle Camps: T. 011/789 2677, Fax 886 4382.

Mala Mala will „zweifellos eine der besten Lodges der Welt" (Werbung) sein. Auf jeden Gast kommen drei Bedienstete – woraus sich auf deren Löhne schließen läßt. Die 25 Zweibett-Cottages würden auch ungeputzt fünf Sterne kriegen. Ab 1350 DM/P.

Kirkman's liegt auf einer Anhöhe im südlichen Sabi Sand, was eine stolze Aussicht auf Fluß und Lowveld sichert. Altes Wohnhaus als Speisesaal nach Zauberberg-Art, 14 Zweibett-Bungalows mit Bad & Veranda. Ab 700 DM/P. **Harry's Camp** mit sieben Bungalows und Bar im Ndebele-Stil, Mahlzeiten unter freiem Himmel. Ab 480 DM/P.

Londolozi-Reservat

28 km nördlich der R536. Stolze Leopardenpopulation, vollendeter Service – der dritte Park im Sabi Sand wurde von Reiseagenten schon mehrfach zur besten Lodge des Landes gewählt. Buchung: Conservation Corp., T. 011/803 8421, Fax -1810.

Tree Camp – vielleicht das schönste in Südafrika! Sechs zauberhafte Chalet-Suiten mit viel Privatsphäre, türkisenem Pool im Busch, Boma mit prasselndem Lagerfeuer. Der Lounge-Balkon lehnt in 20m Höhe an einen uralten Ebenholzbaum. Ab 1050 DM/P. **Bush Camp** mit acht Steinhäusern/Chaletsuiten und ganz anderer Atmosphäre. Auch hier Boma, Pool, erhöhte Balkons und Blick über das Bushveld. Ab 975 DM/P. **Main Camp** mit zehn Chalets und Aussicht auf die üppige Fauna am Fluß. Restaurant und Pool liegen genau an der Stelle, auf der die Gründerväter vor 80 Jahren ihre Zelte aufschlugen. Ab 875 DM/P.

Singita-Reservat

28 km vom Sabi Sands Gate. Die neue Luxus-Kreation der Conservation Corp., T. 011/803 8421, Fax –1810, garantiert höchsten Standard, selbst in Sachen Weinkeller. Im Grasland unterhalb des Gemeinschaftsdecks gehen Gepard & Löw gern auf Jagd.

Singita Ebony zwischen riesigen Ebenholzbäumen mit acht Zweibett-Suiten, Innen- und Außendusche, offenem Kamin für Winterabende, eigener Aussichtsveranda. Ab 1000 DM/P. Noch schicker: **Singita Boulders** mit sechs Suiten. Ab 1100 DM/P.

Sabi Sabi-Reservat

Am Kruger Gate. Ganz schön keck, der Werbespruch des bekanntesten Reservats: *There's no alternative!* Sabi Sabi war das erste WR mit schwarzen Rangern, bester „Trefferquote" für Löwen und Blick für ökologische Zusammenhänge. Daraus resultiert die *Ranger Training Experience.* Buchung T. 011/483 3939, Fax -3799, com@sabisabi.com.

Bush Lodge und **River Lodge** bestehen aus 27 bzw. 23 strohgedeckten Chalets, die **Selati Lodge** aus acht Suiten; Restaurants & Pools zur Genüge. Ab 950/1000 DM/P.

Wer sich wundert, daß die Kapprovinzen oder Gauteng wie Erste Welt ausschauen, eben nur *South*, wird hier seine Erwartungen erfüllen: KwaZulu-Natal ist *Africa!*

KwaZulu-Natal

> **Malariaprophylaxe** für Küstenregionen, Zululand & Greater St Lucia Wetlands Park v.a. während der Regenmonate zu empfehlen.

In der drittkleinsten Provinz liegt die Heimat der Zulus. Durch Voortrekker, britische Kolonialgelüste und mehrere Einwanderungsströme entstand ein kultureller Flickerlteppich, der bis heute so manche Stadt prägt. Von deren größter, Durban mit einem der wenigen Naturhäfen am Indischen Ozean, sind´s nur kurze Abstecher zu beliebten Badeorten.

KwaZulu-Natal ist Südafrikas angenehmste Region im Winter. Die Nächte bleiben warm, die Meerestemperaturen badegerecht, es fällt kaum ein Tropfen. Zu seinen Pluspunkten zählt auch die landschaftliche Vielfalt, die Tierwelt hat ein eigenes Loblied verdient. Naturliebhaber pendeln binnen weniger Std verzückt zwischen unberührten Wildgebieten und einladenden Stränden, subtropischer Üppigkeit und hügeligen Midlands.

☞ **KZN Nature Conservation Services**, T. 0331/845 1000, Fax -1001, verwaltet über 70 Reservate der Provinz *(Ex-Natal Parks Board);* Mo-Fr 8.15-16.15h. Wer keine Unterkunft reserviert, könnte v.a. an Wochenenden und in den Ferien den kürzeren ziehen.

Natal Drakensberg

Eine traumhafte Landschaft, in der man sich tagelang von einem Naturreservat zum nächsten hangelt. Bizarre Berge wechseln mit sanften Hügeln, deren grüne Samtpfoten nach silbrigen Wildbächen greifen. Darüber schweben Vögel in schier unendlicher Menge und Vielfalt. Auf Wanderfreunde warten zweistündige Rundwege bis zu mehrtägigen Trekkingtouren. Im Sommer wird jeder Nachmittag von einem Gewitter begleitet!

In allen Gewässern tummeln sich Forellen, die meisten um Underberg & Himeville.

☞ *Zur Hochsaison (Dez/Jan, Ostern) schlagen alle Resorts und Cot-*

Highlights der Provinz:

*** Zwischen den markanten Gipfeln der ***Drakensberge*** schlängeln sich wunderschöne, dennoch einsame Wanderwege.

*** Im Nordosten verfügen mehrere Reservate über die *Big Five.* Die eigentliche Sensation liefern aber ***Hluhluwe & Umfolozi,*** die das Weiße Rhino vor dem Aussterben bewahrten.

*** Gleich mehrere Backpackers in ***Zululand*** schaffen ausgezeichnete Gelegenheiten dafür, Alltag & Kultur der Zulus kennenzulernen und auch mal in Zuludörfern zu logieren.

*** ***Durban*** ist, knapp hinter Kapstadt, zweifellos die attraktivste Metropole des Landes: heftiges Nachtleben, lebhafter Schmelztiegel der Kulturen, entspannte Menschen.

tages 20-50% auf. Dafür im Winter oft sehr günstige Wochenangebote und Weekend Specials.

Royal Natal-Nationalpark

Zufahrt über R74 vor Bergville oder über Harrismith/Qwa Qwa. 80 qkm-Park an der Provinzgrenze ums „Amphitheater", das Prunkstück der Drakensberge. Saftiges Grasland und immergrüner Bergwald werden in höheren Regionen abgelöst von Proteen, Fynbos, Heide. Antilopigerseits zieht's nur die Kleinen in die Berge. Häufiger zu sehen sind die majestätischen Raubvögel, u.a. Schwarzadler, Bartgeier, Kapgeier & Schakalbussard. ✆ 036.

Täglich 5-19h, Apr-Sep 6-18h, 3 DM. Großes Besucherzentrum, T. 438 6303, hinter der Hauptzufahrt zum Park mit Tankstelle, Buchladen, Wanderkarte (3 DM) und griffiger *Walks & Hikes*-Broschüre (4 DM).

Amphitheater

Welch imposantes Szenario: ineinander verzahnte 3000er-Gipfeln schauen sich im 8 km langen Bogen den Tugela-Wasserfall samt Urwald und Schlucht an. Die äußeren Zinnen heißen **Sentinel** (3165m) und **Eastern Buttress** (3047m), markant auch der trefflich benannte Devil's Tooth. Der so flach wirkende **Mont-aux-Sources** (3284m) dahinter, Grenzmarke zu Lesotho, dankt seinen Namen den Quellen von Tugela & Khubedu – letzterer nimmt auf dem Weg nach Westen noch ein paar Kumpels mit, nennt sich später Oranje und trödelt 2000 km lang dem Atlantik entgegen.

Wanderer werden begeistert sein von der „Zangentaktik": an einem Tag oben in den Bergen zum Scheitel des Wasserfalls, um das Panorama für immer in sich aufzusaugen; am anderen Tag 1000m tiefer durch die Schlucht zum Fuß des Falles marschieren.

Der Tugela-Wasserfall zählt mit 880m Höhe bei drei Ministufen zu den höchsten der Welt. Allerdings könnte der Fluß in Kürze komplett versiegen. Bisweilen reicht sein Wasser schon nicht mehr für die Bewässerungsprojekte an seinem Oberlauf.

Übernachten

Im Park: Anmeldungen bei KZN Nature Conservation, T. 438 6303, Fax -6310.

Ums Tendele Camp, 46 km von Bergville, wird geritten, gewandert, geangelt, gepicknickt. Besucherzentrum mit Tierfilmen, Laden & Tankstelle. Je 13 Bungalows (Koch in Gemeinschaftsküche) und Chalets (Selbstversorger) mit zwei/vier Betten ab 30 DM/P (min. 60 DM), Sechsbett-Cottages mit geräumiger Lounge 40 DM/P (min. 160 DM). Zelten nur in den Camps **Mahai** (riesig) & **Rugged Glen** (klein) für 6 DM/P.

Außerhalb des Parks

Hlalanathi Berg Resort, 30 km nordwestlich von Bergville (Schild an R615), T. 438 6308, Fax -6852, mit viel Sport. Zwei/Sechsbett-Chalets ab 80/160 DM. – **The Cavern,** 10 km nördlich von Hlalanathi, T. 438 6270, Fax -6334, für Familienferien am Park. EZ/DZ mit VP ab 90/150 DM. – *** **Karos Mont-aux-Sources**, T. /Fax 438 6230, ein bisserl glatt. 72 Zimmer jeder Größe ab 225 DM. Witsieshoek Inn usw. s. Qwa Qwa.

Oliviershoek-Paß
Von Harrismith auf der R74 kommend ahnt man nichts Böses, kaum ein kleiner Anstieg – *und plötzlich fällt hinter einer Kurve die Welt hinunter.* Hunderte von Metern tiefer ist der Kilburn-Staudamm zu sehen, der Panoramablick schweift weit in die Midlands.

Drifters Inn, T. 438 6130, res@drifters.co.za, schlummert auf der Paßhöhe gegenüber vom Aussichtsparkplatz. Rustikale EZ/DZ mit Bad & F 65/100 DM; dazu Bar, TV, Plätscherbecken. Zelten möglich, jede Menge Tips, Bikes und Pferde für 12-20 DM/Nachmittag, Klettertouren, Drachenflugkurse.

*** **Little Switzerland** abseits der R74, 4 km unterhalb des Passes, T./Fax 438 6220, in großartiger Lage mit Mountainbikes & erlesenem Restaurant. Vier/Sechsbett-Chalets ab 200 DM, 35 schmucke Hotel-DZ ab 140 DM, zur Hauptsaison viel höher.

Dazu steht an der Straße selbst eine Tankstelle samt Lädchen. Von der Cornflakes-Packung wischt der verlegene Besitzer höchstpersönlich millimeterdicken Staub, vor dem Häuschen verscherbeln kleine Jungs selbstgetöpferte Tiere für Pfennigbeträge.

Wandern

Durch den NP führen 31 Wander- und Reitwege, von Otto's Walk (3 km) bis zur Rundtour um den Mont-aux-Sources (45 km, nur mit Zelt). Die beiden allerschönsten befassen sich eingehend mit dem Amphitheater.

☞ **Viel Wasser** & Hut mitnehmen. Auf dem Hochplateau wird's zugig & langhosenkühl, in der Schlucht dagegen brüllend heiß.

Sentinel Trail (4 Std): im Hochland von Qwa Qwa, 15 km hinter Phuthaditjhaba, endet in 2500m Höhe eine schottrige Sackgasse. Hinter **Rangerhäuschen** & Zaun beginnt der Royal Natal-Park; Eintritt 4 DM. Man gibt an, ob Ein- oder Mehrtagestour geplant wird, und kraxelt dann gleich rauf zum Fuß des Sentinel-Monolithen. Unterhalb stolzer Wände bleibt der Pfad eine Std auf gleichem Niveau. An spektakulärer Stelle plötzlich **eiserne Hängeleitern,** mit deren Hilfe das unüberwindliche Hindernis doch bewältigt wird; fast 50m hoch, nur für Schwindelfreie!
Das 3000m hohe Plateau selbst ist unspektakulär, aber vollendet einsam. An einem Nachmittag begegneten uns nur zwei Wanderer und ein Ranger. Im Angesicht des aus dieser Perspektive flachen Mont-aux-Sources folgt man 1/2 Std dem ausgetrockneten Bachbett, bis es nicht mehr weiter geht: die Kante, an der sich der Tugela (so er mal Wasser führt) 880m in die Tiefe stürzt, ist ***der*** Schauplatz für ein Picknick – **atemberaubend.**

Tendele Trail (4 Std): im Hauptcamp beginnt die Wanderung durch die grüne, teils urwaldbestandene Tugela-Schlucht. Nach 2 Std knöpft sich der Weg das ausgetrocknete Bachbett selbst vor; Reinhüpfen in kristallklare, bitterkalte Naturbecken möglich. Dem Tatendrang ist nur eine Grenze gesetzt: die Wand des Amphitheaters selbst. Dessen Füße lassen sich unter viel Schweißverlust noch erkraxeln – dann ist aber Schlußpfiff.

Bergville

41 km südöstlich vom Oli'paß, an der R74. Ruhiges Käffle in 1139m Höhe auf einförmigem Plateau mit feinem Bergblick. Im Upper Tugela-Blockhaus, von britischen Truppen im Burenkrieg errichtet, schlummert das bescheidene Stadtmuseum. ✆ 036.

Drakensberg Publicity Assoc: T. 448 1557, Fax -1088.

Caravanpark am Tugela 1200m Richtung Winterton, T./Fax 448 1273, mit Zeltplätzen ab 12 DM und einfachen Rondawels ab 15 DM/P. – * **Hotel Walker** in der Stadt, T. 438 1022. Brauchbare EZ/DZ ab 60/90 DM. – **Drakensberg Resort** rechts der R74 nach Harrismith, T. 438 6287. 70 Hütten à drei DZ ab 70-110 DM, Zeltplätze ab 10 DM.

Kein Fernbus steuert Bergville, Winterton oder Royal Natal NP an. **Greyhound** ab Swinburne/N3 dreimal täglich nach Durban & Joburg (je 3½ Std, 35 DM). **Minibusse** ab Score-Supermarkt nach Winterton, Ladysmith & Harrismith (2/4/6 DM), nach Hlangalala (4 DM) auf dem Weg zum Tendele Camp, nicht in den Park selbst.

Winterton

21 km südöstlich von Bergville, an der R74. Der Mittelpunkt extensiver Milchwirtschaftsbetriebe ist ein niedliches Nest voller „Alleen" – na ja, Bäume an Straßen eben. ✆ 036.

Stadtmuseum: Kerk St, T. 488 1620, zu Geologie, Fauna & Flora, ersten Siedlern & letzten Burenkriegern, zugleich Infobörse. Mi/Fr 13-16h, Sa 9-12h.

* **Bridge Hotel,** T. 488 1554, mit Dorf-Pub und netten EZ/DZ ab 40/60 DM. – Mehrere Gästefarmen neben dem Reservat, u.a. **Spionkop Lodge**, T./Fax 488 1404 (Raymond & Lynette), spionkop-@futurest.co.za, mit zwei zierlichen Steincottages für acht/vier P. Noch schnuffliger: **Tugela River Lodge,** T./Fax 488 1264 (Nicky), mit drei Reetcottages, und **Mambasa Camp,** T./Fax 488 1003 (Renée Stockil), mit typischen Zuluhütten am Tugela. – **Meadowsweet,** T. 468 1216, mit Farmführung & Kräutertee, *man weiß ja nie.*

Minibusse nach Cathedral Peak, Bergville & Estcourt (je 3 DM).

Spioenkop-Naturreservat

14 km nördlich von Winterton, 60 qkm an der R600. Im sanft gewellten Grasland um den Spioenkop-Dam, der den Tugela aufstaut, leben Weiße Rhinos, Giraffen, Zebras & Dutzende von Antilopenarten, teils in eigenen Gehegen. Eintritt 3 DM.

KZN Nature Conservation, T. 488 1578, Fax -1065, läßt alles spartanisch. **Bushcamps** am See: Ntenjwa mit vier rustikalen Zweibett-Hütten ab 80 DM, iPhika mit Vierbettzelten & Stellplätzen ab 12 DM. Zuletzt gab es Klagen über marode Anlagen, Nature Conservation versprach aber Abhilfe.

Trails: *Discovery* (2-4 Std) erläutert ökologische Zusammenhänge, *Aloe* (10 km) führt zum Ntenjwa Camp, *History* zum Schauplatz der Schlacht am Spioenkop im Jan 1900. Geführte Fußsafari 9 DM, Reitpferde & Kanus vorhanden.

Cathedral Peak

Nördlichster Teil des Central Berg. Die Flanken von Bell (2930m), Outer Horn (3006m) und Inner

Horn (3005m) sind allesamt Herausforderungen für Kletterer. In ihrem Kreise ist die 3004m hohe „Kathedrale" am leichtesten zu besteigen. Tagesmarsch ab Hotel, dazu weitere Wander/Kletterpfade; schöne San-Zeichnungen in der Sebay-Kaverne. © 036.

Eintritt 3 DM/P. Für die gute Straße zum **Mikes Paß** 10 DM /Fahrzeug, oben Infohäuschen mit Bänken und oft starke Winde. *„Die Aussicht auf die umliegenden Gipfel ist einfach toll, hier läßt es sich gut ein wenig aushalten." (Dagmar Offizier)*

Einfacher Camping (KZN Nature Conservation) im Wäldchen, T. 488 1880, mit primitiven Sanitäranlagen, zur Nebensaison fast ohne Gäste. Zelten ab 6 DM/P. Hier beginnen mehrtägige Wanderungen durch die Einsamkeit.

In der Nähe steht ein **McDo für Geier:** Farmer legen totes Getier auf eine erhöhte Fläche, meist hocken ein paar Aasvertilger herum und strecken ihre Hälse unschlüssig.

*** **Cath' Peak Hotel** am Fuße des Gipfels, 38 km von Winterton, T./Fax 488 1888, cph@ls.lia.net – grandioser kann eine Lage kaum sein. Ältere, großzügige Anlage mit vielen Komforteinrichtungen und dem gesunden Schlaf der Berge. 90 DZ/Suiten ab 180 DM.

Cathkin Peak

Der 3181m-Gipfel südlich der Cathedral steht etwas im Abseits – der Drakensberge, nicht der Besuchergunst. Eine abgelegene Schlucht in der **Mlambonja** Wilderness Area (290 qkm) zwischen Cathedral und Cathkin führt zum Ndedema Dome; nur zu Fuß oder Roß, unterwegs guterhaltene San-Malereien. Richtung Giant's Castle erstreckt sich eine weitere Wilderness Area: **Mdedelelo** mit tollem Wanderweg durch dichten Farnwald.

Das **** **Drakensberg Sun** im Cathkin Park, 32 km von Winterton, T. 468 1000, Fax -1131, setzt Maßstäbe für Komfort & Ausstattung. Fast 150 EZ/DZ ab 200/300 DM.

Champagne Castle

Mit 3377m einer der höchsten unter den Drachen: Gut klettern, prima übernachten. Viele Unterkünfte liegen im Vorland, erlauben aber den flotten Sprung in die Berge. © 036.

Im Park selbst: **Monks Cowl** (KZN Nature Conservation), 3 km vom Ch' Castle Hotel, T. 468 1103, mit Zeltplätzen ab 6 DM/P, Sanitärblock und toller Landschaft.

Hotels: Champagne Castle, T. 468 1063, könnte kaum besser liegen: am Ende der Straße mitten in den Bergen. Abholung in Estcourt 12 DM/P, Cottages & Rondawels ab 90 DM/P. – Bei der *** **Cayley Lodge** in Bergvlei, T./Fax 468 1222, brachte der Architekt einige Maße durcheinander, sonst nix auszusetzen. 24 DZ ab 130 DM.

Backpackers: Inkosana Lodge im Champagne Valley, T./Fax 468 1202, mit Küche, Trails, Garten & schönen Aussichten. B&B ab 30 DM. – **Ardmore Farm,** 100m hinter The Nest links ab von der R600, T./Fax 468 1314 (Paul), entspannt, jung & freundlich. Sechs Betten in der wundervollen BP Barn 20 DM, Rondawels 30 DM/P, DZ mit Bad 80 DM, gute Mahlzeiten, Mountainbikes. – Gleich daneben das bodenständige **Heart's Ease GH**, T./Fax 468 1603, mit schönem Garten & Patio. Zehn Betten mit F ab 30 DM/P.

Ferienanlagen: Dragon Peaks, 28 km von Winterton an der R600, T. 468 1031, Fax -1104, dpp@futurest.co.za, am Castle-Fuß mit Familienspaß & Wäldchen. Das viele Wasser reicht sogar für Enten, Zebras, Strauße & tolle Duschen. Gut ausgestattete Chalets für zwei/vier/sechs P 80/110/140 DM, Zelten ab 20 DM. – **Chalets** mit vier/acht Betten für 30-60 DM/P u.a. im **Champagne Valley**, neben Monks Cowl, T./Fax 468 1174; und **Mount Champagne**, Dragon Peaks Park/R600, T. 468 1031, Fax -1104.

Frohlocken: neben dem Dragons Peak Resort residiert & tirilliert die **Drakensberg Boys' Choir School**, T. 468 1012. Die Jungs im Alter von 9-15 Jahren, seit jeher *all racial and cultural backgrounds,* haben international schon mächtig Preise eingeheimst. Aufführungen in herrlicher Berglandschaft meist Mi/Sa 16h, Eintritt 6 DM.

Giant´s Castle

69 km südwestlich von Estcourt. Der bekannteste Parkteil (346 qkm) wird von einer mächtigen Basaltwand beherrscht, die Giant's Castle (3314m) und Injasuti (3459m) verbindet. Auch wenn eine erkleckliche Besucherzahl sich in den Tälern aufhält, bleibt doch die schroffe Bergwelt sehr einsam. Bushmans & Little Tugela ziehen durch ein Gelände mit Grasland und Waldgebieten. Im ersteren tummeln sich Braune, in zweiterem Regenbogenforellen. Im Gestrüpp der Täler widerstehen mehrere Proteenarten den regelmäßigen Steppenbränden, die Blitzschlag oder menschliche Dummheit zu verantworten haben. ✆ 036.

Im Reservat leben allein zwölf Antilopenarten. Bleich- und Bleßbock wagen sich gern in die Camps. Stargäste am Himmel sind der mächtige Bart- und der seltene Lämmergeier. Zum Schutz vor vergifteten Kadavern, die einige Farmer auch gegen Schakale auslegen, werden den Räubern von Mai-Sep jeden Sa/So Fleischhappen gereicht; vom *Lammergeyer Hide* nebendran gut zu beobachten, 10 DM/P, Anmeldung im Camp.

Im Hochgebirge kann sich ein strenger Winter für manche Arten verheerend auswirken. In diesem rauhen Gelände herrscht ein sensibles Gleichgewicht zwischen Tierzahl und Futtermenge. Hier oben treiben sich die Klippspringer herum, die allerdings kaum ein Wanderer zu Gesicht bekommt. In manchen Jahren gar nicht mehr gesehen werden **Leopard & Aardwolf** – wer einen entdeckt, sollte Rangern Bescheid sagen.

Täglich 5-19h (Apr-Sep 6-18h), Eintritt 3 DM, Trails 2 DM. Witteberg Gate mit Tankstelle, Hauptcamp mit Lädchen. Selbstversorger decken sich besser in Estcourt ein!

Übernachten

Anmeldungen bei KZN Nature Conservation Services, T. 0331-/845 1000, Fax -1001.

Giant's Hutted Camp 8 km vom Gate mit kleinem Supermarkt, Restaurant, vier Sechsbett-Cottages und 13 Zwei/Drei/Fünfbett-Bungalows mit Koch; alles ab 30 DM/P. Außerdem vier karge Berghütten über 2200m mit je vier Etagenbetten für Wanderer (4-5 Std vom Camp), ab 10 DM. Zelten nicht möglich. **Giant's Lodge,** Nature Conservations luxuriöses Prunkstück, mit sieben Betten und eigenem Koch.

☼ **San-Felsmalereien:** am Giant's Castle wurden bereits 50 Fundorte registriert. Noch zu Beginn des 20. Jhs lebten die letzten San (derogativ: „Buschmänner") rund ums heutige Hauptcamp. Allein die **Main Caves** zieren 500 Zeichnungen; Sa/So 9-15h, Mo-Fr mit Führung 9h/14h. In manchen Höhlen sind die Darstellungen fast lebensgroß, z.B. vom Stammeskampf in der Battle Cave. Auskunft zu versteckteren Fundorten beim *Environmental Officer.* An einer beliebten San-Lagerstätte steht heute ein kleines Museum.

Injasuti Camp, 57 km von der N3-Abzweigung Loskop, T. 488 1050, mehrere Wandertage nördlich vom Castle. 17 Sechsbett-Chalets, zwei Achtbett-Schlafsäle ab 20 DM/P, kein Koch, aber Souvenirs. Zeltplätze 6 DM/P. Angeln im Injasuti-Fluß, in der Nähe viele Felsmalereien und zwei schlaftaugliche Höhlen.

Hillside Camp, 32 km nordöstlich vom Castle, T. 332 4435, klein, abgelegen & beliebt bei Reitgruppen. Achtbett-Hütte mit Kühlschrank & Herd 12 DM/P (min. 42 DM), Zelten 6 DM/P.

Wanderterrain vom Allerfeinsten

Nach Herzenslust wird zwischen ein- bis dreitägigen Touren gewählt. Broschüre mit Wegbeschreibungen und Übersichtskarte in jedem Camp, Lagerfeuer im Park verboten.

Einer der schönsten Trails führt vom Hauptcamp zur Giant's Hut vor eindrucksvoller Kulisse in 2300m (3-4 Std); anderntags mit Ausblick über endlose Täler und Bergrücken zur Bannerman's Hut (6 Std), bei stabilem Wetter spektakulärer über den Langalibalele-Paß (8-10 Std); am dritten Tag zurück zur Basis (3 Std). Jede Berghütte mit Gasherd; Schlafsack & Kochzeug mitbringen, 10 DM/P.

Im Injasuti-Tal können Wanderer in zwei Höhlen übernachten; Plumpsklos, sonst nix, 5 DM/P. Die Trails *Bushmans River, Skyline, Hillside Forest* und *Injasuti* wurden als Lehrpfade konzipiert, die man am besten mit Bestimmungsbuch abstiefelt.

Ausritte mit Rangern führen für zwei bis vier Tage ins Gebirge, mit Übernachtung in Hütten oder Höhlen. Sep-Juni wöchentlich, nur für geübte Reiter, 50 DM/Tag. Für zartere Popöchen: 8 DM/Std, 20 DM/halben Tag. Anmelden bei KZN Nature Conservation.

Estcourt

48 km südöstlich von Winterton, an der R103. Langweiliges Industriezentrum inmitten einer Agrargegend, aber noch am Fuße der Berge. Sein Fort Durnford (1874), ein massiver Steinklotz im viktorianischen Stil, sollte die Stadtbewohner für Zulu-Angriffen schützen. Heute Museum mit wiederaufgebautem Zuludorf. ✆ 036.

Publicity Assoc: Harding St, T. 332 3000, Fax 333 5829, auch für Weenen.

Städtischer Caravanpark fast im Zentrum, Lorne St, T. 333 5652. Zelten auch in den NRs Wagendrift und Weenen. – ** **Lucy's Plough Hotel,** 86 Harding St, T. 332 3040, und **Blue**

Haze Lodge, T. 333 5772, mit DZ ab 70 DM, TV gegen Aufpreis. – **White Mountain Lodge** (Caraville) an der Ntabamhlope Rd, T./Fax 332 4437, 31 km vom Giant's Castle, 34 km westlich von Estcourt, mit schnuckliger Tom's Tavern. Zeltplätze ab 18 DM, Zwei/Vier/Sechsbett-Chalets ab 70/100/130 DM, min. zwei Tage.

Wagendrift NR: 7 km von Estcourt, Ntabamhlope Rd, T. 333 5520. Der Stausee dient Anglern & Seglern als Ausflugsziel, am oberen Ende tummeln sich auch viele Antilopen & Zebras. Eintritt 2 DM, Zeltgelände, Jugendzentrum mit 18er-Schlafsälen & Küche.

Unmittelbar hinter Estcourt wandelt sich die Landschaft völlig. Plötzlich sind sie da, die Dornbuschakazien, deren unscheinbare gelbe Blüten alles in intensiven Duft einhüllen. Über Schirmakazien breiten sich flachbäuchige Wolken ins Unendliche aus.

Züge: Trans Natal täglich 23.08h nach Ladysmith & Joburg (1/8½ Std), 3.22h nach Durban (4½ Std). **Trans Oranje** Do 22.08h nach Harrismith & Kapstadt, Mi 2.35h nach Durban. Fahrscheine am Gepäckschalter neben Bhf.

Busse: Transtate nach Welkom, Ladysmith & Port Shepstone. **Greyhound** ab Stadtbücherei, Victoria St, täglich 17h nach Durban (42 DM), 12.30h Ladysmith & Joburg (25/65 DM), Di/Do/So 8.55h Bethlehem & Kimberley (3/9 Std, 45/85 DM). **Minibusse** ab unterem Ende der Phillips St nach Winterton, Bergville, Ladysmith (2/2/4 DM), Pm'burg & Joburg (7/24 DM). **Wembezi** nach Ladysmith & Durban (5/10 DM).

Weenen-Naturreservat

19 km westlich von Estcourt, an der R74. Im Vorland der Drakensberge finden sich nirgendwo mehr wilde Tiere als in diesem jungen 50 qkm-Schutzgebiet. **Empfehlenswert!**

Eintritt 3 DM/P, 12 DM /Fahrzeug. Wanderungen möglich. Anmeldungen bei KZN Nature Conservation Services, T. 0331/845 1000, Fax -1001, mit Zelt T. 036/334 1809.

Der tolle Campingplatz liegt so dicht an einem Wasserloch, daß oft Elands oder Strauße zwischen den Zelten umherspazieren. Vor Weißen Rhinos ist man durch ein Drahtseil 30 cm über dem Boden geschützt. Sie kommen so nah, daß man in ihre müden Äuglein blicken kann. Dazu Giraffe, Büffel, Kudu & Gnu, glühende Sonnenuntergänge mit wilden Wolken, danach ein fantastischer Sternenhimmel – *was geht über Zelten im Busch!*

☞ **Übrigens,** der Name des 1838 gegründeten Ortes am Bushmans River bedeutet tatsächlich „Weinen" und soll an ein Zulu-Massaker unter den Voortrekkern erinnern. Im Ex- Häuschen ihres Anführers Andries Pretorius stehen allerlei Relikte der Siedler. Wenn man so will: eine blutrünstige Ergänzung zum Blood River, wo die Zulus *ihr* Weenen erlebten.

Mooi River

28 km südlich von Estcourt, an der N3 und R103. Beschauliches Zentrum der Pferdezucht mit britischem Akzent und gutem Zugang zum Central Drakensberg. ✆ 033.

Gute Basis: **Riverbank Caravanpark** am Fluß, 1200m außerhalb gen Greytown, T./Fax 263 2144.

Zeltplatz 15 DM (1-4 P), Chalets 25 DM/P. – * **Argyle Hotel,** Lawrence Rd, T. 263 1106, zentral & gemütlich mit DZ ab 80 DM. Im liebevoll auf Vordermann gebrachten Alten Bahnhof laden Restaurant und Bar zum Palaver ein.

Am Weg zum Giant's Castle: **Hartford House,** T. 263 1081, mit viktorianischem Interieur, 500 ha-Anwesen, acht Suiten & drei Zimmern für 105-175 DM/P; **Farm Granton,** T. 263 2696, Fax -2697 (Norman & Cherie Hall), hch@mweb.co.za, 4 km außerhalb, 60-75 DM/P; und **Old Rearsby,** Hlatikulu Rd, T./Fax 263 2475 (Jim & Jeannie), parker@parker tours.co.za, mit vier Cottages.

Alle Züge halten. Busse s. Estcourt, Minibusse nur in die Nachbarschaft.

Southern Drakensberg

Obwohl nach Höhenmetern, Panoramen & Schwierigkeitsgraden dem Central Berg in keiner Weise unterlegen, wird dieser Abschnitt des Natal Drakensberg-Parks wenig besucht. Mehrere Camps verteilen sich entlang der Grenze zu Lesotho bis zum Watershed-Gipfel im Süden (2495m), jedes mit großem Schutzgebiet und Wanderwegen.

Southern D'berg Tourism Assoc: T./Fax 033/702 1158, drakensberg.info@futurenet.org.za. Anmeldungen für alle Camps bei **KZN Nature Conservation Services,** T. 0331/845 1000, Fax -1001. Eintritt jeweils 3 DM, Angelsaison Sep-April.

Kamberg: 44 km westlich von Nottingham Rd, hinter Redcliffe. Im lieblich gewellten, grasbewachsenen 22 qkm-Reservat sind nur wenige Wanderer & Angler anzutreffen – und mit etwas Glück elf Antilopenarten. Camp mit fünf behindertengerechten Hütten (20 DM/P), teurerem Sechsbett-Cottage, rustikalem Bauernhaus mit zehn Betten.

Loteni: 76 km westlich von N'ham Rd. Nach 29 km beginnt eine Schotterpiste, die jenseits von Lower Loteni nach Regengüssen nicht selten geschlossen wird. Dementsprechend einsam & wild geht's im 40 qkm-Schutzgebiet zu. Über die sanften Hügel ziehen Riedböcke, Oribis und ihre Verwandten. Camp, T. 033/702 0540, mit zwei Sechsbett-Chalets, zwölf Zwei/Dreibett-Chalets (24 DM), zehn Zeltplätzen (6 DM/P) und Siedlermuseum. **Ausritte** morgens oder ganztags, dazu Eagle Trail (12 km) mit schönen Ausblicken.

Vergelegen: 46 km nördlich von Himeville, nur über Schotterpisten erreichbar. Das 11 qkm-Reservat auf halber Berghöhe im Quellgebiet des Umkomaas holt sich Rückendeckung beim Thabana Ntlenyana (3482m). Camp mit zwei Cottages.

Sani Pass

33 km nordwestlich von Himeville beginnt die einzige Piste, die Lesotho durch die Drakensberge erreicht. Über viele Kurven windet sie sich rauf ins Tal des Umkomanazana, um auf der Paßhöhe den Blick ins Königreich freizugeben – spektakulär! Ponies bestimmen oft das Bild. Im Winter erlaubt die Schneelage den einen oder anderen Skischwung. ✆ 033.

☞ **Grenzposten** täglich 8-16h. Für den Weg *nach* Lesotho nur 4WD, für Abfahrt auch 2WD zugelassen. Vorsicht nach Regen- oder Schneefällen.

Auf den zweiten Blick

Mit dem Fahrrad über den Sani Pass

Eine Ahnung von Unendlichkeit

Von Karin Regnet

Die Fahrt nach Himeville führt über Berg-Pässe rauf und runter, quer durch ländliches KwaZulu, mit atemberaubenden Blicken und Steigungen, die ganz schön Puste kosten. Himeville selbst kauert sich an den Fuß des Drakensbergmassivs, dessen größte Zacken in Lesotho warten. Was liegt also näher als mal kurz rüberzufahren - wenn man schon in der Gegend ist.

Kurz nach sechs Uhr sitzen wir noch in angenehmer Morgenfrische auf den Rädern und genießen erst mal die Anfahrt zum Sani-Paß; ein wunderschön grünes Tal hinauf, in dessen Mitte ein herrlicher Fluß, vor uns das schier undurchdringliche Massiv. Mit den Augen suchen wir immer die Berge nach dem Spalt ab, durch den der Paß führen könnte. Die eigentliche Paßstrecke beginnt gleich hinter dem südafrikanischen Grenzposten: noch 8,5 km bis nach Lesotho.

Noch ist die Schotterstraße gut befahrbar, natürlich steil, aber der Fluß und die vielen ihm zufließenden Bäche erfrischen immer wieder mit köstlichem Wasser. Und die Blicke sind immer wieder überwältigend. Mittlerweile haben wir den Paß entdeckt: das helle Band, daß sich mehr oder weniger auf den Gipfel hinaufwindet - das muß er sein. Ab und zu sehen wir das Metall von Autos blitzen. Kein Zweifel, dieser Paß führt nicht zwischen den Bergen durch, sonder er führt über sie drüber.

Steil und schräg: Der Verkehr wird nun etwas reger. Aus Lesotho kommen jede Menge 4WDs, die Ladung und Leute hinter dem südafrikanischen Grenzposten in die dort wartenden Kleinbustaxis umladen und im Gegenzug deren Fahrgäste aufnehmen, denn von südafrikanischer Seite werden nur Fahrzeuge mit Allradantrieb auf die Paßstraße gelassen - und Fahrräder. Der Anblick der Schepperkarren bringt uns Reiseberichte von betrunkenen Fahrern und ausgeschlagenen Lenkungen in Erinnerung, und das eine oder andere Wrack mahnt zur Vorsicht. Die Kurven sind ausgewaschen und so schräg, daß der Anblick der vollgeladenen, schief in der Kurve hängenden Autos fast schwindlig macht. Zumindest werden wir von den (meist oben auf dem Gepäck liegenden, sich festkrallenden) Passagieren laut johlend gegrüßt. Wir winken natürlich immer recht heftig. Die letzten zwei Kilometer müssen wir absteigen. Zu steil, nur noch Geröll, selbst das Schieben ist schwierig, weil die Füße im losen Schotter kaum Halt finden. Wir schwitzen und keuchen nach oben. Die letzten 200 Meter werden flacher und sind fester Lehmbelag. Ah welch ein Gefühl: im Sattel erhobenen Hauptes in Lesotho einzuradeln, 2873 Meter über dem Meer!

*** **Sani Pass Hotel,** T. 702 1320, Fax -0220, in Wahrheit 22 km *vor* dem Paß entfernt. 80 Zimmer jeder Größe, dazu *Leisure Resort* und breites Freitzeitangebot. EZ/DZ ab 125/170 DM. – **Wild West Youth Hostel,** 5 km bergauf, T. 702 0340, Fax 701 1321, mit Charme & Schlafsaal. – Sani Top Chalet & Thabana Ntlenyana s. Lesotho.

Farm-Cottages am Weg zum Paß: **Inchgarth,** 5 km hinter Himeville, T. 702 1606 (Trish Forde), mit See, Strom & sechs Betten. – **Dieu Donne,** T. 702 1408 (Sandy Bodmann), am Seeufer, zwei Rondawels mit Lounge & acht Betten. – **Ripon,** T./Fax 702 1154 (Erika & Edmund Smith), ripon@futurenet.co.za, besonders kinderfreundlich. – **Lake Glencairn,** T. 702 1610, nur 8 km vom Paß mit großem See & acht Betten. Sehr schön!

Wer keinen 4WD griffbereit hat, fragt im Himeville Arms nach Mfgs (25 DM/Weg). Anhalter hoffen auf Lkws oder v.a. am Wochenende auf Touris; Obolus übülich. Täglich Ausflüge von Durban /Pm´burg zum Sani Pass, alle Backpackers wissen Bescheid.

Giant´s Cup Hiking Trail

Dieser Marsch (fünf Tage, 63 km) führt vom Fuße des Sani Passes nach Bushman´s Nek nahe der Grenze; Mfg ab Himeville Arms. Der Trail ist so beliebt, daß Wandervögel am besten Monate im voraus beim KZN Nature Conservation Services buchen. Unterwegs mehrere Schutzhütten 6 DM/P, kein Brennholz, also Gaskocher mitbringen. Gute Kondition und Vorbereitung auf Wetterumschwünge nötig, technisch nicht schwierig.

Himeville

6 km nördlich von Underberg. Kleiner, aber auch hübscher. In 1500m Höhe werden die Winternächte noch empfindlich kühl! Das kleine Museum an der Hauptstraße ist rührend um die Ortsgeschichte bemüht; Fr-So 9-13h. ✆ 033.

Zelten im NR, T. 702 1036. Backpackers im Ort: **Sani Lodge,** T./Fax 702 1401. – Das ** **Himeville Arms,** Arbuckle St, T./Fax 702 1305 (Mike & Sally Moyes), ist seit 1904 ein alt-englisches Muster an Gastlichkeit. 24 Zwei/Vierbett-Zimmer mit F 100-140 DM. Abends wird viergängig gekocht, auch gern ein Schlückchen reingekippt. Die Herrschaften können jede Frage über Berg & Wetter beantworten.

Das Himeville NR (10 qkm) östlich der Stadt steckt voller Forellenangler, die auch Ruderboote mieten und zelten können. Wer keine Antilope entdeckt, versucht sich eben als *Birder* im Moorschutzgebiet an der Pevensey Rd, 14 km östlich.

KZT-Busse täglich zweimal nach Underberg & Pm´burg, Minibusse nach Underberg.

Underberg

128 km westlich von Pm´burg, an der R617. Unscheinbares Farmstädtchen mit einer First National Bank und Hiking Club für Wander/Wettertips. ✆ 033.

Southern D´berg Tourist Info: T./Fax 701 1419, mit Buchungen & Touren.

* **Underberg Hotel,** T. 701 1412, hat einfache EZ/DZ mit F für 40/70 DM. An der Straße zum Berg hält jede Farm liebenswerte

Cottages oder Reetchalets bereit. Löblich z.B. **EkuThuleni,** T./Fax 701 1747 (Elize & John); **Eaglescliff,** T. 701 1918, jeannine@futurenet.co.za; **Eland Valley Resort,** T./Fax 031/209 9002; und **Lake Naverone,** T. 701 1236, Fax -1289, mit zehn Steinhäuschen am 25 ha-See; je 6/12/24/30 km von Underberg. – **River Glen Country House,** 7 km westlich, T./Fax 701 1926 (Punch & Karin), mit hübschem Garten & F 70-90 DM/P. – *** **D'berg Gardens,** 34 km westlich, T. 031/337 4222, timeshare@goodersons.co.za, am Mzimkulwana mit reichlich Luxus & Sport. EZ/DZ mit VP ab 90/155 DM, Mountain View-Chalets für vier P ab 170 DM.

Splashy Fen, das große dreitägige Festival, steigt Ende April beim Bushman's Nek Hotel 15 km von Underberg. Bands aus ganz Afrika bringen die Farm zum Brodeln. Eintritt 60 DM/Wochenende, Zelten frei, für Speis & Trank ist gesorgt. Kult!

Transtate täglich ab Main Rd gegenüber Mobil nach Maclear & Pm'burg (15/7 DM). **Minibusse** häufig nach Pm'burg & Himeville (7/1 DM), gelegentlich zum Sani Pass Hotel.

Kokstad

136 km nordwestlich von Port Shepstone, neben der N2. Diese echte Provinzmetropole (9000 Ew) wird von Großmärkten, Tankstellen & Gotteshäusern dominiert. ✆ 037.

Publicity Assoc: Town House, 53 Main St, T. 727 2083, Fax -1150.

Schattig zelten beim Sportpark und im Naturreservat, T. 727 3844. – * **Balmoral Hotel,** Hope St, T. 727 2070, mit ordentlichem Restaurant. – Außerhalb: ** **Ingeli Forest Motel,** T. 727 2225, und ** **Mount Currie Inn,** T./Fax 727 2178, mit DZ ab 100 DM.

Im Mount Currie NR nördlich der Stadt grüßen Antilopen & Wanderer einander auf 18 qkm offenem Grasland. Ein Denkmal erinnert an den Griquaführer Adam Kok, dem die Briten dieses Land „schenkten" – im Austausch für die Griquaterritorien westlich von Kimberley, auf denen Diamanten gefunden worden waren.

Bahnhof einige Blocks unterhalb der Hauptstraße, Züge nur So von/nach Pm'burg. **Busse** ab Wimpy's/N2: **Greyhound** und **Translux** täglich 17h nach Port Shepstone & Durban (1½/3 Std, 36/48 DM), 11.15h/10h nach Umtata & PE (3/10 Std, 40/85 DM); **Transtate** ab Bhf nach Underberg, Pm'burg, Umtata & Durban (5/8/9/10 DM).

Pietermaritzburg

80 km nordwestlich von Durban, an der N3. Provinzhauptstadt (200.000 Ew), wichtiger Gerichtsort und Sitz der University of Natal. Nach dem Sieg am Blood River hatten es die Buren eilig, ihre Republik Natal auf feste Beine zu stellen. So gründeten sie noch im gleichen Jahr 1838 ihre Hauptstadt auf den fruchtbaren Hügeln am Umsindusi und benannten sie nach ihren Vor-Treckern Piet Retief und Gerrit Maritz – die sich gar nicht grün waren.

Als die Briten 1843 Natal annektierten, machten sie aus der bereits prächtig entwickelten Siedlung ihr

Verwaltungszentrum. Durban war ihnen einfach zu heiß und feucht; auf Pm'burg scheint die Sonne zwar auch ausdauernd, aber milder. Mit den Indern kam dann jener Einfluß in die Stadt, der heute noch zwischen Retief und East St regiert: Moscheen & Hindutempel, Gewürzstände & Tuchläden. ✆ 0331 – *ändert sich anno 2000.*

☞ **Daß „Maritzburg"** als schönste Stadt der Provinz gilt, hat viel mit dem britischen Regime zu tun. Elite-Internate & viktorianische Villen, Ziselierungen & Backsteinpflaster – *hier also steckt die letzte Bastion des Empire!*

Hin & weg

Publicity Assoc: 177 Commercial/Longmarket Rd, T. 451 348, Fax 943 535, ppa@futurenet.org.za; Mo-Fr 8-17h, Sa 8-13h. Der prächtige Ziegelsteinbau ward 1884 für die Polizei erbaut. **Natal Forestry:** T. 428 101, Fax 451 210, für Trails im Drakensberg-Park.

Hauptpost: 220 Longmarket-/Club St, T. 455 880, mit imposantem Dekor, Fax & Postlager; Mo-Fr 8.30-16.30h, Sa 8-12h. **Internetcafé:** Carratara im Verkehrsamt, T. 455 715; 8 DM/Std online, mit Snacks & Tee. **Waschsalon:** im Park Lane Centre, Commercial-/Victoria St; rund um die Uhr, viel Kleingeld mitnehmen.

Rennies Travel: 207 Pietermaritz/Levy St, T. 941 571. **Automobile Association:** 191 Commercial Rd, T. 420 571, mit kostenlosen Karten, Pannendienst & Autozubehör.

KwaZulu-Natal Nature Conservation: T. 845 1000 (Buchungen), -1002 (Auskunft), Fax -1001. Im Hauptquartier am Queen Elizabeth Park, 6 km nordwestlich, bucht man Unterkünfte in den KZN-Reservaten und schwelgt in der Flut nützlicher Broschüren.

Zu Fuß: auch wenn Pm'burg zu den zehn größten Städten im Lande zählt, bleibt es ein Klacks für altgediente Stadtwanderer. Alles Wichtige steckt in jenem Schachbrett, daß die Innenstadt auf 2 mal 1,2 km überzieht. Viktorianische Gegend samt Bhf am südwestlichen Ende, indisches Viertel am nordöstlichen Ende, guter Stadtplan im Verkehrsamt.

Stadtbusse meist ab Longmarket/Commercial St, Ticket 1 DM. Wembe-Bus ab Bussteig 10 zur KZN Nature Conservation, Lincoln Mead-Bus ab #5 zum Caravanpark.

Taxis: Capital T. 901 242; Brians T. 916 801; und Citi T. 917 219. Standplätze entlang der Longmarket St. Stadtfahrt nie über 8 DM.

Übernachten

Zelten: städtischer Caravanpark, Cleland Rd, T. 65 342, 4 km außerhalb, jenseits der N3; mit Lincoln Mead-Bus. – Msunduzi mit Starkstromzaun & seltsamen Typen.

Backpackers: erste Wahl ist **Sunduzi,** 140 Berg St, T. 940 072, Fax 422 428 (Trish & Brian), weil so gemütlich & liebevoll. Mit Lounge, Kamin, Wildfarm, Ausflügen, Segelflügen & Internetzugang. Camping 8 DM, Schlafsaal 14 DM, DZ 35 DM. – Etwas abgebaut hat das **Summer Place YH,** 85 Pietermaritz St, T. 945 785, Fax 456 732, immerhin schlicht & zentral, Minibusse schräg gegenüber. Schlafsaal 14 DM, DZ 35 DM. – **YWCA** für Frauen, 137 Pietermaritz/Chapel St, T. 422 860, wunderbar zentral, mit F ab 25 DM. **YMCA** für alle, 1 Durban/Commercial Rd, T. 428 106, abgelegener, oft belegt, EZ mit F ab 30 DM. – Minustip: **Jan Richter Centre**, New Scotland Rd, erinnert an Altersheime.

B&Bs für 25-40 DM/P im Zentrum: **Homedene,** 78 Pietermaritz/West St, T. 425 174. – In Montrose: **Lone Tree Cottage,** 11 Lone Tree Place, T. 472 666, mit Pool; und **Belle Cottage,** 12 Davenport Rd, T./Fax 471 083 (Herman & Isabel van Rooyen). – In Scottsville: **The Gables,** 216 Woodhouse Rd, T./Fax 460 792; und **Sweetholme,** 9 Taylor Rd, T. 460 897. – Viktorianische Lodge im 20 ha-Park, 5 km vom Rathaus: **Briar Ghyll,** T. 452 508, Fax -514 (Clive & Biddy Henderson), bglodge@system.co.za.

Billighotels im indischen Viertel, vor dessen abendlicher Durchstreifung Weiße warnen: **Cumberland,** 501 Church St, T. 450 793, Fax 919 865, zu groß geraten, aber sauber & freundlich, mit Cafeteria, Lounge & Snacks. EZ/DZ ab 35/40 DM. **Kismet,** Longmarket/Retief, mit etwas besserer Sanitärlage. DZ mit Bad ab 60 DM.

Mittelklasse: * **New Watson,** Church/West, T. 421 604, in Bahnhofsnähe, EZ/DZ ab 60/90 DM. – **Thistle,** 30 Boshoff St, T. 424 204, zentral. EZ/DZ ab 65/95 DM, mit Etagenbad billiger. – **The Tudor Inn,** 18 Theatre Lane, T./Fax 421 778, im Gäßchen hinter dem Supreme Court, mit billigem Restaurant. Luftige EZ/DZ mit F ab 80/100 DM.

Sterne: in Durban fängt das Geschäft in dieser Preisklasse an, in Pm'burg hört's schon auf. *** **Camden,** 99 Pietermaritz St, T. 428 921; und *** **Capital Towers,** 121 Commercial St, T. 942 761, mit DZ ab 150 DM. – *** **Imperial Protea,** 224 Loop St, T. 426 551, mit 47 EZ/DZ ab 140/210 DM. – **** **City Royal,** 301 Burger St, T. 947 072.

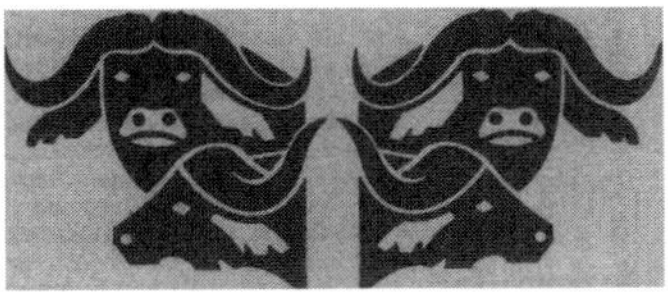

Essen, Trinken & Feiern

Im indischen Viertel schließen die meisten Verpflegungsstellen mit den Läden. Danach z.B. das gute **Parlour Café,** Church St, gegenüber Cumberland Hotel. Bei **Vegetariern** beliebt: Salatauswahl im kleinen Green Door Café, Club Lane (Nebenstraße hinter der Hauptpost), Fr/Sa auch abends.

Multikulti läßt es sich prima durch Pm'burg futtern. **Golden Dragon,** 121 Commercial Rd, T. 457 745, macht's chinesisch, und zwar ausgezeichnet & billig; Mo-Sa 10.30-22h, So 11-20h. **Da Vinci,** 117 Commercial Rd, T. 456 632, macht seit 1988 Pizza e Pasta alla mamma da casa, basta; täglich 12-22.30h, sehr populär! **Café Bavaria,** Commercial/Prince Edward St, T. 451 952, macht's wunderbar schon zum Frühstück; Mo-Sa 7-17h. **Peri Peri,** 124 Longmarket St, macht's portugiesisch, *aber längst nicht so scharf wie der Name erwarten ließe.* **Plaka Tavern,** 177 Longmarket, macht's griechisch, Mo/Mi/Fr abends auch musikalisch. **Els Amics,** 380 Longmarket, macht's französisch.

Y **Pm'burg ist** & bleibt viktorianisch. Sittenstrenge wehrt sich tapfer gegen Lebenslust, abends werden noch viele Bürgersteige zeitig hochgeklappt. Planungsgrundlage: *What's on* und *Natal Experience*, beide im Verkehrsamt.

Livemusik tönt gelegentlich aus Green Door (Gitarrenträumereien) und Plaka Taverne (Sirtaki). Sonntagabends fetzen gute Jazzer durch den Eddels Sports Club in Willowtown. Entlang der **Commercial Rd** läßt eine Reihe von Clubs die Eighties hochleben, einer der Besten: **Crowded House,** #99; Di-Sa 20-2h, Eintritt 2 DM, Sa 6-8 DM. in der **Emarabeni Hall,** 24 Longmarket, trifft sich das schwarze Pm'burg zu Township Jazz & HipHop; Di-Do 10-1h, Fr-So 10-3h.

Dezidierte Meinung über Pm'burgs Tanzschuppen: *"Alle scheiße. Im Locker Room lief sogar die Pisse raus aus den Toiletten und bis in den Flur. Aber immerhin, hier hab ich das einzige Mal in Südafrika die* Toten Hosen *zu hören gekriegt." (Frank Russow)*

Anschauen & Unternehmen

Das Natal Museum, 237 Loop/Commercial St, T. 451 404, ist eines der fünf Nationalmuseen. Die *Hall of Natal History* zeigt alte Stadtansichten und eine rekonstruierte viktorianische Straße; außerdem Kuriositäten aus Ur/Frühgeschichte, Geologie, afrikanischer Völkerkunde und natürlich Tierwelt. Mo-Sa 10-16.30h, So 14-17h, 2 DM.

Die viktorianische Ära ist noch allgegenwärtig, zeigt sich z.B. am rotem **Rathaus** (1893) mit zwölffach bestücktem Glockenturm an der Straßenecke Commercial-/Church. Laut einheimischen Beteuerungen ist südlich des Äquators kein Ziegelsteinbau größer. Der **Old Supreme Court** schräg gegenüber liefert ein weiteres Exemplum britischer Kolonialarchitektur. Das Gebäude diente im Zulukrieg 1879 Lord Chelmsford *(ja genau, Isandlwana)* als Hauptquartier, beherbergt heute die **Tatham-Kunstgalerie,** T. 421 804. Darin Gemälde des 19./20. Jhs, Glaswaren & Schmuck aus China. Di-So 10-18h, frei.

Jenseits der Church St vermittelt das **Old Colonial Bldg** (1899) die Stilprinzipien der Jahrhundertwende. Herr Gouverneur machten es sich im Government House (1860) neben dem Bahnhof gemütlich. Über die Stadt verteilen sich weitere viktorianische Häuser, allesamt denkmalgeschützt, wegen privater Nutzung aber nur von außen zu betrachten. Das **Macrorie House**, Pine/Loop St, enthält die Sammlung zum Thema. 1869-91 von Bischof William Macrorie bewohnt, vermittelt es heute einen guten Eindruck vom eleganten Lebensstil der arrivierten Siedler. Di-Do 9-13h, So 9-12.30h, 14-16h.

Um die Jugendjahre der Stadt müht sich in einer Ex-Kirche das **Voortrekkermuseum,** 340 Church-/Boshoff St. Anti-Reliquie: Zulukönig Dinganes Eisenholzthron, von dem aus er das Verdikt über Piet Retief gefällt haben soll. Mo-Fr 9-16h, Sa 8-12h, 1,50 DM. Im restaurierten Nachbargebäude wohnte die Blood River-Ikone Andries Pretorius.

Zwei Hindutempel am nördlichen Ende der Longmarket St sind die Zentren der großen indischen Gemeinde. Jahr für Jahr wird der Karfreitag mit einem Feuerwerk begangen, und Barfüßer gehen über glühende Kohlen. Eine Ecke weiter, Church/Ginman St, steht die Islamia-Moschee auch Nicht-Moslems offen; Schuhe ausziehen.

Sport, Natur & Erholung

Der Comrades Marathon über 80 km (!) nach Durban wird im Zweijahrestakt am 31. Mai vor dem wunderschönen Rathaus in Angriff genommen – ein großer Tag für Pm'burg. Im restaurierten viktorianischen Gebäude gegenüber der Scottsville-Rennbahn beleuchtet das kleine Comrades Museum die Geschichte dieses Laufes.

Am liebsten läßt sich Pm'burg im Sep-Nov besuchen, wenn laue Luft, lauschige Seen & blühende Azaleen im Gleichklang betören. Erholung findet sich jederzeit mühelos in den vielen Parks. Die exotische Blütenpracht im Frühling wirkt am stärksten im Wylie Park, Taunton Rd. Der spektakuläre **Natal Botanical Garden,** 2 km westlich vom Bhf über Mayor's Walk, T. 443 585, besteht aus Azaleen & Natals *Mist Belt*-Pflanzenwelt. Eintritt 1 DM, dazu vegetarierfreundliches Restaurant in Super-Lage Mi-Mo 9-16.30h.

Im Alexandra Park, über 65 Hektar am Umsindusi, ist immer was los, ob *Art in the Park* oder Flohmarkt (So). Kanuten sprechen den Namen des gelungenen Landschaftsgartens mit Ehrfurcht aus: jährlich startet hier der Dusi-Kanumarathon, der erst nach 138 km (!) in Durbans Blauer Lagune endet. *Und auf den Sieger wartet Brooke Shields ...*

Hin & weg

Züge: selbst Pm'burgs Bahnhof, Church/Pine St, T. 958 2010, ist *old english,* ein Prachtbau aus rotem Ziegelstein westlich der Innenstadt. **Trans Oranje** Mi morgen nach Durban (erster/zweiter Klasse 12/8 DM), Do abend über Ladysmith/Harrismith nach Kapstadt (34 Std, 165/110 DM). **Trans Natal** täglich frühmorgens nach Durban, abends nach Joburg (11 Std, 56/36 DM). **Eilzug** Fr 20.50h nach Kokstad (10½ Std, 24 DM).

Busse ab Bhf-Depot: Transtate, T. 958 2012, täglich nach Durban, Umtata, Joburg (5/16/50 DM), Mo-Sa 6.30h Underberg, Kokstad, Maclear (8/11/18 DM), Di/Fr 20h Harrismith & Maseru (16/28 DM). **Ab Longmarket-/Commercial St: Translux** täglich nach Durban, Harrismith, Bloem & Joburg (18/50/75/65 DM). **Greyhound,** T. 423 026, täglich nach Durban, Estcourt, Bethlehem (27/36/54 DM), Ladysmith, Joburg & Kapstadt (40/70/185 DM); dreimal wöchentlich Kimberley & Upington (95/145 DM).

Minibustaxis, T. 422 134, ab Old Market/Church St nach Durban, Harrismith, Joburg (1/3/5 Std, 5/15/28 DM), Umtata, Underberg & Kokstad (5/1½/2 Std, 22/8/12 DM).

Flüge: vom Oribi Airport 4 km südöstlich der Stadt mit SA Airlink, T. 692 867, täglich zwei- bis sechsmal nach Ulundi, Margate & Joburg (ab 70/110/180 DM).

Auto: die vier- bis sechsspurige N3 durchschneidet das Stadtgebiet. Wer von Süden kommt, benutzt den Interchange Church/Greytown, von Norden dagegen Pm'burg North.

Mietwagen zuhauf am Flughafen, außerdem in der Stadt: **Avis,** 104 Boshoff St, T. 451 390; **Budget** im Imperial Hotel *(kein Scherz!),*

224 Loop St, T. 428 335; und **Imperial**, 381 Boshoff St, T. 942 728.

Midlands

Wunderschön, weil so fruchtbar. Jährlich schickt der Himmel 1000 mm an Niederschlägen herab, und einige davon landen prompt in spektakulären Wasserfällen. *www.midlandsmeander.org.za.*

Wer sich von Pm'burg nach Norden orientiert, sollte die R103 statt der Rennstrecke N3 einschlagen und eine Panorama-Pinkelpause am World's View (305m) einlegen, wo sich Pietermaritzburg in voller Schönheit präsentiert. Über die alte Straße schepperten bis gegen 1900 die Siedler aus den Drakensbergen nach Port Natal, ins heutige Durban.

Albert Falls-Naturreservat

22 km nördlich von Pm'burg, neben der R33 nach Greytown. Der hufeisenförmige **Wasserfall** schindet natürlich zur Regenzeit den meisten Eindruck. Es girafft das Zebra, dücken sich Bleß-, Ried- und Buschbock, dazu gnut das Oribi. Und was treiben Großstädter wohl am Stausee? Angeln vielleicht? Auch mal Kanu, Motorboot, Wasserski fahren? ✆ 033.

Notuli Camp, T. 569 1202, mit 13 Sechsbett-Chalets mit Küchenzeile & Bad; 15 Zweibett-Rondawels mit Bad; und Zeltplätzen. Wer von Pool, Wandern, Segeln, Badminton die Schnauze voll hat und wieder in den Käfig will, findet ein gar seltenes Angebot: Squash. – Zum **Ecabazini Zulu Village** auf der KwaMadlozi Farm in Cramond, T./Fax 142 1928, im hübschen Nebental gehören traditionelle Kraals, Ngunirinder, Lagerfeuer & echte Zuluhütten. DB&B mit Führung 75 DM/P.

Auf der Weiterfahrt gen Westen unbedingt den **Karkloof-Fällen** inmitten üppiger Wälder die Referenz erweisen. Inzwischen wurde drumrum eine Safari World eingerichtet, mit Löwen, Giraffen, Hippos, Wildwasserbahn usw.; Unterkünfte für dicke Geldbeutel.

Howick

26 km nordwestlich von Pm'burg, an der N3. Wer befürchtet hatte, schöner geht's nimmer, schlägt vom Karkloof den Weg zum unscheinbaren Städtchen Howick ein und landet im schmalen Umgeni Valley-NR. Bitte sehr, hier stürzt sich der Umgeni über die Howick Falls sogar 97m in die Tiefe. Im Reservat wurden über 200 Vogelarten gezählt. ✆ 033.

Publicity Assoc: bei den Howick Falls, T. 330 5305, mm@futurenet.co.za.

In Howick: Caravanpark, Morling St, T. 330 2991, unweit des Wasserfalls. – * **Howick Falls Hotel,** Main St, T. 330 2809, hat schon bessere Tage gesehen, die Rezeption bleibt vergittert. DZ mit F 80 DM. – **B&Bs** für 60-80 DM/P: **Harrow Hill,** 8 Karkloof Rd, 4 km außerhalb, T./Fax 330 5033 (Caroline Gemmell); und **Stocklands,** 4 Shafton Rd/R103, 1 km außerhalb, T./Fax 330 4585 (Franklin Mooney).

In Currys Post/R114: **** **Old Halliwell Country Inn,** T. 330 2602, Fax -3430, erbaut um 1830, wirkt wie berufen für Luxus der alten Schule. 15 DZ mit F 250-475 DM. – **Cranford Country House,** Old Main Rd, T. 330 4308, Fax -5510, simon@cranford.co.za, mit feiner Kost & Kinderliebe. Ohne-/mit F ab 60/75 DM/P.

In Dargle: ** **Landhaus Karin,** 42 Middelbosch, T./Fax 234 4274, ruhig & hübsch ohne die Segnungen des Medienzeitalters, mit Humor & Umsicht. Fünf DZ 110-140 DM. – **Woodlanders Country Inn,** T./Fax 234 4288, woodinn@mweb.co.za, erlebt eine Landhochzeit nach der anderen. Sieben Zimmer/Cottages ab 65 DM/P.

In Hilton: ** **Crossways Country Inn,** 2 Old Howick Rd, T./Fax 143 3267. Einladende DZ ab 110 DM. – **Old Berkshire,** 293 Old Howick Rd, T./Fax 143 4239 (Steve & Sue Slade), mit B&B wie einst bei Oma. – *** **Hilton Hotel,** Hilton Rd (natürlich!), T. 143 3311, Fax -3722, hiltonhotel-@alpha.futurenet.co.za, mit Tudor-Stil, Fachwerk, Pool, Rasenbowling, Tennis, Garten & ausgezeichnetem Restaurant. DZ ab 150 DM.

Midmar-Naturreservat

5 km westlich von Howick, zwischen R617, N3 und R103. Wie üblich bei Südafrikas Stauseen ein beliebtes Ausflugsziel für Großstädter, die angeln & wandern, schwimmen & reiten, segeln & Rackets schwingen. Die Antilopenschar wird von Zebras gestreift. Eintritt 3 DM. Anmeldung bei KZN Nature Conservation, T. 0331/845 1000, Fax -1001.

Hauptcamp mit 31 Zwei- bis Sechsbett-Chalets, 16 rustikalen Vierbett-Kabinen mit Küche & Restaurant. **Thurlow Lodge** mit Pool, Koch und vier DZ. Insgesamt vier Zeltplätze, T. 033/230 2067, für 6 DM/P. Das *Historical Village* war zuletzt geschlossen.

Battlefields Route

Diese geographisch nicht genau abgegrenzte Region Nord-Natals erlebte die meisten Schlachten auf südafrikanischem Boden. 200 Jahre Geschichte werden im offenen Hügelland von Ladysmith bis Vryheid auf Schritt & Tritt spürbar. Hier stießen die Voortrekker, stets auf der Suche nach besiedelbarem Land, erstmals auf das kriegerische Volk der Zulus. Hier erlebten britische Truppe ihr afrikanisches Waterloo. Die Battlefields Route steht auch für den Widerstand zäher Buren gegen Londons Imperialismus am Ende des 19. Jhs.

Namen wie Blood River, Isandlwana und Rorke's Drift wurden für manche Volksgruppe zum kollektiven Trauma, für andere zu unvergessenen Heldensagen, die weiterhin mit hysterischer Hingabe gepflegt werden. Jede Stadt kann ihre eigene Geschichte erzählen, zu den größeren Schlachtfeldern gehören inzwischen Museen. Aber natürlich gelingt es einem versierten Führer besser, die Vergangenheit lebendig werden zu lassen.

☞ **Herausragend** in dieser Hinsicht: Talana Museum bei Dundee mit *Walk'n Tape-Tour.* Gute Tourenangebote bei Thukela Joint Services in Ladysmith, T. 036/631 0236, Fax -5608. Weitere Infos: *www.battlefields.co.za.*

Termine: Battlefields Marathon in Newcastle (Apr), Fugitives Drift-Marsch in Dundee (erster So im Sep), International Village in Newcastle (Sep), Kohlenkarneval in Utrecht (Okt), Battlefields-Festivals in Dundee & Ladysmith (Ende Okt).

Ladysmith

80 km südöstlich von Harrismith, an der N11. Das verträumte Nest schuldet seinen Namen der Gemahlin des Herrn Kapgouverneur Harry Smith. *Schade, daß sich die biederen Bürger nur für ihren Nachnamen erwärmten; die Lady hieß nämlich Juana Maria Dolores Smith.* Immerhin sorgt die große indischstämmige Volksgruppe für ein bißchen Atmosphäre & reizvolle Bauwerke. ✆ 036.

Information Bureau: im Rathaus, Murchison/Queen St, T./Fax 637 2992; Mo-Fr 9-16h, Sa 9-13h. **Postamt:** gleich daneben, T. 637 6961, mit Telefonen & Postlager. **Internet:** Jane's Web, 31a Keate St, T. 631 3654; online 8 DM/Std, täglich 9-24h.

Übernachten & Essen

Der Caravanpark an der Straße nach Harrismith, T. 637 6050, war zuletzt geschlossen. – **B&Bs: Bonny Highlands**, 10 Tozer St, T. 082/362 7105 (Barry Zietsman), im Märchenhaus mit vielen Tips. Ab 40 DM/P. – **Peaches & Cream,** 4 Berea Rd, T. 631 0954, Fax 637 2868, mit saftigen Gartenterrassen & makelloser Einrichtung. EZ/DZ mit F 65/100 DM. – **Vierbett-Cottage** mit Garten, Patio & Pool bei Mrs. Human, T. 632 4167, Fax -4162, für 30 DM/P.

Hotels: Natalasia, Leonards-/Kandahar St, T. 637 6821, Fax -6822, jenseits des Klip River mit indischer Küche & zwei Pubs. Einfache, moderne EZ/DZ ab 40/60 DM, F 10 DM. – **Andrew Motel** an der N11, 3 km südlich, T. 637 6908, mit schmucklosen DZ ab 70 DM. – *** **Royal Hotel,** 140 Murchison St, T./Fax 637 2176, beweist in jeder Hinsicht Stil, inkl. Schokolädchen auf dem Kissen. 70 EZ/DZ mit F ab 110/150 DM. Dazu gehören auch **The Royal Carvery** mit spektakulärem Buffet (12-15 DM, 6.30-9h, 18.30-21h), Lady Chatterley's Bar und **Mario's Restaurant** mit Pizza & Steaks (6-8 DM).

Töten & Beten

Belagerung: während des Burenkrieges wurde die von den Briten gehaltene Stadt ab dem 2. November 1899 genau 118 Tage lang belagert. Bis 1902 stand Ladysmith im Mittelpunkt der Kämpfe, und schon zuvor waren in seiner Umgebung mehr Schlachten geschlagen worden als an irgendeinem Flecken in Südafrika. Mittelbare Folge des Einsatzes von 53.000 britischen Soldaten: alljährlich besucht eine steigende Zahl von Touristen Wagon Hill, Spioenkop & Altes Rathaus – 85% davon sind Briten, meist Nachfahren der damaligen Rotjacken.

Das Siege Museum neben dem Rathaus, Murchison/Queen St, T. 637 6777, erinnert an die Belagerung. Im alten Gebäude waren damals die Vorräte versteckt. Mo-Fr 9-16h, Sa 9-13h, 1 DM; Führungen Mo-Fr 10/15h, Sa 10h. Vor dem Rathaus stehen Castor & Pollux. Diese Sechszoll-Kanonen, hastig aus Port Elizabeth herbeigekarrt, waren für die Belagerten lebenswichtig, da sie den Reichweitenvorteil der burischen drei Long Tom Guns auf dem Middle Hill ausglichen; Nachbau dieser Achtzoll-Monster in der Nähe.

Indisches Leben: die **Sufi-Moschee** (1968/69) südlich des Flußes ist über einen Brückensteg ab Forbes St zu erreichen. Unscheinbarer dagegen der **Vishnu-Tempel** Sanathan Dharma Sabha für die Hindus, Forbes/Queen St; die Bronzestatue Mohandas Karamchand Gandhis (1970) im Garten wurde aus Bombay eingeführt. Damals noch kein Mahatma, diente Gandhi während der Belagerung als Krankenträger der Briten.

Hin & weg

Züge: Bahnhof nordöstlich der Innenstadt, T. 271 2020. **Trans Natal** täglich 0.20h nach Joburg (7½ Std, 55/40 DM), 2.17h nach Durban (6 Std, 40/27 DM). **Trans Oranje** Do 23.20 nach Harrismith (2 Std, 15/10 DM) & Kapstadt, Mi 21.22h nach Durban.

Busse: Transtate ab Bhf nach Harrismith, Bethlehem & Durban; kleinere Gesellschaften ins Drakensberg-Vorland. **Minibusse** ab Queen/Lyell St nach Dundee, Harrismith & Durban (6/6/15 DM). **Greyhound,** T. 637 4181, ab Teds Station täglich 16.15h nach Estcourt & Durban (½/3½ Std, 25/50 DM); 13.20h nach Volksrust & Joburg (3/6 Std, 40/60 DM). **Translux,** T. 637 1111, ab Bhf Mo/Mi/Fr 13.35h nach Pm'burg & Durban (2/3 Std, je 40 DM); Di/Do/So 10h nach Harrismith & Bloem (1½/6 Std, 30/70 DM).

Newcastle

110 km nördlich von Ladysmith, an der N11. Zentrum der Stahl- und Textilproduktion, Kohle darf auch nicht fehlen – England-Kenner werden ahnen, worauf der Stadtname gründet. Zu sehen gibt's wieder ein paar Schlachtfelder samt Museum. ✆ 034.

Publicity Assoc: im Rathaus, Scott St, T. 315 3318, Fax 312 9815; Mo-Fr 9-16h. **Postamt:** 60 Scott St, T. 312 5751. **Krankenhaus:** Hospital/Sutherland St, T. 312 1111.

Caravanpark 8 km nördlich am hübschen Amcor-Stausee, T. 318 1273. Gutes Kanuterrain zwischen Schilf & Marschland, Zeltplatz 20 DM. In der Umgebung stehen zehn **Gästefarmen** und drei B&Bs für 40-60 DM/P; nachfragen im Verkehrsamt. – *** **Majuba Lodge,** T. 315 5011, Fax -5023, gegenüber Holiday Inn besteht aus Backstein-Chalets, zwei Restaurants und Konferenzgetue. Ein/Zwei/Dreibett-Zimmer 95 DM, Fr-So 80 DM.

Hotels: * **King's,** Harding-/Hardwick St, T. 312 6101, Fax -3190, macht keine Mätzchen. EZ/DZ mit Bad 30/40 DM. – * **Royal,** 20 Voortrekker St, T. 312 5895, Fax –5896, etwas rauher, mit großer Bar. EZ/DZ mit Bad 36/48 DM. – Chef im Ring: *** **Holiday Inn,** Victoria/Hunter St, T. 312 8151, Fax -4142. 170 Mehrbettzimmer ab 130 DM.

Zug: Trans Natal täglich 23.55h nach Ladysmith & Durban (2½/8 Std), 2.34h nach Volksrust & Joburg (1/5 Std). **Busse: Transtate** dreimal pro Woche nach Joburg & Vryheid (4/2 Std). **Greyhound** ab Allen St täglich nach Volksrust, Ladysmith, Joburg & Durban (25/35/45/65 DM). Newcastle liegt 1½ Std nördlich von Ladysmith, Zeiten s. dort. **Minibusse** ab nördlichem Ende der Voortrekker St.

Fort Amiel

Ansehnlicher Komplex oberhalb der Stadt. Als die Briten 1876 Ärger mit den Zulus erwarteten (den sie erst im Januar 1879 wirklich bekamen; s. Isandlwana), wurde Major Charles F. Amiel mit 2000 Mann aus Durban losgeschickt, um bei Newcastle das erste einer Reihe von

Forts zu errichten. Es diente aber „nur" als Lazarett während der Kriege 1881-1902.

☺ **Das Geschichtsmuseum** im Fort, T. 312 7211, beschäftigt sich mit dem Burenkrieg. Mo-Fr 10-16h, Sa 9-13h, frei. Durch das offene Veld kann man zum Friedhof schlendern, auf dem britische Gefallene und Angehörige des Kolonialkontingents beerdigt wurden.

Volksrust

53 km nördlich von Newcastle, an der N11. *Noch Teil der Battlefields Route, obwohl schon haarscharf in Mpumalanga gelandet.* In diesem Städtchen verhandelten vom 6.-10. Nov 1894 Präsident Paul Krüger und Hochkommissar Sir Henry Loch über einen Friedensvertrag. Das Mißtrauen saß tief: sowohl der Eisenbahnwagen als auch der Verhandlungstisch darin standen exakt auf der Mitte der Convention Bridge, der Grenze zwischen Krügers Transvaal und Lochs Natal. Durch Stadtkern & Friedhof ziehen sich **Walls of Remembrance**, im Gedenken an jene 772 Gefangenen, zumeist Kinder, die während des Burenkrieges im britischen KZ von Volksrust umkamen. © 017.

Caravanpark am Mahawane-Stausee, vier **Gästehäuser** im Ort.

Zug: Trans Natal täglich 3.58h nach Joburg, 22.44h nach Durban (4/9½ Std). **Bus: Greyhound** täglich 13.30h nach Newcastle, 16h nach Joburg (25/45 DM).

Schlachtfeld von Majuba

Südlich von Volksrust, an der besonders umkämpften Provinzgrenze. Mehrere Schlachten wurden 1880/81 zwischen Newcastle & Volksrust ausgetragen, bevor die Briten im Feb 1881 den burischen Truppen in Majuba mit Pauken & Trompeten unterlagen. In O'Neill's Cottage, heute eine einladende Ruine, wurde jenes Abkommen unterzeichnet, das der Zuid-Afrikaanse Republiek ihre Unabhängigkeit zurückgab. Der Frieden von Volksrust sollte 18 Jahre alle Belastungsproben überstehen – eine lange Periode in Südafrikas Geschichte!

☺ **Das Battlefield Museum,** T. 735 1962, überblickt das Schlachtfeld, einen Campingplatz samt Hostel sowie ein Restaurant. Mo-Sa 9-16h, Eintritt 3 DM/Fahrzeug, Zeltplatz 8 DM (1-4 P), Schlafsaal 8 DM. Zwischen sehenswerten Kuriositäten entdeckt man eine Flagge, die die Särge dreier Premierminister bedeckte, einen Original-Ochsenwagen vom Großen Treck 1835 und den ersten Wilkinson-Rasierer mit austauschbaren Klingen. Hm.

Utrecht

46 km östlich von Newcastle, an der R34. Das verpennte Städtchen zwischen Schaffarmen lag einst ganz nah am Puls der Geschichte. Voortrekker gründeten 1847 am Ufer des Buffalo eine Republik: ganze 30 mal 65 km groß, mit Utrecht als Hauptstadt. Ihr Gemeinwesen, das sich im Okt 1858 zu allem Überfluß dem aufmüpfigen Transvaal anschloß, mußte den Briten ein Dorn im Auge sein. Bald rückten sie in Gestalt von Lord Chelmsford an und schlugen im Zulukrieg 1879 sogar ihr Hauptquartier in Utrecht auf.

Visitors Bureau: im prima Stadtmuseum; Mo-Fr 8-12h, 14-18h.

Balele Resort außerhalb an der Straße nach Wakkerstroom, mit Vierbett-Rondawels für 15-25 DM/P, billigen Zeltplätzen, Wanderweg, Pool, Tennis & Bowling – yippie!

In der Church St steht noch das putzige Uys House (1856), an dem sich jahrzehntelang die Fantasien der Stadtjugend entzündeten: Prinz Louis Napoleon lernte hier Sannie Uys kennen, die liebreizende Tochter des Stadtkommandanten. Die Romanze fand kein Happy-End, sonst hieße der Stadtpark nicht Sannie van Niekerk ...

Dundee

72 km nordwestlich von Ladysmith, an der R33/R68. Nord-Natals Kohlenzentrum erfreut sich dreier stolzer Kirchen und eines Spitzen-Museums.
✆ 0341 – *ändert sich 2000.*
Publicity Association: Civic Centre, Victoria/Boundary St, T. 22 121, Fax 23 856.
Caravanpark abseits der Union St, T. 82 486, mit Pool, Rasen, Freibad (Okt-Apr) und drei Trails à 11-19 km. Zelten 12 DM (1-4 P), Vier/Achtbett-Rondawels 14 DM /P. – Über ein Dutzend B&Bs und Gästefarmen, z.B. **Steyn's Lodge,** 95 Wilson St, T. 21 628; und **Paddock Cottage,** 29 Yule St, T./Fax 24 900. – Hotels: **Royal,** 61 Victoria St, T. 22 147, gegenüber vom Rathaus mit viel Charme. EZ/DZ mit Bad & F 70/120 DM. ** **El Mpati** nebenan, T. 21 155, läßt für den gleichen Preis die *Sixties* aufleben.

Talana Museum

Der beste Museumskomplex an der Battlefields Route okkupiert das Schlachtfeld von Talana, 1200m außerhalb an der Vryheid Rd/R33; Mo-Fr 8-17h, Sa/So 10/12-17h, Eintritt 2 DM. Durchaus 2 Std wert, mit Trail besser 3-4 Std.
Klassenkämpferisch mutet seine Zuwidmung an: „Den kleinen Leuten, die Wurzeln schlagen oder sterben mußten, nicht den Generalen & Königen, die wieder verschwanden." Großes Gelände mit prächtigen Gebäuden, viktorianischer Farm, alten Bergarbeiterhaus und viel Kleinkram. Zwecks größtmöglichem Erkenntnisgewinn mietet man das ***Walk'n Tape*** oder vereinbart eine Führung durch Museum & Schlachtfeld, T. 22 654. Der **Talana Trail** folgt dem Vormarsch der britischen Truppen bis zu den Forts auf dem Gipfel.

Blood River

26 km östlich von Dundee biegt eine gute Schotterpiste (18 km, ausgeschildert) von der R33/R34. Für dieses Denkmal scheute das Apartheidsregime weder Kosten noch Mühen. Zum Gedenken an die große Schlacht gegen die Zulus wurde das *Laager* wieder aufgebaut, eine Wagenburg aus 64 Bronzeplanwagen in Originalgröße. Immerhin soll es an einen Glanzpunkt burischer Geschichte erinnern, um den sich einige Legenden ranken. Museum, T. 034/632 1695; täglich 8-17h, 2 DM, anschauliche Erklärungen durch Führerin.
Am Blood River widerstanden am 16. Dezember 1838 genau 464 Voortrekker einer Übermacht von 12.000 Zulukriegern. Die Bilanz

des Kampfes – drei verwundete Buren, 3000 tote Zulus – wurde bis 1994 von staatlicher Seite mystifiziert, denn die Botschaft war zu deutlich: Horden heidnischer Schwarzer werden niedergehalten von wenigen Weißen, die in der Rechten das Gewehr, in der Linken das Alte Testament tragen.

Bereits am Abend des blutigen Tages sprachen die Voortrekker vom Beweis dafür, daß ihr Stamm von Gott gesandt sei, das südliche Afrika zu „zivilisieren". Der *Day of the Vow* wurde erst von Präsident Mandela umgewidmet zum Tag der Versöhnung. Konsequent wäre jetzt, aus diesem Denkmal einen multikulturellen Spielplatz zu machen.

Isandlwana

75 km südöstlich von Dundee, abseits der R68. Ein Denkmal erinnert an die einzige große Schlacht, in der Zulus über weiße Truppen obsiegen konnten. Am 22. Januar 1879 überrannten im Angesicht des sphinxhaften Felsens 25.000 Zulukrieger eine ganze britische Division und ließen nur wenige Überlebende zurück. ✆ 034.

Interpretive Centre, T. 271 0634, mit einigen Speeren & Gewehren von damals und einem 20 min-Video; täglich 8-16h, 3 DM. An den Fels kauert sich die rundum luxuriöse **Isandlwana Lodge,** T. 271 8301, isand@icon.co.za. 13 EZ/DZ mit HP ab 380/600 DM.

Rorke´s Drift

55 km südöstlich von Dundee, abseits der R68. Ein weiteres Schlachtfeld, auf dem sich Briten und Zulus gegenüberstanden. Daß es als das bekannteste im Land gilt, während für das benachbarte Isandlwana nicht mal ein englischer Name gefunden/gesucht wurde, läßt einiges über den Ausgang des Kampfes erahnen: am Rorke´s Drift siegten die Briten, obwohl das Kräfteverhältnis weitaus ungünstiger war als in Isandlwana. ✆ 034.

Interpretive Centre, T. 642 1687, mit kleinem Museum, lebensgroßen Dioramen & Denkmal für die britischen Gefallenen; täglich 8-16h, 3 DM. Daneben das angesehene **Umpumulo Centre,** T. 642 1627, mit Wollsachen, Tonwaren, Skulpturen & Stoffen.

Mehrere friedliche Guesthouses in der Umgebung. **Rorke´s View,** T. 642 1741, 12 km vom Schlachtfeld neben der R68 nach Dundee, ist pittoresk & entspannt wie kein zweites. Rustikale, gepflegte EZ-/DZ mit herzhaftem F 50/80 DM. – **Isibindi Lodge,** T. 032/947 0538, Fax -0659, isibindi@iafrica.com, im exklusiven Reservat 9 km von Rorke´s Drift mit Battlefield-Führer, Zuludorf, erlesener Küche, „Bienenhaus" und nur 12 Betten.

Vryheid

69 km nordwestlich von Dundee, an der R33/R34. *Vry-hei-eid ist nicht die einzige die zählt.* So aufregend ist die Ex-Hauptstadt der Nieuwe Republik von 1884 nicht. Schon 1887 mußte es der Zuid-Afrikaanse Republiek beitreten, nach 1900 schlugen es die Briten ihrem Natal bei, woraufhin Vryheid ein Zentrum burischer Guerilla-Aktivitäten blieb.

Seither lebt es mehr recht als schlecht von Viehzucht & Kohlenabbau. Das Stadtmuseum bietet dazu einiges, immerhin wurde das Gebäude 1884 ja als Parlament einer Republik errichtet. In der Landdrost St bilden Gerichtssaal, Altes Fort, Postamt, Polizeiwache sowie Landvogtei eine denkmalgeschützte Häuserzeile. ✆ 034.

Publicity Assoc: Mark/Landdrost St, T. 981 2133, Fax 980 9637; Mo-Fr 7.30-16h.

Übernachten

Zelten: auf dem Caravanpark, T. 981 2133, zwischen Innenstadt und Bhf; oder im Klipfontein NR am gleichnamigen Stausee, 6 km südlich an der R34. – **B&Bs: Building Bridges,** 210 Boeren St, T. 983 8644 (Helga Hambrock), betrieben von einer der vielen Deutschstämmigen in der Gegend. **John Lee Cabins,** 82 President-/Afrikaner St, T. 981 6309, mit Blockhütten im hübschen Garten; DZ mit F/HP 45/55 DM. – **Hotels:** * **President,** Church St, T. 981 5201, mit DZ ab 60 DM. ** **Villa Prince Imperial,** 201 Deputation St, T./Fax 983 2610, princeimperial@intekom.co.za, mit zwölf DZ für 150-210 DM.

Außerhalb: Strathcona Guestfarm 20 km westlich an der R33 nach Dundee, T./Fax 922 1764, ab 30 DM/P. – **Magdalena Ranch** beim Msihlengeni-Wasserfall, T. 967 1865. Sechsbett-Lodge, fünf Hüttchen im Buschcamp und Zweibett-Cottage am Pool je 30-50 DM/P. – **Tendele Lodge,** 18 km östlich an der R69, T./Fax 967 1667 (Trevor & Colette Comins), mit liebevollen Cottages um den Kräutergarten. EZ/DZ ab 70/120 DM.

Anschauen, Hin & weg

Die Umgebung ist gepflastert mit Kampfesstätten zwischen Bur & Brit, Brit & Zulu, Zulu & Bur. Auf dem Hlobaneberg schlug ein Zulu-Impi (Kampfformation) die Briten im März 1879, vom Kambulafeld konnten am folgenden Tag 25.000 Zulus vertrieben werden, am Holkrans metzelten die Zulus im Mai 1902 bei einem Überraschungsangriff 56 Buren nieder. Wer nach all den Massakern wieder friedliche Tiere sehen muß: nördlich der Stadt äsen im **Vryheid NR** Zebras & Antilopen. Neben dem Tümpel hilft ein *Bird Hide* beim Übersehen der Kriegserinnerungen. Kein Logis, aber Grillplätze & Sanitäranlagen.

Zum Prince Imperial's Monument 40 km südlich führen nur Schotterpisten. Hier starb Louis Napoleon, der französische Kronprinz, der in Utrecht noch so scharmant mit Fräulein Sannie geschäkert hatte. Mit ihm mußten die Bonapartes ihre Hoffnungen auf eine dynastische Thronfolge begraben. Welch erstaunlicher Schauplatz mitten in Afrika!

Minibustaxis ab Bhf nach Pongola, Nongoma, Ulundi (7/9/10 DM), Eshowe, Durban & Joburg (14/20/24 DM). **Transtate** ab Bhf dreimal pro Woche nach Utrecht, Newcastle, Durban & Joburg. **Translux** ab Church Square Di/Do 13h, Fr/So 18h nach Eshowe & Richards Bay (3/4½ Std, 30/33 DM); Mo/Mi 10h, Fr/So 15h nach Joburg (7 Std, 60 DM).

Auf den zweiten Blick

Isandlwana und Rorke's Drift: zwei Schlachten, zwei Mythen

Der längste Tag in der Geschichte Südafrikas

11. Dezember 1878: die britische Kolonialverwaltung läßt dem Zulu-König Cetshwayo ein Ultimatum zukommen. Vor vier Jahrzehnten hatten die burischen Voortrekker begeistert mit der Gründung winziger Republiken begonnen - oder auch größerer: 1838 ganz Natalia. Doch keine davon wollen die Briten anerkennen. Stattdessen verleibten sie sich Natal 1843 ein und gliedern es zwei Jahre später der Kapkolonie an. 1856 wird es, da sich inzwischen fast 5000 Europäer niedergelassen haben, eine eigene Kolonie. Was jenseits dieser Grenzen geschieht, kümmert sie zunächst herzlich wenig. Mit der Entdeckung von Diamonden und Gold im südlichen Afrika ändert sich die Perspektive für das Colonial Office in London schlagartig. Diese Reichtümer können nur umfassend ausgebeutetet werden, wenn die verschiedenen Kolonien, unabhängigen Burenstaaten und -republiken unter dem Union Jack vereinigt sind. In diesem Zusammenhang steht das Ultimatum vom Dezember 1878.

Es enthält etliche Forderungen, die für die Zulus unannnehmbar sind und es auch sein sollen. Von den Zulus wird verlangt, ihre gesamte Herrschaftsstruktur umzuorganisieren und die Armee aufzulösen. In London laufen jetzt die Pläne nämlich auf einen großen britischen Herrschaftsbereich in Afrika hinaus, der von Durban weit nach Norden reichen soll. Und dafür steht - ihre Landkarte zeigt es den Kolonialherren ganz genau - das Königreich der Zulus im Weg.

Krieg: als Cetshwayo das Ultimatum zurückweist, beginnt der Krieg: die Briten marschieren in den ersten Tagen des Jahres 1879 in Zululand ein. Ihr OberbefehlshaberLord Chelmsford will mit drei getrennten Armeen vorgehen. Die Streitmacht der Zulus hat sich derweil in Erwartung des britischen Angriffs in Ulundi versammelt. König Cetshwayo dirigiert die meisten seiner Amabutho (Regimenter) gegen die mittlere Armee, nur wenige gegen die rechte und einige Freischärler gegen die linke bei Vryheid.

Am Morgen des 22. Januar 1879 führt Chelmsford eine große Truppe ostwärts, weg von Isandlwana, weil sie die Vorhut bei der Suche nach einem geeigneten Rastplatz für die kommende Nacht schützen soll. Der Rest der Armee bleibt im Camp, in Bereitschaft, aber nicht in Erwartung eines Angriffs.

Verstolpert: Den planen auch die Zulus nicht, nachdem ihre Wahrsager den Zeitpunkt als ungünstig abgelehnt und auf den nächsten Tag vertröstet hatten. Eher zufällig stolpert ein britischer Soldat auf Patrouille gegen 11.30 Uhr über einen Zulu, zwei Zulus, viele Zulus. Er hat die Hauptstreitmacht des Gegners entdeckt: 25.000 Krieger reglos und lautlos in einem Tal nur wenige Kilometer von Isandlwana entfernt. Jetzt, da der Überraschungseffekt verloren scheint, entschließen sich dessen Heerführer doch zur Attacke. Sie treten in der traditionellen Doppelhorn-Formation mit der Hauptmacht in der Mitte auf und haben rasch ersten Erfolg.

Die Angegriffenen sind rundum überrascht und schaffen es kaum sich zu formieren. Schon hat das linke Zulu-Horn die rechte Flanke der Briten so weit aufgerieben, daß die Zulus hinter die britischen Linien gelangen. Bald ist deren dezimierte Truppe umzingelt, und ein fürchterliches Gemetzel setzt ein.

Tod: Schlachtenmaler werden später schamlos idealisieren und kämpfende Rotjacken ritterlich in den Tod gehend darstellen. Die Wahrheit spricht aus den Zahlen: fast 1300 britische Soldaten sterben in Isandlwana auf engstem Raum, innerhalb von nur zwei Stunden. Zehn Tote pro Minute - unfaßbare, entsetzliche Dimensionen, die nicht einmal die deutsche Generalität 1914 in Verdun zustandebekommen hat.

Der Widerstand erstirbt rasch, um 13.30 Uhr ist das Camp komplett überrannt.

Derweil blockiert das rechte Horn der Zulus den Weg zum Rorke's Drift, die einzige Furt im Buffalo River, hinter der britisches Hoheitsgebiet mit einem Krankenhaus und einem Munitionsdepot liegt. Also müssen die Überlebenden zu einer ungünstigeren Stelle 6 km stromabwärts fliehen, zum Fugitive's Drift. Vier Zulu-Regimenter hatten in der Hinterhand gewartet. Eines schließt sich nun den beiden Hörnern bei der Flüchtlingsjagd an, drei weitere ziehen schnurstracks zum Rorke's Drift. Alle stehen unter der Befehlsgewalt von Cetshwayos Bruder, Dabulamanzi.

Lord Chelmsford erfaßt immer noch nicht die Tragweite des Geschehens, obwohl mehrere Berichte ihn während und nach der Schlacht erreichen. Er kehrt erst am späten Nachmittag zum Isandlwana zurück, und auch hier begreift er erst in Sichtweite des zerstörten Camps, das irgendetwas sehr schief gelaufen sein muß.

22. Januar 1879, kurz nach 15 Uhr: fimmer noch der gleiche Tag. Zwei britische Überlebende der Isandlwana-Schlacht erreichen das Krankenlager und Munitionsdepot bei Rorke's Drift. Umgehend wird Alarm geblasen, und da ihr Befehlshaber noch an unbekanntem Ort weilt, errichten die Rotjacken umgehend in Eigenregie Verteidigungswälle aus Maissäcken; wo die ausgehen, müssen unter anderem Keksdosen als Füllmaterial herhalten.

Gegen 16.30 Uhr trifft die vielfache Zulu-Übermacht ein und unternimmt einen ersten Angriffsversuch. Er wird mit heftigem Artilleriefeuer zurückgeschlagen. Daraufhin berennen die Zulus das Krankenhaus und setzen dessen Reetdach in Brand - eine entsetzliche Zwickmühle für die Verteidiger, die sich nun der Angreifer und der Flammen erwehren und zugleich die Patienten evakuieren müssen. Erschwert wird dieses Unterfangen durch einen Mangel an Zugangs- und Zwischentüren. Durch mehrere Wände sind Löcher zu schlagen, da die eigentlichen Türen auf die Zuluseite hinausführen.

Ein Angriff der Zulus nach dem anderen rollt heran, doch jeder wird verlustreich abgeschlagen. Längst werden die Kämpfe Mann gegen Mann ausgetragen, nur gelegentlich unterstützt durch Zulu-Heckenschützen vom benachbarten Shiyane-Hügel.

Endlich ist das Krankenhaus leergeräumt. Einige Retter werden getötet; die Geretteten lassen sich hinter den Keksdosenwall sinken. Es ist schon längst dunkel geworden. Nur das glimmende Dach des Krankenhauses wirft immer wieder ein flackerndes, gespenstisches Licht auf die Szene. Entgegen aller Gewohnheiten greifen die Zulus auch fast die ganze Nacht hindurch an, aber ihre Kräfte erlahmen allmählich. Erschöpfung und Verzweiflung zwingen ihren Feldherrn Dabulamanzi gegen 4 Uhr zum Entschluß: Abbruch, Rückzug.

Erlösung: die britischen Verteidiger haben sich halbwegs formiert, aber es gibt fast keinen unter ihnen, der nicht mehr oder weniger schwer verletzt wäre. Die endgültige Erlösung trifft erst drei Stunden später ein, als Oberbefehlshaber Lord Chelmsford mit seinen Mannen endlich Rorke's Drift erreicht. Innerhalb von zwanzig Stunden ist seine Strategie grandios fehlgeschlagen, und er hat sich derweil am Lagerplatz für die nächste Nacht zu schaffen gemacht.

Die beiden Schlachten haben einen fürchterlichen Blutzoll gefordert. In Isandlwana sind fast 1300 Briten aus der 1500 Mann starken Division gestorben, und über 1000 Zulus aus der 20.000 Mann starken Streitmacht. In Rorke's Drift haben 500-600 Zulus von jenen 4000 Angreifern ihr Leben gelassen - allerdings nur 17 Briten, obwohl das Verteidigergrüppchen lediglich aus 139 Rotjacken bestanden hatte, darunter 35 Krankenhauspatienten. Auf die Verteidiger von Rorke's Drift prasselt ein Rekordwert an Viktoria-Kreuzen, dem höchsten britischen Orden, herab: elf auf einmal, zwei weitere für die »Fahnen-Flüchtlinge« Coghill und Melville.

Bilanz: Lord Chelmsford erhielt eine tüchtige Abreibung für seine lächerliche Rolle in der Geschichte, und sein abschließender Sieg über Zulu-König Cetshwayo bei Ulundi am 4. Juli 1879 kam zu spät, um die Ablösung des britischen Ober-befehlshabers noch zu verhindern.

Dabulamanzi, der die Zulus an Rorke's Drift geführt hatte, wurde wohl nicht minder deutlich von Cetshwayo gerüffelt, weil er mit dem Übertritt auf Natal-Territorium die Anweisungen gebrochen hatte.

Am Ende des Krieges teilte die britische Kolonialregierung das Königreich der Zulus in dreizehn Stammesgebiete auf und verdonnerte König Cetshwayo zum Exil in Kapstadt.

Auf den zweiten Blick

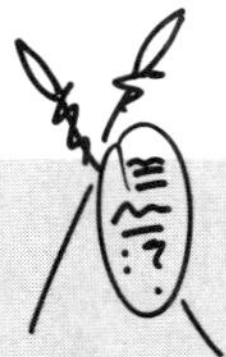

KwaZulus Geschichte erklärt die Tagespolitik

Vier Könige und ein Problemfall

Das hügelreiche Territorium zwischen Drakensbergen, Swasiland, Mosambik und Indischem Ozean ist die historische Heimat der Zulus. Dieser Boden hat einige der erbittertsten Kämpfe um die Vorherrschaft im südlichen Afrika erlebt.

Cetshwayo: unter der Herrschaft Mpanes, der dem Blood River-»Verlierer« Dingane auf dem Zulu-Thron gefolgt war, schneiden sich die Briten auf »friedlichem« Vertragswege ein Landstückchen nach dem anderen aus Zulu-Besitz heraus und fügen es ihrer Kolonie Natal bei. Mpanes Sohn und (ab 1873) Nachfolger, Cetshwayo, sieht sein stabiles Reich zunehmend auch durch Begehrlichkeiten des burischen Transvaal bedrängt.

Die Briten in Durban geben ihm zwar recht, wenn Cetshwayo über die Buren klagt. Sie unternehmen aber gar nichts dagegen, weil ihnen inzwischen ein großer Kolonialstaat im südlichen Afrika vorschwebt. Sollen sich doch vorher die potentiellen Gegner gegenseitig schwächen.

Als die Empire-Zentrale in London 1878 den Zeitpunkt als günstig erachtet, wird Cetshwayo ganz im Gegenteil so weit gedemütigt und provoziert, bis dem Zulukönig keine andere Wahl bleibt als der Krieg. Im Januar 1879 beginnen die Rotjacken das Zululand zu besetzen, werden bei Isandlwana am 22. Januar zwar vernichtend geschlagen, können mit einer winzigen Mannschaft aber das kleine Depot und Krankenhaus am Rorke's Drift gegen die Zulu-Übermacht verteidigen; s. Kastengeschichten über die Schlachten von Isandlwana und Rorke's Drift.

Danach geht's mit der Zulu-Herrlichkeit bergab. Am 4. Juli 1879 unterliegt Cetshwayo in der Entscheidungsschlacht von Ulundi, wird gefangengenommen und sein Reich unter dreizehn Stammeshäuptlingen aufgeteilt, die von den Briten eingesetzt und ihrem König größtenteils feindlich gesonnen sind. Acht Jahre lang herrscht unkontrollierter Mord und Totschlag zwischen diesen Stämmen, bis die Briten 1887 das gesamte Zululand annektieren und Cetshwayos Sohn und Thronfolger Dinzulu zum Exil in ihrer Kapprovinz verdammen. 1897 wird das gesamte Gebiet der Kronkolonie Natal zugeschlagen.

Um nun die Entwicklung in diesem Jahrhundert verstehen zu können, muß zunächst an das Selbstverständnis der Zulus erinnert werden. Viele der knapp neun Millionen Zulus betrachten sich als Angehörige des schwarzen Herrenvolkes in Südafrika. Die Eroberungszüge jenes legendären Shaka, der sie zu Beginn des 19. Jhs zur herrschenden Kraft zwischen Drakensbergen und Indischem Ozean gemacht hatte, bilden das Fundament für ihren ungezügelten Nationalstolz.

Herrenvolk: zu Apartheidszeiten wird die brachiale Zusammenfügung von Gebieten, die nicht zusammengehören, im Zeichen der Homelandpolitik revidiert. Das erfolgt zwar streng nach den Grundsätzen von Nutzen und Ertragreichtum einer Region für die weiße Zentralregierung, ermöglicht aber erstmals wieder so etwas wie ein Zulureich. Zulukönig ist damals wie heute King Goodwill Zwelithini, geboren 1948 am Königssitz in Nongoma, 1968 zum achten Ingonyama, zum »Löwen der Zulus« erklärt.
Einflußreichste Persönlichkeit ist aber nach einem kurzen, heftigen Machtkampf Mitte der siebziger Jahre sein Onkel Gatsha Mangosuthu Buthelezi, geboren 1929, der zu seiner Ahnenreihe auch Shaka und Cetshwayo zählt.
Inkatha: Häuptling Buthelezi belebt 1975 die alte politische Massenbewegung der Zulus, »Inkatha yeNkululeko yeSizwe« (Nationale Kulturelle Befreiungsbewegung), wieder. Innerhalb weniger Jahre schwillt Inkatha mit über einer Million Mitgliedern, vorwiegend unter den Zulus, nach dem ANC zu der zweiten großen Kraft des schwarzen Südafrikas heran - mit einem wesentlichen Unterschied.
Der ANC bleibt nach wie vor verboten, sein Führer Mandela inhaftiert. Inkatha dagegen kann sich im Zululand ungestört gedeihen, da Buthelezi sich mit Pretoria arrangiert hat, im Jahre 1976 Premierminister von dessen Homeland KwaZulu wird und es bis zu den Wahlen 1994 bleibt. Auch wenn für den Mann, der sich mit seinem Mercedes 500 SEL häufig im Leopardenfell zu Veranstaltung kutschieren läßt, jeglicher Wandel in Südafrika nur graduell stattfinden soll und er ganz im Sinne Pretorias jeden Investitionsboykott (Disinvestment) ablehnt, gehen zu dieser Zeit nur wenige Schwarze so weit wie Führungskräfte aus Steve Bikos »Black Conscious Movement«, die Buthelezi als Verräter und Kollaborateur einstufen.
Buthelezi: im westlichen Ausland und in Afrika genießt er zunehmendes Ansehen und breite Kontakte (in der BRD vor allem Konrad-Adenauer-Stiftung), weil es seiner Regierung immer wieder gelingt, dem Druck Pretorias in einer wesentlichen Frage standzuhalten. Die südafrikanischen Regierungschefs wünschen sich sehnlichst die »Unabhängigkeitserklärung« des »Homelands« KwaZulus (nach dem Vorbild der weitaus unwichtigeren »Homelands« Bop, Transkei, Ciskei und Venda), um diesen Klotz vom Bein zu haben.
Buthelezi dagegen, von den Weißen respektiert und zugleich mißbraucht, bemüht sich seit 1975 öffentlichkeitswirksam um eine Allianz der »gemäßigten Mitte aller Bevölkerungsgruppen« - also ohne den ANC, der immer noch für Waffengewalt und Disinvestment eintritt. 1978 wird er Präsident der neugegründeten, später weitgehend wirkungslosen »Südafrikanischen Schwarzen Allianz« mit Parteien der Farbigen, Inder und Schwarzen. Im Herbst 1985 führt er die Feder beim Zusammenschluß einer Konventallianz aus Inkatha, Progressive Federal Party und anderen Gruppen.
Die Stoßrichtung scheint in jedem Falle deutlich: Gatsha Mangosuthu

Buthelezi sieht sich (nach der irgendwie friedlichen Überwindung der Weißen-Herrschaft) als erster schwarzer Machthaber am Kap. Einige Beobachter sind sich sicher, daß es ihm dabei weniger um einzelne Sachfragen als um die Macht geht.

In diesem Zusammenhang setzt ein erbitterter Machtkampf zwischen Inkatha und ANC um die führende Rolle in der schwarzen Bevölkerungsmehrheit ein. Natürlich stimmt es, daß beide Parteien ethnisch verschiedene Wurzeln haben; daß sie beide in den nun folgenden blutigen Konflikten Opfer und Täter zugleich waren - und es bis heute sind. Allein niemand sollte die unterschiedliche Ausgangsbasis übersehen.

Opfer und Täter: die ANC-Führung ist ab Mitte der achtziger Jahre bemüht, sich vom Exil in Sambia aus an die Spitze der Township-Unruhen setzen. Sie brandmarkt dabei Buthelezi, den Ministerpräsident des wichtigsten Homelands, als »Konterrevolutionär«, als »Marionette« und schließlich als »Schlange, die die Menschen vergiftet und darum aufs Haupt geschlagen werden muß«. Ihr gelingt es, in Meinungsumfragen im maßgeblichen Pretoria-Witwatersrand-Vaal-Gebiet mit seinem traditionell hohen Zulu-Bevölkerungsanteil die Inkatha-Gefolgschaft unter den Industriearbeitern von über 30% (1977) auf unter 5% (1988) zu drücken.

Buthelezi stehen dagegen dank Legalitätsvorteil alle Möglichkeiten offen. Er läßt eine eigene Industriegewerkschaft gründen (Uwusa), um den ANC-nahen Cosatu zu untergraben. Er kann sich bedingungslos auf die 1980 gegründete Polizei KwaZulus verlassen, die unter der Fuchtel von Polizeiminister Buthelezi selbst zu schlagkräftigen paramilitärischen Einheiten heranwächst. Da ihm dies nicht ausreicht, werden vor allem aus den Reihen der Inkatha Hilfspolizisten, sogenannte »Kitskonstabels«, nicht wenige darunter mit krimineller Vergangenheit, rekrutiert, im Schnelldurchgang ausgebildet und dann mit Gewehren (Pumpguns) in ihre abgelegenen Gemeinden zurückgeschickt.

Das Ziel dieser Maßnahmen gibt bezeichnenderweise der Justizminister der Apartheidsregierung, Adriaan Vlok, bekannt: »Die Polizei soll künftig mit moderaten Kräften zusammenarbeiten und die radikalen bekämpfen. Wer Südafrika zerstören will, wird nicht geduldet.« Vor allem in KwaZulu bedeutet das für ANC-Anhänger: moderat werden und sich der Inkatha anschließen, oder radikal von schwarzer Polizei bekämpft werden.

Die infamste Maßnahme Buthelezis decken Journalisten aber erst Jahre später auf. Immer schon hatte die Zahl der ANC-Opfer in den Township-Unruhen und in den schmutzigen »Train Wars« rund um Jo'burg deutlich die Zahl der Inkatha-Opfer übertroffen. Immer häufiger war von einer Dritten Kraft, von mitmischenden Sicherheitskräfte und ominösen Drahtziehern im Hintergrund gemunkelt worden. Doch erst im Juni verschafft das sensationelle Geständnis eines früheren Geheimdienstmannes Gewißheit.

Dritte Kraft: Pretorias Geheimdienste hatten im Jahre 1986 im namibischen Caprivi-Streifen, damals noch unter südafrikanischer Kontrolle, etwa

200 Inkatha-Männer zu Heckenschützen ausgebildet, bewaffnet und danach in Natal und Transvaal eingesetzt. Nun gesteht ein Ex-Sergeant der Armee, daß Sondereinheiten an Massakern in Vorstadtzügen und anderen Zwischenfällen beteiligt waren. Laut einer anderen Aussage besorgten Teile der südafrikanischen Streitkräfte jene Gelder und Waffen, mit denen Inkatha-Leute die Gewalt in den Townships anheizen und dabei den ANC-Einfluß schwächen sollten.

Doch das »Inkathagate« im Sommer 1991, das heute beinahe in Vergessenheit ist, setzt sich fort. Regierungsstellen geben nun zu, Geheimfonds für Buthelezis Partei und die angeschlossene Gewerkschaft Uwusa unterhalten zu haben; im Falle der Gewerkschaft seit deren Gründung vor sechs Jahren, im Falle Inkathas gezielt für Wahlveranstaltungen und Buthelezi-Werbung.

Diesem Ränkespiel setzt der einst als gemäßigt geltende Zulu-Führer vor den Wahlen 1994 ein Höchstmaß an Instinktlosigkeit drauf. An der Übergangsverfassung, die in den Friedensgesprächen 1991-93 mühevoll ausgehandelt worden war, kritisiert er ein zu niedriges Maß an Föderalismus; mithin die Gefahr, in einer künftigen Provinz Natal/KwaZulu nicht mehr alle Macht selbst ausüben zu können.

Freiheitsallianz: Buthelezi versucht dazu aber nicht, in Verhandlungen mit Mandela und de Klerk seine durchsichtigen Motive und Bedenken einzubringen. Er folgt stattdessen dem Rat eines zweifelhaften, teils aus den USA angereisten weißen Berater-Trios und geht eine groteske »Freiheitsallianz« mit der rechtsradikalen Burischen Volksfront und dem korrupten Regime des Homelands Bophuthatswana ein.Vorgebliches Ziel: die Restauration eines Zulu-Operettenkönigreiches, wie er selbst es als lächerlichen Rückfall in die Kolonialzeit früher entschieden abgelehnt hätte. Rechtzeitig hat er erkannt, daß inzwischen in seinem Volk die Macht des Blutes, des Königs Goodwill Zwelithini, höher geachtet wird als sein politisches Ansehen. Zwelithini ist nach wie vor eine unumstrittene Instanz, und so flüstert sein eigener Onkel Buthelezi dem König ein, ein Zulureich wie zu den glanzvollen Zeiten Shakas zu fordern.

Selbst der König scheint inzwischen dem glücklosen Häuptling aber einen Strich durch die Rechnung zu machen und sich mit dem ANC arrangieren zu wollen. So steht Buthelezi Anfang April 1994 mit leeren Händen da, sämtliche Trümpfe ausgespielt; in »seinem« Homeland tatenlos zusehend, wie Tag für Tag ANC-Anhänger und Wahlhelfer niedergemetzelt werden; die überwältigende Gefahr im Verzug, daß jene gleichen, freien Wahlen, die er ein Leben lang gefordert, seit zwei Jahren aber abgelehnt und nun doch nicht zu verhindern vermocht hat, ihn zur Nebenfigur machen. Zum kaum noch respektierten Führer einer im Parlament nicht vertretenen Partei, deren Anhänger allmählich dem konzilianteren König folgen könnten.

Einsicht: eine Woche vor dem Wahltermin kommt die Einsicht, und Buthelezi meldet seine Partei doch noch für die Wahlen an (was übrigens zu einem schlagartigen Rückgang der Gewalt in KwaZulu und rund um

Jo'burg führte). »Ich glaube nicht, daß irgendein Politiker auf der Welt sich mit einem siebentägigen Wahlkampf zufriedengeben würde,« erklärt er einem britischen Journalisten. »Ich muß der unvernünftigste Politiker von allen sein.«

In Windeseile werden noch an die längst verteilten Wahllisten Inkatha-Streifen mit dem Porträt Buthelezis geklebt, und nach Auszählung der Stimmen steht fest, daß Inkatha besser abgeschnitten hat als unter diesen Umständen zu erwarten war. (Meldungen von unerheblichen Manipulationen treffen nicht nur aus KwaZulu-Gebieten ein).

Das Wahlergebnis vom April 1994 erweist Inkatha als eine ethnisch verwurzelte Partei, die allein von der Zulu-Unterstützung in KwaZulu/Natal lebt. Landesweit kommt sie auf 10,5 Prozent und 43 Sitze in der Nationalversammlung. Ihre Stimmen stammen aber in überwältigender Mehrheit aus KwaZulu/Natal, wo Inkatha auch die Mehrheit in der Provinzkammer (41 von 81 Sitzen) erobert.

Außerhalb dieser Provinz reicht es nur noch zu einem mäßigen Achtungserfolg. Im Provinzparlament von Gauteng, wo Meinungsumfragen im Jahre 1977 noch von 30 Prozent Inkatha-Gefolgschaft unter den Schwarzen ausgegangen waren, erobert Buthelezis Partei drei von 81 Sitzen.

Mdlalose: Buthelezi selbst wird überraschenderweise von Nelson Mandela zum Innenminister berufen. Selbst diese Geste der Versöhnung kann den verbitterten Inkatha-Chef aber nicht nennenswert von seinem Konfrontationskurs abbringen. Sein Statthalter in KwaZulu/Natal wird der 1922 geborene Arzt Frank Mdlalose, in den fünfziger Jahren in der ANC-Jugendliga aktiv, dann aber gleich bei Inkatha-Gründung 1975 umgesattelt.

kkk Eine Randbemerkung möge die unterschiedliche Entwicklung von ANC und Inkatha verdeutlichen. In sieben der neun südafrikanischen Provinzen regieren heute ANC-Politiker. Drei davon sind wie Mandela »Robben Islander«, zwei weitere schmachteten mehrere Jahre in anderen Gefängnissen des Apartheidsregimes, zwei kehrten erst 1990 nach fünf- bzw. zehnjährigem Aufenthalt aus dem Exil zurück. In einer Provinz regiert ein Weißer, zuvor fünf Jahre lang Minister des Apartheidsregimes. In einer anderen, eben KwaZulu/Natal, regiert ein Zulu, zuvor sechzehn Jahre lang Minister im apartheidsgeförderten Homeland KwaZulu.

Zukunft? Vor diesem Hintergrund ist zweifelhaft, ob KwaZulu/Natal noch vor der Jahrtausendwende den Durchbruch zu einem friedlichen Nebeneinander von Schwarz und Schwarz, ANC- und Inkatha-Anhängern, erleben wird. In keinem Falle, solange vor allem von Inkatha-Seite und namentlich Gatsha Mangosuthu Buthelezi immer wieder Salz in offene Wunden gestreut wird.

Zululand

KwaZulu, das bedeutet dichtbesiedelte Hügel & Horden von Minibussen. Der schwarze Provinzteil findet auf Autokarten kaum statt. Gähnende Leere kann in der Realität aber riesige Townships verbergen, soweit das Auge reicht. Beklemmende Beispiele: KwaMashu bei Durban und Edendale bei Pietermaritzburg. Aber auch das Hinterland steckt voller Siedlungen. Die Hügel sind gesprenkelt mit Rondawels, zwischen Mieliefeldern weiden Rinder, dazu lachen & winken um die Mittagszeit zahllose Kinderscharen in Schuluniform.

Viele Orte bleiben für die Außenwelt namenlos, auf Karten wie Schildern. Von den Zulus wurden weder Reiselust noch Lesekenntnisse erwartet, und den Weißen war der Gedanke, diese Regionen zu durchfahren, völlig fremd. Einziges Verkehrsmittel sind Minibusse, stets mit Vollgas unterwegs. Mühsam findet man raus, woher sie kommen, wohin sie fahren.

☞ **Wer vom Leben** der Zulus mehr erfahren will, von ihren Überlieferungen, von Gewalt und unbedingter Liebe in einer ausgezehrten Gegend nahe Tugela Ferry, kommt gekaum vorbei am 86seitigen Bericht *A Root in Arid Ground* in Rian Malans *My Traitor's Heart.*

Danach gibt's nur eines:

Einbiegen auf die kaum beschilderten Staubpisten zwischen Greytown & Nongoma, Nqutu & Empangeni. Im schwarzen Herz Afrikas zwischen Grüppchen uniformierter Schüler aussteigen. Im nächsten Kaufladen Erfrischungen besorgen *(aha, Coca-Cola ist schon da).* Den Alten beim Kartenspiel zuschauen oder beim Sitzen. Mit den Jungen über die Orlando Pirates diskutieren. Anhalter mitnehmen – wenn der gesunde Menschenverstand nicht Nein sagt. Selbst erzählen, Fotos zeigen, erzählen lassen, Berührungsängste abbauen.

☞ **Stets klarstellen,** daß man aus dem Ausland kommt, von wo, wie – und warum!

Hinweise zur Aussprache: Besucher stehen oft ratlos vor Ortsnamen, die mit **M** oder **N** beginnen und dann einen unangemessenen Konsonanten folgen lassen (Mfolozi, Nqabeni). Des Rätsels halbverschluckte Lösung: vor das **M** wird ein **U**, vors **N** ein **I** gesetzt (Umfolozi, Inqabeni). Die Buchstabenfolge **Hlu** (Hluhluwe) findet man auf abenteuerliche Weisen ausgesprochen, richtig wäre **Schluschluwe.** Dann gibt's noch Klicklaute wie **C**, **G** oder **Q** – doch die muß man sich von einem Zulu beibringen lassen.

Ulundi

88 km nördlich von Eshowe, an der R66. Wenig deutet darauf hin, daß Ulundi bis 1994 KwaZulus Hauptstadt war und danach von Butheleзis IFP zur Provinzhauptstadt gekürt wurde. Das gesichtslose Städtchen war seit Cetshwayos Krönung 1873 die Hochburg vieler Zulukönige; mehrere sind in der Gegend begraben. Oft füllen schwarze Kultgruppen wie Ladysmith Black Mambazo das große Nationalstadion – dann sehenswert. ✆ 035 - *ändert sich 2000.*

🏨 **Der Ondini Kraal,** 5 km südlich an der Umfolozi Rd, T. 879 1223, Fax -1386, hat sieben „Bienenkorbhütten" mit Herdplatten & zwei Betten. Mit F/HP 45/65 DM/P, Empfang bis 18h. – **Holiday Inn**

GC, Princess Magogo St, T. 870 1012, mit luxuriösen EZ/DZ ab 130/160 DM, Fr-So je 115 DM. Mehrere Fastfood-Plätze und *Takeaways* in der Nähe.

Ondini war König Cetshwayos Hauptstadt, bis die Briten sie 1879 in der Entscheidungsschlacht des Zulukrieges dem Erdboden gleichmachten. Unter der Homeland-Regierung erwachte das Interesse an dieser Stätte neu, und Ausgrabungen haben mehrere Fundamente und Alltagsrelikte zutage gefördert. Das gute **KwaZulu Cultural Museum,** T. 870 2050, belegt diese Funde, aber auch Geschichte & Traditionen des Kriegerstammes; täglich 8-16h, 3 DM, mit Videoshow & Geländeführung.

Itala-Wildreservat

65 km östlich von Vryheid, hinter der R69, Zufahrt über Louwsberg. Wer sich mit Elefant, Rhino, Leopard (selten allerdings), Gepard, Giraffe, Gnu & Warzenschwein begnügen kann, dem sei dieses 300 qkm-Reservat ans Herz gelegt. Seine aufgemotzten Camps übertreffen so manche private Game Lodge, ihre Preise bleiben aber im Nationalparks-Rahmen. In fast gebirgiger Umgebung bietet Itala eine **Vielfalt an Eindrücken:** steile Felsabbrüche, Flußlandschaft mit Schlucht, Buschvegetation und flaches Grasland. Tiere können in den unterschiedlichsten Habitaten beobachtet werden.

Eintritt 3 DM/P plus 10 DM-/Fahrzeug. **Sehr empfehlenswert!**

Übernachten

Anmelden bei **KZN Nature Conservation,** T. 0331/845 1000, Fax -1001; mit Zelt direkt im Reservat, T. 034 / 907 5239, Fax -5190. Überall Braaistellen.

Zeltplatz mit Grasfläche am Fluß, WC im Schilfverschlag & kalter Dusche hinter Paravent ab 8 DM/P. Da nicht eingezäunt, streunt zum Abendessen gern ein zahmes Weißes Rhino herum. Der Ranger schaut einmal täglich vorbei.

Ntshondwe Camp am gleichnamigen Hang mit großartiger Aussicht. 40 geschmackvolle Chalets mit zwei/vier/sechs Betten 80 DM/P. – Luxuriöse **Ntshondwe Lodge** mit Pool, eigenem Koch & Restaurant über einem Wasserloch, an dem sich abends Wild zur Tränke versammelt. Drei DZ ab 380 DM. – **Bushcamps** für Selbstversorger nur komplett zu mieten: **Mbizo** am Mbizofluß mit zwei Vierhütten 400 DM; **Mhlangeni** am Ncencefluß mit fünf Zweierhütten 500 DM; **Thalu** am Thulufluß mit einer Viererhütte 200 DM.

Fußsafaris auf *Wilderness Trails* von März-Okt von allen Bushcamps aus.

Pongola

100 km südöstlich von Piet Retief, an der N2. Das Städtchen im Zuckerland zwischen Mpumalanga, KwaZulu & Swasiland (Übergang Golela täglich 7-22h) bietet sich als Basis zur Entdeckung des nördlichen Zululands an: Banken, Märkte, Krankenhaus. ✆ 034.

Publicity Assoc: im Arts & Crafts Centre, Piet Retief/Tortelduif St, T. 413 1144, Fax -1713; Mo-Fr 9-17h, Sa/So 9-12h. **Postamt:** neben dem Sodwana Corridor.

Caravanpark an der R66, 1 km

südlich, T. 413 1789, einfach, schattig & grün, mit Ententeich, Spielplatz & Pool. Zeltplatz für eine/zwei P 16/28 DM, Chalets ab 45 DM/P. – ** **Pongola Hotel,** Jan Milli St, am nördlichen Corridor-Ende, T./Fax 413 1352, mit wuchernden Gärten, lebhafter Bar (bis 22h) & mäßigem Restaurant (bis 20.30h). EZ/DZ mit TV & F ab 55/95 DM. – Mehrere **Privatreservate** entlang der R66 nach Itala.

Das Pongola NR am nordwestlichen Ufer des Pongolapoort-Stausees beeindruckt mit verschiedenen Landschafts- & Antilopenarten. Mittendrin die acht Luxuszelte der **White Elephant Lodge,** T./Fax 435 1117, drheinz@mweb.co.za; all-in 200-250 DM/P. Auch die **Mvubu Game Lodge,** T. 435 1123, pbreco@iafrica.com, macht in Komfort; mit HP & Pirschfahrt ab 160 DM/P.

Mkuze

70 km südöstlich von Pongola, an der N2. Die Zufahrt zum NR über Schotter (18 km) ist ausgeschildert. Der Geisterberg südlich der Stadt diente einst den Ndwandwe als Grabstätte. Darum „spukt" es in Mkuze – manche vermuten einen Zusammenhang zwischen den seltsamen Lichtern/Geräuschen und der blutigen Stammesfehde von 1884. ✆ 035.

Maputaland Info Centre: T./Fax 573 1120.

** **Ghost Mountain Inn,** Old Main Rd, T./Fax 573 1025, ghostinn@iafrica.com, mit Touren & schattiger Anlage. 33 EZ/DZ ab 100/150 DM. *„Das Viergängemenü für 25 DM ist unschlagbar gut!" (Steffen Donner) „So ein schlechtes Essen mußten wir in ganz Südafrika nicht mehr zu uns nehmen." (Birgit Blum-Reinhold)*

Transtate täglich nach Durban, Pongola & Mangusi (Kosi Bay), Di/Fr nach Joburg.

Mkuzi-Wildreservat

Zufahrt ab Mkuze oder über N2-Abzweigung. Unter Schirmakazien tummeln sich Schwarze und Weiße Rhinos, Elefanten, Leoparden, Geparden, Hyänen, Gnus, Hippos & Krokodile auf einem staatlichen 350 qkm-Reservat, das bereits 1912 eingerichtet wurde. Aussichtspunkte sind über das Gelände verstreut, z.B. an der Nsumu Pan zwecks Vogelbeobachtung. Fossilien beweisen, daß in dieser Gegend seit jeher mannigfaltiges Leben herrscht.

Täglich bis Sonnenuntergang, Eintritt 3 DM/P, 12 DM/Auto. Tankstelle am Gate.

Anmelden bei KZN Nature Conservation, T. 0331/845 1000, Fax -1001, mit Zelt bei der Parkverwaltung, T. 035/573 0003. Im **Mantuma Hüttencamp** stehen zwei Siebenbett-Cottages mit Küche & Bad, neun Drei/Fünfbett-Bungalows mit Kühlschrank & Bad, sechs Dreibett-Hütten mit Gemeinschaftsblock; Koch in Bereitschaft. **Tented Camp** mit zehn Zweibett-Zelten mit Kühlschrank, Kochzeug & Bad. Zwei **Bushcamps** mit je acht Betten, zentraler Lounge, Küche und *Bird Hide.* Zelten möglich.

Fußsafaris starten mit Führern von beiden Camps aus, dazu von Apr-Okt zwei Dreitageswanderungen *(Wilderness Trails)* pro Monat. Nachtfahrt 30 DM/P.

Ndumo-Wildreservat

102 km nördlich von Mkuze, Abzweigung von der Teerstraße nach 89 km in die Lebomboberge. Dahinter liegt Swasiland, unmittelbar daneben Mosambik. Ndumo präsentiert seinen Fisch-, Vogel- und Wildreichtum in der wunderschönen Flutebene des Pongola auf 100 qkm voller Pfannen & Bushveld. Einige der tropischen Vögel sind ansonsten nur noch in Ostafrika zu finden. Pirschfahrten & Fußsafaris mit Führern.

☞ **Sprit** & Lebensmittel (geringe Auswahl) im Ndumo Store 2 km vom Reservatsstor. Hier halten auch Transtate-Busse der Linie Mkuze-Mangusi. Für Ndumo, Tembe und alle folgenden Reservate ist **Malariaprophylaxe** ratsam!

🏠 **Anmelden** bei KZN Nature Conservation, T. 0331/845 1000, Fax -1001. **Ndumo Camp** mit Braai, Küchenpersonal & Sanitärblock. Sieben Dreibett-Chalets ab 25 DM/P, kein Camping. – Noch auf Reservatsgelände liegt das private **Ndumo Safari Camp**, T. 011 /884 1458, Fax 883 6255, mit Restaurant & Bar. Vier Luxuszelte all-in ab 190 DM/P.

Tembe-Elefantenpark

30 km östlich von Ndumo, Zufahrt bis zum Parktor geteert, dort sichere Parkplätze und Abholung mit Jeep. Das 300 qkm-Areal voller Sümpfe & Sandwälder bis zur Grenze mit Mosambik wurde 1983 zum Schutze von Maputalands letzten freilebenden Elefanten gegründet. Alle anderen Belange haben sich diesem Ziel unterzuordnen. Ein Viertel der rund 130 Elefanten ist durch Wilderer zur Zeit des mosambikanischen Bürgerkriegs

noch stark traumatisiert und daher mit besonderer Vorsicht zu genießen. Zwei geschützte Wanderpfade (2200 bzw. 3500m) führen durch beeindruckend vielfältigen Sandwald.

🏠 **Tembe Camp**, T. 035/592 0001, mit Küchenzelt, Herd, Kühlschrank & Sanitärblock, dazu Küchenpersonal zu Diensten. Acht Zweibettzelte für eine/zwei P 230-/315 DM, in Luxusausführung mit Bad 310/420 DM, jeweils all-in. Halb/ganztägige Pirschfahrten für Tagesbesucher 35/70 DM, Eintritt 3 DM. Anmelden bei Maputa Safaris, T. 031/202 9090, Fax -8026, maputa@mweb.co.za.

Kosi Bay-Küstenwaldreservat

50 km östlich vom Tembe-Parkgate. Die Straße (bis Mangusi geteert) führt auch an Ndumo und Tembe vorbei. Transtate täglich von Durban/Mkuze nach Mangusi. Für die letzten 12 km ist nach Regenfällen **4WD erforderlich.** Sand & breite Furten verderben allen anderen das Vergnügen. Wegen des empfind-

lichen ökologischen Gleichgewichts sind die Besucherzahlen begrenzt. ✆ 035.

Anmelden wie Ndumo. 15 Zeltplätze mit Warmwasser & Sanitärblock. Drei **Lodges** für Selbstversorger mit zwei/fünf/sechs Betten und Personal 70-200 DM.

Privat: Lala Lapa Caravanpark, T./Fax 592 9055, mit Zimmern, Bar, TV-Raum & sehr sauberem Sanitärblock, nur 15 km von der Grenze. – **Phambuka Camp** in Ingwavuma, T./Fax 591 0052, wenige min von der Kosi Bay mit Boots/4WD-Vermietung & Bar. Zwölf geräumige Zweierzelte ohne/mit VP 180/300 DM. – **Rocktail Bay Lodge,** 30 km südlich der Kosi Bay am Strand, T. 011/-884 1458, Fax 883 6255, mit fünf Luxus-Chalets, Restaurant & Wassersport jeder Art. – **Kosi Forest Camp,** T. 032/947 0538, Fax -0659, isibindi@iafrica.com, im Forstreservat mit acht Buschsuiten, Kanus, *Birding* im Raffiapalmenwald & Open-Air-Bad; all-in 160-270 DM/P.

Tiere & Pflanzen

Rund um den Kosi Lake (250 Vogelarten) stehen insgesamt 100 qkm unter Schutz. Mangrovenwälder mit Palmen und seltenen Orchideen, Moore und Sumpfwälder umschließen vier miteinander verbundene Brackseen. Auf Wassersportler wartet mit Hippos & Krokodilen eine unbarmherzige Konkurrenz. Seltene Gesellen: Lederrückenschildkröte, Zwergralle, Palmengeier & Weißrückengeier.

Wanderungen um die Seen nur mit erfahrenen Führern, Angeln bei den Zeltplätzen, Kanuvermietung im Camp. Baden, Schnorcheln & Brandungsangeln im Meer exzellent.

Lake Sibaya

50 km südlich von Kosi Bay, Sandpisten ab Mangusi oder Mbaswana südlich des Sees. Südafrikas größter Süßwassersee (77 qkm) ist **ein Paradies** für Feierabend-Ornithologen & Angler. Bis zu 13m tief und beinahe mit Ozeankontakt, bietet Sibaya hinter den Dünenwäldern 200 Hippos und ungezählten Krokodilen Unterschlupf.

Anmelden wie Ndumo. **Baya Camp** an der Südseite des Sees mit sieben einfachen Zwei/Vierbett-Strohhütten für 60-120 DM, Gemeinschaftsküche mit Personal, Sanitärblock mit Warmwasser – abenteuerlich! **Mabibi Camp** weiter nördlich zwischen See und Meer (4WD ratsam) mit Sanitärblock, Lapa & Braai; Zeltplätzchen 25 DM.

Von zwei erwanderbaren Verstecken aus sind Vögel & Wild zu beobachten. Bootsvermietung und Angelscheine im Baya Camp, Köder selbst mitbringen.

Sodwana Bay-Nationalpark

35 km südlich des Sibaya-Sees, Staubpisten bis 15 km vor Sodwana, dann neuer Asphalt. Rund um den Jesser Point befindet sich ein weiteres Paradies für Taucher & Angler, besonders bei einsetzender Flut finden sich Schnorchler inmitten vieler Fische wieder. Nicht zufällig steigt hier die Landesmeisterschaft im Hochseeangeln. ✆ 035.

Eintritt 3 DM, Campingwillige melden sich im Besucherzentrum (mit Tankstelle) an.

Anmelden bei KZN Nature Conservation. **Baya Camp** am

Meer, 14 km von Mbazwana, mit Angelköder, Eis, Tankstelle, Laden mit Proviant, Tauch- & Schnorchelausrüstung. 20 Fünf/Achtbett-Blockhäuser mit Küche & Bad ab 120 DM. – Zeltplätze: **Ozabeni,** T./Fax 571 0011, mit nix außer Toiletten & kalten Duschen, ab 8 DM/P. **Gwala Gwala,** T. 571 0051, viel besser, mit Lagerfeuer, Kanus & allerlei Sport, ab 25 DM.

Privat: Sodwana Bay Lodge hinter den Dünen, T. 571 0095, Fax 031/304 8817, mit Wäscheservice, rustikalem Pub, Boma, Pool & Tauchschule/laden. 20 gestelzte Sechs/Achtbett-Chalets mit Lounge, Küche, Bad, Balkon & hölzernen Stegen ab 200 DM.

Tauchanbieter finden sich zuhauf. Gute Zeugnisse bekommt u.a. **Sodwana Dive Retreat,** T. 571 0117, Fax -0055. Die Korallenriffe werden per Schlauchboot angefahren.

Tiere & Pflanzen

Im 4 qkm-Park und den umliegenden Küstenwäldern glänzen Silbereichen und Strelitzien. Hinter Sümpfen voller Feigenbäume, mehreren Gezeitenteichen und Dünenband beginnt das Korallenriff. Das Festland bevölkern „nur" kleinere Antilopenarten & Pinselohrschweine, darüber kreisen ungezählte Vögel, u.a. Woodward-Schnäpper und Rudd-Feinsänger. Führung zu Schildkrötenplätzen im Dez/Jan 20 DM, min. sechs Teilnehmer.

Greater St Lucia Wetland Park

Begriffsentwirrung: wo nur „St Lucia" steht, ist der Ort gemeint.

Von Vögeln nicht gerade gemieden, erstreckt sich der Park von der Mündung des St Lucia-Sees über 58 km entlang des Ozeans bis zur Sodwana Bay. All die Tümpel, Dünen, Strände um den Lake St Lucia (360 qkm) wurden in ihrer Gesamtheit zum Wetland Park erklärt. Darin gehen vier recht unterschiedliche Naturschutzgebiete auf. ✆ 035.

☞ **Öffentlich** zugänglich sind drei Parkzipfel: False Bay ab Hluhluwe, Fanies Island/Charters Creek ab Nyalazi River/N2, Cape Vidal ab St Lucia. Im Lake St Lucia tummeln sich Kolonien von **Krokodilen & Flußpferden** – das als Warnung für Wanderer. Gerne tauchen auch Haie vor dem Schutzgebiet auf. Rund um die Wetlands fühlen sich Moskitos am wohlsten – **Malariagefahr!**

Wilderness Trails nur Apr-Okt: **Mziki** umfaßt zwei Tage und eine Achtbetten-Hütte unterwegs (14 DM), für den viertägigen Emoyeni Trail bringt man sein Zelt mit (10 DM).

Übernachten

Anmelden bei KZN Nature Conservation, T. 0331/845 1000, Fax -1001, oder in St Lucia. In jedem Camp darf auch gezeltet werden. Preise pro P: Zeltplatz 12 DM, Hütten 25-45 DM, Bushlodge 60 DM. Die Camps: **False Bay,** T. 562 0425, mit vier Hütten. **Fanies Island,** T. 550 1631, mit zwölf Hütten. **Charters Creek** mit 15 Hütten. **Mapelane,** T. 590 1407, südlich von St Lucia mit zehn Hütten. **Cape Vidal** an der Umpangazi Pan, T. 590 1404, liegt als einziges zwischen Ozean & See, 25 km von St Lucia (gute Sandpiste). 21 Hütten für Selbstversorger, dazu Bhangazi Bushlodge mit vier Zweierhütten.

Sobhengu Lodge auf der Nibela-Halbinsel, T. 031/337 4222, timeshare@goodersons.co.za, zwischen *Game & Fossil Walks*. Lohnende Vierbett-Chalets ab 250 DM.

St Lucia

29 km östlich von Mtubatuba, Endpunkt der R618. So sieht das prototypische weiße Ferienstädtchen in den Tropen aus! Alles grün, gepflegt & gedämpft, bis sich im Dez/Jan rausstellt, das all die leblosen Bauwerke mit *Guesthouse*-Schild tatsächlich Gästehäuser sind. Jeden Samstag rollen 4WD-Prozessionen in St Lucia ein: die Kinder gehen gleich baden, die Frauen bringen Grill & Campingausrüstung auf Hochglanz, die Männer schnappen sich Biervorrat plus Angelrute und wollen vom Rest zwei Tage lang nix mehr wissen. ✆ 035.

Town Board: T. 590 1339, Fax -1177. **KZN Nature Conservation:** am südlichen Ende der Main Rd (McKenzie), T. 590 1340, Fax -1343, für Campbuchungen, Boottouren, Souvenirs & Bestimmungsbücher; täglich 8-16.30h. **Postamt:** Flamingo St, hinter Spar, T./Fax 590 1022; Mo-Fr nur 16-18h, Sa 9-12h.

Kreuzfahrten mit E-Booten auf Mpate River und Lake St Lucia beginnen an der Brücke vor dem Ort. Unterwegs sind die Hippos kaum zu übersehen. 1 Std 25 DM/P.

Tourenanbieter stehen sich an der McKenzie die Füße platt. Zu den Besten zählen **St Lucia Safaris** neben Engen, T./Fax 590 1085, und **African Tale,** s. Backpackers. Im Angebot z.B. ganztägig Schnorcheln in Sodwana Bay bzw. Cape Vidal 100/60 DM, halb/ganztägige Pirschfahrt durch Umfolozi 80 DM, zweitägige *Hippo Extravaganza* 150 DM, Ausritte in Big Five-Reservat, Nächte am Ozean, Tauchen, Fallschirmspringen, Besuch eines Zuludorfes, Kanutrips auf dem Estuary.

Übernachten

In der Umgebung bieten buchstäblich Hunderte von Gästehäusern B&B für 30-70 DM/P. Einige Ferienwohnungen können für Grüppchen sogar mit Backpackers mithalten. Natürlich bereiten die Parkcamps jedem Naturfreaks die meiste Freude. Wer abends aber Fastfood, Restaurants oder den einen und den anderen Drink braucht, bleibt besser im Ort. ***Preisangaben** gelten für die Nebensaison. Im Dez/Jan bis zu 50-100% höher. „St Lucia ist ein Anglerparadies, seine Unterkünfte besitzen Aufbewahrungsmöglichkeiten für Angelruten und große Gefriertruhen, sind ansonsten aber sehr einfach und nicht gerade gemütlich. Wir jedenfalls fanden kein schönes Logis. Besonders abraten können wir von den Seemeeu-Apartments: alt, schmutzig, laut." (Mathias Müller)*

Backpackers (BazBus hält): **African Tale,** T./Fax 550 4300 (Richard Gibbins), 10 km westlich an der R618, ist das aufregendste Plätzchen der Gegend, mit Open-Air-Duschen & allabendlichem Lagerfeuer. Camping 10 DM, Schlafsaal 12 DM, Zuluhütten im Hinterhof 14 DM, traditionelle Zulukost von Thombi 5 DM. *„Eines der besten BPs, die ich in zwölf Monaten Südafrika gesehen habe. Dazu die günstigsten Touren in die Wildnis – nirgends habe ich ähnliche Abenteuer erlebt!"(Silke Pfitzer)*

BiBs vor dem südlichen Ende der McKenzie St, T. 590 1360, mit weniger Atmosphäre. Hoher Saal durch Trennwände in mehrere pieksaubere Zimmer verwandelt, gute Küche, witziger Pool. Schlafsaal 16 DM, DZ ohne/mit Zimmerdecke 36/40 DM.

Caravanparks: St Lucia Estuary, T. 590 1339, mit Wildpark, Trails & Booten. Rezeption 800m links vor dem Resort in einem Haus. Der Platz darf bei Dunkelheit wegen Hippogefahr nicht zu Fuß verlassen werden! **Villa Mia** an der Flußmündung, T./Fax 590 1121, mit Zeltgelände, dazu 24 Sechsbett-Wohnungen mit Wohnzimmer, Küche, Bad & Patio ab 20 DM/P. – **B&Bs: Kingfisher Lodge** am Ende der McKenzie St, T./Fax 590 1015, zählt zu den elegantesten. Antikes Mobiliar, feine Gärten, Seeblick. 60 DM/P.

Hluhluwe

Begriffsentwirrung: wo nur „Hluhluwe" steht, ist der Ort gemeint.

54 km südlich von Mkuze, neben der N2. Die Umgebung des unwichtigen Nestes glänzt mit einer Fülle privater Wildgebiete, die meist ans Hluhluwe-Reservat grenzen. Hluhluwe selbst besteht nur aus der langen Main St, die sich schließlich im Staub verläuft. ✆ 035.

Tourism Assoc: neben Engen Garage, T. 562 0353, Fax -0351; Mo-Fr 8.30-17h, Sa 9-13h. In der Nähe: Postamt, Apotheke & First National Bank.

Minibusse ab Ende der Main St nach KwaMbonambi, Empangeni, Durban (1/2/1/2 1/2 Std, 6/8/16 DM), Pongola & Joburg (1 1/2/6 Std, 10/30 DM).

Übernachten & Erleben

Backpackers: Isinkwe hinter Dumazulu Village, 12 km südlich, T./Fax 562 2258, N2-Abzweigung Bushlands (Lot 9), gibt sich sehr naturnah. Lagerfeuer, Boma, Ausflüge, Safaritouren & Strandpausen. Zelten 12 DM, Schlafsaal 20 DM, EZ/DZ 25/45 DM.

Game Lodges: Bonamanzi, 10 km von Hluhluwe (Abzweigung hinter dem Bhf), T. 562 0516, Fax -0143, bonamanzi.game.farm@paper.mondi.co.za, bietet im 40 qkm-Park das Meiste fürs Geld. Zwei klimatisierte Luxuslodges mit Wasserloch, Wäscheservice & Koch ab 300 DM. Sein **Lalapanzi Camp** besteht aus Zweibett-Hütten mit Seeblick, Vierbett-Baumhäusern mit Veranda und Dinizulu Lodge mit Koch; 50-80 DM/P. – **Bushlands,** 10 km südlich, T. 562 0144, Fax -0205, mit acht Zweibett-Chalets, Restaurant, Bar, Pool & Pirschen ab 100 DM/P. *„Keine Klimaanlage, völlig überteuert." (Manuela Osswald)* – *** **Zululand**, T. 011/780 0100, Fax -0106, gehört zur Southern Sun-Gruppe, was hohen Standard in den 40 Zimmern verheißt. All-in 210-300 DM/P. – **Hluhluwe River Lodge,** T. 562 0246, info@hluhluwe.co.za, mit acht Chalets & HP für 230-300 DM/P.

Dumazulu Village am südlichen, unbefestigten Ende der Main St (Wegweiser nach rechts), T. 562 0144, bush@global.co.za, besteht aus Restaurant, Reptilienpark und Zuludorf, dessen Tanzgruppe laut einem Hochglanzmagazin die beste des Landes sein soll; Vorführungen auch mit Speerproduktion & Töpferei 25 DM. Dazu mehrere Hütten im Stil je einer Region Südafrikas, B&B ab 120 DM/P.

Hluhluwe-Umfolozi-Park

☞ **Im Zusammenwirken bieten beide Schutzgebiete unvergleichliche Eindrücke und gehören in jede Reiseroute!** Anmelden für alle Camps bei KZN Nature Conservation, T. 0331/845 1000, Fax -1001. Eintritt 12 DM/Fahrzeug, 3 DM/P.

Gate 30 km nordwestlich von Mtubatuba. Das Umfolozi-WR (480 qkm) wurde gezielt zum Schutz **Weißer Rhinos** angelegt – ein dermaßen erfolgreiches Projekt, daß es längst in anderen Bereichen der Artenerhaltung nachgeahmt wird. Anno 1970 noch vom Aussterben bedroht, trampeln heute wieder über 1000 Exemplare durch Umfolozis Weiten. Weil das Reservat gar nicht so viele vertragen kann, wird bereits in andere Parks „exportiert".

Weiß? Schwarz? Der Schutzpanzer zeigt bei beiden Rhino-Arten den gleichen Farbton: staubgrau. Unterschieden wird nach der Form des Mäulchens, und das ist beim Weißen Rhino derb & breit, beim Schwarzen fein & spitz. *Weiß = breit, schwarz = spitz.*

Busse: trauriges Thema. **Transtate** von Mtubatuba nach Nongoma täglich durch den „Korridor" nach Durban bzw. Pongola/Joburg durchs Dorf Hluhluwe. Von Hluhluwe aus besteht immerhin die Hoffnung auf anhalterfreundliche Autofahrer. **Touren** ab jeder Lodge in der Nähe, z.B. ganztags ab Cuckoo's Nest 60 DM – max. sechs Leute, empfehlenswert!

Hluhluwe-Wildreservat

Eines der ältesten Reservate, bereits am 30. April 1895 gegründet und 1989 per Korridor mit Umfolozi verknüpft. Hauptgate 25 km westlich vom Dorf Hluhluwe, jenseits der N2. Zum Nebengate gelangt man hinter Mtubatuba über die R618, von der nach 15 km eine Staubpiste durch kleine Zuludörfer abzweigt.

Camp: Hilltop ist fast ein kleines Dörfchen mit Bar, Lädchen, Tankstelle & preiswertem Restaurant mit Traumblick. Große Chalets ab 90 DM/P, 20 Rondawels 20 DM, zutrauliche Zebras als Nachbarn. Empfehlenswert! **Bushlodges:** Muntulu für Selbstversorger, vier einsame DZ ab 30 DM/P. Mtwazi weitaus luxuriöser, mit drei DZ & Koch.

In Hluhluwe leben beiderlei Nashörner einträchtig neben Zebras, Giraffen und jeder Menge Warzenschweinen. Gelegentlich räumen Löwe und Gepard ein bißchen auf. Fußsafaris ab Muntulu Lodge. Mit hoher Wahrscheinlichkeit ist an Hippo Pools mit Flußpferden zu rechnen, kaum ein Prachtexemplar steigt aber vor Sonnenuntergang aus dem Fluß. Dafür schnauben sie gelegentlich kleine Fontänen aus.

Umfolozi-Wildreservat

Hauptgate Mambeni 25 km nordwestlich von Mtubatuba, drei Kurven links der R618. Auch hier gibt's ein zweites, selten genutztes Gate, Cengeni, an dem eine Staubpiste von Ulundi (30 km) eintrifft. Die Verbindung zum Hluhluwe-Teil stellt eine breite Teerstraße her, durch den (für Wildtiere frei passierbaren) Korridor. Abbiegen auf R618 unmöglich.

Hauptcamp Mpila in schöner Hanglage mit Tankstelle, nettem 20 voll ausgestatteten Hütten, mit drei, vier, fünf oder sieben Betten

20-40 DM/P, Preisanstieg wegen mehr Komforts. **Bushlodges:** Sontuli und Nselweni mit ein bißchen Luxus, je vier Zweierhütten ab 30 DM/P. Masimba mit mehr Luxus, drei DZ & dienstbarem Koch ab 60 DM/P.

Mpila-Gäste bringen ihre Lebensmittel mit, geben sie in der Küche ab und lassen sich überraschen vom Einfallsreichtum der Köche, während noch einmal das abendliche Panorama inhaliert wird. Nachts vor die Hütte zu treten eröffnet neue Bekanntschaften: gern durchstreifen Hyänen das Terrain!

Neben dem schlagzeilenträchtigen Rhino und seinen Big Five-Genossen sind zahllose Arten zu beobachten, u.a. Giraffe, Gnu, Zebra, Nyala & Kudu. Geführte Wanderungen (Anmeldung erforderlich) beginnen in jedem Camp, Nachtsafaris nur in Sontuli.

KwaMbonambi

20 km südlich von Mtubatuba, neben der N2. Das niedliche Schnuffelkaff in den Tropen wurde erst durch zwei tolle Backpackers auf die Landkarte geschossen (Baz-Bus hält). Wenn dort grad nix los ist, dann gute Nacht unter Palmenalleen. ✆ 035.

Cuckoo's Nest, 28 Albizia St, T. 580 1001, Fax -1002. Karen & Sean sorgen aber dafür, daß immer was los ist zwischen kerzenbeleuchteter Barterrasse, Hängematte und echtem Baumhaus sechs Meter über der Menschheit. Dazu sehr persönliche Tagestouren: Umfolozi und Cape Vidal (Schnorcheln) je 60 DM, St Lucia und Dumazulu je 36 DM. Zelten neben dem Volleyballfeld 10 DM, Schlafsaal 15 DM, DZ/Dreierzimmer 35/50 DM.

Amazulu Lodge, 5 Killarney Place, T. 580 1009, drei Straßenzüge weiter hinten über den Golfplatz, sieht die ganze Sache entspannter. Nobler Bungalow mit extrem gepflegten Räumen, überall Teppich, Infos, Pool, Freizeitspaß. Wenn Ex-Gitarrist Patrick die Rock-Edition von *Trivial Pursuit* auspackt, dann ist plötzlich Morgengrauen – und keiner hat's gemerkt. *(Jede dritte Antwort ist sowieso: Elvis Presley.)*

Richards Bay

18 km östlich von Empangeni, abseits der N2. Südafrikas größter Hafen; Führung möglich. Ob hier auch Menschen wohnen (und sich wohlfühlen?), kriegt man vor lauter Shopping Malls gar nicht heraus. Gute Verbindungen nutzen, Bank- und Postgeschäfte erledigen, günstige Diafilme kaufen – und dann nix wie weg. ✆ 0351 – *ändert sich 2000.*

Tourism Assoc: Small Craft Harbour, Newark Rd, T. 531 111, Fax -897, mit Touren, B&Bs und Bustickets. **Banken** in jeder Mall.

Wachstum: der Tiefseehafen hat sich seit den 80er Jahren von der Steinkohleverschiffung (Endpunkt der Bahnstrecke aus Transvaal) zum Industriemagneten gemausert. Bald soll Richards Bay größter Containerhafen Afrikas werden, von 35.000 (1997) auf 150.000 umgeschlagene Tonnen anno 2005. Die Stadtplanung größten Stils stört sich auch nicht an erheblichen Problemen mit der Trinkwasserversorgung.

Caravanparks: großer städtischer in Strandnähe, T. 531 971. Besser aber **Harbour Lights** auf halbem Weg nach Empangeni, T./Fax 966 239, zebra@harbourlights.co.-za, mitten im Zuckerrohr mit Pool, Volleyball, Lädchen & Wäscherei. Schlafsaal 20 DM, Flat in Ex-Farmhaus für eine/zwei P 40/75 DM, jede weitere P 20 DM. – Unter den Hotels am feinsten: *** **Karos Richards,** Hibberg Dr, T. 531 301, mit EZ/DZ ab 140/220 DM. Hübsche Gästehäuser im Gartenvorort Meerensee, z.B. **The Ridge,** 1 Jacks Corner, T. 534 312, ridge@iafrica.com; 14 EZ/DZ ab 85/115 DM.

Züge: Trans Lubombo Mi/Fr 0.30h nach Maputo (17 Std, erster Klasse 45 DM), Di/Do 14.30h nach Empangeni & Durban (1/2/5 Std, 3/15 DM).

Busse: Translux ab Karos Richards Mo/Mi 6h, Fr/So 11h nach Empangeni, Eshowe & Joburg (25/25/90 DM). **Interport,** T. 791 791, täglich 6h nach Durban (3 Std, 15 DM). **Minibusse** ab Bullion Blvd, Boardwalk Mall, nach Empangeni, KwaMbonambi, Gingindlovu (15/30/45 min, 2/4/6 DM), Mtubatuba, Ulundi, Stanger (1/1 1/2/1 1/2 Std, 5/10/8 DM), Durban, Pongola & Joburg (2/2/5 Std, 12/20/32 DM).

Flüge: Fish Eagle Airport nordöstlich vom Veld-en-Vlei, T./Fax 989 628. **Metavia,** T. 989 624, und **SAA,** T. 786 0301, je zwei- bis viermal täglich nach Joburg (1 1/2 Std, hin 140-220 DM). Viele Mietwagen am Flughafen, u.a. **Imperial,** T. 786 0311; **Budget,** T. -0986; und **Tempest,** -0048; Büros zu allen Flügen geöffnet.

Empangeni

45 km südwestlich von Mtubatuba, neben der N2. Zentrum für Zucker, Baumwolle, Rinder- und Holzwirtschaft – und so schaut's auch aus. ✆ 035.

Tourist Office: im Arts & Cultural History Museum, Turnbull St, T. 772 1131, mit Zulukultur, Zuckergeschichte(n), Kunstausstellung & Bustickets; Mo-Fr 8-16h, Sa 9-12.30h. **Postamt:** Maxwell St, T. 772 1121.

14 km nördlich, am Insese-See, liegt das winzige **Enseleni-NR,** in dem vier Wanderwege (max. 5 km) Antilopen & Zebras auf die Schliche kommen, manchmal auch Hippos & Kroks. Zwischen Mangroven, Wildfeigen und Papyrus machen Picknicker es sich bequem. Zum Teil viel Lärm der nahen N2. Täglich 8-17h, frei.

Busse ab Golden Egg: **Translux** & **Greyhound** nach Richards Bay, Eshowe, Vryheid, Joburg & Pretoria, **Interport** & **Transtate** täglich nach Durban, Hluhluwe, Mkuze & Mtunzini, Mi/So 12.30h nach Pongola & Joburg. **Minibusse** gegenüber vom Postamt u.a. nach R' Bay, KwaMbo & Gingindhlovu (15/30/45 min, 2/2/4 DM).

Mtunzini

35 km südwestlich von Empangeni, neben der N2. Hübsches Städtchen mit KwaMbo-Qualitäten: parkähnliche Alleen, handgepflegter Rasen, moderne Ferienklötzchen. Mtunzini war das Habitat John Dunns, des ersten Weißen, den die Zulus je zum Häuptling kürten. Neben seinem ursprünglichen Weibe hatte *The Man* noch 49 Zulufrauen – und mit ihnen 117 Kinder. ✆ 035.

Publicity Assoc: Town Board, Hely Hutchinson Rd, T. 340 1421, Fax -1847.

Am Bhf waren bei meinem letzten Besuch zwei Reggaefreunde

gemütlich am Bauen einer Tüte – nein, eines Backpackers (das andere aber auch). Inzwischen könnte das erste Bett bezugsbereit sein. Falls nicht wieder was dazwischenkam.

Xaxaza Caravanpark, T. 340 1843, 4 km von Stadt & Strand, mit Wohnmobilen & Vierbett-Hütten ab 50/80 DM, Camping ab 12 DM. – **Umlalazi River Resort,** T. 340 2340, 4 km außerhalb im Wald am Flußufer, ist hübscher: sieben Vier/Sechsbett-Cottages mit Aussicht, Küche & Bad ab 30 DM/P, Zeltplatz ab 14 DM. – **Mtunzini Chalets,** T. 340 1953, ist ebenso wunderhübsch: 22 fein ausgestattete Blockhäuser im Forstreservat. – ** **Trade Winds Hotel,** Hely Hutchinson Rd, T. 340 1411, Fax -1629, hat 20 DZ/Dreierzimmer ab 110 DM. Gleicher Preis, mehr Lärm: ** **Forest Inn** an der N2, T. 340 1431.

Fernbusse zischen vorbei, **Minibusse** (dutzendweise) & Trans Lubombo-Zug halten.

Umlalazi-Naturreservat

Nie war die Gelegenheit besser, Zululands tropische Küstenwälder zu würdigen. Das Reservat bedeckt unmittelbar vor Mtunzini 10 qkm auf einer Landzunge am Ozean. Zwischen Dünen & Sümpfen, Mangroven & dichter Küstenflora (Würgefeigen, Wolfsmilchwälder) sind viele Vögel zuhause, ein sehenswerter Plankensteg führt durch den Wald. Seltene Ehre für Holzgewächse: die riesige Raffiapalme vor dem NR-Tor ist ein Nationaldenkmal.

Anmelden bei KZN Nature Conservation, oder mit Zelt direkt bei der Parkleitung, T. 340 1836. 13 Fünfbett-Blockhütten mit Bad 30-50 DM/P, Zeltplatz ab 12 DM.

An/auf der Lagune mehrere Picknickplätze, Kanuvermietung & Motorboote samt Wasserski-Schönlingen. Zwei schöne Trails führen durch Mangroven und Dünenwälder.

Eshowe

Sprich: I-schau-ie.

40 km westlich von Mtunzini, 26 km abseits der N2 (hübsche Fahrt). Eine der ältesten Städte im Zululand war dank nebelverhangener Hügellage wie geschaffen für Cetshwayos Hauptquartier im Krieg 1879. Nach ihrem Sieg ließen die Briten wie schon in Ondini keinen Stein auf dem anderen. Jedes größere KwaZulu-Nest besitzt sein kleines Reservat, Ehrensache. Der **Dlinza Forest** (250 ha) mitten in Eshowe ist aber anders: hier wimmelt es von endemischen Pflanzen, Affen, Vögeln – und Spukgestalten. Feine Trails führen zu Picknickplätzchen oder *Bird Hides,* die Bäche sind aber bilharziös. ✆ 035.

Tourist Office: Osborne/Sydney Brien St, T. 474 1141, Fax 477 4733; Mo-Fr 7.30-16h. **Postamt,** T. 477 4455, First National & Standard Bank & an der Osborne St.

Zululand BP, 38 Main St, T./Fax 474 2894, ist an sich nix besonderes: ruhige Backpackersektion im Hinterhof mit Rasen, Mountainbikes, Kanus, Gemeinschaftsküche & Viererzimmern für 16 DM. Vorneraus George Hotel mit Bars, TV-Raum & ordentlichen EZ/DZ ab 60/85 DM. Besitzer & Ex-Bürgermeister Graham kennt Zululand aber wie kaum ein zweiter Weißer, gibt dieses Wissen bereitwillig weiter – und hat seinen Walter Cele, der Besucher in sein Dorf (zwei Fuß-Std hangabwärts) einlädt, im bescheidenen Haus übernachten läßt und zu Feldarbeit, Gottesdienst, Freunden oder in die Shebeen mitnimmt. Intensiver kann man Zululand nicht kennenlernen. **Tip!**

Im KwaBhekithunga-Kraal, 14 km nördlich an der R68, T. 460 0644, Fax -0867, leben & arbeiten zwölf Zulufamilien. Dazu traditionelle Zuluhütten mit WC & Dusche 25 DM/P, mit VP 80 DM. **Shakaland** wurde als „authentisches" Zuludorf für einen sentimentalen Spielfilm über den legendären König errichtet. Nach den Dreharbeiten öffneten sich die Pforten, heraus kamen Vorführungen & Tanzshows, täglich 11h/12.30h.

Minibustaxis ab Chicken Licken an der Hauptkreuzung nach Empangeni, Mtunzini, Ulundi & Vryheid (4/4/7/13 DM). **Transtate** täglich nach Ulundi & Durban, Mo/Mi/So 14h nach Dundee, Newcastle & Joburg. **Washesha,** T. 477 4504, ab altem Bhf, Osborne Rd, täglich zu abgelegenen Orten in Zululand, auch Empangeni & Durban (4/7 DM). **Translux** ab Rathaus nach R' Bay, Empangeni, Vryheid & Joburg (25/25/30/80 DM).

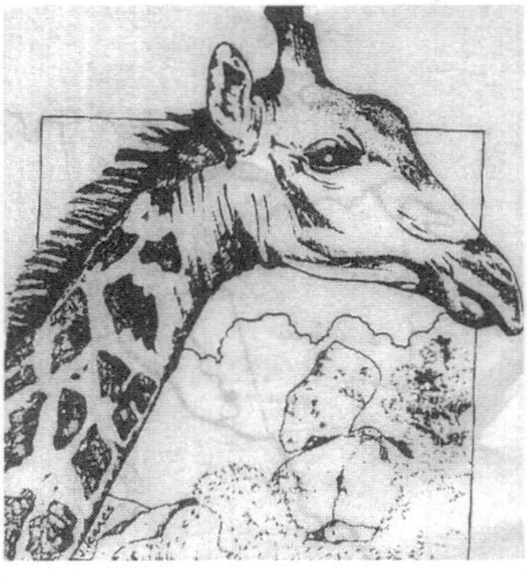

Natal North Coast

Zwischen den Mündungen von Tugela & Umhlanga kreuzen oft Delphinschulen auf und treiben dicht vor dem Ufer zum Vergnügen der Strandgäste Wellenschabernack. Mit sonnigem Klima und angenehmen Wassertemperaturen verbreitet die North Coast das ganze Jahr hindurch Urlaubsstimmung, auch dank **Hainetzen** vor den großen Stränden.

Tugela Mouth: wer sich auf der N2 weiter gen Durban hält, überquert 23 km hinter Gingindlovu den Tugela knapp oberhalb seiner Mündung. Welcher Paukenschlag hatte 320 km flußaufwärts dem Wanderer den Atem verschlagen (s. Amphitheater) – und jetzt dieses schnöde Ende! In seinem Mittelteil verspricht der Fluß von Okt-April aber immer noch Rafting der wilden Art, u.a. zwei bis vier Tage lang mit Felix Unite (s. Kapstadt).

Ruiniert: die Forts Tenedos und Pearson links & rechts der Mündung erinnern noch an seine strategische Bedeutung. Unter dem *Ultimatum Tree* überreichten die Briten den Zulus jenes Dokument, das den Zulukrieg in Gange brachte (s. Isandlwana).

Übernachten & Genießen

Um begnadet uninteressante Städte wie Stanger oder Tongaat stapeln sich nette Strände, Zuckerrohr & Bananen. Entlang des Ozeans wachsen Chaletsiedlungen & Zeltplätze fast ineinander, denn dies ist die typische weiße Feriengegend. Km-Angaben bis Durban. ✆ 032. *Preisangaben zur Nebensaison, im Dez/Jan & April locker doppelt so teuer.*

Zinkwazi Beach (km 85): Zinkwazi Caraville unter deutscher

Regie, T. 485 3344, Fax -3340, an der Lagune 500m vom Strand, Zwei/Vierbett-Chalets ab 70/110 DM, 100 schattige Campingplätze ab 25 DM, dazu Restaurant, Pools, Bootstouren.

Blythedale Beach (km 72) ist Stanger vorgelagert. **Minivillas,** T. 421 277, mit Pool, Meerblick & reicher Vogelwelt. Stanger selbst besitzt nur eine bescheidene Absteige: **Luthanda Centre,** King George St, T. 422 208, mit DZ ab 60 DM.

Umhlali Beach (km 52):
**** **Shortens Country House,** Compensation Rd, T. 471 140, liegt inmitten hübscher Gärten, fünf min vom Strand, zwölf DZ ab 200 DM.

Shaka's Rock (km 49) war angeblich des Königs Lieblingsplätzchen am Meer. Heute auf zahlungsbereitere gehobene Kundschaft eingestellt, mit Gezeitenpool, Caravanparks & vielen Hotels, z.B. **Shaka's Rock Hotel,** T. 525 5015, auch mit ausgezeichnetem Fisch & Burenkost; und **Salt Rock Protea,** Basil Hulett Dr, T. 525 5025. **Shaka's Rock Chalets,** Ocean View Dr, T. 525 5008, Fax -5756, mit 2-8 Betten ab 60 DM.

Ballito (km 44) gibt sich recht exklusiv. Zum Strand, einem der schönsten an der Delphinküste, gehört auch ein Gezeitenpool. **Dolphin Resort,** Dolphin Cres, T./Fax 526 2187, 63m vom Strand in Parkanlage mit zehn Sechsbett-Cottages, über 100 Zeltplätzen & Schwimmbecken. **Thompsons Bay Lodge,** 87 Ocean Dr, T. 525 5606, tbl@iafrica.com, mit Stil, Luxus & Ruhe; fünf EZ/DZ ab 150/225 DM.

Tongaat Beach (km 35) wird ebenfalls durch Netze vor neugierigen Haien gesichert. Auf der Crocodile Creek Farm lungern Riesenechsen untätig herum; Fr-Mi 10-16.30h.

Umdloti (km 26) ist einer der billigeren Orte. Nicht alle Chalets & Hotels haben Meerblick, dazu zwei Gezeitenpools an der Mündung des Mdloti. **Umdloti Resort,** T. 031/568 1283, mit Zwei- bis Siebenbett-Flats ab 25 DM/P. Nettes B&B: **Gracie's Place,** 31 Newsel Rd, T./Fax 568 1285, gracies@iafrica.com, 150m vom Strand, ab 40 DM/P.

Umhlanga Rocks

18 km nördlich vom Bhf Durban, mit Durban-North schon fast verwachsen. Mondänes Wochenenddomizil der Großstädter, die auch in ihrer Freizeit exklusive Malls nicht missen mögen. Umhlanga Rocks umgibt sich mit riesigen Feriensilos und langen Sandstränden, aber auch Felsküste. Spazierwege halten sich beharrlich in Meeresnähe auf, winden sich an der Lagune (NR) aber auch durch lichten Dünenwald. ✆ 031.

Publicity Association: Chartwell Dr, gegenüber OK, T. 561 4257, Fax -1417.

Übernachten & Anschauen

Jedes Logis rangelt um Meeresblick und quillt im Sommer über von zufriedenen Familien. Der Caravanpark hat sich heimlich davongeschlichen; keine Alternative bekannt.

Preise zur Nebensaison, Dez/Jan & April locker plus 50-100%.

Wohnungen: Breakers Resort, 88 Lagoon Dr, T. 561 2271, Fax -2722, mit klimatisierten Zwei-/Vier/Sechsbett-Studios, Meerblick & Balkon 60-120 DM/P. Ähnliche Preise bei Seashore Apartments,

Mitten im Frieden: Erinnerungen an die alltägliche Gewalt im Hinterland KwaZulu/Natals

T. 561 1366, alle anderen sind teurer. - Elegantes B&B: **Pendleburys,** 30 Kingston Dr, T. 561 4853, Fax -1866, mit Jacuzzi, Pool, Ladies Bar, Internet.

Hotels: im *** **Oyster Box,** 2 Lighthouse Rd, T. 561 2233, kommt sich niemand wie im Austernkäfig vor. Geräumige Zimmer, dazu Sandstrand und Leuchtturm vor der Nase. EZ/DZ ab 140/195 DM. **Southern Sun,** T. 561 2211, hat gleich mächtig geklotzt: Ferientempel Cabana Beach und Umhlanga Sands jeweils mit EZ/DZ ab 160/250 DM, ***** **Beverly Hills Sun,** 54 Lighthouse Rd, ab 330/435 DM. *Bumm.*

Das Natal Sharks Board, T. 561 1001, auf einem Hügel bildet Haiexperten aus und sensibilisiert die Öffentlichkeit für das Thema. Ausgezeichnete halbstündige Show mit Vortrag Di/Mi/Do 9h/14h, So 14h, zur Hochsaison auch Haisektionen. Eintritt 5 DM.

Der Japanische Garten in Virginia, Tinsley Rd, wirkt so unecht, daß er tatsächlich in Japan stehen könnte. Über Teiche schwingen sich zarte Holzbrücklein, Laternchen beleuchten das Szenario, hinter jeder Ecke könnte eine errötende Geisha lächeln. *Mein Lieblingsplätzchen am So, wenn indische Großfamilien zum Picknick ausschwärmen.*

Im März hält das Umhlanga-Fest die ganze Umgebung außer Atem.

Durban

565 km südlich von Joburg, an der N2/N3. Eine Stadt im mächtigen Aufwind! Durban wird bei Touristen immer beliebter und tut auch gern das Seinige dazu: viel Grün, endloser Strand, reges Straßen- und Nachtleben. Wo heute Durbans Hafen die Bay of Natal beherrscht, standen vor 150 Jahren noch breite Schilfgürtel, Nilpferde gingen auf Tauchstation, Elefanten trampelten Schneisen durch einsame Wälder – *tempi passati!* ✆ 031.

Kurz & knackig

Tourist Junction: 160 Pine/Gardiner St, T. 304 4934, Fax -6196, im alten Bahnhof nördlich vom Rathaus. Ein Haus für alles, mit Stadtplänen, tonnenweise Broschüren, Büro der KZN Nature Conservation, Satour & Veranstaltern. Zweites Büro: Marine Parade/West St, Ocean Sports Centre, T. 322 2595, Fax -2608. Beide Mo-Fr 8-17h, Sa/So 9-16h.

Banken: größte Dichte entlang der Smith St. Für Reiseschecks am besten: **AmEx,** 350 Smith, T. 301 5551, und **Rennies Travel** an sieben Standorten, u.a. 333 Smith, T. 305 5772; beide Mo-Fr 9-16.30h, Sa 8.30-12h.

Hauptpost: West/Gardiner St, gegenüber vom Rathaus, T. 336 3628, mit Telegramm, Fax, Postlager. Mo-Fr 8-16h, Sa 8-12h. Postämter auch an Marine Parade und Point Rd. **Internetcafés:** Java, 34 Marriott St, T. 309 1575, mit Dutzenden von PCs, sehr entspannt, täglich 10-1h. Instinct Surf Shop, 106 Stamford Hill Rd, T. 309 2270, Mo-Fr 8.30-17h, Sa/So 10-14h. Beide 7 DM/Std online.

Automobile Association: The

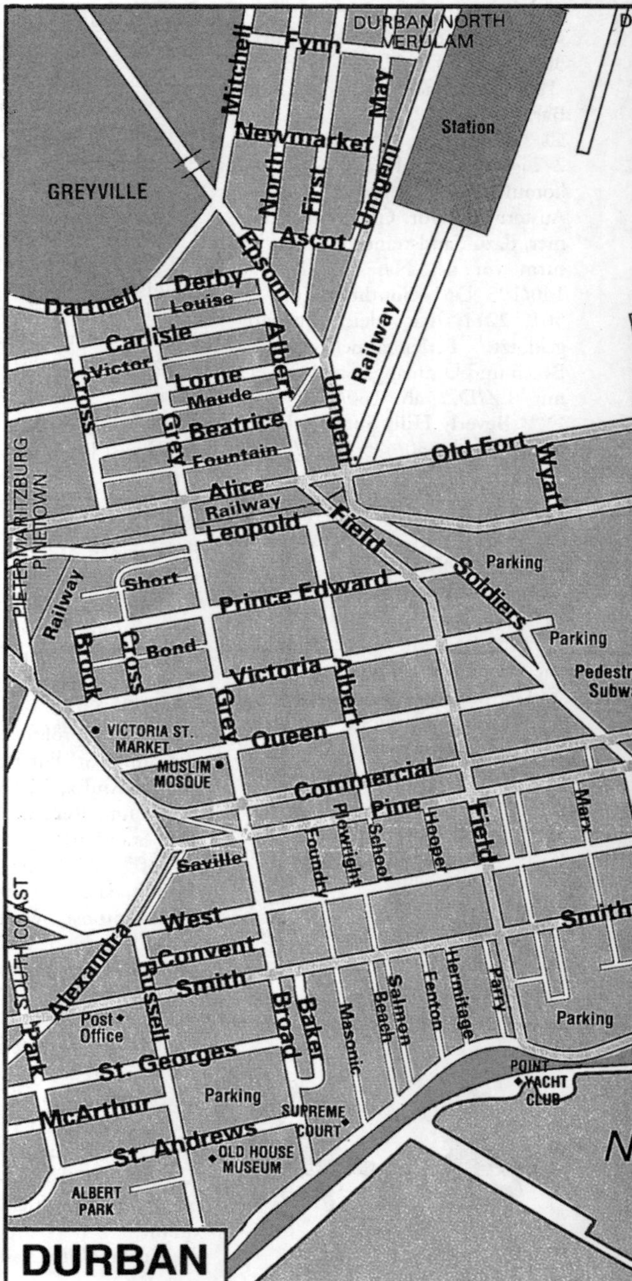
DURBAN NORTH
MERULAM
Station
Fynn
Mitchell
May
Newmarket
North
First
Umgeni
GREYVILLE
Ascot
Epsom
Derby
Louise
Dartnell
Carlisle
Victor
Albert
Railway
Lorne
Maude
Cross
Umgeni
Grey
Beatrice
Fountain
Old Fort
Wyatt
PIETERMARITZBURG
PINETOWN
Alice
Railway
Leopold
Field
Parking
Soldiers
Short
Prince Edward
Railway
Brook
Cross
Bond
Victoria
Albert
Parking
Grey
VICTORIA ST. MARKET
Queen
MUSLIM MOSQUE
Commercial
Pine
Plowright
School
Hooper
Field
Marx
Foundry
Saville
SOUTH COAST
West
Smith
Alexandra
Convent
Russell
Smith
Broad
Baker
Masonic
Salmon
Beach
Fenton
Hermitage
Parry
Parking
Post Office
Park
St. Georges
Parking
McArthur
SUPREME COURT
St. Andrews
OLD HOUSE MUSEUM
POINT YACHT CLUB
ALBERT PARK
DURBAN

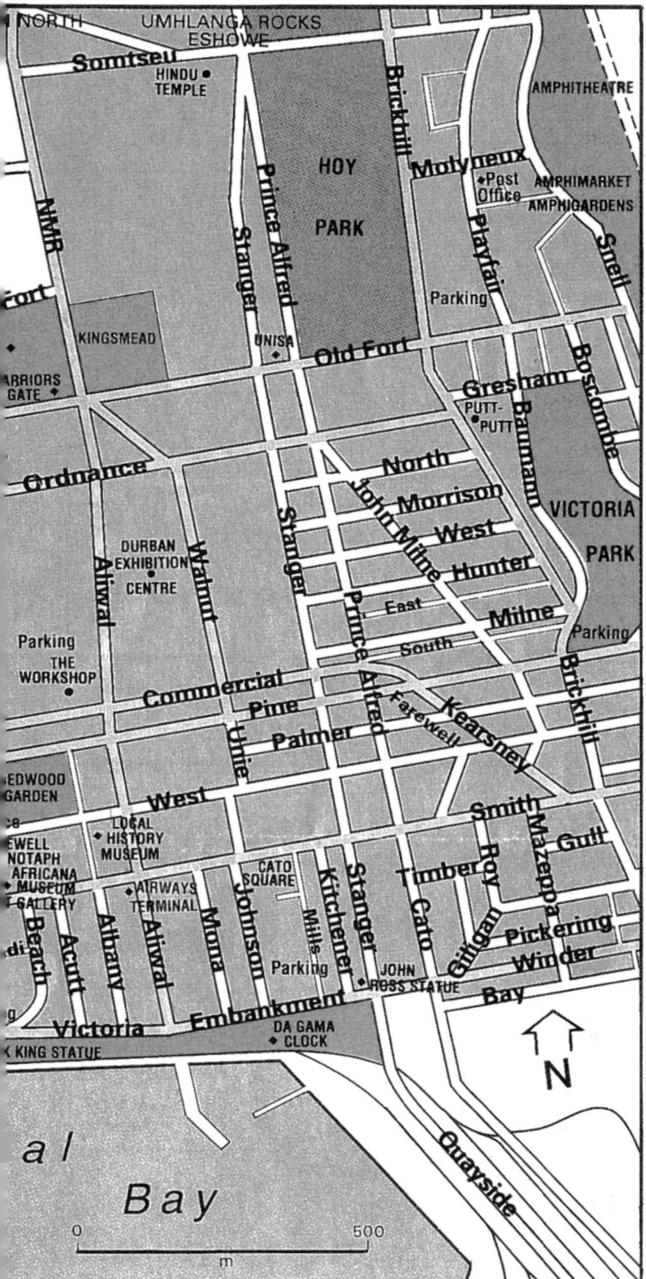
UMHLANGA ROCKS
ESHOWE
Somtseu
HINDU TEMPLE
AMPHITHEATRE
Brickhill
HOY
PARK
Molyneux
Post Office
AMPHIMARKET
AMPHIGARDENS
NMR
Prince Alfred
Stanger
Playfair
Snell
Parking
KINGSMEAD
UNISA
Old Fort
Boscombe
Gresham
PUTT-PUTT
Baumann
Ordnance
North
Morrison
John Milne
West
VICTORIA
PARK
Hunter
DURBAN EXHIBITION CENTRE
Aliwal
Walnut
Stanger
East
Milne
Prince Alfred
Parking
South
Parking
THE WORKSHOP
Commercial
Pine
Farewell
Kearsney
Brickhill
Palmer
Unie
West
Smith
LOCAL HISTORY MUSEUM
Mazeppa
Gull
Roy
Timber
CATO SQUARE
AFRICANA MUSEUM
AIRWAYS TERMINAL
Johnson
Kitchener
Stanger
Cato
Gilligan
Pickering
Winder
Mills
Beach
Acutt
Albany
Aliwal
Mona
Parking
JOHN ROSS STATUE
Bay
Embankment
Victoria
DA GAMA CLOCK
N
a l
Bay
Quayside
0
500
m

Workshop, Pine St, gegenüber T-Junction, T. 301 0340, mit dem üblichen Arsenal von Karten, Zimmerbuchung, Mietwagen. Mo-Fr 8.30-17h, Sa 8.30-12h. Pannenhilfe T. 0800/010 101. **SA Student Travel Services:** Union Bldg, Natal-Uni, King George V Ave, T. 326 0798, mit Bahn/Bus/Flugtickets landes- und weltweit, Liste sämtlicher ISIC-Vergünstigungen.

Gepäckaufbewahrung: *Cloakroom* im Bhf, T. 361 7462, täglich 6-18h, 2 DM/Tag; außerdem Ocean Sports Centre, Marine Parade, T. 368 5842, und in den meisten Backpackers. **Waschsalons:** in fast allen Shopping Malls, meist Mo-Sa 7-19h, So 8-12h.

Notfall: Polizei T. 10 111, Ambulanz T. 10 177, Tourist Support Unit (Police) T. 368 4453. **Addington Hospital:** Erksine Rd/South Beach, T. 332 2111. **Travel Clinic:** 45 Ordnance Rd, T. 360 1122, travelc@icc.co.za, vor Reisen in zweifelhafte Regionen.

Verkehrsmittel

Stadtbusse, T. 309 5942, ab Main Bus Terminal, Pine St, auf mehreren Stadtlinien bis 18h, Sa/So bis 19h; Zeitpläne in T-Junction, Fahrschein bis zu 1,50 DM. **Mynah-Busse,** T. 309 4126, sind kleiner & häufiger zwischen allen Innenstadtbezirken, Bhf, Hafen und Beachfront. Fahrschein 1 DM, Zehnerheft für 9 DM im T-Junction.

Fahrräder: bislang nur an der Beachfront. **Fun Hire** am South Beach, T. 332 2579, mit einfachen Bikes für 4 DM/Std, Tandems 8 DM/Std, Surf/Boogieboards 10 DM/zwei Std, Flugdrachen 2 DM/Std. **Nick's Cycles** am Amphitheater, T. 564 6804, mit schaltungslosen Drahteseln für 4 DM/Std; täglich 8.30-17h, bei schlechtem Wetter früher dicht.

Taxi: Mozzie Cabs, T. 303 6137, und Aussie's, T. 309 7888, rund um die Uhr mit Taxameter. Von Tekweni BP zu Bhf oder Indischen Markt rund 8 DM, vom Flughafen zur Innenstadt rund 35 DM. Minibusse beackern alle Hauptstraßen für 0,60 DM.

Rikschas: der Zuckerbaron William Campbell "importierte" die Idee im 19. Jh aus Japan. Noch in den 30er Jahren waren über 1000 Rikschas ein unverzichtbares Verkehrsmittel. Dann kamen aber Busse & Taxen, und heute gehen nur noch zwei Dutzend Fahrer mit meterhohem Kopfputz diesem Broterwerb entlang der Strandpromenade nach; Hauptstraßen verboten, Preis verhandelbar.

Übernachten

Beide Caravanparks liegen ein ordentliches Stück außerhalb, im Vorort Brighton Beach. Über M4 nach Süden bis Ausfahrt Bluff/M7 East, über M7 bis Brighton Beach. **Ansteys CP** am Ansteys-Strand, südlich der Bluff Rd, T. 347 4061, mit 18 DM/Zeltplatz. **Durban CP,** 55 Grays Inn Rd, T. 347 3929, hat auch festinstallierte Wohnmobile.

Backpackers

Die ersten beiden sind echte Tips im ruhigen, sicheren Stadtteil Morningside. Mit Bussen tagsüber gut ins Zentrum, Mynah-Linie Mitchell Park Circle oder Musgrave Rd Circle bis Florida Rd. 20 Fußminuten vom Strand, gute Kneipen und Restaurants in der Nähe.

Tekweni BP, 169 Ninth Ave, T. 303 1433, Fax -4369, tekwenihostel@global.co.za, nach dem Zulu-Word für Durban benannt, wird von Toronto-Aussteiger Patrick geleitet. Entspannte Leute, über 50 Betten in freundlicher Kolonialvilla, TV-Raum, Billard, Pool mit Rasen, komplette Küche und genug Raum für Parties. Ausgezeichnete Tekweni Ecotours in der Gartenhütte. Camping 12 DM, Schlafsaal 16 DM, EZ/DZ 35/40 DM.

Traveller's Rest, 743 Currie Rd, T./Fax 303 1064, fünf Straßenzüge hangaufwärts, ist beschaulicher & gepflegter. Feine Räume, Bar, Billard, allabendlich leckeres Essen, jede Menge Infos & Touren im Booking Centre, dazu Herberge für BazBus. Schlafsaal 18 DM, EZ/DZ 40/50 DM, Rabatt für Baz/Hopper-Passagiere.

Im beschaulichen Berea

Big J's, 47 Essenwood Rd, T. 322 3023, Fax 321 2300, bjbackpack@hotmail.com, nahe N3, heimeliges Plätzchen mit Garten, großem Pool, Sonnendeck, freier Nutzung von Skates, Surf- & Boogieboards. Camping 10 DM, Schlafsaal 12 DM, DZ 32 DM.

Bump in the Night BP, 124 Mansfield Rd, T. 202 6984, kibao@iafrica.com, mit Durbans einzigem Tipi und vielen Extras. Besitzer Jeff ist ein wandelndes Auskunftsbüro mit Charakter & Mut zur Meinung. Tipi 14 DM, Schlafsaal 16 DM, DZ 40 DM.

Strandfreuden

Durban Beach Youth Hostel, 19 Smith/Gillespie St, T. 332 4945, Fax -4551, durban.beach.hostel-@pixie.co.za, kommt dem Meer am nächsten. Das eingezwängte Gebäude hat mehr als seinen rechtmäßigen Anteil an Farbe, Winkeln & Treppen abbekommen. 100 Betten, Bar, Küche, Internet. Schlafsaal 12-14 DM, EZ/DZ 18/36 DM, JH/ISIC-Rabatt.

Cave Rock BP, 74 Foreshore Dr, T. 332 3660, südlich des Hafens, 20 Autominuten vom Zentrum, prima Meerblick und genug Wellen für herzhafte Ritte. Sauber, spartanisch, alles Wichtige in der Nähe. Schlafsaal 12 DM, DZ 36 DM. – **Seafarers Club,** 154 Point Rd, ist ideal für dauerbefuselte Seemänner & zwielichtige Geschäfte. Alle anderen bleiben gerne weg. – **Angle Rock BP** am Warner Beach, 5 Ellcock Rd, T. 916 7007, Fax -7006, anglerock@iafrica.com, 25 km südlich von Durbs, großartige Aussicht, freie Abholung.

Am zentralsten

Banana BP, 61 Pine/Prince Alfred St, T. 368 4062, Fax -5783, ist ein leuchtender 118-Betten-Klotz mit dezentem Knastgefühl und oft laut, aber eben seit April 1995 medias in res. Offener Innenhof, Bar mit Mahlzeiten, TV-Raum, Billard, Darts, Küche, Wama, beste Duschen. Schlafsaal 14 DM, EZ/DZ ab 20/32 DM. – Ausweichlösung: **Int'l Youth Hostel,** 31 Aliwal/Smith St, T. 305 9939, mit Winzlingszimmern, 98 Betten und Küche. Schlafsaal 14 DM, EZ 16 DM.

B&Bs und Ferienwohnungen

Schöne B&Bs dutzendfach v.a. in **Berea,** teils Hanglage. Für 50-75 DM/P u.a. bei **Brown's,** 132 Marriott Rd, T./Fax 207 3554, brownb@iafrica.com; **Henry's,** 44 Chelmsford Rd, T. 202 7886, Fax -7812, harkcom@iafrica.com; und **Triple Five,** 555 Essenwood Rd, T./Fax 209 6787, johngill@mweb-.co.za. – **Rainsgrove Lodge,** 220 St Thomas Rd, T./Fax 219 379 (John), mit hübschem Garten, EZ/DZ mit F ab 38/68 DM, Fewos ab 28 DM/P (min. vier P). – 20 feine B&B-Angebote auch in der Portfolio-Broschüre.

Ähnlich hohe Konzentration im Villenviertel Morningside und jenseits des Umgeni in **Durban North,** z.B. **Lancaster GH,** 62 Lancaster Grove, Rosehill, T. 564 4783 (Philip), ab 40 DM/P; und **Berkeley Court,** 5 Berkeley Cres, T./Fax 563 1464 (Sally & Dave). – Billiger in **Hillcrest,** 20 min von der Stadt: **Clifton Country House,** T. 769 1572, Fax -1081 (Patsie), cyber1-@iafrica.com, mit Landgeschmack ab 35 DM/P.

Holiday Flats sind gerade für Familien die günstigste Lösung: Beinfreiheit unterhalb der Hoteltarife, für zwei P 90-150 DM, zur Nebensaison ab 60 DM. Im Dunstkreis der Marine Parade z.B. **Impala,** 40 Gillespie St, und **Marine Sands,** T. 332 3232. Vermittlung u.a. über Claudette, T./Fax 564 1874.

Hotels

Formule 1, NMR/Jeff Taylor St, T. 301 1551, Fax -1552, neben dem Busbahnhof empfängt Gäste rund um die Uhr. Dreibettzimmer mit TV/Bad 54 DM. – **Albany,** 225 Smith/Albany St, T. 304 4381, Fax 307 1411, der andere *Cheapie* im Zentrum, liegt gegenüber vom Rathaus, also nicht gerade leise. Dafür Bar/Restaurant mit Pianomusik im Hause. Makellose EZ/DZ mit TV, Dusche, Klimaanlage & F ab 45/75 DM.

Seit Jahrzehnten bestes Stadthotel – diese Bürde trägt das ***** **Royal,** 267 Smith St, T. 304 0331, mit Würde. 240 DZ ab 330 DM, 22 Suiten jenseits von Gut & Böse, 14 Freizeit/Unterhaltungsräume, sieben Restaurants, vier Cocktailbars, ein Blick genügt.

An/Hinter der Beachfront: Viele Hotels sehen von außen wie betonierte Schuhschachteln aus. Je näher am Meer, desto kräftigere Preiserhöhung während Schulferien!

Pavilion Hotel, 15 Old Fort St, T. 337 7366, Fax 332 1830, strahlt noch pinkfarbene, altmodische Eleganz aus. Einfache Zimmer ohne Aussicht, dazu Lounge mit Billard & Restaurant. EZ ab 30 DM, geräumigere EZ/DZ mit etwas Komfort ab 45/80 DM. Spar-Tip in Ozeannähe. – *** **City Lodge,** Brickhill/Old Fort St, T. 332 1447, Fax -1483, 400m vom Meer, ist außen häßlich, innen freundlich. 161 DZ ab 110 DM.

Proteas mit Sternen: *** **Seaboard,** Nedbank Circle, Point/West St, T. 337 3601, 200m hinter Sea-World. 255 DZ mit F ab 120 DM. *** **Palace,** 211 Marine Pde, T. 332 8351, verläßt sich auf postmodernes Interieur & ausgefallene Fassadeneinfälle. 76 DZ ab 175 DM. *** **Tropicana,** 85 Marine Pde, T. 337 4222, mit DZ ab 175 DM.

Holiday Inn hat gleich zwei Garden Courts hinter den Strand gesetzt: *** **North Beach,** 83-91 Snell Pde, T. 332 7361, und *** **South Beach,** 73 Marine Pde, T. 337 2231, mit Feinschmecker-Restaurants & je 250 satten EZ/DZ, ab 150/175 bzw. 130/145 DM.

Mehr Sterne: ****Karos **Edward,** Marine Pde, T. 337 3681, mit dem Charme vergangener Zeiten ab 185/250 DM. **** **Holiday Inn,** 167 Marine Pde, T. 337 3341, mit Meerblick aus jedem der 344 Zimmer ab 190/240 DM. **** **Elangeni Sun,** 63 Snell Pde, T. 337 1321, ist fast zu groß um schön zu sein; ab 210/300 DM.

Essen, Trinken & Feiern

☞ **Veranstaltungskalender:** *What to do when & where* gibt sich recht offiziös, informiert über alles & jeden; in den meisten Hotels kostenlos. Karten für Konzerte, Theaterabende und andere Veranstaltungen bei Computicket, T. 304 2753, vorbestellen.

Essen? In Durban natürlich indisch! Die Tandoori-Topadressen heißen **Ulundi** im Royal Hotel, 267 Smith St, T. 304 0331, und Mermaid im Teachers Centre, 113 Albert St, T. 309 3046. Im Kolonialgebäude des **British Middle East Club**, 16 Stamford Hill Rd, T. 309 4017, werden auch andere Lekkereien aus dem Orient gereicht. Für großartige Curries beliebt: **Saagries** im Coast Land Bldg, West St.

Speisen! Bester Japaner: **Sukiyama** im Elangeni Sun, T. 337 1321. Schärfster Chinese: **Orient,** 191 Marine Pde, T. 337 2083, mit Stil & Charme; täglich 11.30-14h, 17.30-22h. Spektakulärster Schauplatz: **Roma Revolving Resto** im John Ross Centre, 32nd Fl, T. 337 6707, mit keineswegs überteuerten italienischen & *Seafood*-Gerichten für 12-25 DM; täglich 12-14.30h, 18-22.30h - Tip bei Sonnenuntergang!

Bars: bislang mußte noch niemand in Durbs verdursten. Jedes Viertel hat seine Kultkneipen, zu den Sonderlingen gehört z.B. **Beanbag Bohemia,** 18 Windermere Rd: Ex-Kolonialbau mit Schmiedeeisen, rotem Sand, wilder Bierbar & entspannterem *Dining Room* obendrüber. Täglich 12-2h. **News Café,** Silverton Rd, Berea, brummt jederzeit vor Yuppies, Handies & Getuschel in weichem Licht. Wer einen der Tische auf der Veranda ergattert, darf sich als König fühlen. Täglich 8-23.30h. Weitere gute Pubgegenden: Musgrave Rd oberhalb der Botanischen Gärten, und Florida Rd in Morningside.

Musik: Das wundervolle **Bat Centre** am Yachthafen neben dem Natal Maritime Museum, ein Komplex voller Kunstgalerien, Cafés & Musikkneipen, hat sich schnell in die Herzen der Partygemeinde geschossen. Bands jeden Mi/Fr/Sa, dazu Fr 17.30h *Sundowner*-Jazz auf den Deckplanken. Der **Folk Club** im Tusk Inn, T. 212 515, südliches Ende Umbilo Rd, im Gewerbegebiet gegenüber vom Rossburgh Hotel, wartet oft mit Überraschungen auf. Konzerte u.a. jeden Mo 20h, ansonsten billiges Bier, Pizze & gute Musik. An rohen, wilden Tanzplätzen fehlt es keineswegs - zuletzt angesagt waren **330,** 330 Point Rd (jeden Sa Raves); **Crash** am Bhf, Eingang im Obergeschoß des Parkhauses (Techno bis Ambiente) und **Angelo's,** West /Gillespie St (Rock bis Soul).

Das indische Durban

Auf dem **Indian Market,** Victoria/Cross St, prallen Orient & Afrika ungebremst aufeinander. Das Ergebnis sind tropische Früchte & beste Currymischungen, Elfenbeinschnitzereien & Körbe, traditioneller Schmuck & viel Ramsch. Täglich auf Hochtouren, Touristen gelegentlich in der Überzahl! Vor dem Berea Rd-Bhf wird täglich ein großer **Obst- & Gemüsemarkt** abgehalten, auch dies ist vornehmlich indisches Terrain.

Die Juma Masjid, Queen/Grey St, T. 306 4858, mitten im indischen Einkaufsviertel gilt als größte Moschee der südlichen Halbkugel. Wer ließe sich nicht von einer massiven Goldkuppel, eleganten Teppichhallen und feinem Marmor mit Goldfischteich beeindrucken! Täglich 6.30-19h, freie Führung auf Anfrage; Schuhe aus, keine Shorts, keine Fotos. Zum Todestag des Enkels des Propheten zieht eine

Moslemparade über die Centenary Rd.

☼ **Auch die Hindus** geizen nicht mit ansehnlichen Gebetshäusern. Ihr Alayam-Tempel, zum Autobahnkreuz N3/N2 verlegt, übertrifft alle anderen in Südafrika an Größe und Alter. Führung durchs Ramakrishna-Museum (indisches Leben in Natal) unter T. 352 4073 vereinbaren. Das Datum des **Kavady-Festivals** (Feb/März) hängt vom Mondstand ab.

Das ozeanische Durban

☼ **Beachfront**: Entlang der Promenade kratzt ein Betonklotz neben dem anderen bis zu 30 Stockwerke hoch an den Wolken. Daß das Schlendern vom South zum Battery Beach dennoch Spaß macht, liegt an der breiten, autofreien Lustmeile: Wasserspaß für Kinder, öffentliche Duschen, Springbrunnen & allerlei Vergnügungen. Im **Amphitheatre** mit subtropischen Blumen steigen Flohmärkte am zweiten & letzten So im Monat, am **South Beach** dagegen Shows mit Publikumsbeteiligung – Marke "Bikinimädchen des Tages" ...

☼ **Seaworld,** T. 337 3536, am Ende der West St bietet ein Aquarium mit 1000 Fischarten & Schildkröten; weniger spektakulär als Two Oceans in Kapstadt. Im Delphinarium tritt Flipper als Wasserclown auf, umrahmt von Pinguinen & Seehunden. Fütterzeiten täglich 11/15.30h, für Haie Di/Do/So 12.30h, Shows 10/11.30/14.30h. Eintritt 11 DM.

☼ **Funworld,** T. 332 9776, ein paar Schritte nördlich, bietet familienverträgliche Aufregungen: "Seilbahn", Boxautos, Rutschen usw. Di-So 11-22h, 2 DM/Fahrt, Abendpaß Do nur 4 DM. **Minitown,** T. 337 7892, mit seiner winzigen Welt voll kniehoher Wolkenkratzer kommt nur bei größenwahnsinnigen Kids an. Di-So 9-18.45h, 5 DM. Im **Snake Park,** T. 337 6546, am nördlichen Ende der Beachfront werden giftige Schlangen im Stundenrhythmus vorgeführt, während Crocs ihre Häppchen So 14h abkriegen. Täglich 9-16.30h, 4 DM. *Alles keinen Umweg wert, aber guter Zeitvertreib mit Nachwuchs (halber Preis).*

☼ **Südafrikas größter Hafen** bietet etliche Amüsiermöglichkeiten. An der Dick King Jetty, T. 305 4022, vor Victoria Embankment/Gardiner St, starten tagsüber Vergnügungs- und Hafenrundfahrten; abends wird kostspielig am Wasser diniert. Die viktorianische Uhr soll übrigens an Vasco da Gama erinnern, der anno 1497 die Bucht von Natal entdeckte.

☼ **Im Natal Maritime Museum,** T. 300 6324, zwischen Jetty & Bat Centre darf jeder ausgiebig durch drei Schlepper bzw. Minenräumer kraxeln, sich wie Jim Knopf fühlen und jeden Schalter/Hebel unter Deck mal ausprobieren. Tolle Spielwiese für Landratten. Mo-Sa 8.30-16h, So 11-16h, 1 DM. **Tip!**

Selbst aktiv sein? Da capo, Durban läßt keinen Sportwilligen im Stich.

Surf/Boogieboards für 10-20 DM/Tag am Addington Beach, bei Fun Hire am South Beach und in mehreren BPs. **Paragliding** ab 25 DM am Addington Beach. **Tauchkram/**touren beim Undersea Club, Victoria Embankment, T. 332 0654. **Tiefseeangeln** täglich 6.30h ab Maydon Wharf südwestlich des Embankment; Voranmeldung nicht nötig.

Im **Health & Racquet Club,** 2 Soldier's Way, T. 304 1191, gegenüber T-Junction steht allerlei

Fitneßgerät, Gewichte, Pool, Nautilus & Gesundheitsbar. Täglich 7-20h.

Der **Greyville Course** zählt zu den mondänsten Pferderennbahnen im Lande, auch wenn in den buntdrapierten Zirkuszelten ausgelassene Stimmung herrscht. Am ersten Sa im Juli nehmen rasende Gäule das Rothman's Handicap (2112m) in Angriff. Kleiderordnung *semi-formal*, denn weder Jeans noch Shorts sollen edles Pferdeblut in Wallung bringen.

Im **Kingsmead Stadium** gegenüber vom Alten Fort kommen Rugby- und Leichtathletikfans auf ihre Kosten. Hier beginnt (in ungeraden Jahren) bzw. endet im Juni der **Comrades Marathon** nach/von Pm'burg, zu dem Genossen aus über 50 Ländern anreisen.

Das grüne Durban

Über Durban sind schier endlose Grünflächen verteilt. Der farbenprächtige **Mitchell Park** im Stadtteil Windermere/Morningside ist eher was für Kinder, die Spielplatz, Zoo & exotische Vögel vorfinden. Täglich 8-17h. Im benachbarten **Robert Jameson Park** blühen im Sep/Okt 200 Rosenarten. Durch den **Albert Park** beim Hafen, hinter Fish Wharf, flitzt die Joggerszene, während sich gemütlichere Herren an riesigen Schachfiguren festhalten.

Der **Umgeni River-Vogelpark** 5 km nördlich des Zentrums, hinter der Blue Lagoon, lohnt als Nachmittagsausflug. Ein zweites Mal nach dem Tal der Tausend Hügel sorgt der Fluß Umgeni für Aufsehen. Von Rundwegen & Aussichtspunkten sind exotische und heimische Vögel, über 3000 an der Zahl, hautnah zu beobachten. Täglich 8-18h.

Der **Botanische Garten** auf dem großen Areal westlich der Rennbahn ist weithin bekannt für Orchideenhaus & seltene Zykaden; Eingänge Sydenham/Edith Benson Rd und Winterton/Edith Benson. Daneben blüht fast immer irgendeine der tropischen Pflanzen, Blumen & Bäume. Auf Müßiggänger warten Teegarten, Liegewiesen & Vogelteich. Täglich 7.30-17.15h, frei. **Tip!**

Museen & Theater

City Hall: im Karree West/Gardiner/Smith, Eingang Smith St. Durbans imposantestes Bauwerk (1910) ist eine nahezu identische Kopie des Rathauses von Belfast (wem das was sagt!) und auch wegen seines Innenlebens von verschärftem Interesse. Erste Etage: **Stadtbibliothek,** T. 300 6268, mit enormer Auswahl, max. drei Bücher ausleihbar (Kaution 12 DM/Buch), Kinderprogramme Di/Mi/Do 15h. Mo-Fr 9-17.30h, Sa 8.30-14.30h. Zweite Etage: ausgezeichnetes **Natural History Museum** mit Hunderten lebensechter Dioramen als Vorbereitung auf Umfolozi, ornithologischen Exponaten, Allerlei zu Kakerlaken, einer von nur drei Mumien in Südafrika und einem lebensgroßen T-Rex. Mo-Sa 8.30-17h, So 11-17h, frei. Dritte Etage: **Durban Art Gallery**, T. 300 6212, mit ansehnlicher zeitgenössischer Kollektion. Der **Blumenmarkt** davor bringt die City zum Blühen, **The Workshop** dahinter, Commercial/Aliwal St, bringt Shopper-Herzen zum Wallen.

Das Local History Museum, 77 Aliwal St, T. 300 6313, im alten Gerichtsgebäude (1863) hinter dem Rathaus widmet sich in Dokumenten, Fotos & Kleidungsstücken der Geschichte *aller* Bewohner Durbans. Mo-Sa 8.30-16h, So 11-16h, frei. Den Lebensstil der ersten Siedler spiegelt das **Old House Museum**, Russell/St Andrews St, beim Albert Park wider, das seit den 1860er Jahren als Wohnhaus diente. Mo-Sa 9-16.30h, So 9-12.30h.

KwaMuhle Museum: wer von der T-Junction über Brachland nach Norden schreitet, stößt bald auf das ehemalige Bantu Administration-Gebäude, 130 Ordinance Rd, T. 300 6310. Darin erklärt seit 1996 ein ausgezeichnetes Museum die Funktionsweise der Apartheid. Ausdrucksstarker Nachbau eines Township-Shacks samt seiner stummen, traumatisierten Bewohner. Mo-Sa 8.30-16h, So 11-16h, frei.

Old Fort: die alte britische Feste gegenüber vom Kingsmead-Stadion bezeichnet die nördliche Grenze der Innenstadt. Auch wenn das Warriors Gate wichtig tut, war es nur einmal (1842) Schauplatz einer zehntägigen Belagerung. Heute denkmalgeschütztes Museum zur Militärgeschichte, T. 368 2488, mit Waffen, Uniformen & Bannern. Eintritt 2 DM.

Im edlen **Killie Campbell House** auf der Berea, 220 Marriot/Musgrave Rd, T. 207 3432, natürlich mit Lustgarten & Aussicht, war seit 1850 einer der bekanntesten Bürger der Stadt zuhause. Aus seinem Nachlaß stammen zahllose Africana, Bibliothek, Gemälde, Möbel, Mashu-Objekte & Kunsthandwerk der Zulu. Die meisten Räume sind noch original eingerichtet. Mo-Fr 8-13h, Führung auf Anfrage. Sehr schön, kaum Besucher.

Natal Playhouse: hinter der historisch verbürgten Fassade versammelt der ultramoderne Komplex gleich fünf Theaterbühnen, auf denen seit Shakespeare nichts ausgespart wird. Hier schlägt das Herz der darstellenden Künste in KwaZulu-Natal.

Touren

Tourism Durban veranstaltet Stadtführungen zu unterschiedlichen Aspekten; Mo-Fr 9.45h ab Verkehrsamt an der Beachfront, 3 Std, 10 DM. **Radtouren** u.a. zu Bat Centre, Sugar Terminal, Umgeni-Vogelpark & Alayam-Tempel täglich 9h ab Fun Hire, South Beach, 30-40 DM inkl. Miete. Daneben prügeln sich Dutzende von Veranstaltern um Gäste für ihre Tagesausflüge. Unter Backpackers zu Recht am beliebtesten:

Tekweni Ecotours, T. 303 1199, Fax -4369, tekweni@global.co.za, verliert nie das Wesentliche aus dem Blick, und Lockenkopf André ist der lebendige Beweis dafür, daß es auch weiße Zulus gibt. Ein satter Teil aller Einnahmen fließt in lokale Entwicklungsprojekte. Alle Tagestouren 60 DM, Abholung in jedem BP.

Shakaland Vibe (Di/Do/Sa 9h) preßt ein Höchstmaß widerstreitender Eindrücke in 8 Std: KwaMuhle-Museum, indischer Markt, neues Siedlungsprojekt, altes Shack-Elend in Cato Manor, Shebeen zum Abschluß. *Face to Face with the People* (Mo/Mi/Fr 9h) driftet gemütlich durch isiThumba im Tal der 1000 Hügel, mit viel Sprechen & Lachen. *KZN Adventure* (Di/Do/So 9h) lädt auf Safari ins Krantzkloof NR und auf die Tala Game Ranch. Außerdem drei Tage durch Zululand bzw. Drakensberge 330/280 DM.

Three Elements, T. 303 6359, ritestuf@mweb.co.za, hält Adrenalinsüchtige unter Strom, z.B. Abseilen von 60m-Klippen im Angesicht der Drakensberge oder von Shongweni-Hängen im Angesicht von Rhinos. Allerlei Aktivitäten rund 100 DM inkl. Transport, Snacks & Getränken.

Hamba Kahle Tours, T. 305 5586, macht's ein bißchen konventioneller, z.B. zum Sharks Board, Tal der 1000 Hügel, Townships, Gandhis Stationen in Durban oder Hafenrundfahrten. Je 3-4 Std inkl. Mahlzeit 55-80 DM. Für Überlandsafaris ex Durban empfehlenswert: **Gibela Tours,** T./Fax 209 7005 (Elmar Neethling), info@gibela.co.za.

Hin & weg

Züge: moderner Hauptbahnhof an Umgeni Rd/R102, keine 800m nördlich der Innenstadt.

MetroRail, T. 361 7609, für Überlandzüge zuständig; Mo-Sa 6-18.30h. Reservierung erforderlich, in T-Junction oder Mainline Booking am Bhf, T. 361 7621; Mo-Fr 8-16h, Sa 8-12h. Alle Preise erster Klasse. **Trans Lubombo** Di/Do 19.30h nach Empangeni & Maputo (4½/22 Std, 22/60 DM), **Trans Natal** täglich 18.30h nach Pm'burg & Joburg (2/13 Std, 14/66 DM). **Trans Oranje** Mi 17.30h nach Bloem, Kimberley & Kapstadt (16/19/36 Std, 72/85/170 DM).

Commuter Line, T. 361 7794, verteilt Fahrpläne für alle Pendlerzüge; Mo-Sa 5-17h. Ab Hbf & Bhf Berea nach Amanzimtoti/-Scottburgh bis 18h stündlich, Port Shepstone gelegentlich, Tongaat, Umhlali & Stanger viermal täglich. Wenige Züge am Sa/So.

Schnauferl nach Kelso und Umgeni inzwischen gestrichen.

Busse: Busbahnhof hinter dem Hbf, zwischen Umgeni Rd und NMR Ave/M12, Zufahrt mit eigenem Auto nur von letzterer Straße.

Translux, T. 361 8333, täglich 22.30h, außerdem Mo/Di/Sa 10h, Fr/So 15h Expreß nach Pm'-burg & Joburg (1½/7 Std, 20/55 DM); täglich 8h gemächlicher nach Estcourt, Harrismith & Joburg (2½/4½/8½ Std, 28/45/55 DM); täglich 6.30h nach Port Shepstone, East London & PE (1½/9½/13½ Std, 28/65/80 DM); Di/Do 7h, So 12h nach Harrismith & Bloem (4½/9½ Std, 45/65 DM). Tourlink-Pässe *Transkei* nach East London, *Trekker* nach Joburg/Pretoria, *Orange* nach Bloem 115/170/135 DM.

Greyhound, T. 309 7830, täglich 8/14/23h Expreß nach Pm'-burg, Joburg & Pretoria (22/65/65 DM); 10h gemächlicher nach Ladysmith, Newcastle & Joburg (45/52/65 DM); täglich 8h Port Shepstone, East London & PE (28/70/90 DM); Di/Do/So 6.30h Bethlehem, Bloem & Upington (48/65/125 DM); täglich 12.30h Kapstadt (19 Std, 150 DM).

Eldo's Golden Wheels, T./Fax 307 3364, zweimal täglich nach Pm'burg, Montrose & Joburg (12/25/55 DM). **Rollercoaster,** T. 323 3706 oder -0055, pendelt täglich schnell & sicher von/nach Joburg (40 DM); Abholung an der Haustür. **Panthera Azul,** T./Fax 309 7798, täglich nach Maputo (8 Std, 75 DM). **Margate Mini-Coach,** T. 039/312 1406, täglich ab Bhf über die wichtigsten Badeorte nach Margate (hin/rück 18/24 DM).

BazBus, T. 306 6585, Fax 305 9897, vier- bis sechsmal pro Woche nach Swasiland, Joburg & Northern Drakensberg (45/90/52 DM), täglich nach PE & Kapstadt. Abholung in allen BPs, Büro im T-Junction täglich 8-20h.

Minibusse ab Hbf/Osborne Rd nach Norden, z.B. Empangeni, Ulundi, Vryheid & Joburg (2½/3/4/6 Std, 14/18/20/36 DM); ab Bhf Berea/Brook St nach Südwesten, z.B. Port Shepstone & Umtata (1½/6 Std, 8/28 DM); ab Alice/Grey St nach Pm'burg (1 Std/6 DM).

Flüge: Flughafen Durban Int'l 15 km südlich an der N2, auch direkt nach Europa. Regelmäßiger Pendelbus ab SAA-Stadtbüro 10 DM, ansonsten Taxi ab Stadtmitte rund 35 DM.

SAA im Zentrum, Aliwal-/Smith St, T. 250 1111; nach Bloem täglich zweimal, East London zwei- bis viermal, Joburg 12-14mal, Kapstadt sechs- bis achtmal (2½ Std), Nelspruit & Ulundi einmal, PE drei- bis viermal. **Sun Air,** T. 469 3444, und **BA Comair** u.a. nach Joburg & Kapstadt je vier- bis sechsmal, PE, George, Bloem, Manzini & Maputo.

Mietwagen: für kurze Fristen fährt man mit den Kleinen preisgünstiger.

The Big Three allesamt auch am Flughafen. **Imperial:** Aliwal St, T. 337 3731, Fax 368 3372. **Budget:** 198 Ordinance Rd, T. 304 9023, Fax -9028. **Avis:** hinterm Royal Hotel, Ulundi/Beachwalk Rd, T. 304 1741, Fax -5517.

Forest Drive, T. 562 8433, vermietet die billigsten Schüsseln. **Tempest,** 139 Gale St, T. 368 5231, Fax -5308, südwestlich vom Bhf Berea, ab 390 DM/Woche bei unbegrenzter Fahrleistung. **Hilmark,** Victoria Embankment gegenüber Vasco da Gama-Uhr, T. 332 9455, mit ähnlichen Preisen, zuletzt aber weniger Autos. **HB,** 10 Gillespie/Rochester St, T. 337 4175, Fax -3662, und **Alisa,** 34 Brickhill Rd, T. 368 1013, Fax -5885, mit Corolla, Citi-Golf oder Nissan Sentra unter 400 DM/Woche, 2800 km frei.

Tal der Tausend Hügel (Umgeni Valley)

☞ Nördlich der N3 zwischen Durban & Pm'burg. Zum schönsten Ausflugsziel ab Durban biegt man bei Hillcrest auf die R103. **Von Bothas Hill** (500m) bietet sich eine grandiose Aussicht über das bizarre Hügelmuster, das der Umgeni mit zahllosen Verästelungen nach Jahrmillionen unermüdlich aus der Landschaft geschmirgelt hat.

Thousand Hills Tourism: Old Main Rd, Bothas Hill, T./Fax 031/777 1874, thtouris@iafrica.com.

Das Panorama vom *** **Rob Roy Hotel,** Bothas Hill, T. 777 1305, steht dem anderen in keinster Weise nach. Kulisse zwischen Disneyschloß & Alpenhütte, 37 geräumige DZ/Suiten ab 200 DM.

In **PheZulu** wird die Kultur des schwarzen Stammes häppchenweise nahegebracht: einem Kraal nachgebaut, mehrmals täglich halbstündige Tanzshows. Daran grenzt der **Assegay Park** an; viele Crocs & andere Reptilien. Beide an der R103, täglich 9-17h.

Ab Durban täglich Ausflugsbusse, die meisten schauen nur von oben aufs Hügelspiel. **Tekweni Ecotours** hingegen sorgt für Tiefenschärfe: mehrstündiger Besuch eines Dorfes im Tal, mit Baden, Spielen, Tanzen, Essen oder Diskutieren, je nachdem, mit/bei wem man den Tag verbringt; 60 DM. **Tip!**

Krantzkloof NR: echter Geheimtip bei Kloof an der R103 (ausgeschildert). Der Warden, T. 764 3515, der beeindruckenden Schlucht erlebt nur wenige Besucher, obwohl freier Einlaß. Tolle Wanderwege (1-8 Std) bieten gute Erholung vom stressigen Durban.

Natal South Coast

Wie auf einer Perlenschnur reiht sich zwischen N2 und Indischem Ozean ein Ferien- und Badeort an den anderen. Dieser schmale Streifen erstreckt sich über 160 km bis zur Provinzgrenze, wo die Wild Coast dem Trubel ein jähes Ende bereitet. Zwischen Amanzimtoti und Port Edward herrscht ganzjährig Hochbetrieb, richtig knackig gebärden sich aber Juni/Juli. Dann wird hier geschwitzt, während Joburg bei durchschnittlich 12° „fröstelt". In den Weihnachts- und Osterferien fallen Schwärme strandbegeisterter Vaalies ein.

Die Küste glänzt kaum mit Sehenswertem. Hier urlauben junge Familien, die den Kontakt zum Strandnachbarn nicht scheuen. Abseits des Meeres bleibt die saftige Natur aber schon wieder (fast) allein.

Aus dem subtropischen Busch stechen wilde Bananen, Hibiskusbäume & Bougainvillea heraus, ab und an auch Zuckerrohr. Wenige Pisten durchschneiden das Hinterland, aber umso mehr Wanderwege. Schönheiten wie die Oribi-Schlucht, das Schutzgebiet am Umtamvuna oder das Vernon Crookes NR sind aber gut zu erreichen.

South Coast Publicity: Panorama Parade, Margate, T. 039/312 2322, Fax -1886.

Logis: jeder wird schnell fündig, dank vieler Mittelklasse-Hotels und preislich unschlagbarer **Ferienwohnungen** *(Flats)*. Auf Leute mit Zelt warten über 50 **Caravanparks,** einige sind aber Wohnmobilen vorbehalten, andere wegen N2 oder Bahnlinie laut, dritte legen zuwenig Wert auf Sauberkeit. Zur Hauptsaison generell **plus 50-100%!**

Taucher schätzen diesen Abschnitt ebenso wie Wellenreiter & Surfer. Auf mächtigen Felsen sind v.a. im Winter geduldige Männer (kaum Frauen!) zu beobachten, die ihre Rute ins Meer schleudern und stundenlang hinterherschauen, in der Hoffnung auf Sardinenschwärme, in deren Gefolge auch Raubfische & Seevögel die Küstennähe suchen. **Wasserratten** dagegen lassen sich verwöhnen von friedlichen Stränden & warmen Wasser.

Hin & weg

Züge: Commuter Line nach Durban, T. 031/361 7794, ab Amanzimtoti/Scottburgh stündlich, Kelso fünfmal, Port Shepstone gelegentlich.

Busse ab Port Shepstone (Bedford Inn): **Translux** nach PE täglich 8h, Durban 19h. **Greyhound** täglich 9.45h bzw. 18.35h. **Margate Mini-Coach,** T. 039/312 1406, pendelt täglich zwischen Margate & Durban, hält in jedem größeren Ort (hin/rück 20/27 DM). **Minibusse** bedienen meist Kurzstrecken; Port Edward – Durban in einem Schwung 10 DM.

N2: bis Hibberdene vierspurige Autobahn, bis Port Sh′ frei. Näher am Leben bleibt aber die alte Küstenstraße R102. Südlich von Port Sh′ beginnt die gebührenpflichtige R61.

Amanzimtoti

26 km südlich von Durban. Das Feriengewucher hinter dem 7 km-Sandstrand lockt jährlich 300.000 Gäste an! Am beliebtesten: Nyoni Rocks mit Mini-Wasserwelt, Salzwasserpool & Restaurants. Im **Ilanda Wilds-NR** entlang des Manzimtoti-Flusses geben sich exotische Vögelchen ein Stelldichein; gut zu beobachten auch im Umdoni Bird Sanctuary. ✆ 031.

Publicity Association: 95/97 Beach Rd, T. 903 7498, Fax -7493.

Fewos bietet 'Toti wie Sand am Meer, z.B. an der Beach Rd mit 2-6 Betten ab 15 DM/P bei **Happy Days** (Caraville), #65, T. 903 3246, Fax -3482; **Strandburg,** #101, T/./Fax 903 7308; **Toti Cabanas,** #123, T. 903 2151; und **Amanzi,** #55, T. 903 2366.

Die Zuckerraffinerie im Hinterland an der Straße nach Illovo ist von Mai-Okt zu besichtigen; nur Di/Mi/Do, nach Voranmeldung T. 903 3310.

Scottburgh

55 km von Durban. Die Küste bleibt rauh, Strand & Meerwasserpool sind durch Hainetze gesichert, Taucher im **Aliwal Shoal** in ihrem Element. Für Landratten bleibt eine Minizug und die **Croc World,** angeblich mit 2000 Nilkrokodilen & Hammermethode gegen Schlangenphobie: langsam im Glastunnel durchs Schlangenhaus voller Giftspritzen. ✆ 039.

Publicity Assoc: 130 Scott St, T./Fax 976 1364.

Niedlicher Caravanpark, Marine Terrace, T. 976 0291, gegenüber vom Bhf beim Strand. Stellplätze ab 12 DM, breites Sport/Tourenangebot. Zelten auch im **Charles Hoffe CP** am Strand, T. 976 0651, geringfügig teurer, dafür mit Vier/-Sechsbett-Flats.

Ocean View (km 63): zu **Happy Wanderers** (Caraville), T./Fax 975 1104, gehört ein 500m langer Privatstrand, 80 Stellplätze ab 25 DM und über 20 Zwei/Vier/Sechsbett-Chalets ab 50/60/80 DM. Dazu Angebote für Vierergrüppchen: *Weekend* oder *Midweek* für zwei/fünf Nächte 180/350 DM - billiger macht's kein Backpackers!

Ifafa Beach (km 82) an der Mündung des Ifafa erfreut sich der hübschen Lagune und eines neuen **Backpackers,** 69 Beachway, T. 977 8820 (Geoff) - nett für Kanufahrer.

Das Vernon Crookes NR, 20 km westlich von Scottburgh, abseits der R612, wurde 1973 zum Schutz des Küstenwaldes eingerichtet. Ansehnliche Vogelvielfalt, dazu Kudus, Busch-, Blessböcke, Nyalas, Elen, für Schwarz-Weiß-Empfänger auch Zebras. Eintritt 3 DM, geführte Wanderungen. **Nyengelezi Camp,** T. 0331/845 1000, mit fünf Vierbett-Hütten und 20-Bettenhaus ab 10 DM/P, sonst kein Komfort - Buchung nötig.

Port Shepstone

117 km von Durban. Die größte Stadt der Südküste ist zugleich deren Industriezentrum. Zur Jahrhundertwende wurden im Hafen noch Marmor, Zuckerrohr, Zitrusfrüchte umgeschlagen, doch dann kam die *South Coast Rail Line,* die alle Güter nach Durban schleppte. Port Sh' erholte sich nur mühselig und betreibt heute den Tourismus im Gegensatz zu seinen Nachbarn so nebenbei – natürlich mit Gezei-

tenpools, Golf, Tennis usw. ✆ 039.
Publicity Association: im Rathaus, T. 682 1100, Fax -0327.

Wer Gelegenheit hat, weicht in die hübscheren Ferienzentren südlich aus. **Hotels** am Ort: * **Marine,** T. 682 1378, berauscht wenig, DZ mit Gemeinschaftsbad ab 70 DM. *** **Bedford,** T. 682 1085, oberhalb davon, DZ mit F ab 110 DM. *** **Kapenta Bay,** 11-12 Elizabeth Dr, T. 682 5528, hat Sechsbett-Suiten mit Lounge & Seeblick ab 130 DM.

Surfer treffen sich am Sandspit, **Kanuten** dürfen den Umzimkulu 8 km flußaufwärts erpaddeln, **Muschelsammler** ergänzen ihre Kollektion am Shelly Beach südlich der Stadt.

Paradies für Taucher: Protea Banks *(Openwater I)* ist großartig für die Sichtung von Haien. Das Riff ragt 8 km ins Meer hinaus und wimmelt von tropischen Fischen. Seebarsche & Rochen tummeln sich um die Korallenbänke, Raubfische um die südlichen & nördlichen Felsspitzen. Sicht bis zu 40m. Ein **zweites Riff** 2 km vor der Küste bietet Höhlen & Felsüberhänge bis zum Abwinken. Weiter draußen nur *Openwater II;* Exkursionen ab Shelly Beach. Am aufregendsten sind die Reviere **Aren** und **God's Window.**

Banana Express

Von Port Sh' schnauft Natals letzter Dampfzug fast bis zur Oribi Gorge durch Zuckerrohrplantagen und duftende Eukalyptuswälder. Abwechselnd rücken N2 und Umzimkulwana-Fluß ins Bild. Ächzend erzählt die niedliche Lok, wie schwer ihr der Anstieg in die Berge fällt. Und daß sie sich eigentlich heute was Besseres vorstellen könnte ...

Abfahrt nach Paddock Mi/Sa 10h (4 Std, inkl. *Braaivleis* 30 DM), nach Izotsha Mo/Di/Do/Fr/So 10h (2½ Std, 15 DM). Auskunft im Bhf Port Shepstone, T. 687 6443.

Oribi Gorge-Naturreservat

21 km westlich von Port Sh' zweigt eine Teerstraße zur wilden Schlucht ab, die ihrer Cousine Ardèche schön ähnlich sieht. Aus Ärger über seine Namensgeber hat sich der Umzimkulwana auf 24 km Länge bis zu 360m tief ins Gestein fressen. Auf nicht allzu steilen Abhängen machen sich undurchdringliche Büsche, Sträucher & Bäume breit. Sandsteintürme genießen das Panorama, auch auf Stromschnellen. Eintritt 5 DM/Fahrzeug.

Zum reizenden Camp, T. 0331/845 1000, Fax -1001, gehören Zelt- und Picknickplätzchen, sechs Zweibett-Hütten mit Dusche & Kühlschrank für 40 DM, Siebenbett-Cottage mit Küche & Bad für 160 DM. Dazu ein Koch für alle - Ozana gorgeous. **Tip!**

Wandern: durchs NR führen ein Pavian-Beobachtungspfad und mehrere Trails, am schönsten in die Talsohle hinunter. Mit Glück läßt sich außer dem kleinen Oribi auch einer der Leoparden entdecken. Häufiger kommen indes Buschbock, Blaue & Graue Duiker vor.

Margate & Ramsgate

133/137 km von Durban. Neonbeleuchtete Plastikpalmen werfen ihre Schatten auf Vergnügungsparks, Restaurants & Discos, in denen halb Kapstadt und Joburg seine

Jugendsommer verbringt. Angler besetzen bis abends den Südpier neben dem Hauptstrand, zum Bodysurfen geht man nach Southbroom, zum Bootstouren auf die Lagune. ✆ 039.

South Coast Publicity: Beachfront, T. 312 2322, Fax -1886.

Caravanparks langen kräftig in die Tasche: **De Wet** beim Hauptstrand, St Andrews Dr, T. 312 1022, auch mit Parkhomes; und **Margate Park** bei der Polizeiwache, T. -0852. Unter vielen Ferienhäusern gepflegte Preishits: ** **Palm Ridge,** 20 Ridge Rd, T. 316 1347, ab 60 DM; und **Villa Elangeni,** 15 West Rd, T. 312 0020, äußerst familiär mit fünf DZ.

Hotels: preiswert v.a. * **Sunlawns,** Uplands Rd, T. 312 1078, und ** **Faerie** am Glen Lake, T. 316 3366. Mehr als komfortabel: ** **Beach Lodge,** Marine Dr, T. 312 1483, bealodge@iafrica.com, mit großem Pool, deutscher Küche & 30 DZ ab 180 DM.

Palm Grove mit heißer Techno-Disco & der längsten Theke des Landes. Auch Düsseldorfer finden daran einen Platz.

Das Trafalgar-Meeresreservat (km 150) erstreckt sich von der Hochwassermarke bis in 500m Tiefe. Taucher haben hier Fossilien entdeckt, nach denen sich Archäologen bereits die Finger lecken. Für profanere Freuden sorgen am Traf' Point die besten Wellen der Südküste. Weniger Abenteuerlustige tigern in die Palm Beach-Lagune.

Port Edward

161 km von Durban. Der letzte Küstenort an der R61, bevor sie sich im Angesicht der Wild Coast ins Hinterland schlägt, steckt bereits voll in den Tropen. Viele alternativ gestimmte Menschen steigen am Grenzfluß Umtamvuna aus (kühne Brücke), um so seltsame Dinge wie Observatorien, Ufo-Landestellen oder *Holiday Resorts* zu betreiben. ✆ 039.

Tourist Info: Strawberry Lane Shopping Centre, T. 319 2782.

Caravanparks: Koelwaters, T. 319 2384, am Ufer einer herrlichen Lagune mit Bücherei, Wäscheservice, Spielzimmer & vielen Braais. - **Transvaal Onderwysstrand,** T./Fax 319 2729, mit schönem Zeltgelände, 64 Vier/Sechsbett-Chalets am Fluß, Badminton, Bibliothek, Pool & Laden. - Billiger: **städtischer CP,** T. 313 2211, mit Stellplatz für 22 DM.

Backpackers: Vuna Valley, Old Pont Rd, Lot 9, T. 313 2532, an sich eine mäßige Lodge in Banners Rest, steckt schon voll in der spirituellen Flutebene des Umtamvuna. Dieses Plätzchen gilt Xhosa-Heilern als heilig, die weiße Eso-Genmeinde ehrt es nicht minder. Betten ab 12 DM. - Günstigstes Hotel: * **Port Edward,** Owen Ellis Dr, T. 313 2292. **Umtamvuna River Lodge,** Old Pont Rd, T. 313 2684, mit Kunststudio & Ethno-T-Shirts ab 30 DM. **The Estuary Guesthouse,** Koelwaters Main Rd, T. 313 2675, koelest@iafrica.com, mit Tradition & Geschmack; 19 Zimmer ab 85 DM/P.

Umtamvuna-NR: Anfahrt über Banners Rest. Durch das langgestreckte Reservat am Fluß flattern verschiedenste Vögelchen, derweil hübsche Pfade eine Orgie seltener

Wildblumen & Pflanzen erschließen. Dazu erregen Paviane und eine Kolonie des raren Kapgeiers Aufsehen. **Bilharziosegefahr** im Fluß!

Southern Cross Space Centre: 4 km nördlich. Wer hätte gedacht, daß er im Hinterland der Südküste Neues über die Sterne erfährt? Hilton Smit & Graham Geary wohl auch nicht – bis sie eines Tages Joburg den Rücken kehrten und an der Straße nach Izingolweni ihr **Observatorium** samt Laserkonzerten eröffneten. In postmoderner Hülle stehen Teleskope seit der Antike bis übermorgen. Die beiden Männer (nicht grün) halten mit ihren Ufo-Ahnungen nicht hinterm Berg. Dazu ein paar Rondawels, T. 313 2891.

Endlose Ebenen mit den Kornkammern des Landes und einem wundervollen Schmankerl: Golden Gate.

Freistaat

Fast jeder Reisende kommt mit dem Freistaat auf irgendeine Weise in Berührung, weil die wichtigsten Verkehrsachsen durchs weite Highveld führen. Diese Ebenen fernab von Meer oder Gebirge werden landwirtschaftlich intensiv genutzt. Das Schönste am Freistaat ist aber seine Nachbarschaft zu Lesotho.

Bloemfontein

405 km südwestlich von Joburg, an der N1/N6/N8. Verschlafen,schnurgerade und doch mit jener Prise Charme, die z.B. Kimberley abgeht. Auch wenn sich Verwaltungsklötze & Malls redlich Mühe geben: ein rechter Großstadteindruck will nicht aufkommen, bis man dann vom Naval Hill aus erkennt, *wie weit* sich Südafrikas juristische Hauptstadt tatsächlich in die endlos scheinende Ebene ausdehnt.

Bereits 1854 kürten die Buren *Bloem* zur Hauptstadt ihres Oranje-Freistaats. Erst nach dem Burenkrieg 1899/1900 fielen die Briten ein und gaben dem Ambiente einen interessanten Schubser. Wie sehr burische und britische Kultur inzwischen verschmolzen sind, zeigt auch der Blick auf Straßennamen, Museen oder Denkmäler. ✆ 051.

Nicht verpassen: Wildreservat auf dem Naval Hill, Orchideenhaus mit Duftgarten, Rosenorgie im Kings Park – und die ausgezeichnete Luft. *Bloem* ist dank Föhnmangels & Höhenlage (1500m) nett zu empfindlichen Näschen.

Kurz & knackig

Tourist Centre: 60 Park Rd, südlich von King´s Park & Stadion, T. 405 8490, Fax 447 3859, marketing@internext.co.za. Mit Broschürenflut und freiem Stadtplan, auf dem ein 90-min-Rundgang zu *Points of Interest* eingezeichnet ist. Mo-Fr 8-16.15h, Sa 8-12h. **Free State Tourism:** Sanlam Parkade, Charles St, T. 447 1362, Fax -0862.

Hauptpost: Hoffman Sq, St Andrews/Maitland St, T. 403 0609. **Internetcafé:** Bimbo´s, 2nd Ave, zwischen Kellner/Zastron St, T. 430 6458; 5 DM/Std online, täglich 9-1h.

Highlights der Provinz

*** Wer schon andernorts die kindliche Begeisterung weißer Südafrikaner über ihre „Binnenmeere" erlebt hat – dem bleibt **Golden Gate,** der einzige Nationalpark der Provinz.

*** Aufmerksamkeit verdient auch die **Highlands Route**. Von den Wildherden, die einst das Highveld durchzogen, blieb indes wenig übrig; noch sind viele Reservate zur Jagd freigegeben!

*** Dank einer Gesamtwasserfläche von 520 qkm übertrifft keine Provinz den Freistaat bei der Anzahl vorkommender **Vogelarten.**

Automobile Association: 17 Sanlam Plaza, Maitland St, T. 447 6191. **Rennies Travel:** 8 Elizabeth St, T. 430 2361.

Zu Fuß sind außer Women's Memorial und Botanischem Garten alle Sehenswürdigkeiten zu erreichen, auch die meisten Logis. **Stadtbusse** bis 18/19h; 1 DM, zu Stoßzeiten mehr. Alle Linien ab Hoffman Square, hier auch Fahrpläne am Busschalter, T. 405 8911.

Taxi: bestellen bei Silver Leaf, T. 430 2005, oder Eagles, T. 430 4999.

Übernachten

Caravanparks: seit der Schließung des städtischen Zeltplatzes bieten sich nur zwei Anlagen weit außerhalb an. **Maselspoort,** 23 km östlich, s. unten; und **Philip Sanders,** 35 km westlich, T. 441 7611, Fax -7547, war bis 1990 den *Coloureds* vorbehalten. - Weniger verlockend: **Dagbreek,** 10 Hillside St/R30, T. 433 2490, unterhält auch ein Zeltgelände (Platz 14 DM), aber zu lieblos und 4 km außerhalb; dazu Betten in ausrangierten Schlafwagen ab 25 DM. - **Reyneke Park,** Petrusberg Rd, T./Fax 523 3676, 2 km vom Zentrum, mit Vierbett-Chalets, Telefon, Wamas & Pool, aber ohne Appeal.

Backpackers: Taffy's, 18 Louis Botha St, im Villenviertel Waverley, T./Fax 436 4533, web@lantic.-co.za, schlägt Kammertöne an, auch auf dem Piano im Wohnzimmer. Die Gastgeberin ist rührend um ihre Gäste bemüht, wirft bei Kuschelbedarf den Kamin an, achtet peinlich auf Sauberkeit. Alles intim & sicher, prima F, Transfer zu Malealea. Zelten im stillen Garten 10 DM, Schlafsaal 15 DM, DZ 50 DM. Man muß kein *Toughie* sein, um dies Plätzchen zu mögen. - **Naval Hill BP** im alten Pumpwerk neben dem WR, T. 447 4413, Fax 430 7962, descover@iafrica.com, in hübscher Lage mit Pub & Billard. Zelten 12 DM, Schlafsaal 18 DM. -

Gästehäuser: Stately GH, 19 Jacobs St, im Nobelviertel Universitas, T. 522 4770, Fax -1610, mit eleganten Zwei/Vier/Sechsbett-Zimmern, dazu Küchenzeile, Bad, Wäscheservice, Mahlzeiten, Ventilator und Heizdecken! Ab 20 DM/P, auf Wunsch mit F. - **Chester Hill,** 8 Gordon/St Georges St, T. 447 8845, bei der Kathedrale; und **Riebeeck Hof,** 12 Edward St, T. 450 4225; beide mit DZ/Dreibettzimmer und Küche ab 55/80 DM. - Weniger zentral, aber nicht uncharmant: ** **Unitas Herberg,** 22 Logeman St, T. 522 6874; DZ ab 70 DM.

B&Bs für 30-40 DM/P: **Dias Cottage,** 14 Dias Cres, T. 436 6225, Fax 430 4287, mit sechs Betten & Patio; **Martie's,** 12a Weg Louw St, Langenhoven Park, T. 451 1509, Fax -1026.

Stadthotels: Formule 1, Zastron/Krige St, T. 448 5105, neben der Free State Uni mit sterilen Dreibettzimmern für 54 DM. - ** **Bloemfontein Inn** am Hospital Park, 17 Edison St, T. 522 6284, Fax -6223, mit Komfort & gesundem F. Knapp 30 EZ/DZ ab 70 DM. - ** **Die Herberg** in Brandhof, 12 Barne St, T. 430 7500, Fax -4494, mit nüchterner Einrichtung, zentral genug, und doch wird man von Vögelgezwitscher geweckt. 50 EZ/DZ ab 70 DM. - Mittendrin: ** **Cecil Hotel** am Hoffman Square, St Andrews St, T. 448 1155; und **Stanville Inn,** Zastron/Aliwal St, T. 447 7471. - Die ** **City Lodge,** Voortrekker/Parfitt Ave, T. 447 9888, Fax -5669, war eines

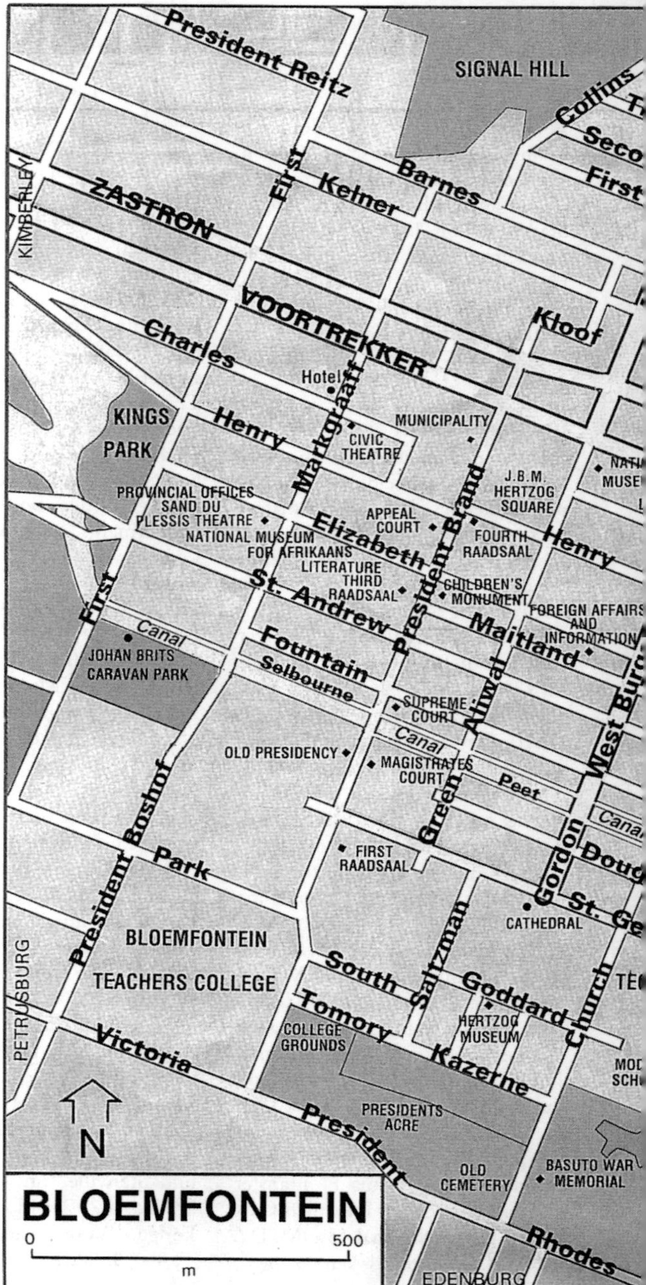

BLOEMFONTEIN
0
500
m
N
President Reitz
SIGNAL HILL
Collins
Second
First
Barnes
Kelner
First
ZASTRON
KIMBERLEY
VOORTREKKER
Kloof
Charles
Hotel
Markgraaff
KINGS PARK
Henry
MUNICIPALITY
CIVIC THEATRE
J.B.M. HERTZOG SQUARE
PROVINCIAL OFFICES
SAND DU PLESSIS THEATRE
NATIONAL MUSEUM FOR AFRIKAANS LITERATURE
APPEAL COURT
Elizabeth
President Brand
FOURTH RAADSAAL
Henry
THIRD RAADSAAL
CHILDREN'S MONUMENT
St. Andrew
FOREIGN AFFAIRS AND INFORMATION
Maitland
First
Canal
JOHAN BRITS CARAVAN PARK
Fountain
Selbourne
SUPREME COURT
Aliwal
West Burger
Canal
OLD PRESIDENCY
MAGISTRATES COURT
Peet
Boshof
Green
Canal
FIRST RAADSAAL
Park
Gordon
CATHEDRAL
President
BLOEMFONTEIN TEACHERS COLLEGE
South
Saltzman
Goddard
Church
PETRUSBURG
Tomory
HERTZOG MUSEUM
COLLEGE GROUNDS
Victoria
Kazerne
PRESIDENTS ACRE
President
OLD CEMETERY
BASUTO WAR MEMORIAL
Rhodes
EDENBURG

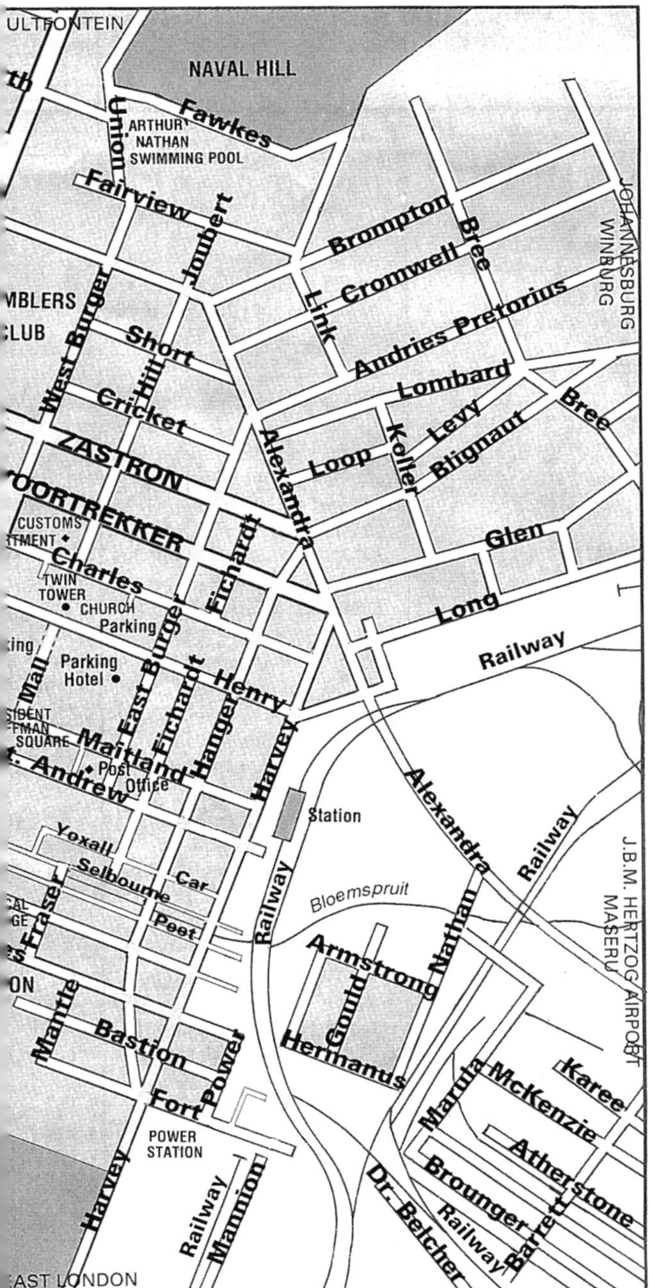
NAVAL HILL
Fawkes
Union
ARTHUR NATHAN SWIMMING POOL
Fairview
Joubert
Brompton
Bree
Cromwell
Link
Andries Pretorius
JOHANNESBURG WINBURG
Short
Hill
West Burger
Cricket
Lombard
Levy
Bree
Koller
Blignaut
Loop
Alexandra
ZASTRON
VOORTREKKER
CUSTOMS
Charles
TWIN TOWER CHURCH
Parking
Fichardt
Glen
Long
Railway
Parking
Hotel
Mall
East Burger
Henry
Hanger
Harvey
Maitland
Post Office
St. Andrew
Station
Alexandra
Railway
J.B.M. HERTZOG AIRPORT MASERU
Yoxall
Selbourne
Car
Fraser
Peet
Bloemspruit
Railway
Armstrong
Nathan
Gould
Hermanus
Mantle
Bastion
Power
Fort
Maruta
McKenzie
Karee
Atherstone
POWER STATION
Harvey
Railway
Mannion
Dr. Belcher
Brounger
Railway
Barrett
EAST LONDON

der ersten Hotels im Freistaat, das auf Fotos mit schwarzen Gästen (und nicht Personal) warb. 150 EZ/DZ ab 75/100 DM.

Sterne: **Holiday Inn** hat seinen Garden Courts jeweils über 100 Zimmer jeder Größenordnung verpaßt. *** **Brandhof,** Zastron/Melville Dr, T. 447 0310, Fax 430 5678; und *** **Naval Hill,** 1 Union Ave, T. 430 1111, Fax -4141. DZ 130-150 DM. - *** **Halevy House,** Charles/Markgraaff St, T. 448 0271, Fax 430 8749, mit Kasinöchen, Restaurant & mehreren Bars. 36 DZ ab 175 DM. - **** **Bloemfontein Hotel,** East Burger St, T. 430 1911, Fax 447 7102, komfortmäßiger Spitzenreiter im Freistaat. EZ/DZ ab 180/200 DM.

Essen, Trinken & Feiern

Südafrikanisch kocht am besten & teuersten die Riege vom **Carousel,** Swart Bldg, Elisabeth St, T. 448 0251. Steakhäuser gibt's wieder reichlich. Am nobelsten: **Beef Baron,** 22 2nd Ave, T. 447 4290. Am ungezwungensten: **Ritchies Grill** neben Hoffman Square/-Church St, T. 447 7455. Ebenfalls im Liberty Life Bldg: **Alabama Spur,** T. 447 7503.

Multikulti beginnt im **Mexican Restaurant,** West Burger/Fontein. Pasta bis zum Abwinken unter 15 DM schafft nur **Schillaci's,** Zastron Rd. Die Ritter der Tafelrunde mußten ihr letztes Kettenhemd hergeben im **Camelot,** 94a Voortrekker St, T. 447 7727.

Hard Rock Café (ohne!), Zastron Rd, neben Holiday Inn, darf alles ausschenken – und das bis 1h. Genauso lang, dazu mit Bands, darf die **Cantina Tequila** gegenüber. Am eigenartigsten bleibt aber **The Mystic Boer** – jeder kennt's, einfach durchfragen. Zum Abhotten geht man danach ins **Untouchables,** Kellner/Tweede St; Di-Sa, 6 DM.

Stadtrundgang

So laßt uns denn, liebe Brüder & Schwestern, mit dem *Historical Walkabout* vom Verkehrsamt strammen Schrittes auf die Tweetoringkerk zueilen, welcher der liebe Herrgott zwei Türme verpaßt hat. Laßt sie uns geschwind ablichten, und sodann unseres Weges schreiten. Nach links bittschön!

Nationalmuseum: Charles/Aliwal St, mit großer Fossiliensammlung und dem Florisbad-Schädel. Viele Funde zeigen Südafrika vor der Ankunft der "Zivilisation". Der Nachbau einer Straße aus dem 19. Jh zeigt es danach. Täglich 8-17h, 1 DM. Über den Hertzog Square wird Bloems Wahrzeichen erreicht: in der **City Hall** (1893) wissen Motive & Marmor aus Italien zu beeindrucken. Für die Vertäfelung wurde burmesisches Teak verwendet. Na ja, damals eben ...

President Brand St: den alten Ober-Indianer in südlicher Richtung abzumarschieren beschert ein sehenswertes Gebäude nach dem andern. Der **Fourth Raadsaal** (1893) aus rotem Backstein wirkt dank markanter Kuppel und dorischen Säulen fast beschwingt. Hier tagte das Oranje-Parlament bis März 1900, als die Briten Bloemfontein besetzten. Gegenüber wacht der **Court of Appeal** (1929) über die Einhaltung der Verfassung, während Besucher hinter der neoklassizistischen Fassade Stinkholzpaneele & Schnitzereien entdecken.

Im **Old Government Bldg** (1908) schlummert das Afrikaans-Literaturmuseum samt Forschungszentrum – was für Liebhaber, die nach Manuskripten, Fotos und persönlichem Kram der Autoren verlangt. Mo-Fr 8-16h, Sa 9-12h. Ein Nachbarmuseum stellt Theaterkostüme & Instrumente aus. Im Skulpturengarten sind einige beforschte Literaten verewigt. Gegenüber liegen das Waldorf Bldg (1928) und die pompöse **Jubilee Hall**, einst der "Vatikan" der NG-Reformierten Kirche. Die Alte Feuerwache (1933), selbstredend Brand St, richtet ihren Blick ständig auf den imposanten Supreme Court (1906).

☼ Dabei wurden doch alle Entscheidungen von Tragweite nebendran gefällt, in der **Old Presidency** (1885). Deren geräumige Gemächer nutzten drei Oranje-Präsidenten ohne jede Bescheidenheit. Di-Fr 10-16h, Sa/So 14-17h, frei. Heute **Kulturzentrum** mit Kunstausstellungen, Theater, Musik; dahinter unter freiem Himmel Landmaschinen und Werkzeuge aus verschiedenen Epochen sowie eine komplette Schmiede.

☼ Nun hat Bloems schönste Straße ausgedient. Wir biegen nach links zu St Georges ein und entdecken gleich das älteste Bauwerk der Stadt, den **First Raadsaal** (1846). Damals tagte der Volksrat (Parlament) auf knarrenden Dielen unter Reet. Mo-Fr 10-15h, Sa/So 14-17h. Im nächsten Häuserblock fällt die **Kathedrale** (1850) mit viktorianischen Fenstern auf, und bald daneben (Goddard St) das **Hertzog House** – hier wohnte der General, der im Burenkrieg zu Ruhm gelangte und später Premierminister wurde. Di-Fr 9-12h, 13-16h.

☼ Wenn wir schon beim Thema Militär sind, biegen wir rechts in die Church St und haben gleich das alte **Queens Fort** vor Augen: 1848 zum Schutz gegen die Basotho errichtet, von diesen erheblich beschädigt, vor Ausbruch des Burenkrieges wiederaufgebaut, von den Briten bald erobert, von der burischen Rebellion gegen die Weltkriegsteilnahme (Sep 1914) schwer erschüttert. Heute herrscht Ruhe: Militärmuseum mit Waffen, Fotos & Erinnerungen an südafrikanische Truppen in beiden Weltkriegen. Sa-Mo 8-16h.

Bloem-Fontein? Einst begehrt bei jagenden San, ackerbauenden Sotho und ochsenbewehrten Voortrekkers, wird die namensstiftende Quelle von Säule und Stadtwappen verziert. Ihren ersteren Namensteil zelebrieren die Bloemies Mitte Okt mit dem einwöchigen Festival der Rosen, im Kings Park gedeihen Tausende von Rosenbüschen.

National Women's Memorial

Südlich der Innenstadt, Monument Rd. Der 37m hohe Obelisk soll an 40.000 Frauen & Kinder erinnern, die im Zweiten Burenkrieg in britischen KZs umkamen. Schade nur, daß das benachbarte Militärmuseum die Gelegenheit nicht nutzt, die Perversion *jedes* Krieges zu brandmarken. Gezeigt werden militärische und zivile Relikte aus den Burenrepubliken. Mo-Fr 9-16.30h, Sa 9-17h, So 14-17h, 1 DM. Bus 14/16 ab Hoffman Square.

Die ersten KZ: als schon bald nach Beginn des Burenkriegs 1899 ihre Niederlage abzusehen war, verlegten sich die Buren auf Guerilla-Nadelstiche. Die Briten reagierten unbarmherzig, zündeten die Farmen Verdächtiger an, verschleppten deren Familien in Lager.

Am Ende des Krieges waren 200.000 burische und über 80.000 schwarze Frauen & Kinder in KZs interniert, ohne ausreichende Verpflegung, fast ohne medizinische Versorgung. Erst die Engländerin Emily Hobhouse machte dieses Verbrechen gegen die Menschlichkeit weltweit ruchbar. Ihrem Einsatz war es zu verdanken, daß bei Kriegsende nicht noch mehr Todesopfer zu beklagen waren als 26.000 Weiße und 14.000 Schwarze.

Entspannung & Kultur

Den King's Park westlich der Innenstadt machen über 4000 Rosen zum schönsten der Stadt. Am ersten Sa jeden Monats steigt um den Loch Logan ein Flohmarkt. Im westlichen Parkteil versammelt der **Zoo** zahlreiche Vögel, Raubkatzen, Menschenaffen. Auf der anderen Straßenseite umgürtet der President Swart Park den Schauplatz großer Sportereignisse: **Free State Stadium** mit geheiligtem Rasen, Tennisplätzen & Schwimmbahnen. Echte *Cricketeers* pilgern dagegen ins **Ramblers Stadium** am Fuße des Naval Hill, wo zivilisierte Briten (s. National Women's Memorial) schon vor 1914 die Keule schwangen.

Fürs Sand du Plessis Theatre, Markgraaff St, gab die Stadt 1984/85 über 40 Mill. DM aus. Eigenwillig ist der Komplex mit 950 Sitzplätzen in jedem Fall, dazu lichtdurchflutet, luftig und ein Bonbon für Opern- & Symphoniefreunde; Kartenbestellung T. 447 7771. Das bunte Riesenfenster gegenüber bietet abends bei Beleuchtung ein hübsches Bild.

Naval Hill

Über Union Ave und Delville Rd. Die einzige Zufahrt führt am Hamilton Park vorbei. Rund um dessen sehenswertes **Orchideenhaus** (3000 Arten!) sind Pools, Wasserfällchen & Brücklein zur Miniaturlandschaft gefügt; täglich 10-16/17h. An der Union Ave befindet sich ein Duftgarten, in dem auch Nichtblinde ihren Geruchssinn schärfen können; frei.

Der plateauartige Hügel nordöstlich der Innenstadt teilt mit so vielen exponierten Aussichtsstellen eine militärische Vergangenheit. Die Briten nutzten ihn im Burenkrieg als Kanonenabschußrampe. Heute lockt das Steinmäuerchen am **Aussichtsparkplatz** zum Picknick mit Panoramablick – tagsüber. (Leider vergessen viele Besucher ihren Müll.) Nach Sonnenuntergang geraten viele parkende Fahrzeuge ins Schaukeln ...

Franklin-WR: Bloemfontein gehört zu den wenigen Städten der Welt, die sich eines Schutzgebietes neben der Innenstadt rühmen können; frei zugänglich, zu Fuß & mit Auto. Es bietet verschiedenen Antilopenarten, Straußen & Zebras eine naturbelassene Heimstatt. Und neuerdings auch einer großen Überraschung! *Mehr sei nicht verraten, einfach Augen auf und einen langen Hals machen.*

Umgebung

Der Botanische Garten 8 km nördlich, Rayton Rd, gewährt auf 45 Hektar einen Überblick über die Flora des Freistaates. Die Anlage ist in Beete, Feuchtbiotop & Naturwald aufgeteilt. Kräutergarten und See sind auch mit von der Partie.

Maselspoort: 23 km östlich, am Ufer des Modderflusses. Als Freizeit(t)raum einer ganzen Stadt bietet das **Aventura Resort,** T. 441 7848, Fax -7865, Sportmöglichkeiten jeder Art, riesige Pools, Restaurants & monströs lange Rutschbahnen. Zeltplätze 20 DM, unhübsche Vierer-Chalets mit Wohnzimmer, Küche, Bad & Braai ab 20 DM/P.

Das Soetdoring NR (70 qkm) 35 km nordwestlich am Krugersdrift neben der R64 steckt voller Antilopen, wird durch einen Raubtierpark mit Löw & Gepard aufgepeppt. **FS Ecotourism,** T. 433 1011, vermietet umgemodelte Schlafwagen ab 20 DM/P, dazu Camping, Lapa & Sanitärblock.

Hin & weg

Züge: Bahnhof am östlichen Ende der Innenstadt, Harvey/Maitland St. Spoornet-Büro auf der anderen Straßenseite; Auskunft T. 408 2946, Buchungen T. -2941. **Trans Oranje** Di 15h nach Harrismith & Durban, Do 9.45h Kimberley & Kapstadt. **Amatola** So-Fr 19.48h nach East London, Mo-Sa 1.33h Joburg. **Algoa** Di/Do/So 21.20h nach PE, Di/Do/Sa 2.33h Joburg. **Diamond Exp** nach Kimberley, Joburg, Pretoria (40/100/115 DM mit DB&B). *Wie an allen Bahnhöfen Afrikas gilt: Augen auf!*

Busse: ab Transit Centre/-Verkehrsamt, rund um die Uhr; fast alle Großstädte direkt erreichbar. **Intercape,** T. 447 1575, täglich nach Joburg, Di-So Kapstadt (50/75 DM). **Translux,** T. 408 3242, täglich 12/23h nach Kapstadt, 6.30/18h Joburg & Pretoria (12/6/7 Std, 115/65/65 DM), täglich Oudtshoorn, George, Knysna (80/90/90 DM), Graaff-Reinet, PE (70/80 DM), Harrismith, Durban (50/60 DM). **Greyhound,** T. 447 1558, täglich 21h nach Kapstadt, 23.50h Durban (120/70 DM), Pretoria, PE, Kimberley. ISIC-Rabatt 10%.

Minibustaxis, T. 447 0877, ab Bhf und ab Harvey/St Georges St, frühmorgens z.B. nach Ficksburg, Maseru, Wepener & Kimberley (je 12 DM). Transfer nach **Lesotho** (Malealea Lodge) ab Taffy's BP oder mit Gerardo Odendaal, T. 526 2745.

Flüge: der Flughafen 6 km östlich ist nur über die R64 erreichbar; keinerlei Busse. **SAA,** T. 447 3811, und SA Airlink, T. 433 3769, nach Joburg und Kapstadt. SAA-City Terminal am Hoffman Square, St Andrews St, T. 447 5946.

Mietwagen am Flughafen: **Imperial**, T. 433 3511; **Budget,** T. -3505; **Avis,** T. -2331; Hertz, T. -4018; und **Tempest,** T. -2146, für Kurzmieten am billigsten.

Beifahrer brauchen ein goldenes Händchen für knackige Radiosender. Durch den Äther schwirrt im Freistaat viel Volksmusik à la Afrikaans – klingt wie Musikantenstadl mit Kehlkopfproblem. Ansonsten machen Kopiloten ein Nickerchen, blättern ein bißchen in diesem Buch *(Mosambik schon gelesen?)* oder denken über gute Gesprächsthemen nach. Die Straßen von-/nach Bloemfontein sind nämlich laaaaangweilig!

Highlands Route

Tlo Bone – auf Sotho „Komm und schau". Es ist wirklich eine grandiose Gegend, die zwischen Harrismith und Ladybrand zu entdecken wäre, ein Traumziel für Wanderer & Reiter. Auch ohne langjährige Sattelerfahrung kan man einen Ausritt wagen, da Basotho-Ponies für Ausdauer & Trittsicherheit gleichermaßen bekannt sind. Überall findet sich eine Gästefarm, die für ein, zwei, drei Tage Ponies vermietet.

Dies ist Highveld. Im Gebirge treten gern alle vier Jahreszeiten an einem Tag auf. Ins Gepäck gehören stets lange Hose, Regenjacke und Kopfbedeckung. Winternächte klettern auf **-15°** runter, ohne mit der Wimper zu zucken!

Klima: die Sommer pflegen warm (nicht heiß) und regenreich zu sein, die Winter dagegen kühl und trocken. Morgenstund hat oft Frost im Mund, sogar bis Anfang Okt. Dank 750-1400 mm Niederschlag pro Jahr, selten als Schnee, erstrahlt der Frühling dann wieder in allen Farben. Wer Ferngläser dabei hat, wird sie kaum noch absetzen wollen ...

Harrismith

270 km südlich von Joburg, an der N3/N5. Zur Stadtgründung 1848 nach dem Gouverneur Harry Smith benannt (wo bittschön liegt Helmutkohl?). Guter Ausgangspunkt für die Entdeckung der schönsten Ecke im Freistaat, sofern man über ein Fahrzeug verfügt. Die breiten Hauptstraßen stünden selbst einer Metropole nicht schlecht an, und doch wird nur über Vieh & Wetter gesprochen. © 058.

Marketing Bureau: Andries Pretorius St, hinter dem Rathaus, T. 622 3525, Fax 623 0923, mit Drakensberg-Broschüren, Karten und B&B-Vermittlung; Mo-Fr 8-17h, Sa 9-12.30h. **FS Nature Conservation:** T. 622 3520, Fax -1772, für acht Reservate zuständig.

Postamt: Piet Retief/Stuart St, T. 622 1281. **Internet:** Yes Copy Shop, 49 Stuart St, T. 623 0104, driekus@yes.co.za; 4 DM/Std online, Mo-Fr 8-17h.

Übernachten

Über ein Dutzend Gästefarms im näheren Umkreis, Auskunft im Verkehrsamt.

Caravanpark, T./Fax 622 1818, liegt hübsch schattig am Ufer der Wilge-Mäander, vor dem Bahnhof links, unter den Gleisen durch und noch 10 min weitermarschieren. Zeltplatz 10 DM, mit heißen Duschen & Küche. Wer es spartanisch mag, findet im **Platberg NR,** T. 622 3525, Schutzhütten mit 2-6 Betten, Küche & Bad, sonst nix; 12 DM/P.

B&Bs: The Gems, 22 Lombard St, T. 622 1389, zentral ab 35 DM/P. - **Lalanathi Guesthouse,** T./Fax 623 0282, 3 km südlich an der N3, etwas teurer, aber mit Fußbodenheizung, M-Net, Heilbad & allerlei kleinem Luxus.

Hotels: * **Grand National,** Warden/Boshoff St, T./Fax 622 1060, müht sich redlich um hohe Standards. 34 EZ/DZ mit Bad & F 50/80 DM. - Zum **Sir Harry Motel,** T./Fax 622 2151, gehören 48 Chalets. - ** **Harrismith Inn** jenseits der N3, McKechnie St, T. 622 1011, Fax -2770, mit 119 vornehmen DZ. B&B 75-100 DM/P.

Anschauen, Hin & Weg

Das Rathaus (1907) ist ein gutes Beispiel für die in der Gegend weitverbreitete Sandsteinarchitektur. Daneben liegt ein 26m langer Stein, der vor 150 Mill. Jahren mal ein Baumstamm war. Das Verkehrsamt hintendran veranstaltet rundum ehrliche, geführte Spaziergänge durch das **Township Intabazwe;** mit Mahlzeit bei einer Zulufamilie 45 DM.

Der Botanische Garten, 4 km südlich, umfaßt eine Vielzahl heimischer Pflanzen, Vögel und kleiner Vierbeiner. Einer der Trails am Fuß des Platbergs endet am Blockhaus, das die Briten während des Burenkrieges zimmerten; täglich 7-17h. Noch auf Stadtgebiet beginnt das 45 qkm-**Platberg NR** mit Wanderpfad. Temporeicher wird der Anstieg beim Bergmarathon am 10. Okt in Angriff genommen. Dessen Auslöser war ein kecker britischer Major *("that small hill of yours")*, der sich im Burenkrieg zur Wette verleiten ließ, er werde den Gipfel in einer Stunde bewältigen – er brauchte 52 min.

Zug: Trans Oranje Di 22.59h nach Durban, Fr 1.46h nach Bloem & Kapstadt. **Busse: Translux** ab Sir Harry Motel zwei- bis dreimal täglich nach Ladysmith & Durban (2/4½ Std, 30/50 DM), täglich Kapstadt & Joburg (16/3½ Std, 120/45 DM), viermal wöchentlich nach Bloem (60 DM). **Transtate** & Minibustaxis vom neuen Busbahnhof häufig nach Qwa Qwa, Bergville, Joburg (4/6/18 DM) und KwaZulu-Natal.

Mount Everest-Wildreservat

22 km nordöstlich, abseits der Verkykerskop Rd. Ins Reservat der mittelteuren Sorte um die Gipfel Glen Paul und Everest (keinerlei Ähnlichkeit) wurden auch Kamele & Lamas eingeschleppt. Dabei könnten doch schon Weiße Rhinos, 26 Antilopen- und 300 Vogelarten von den vier Wander/Ponytrails aus gesehen werden. Eintritt 3 DM.

Caraville Resort, T. 622 1816, Fax -3493, verstreut unterschiedlichste Chalets über die Anhöhen, dazu Wäscheservice, Restaurant, kleiner Laden & Pool. Blockhäuser mit zwei/vier/sechs Betten ab 40 DM/P. 30 Stellplätze auf Südafrikas höchstgelegenem Caravanpark ab 60 DM/vier P. In den Bergen wartet eine Buschmannshöhle mit Campbetten!

Sterkfontein Dam-Naturreservat

23 km südwestlich. Jährlich halten 800-1300 mm Niederschlag den 70 qkm-Stausee und viele Wassersportler bei Laune. Jeden Sa/So beherrschen Motorbootverrückte die Szene. Auf einem Zweitagestrail erobert man die Einsamkeit, durch die Lüfte segeln Bart- und Kapgeier. Karg, aber **wunderschön!**

Resorts: Sterkfonteindam am Ostufer/R74, T. 622 3520, Fax -1772, erlaubt auch Zelten. 17 Chalets à zwei bis acht Betten, Küche & Bad ab 40 DM. - **Qwantani** am Westufer/R712, T. 622 3345, Fax -2238, mit viel Zivilisation, Souvenirladen & M-Net. 53 Sechsbett-Chalets mit Wohnzimmer, Küche, Bad, Patio & Wäscheservice ab 160 DM.

Qwa Qwa

Auf manchen Südafrika-Neuling wirkt die Fahrt durch Qwa Qwa wie ein Schock. Hier eine Märchenwelt von wilden Gipfeln und kargem Grasland, dort engbesiedelte Hügel einer schier endlosen Stadt, die kaum Arbeit bietet und dennoch zu „Homeland"-Zeiten mit 200.000 Basotho überfrachtet wurde.

55 km südwestlich von Harrismith, an der R720. Das Ex-„Homeland" Qwa Qwa (in Sotho „Weißer als weiß"), das sich an die spektakulären Nordausläufer der Drakensberge kauert, ist berühmt für sein Kunsthandwerk. Mohairteppiche, Glaswaren & Körbe werden im Qwa Hands Centre vor dem erbärmlich armen Phuthaditjhaba losgeschlagen. Der **Qwa Qwa-Park**

(210 qkm) versammelt bis zum Golden Gate NP Antilopen, kleinere Säuger und Schlangen, an die man zu Fuß oder auf Ponies heranpirscht. Aus der reichen Vogelwelt sind v.a. Bart- und Kapgeier zu erwähnen. © 058.

Qwa Qwa Tourism & Nature Conservation: Witsieshoek, T. 713 4444, Fax -4342.

Die Logis sind dünn gesät, jedes auf seine Weise aber außergewöhnlich. Beim **Eerstegeluk Guesthouse** im Nationalpark, T. 713 0576, Fax -4196, wollen Pferde zum Ausritt gebeten werden. Farmhaus mit fünf DZ, Wohnzimmer & Küche 140 DM. - **Qwa Qwa Hotel** in Phutha', T. 713 0903, Fax -0904, ist sehr afrikanisch. 62 Zimmer mit TV & Restaurant. - Die Zufahrt zum **Fika Patso Resort** am Stausee, T./Fax 713 3656, biegt erst spät von der R720 nach rechts ab. 20 Vierbett-Chalets, Restaurant, allerlei Sport.

Witsieshoek Mountain Inn, 25 km südlich von Phutha', T. 719 1900, Fax -1901, ist Südafrikas höchstgelegenes Hotel. Die 27 Zimmer schwelgen im Komfort – eigenartig in solcher Umgebung, zumal sein Pool der einzige in Qwa Qwa ist. Mit HP 90 DM/P.

Qwa Qwa ist Wanderterrain par excellence. Meine Lieblingstour im südlichen Afrika, der Sentinel Trail (über R720), beginnt in 2540m Höhe; s. Royal Natal NP. Auf dem **Metsi Matsho Trail** (zwei Tage ab W'hoek Inn) wartet eine Schutzhütte am Ufer des Swartwater Dam, der Forellenangler herausfordert. In **Fika Patso** schließt eine neue Tageswanderung an den MM-Trail an; vom Resort wird auch ausgeritten, auf Wunsch mit Übernachtung in Sandsteinhöhlen.

◆◆◆

Basotho Cultural Village

Freilichtmuseum im Qwa Qwa NP südlich der R712. Das authentische Dorf verfolgt den kulturellen Werdegang der Basotho bis heute. Vor Prachtkulisse wird traditionellen Arbeiten, Spielen und Tänzen nachgegangen, dazu nach Basotho-Art gespeist. Eintritt 7 DM. *„Hier kann man das fragen, was man schon immer über das Leben der Schwarzen wissen wollte, und es ist für keinen peinlich." (Doris Zürl)*

Golden Gate Highlands-Nationalpark

Halbwegs zwischen Qwa Qwa und Clarens, an der geteerten R712. Der 116 qkm-Park in der Märchenlandschaft am Fuße der Malutiberge ist inzwischen Südafrikas fünftgrößte Besucherattraktion – völlig zurecht. Geboten wird ein Autorundkurs (15 km), ein Zweitage-Trail und mehrere Tagestouren, die jedem Anspruch gerecht werden. **Sehr sehenswert!**

Die Flora besteht aus Sauergras, Sträuchern und Knollengewächsen. In den Schluchten stehen auch ein paar Bäume rum und freuen sich auf die Laubfärbung. Bis in den April entfachen Fackel-, Arumlilien und andere Wildblumen ein blühendes Feuerwerk, in jedem Gebirgsbach sieht man Forellen. Zu Beginn der 60er Jahre eingerichtet, beherbergt der Park 39 endemische Säugerarten, darunter Elands, Bleßböcke, Gnus, Burchell-Zebras, Schakale und Kap-Otter. Die Tiere sind aber scheuer als in klassischen Safariparks. Unter 140 Vogelarten tauchen auch der seltene Lämmergeier, Bartgeier und Kaffernadler auf.

The Fairest Cape of All: Kap der Guten Hoffnung,

Abendstimmung vor Hout Bay.

Ziemlich wüst: Camp im Karoo NP,

Staubpiste im Nordkap.

Größte Gebirgskette des Landes:
Dorf in den Natal Drakensbergen,

Ausgangspunkt des Sentinel Trail.

Längster Garten am Meer: Steilküste vor Knysna,

Feriendorf an der Outeniqua-Choo-Tjoe-Strecke.

> ☞ **Berühmt ist** Golden Gate aber für seinen spektakulären Sandstein, der in Orange- und Rottönen schimmert, mal als spektakuläre Felspfeiler, mal in Höhlen & Kavernen.

Durchfahrt auf R712 frei, **Tagesbesucher** zahlen im Camp Glen Reenen 10 DM/Fahrzeug (1-5 P). Hier auch Infoschalter mit Wanderkarte und -tips.

Übernachten & Wandern

Reservieren bei SA National Parks.

Hauptcamp Brandwag mit über 120 Unterkünften, alle mit Bad & TV. DZ-Suite 200 DM, DZ für eine/zwei P 90/160 DM (mit Aussicht bestellen!), Vierbett-Hütte mit Küche 120 DM (1-2 P), pro weitere P 30 DM. Brandwag ist eine kleine Stadt mit Restaurant, Grillplätzen, Café, Wamas, Tankstelle und Pool. Ums Besucherzentrum (Umweltkurse) entspannt man bei Tennis, Bowling, Tischtennis oder Billard. *Wer möchte je wieder weg?*

Nebencamp Glen Reenen mit einfacheren Vierbett-Bungalows, Dusche & Küchenzeile für 70-80 DM (1-2 P), pro weitere P 30 DM. Hier darf auch gezeltet werden, für 22 DM (1-2 P), pro weitere P 5 DM.

Der Rhebok Trail (30 km) führt ab Glen Reenen durch Täler & Schluchten, an Wildbächen vorbei zum höchsten Gipfel im Park. Vom Generaalskop (2757m) bietet sich ein eindrucksvolles Panorama bis weit nach Lesotho. Schutzhütte ohne Kochzeug oder Bad. Trailgebühr 18 DM, max. 18 Personen; auch Ponies zu mieten. Frühzeitig anmelden.

Clarens

40 km südlich von Bethlehem, an der R711/R712. Das anmutige, überaus britische Städtchen genießt den Blick auf die Malutiberge. Sein Flair unterstreichen zahllose Künstler, die ihre Zelte hier aufschlugen und für allerlei Galerien & Teegärten verantwortlich zeichnen. Zudem boomt Clarens als Domizil für frustrierte Johannesburger, die sich hier ihren Ruhestand in Sicherheit erkaufen. ✆ 058.

Municipality: T. 256 1411, Fax -1380.

Bokpoort Holiday Farm, R712-Abzweigung 5 km östlich, T./Fax 256 1181 (Christo & Sunette Roos), bokpoort@iafrica.com, ist *das* Plätzchen für Jung-Dyna miker. Halb- bis dreitägige Ausritte auch bei Mondschein, Pubtouren, Mountainbikes, Wanderwege, Angelzeug. Oder man legt sich auf den nackten Fels und läßt die Seele baumeln. Abends warten 27.000 Sterne ums Lagerfeuer. Camping 8 DM, Schlafsaal 18 DM, Berghütte 36 DM, rustikale Vier/Achtbett-Chalets mit F 50 DM/P, Brunch 10 DM.

Clarens Inn, van Reenen St, T. 256 1119, und **Thistle Shop,** 58 Le Roux St, T./Fax 258 1003, haben auch ein paar Schlafsaalbetten (15 DM) – nix zum Postkartendrüber-schreiben. Da jeder Joburg-Exilant in seinem Häuschen noch Platz hat, gibt es Dutzende von **B&Bs** mit DZ für 70-90 DM. Unter den Favoriten: **Christine** mit zwei Chalets bei der großen Kreuzung, T. 256 1077, und **Maluti Lodge,** T. 256 1422, Fax -1306. - Links der R711 nach F'burg: **Sediba Lodge,** T./Fax 256 1559 (Matt), mit kleinem Teich und großer Kulisse; 60 DM/P.

Cinderella Castle: in Städtchen wie Clarens haben die Leute noch (oder wieder) Zeit. Und die nutzen sie zum Beispiel, um 50.000 Bierflaschen so in- und übereinander zu stapeln, daß schließlich das Schloß von Aschenputtel zu erkennen ist.

Wanderwege führen durch die Berge und zu Dinosaurierabdrücken. Von den Farmen Bokpoort und Connemara Stud legen Pferde bzw. irische Ponies zu Halb- bis Dreitagestouren los. Abkühlung nötig? Auch Clarens hat seinen badetauglichen Dam.

Termine: Surrender Hill-Marathon (Feb), Künstlerfest (Ostern), Farm Art (Okt).

Fouriesburg

36 km südwestlich von Clarens, an der R26/R711. Das friedliche Örtchen, wie geschaffen für Wanderer, ist Ausgangs- und Endpunkt des fünftägigen **Brandwater Trails.** Drei Nächte werden sogar in Höhlen verbracht, eine davon in der Salpeterkrans, der größten Sandsteinhöhle im südlichen Afrika. Isomatten sind auf diesem Trail Gold wert. ✆ 058.

Tourist Information: Municipality, T. 223 0262, Fax -0263. First National Bank hinter der Post mit Rekordgebühren für Reiseschecks!

Im **Meiringskloof Nature Park,** 2 km außerhalb, T. 223 0067, darf gezeltet werden. Wilde Schlucht mit Klippen, Höhlen und Felsenpool. Sechs Bungalows mit Bad, Küche, Kamin, Braai & fünf/sieben Betten ab 20 DM/P. **Tip!**

Rustler´s Valley

R26-Abzweig 23 km westlich von Fouriesburg, danach 13 km Schotterpiste über Bahngleise und kleinen Paß. Das „Tal der Hippies" (Besitzer: Frik!) gehört zu einem herrlichen Naturreservat, mittendrin steht ein legendäres Backpackers – flippiger wird im Freistaat nie wieder eins sein. Idealer Stützpunkt zur Erkundung Lesothos oder des Golden Gate.

Zum Osterfestival reisen Künstler & Bands aus dem ganzen Land an; inkl. Konzerten, Workshops und Ü/F 90 DM. Die Whole Earth Company inszeniert weitere Feste, u.a. zur Equinoxe (Sep, drei Tage) und Weihnachten (zwei Wochen) mit wildem Crossover von Esoterik, Techno und Post-Mod. Bei Anruf Abholung in Ficksburg.

Das Gelände voller extravaganter Ideen krönen Kunstwerke aus Müll, Farbe, Pflanzen & Pappmaché. Antoni Gaudí hätte hier seine helle Freude. Wer von *Legalize it* und *Die Gedanken sind frei* nix hält, sollte **wegbleiben!**

In der Rustler´s Lodge, T. 058/933 3939, wemad@cis.co.za, kriegt jeder, was er braucht. Jede Unterkunft ist anders: 20 DZ in Rondawels oder Hütten mit Bad 100-220 DM, großes/kleines Dorm 15 DM, Tipis 25-50 DM, Camping 5 DM/P, "Pub" mit leckerem Gemeinschaftsabendessen für alle 8 DM, Selbstversorgerküche; Ausritte 15 DM/Std, Wandern, Klettern & Gruppendynamik für umme.

Ficksburg

53 km südwestlich von Fouriesburg, an der R26. Da mitten im Kirsch- und Spargelanbaugebiet, lohnt der Besuch ab Sep zur Kirschblüte – tagelang versinkt die ganze

Stadt Mitte Nov im **Festtaumel.** Ein Museum räumt neben der Kultur der Basothokultur und Erläuterungen zu Sandstein auch General Fick (kein Befehl!) den gebührenden Platz ein. ✆ 051.

Tourist Office: im Rathaus, T. 933 2322, Fax -3321; nach *Cherry Trail* & Führungen durch die Obstgärten fragen.

Schöne B&Bs: Zevenfontein, T./Fax 933 3778 (Ann, Amelia & Wolfgang), longgras@iafrica.com, mit 120 Jahre altem *Homestead* und Dinner bei Kerzenlicht, 75 DM/P. **Bella Rosa,** 21 Bloem St, T./Fax 933 2623 (Joy Eilers), mit Charme, Sandstein & Komfort, 65-85 DM/P. **Stadthotel:** * **New Ficksburg,** T. 933 2214, Fax -3929, ab 50 DM/P.

Gästefarmen für 20-40 DM/P: ** **Nebo,** T. 933 3947, Fax -3286, 10 km von R26-Abzweigung Generaalsnek, mit Rosengarten, Rattan, Fußbodenheizung und gemütlichen Zwei/Vier/Sechsbett-Chalets mit Bad. **Hoekfontein,** 13 km nordöstlich an der R26, T./Fax 933 3915 (Gerhard), mit Lapa, Reiten, Radtouren, Sechsbett-Chalet mit Küche und drei Rondawel-DZ; dreitägige *Ox Wagon Experience* wie bei Voortrekkers all-in 160 DM/P.

Trails: wer keine fünf Tage für **Brandwater** übrig hat, krabbelt vom Melspruit Dam (Camping) zwei Tage lang in die Imperani-Berge; für Schutzhütte im Rathaus anmelden.

Bethlehem

89 km westlich von Harrismith, an der N5, die gegenüber der südlichen Konkurrenz komplett abstinken kann! Viel Mais drumrum, viel Sandstein darin – Bethlehem hat sogar einen Rundgang, der ausschließlich alte Sandsteingebäude abklappert. ✆ 058.

Information Office: Civic Centre, Muller St, T. 303 5732, Fax -5076.

Loch Athlone Resort, 3 km südlich an der R26, T./Fax 303 4981, mit Bikes, Paddelbooten, Gokarts, Tennis, Badesee & Wanderwegen. 44 Zwei/Sechsbett-Bungalows 80-160 DM, dazu billiges Zeltgelände. - **B&B** u.a. bei **Dorpswerf,** 17 Turner St, T./Fax 303 1863, mit schönem Garten; und gehobener im **Hoogland,** 47 De Leeuw St, T./Fax -3633. - ** **Royal Hotel,** 9 Boshoff St, T./Fax 303 5448, mit 35 komfortablen DZ ab 70 DM.

Wasser ist die Leidenschaft des Oranjers, und so gibt es außer einem Schwimmbad, das olympischen Ansprüchen genügt, auch drei Stauseen, darunter den Loch Lomond – *nein, alle Runrig-Fans wieder hinsetzen, dies ist natürlich nicht der „Richtige".*

Ballonregatta im Juli, Weizenfest im Okt, MTB-Hoogland Classic im Nov.

Zug: Trans Oranje Di 21.15h nach Durban, Fr 3.35h nach Kapstadt. **Busse: Translux** ab Bhf und **Greyhound** ab Wimpy's täglich nach Bloem, Harrismith, Durban (je 50-60 DM) & Kapstadt (145 DM). **Transtate** auch nach Joburg & Maseru.

Wolhuterskop-Naturreservat

6 km südwestlich, an der R26. Zu den heimischen Wildarten zählen auch Springbok, Streifengnu, Gemsbok, Eland und Zebra. Im dichten Pinienwald setzen sich **Frischverliebte** den Hundertschaften gurrender Turbeltauben aus. Abgeklärtere Menschen besichtigen

das alte Farmhaus (Sandstein natürlich) oder reiten für 10 DM 1½ Std lang aus.

Trails: der **Wolhuterskop** führt ab Loch Athlone 15 km lang durchs Reservat; unterwegs Schutzhütte (7 DM/P), aber keine Zeltgelegenheit. Der **Houtkop** schlägt mit 36 km einen weitaus längeren Weg ein. Anmelden im Verkehrsamt.

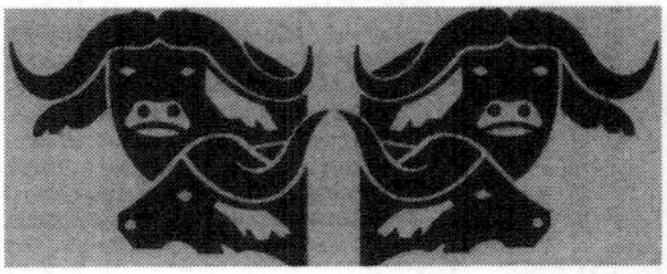

Willem Pretorius-Wildreservat

26 km nördlich von Winburg, abseits der N1. Im 120 qkm-Schutzgebiet um den fischreichen Allemanskraal-Stausee wird nur in Dammnähe geangelt. Boote müssen sich auf das westliche Drittel des Sees beschränken, damit die Tierwelt im Grasland ihre Ruhe hat.

Beide Zufahrten täglich 7-18.30h, von Senekal über die R70 lohnt mehr, denn so werden rechts des aufgestauten Sand Rivers die Ruinen eines Kraals erreicht. © 057.

FS Ecotourism, T. 651 4003, Fax -4005, betreibt ein modernes Resort am Seeufer mit halbem Sportprogramm & Education Centre. Buschcamp mit 16 Betten nur komplett, zehn Drei/Fünf/Sechsbett-Chalets 40-60 DM, Zelten möglich. - Draußen vor der Tür: **Aventura Aldam**, T. 651 4077, Fax -4078, gleicht schon einer Ferienstadt. 46 Zweibett-Cottages ab 50 DM, 44 klimatisierte Zwei- bis Sechsbett-Chalets, 158 Zeltplätze. Tatendurst stillen Pool, Cricket, Rugby & Rollerskates, Autodurst die Tankstelle.

Eine Staubpiste führt auf einen Aussichtsfelsen, von dem aus die Zweiteilung des NR durch den Stausee erkennbar ist. Auf der Nordseite dichtbewachsenes Hügelland, wie geschaffen für Pavian und kleine Antilopen – auf der Südseite endlose Ebenen für Eland, Springbok, Zebra und 600 Weißschwanzgnus. Auf beiden Seiten zu Hause sind Weiße Rhinos und Büffel, in den Hügeln nistet der Kampfadler.

Ladybrand

69 km südwestlich von Ficksburg, an der N8. Im geschichtsträchtigen Städtchen beim Übergang nach Lesotho/Maseru buhlt wiederum allerlei Sandstein um Aufmerksamkeit. Dazu Catharina Brand Museum mit San-Kunst. © 051.

Tourism Forum: im Rathaus, T. 914 0654, Fax -0305, nach Ausritten fragen.

Leliehoek Resort südlich der Stadt, T. 914 0260, mit Pool, Tennis & Golf. Sechsbett-Bungalows und Dreibett-Rondawels je mit Küche & Bad 20-60 DM, Zeltplätzchen 12 DM. In der nahen Modderpoort-Felsenkirche werden seit 1869 Messen abgehalten.

Außergewöhnliche B&Bs: Fort Amity, 18 van Riebeeck St, T. 914 3131, Fax -1633 (Stoffel & Hannatjie), mit Sandstein & schönem Garten; ab 60 DM/P. **Cranberry Cottage**, 37 Beeton St, T. 914 1544, Fax -1168 (Bev Missing), crancott@lesoff.co.za, preisgekrönte Herzlichkeit im alten Bahnhof, der vier Güterzüge pro Woche erlebt; 13 EZ/DZ ab 70/115 DM. ** **Travellers Inn**, 23a Kolbe St, T. 914 0191, Fax -0193, mit Parkplatz & Steakhaus; DZ 110-150 DM.

Busse täglich: **Transtate** nach Joburg, Aliwal North & Queenstown. **Vrystaat Tours** nach Bethlehem, Maseru & Bloem. **Minibusse** nach Thaba Nchu & Bloem (6/9 DM).

Süden des Freistaats

Wepener

104 km südwestlich von Ladybrand, an der R26 – bester Übergang für Malealea-Besuche. Noch so ein historisches Städtchen mit viel Sandstein. Die Region lebt von Mais, Schaf, Rind & "Sandproduktion". Am Welbedacht Dam, 35 km südlich, betreibt FS Ecotourism das **Caledon NR**, T. 051/583 1920, Fax -1921, mit Zebras, Antilopen und einem Knaller:

Nahe dem Ufer treiben vier **Floating Houses** wie aus dem Obi-Prospekt auf dem Wasser, mit Solarkollektor & je zwei DZ 100 DM. Küche, Bad & Lapa an Land.

Zastron

64 km südlich von Wepener, nur 48 km von Lesotho, doch das Schottergeholper nach Mohales Hoek bereitet wenig Freude; angenehmer über Wepener. Das **Eye of Zastron**, ein Loch im Sandsteinkliff mit 9m Durchmesser, ist von der R26 nach Aliwal North gut auszumachen. Seit 1876 kauert das Städtchen am melodramatischen Aasvöelberg. ✆ 051.

Mehrere Gästefarmen mit Felsmalereien der San im Umkreis, dazu **Kloof Dam Caravanpark** mit Drei/Sechsbett-Chalets für 40-60 DM. Nette B&Bs ab 30 DM/P: **Die Ou Stal,** 38 George St, T. 673 1268 (Piet & Zenobia Labuschagne); und **Vogelensang,** T. 673 1415 (Koot & Marietha Klopper). *** **Maluti Hotel**, 22 Hoofd St, T. 673 1107, mit 18 DZ/Dreierzimmer mit F ab 40 DM/P.

Tussen die Riviere-Naturreservat

115 km südwestlich von Wepener, an der geteerten R701. Zwischen *(tussen)* Oranje & Caledon versammeln sich im 230 qkm-Reservat von FS Ecotourism auch Hippos, weiße Rhinos, Bergriedböcke und Raubvögel – **mehr Tierarten** als irgendwo sonst im Freistaat. Eintritt 6 DM (Nov-April), im Winter Jagdgebiet. ✆ 051.

Gepflegtes Camp, T. 762 2803, mit Lapa & Braai. Sechs Chalets 60 DM, Zeltplatz 10 DM. **Was tun?** Natürlich herumpirschen oder wandern auf einem der 6-18 km langen Trails zwischen Bethulie & Aliwal North. - Im **Mynhardt-WR** bei Bethulie, T./Fax 763 0388, macht nur Kleinvieh Mist. Vierer-bungalows mit Küchenzeile ab 25 DM/P.

Schilda: ausgerechnet vor Bethulie, das im Umkreis kaum eine asphaltierte Straße abbekam, wurde die Hennie Steyn-Brücke (Straße/Zug) über den Oranje gezogen – mit 3 km angeblich die längste in der südlichen Hemisphäre!

Gariep Dam

Östlich der N1 zwischen Bloem & Colesberg. Das Oranje-Meer (374 qkm, eröffnet 1972) beginnt stromabwärts von Tussen das Riviere. Südafrikas größte Talsperre muß Strom liefern, das Land mit Trinkwasser versorgen und streßgeplagten Großstädtern ein Leben jenseits des Schreibtisches ermöglichen. Daran grenzen zwei Reservate aus Grasland und kahlen Hügeln, am Nordufer u.a. die größte Springbokherde im Land, am Südufer das weniger überlaufene Oviston NR.

Das Gariep Dam Camp steht unter FS Ecotourism-Regie, daher bescheiden mit Pool, Restaurant & Trampolin. Drei Zwei/Fünfbett-Chalets 60 DM, Zelten möglich, gute Sanitäranlagen. – **Aventura Midwaters,** ebenfalls am Nordufer, ist das Gegenstück: Dutzende luxuriöser Chalets mit Seeblick, 120 Zeltplätze, Restaurants, Pools, Tennis, Badminton, Golf und sogar Postamt. Chalets mit einem/zwei /vier Betten ab 65/95/115 DM.

Die Provinz, auf deren Besuch am ehesten verzichtet werden kann.

Nordwest

Bilharziosegefahr in allen Stauseen der Provinz.

Sonnenblumen, soweit das Auge reicht. Maisfelder, die sich im Wind wiegen. Zwischendurch endloses Bushveld, in dem *Thorn Trees* das Stechen haben – ganze Landstriche verstehen sich als Fluchtpunkt für gestreßte Großstädter. Denen wird dann rund um Vryburg das südafrikanische Texas geboten, mit riesigen Rinderherden und Wildparks. ***Big Heart Country*** – diesen Spitznamen verdient sich der Nordwesten dank warmherziger Gastfreundlichkeit und herzerwärmendem Mampoer-Schnaps. Wer seinen oberirdischen Reichtum begreifen will, hangelt sich entlang der N12 gen Kimberley. Was dagegen unterirdisch los ist (z.B. die reichsten Platinvorkommen der Welt und andere Bodenschätze), muß den meisten Besuchern entgehen. *www.tourismnorthwest.co.za.*

Die Nordwestprovinz ist das einzige Kind der Reform vom April 1994. Während die alten Provinzen Kap und Transvaal damals einfach aufgegliedert wurden, entstand hier etwas gänzlich Neues, historisch in keiner Weise Fundiertes, denn der überwiegende Teil des Landes war dem "unabhängigen Homeland" **Bophuthatswana** zugeschlagen worden.

Dessen sechs versprenkelte Teile waren zwar größer als die Schweiz, aber ärmer als Liechtenstein. Das große Geld, das durch Bodenschätze oder in Sun City (60-80 Mill. DM Jahresumsatz) eingenommen wurde, fand locker den schnellsten Weg raus aus Bop.

◆◆◆

Magaliesberge

Westlich von Pretoria, parallel zur N4, erstreckt sich eine Hügelkette, die jedes Wochenende aufs Neue den Ansturm weißer Hunnen überleben muß. Die Mehrzahl der Besatzer geht mit Drachen oder Heißluftballon in die Luft, mit Bötchen und Surfbrett aufs Wasser. Wanderer freuen sich auf gute Trails, selbst Schnauferlfans kommen auf ihre Kosten, eine Seilbahn führt auf den Berg. Die Gegend wimmelt von Freizeitparks, Teegärten, B&Bs und Landgasthöfen. Ein hübscher Abstecher – wenn man Mo-Fr kommt.

Die zerklüfteten Berge sind auch Heimat der Kapgeier. Viele Besucher hängen stundenlang an ihren Ferngläsern, um diese häßlich-schönen Vögel zu beobachten.

Magaliesberg Reservations, T. 014/577 1733, vermittelt Logis & Aktivitäten.

Hartbeespoort Dam

35 km westlich von Pretoria. *Das* Wochenendrefugium Gautengs steht wegen ausufernder Algen jeden Sommer vor dem Umkippen, daher das sanfte Grün des fast dickflüssigen Wassers. Außerdem wird von Bilharziose gemurmelt.

Um den Stausee gruppieren sich mehrere Ferienanlagen, u.a. **Die Oewers,** Lanseria Rd, T.

012/207 1462, Fax -1482. **Waterfront Accomodation,** T./Fax 012/253 0123, hat B&Bs und Ferienwohnungen. - Auch an Gästefarmen mangelt es nicht, u.a. **Old Zwartkops,** T. 083/654 4763 (Tess & Warren), tms@atlantic.co.za; und **Lincolnshire,** T. 083/773 6183 (Jenny & Ian Copley), mit Blockhäuser in Hanglage für 16-50 DM/P.

Rustenburg

105 km westlich von Pretoria, an der N4. Im Angesicht der Magaliesberge wird extensive Landwirtschaft betrieben. Richtig reich wurde Rustenburg aber dank der beiden größten Platinbergwerke der Welt. Als Stützpunkt gut geeignet. ✆ 014.

B&Bs: Toms Lodge, 51 Heystek St, T. 592 0435, hinter O'Hagans, ist zentral aber ruhig. EZ/DZ mit Bad & Ventilator ab 45/65 DM, F 6 DM. – **Dajuvue,** 1 Stamvrug Ave, Protea Park, T./Fax 533 2569 (David & Judy Pretorius), dajuvue@pixie.co.za, bleibt unauffällig. – **Bushwillows,** T./Fax 537 2333, am Weg nach Sun City mit drei Zimmern, Lounge, Pool & buntem Allerlei für Birders. 45 DM/P.

Holiday Resorts mit breitem Sport- und Outdoorprogramm dutzendfach im 30 km-Umkreis. **Rustenburg Kloof,** Donkershoek Rd, 7 km westlich, T. 537 1351, Fax -1353, in grandioser Schlucht. 88 Vier/Fünf/Sechsbett-Chalets ab 70 DM, 234 Zeltplätze mit Rasen & Schatten ab 20 DM. – *** **Sparkling Waters** in Rietfontein, T. 535 0000, Fax -0007, sparkling.waters @pixie.co.za, mit Blütenpracht, feiner Küche & Sauna. Über 50 DZ/Familienzimmer ab 120/160 DM. – *** **Sundown Ranch** in Boshoek/R565, T. 573 3121, Fax -3114, gestriegelt unter deutscher Leitung, mit Café, Cocktailbar, Jacuzzi, Reitpferden & Pendelbus nach Sun City. Über 100 Zimmer ab 130 DM.

Im Rustenburg NR, T. 537 2204, in den westlichen Magalies-Ausläufern wären allerlei Kleinvieh, aber auch Säbelantilope, Kudu & 256 Vogelarten zu beobachten. Leopard & Hyäne halten sich gerne verborgen. Täglich 8-16h. Wer's dagegen auf große Tiere abgesehen hat: **Boekhoutenfontein** war Paul Krügers Alterssitz. Ein Teil seiner Farm blieb erhalten, darunter eine Hütte (1841), die in der ganzen Provinz kein Gebäude an Jahren übertrifft. Paulchens Wohnhaus (1863) dient heute als Cafeteria. Di-Sa 8-17h, So 15-17h.

Busse: Trancity So-Fr ab Joburg 12h, Pretoria 12.45h, Rustenburg 14h, an Gaborone 18h; zurück ab R'burg So-Fr 12.30h; von/nach Joburg 18 DM, Gaborone 27 DM. **Transtate** täglich von Joburg über R'burg nach Mafikeng.

Sun City & Lost City

☞ Krude Mischung aus Natur von Menschenhand, schonungsloser Glitzerwelt und ungeheuer wichtigem Publikum, und das mitten in einer bettelarmen Gegend – es soll Leute geben, denen beide Cities nach sehr kurzer Zeit sehr heftig auf die Nerven gehen.

48 km nördlich von Rustenburg, in der Savannenlandschaft an der R565. *„I ain't gonna play in Sun City"* hatte zu Beginn der 80er Jahre

die versammelte Rockelite geträllert. Und jetzt spielen sie doch? Jetzt ist es nicht mehr tabu, sich zum weißafrikanischen Las Vegas zu bekennen. Eintritt Sun City 3 DM, Valley of Waves 24 DM. ✆ 014.

Die grüne Oase im Busch wurde zu Apartheidszeiten im „Homeland" Bop eingerichtet, damit Weiße jenen Lastern nachgehen konnten, die ihnen in der sittenstrengen Republik verwehrt waren: das Verjubeln ihrer von Staats wegen hohen Gehälter bei Roulette oder Black Jack – und der Geschlechtsverkehr mit schwarzen Prostituierten in "Sin City".

Natürlich war und ist auch für ein rundes Freizeitprogramm gesorgt. Hier wird gesurft oder sonnengebadet, der Tennisball oder das Golfkügelchen malträtiert, auch Drachen geritten oder Pferd geflogen. Die Schwimmbäder rühmen sich ebenso klaren Wassers wie die Stauseen, letztere mit reicher Fischauswahl. Kurzum, was das Leben außerhalb Sun Citys so beschwerlich macht, wird hier (auch preislich) auf hohem Niveau vergessen. Und nachts ist sowieso der Bär los, in Discos, Ladies' Bars und Rockkonzerten – s. oben.

Lost City, im Dezember 1992 eröffnet, ist von Anspruch & Aufmachung erträglicher. Dafür ward ein riesiges Märchen-Afrika à la Disney aus dem trockenen Boden gestampft. Selbst in Details versucht Lost City seine Herkunft von einer mythisch überhöhten, versunkenen afrikanischen Kultur unter Beweis zu stellen. Anthropologen dürfen schmunzeln!

Welcome Centre: am Eingang zum Entertainment Centre, T. 557 1000. Die freundlichen Herrschaften verteilen Pläne und wissen über alles Bescheid. Über alles!

Übernachten & Unternehmen

Wer ein Auto dabeihat, lächelt einmal müde (DZ erst ab 250 DM) und zischt schleunigst ab, auf den Pilanesberg oder nach Rustenburg. Reservierung jeweils T. 011/780 7800.

*** **Sun City Cabanas** ist auf Familien abgestimmt, mit 284 Zimmern, Abenteuerspielplatz & Minigolf für ältere Spielkinder. EZ/DZ ab 235/260 DM. ***** **Sun City Hotel** mit 300 Zimmern, 40 Apartments und Dschungelgärtchen. EZ/DZ ab 290/320 DM. ***** **The Cascades** und ***** **Lost City Palace** als Treffpunkt nach Highlife und Lowdown beim Roulette. EZ/DZ ab 350/390 DM, Königssuite knapp 5000 DM.

Top-Restaurants in jedem Hotel. Wer den Cent ehrt, bedient sich selbst von den Theken im Cabanas Palm Terrace. Noch bezahlbar: Morula Steakhouse nur abends, Calabash mit Salatbuffet. Im Entertainment Centre wird man für 20 DM ganz schön satt.

Die Sportangebote sind ungezählt. Man sagt, der 18er-Golfkurs sei dank Gary Player ausgezeichnet. Wer das prüfen muß: 30 DM/Tag, Caddy 10 DM extra. In der **Waterworld** (Pools, Wasserski, Surfboard usw.) darf man alles machen, was sonst im Nordwesten nicht ratsam erscheint – Bilharziose! **Naturfreunde** touren im offenen Landie über den Pilanesberg (2 Std 20 DM) oder sehen auf der Kwena-Farm verschiedene Reptilien regungslos verharren. Und die **Zocker?** Werden nach allen Regeln der Kunst ausgenommen. Daddelautomaten & Kasino in jedem Hotel, dazu Entertainment Centre für Tagesbesucher.

Von Joburg täglich an den Spieltisch, z.B. **Jimmy's Face to**

Face, T. 011/331 6109, ab Carlton Hotel; oder **Rand Coach**, T. 331 9991, ab Busbhf (hin/rück 15/25 DM).

Pilanesberg-Wildreservat

Grenzt nördlich an Sun City, so daß sich ein Besuch fast zwangsläufig ergibt. Das 550 qkm-Gelände umfaßt eine Reihe erloschener Vulkane und den Pilanesgipfel (1687m). Die Vegetation ist durchaus abwechslungsreich, selbst lichte Savannen kommen vor – und dann natürlich dank menschlicher Intervention/vestition auch die *Big Five.* ✆ 014.

Gates: Bakubung bei Sun City gut für Tagesbesucher. Wer übernachten will, meldet sich am Manyane Gate bei Mogwase, abseits der R510; täglich 7.30-16.30h, Fr bis 20h.

Einlaß Sep-März 5-20h, Apr-Aug 5.30-19h, Eintritt 8 DM. **Besucherzentrum** am Manyane Gate mit Übersichtskarte (3 DM). Info Centre oberhalb des Mankwe-Sees, T. 552 2405, auch mit Getränken, Leckereien, Andenken und geführten Touren.

Übernachten

Vorbuchen bei Golden Leopard, T. 014/555 6135, Fax –7555, goldres@iafrica.com.

Manyane am gleichnamigen Gate verdient nur Lob: gute Einrichtungen, Grillplätze, Pools, Laden für Grundbedarf, preiswertes Vulture-Restaurant. Zeltplatz mit Rasen & Schatten 35 DM, 60 vollausgestattete Zwei/Vier/Sechsbett-Chalets 70 DM/P.

Bakgatla am Fuße des Garamoga-Hügels ergänzt sein Logis mit riesigem Pool, Brennholz, Wäscheservice & Spielplatz. Fünfbett-Chalets im Kolonialstil 60 DM/P, Zeltplatz mit einfachen Sanitäranlagen 25 DM.

Mankwe („Leopardenort") oberhalb des Mankwe-Sees mitten im Busch stattet seine hübschen Hütten nur mit Bettzeug, Paraffinlampen & Braai aus. Sanitärblock hinter Reetwänden, Gemeinschaftshaus mit Kühlschrank. Zehn Blockhütten mit Doppel- & Etagenbett 28 DM/P, fünf brandneue Zwei/Vierbett-Luxuszelte 60 DM-/P. – **Kololo** an der westlichen Wegschleife gibt sich karger. Vier ganz einfache Zweibett-Zelte mit Panorama, Toiletten, warmem Wasser, Bettzeug & Braai 60 DM/P. – **Metswedi** hat sieben Zweibett-Zelte in einen geheimnisvollen Auwald gestellt. Oft von Jägern belegt. Ohne/mit VP 60/140 DM/P.

Exklusive Ansprüche erfüllen die übrigen Camps.

*** **Kwa Maritane,** T. 652 1821, Fax -1147, im Südwesten des WR mit eigener Zufahrt & viel Rummel. An Aussichtpooltennisgrillspaß erfreuen sich 50 klimatisierte Unterkünfte, HP in Fünfbett-Cabanas oder Vierbett-Chalets mit Patio 110-170 DM/P.

Bakubung, T. 652 1861, Fax -1621, hat an keinem Ende gespart. Die hufeisenförmige Anlage umschließt einen Hippo Pool, in dem man Georgie & Twiggy beim Knutschen zuschaut! Chalets mit zwei DZ, Küche, Patio, Pool, Felsenpool und HP ab 220 DM/P.

Tshukudu, T. 652 1610, Fax -1620, setzt dem Park das Sahnehäubchen auf, gewährt seinen sechs erlesenen Hang-Cottages jeweils Balkonblick auf ein Wasserloch; EZ/DZ all-in 750/1250 DM. Dazu drei Reethütten 450/750 DM.

Auf den zweiten Blick

Warum heute Elefanten den Pilanesberg bekraxeln

Fünf Große, die gar nicht hierhergehören

Nach eingehenden Untersuchungen über Fremdenverkehr, Landwirtschaft und Naturschutz wurde im Jahre 1979 das millionenschwere Projekt »Nationalpark auf dem Pilanesberg« in Angriff genommen. Finanziert wurde alles vom »Homeland« Bop, von kommerziellen Verbänden und der African Nature Foundation. Wegen der Ansiedlung von Wildtieren wurde die Operation Genesis ins Leben gerufen, denn immerhin sollten auf fremdem Terrain plötzlich Elefanten, Büffel, Spitzmaulnashörner, Rappenantilopen, Tsessebes und kleinere Tiere zusammengeführt werden.
Gerade die Wiederansiedlung von Elefanten erwies sich als heikle Pionierarbeit, denn die 75 Dickhäuter stammten aus verschiedensten Gebieten, auch aus dem Krügerpark. Die glücklichsten unter ihnen wurden aus Nordamerika heimgebracht und freigelassen, wohin sie einstmals als Zirkuselefanten exportiert worden waren. Auf dem Gebiet der Elefanten-Wiederansiedlung gelten die Ranger vom Pilanesberg inzwischen als weltweit führend.
Doch Touristen wollen nun mal »Katzen« sehen! So wurden, als alle anderen Schritte gelungen waren, die Möglichkeiten der Ansiedlung von Löwen geprüft. Dabei ging's auch ganz pragmatisch um Fragen der Sicherheit, des Transports und Versicherungsschutzes, um die Gesundheit der Tiere - und natürlich um viel Geld. Solche Verhandlungen können sich jahrelang hinziehen. Schließlich einigten sich die Herren von Pilanesberg und Etoshapark, und im Jahre 1993 konnten die ersten namibischen Löwen in ihrer neuen Heimat begrüßt werden.
Fairerweise wurden zunächst nur zwei kleine Löwengruppen ausgesetzt, damit sich die übrigen Tiere an die Anwesenheit von Großkatzen gewöhnen und auch ihre Überlebenskünste trainieren konnten. Inzwischen sind weitere nachgerückt, und so leben sie also heute zusammen im Pilanesbergpark - the Big Five.

Auf dem Vormarsch. Neuling auf dem Pilanesberg

Mmabatho

302 km westlich von Joburg, an der R49. Welch eine Karriere für die Stadt mit dem Emm-emm-Faktor! Als "Hauptstadt" Bophuthatswanas wurde sie seit 1977 weltweit ignoriert – *außer von Franz Josef Strauß, der freudig seinen Diener machte und dafür als Staatsgast mit allen Ehren und Vergnügungen empfangen wurde.*

Im April 1994 wurde Mmabatho, das Kaff mit 10.000 Einwohnern, überdimensionalem Flughafen und noch klobigerem Einkaufszentrum, die Hauptstadt einer neuen Provinz im neuen Südafrika. Wie diese Provinz besitzen Mmabatho und seine Partnerstadt Mafikeng (12.000 Ew), rund 4 km südlich, grundverschiedene Gesichter. In Mafikeng stand übrigens die Wiege der Pfadfinderbewegung.

✆ 0140 - *ändert sich 2000.*

> **Wer nach Botswana** will, kann Mafikeng gut stippvisitieren: Grenzübergang Ramatlabana nur 25 km nördlich. Ansonsten lohnt ein Abstecher nur wegen Lotlamoreng.

Northwest Parks & Tourism in Mmabatho: Moroka Dr, Borekelong House, T. 843 040, Fax 842 524, nwptb@africa.com; Mo-Fr 8-16h. **Tourist Office** in Mafikeng: Martin St, T. 810 023; Mo-Fr 8-18h, Sa/So 8-13h.

Megacity: Mmabathos Einkaufszentrum mit Banken, Postamt, Kaufhäusern mit Campingbedarf und Reisebüros, z.B. Northwest Travel, T. 23 555. Viele **Ortsbusse** zwischen Busparkplatz Mafikeng & Megacity, seltener nach Lotlamoreng, je 1 DM.

Übernachten & Essen

Mafikeng: Cooke's Lake jenseits der Bahngleise im Südosten mit abgehalftertem, billigem Zeltgelände. – * **Surrey Hotel,** 32 Shippard St, T. 810 420, mit portugiesischem Restaurant. 20 EZ/DZ ab 60/80 DM. – ** **Crewes Hotel,** Carrington St, T. 32 364, ist sauberer. 22 klimatisierte EZ/DZ mit TV ab 80/110 DM. – ** **Protea Hotel,** Martin/Station Rd, T. 32 404, mit gleichem Komfort (ohne Pool) zum gleichen Preis.

Mmabatho: hier warten die teuren Schuppen, denn dem Gast sollten Spiel, Zock & Daddel so angenehm wie möglich gemacht werden. *** **Molopo Sun,** Mokhobo Ave, T. 24 184, gegenüber Megacity, mit 200 Zimmern ab 230 DM. **** **Mmabatho Sun,** Lobatse Rd, T. 891 111, mit Sport- und Kinoangebot, EZ/DZ ab 270/360 DM.

Rooigrond: wer Bougainvillea & weißgekachelte Sonnenterrasse nicht missen mag: ** **Sehuba Protea Inn,** Lichtenburg Rd, T. 01448/644, Fax 775, mit 20 DZ ab 210 DM. **Hope Fountain,** T. 844 890, zwischen Voortrekker-Gräbern, Vierbett-Cottage 80 DM.

Beim Essen hat Mmabatho die Gabel vorn. Im Molopo Sun unerwartet günstig, dank Ditha-Büffet für 15-25 DM. Auch die Megacity macht auf verschiedene Art satt, z.B. chinesisch ab 15 DM. Serviette auf dem Schoß, gedämpfte Töne vom Piano? Dann ein paar Scheinchen mehr einstecken und rein ins Lekhala Restaurant.

Anschauen, Hin & weg

What's New mit Veranstaltungskalender liegt in Hotels frei aus. Überhaupt steckt Mmabatho voller Erinnerungen an seine *Big Time.* „Bop" gönnte ihm 1979 eine eigene Uni (zu groß), ein Stadion für 60.000 Zuschauer (bei 10.000 Einwohnern!) und riesige Verwaltungsgebäude, ganz zu schweigen von den Prestigeprojekten Flughafen und Megacity.

Das Mafikeng-Museum atmet den strengen Odem des Provinziellen, aus dem sich eine Episode hervorhebt: die Belagerung im Burenkrieg. Mo-Fr 8-16h, Sa 9-12h, frei. Die **Anglikanische Kirche** zu Ehren dieser Toten entstand auf Sir Herbert Bakers Reißbrett (ja, der von den Union Bldgs in Pretoria).

217 Tage lang belagerten die Buren 1899/1900 die von Colonel Baden-Powell befehligte Stadt. Die Briten trotzten, und zumindest ihre Offiziere waren in der erfreulichen Lage, Haltung bewahren zu können. So zelebrierten sie den *Queen's Birthday* im Mai 1900 mit einem Festessen, dessen Speisekarte im Museum ausliegt. Andere Quellen zeigen, daß auch die Buren keine Barbaren waren: sonntags wurde strenge Waffenruhe gehalten.

Züge: die Gleise nach Gaborone befahren nur Güterzüge. Auskunft Bhf Mafikeng, T. 349 280, Mo-Fr 8-16.30h. **Transtate-Busse** ab Bhf Mafikeng So-Fr 10h nach Joburg, zurück Mo-Sa 8.45h (6 Std, 20 DM). **Minibustaxis** nach Rustenburg, Vryburg & Joburg. **Sun Air,** T. 810 660, fliegt von Mmabatho nach Sun City, Durban, Kapstadt & Joburg.

Botsalano-Wildreservat

30 km nördlich von Mmabatho, neben der R503. Im 58 qkm-Schutzgebiet am Ostrand der Kalahari sind Giraffen & Rhinos zu entdecken. Die entsetzlich ungekämmten Warzenschweine gehen beim Äsen freiwillig auf die Ellbogen, während der dünne Schwanz wie eine Antenne aufgerichtet bleibt.

Mogobe Camp an einem Wasserloch mit vier gemütlichen Zweibett-Safarizelten & Braai. Vorbuchen bei Golden Leopard, T. 014/555 6135, Fax -7555, goldres@iafrica.com.

Lotlamoreng Cultural Village

Schwarze Geschichte, oft vernachlässigt, kommt im Museumsdorf an der R49 nach Vryburg zu ihrem Recht. Obwohl touristengerecht aufbereitet, bleibt das Projekt des Tswana-Historikers Credo Mutwa doch einzigartig. Täglich 7-19h, 6 DM. Sehenswert!

An den Ufern des Lotlamoreng Dam wurden Kraale aufgestellt, die der Tradition von Tswana, Xhosa, Zulu und Ndebele entsprechen. Hier wird getanzt, gesungen, getöpfert oder geflochten, ungestört & ungerührt, da kaum Besucher vorbeikommen. Wenn sich ein Führer finden läßt, sollte man sich ihm umgehend anschließen. Manche Beobachtung erhält erst durch Erklärung die rechte Tiefenschärfe.

N12 nach Kimberley

☞ **Wohlan, die Zeit** des endlosen Maisfeldes ist gekommen. Bis zum Horizont erstrecken sich die aufrechten Halme, selten unterbrochen von Städtchen, in denen mal Familie Voortrekker zuhause war und heute Langeweile regiert. Mooi & Vaal liefern dank 600 mm Regen/Jahr so viel Wasser, daß auch durstigeres Obst & Gemüse angebaut wird.

Potchefstroom

110 km südwestlich von Joburg. Unter 70.000 Einwohner mischen sich 7000 Studenten, dennoch bleibt die bunte Note zaghaft ausgeprägt. Anno 1838 als erste Stadt im Transvaal vom „Chef" Andries Potgieter gegründet, sitzt heute in gesichtslosen Vororten jene Mittelschicht, die am Wochenende die Stauseen der Umgebung belagert. ✆ 018.

Lakeside Resort am P'stroom Dam 4 km nordwestlich, T. 299 5470, mit Fahrrädern, Go-karts, Booten, Café, Pools, Zeltplätzen, Zwei/Vierbett-Chalets & Rondawels. – Im * **Kings Hotel,** 25 Potgieter St, T. 297 5505, würden keine Könige mehr absteigen, dafür glänzt es zu sehr durch republikanische Strenge. DZ ab 80 DM.

Klerksdorp

47 km westlich von P'stroom. Inmitten reichen Ackerlandes wird dem Boden Gold & Uran abgewonnen. Klerksdorp ist kaum von touristischem Interesse, abgesehen vom Faan Meintjes NR 14 km nördlich, darin Büffel, Giraffen, Zebras & Weiße Rhinos leben. ✆ 018.

Info Bureau im Stadtmuseum, Margaretha Prinsloo St, T. 462 3919, Fax -5030.

Vier/Sechsbett-Chalets für 40-60 DM im **Meintjes NR,** T./Fax 462 5700; ab 75/90 DM im **Orkney Vaal Resort,** T. 473 3228, Fax -3369, dazu billige Angebote von Juni-Sep – *aber wer verbringt gern einen Monat seines Lebens an einem Ort namens Orkney?*

Bloemhof Dam-NR

145 km südwestlich von Klerksdorp. Um die Wasserversorgung dieser Maisgegend zu sichern, stellt sich beim belanglosen Städtchen Bloemhof ein dicker Damm dem Zusammenfluß von Vaal und Vet/Erfenis in die Quere. Das eingezäunte Ufergelände erlebt noch einige Weiße Rhinos – der überwiegende Rest der Familie ist in Umfolozi zu bewundern.

Bei Anglern sind die Vaal-Mäander beliebt. Vogelfreunde bekommen dagegen auf der Halbinsel zwischen den Seearmen das meiste zu sehen: Sandveld-NR (400 qkm) mit Zwei/Vier/Sechsbett-Chalets von FS Ecotourism.

N14 nach Upington

Vryburg

450 km westlich von Joburg. Nennt sich zwar *Texas of South Africa,* ist aber alles andere als Dallas oder Houston. Bestenfalls ein zu großes Dienstleistungszentrum für eine erzkonservative Region. Also doch Texas?

✆ 05391 – *ändert sich anno 2000.*

Stellaland Tourism: 60 Market St, T. 2222, Fax 2401. www.bophirima.co.za.

Handvoll Gästehäuser zur Auswahl, u.a. Bird Lodge, T. 71 680; und Kliphuisie in der Ex-Polizeiwache (!), T. 71 425. – Dazu die bezeltbaren **Ferien-Resorts** Swartfontein 5 km nordwestlich, T. 4825, und Boereplaas 19 km nördlich, T. 4206. – **Hartzhoogte Game Ranch**, T. 018/473 4014, Fax -0105, hartzhoogte@mcg.co.za, bringt bis zu 38 P in Luxuschalets unter. Mit Braaigelände, Landebahn, Bar, Lounge mit Pool und Lapa.

Taung

69 km südlich von Vryburg, an der R49. Nach dem kleinwüchsigen

Volk der Tau benannt, war Taung bis 1994 Hauptort eines der sechs Bop-Einsprengsel.

1942 wurde bei Taung die Schädeldecke eines kleinhirnigen Hominiden entdeckt, der bereits aufrecht ging, Geräte herstellte und 1,20m maß. Mit der C14-Methode auf 2,5 Mill. Jahre datiert, erhärtete dieser Fund die Vermutung: der Mensch kommt aus Afrika.

Und wo schläft der Mensch an seinem Wiegenort? *** **Taung Sun,** T. 053/994 1820, mit Kasino, Komfort und 40 teuren Zimmern. * **Oasis Hotel** ist kleiner, einfacher & preiswerter. Beide liegen in unmittelbarer Nähe der Fundstätte des „Taung-Schädels“.

◆ ◆ ◆ ◆ ◆ ◆ ◆ ◆ ◆

Für alle, die in der Wüste keinen Sand ins Gefühlsgetriebe kriegen, eine der beeindruckendsten Erfahrungen in Südafrika. Wenige Touristen.

Nördliches Kap

Mit 363.000 qkm doppelt so dick wie die zweitgrößte Provinz (Ostkap), mit 700.000 Einwohnern kaum ein Viertel der anderen Bevölkerungs-Schlußlichter (Oranje, Mpumalanga) - ergibt 2,2 Menschen/qkm (Gauteng 370). Wenn ich jetzt noch erzähle, daß von Einwohnern & Einkommen allein ein Drittel auf Kimberley und Upington entfällt, bekommen helle Geister eine Vorstellung von der Weitläufigkeit zwischen Kalahari, Atlantik und Karoo. Der Halbwüste wurde endloses Weideland abgetrotzt, das nur ein paar Schafe oder Rinder bewältigt und nach Westen hin immer trockener wird.

Kimberley

477 km westlich von Joburg, an der N8/N12. Am Steine hängt, zum Steine drängt alles in der Hauptstadt der Provinz. Ihr Verfall wird an jeder Ecke sichtbar - kein schöner Ort. Daß Kimberley dennoch den Zwischenhalt lohnt, liegt an viktorianischen Relikten und einem Riesenloch, als ob da jemand *die* Karotte der Weltgeschichte rausgerissen hätte. ✆ 053.

Kurz & knackig

Tourism Kimberley: Civic Offices, Bultfontein Rd, T. 832 7298, Fax -7211, dvcadmin-@kimnet.co.za; Mo-Fr 8-17h, Sa 8.30-11.30h. **Satour:** Flaxley House, Dutoitspan Rd, T. 833 1434.

Postamt: hinter dem Rathaus, Old De Beers Rd, T. 831 3741, mit Postlager, Telefon, Fax; Mo-Fr 8-16.30h, Sa 8-12h. **Internetcafé:** Small World, Pick'n'Pay Mall, T. 831 3484, info@smallworld.co.za, online 8 DM/Std; Mo-Sa 9-21h, So 15-20h.

Highlights der Provinz

*** Der *Kalahari Gemsbok-NP* umfaßt das größte geschützte Ökosystem im Südlichen Afrika. Jede Safari hat noch den Beigeschmack des Abenteuers.

*** Alljährlich im Aug/Sep breitet *Namaqualand* riesige Blumenteppiche übers Land - ein kraftvoller Kontrast zur kühlen Kargheit der Landschaft.

*** Wer Einsamkeit neu buchstabieren will, legt Notizblock & Notebook beiseite, um für ein paar Tage im halbwüsten *Richtersveld NP* zu verschwinden.

*** Die *Augrabies Falls* sorgen für soviel Getöse, daß Wanderer ebenso sprachlos zurückbleiben wie Kanuten. Drumrum ein feines Schutzgebiet.

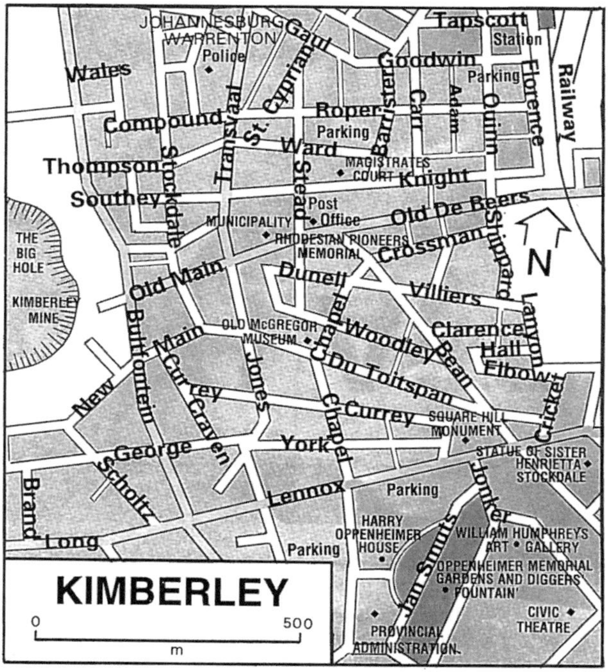

Automobile Association: 13 New Main St, T. 832 5207. **Rennies Travel:** Dutoitspan Rd, zwischen Chapel/Jones St, T. 831 1825.

Notfall: Medi-Clinic, Dutoitspan Rd, T. 838 1111 rund um die Uhr. Ambulanz T. 831 1954, Nachtapotheke T. 831 1787, Polizei T. 10 111.

Zu Fuß ist die City samt Big Hole prima zu erobern. Das für Landesverhältnisse ungewöhnliche Gäßchengewirr ist jenen Diggern zu verdanken, die sich kreuz & quer im offenen Veld niederließen.

Tram Service: seit 1887 in Kimberley. Eine der letzten Bahnen (von 1914) bemüht bis heute die Nostalgie. Ab Rathaus/Transvaal Rd stündlich bis 16h zu Minenmuseum und Big Hole; 1,50 DM-/Strecke, Fahrkarten in Tram und Verkehrsamt.

Taxis: Kimberley Streek, T. 861 4015. Rikki's, T. 082/461 8818.

Übernachten

Städtischer Caravanpark, West Circular Rd, T. 833 3581, mit Spitzenlage, Schatten, heißen Duschen, Wamas & Pool. Das Große Loch wartet um die Ecke, jeder Stellplatz (5 DM plus 3 DM/P) liegt auf gründlichst durchkämmtem Ausgrabungsschutt. Rezeption täglich 6-20h. **Riverton Resort** an der N12 30 km nördlich, T. 21 703, mit 44 Chalets, 43 Campingplätzen und 42 Wassersportmöglichkeiten, auch Kanus, Pool, Einkaufsladen.

Gum Tree Lodge, Bloemfontein Rd, T. 832 8577, Fax 831 5409. Kimberleys Zugeständnis an Backpacker liegt stolze 5 km außerhalb; per Taxi min. 8 DM. Viel Ruhe im konvertierten Ex-Knast mit 128 Etagenbetten, Schlafsaal ab 12 DM, EZ/DZ/Vierbettzimmer 25/40/55 DM. Mit Pool, TV-Raum, Sportplatz, Waschsalönchen & Bikes - im Nov 1998 war aber der Schlüssel zum Fahrradschuppen unauffindbar ...

B&B dutzendweise, v.a. in Belgravia. **Forwardene**, 18 Rhodes Ave, T. 861 2484 (Kay Cockerill), mit hübschem Garten & Vögelchen. **Pembury Lodge**, 11 Currey St, T. 831 6965, mit Charme & feinem Restaurant; EZ/DZ/Vierbettzimmer 40/60/80 DM. **Elsmere Lodge**, 4 Elsmere Rd, T. 833 3101 (Patsy Gatonby), mit viel Ruhe. Am dollsten: **Edgerton House**, 5 Edgerton Rd, T. 831 1150, Fax -1785, edgerton@kimberley.co.za, wie bei Königin Viktoria; 13 EZ/DZ ab 110/160 DM.

Hotels: Phoenix in Beaconsfield, Central Rd, T. 831 1709, bietet seit 1886 Pub Lunches & satte Sonntagsbüffets; EZ/DZ mit F ab 50/80 DM. **Assembly**, Transvaal Rd, T. 831 1903, und **Halfway House Inn**, Dutoitspan/Edgerton Rd, T. 832 5151, bieten DZ mit Bad & F ab 85 DM. **Kimberlite**, 162 George St, T. 831 1966, in dreistöckiger Schuhschachtel nahe Big Hole; 30 wohlausgestattete DZ 80-110 DM. **Horseshoe Motel**, Memorial Rd, T. 832 5267, etwas außerhalb Richtung Kapstadt, Mall in der Nähe; klimatisierte EZ/DZ mit M-Net & F ab 60/90 DM. *Minustip: Kemo Hotel im Square Hill Park!*

Sterne-Hotels, alle mit Restaurant: ** **Colinton**, 14 Thompson St, T./Fax 833 1471, in Tramnähe, für viele immer noch die erste Adresse am Ort, Pool von Gesträuch & Biergarten umwuchert; zehn DZ ab 110 DM. *** **Savoy Protea**, De Beers Rd, T. 832 6211, und ** **Diamond Protea**, 124 Dutoitspan Road, T./Fax 831 1281, beide mit Bars & Familienzimmern; EZ/DZ schon ab 110/125 DM. *** **Holiday Inn GC**, 120 Dutoitspan Rd, T. 833 1751, dank Disco & Pool ist immer was los; 120 EZ/DZ ab 140/160 DM.

Essen, Trinken & Feiern

Steakhäuser müssen nicht lange gesucht werden. **Mohawk Spur**, T. 832 6472, gegenüber von Holiday Inn. **Saddles**, 42 Sidney St, T. 833 5271, gegenüber von Pick'n'Pay. **Steers**, Bultfontein Rd, T. 831 2092, hat seine Salattheke mitgebracht. **Safari** am Marktplatz, Old Main Rd, T. 832 4621, läßt ausgestopfte Tiere beim Steakschmaus zugucken.

Sonderrenommée genießen der gemütliche Italiener **Umberto's**, Dutoitspan/Carrington Rd, T. 832 5741; und **Shillings** im Holiday Inn. In der kerzenbeleuchteten "Ruhmeshalle des Sports", **Barnato's**, 6 Dalham Rd, T. 833 4110, wird auf Bronzeplaketten verzeichnet, wer das *Big Hole Rump* (35 DM) zur Strecke brachte.

Das **Halfway House**, Dutoitspan/Edgerton Rd, T. 831 6324, eröffnete 1875 als *Reit-in*-Kneipe. Viele Gäste wollten sich nicht wegen eines Drinks aus dem Sattel bequemen. Heute bleibt der McDrive-verwöhnte Gast im Auto hocken. Den Gasträumen haftet noch die alte Atmosphäre an - mittags kein schlechter Tip, Fr/Sa oft Bands, täglich 10-2h.

Y **Star of the West,** North/West Circular Rd, T. 832 6463, an der Tramlinie war seit 1870 Schürfertreff. Wahrscheinlich kann er von allen Pubs im Lande auf die längste Geschichte zurückblicken, bestimmt auf die ergreifendsten Geschichten. Heute mit merkwürdigen Gestalten, altem Biergarten & Cecil Rhodes' Barhocker. - Nebendran bietet das **Landzicht Wynhuis,** T. 832 4246, täglich ab 10h Gelegenheit zur Weinprobe.

What's on in Kimberley? fragt sich der Veranstaltungskalender im Verkehrsamt. Die richtige Antwort lautet: nicht viel! Im **Powerhouse,** Transvaal Rd, steckt ein lebhafter Club; oft Bands, sonst Mainstream aus der Konserve. Gepflegte Tanzbären bedröhnt die Disco im Holiday Inn.

Kimberley Mine Museum

Im *Mining Village,* T. 833 1557, an der Westseite des Big Hole ersteht das viktorianische Kimberley auf, wie es zu Zeiten des Diamantenrausches nach einem Frühjahrsputz ausgesehen haben könnte. Die 48 Geschäfte & Wohnhäuser stammen aus wilden Tagen, dazu Kirche, Schürferkneipe mit Klimperkasten und Barney Barnatos "Boxakademie". Ein Bahnwaggon verrät, wie hemmungslos die De Beers-Direktoren im Luxus schwelgten. De Beers Hall mit ungeschliffenen Diamanten und Details ihrer Verarbeitung. **Tip!**

Täglich 8-18h, Eintritt 6 DM, Kinder 3 DM. Museum mit SB-Cafeteria, auf der alten Kegelbahn darf jeder für Pfennigbeträge sein Glück mit Kugeln des 19. Jhs versuchen.

The Big Hole: von einer kühnen **Aussichtsplattform** oberhalb des Kraterrandes ist das größte je von Menschenhand gegrabene Loch zu überblicken. Einige **Zahlen** vertiefen seinen Eindruck noch: Umfang 4572m, Durchmesser 1500m, Fläche 11 Hektar. Dazu muß man sich mal vorstellen, daß heute zwar in 150m Kratertiefe der Wasserspiegel zu sehen ist, daß einzelne Digger aber 800m unter die Erdoberfläche vorstießen!

Anno 1869, als der erste große Diamant gefunden wurde, erhob sich hier der Colesberg Koppie. Bis 1914 wurden 25 Millionen Tonnen Erde und Gestein entfernt, darin fanden sich 2722 kg Diamanten (14,5 Millionen Karat). Für jedes Gramm Diamant wurden also **10 Tonnen Erdreich** bewegt. Das schlägt dem Loch doch fast den Boden aus ...

Diamanten & andere Reichtümer

Die Mine Bultfontein, Molyneux Rd, 5 km südöstlich, ist noch in Betrieb. Führung Mo-Fr 9h/11h (4 DM) ab Besucherzentrum am Minentor. Untertageführung Mo-Fr 8h, Do 9.30h (24 DM, mit ISIC 8 DM) nach Voranmeldung bei De Beers Mine Tours, T. 842 1321. Alle Touren erst ab 16 Jahren. **Tip!**

De Beers Diamond Trading im Harry Oppenheimer House, Stockdale St, ist leider nicht zugänglich, obwohl/weil es unermeßliche Schätze birgt. Alle in Südafrika "geernteten" Steinchen werden hier gemessen und geschätzt. Dafür darf der **De Beers Boardroom,** Warren St, besichtigt werden, von dem aus Rhodes seine Schritte zur Alleinherrschaft plante. An der Dutoitspan Rd stolziert dann der Meister selbst, hoch zu Roß als Statue.

Auf den zweiten Blick

Diamanten in Kimberley

Eine Stadt und ihre Steinchen

Bis zum Jahre 1866 stand nichts, wo heute Kimberley steht. Kein Haus, kein Wagen, nicht einmal ein Loch. Dann wurde Eureka gefunden. Eureka war ein Diamant von 21 Karat. Drei Jahre später folgte der »Stern von Süd-afrika« von 83 Karat. Vor allem die Farmen Bultfontein und Dorstfontein, gut 40 km südlich des Vaal, schienen reich mit diesen kostbaren Steinchen gesegnet.
Diamantenrausch: Diese Nachricht elektrisierte die Welt. Ganze Horden von Schürfern kamen, auf der Jagd nach dem Reichtum. Bis September 1869 waren beide Farmen bereits fest in Diggerhand. Doch dann kam der Sommer, die unerträgliche Hitze, die erbarmungslose Dürre, und als nach Jahresbeginn 1870 Gerüchte von besseren Funden am Vaal die Runde machten, schwappte die Welle hinüber. Jedes Sandkorn im Fluß wurde durchgewaschen, jeder Erdklumpen durchgesiebt. Im Mai 1871 eröffnete auf der Farm Vooruitzicht eine Mine namens De Beers, im Juli desselben Jahres auf dem Colesberg Kopje eine zweite – und diese trug den Namen Kimberley.

Aus dem Nichts entstand in kürzester Zeit ein Städtchen, und bald eine Stadt, regiert von Habgier, zerfressen von Machtkämpfen. Im Jahr 1872 hausten unter erbärmlichen Bedingungen, in notdürftigen Zelten und schäbigen Hütten, bereits 50.000 Schürfer im heutigen Stadtgebiet. Wasser gab es kaum, sanitäre Einrichtungen gar nicht. Zum Elend der Besitzlosen gesellten sich die unbarmherzige Hitze, Insekten, Frust, Gewalt. Jedem Digger stand ein Claim von etwa neun mal sieben Metern Grundfläche – aber was war mit den Wegen? Bald kamen Hilfskräfte hinzu, viele der 1600 Claims wurden aufgeteilt – und nach und nach waren es 30.000 (überwiegend weiße) Männer, die auf einer Fläche von nicht mehr als 300 mal 200 Metern ihr Glück suchten.
Hauptdarsteller: Auf diesem Nährboden machten dunkle Gestalten Karriere. Mit Tuberkulose war gleich zu Beginn des Diamantenfiebers ein neunzehnjähriger Sohn eines englischen Geistlichen eingetroffen, Cecil John Rhodes. Als Vierundzwanzigjähriger kontrollierte er 1876 bereits De Beers, die führende Mine Kimberleys. Unaufhaltsam krallte er sich jedes weitere Claim, dessen er habhaft werden konnte.

Auch Barney Barnato hatte einen schwindelerregenden Aufstieg hinter sich. Als Straßenhändler aus den Londoner Slums gekommen, wurde er bald zum Tycoon der Bergwerke. Über ein Jahrzehnt dauert der erbitterte Kampf mit Rhodes um die Vorherrschaft in Kimberley. Im Jahre 1889 gab Barnato auf: er verkaufte und war plötzlich zigfacher Millionär.

Cecil John Rhodes aber war nicht mehr zu bremsen. Gerade mal zweieinhalb Jahrzehnte nach den ersten Funden gehörte beinahe jeder neu geschürfte Diamant der Gesellschaft De Beers. Und fast alle Gesellschaftsanteile von De

Beers gehörten einem Mann, der als tuberkulöser Teenie nach Kimberley gekommen war.

Weltstadt mit Karat: Längst hatte die Blütezeit der Stadt begonnen. Den Amüsierbetrieben folgten erste Bürgervillen, die Straßen wurden ausgebessert, Brücken geschlagen. Zur Jahrhundertwende war Kimberley eine blühende Weltstadt. Hier gab es zuerst elektrische Straßenbeleuchtung, hier fuhren schon Straßenbahnen, als Jo'burg gerade erst gegründet war. Südafrikas Entwicklung zum höchstindustrialisierten Land des Kontinents begann in Kimberley.

Und heute? Wie es sich für moderne, wenig erregende Städte gehört, besitzt Kimberley seine schattigen Alleen, erstklassige Hotels, schicke Einkaufszentren. Doch das bunte Chaos, das anarchische Treiben liegt gut 120 Jahre zurück; die meisten Minen sind längst stillgelegt.

Nur wer sich im Minenmuseum eine abgelegene Ecke sucht, kann hinter morschem Wellblech noch das Geklimper der Drehorgel hören und das derbe Lachen der Damen mit dem zweifelhaften Ruf. Herausgeputzte Bürgersgattinnen rauschen vorbei, angewidert von abgearbeiteten Schürfern. Mit so großen Hoffnungen waren sie zum »Stern von Südafrika« gekommen. Und haben doch schon wieder am Samstagabend ihren Wochenlohn versoffen ...

Tiefpunkt der Diamantengier: das große Loch von Kimberley

Die City Hall am Marktplatz, 1899 im romanisch-korinthischen Stil erbaut, ist eines von vielen *National Monuments.* Südlich des Äquators war Kimberley die erste Stadt mit elektrischer Straßenbeleuchtung. Kopien dieser Laternen schmücken heute den Market Square, auf dem sich die Pioniertrecks sammelten, um nach Rhodesien aufzubrechen.

Viktorianisch: an Kimberleys große Zeit erinnern stattliche Villen, die über die ganze Stadt verteilt sind. Ihre höchste Dichte erreichen sie in **Belgravia,** wo sich das Großkapital ab 1873 niederließ. Einer seiner steinreichen Vertreter, HP Rudd, dessen Vater als Freund von Rhodes bereits mächtig abgesahnt hatte, pflegte seinen eigenwilligen Geschmack: Führungen durch das **Rudd House,** Loch Rd, T. 833 2645, nach Anmeldung.

Dunluce ist das prächtigste Exempel aus viktorianischer Zeit, lange Veranden und Verzierungen treiben diesen Stil quasi auf die Spitze. Das Herrenhaus gehört zum **McGregor Museum**, Edgerton St, T. 842 0099. Anno 1897 als Sanatorium errichtet, dokumentiert es Kimberleys Geschichte nicht nur aus diamantener Perspektive. Mo-Sa 9-17h, So 14-17h, 2 DM. Die **Duggan Cronin Gallery** um die Ecke beeindruckt mit Fotos afrikanischer Stämme, die Alfred Duggan-Cronin 1919-39 aufnahm. Dazu Multimedia-Ausstellung zur Geschichte seit den Khoisan. Mo-Sa 9-17h, So 14-17h, frei. **Tip!**

„Für Bahnfreaks ist der Bahnhof einen Besuch wert. Kleines Museum am Hausbahnsteig mit vielen Schaustücken, sogar einem restaurierten Dampflokführerstand, der beim Betreten entsprechende Geräusche von sich gibt; Eintritt frei.“ (Thomas Keidel)

Steve Lunderstedt, T./Fax 831 4006, shltours@kimberley.co.za, unternimmt reizvolle Touren in die Geschichte, auch zu Schauplätzen des Burenkrieges.

Hin & weg

Bahnhof 800m östlich vom Big Hole; Auskunft T. 838 2631, Ticketschalter & Wartesaal Mo-Fr 8-16h, Sa 8-11h, Preise erster Klasse. **Trans Karoo** täglich 21h nach Kapstadt, 2.15h nach Joburg & Pretoria (17/9/11 Std, 90/45/52 DM). **Trans Oranje** Fr 13.15h nach Kapstadt, Do 11.53h nach Bloem & Durban (3/19½ Std, 20/90 DM). **Diamond Express** Mo-Sa 6.20h nach Bloem & Joburg.

Busse ab Shell Ultra City. Buchungsbüro neben Verkehrsamt, T. 831 4548; Mo-Fr 7-16.30h, Sa 8-9h. **Greyhound** Mo-Do 8h, Fr-So 15h nach Joburg & Pretoria (7/8 Std, je 45 DM), Mo/Mi/Fr 9h nach Bloem & Durban (33/85 DM). **Translux** Sa-Do 20.50h nach B'West & Kapstadt (4/9 Std, 60/120 DM), Mi-Mo 1.45h nach Joburg & Pretoria (je 65 DM), Do 22.30h, So 20.30h nach George & Knysna (8/9 Std, je 80 DM). **Intercape Mainliner** Do/So 4.45h nach Joburg & Pretoria (6/7 Std, je 50 DM), Mo/Sa 23.15h nach Kapstadt (11 Std, 75 DM), zur Hauptsaison plus 30%. **Garden Route Intercity** Do 23.55h nach Joburg, Di 3.30h nach George (70/110 DM). **Northern Cape** Fr/Sa/So ab Elliott St, **Vrystaat Toere** ab Holiday Inn Mo/Mi/Fr/So 16h nach Bloem (12 DM).

Minibusse in die Umgebung rund ums Rathaus, für Fernverkehr beim Big Hole, North Circular/Bultfontein Rd. Nach fast allen großen Städten in Kapprovinzen und Freistaat, z.B. Bloem stündlich, Upington gegen 6h und 13h (min. sieben P, 12/30 DM).

Flughafen, T. 851 1241, 6 km südwestlich, kein Bus, aber viele Mietwagen, u.a. Imperial, T. -1131; Budget, T. -1182; Avis, T. -1082. SA Express, T. 838 3337, täglich nach Joburg & Kapstadt (305/395 DM, standby minus 15%, ein Monat im voraus minus 48%).

Hohe Karoo

Colesberg

226 km südwestlich von Bloem, an der N1/N9. Das heimliche Juwel der Karoo ist dank 27 historischer Eckchen einen Zwischenhalt wert. Britische Kaserne, NG-Kirche, Mühle mit einer „Pferdestärke", Colesberg Bank (1861), Rathaus und Polizeiwache stammen aus dem 19. Jh. Heute wetteifern Dutzende von Gästefarmen und B&B um Durchreisende. ✆ 051.

Tourist Info: im Rathaus, T. 753 0777, Fax -0574.

Caravanpark, Church St, etwas außerhalb, dafür gut in Schuß & hübsch hergerichtet; Zeltplatz 10 DM. **Colesberg Backpackers,** 39 Church St, T. 753 0582, ganz neu und der einzige weit & breit; Camping 8 DM, Schlafsaal 14 DM, DZ 32 DM. Tolles Gästehaus ab 20 DM/P: **Karoo Tuishuise,** 36 Bell St, T. 753 0582, mit denkmalgeschützten Cottages in ruhiger Sackgasse! * **Spes Bona,** 22 President Kruger St, T. 753 0210, mit drei einfachen, geschmackvollen DZ ab 50 DM.

Um den Vanderkloof Dam am Westufer des Oranje, 40 km nördlich, zwitschern Kudus, Hyänen, Pangoline und 161 Vogelarten durchs einsame **Doornkloof NR**. Zwei- bis viertägige Reit/Wander/Biketrails, unterwegs drei Schutzhütten für max. acht P (10 DM), Zelten möglich. Anmelden bei Northern Cape Nature Conservation, T./Fax 753 1315.

Zug: Algoa Mo/Di/Fr 1.45h nach Cradock & PE (3/7½ Std), Mo/Mi/Fr 22.30h nach Bloem & Joburg (4/10½ Std). **Busse** ab Shell Ultra City: **Translux** täglich 4/15.45h nach Bloem & Joburg (2½/7 Std, 55/85 DM), 1.50-/14.45h nach Kapstadt (9 Std, 120 DM), außerdem Oudtshoorn & Knysna (je 100 DM). **Greyhound** täglich 21.50h nach Bloem & Durban (80/115 DM), 23.30h nach Kapstadt (140 DM).

De Aar

42 km östlich von Britstown, an der N10. Das langweilige Dienstleistungszentrum ist als Bahnknoten von erheblicher Bedeutung. Auf Stadtgebiet sind nicht weniger als 110 Schienen-km verlegt! Also trifft der Stadtname „Die Ader" durchaus zu. ✆ 053.

Städtischer Caravanpark, Cilliers St, T. 631 2131, mit Stellplätzen ab 12 DM. Mehrere B&Bs für 20-40 DM/P, z.B. **Karoo Country,** 71 Voortrekker Rd, T. 631 0394. * **De Aar Hotel,** Friedlander St, T. 631 2181, mit klimatisierten DZ ab 140 DM.

Trans Karoo täglich 0.54h nach B'West & Kapstadt (3½/13 Std), 22.28h nach Kim & Joburg (4/12 Std). **Trans Oranje** Fr 17h nach Kapstadt, Di 7.56h nach Bloem & Durban (7/23 Std). **Windhuk-Linie** über Upington nur für Güterzüge - *Hobos, wo seid ihr?*

Deelfontein: Spitzenterrain für Fotofreaks

46 km südlich von De Aar, von der Schotterpiste R348 hinter Mynfontein abzweigen.

Ein einsamer Bahnhof an der Blue Train-Route, in dem kein Zug mehr hält; ein winziges Nest, auf das entlang der Staubpisten kaum ein Schild hinweist - inmitten endloser Karoo ist Deelfontein dem Verfall geweiht, wie Tausende anderer unentdeckter Ziele. Um die Jahrhundertwende erhob sich eine viktorianische Villa neben der anderen, allesamt zum Ruhme des Empires und als behagliche Unterkünfte für Offiziere und Rekonvaleszenten. Deelfontein verfügte nämlich über das imposante ***Imperial Yeomanry Hospital,*** *eines der größten britischen Militärkrankenhäuser im Burenkrieg.*

☞ *Heute läßt sich einsam zwischen verfallenden Villen und Überresten des Hospitals schlendern. Goldlettern bröseln von den Fenstern, Putz & Stuck von den Wänden. Speisesäle stauben ungestört vor sich hin. Auf zwei Friedhöfen wuchern die Gräber von 134 Soldaten zu, meist jungen, schlecht ausgebildeten Freiwilligen aus England.*

Victoria West

105 km südlich von Britstown, an der N12. Unter den Karoo-Städtchen eines der hübschesten. Bei der Gründung 1843 war die Ortsstruktur durch zwei kahle Bergrücken und ein Flüßchen vorgegeben, seither hat sich wenig geändert. Typischer **Karoo-Baustil** prägt v.a. die Loxton Rd. Fischfossilien im Museum belegen, daß diese Region einst unter Wasser lag. Heute sorgen Merino- und Angoraschaf für behaglichen Wohlstand.

🏨 *** **Vakansieplaas** Melton Wold mit *Tasty Farm Food* und 19 DZ ab 80 DM.

Kalahari-Region

Zwischen Kimberley, Upington & Botswana bleibt jeder ausdauernd auf dem Gaspedal. Das ist nicht weiter zu beanstanden, mehrere markante Punkte verdienen aber einen Zwischenhalt. In der Kalahari liegen die größten Eisen- und Manganvorkommen der Welt. Das oberirdische Geschehen wird vom savannigen Thornveld beherrscht. Des Kameldornbaums Baldachin ragt weit sichtbar über endlose Ebenen und schützt vor der stechenden Sonne.

Barkly West

35 km nordwestlich von Kimberley, an der R31. Seit dem Diamantenrausch 1869 sieben bis heute hoffnungsvolle Schürfer den Vaal durch. Ein kleines **Mining Museum** zeichnet diese Geschichte nach. Auch auf dem **Canteen Koppie** halten Gruben, verrostetes Gerät & Geisterhütten die Erinnerung an die Diamantentage lebendig. Zwei Ferienanlagen am Fluß.

Municipality: Campbell St, T. 053/531 0671, Fax -0624.

Vaalbos-Nationalpark

25 km von Barkly West. Im unbekanntesten NP gäbe es Rhinos (schwarz-weiß), Büffel, Giraffen, Zebras, Gemsböcke & Elands zu sehen - wenn doch nur jemand vorbeikäme.

Vierbett-Cottage mit Küche und Bad 100 DM (1-4 P), pro weitere P 18 DM.

Kuruman

148 km westlich von Vryburg, an N14 und R31. Grünes Zentrum für Bergbau (Crocidolit, Mangan, Tigerauge) und Rinderzucht. Zur **Oase der Kalahari** wird Kuruman aber dank Moffats Missionsgebäude, des von seiner Frau angelegten Gartens - und natürlich dank seines unerschöpflichen Wasserreservoirs. ✆ 053.

Tourist Info: Main St, beim Eye, T. 712 1095, Fax -3581; Mo-Fr 8-17h, Sa 8-12h.

Städtischer Caravanpark, Voortrekker St, T. 712 1479, mit Schwimmbad & Eye in der Nähe. Prima ausgestattete Chalets mit zwei/drei/vier Betten, Küche, Kartenspielzimmer ab 30/60/75 DM, schattige Zeltplätze 16 DM. Während der Schulferien vorbuchen! - Weniger formidabel zeltet es sich im **Second Eye Resort**, T. 712 0114, 7 km östlich.

Red Sands Lodge in den Kuruman Hills, 15 km gen Upington, T./Fax 712 0269 (Jakob & Peggy Kaufmann), mit Pool, Liegewiese & zwölf Antilopenarten. Im Restaurant krönt die begnadete *Seafood*-Platte für 40 DM ein halber Hummer! EZ/DZ mit F 75/110 DM, 16 Vierbett-Chalets 125 DM (Extrabett 15 DM, F 12 DM). **Tip!**

Hotels: * **Savoy**, T. 712 1121, mit ordentlichem Mittagsbüffet. * **Grand Hotel**, T. -1148, mit klimatisierten DZ ab 120 DM. *** **Eldorado Motel**, Main St, T./Fax 712 2191, hinter häßlicher Fassade mit Pool, gutem Restaurant & über 70 EZ/DZ ab 110/175 DM.

Anschauen, Hin & weg

Moffat Mission: im Lande der Batlhaping (Tswana) gründete 1824 das schottische Missionarspaar Robert & Mary Moffat eine Bibelschule, die manchen als „Quelle des Christentums in Afrika" gilt. Generationen forschender Missionare und missionierender Forscher brachen von hier ins Herz des dunklen Kontinents auf. 1838 heiratete Mary Moffat jr. in der taufrischen Missionskirche einen Herrn namens David Livingstone. Mehrere Gebäude widerstanden dem Zahn der Zeit und strahlen viel Atmosphäre mit Schatten aus.

Aus dem Eye of Kuruman, der Quelle eines Flusses, der später in der Kalahari verdurstet, sprudeln 18-30 Millionen Liter klares Wasser, Tag für Tag - mehr als an irgendeinem anderen Ort südlich des Äquators. Rund um den Naturbrunnen wurde ein gefälliges Picknickgelände eingerichtet (2 DM), und im **Kuruman-NR** sind auf 14 qkm Weißes Rhino, Zebra, Eland, Spring- und Bleßbock zu sehen.

Bei Sishen (Kathu), 52 km südwestlich von Kuruman, liegt die **Iscor-Mine,** eine der größten Abbaustätten von Eisenerz in der Welt. Besuchern werden am ersten Sa jeden Monats auch die riesigen Arbeitsgeräte vorgeführt.

Intercape ab Eldorado Motel Mo/Di/Do/Sa 8.30h nach Joburg & Pretoria (5½/6 Std, 60/70 DM), Di/Do/Fr/So 16.30h nach Upington (3 Std, 45 DM). **Minibustaxis** ab Voortrekker St, hinter Shoprite, u.a. nach Kimberley & Joburg (20/40 DM).

Witsand-Naturreservat

70 km südwestlich von Postmasburg, von der R383 erst 5 km südlich ausgeschildert. Oder über R64: vor Volop auf Schotterpiste nach Norden (Schild: Padkloof), nach 20 km links über den Padkloof-Paß, bis Witsand weitere 27 km. 1998 hat die Northern Cape Nature Conservation ein **Restcamp** eröffnet; zwölf Zeltplätze 20 DM, zur Nebensaison ist man ganz allein!

Roaring Sands: die Körner raspeln & knirschen sich bei trockener Hitze (also fast täglich) ein Dröhnen zusammen, das wie Donner klingt. Die weißen Dünen, bis zu 12 km lang, kontrastieren reizvoll zum roten Sand der Kalahari, dem olivgrünen Bewuchs und verwaschenen Blaugrau der Langberge.

Lower Orange-Region

Den San und Khoikhoi galt der Oranje (Garib) als Mutter aller Flüsse. Seine 2100 km lange Reise von Lesothos Bergwelt zum Ozean führt ihn durch immer kahlere Landschaften, in denen schließlich nur noch die Sonne das Stechen macht.

Ein einziges Mal werden die Wasser aus ihrer Trägheit geweckt, wenn die Augrabies Falls sie über die Klippe springen lassen. Doch bald schon legt sich ihre gischtende Empörung über derart enge Schluchten. Das Richtersveld, eine der einsamsten Gegenden in Südafrika, gewährt dem Oranje wieder freien Auslauf. Seine Umgebung ist so lebensabweisend, daß des Fischadlers Schrei noch lang im Ohr nachhallt.

Kanutouren

Auf verschiedenen Oranje-Abschnitten mit Logis in Kuppelzelten, täglich drei Mahlzeiten & kompletter Ausrüstung rund 80 DM/Tag. Schlafsack & Reisepaß nicht vergessen.

Felix Unite startet am ersten & dritten Do jeden Monats zu vier/fünf/sechstägigen Trips durchs Richtersveld. *Wildthing* beginnt seine Viertagestouren mit Zweier-Mohawks oder Schlauchbooten in Vioolsdrif/N7. Adressen s. Kapstadt.

Während abends das Lagerfeuer knistert, setzen sich immer wieder Gestalten von der Gruppe ab, um das Firmament nach Sternschnuppen abzusuchen. Eines der intensivsten Naturerlebnisse, die Südafrika zu bieten hat!

Upington

411 km westlich von Kimberley, an der N10/N14. Obwohl am Rande der Kalahari, überrascht die Stadt am Oranje dank intensiver Bewässerung mit saftigem Grün. Upington ist das einzige echte Dienstleistungszentrum zwischen Kapstadt, Kimberley & Windhuk. Gut ange-

bunden, recht geschäftig, ideal zur Vorbereitung von Kalaharitouren, was Reisende schätzen sollten - denn sonst gibt's wenig zu sehen. ✆ 054.

Tourism Green Kalahari: Stadtbücherei, Le Roux St, T./Fax 332 6064. Mo-Fr 9-17h. **Postamt:** Schröder/Kooperasie St, T. 332 4021, mit Postlager. **Internetcafé:** De Net im Checkers Bldg, Scott/Park St, T. 331 2252; Mo-Sa 10-17h.

Notfall: Polizei T. 332 2121, Ambulanz T. 10 177, Provincial Hospital am östlichen Ende der Schröder St, T. 331 1580.

Vor der Flucht in die Wildnis deckt man sich hier mit allem Lebensnotwendigen ein, auch Filmen (im Gemsbok NP nicht zu kaufen), Gaskartuschen & Campingbedarf. **Trappers Trading**, Scott/Lutz, T. 332 4692, hat das Wichtigste plus Hilfsbereitschaft; da auch Waffenverkauf, muß das Gittertor jedesmal neu aufgeschlossen werden.

Übernachten & Essen

Die Eiland Resort, T./Fax 334 0286, am Südufer des Oranje vor der Ortseinfahrt bietet vieles, was das Urlauberherz begehrt. Laden mit Braaiholz, Restaurant/Bar, flacher Mega-Pool, viel Wassersport. 90 Zeltplätze mit eigenem Braai 20 DM (1-2 P), jede weitere P 4 DM. Klimatisierte Fünfbett-Chalets ab 105 DM, Vierbett-Hütten ab 60 DM, Dreibett-Bungalows 65 DM, Ein/Zweibett-Rondawel 35/50 DM. Am Wochenende vorbuchen!

Hierhin: die 1041m laaange Dattelpalmenallee zum ausgedehnten Anwesen steht unter Denkmalschutz! Andere Resorts im Umkreis können gegen Die Eiland **abstinken.**

Man hört, es gebe jetzt ein **Youth Hostel**, 9 Murray Ave, T. 332 5468. Rest unbekannt.

Gästezimmer in beträchtlicher Anzahl. **Yebo**, 21 Morant St, T. 331 2495, jenseits der Bahngleise/Le Roux St mit geräumigem Bungalow, Dreibettzimmer mit kleinem F ab 80 DM, Zelten möglich. Außerdem für 20-30 DM/P z.B. **Chateau**, 9 Coetzee St, T. 27 504; **Riviera**, 16 Butler St, T. 332 7554, mit tollem Oranjeblick zum F; und **Nirvana GH** am Ortseingang/N14, T. 338 0384, gresse@gem.co.za.

Feiner: Three Gables, 34 Bult St, T. 332 3041, mit Doppelzwiebackfassade liegt in einem hübschen Garten, vom Balkon läßt es sich fast in den Pool springen; Vierbettwohnung mit F 40 DM/P. **Le Must Guest Manor**, 12 Murray Ave, T. 332 3971, Fax -5779, lemusttravel-@gem.co.za, angehaucht von Provence, Ägypten & M-Net, zudem Spitzenrestaurant, gute Reiseinfos, Touren und Kanus; sechs noble EZ/DZ 100/130 DM.

Hotels: unterhalb vom Pools des *** **Upington Protea**, 24 Schröder, T. 332 5414, wälzt sich der Oranje vorbei; 57 komfortable EZ/DZ ab 100/115 DM. Daneben die postmoderne ** **Oasis Protea Lodge**, 26 Schröder St, T./Fax 331 1125, mit kleingeratenen Fenstern, ohne Pool; 32 DZ/Dreierzimmer ab 120 DM. *Minustip: Oranje Hotel, Scott St.*

Beide Protea-Häuser servieren à la carte für 20-30 DM. Wer's gehobener braucht: **Le Raisin,** 11 Fick St, T. 332 3351, wird seiner internationalen, **Le Must** seiner malaiischen Küche wegen gerühmt. In letzterem ist das *Denningvleis* (mit Beilagen 14 DM) ein Muß; täglich bis ultimo **Saddles,** Mark St, T. 332 5664, mit gewohntem Lederinterieur und Mega-Steaks, vor denen sich Vegetarier per Sprung an die Salattheke in Sicherheit bringen. Zum Dessert gab's eine private Talkshow *„Das mögen Deutsche an Südafrika".*

Unternehmen & Anschauen

Oranje-Museum: Schröder St, Missionsstation seit 1875. Brot wird wie damals im Ofen unter freiem Himmel gebacken. Zu sehen gibt's ein Denkmal zu Ehren des unbekannten Esels, der maßgeblich am Bau des Bewässerungssystems beteiligt war, Gebrauchsgegenstände der Pionierzeit und einiges zur Geschichte der Region. Mo-Fr 9-12.30h, 14-17h.

Dried Fruit Cooperative: Louisvale Rd, außerhalb abseits der N10 nach Groblershoop. Die Ernte von 8000 Hektar Sultaninen- und 1000 Hektar Hanepoottrauben wird so geschickt verarbeitet, daß die internationale Kundschaft DFC-Produkte zu den besten der Welt zähle, versichert der Werbeleiter. Führung Mo-Fr 9.45h/14h.

Spitskop-NR: 13 km nördlich, abseits der R360. Durchs Mini-Reservat wurden 34 km Autopisten und drei Trails gezogen. Somit bleibt kaum ein Gems- und Springbock, Eland oder Gnu unentdeckt. Ein Teleskop auf dem Spitskop erleichtert deren Beobachtung.

Spitskop Safaris, T. 332 2236, u. *Kalahari Tours,* Lutz/Schröder St, T. 332 6472, tingeln preiswert u.a. in die NPs Gemsbok & Augrabies.

Hin & weg

Passagierzüge derzeit eingestellt. Auskunft T. 338 2203.

Busse ab Checkers-Markt, Scott St: **Intercape,** T. 332 7091, Di/Do/Fr/So 19.45h nach Calvinia & Kapstadt (6/12 Std, 40/65 DM), Mo/Di/Do/Sa 5.30h nach Vryburg & Joburg (4/8½ Std, 45/75 DM), Di/Do/Fr/So 19.45h nach Windhuk (11 Std, 80 DM). **Minibusse** ab Mark St/Checkers in die Umgebung; ab Bhf nach Springbok & Kimberley (24/40 DM). **Douglas Taxis,** T. 339 1017, Mo/Mi/Fr/So von/nach Kapstadt (36 DM).

Mietwagen: Avis am Flugplatz, T. 332 5746. **Hertz,** 56 Le Roux St, T. 082/853 8497. **Tempest** im Oasis Protea, T. 082/491 7565. 4WD bei **Kalahari Hire,** T. 332 4099, und **Venture 4x4** im Oasis Protea, T. 331 1125.

Flugplatz 7 km nordöstlich. SA Airlink täglich nach Joburg & Kapstadt (regulär 370/350 DM), gelegentlich Charter zu anderen Zielen.

Kenhardt

140 km südlich von Upington, an der R27. Die Fahrt führt durch einsamste Halbwüste, in der es sich im 19. Jh. nur entflohene Sträflinge und Outlaws eingerichtet hatten. Doch dann, zwei Tage nach Weihnachten 1868, trifft der gestrenge Magistrat Maximilian Jackson ein und in seinem Gefolge einige Polizisten. Das Grüppchen läßt sich unter dem größtem Kameldornbaum nieder, der inzwischen 600 Jahre alt sein soll. Ab sofort werden Recht & Ordnung durchgesetzt, Tagesritte von der nächsten Stadt entfernt!

Städtischer **Caravanpark,*** Kenhardt Hotel** mit Restaurant und Pool.

Im Quiver Tree Forest, 7 km südlich, kommen die bizarren Köcheraloen in rauher Menge vor, bis zu 5000 Exemplare. Dazwischen ein pausentauglicher 4 km-Trail.

Verneuk Pan Route: die Tagestour führt zu ungewöhnlichen Stätten, auch Überresten einer San-Siedlung. In jeder zweiten Baumkrone fallen „Hochhausnester" der geselligen Webervögel auf. Die bis zu 30 km breite Verneuk-Pfanne besticht mit Ansichten aus einer anderen Welt. Sie zählt zu jenem Dutzend ausgetrockneter Salzseen, die diese Region südlich des Äquators einzigartig machen. Hier zeigt die Karoo ihr extremes Gesicht: endlose Hitze, Dürre, Weite. Bis Calvinia ist keine Landwirtschaft möglich. **Tip!**

Augrabies Falls-Nationalpark

120 km westlich von Upington, an der Sackgasse R359. Der Name stammt noch von den Khoikhoi: **"Ort des großen Lärms".** Auf ganzer Breite donnert der mächtige Oranje in einen 150m tiefen Kessel aus Granitverwitterungen, ein veritables Bilderbuch für Geologen. Außerhalb der Regenzeit mit mickrigem Rinnsal und 40° im Schatten rechnen!

Der Park besteht aus 154 qkm arider Flußlandschaft. Zu den Bewohnern des Nordufers zählen Springbok, Giraffe, Schwarzes Rhino & Pavian. Unter den endemischen Tieren ist aber der Klipspringer die größte Art, und nach ihm ist der schönste Trail benannt. Mangels gefährlicher Raubtiere darf man nach Lust & Laune herumspazieren. Dazu Autoroute durch den südlichen Teil zu Aussichtspunkten - abends sehr fotointensiv.

Einlaß täglich 7-19h, Eintritt 4 DM. Besucherzentrum im Camp, T. 054/451 0050, Fax -0053, mit Karten & Auskünften jeder Art.

Übernachten & Wandern

Anmelden bei SA National Parks, T. 012/343 1991 und 021/422 2810, reservations@parks-sa.co.za. *„Die Unterkünfte seien wärmstens empfohlen: weit & breit sonst nichts Nennenswertes, Service gut, Lage ideal." (Doris Zürl)*

Das Parkcamp 200m von den Falls wächst allmählich zu einem Dörfchen heran, mit großartiger Aussicht, gutem Restaurant, Freiluftcafé, mehreren Pools und Einkaufsladen. 19 Dreibett-Bungalows 130 DM (1-2 P), weitere P 30 DM; Vierbett-Cottages 190 DM; alle mit Küche & Bad. 40 Zeltplätze 18 DM (1-2 P), pro weitere P 5 DM.

Black Rhino Adventure: flippige Tagesexkursion mit Safari im offenen LandRover und ein paar Std im Gummiboot auf dem Oranje. Inkl. Brunch, Imbiß und NP-Führer pro Erwachsener/Kind 120/60 DM.

Klipspringer Trail: der dreitägige Rundweg (40 km) führt durch wilde Felsgegenden am Südufer über Twin Falls und Oranjekom zum Echo Corner. Max. zwölf Teilnehmer, da nur einfache Steinhütten mit Etagenbetten und Feuerstellen, 35 DM; Okt-Feb wegen unerbittlicher Hitze geschlossen. Durch den Park führen weitere Wanderwege. Wer sich nicht für Klipspringer gemeldet hatte, spaziert wenigstens ein Weilchen durch die Wildnis.

Anreise? Nix außer eigenem Auto, Motorrad oder Daumen. Überlandbusse bis Upington, Minibusse nach Kakamas.

Kalahari Adventure Centre

10 km vor dem Parktor wartet im Bloudraad Café von Augrabies, T./Fax 054/451 0177. augrabies@cafedenet.co.za, eine prima Adresse für Rucksackreisende: Zelten/Tipis 20 DM, DZ 40 DM, Pendelbus von/nach Upington fast täglich hin/rück 40/60 DM.

Kanutrips auf einsamem Oranje-Abschnitt, vier/acht Tage (500/780 DM) mit etwas Wildwasser & Camping in der Wildnis; *Augrabies Rush* (60 DM) über IIIer-Schnellen, nach 4 Std steigt man 300m vor dem Wasserfall aus; oder Touren in die Kalahari. **Tip!**

Kalahari Gemsbok-Nationalpark

260 km nördlich von Upington. Harte Nuß für Auto-Klaustrophobe! Weiterlesen sollte nur, wer es beschwerdefrei aushält, ein zwei drei Tage in der Blechkiste eingezwängt zu sein; wer die Nächte auf schmalen Humanreservaten zu verbringen bereit ist, eingepfercht auf wenigen Hektar; und wer einen Safaritag ohne Löwen nicht als verlorenen Tag empfindet. Da weniger Wege, ist die Entdeckerchance geringer als z.B. im Krügerpark.

☞ **Wen all dies nicht schreckt, dem versprechen wir einen Höhepunkt der Reise.**

Zufahrt & Etappen

Die R360, die gleich hinter Upington von der N10 abzweigt, ist seit 1997 bis Askham geteert. Die ersten 100 km bieten nur Weite, die nächsten 100 km manche Überraschung. Schnurgerade durch Salzpfannen, zwischen Fata Morganas auf die nächste Dünenkette zu, diese Kamelbuckel dann im Husarenritt überwinden, daß es den Bauch so richtig durchkitzelt! Die letzten 54 km bis Twee Rivieren bieten auf dickgeriffelter Schüttelpiste im „Bett" des Nossob schon einen guten Vorgeschmack.

Bokspits heißt das langgestreckte Nest jenseits des Nossob. In beiden Grenzposten übersteigt die Zahl der Beamten die der täglich vorbeirollenden Fahrzeuge - nur 4WD!

Der Park schließt je nach Jahreszeit um 18/19.30h. Zuspätgekommene, die nicht vom Leben bestraft werden wollen, müssen dann zurück zu einem der Gästehäuser.

© 054902 - Vermittlung. Irgendwas müssen die Leute ja zu betratschen haben.

Molopo Kalahari Lodge in Andriesvale, T. Askham 916 213, freundlich und von roten Dünen umrahmt, mit Pool und natürlich Braai. Camping 18 DM, hübsche Zweibett-Chalets ab 120 DM. **Kalahari Trails,** 20 km hinter Molopo, mit Gemeinschaftsküche, Aufenthaltsraum und sauberen, einfachen DZ/Dreierzimmern mit Bad. **Loch Broom** an der R31, T. Askham 916 620, etwa 30 km östlich von Askham, mit Sprit, Pool, Wama, Zeltgelegenheit, drei DZ & Vierbett-Rondawel mit Bad; mit HP 40-60 DM/P.

Koppieskraal Farm an der R31, T. Opstaan 913 403, etwa 40 km westlich von Askham, mit Achtbett-Cottage, Braai, Mahlzeiten & Kamelritten; ab 25 DM/P. **Little House in the Pan,** T. Opstaan 913 330, mit Zwölfbett-Cottage & Veranda; ab 25 DM/P. **Rooipan Farm,** T. Merriespan 912 411, auf halber Strecke zwischen Upington & Park.

Nationalpark

Einlaß Jan 6-19.30h, Feb/März 6.30-19h, April 7-18.30h, Mai/Juni/Juli 7.30-18h, Aug/Sep 7-18.30h, Okt 6-19h, Nov/Dez 5.30-19.30h. Daran hat sich jeder zu halten, sonst werden Suchtrupps losgeschickt! Eintritt 12 DM, 6 DM/Kind.

Was auf Landkarten mühselig an Südafrika drangequetscht ausschaut, ist in Wahrheit Teil eines grenzenlosen Wildschutzgebietes. Wissenschaftler zählen die Kalahari zu den letzten unberührten Ökosystemen. Zum botswanischen Teil des Gemsbokparks (viermal so groß) bestehen bis auf ein paar Steinmarkierungen keine Grenzanlagen. Eines Tages soll das Ganze *ein* Park unter *einer* Verwaltung mit *einer* Infrastruktur für Besucher werden, die dann wohl zahlreicher heranströmen. Ein botswanischer Ranger grinste jedenfalls auf die Frage, wann diese Pläne verwirklicht würden: *„Maybe two years, maybe ten"*.

Die 9591 qkm des südafrikanischen Parkteils bestehen im wesentlichen aus roten Sanddünen, in denen sich Pflanzen rar machen. Abgesehen von einer Stichstrecke sind nur die ausgetrockneten **Flußbetten** von Nossob und Auob den Besuchern zugänglich. Darin herrschen Schirmakazien, Raisin Bush und Shepherd Tree vor.

Antilopen: zahlenmäßig schieben sich mal wieder die Springböcke in den Vordergrund. Auffälliger sind aber die **Gemsböcke** (Oryx) mit ihren schnurgerade gezwirbelten, bis zu 1,20m langen Hörnern über indianischer Gesichtszeichnung. Das könnte kampfeslustig wirken, wenn ihnen die Natur nicht eine hellbraune Decke über die Schultern gelegt hätte - wie einem siegreichen Rennpferd. Dazu Gnus, Duiker, Steinantilopen, Elands.

Raubtiere: für das ökologische Gleichgewicht sorgen u.a. 250 dunkelmähnige Kalahari-Löwen, 100 Geparden, 100 Leoparden, 80 Tüpfelhyänen und 175 Braune Hyänen. In die Tausende gehen die Bestände an Wildhunden, Löffelhunden *(bat-eared fox)*, Kapfüchsen, Honigdachsen, Schakalen und Erdhörnchen *(suricates)*.

Vögel: diese Vielfalt setzt sich verstärkt in der Vogelwelt fort, die für die schönsten Farbkleckse sorgt. Zu den großen Räubern im Park zählen auch der stolze Sekretärsvogel, Bateleurs, mehrere Adler-, Geier- sowie sechs Eulenarten.

Safaritips

☞ **An jeder Camp-Rezeption** kann man in Bordbüchern nachlesen, wo & wann welche Bestie gesichtet ward. Ein DIN A2-Faltposter klärt über Geschichte, Ökosystem & Tiere auf. Tankstellen in allen drei Camps, mit Benzin & Diesel.

☞ **Früh schlafengehen**, weil morgens gleich nach Öffnung der Parktore die besten Beobachtungen winken. Wildkatzen sind noch auf Beutezug, kein anderer Touri ist unterwegs.

☞ **Die Nossob-Piste** liegt oft tief zwischen Sandwällen, was die Sicht behindert. Im mittleren Teil hinterließen Brände nur Baumleichen und verkohlte Buschreste.

Camps

Anmelden bei SA National Parks, T. 012/343 1991 und 021/422 2810, reservations@parks-sa.co.za. Jedes Camp bietet klimatisierte Cottages & bescheidenere Chalets,

Auf den zweiten Blick

Löwen: Viel Ruhe vor dem Liebessturm

Der König, der 360 Mal ran muß

Der König der Tiere - mit diesem Bild erlangte der Panthera Leo weit über seinen Lebensraum hinaus einen hohen Bekanntheitsgrad. Sogar in China, wo er nachweislich zu keiner Zeit vorkam, überdauerte sein machtausstrahlendes Konterfei vor den kaiserlichen Palästen alle Dynastien. Ebenso in Europa, wo sich ein Großteil der Adelsschicht diese geschmeidige Katze als Wappentier auserkor. Wer seinen ersten Löwen in freier Wildbahn erspäht, und sei's auch nur, daß dieser faul im Schatten döst, kann sofort die volkstümliche Namensgebung nachvollziehen.

Zwei Typen: in den meisten Schutzgebieten gibt es zwei Regenzeiten pro Jahr und zwei verschiedene Lebensweisen der Löwen, die Ortstreuen und die Nomaden. Während erstere ihr Revier treu verteidigen, ziehen die anderen in kleineren Verbänden zu drei bis vier gleichgeschlechtlichen Mitgliedern herum, bevor sie sich doch noch einem der patriarchalischen Verbände anschließen. Da hockt dann der Chef zu Hause, während Frau Gemahlin fürs Essen sorgt.

Alte Schowis, im Löwentext gesprochen: die Männer brüllen die Feinde aus dem Revier, die Frauen reißen die Büffel, Antilopen und ähnlich großes Getier, und bitten dann gnädigst zu Tisch. Denn gefressen - dazu enthalten wir uns jedes Kommentars - wird von oben nach unten in der Rangordnung der Löwen, zuerst das Männchen, dann das Weibchen, schließlich der Nachwuchs. So kommt es nicht selten vor, daß die Kleinen in Notzeiten verhungern müssen, weil sie zuletzt an die Beute herangelassen werden.

In der Kalahari nun besetzen die weiblichen Gruppen ihre Reviere nur während und kurz nach der einzigen Regenzeit im Jahr. Die anderen zehn Monate verbringen sie losgelöst vom Gruppenverband auf der Suche nach Wasser und Nahrung, wobei sie Tausende von Quadratkilometern durchstreifen. Im Gemsbok Park dagegen fiel dieses Problem mit der Einrichtung windgetriebener Wasserpumpen weg.

So bilden Gemsboklöwen mit ihrer Reviertreue innerhalb des riesigen Kalaharigebietes eine Ausnahme, erinnern aber an ihre weiter nördlich lebenden Artgenossen. Übrigens sind Löwen die einzigen Katzen überhaupt, die dem geselligen Miteinanderleben etwas abgewinnen können.

Sie sucht Ihn: wer viel Glück hat, kann das eindrucksvolle Schauspiel einer Paarung beobachten. Die Löwin, welche in unregelmäßigen Abständen das ganze Jahr über fruchtbar ist, sucht sich ihren Lieblingspartner innerhalb der Gruppe aus und spielt ihre Reize aus, indem sie ihn ununterbrochen mit Duftnoten umgarnt und sich mit hochgehaltenem Schwanz an ihm reibt - etwa so wie eine Hauskatze am Bein ihres Herrchens. Ist der Auserwählte endlich angetörnt, entfernt sich das Paar ein wenig vom Rest - und legt los. **Anstrengendes Triebleben:** in der Regel kommt es durch die anderen männlichen Tiere nicht zu Zwischenfällen; Löwen scheinen Eifersucht nicht zu kennen. Da Löwinnen äußerst schwer befruchtbar sind, wiederholt sich der Liebesakt beinahe endlos, bis zu viermal pro Stunde. Im Extremfall treiben manche lebenslustigen Löwen es sogar 360 Mal innerhalb von nur acht Tagen miteinander!

Dabei muten sie eher brutal an mit dem lauten Gebrüll und den Hieben, die sie ihm in den Atempausen austeilt. Hat eine Löwin nach so vielen Anläufen endlich empfangen, dauert es noch 110 Tage, bis der Nachwuchs auftaucht.

Die kleinen Könige: meistens purzeln die blinden, vier Pfund schweren Babys zu zweit, zu dritt oder zu viert ans Tageslicht, selten auch bis zu neunt. Bevor sie zum ersten Mal in den Genuß frisch gerissenen Fleisches kommen, ernähren sich die Kleinen zwei Monate lang ausschließlich von Milch. Mamis Zitze steht ihnen zusätzlich noch bis zum achten Monat zur Verfügung. Nur wenige putzige Löwenkinder werden sich aber an dieser Extramahlzeit erfreuen können - nur etwa jedes Vierte schafft es erwachsen zu werden, das heißt das dritte Lebensjahr zu vollenden.

Spielst Du mit uns? Löwennachwuchs auf Gefährtensuche

Traurige Selektion: Grund dafür sind die erwähnte Schlußposition in der Freßrangordnung und häufig auch die Unterkühlung im Nest, wenn sich die Mutter bei schlechtem Wetter entfernt. Darf man also behaupten, Löwinnen seien schlechte Mütter? Es ist rührend mitanzusehen, wie zärtlich sie mit ihrem Nachwuchs umgehen. Daß sie allerdings keine guten Versorgerinnen sind, hat durchaus einen natürlichen Sinn.
Würde jedes Löwenkind den Sprung zum Löwenerwachsenen schaffen, wäre der Beutebestand innerhalb weniger Jahre komplett verschlungen - was dann unweigerlich das Ende der großen Katzen zur Folge hätte. Warum sich die Natur hier diese traurig anzusehende Variante zur Erhaltung des Gleichgewichtes einfallen ließ, kann wohl nie endgültig beantwortet werden.
Die Jagd: die überlebenden Junglöwen tragen schon ab dem zweiten Lebensjahr durch Jagen zur Futterversorgung der Gruppe bei. Ihre Technik besteht aus einem kurzen Anschleichen, einem plötzlichen Angriff, der das Opfer zu Fall bringt, und Durchbeißen der Kehle. Löwen jagen sowohl einzeln als auch gemeinschaftlich.
Dabei ist ein Umzingeln und Hin- und Hertreiben der Beute zu beobachten, bis sie den Kreis vollends zuziehen, so daß es kein Entrinnen mehr gibt. Obwohl ausgewachsene Weibchen mit 180 kg und Männchen mit 240 kg Gewicht noch recht wendig sind, lange ausfahrbare Krallen und nadelspitze Eckzähne besitzen, ist nur etwa jeder vierte Jagdversuch erfolgreich.
Meister der Mittagspause: leider kann der Besucher in südafrikanischen Nationalparks äußerst selten eine Jagdszene verfolgen, denn Löwen gehören zu den trägsten Tieren dieser Erde! Den ganzen Tag verbringen sie dekadent im Schatten liegend. So richtig rege treten sie fast nur im Morgengrauen und in der Dämmerung auf - also zu Zeiten, in denen die Parks ihre Tore geschlossen haben.

dazu Zeltplätze mit sauberen Sanitäranlagen für 18 DM (1-2 P), weitere P 5 DM. In Dez/Jan und Juli/Aug sind Chalets oft langfristig ausgebucht, dafür generell Nov-Feb minus 20%.

Twee Rivieren: hinter dem einzigen Park-Gate. 35 Drei/Vierbett-Cottages 125/145 DM, Zweibett-Bungalow 135 DM (plus 30 DM/P für Couchschläfer), Sechsbett-Cottage 150 DM (1-4 P, pro weitere P 30 DM); alle mit Küche & Bad. Außerdem 30 Zeltplätze, Telefonzellen an der Rezeption und das einzige Restaurant im NP: täglich bis 21h Vorspeisen ab 4 DM, Grillwaren ab 12 DM, sogar Veggie-Platte. Der **Einkaufsladen** hat sich gebessert: Konserven, Eier, Fleisch, Campingbedarf, zeitweise auch Brot & Obst.

Camper machen in Twee Rivieren bald Bekanntschaft mit den Großfamilien der Erdhörnchen (Suricates). Diese nimmermüden Wühlwesen mit TV-gerechten Glotzaugen und stramm aufrechtem Stand flitzen zunächst vor jedem nahenden Menschen ins nächste Erdloch. Doch mit etwas Geschick läßt sich spätestens beim Frühstück ihre Neugier derart entfachen, daß sie schließlich sogar aus der Hand fressen.

Mata Mata: 121 km nordwestlich von T.R., im Auob-Tal. Holztor nach Namibia dauerhaft verschlossen. Fünf Dreibett-Hütten mit Sanitärblock 50 DM, mehrere Sechsbett-Cottages mit Küche & Bad 110 DM (1-4 P, pro weitere P 30 DM), sowie 20 Zeltplätze.

Nossob: immerhin 3 Std von T.R., dafür nagelneuer Ausguck am Wasserloch. Acht Dreibett-Hütten mit Sanitärblock 50 DM, Dreibett-Bungalows mit Küche & Bad 110 DM, Sechsbett-Cottages mit Küche & Bad 115 DM (1-4 P, weitere P 30 DM), 20 Zeltplätze.

☞ **Strom** wird auf den Zeltplätzen von 22-5h abgeschaltet. Taschenlampe bereitlegen!

Namaqualand

Cinderella Country: elf Monate lang zeigt sich nur graue Halbwüste, während die schönen Schwestern Namib & Karoo alle Besucher abbekommen. Dann fallen im Sep/Okt ein paar Tröpfchen, plötzlich macht's im Pflanzenreich **plopp plopp plopp** - und binnen Tagen verwandelt sich das Land von Steinkopf bis Garies in einen **Blütenteppich.**

Das Wasser des **Benguelastroms** ist zu kalt zum Verdunsten, und so erreichen jährlich nur 50-200 mm Niederschlag das Land. Die Tristesse wird verschärft durch Nebelwolken, die gern vom Meer heranwälzen. Selbst Flüsse enden noch vor Erreichen des Ozeans in dicken Salzkrusten. Eigenartige Fettpflanzen haben sich damit arrangiert und leben vom Küstennebel. Alle anderen warten geduldig elf Monate lang - bis sie wieder **plopp** machen dürfen.

Intercape Mainliner, T. 021/386 4400, Mo/Di/Do/Fr/So ab Noordoewer 3.15h, Springbok 5h (S'bok Lodge), Kamieskroon 5.45h, Bitterfontein 6.45h, Vanrhynsdorp 7.45h nach Kapstadt (an 11h). Di/Do/Fr/So ab Kamieskroon 19.15h, Springbok 20h nach Windhuk (an 6h). Einfach von Springbok: Kapstadt 70 DM, Windhuk 100 DM. **Van Wyks Busdiens,** T. 027 / 713 8559, täglich 6.30h von Springbok nach Kapstadt.

Kanutouren auf dem Oranje s. Lower Orange Region. Für unter 100 DM/Tag ist ein Erlebnis drin, das unvergeßlich bleiben dürfte!

Vioolsdrif

685 km nördlich von Kapstadt. Unscheinbare Grenzstadt am Südufer des Oranje, der sich beharrlich seinen Weg durch zerklüftete Berge gegraben hat und jetzt schmale Farmstreifen mit Wasser versorgt. Der erste Teil der Fahrt nach Steinkopf wirkt besonders bizarr.

Grenze rund um die Uhr geöffnet.

Richtersveld-Nationalpark

Von Vioolsdrif stromabwärts, nur von zwei Pisten erschlossen. Das Richtersveld, das sich jenseits der Parkgrenzen fast bis zur R382 nach Süden erstreckt, ist in einem Land voll einsamer Gegenden wohl die allereinsamste. Die Schotterpisten ab Port Nolloch oder Alexander Bay ins Landesinnere dürfen nicht verlassen werden.

Warum? Diamanten! Auch wenn auf Straßenkarten keine Wege eingezeichnet sind, so gibt es doch etliche - allesamt von De Beers gebaut, nur von Konzernpersonal zu befahren. Die Küste rings um die Oranjemündung ist nämlich Diamantenland, davon saugen Taucher mit riesigen Schläuchen Sand vom Boden des eisigen Meeres ab. Inzwischen gehören Tauben zu den unerwünschten Kreaturen im Diamantengebiet und werden abgeschossen - zu oft hatten De Beers-Arbeiter ihrer Brieftaube kostbare Steinchen unter die Flügel geklemmt und sie dann heimfliegen lassen. *(Quelle: Reuters, 27. März 1998)*

Zerklüftete Felsgebilde & tiefe Schluchten verleihen dieser gebirgigen Wüste einen unvergleichlichen Reiz. Bizarr auch die endemische Flora: die Hälfte der Pflanzen, meist Sukkulenten, gelten als höchstselten. Außer zahlreichen Vögeln ist das Tierleben sehr beschränkt.

Südafrikas drittgrößtes Parkgelände (1625 qkm) wurde dem seit jeher ansässigen Volk der Namaqua überlassen. Um ihr gewohntes Dasein als Halbnomaden und das empfindliche Ökosystem nicht zu beeinträchtigen, wird der Fremdenverkehr streng begrenzt. Parkgebühr 12 DM, Einlaß nur bei vorheriger Anmeldung über SA National Parks.

Keine festen Unterkünfte, keine Versorgungsmöglichkeit - Wasser, Nahrung & Preibstoff mitbringen. Zelten auf einem der fünf abgezäunten Gelände 6 DM/P.

4WD im Nordteil nötig, im Süden ratsam. Die Pfade sind noch kaum begangen, die Parkverwaltung bietet Apr-Sep geführte Zwei- bis Viertagestrails an; je 15 DM /Tag, 5-12 Teilnehmer. Okt-März tagsüber unerträglich, Winternächte oft unter dem Gefrierpunkt.

Touren über immer mehr Veranstalter zu buchen, am nächsten dran ist aber The Richtersveld Experience in Port Nolloth, T./Fax 027/851 8041.

Port Nolloth

93 km westlich von Steinkopf, kein Bus über die geteerte R382. Es regiert eine eigenartige Mischung aus Diamanten- und Fischindu-

strie, nachdem das Gebiet bis 1870 unbewohnt war. Auf der Suche nach einem Umschlafhafen für Springboks Kupfer machte Commander Nolloth diese riffgeschützte, windausgesetzte Bucht ausfindig. Die eiligst errichteten Schienen für Loren, von Eseln oder Dampfloks gezogen, sind noch zu sehen. Wer angeln will: Galjoene beißen im Winter, Stachelmakrelen im Sommer in Mengen an. ✆ 027.

Municipality: im Rathaus, Main Rd, T. 851 8229, Fax -8366. Mo-Fr 8.30-16.30h.

Innerorts an der Beach Rd: **Bedrock Lodge,** T. 851 8865, neben dem unscheinbaren Stadtmuseum mit Mammas portugiesischem Restaurant; prima Vierbett-Cottages 60 DM. **Scotia Inn,** T. 851 8353, übertrifft alle Erwartungen: DZ ohne/mit Bad ab 50-/65 DM, gutes Restaurant, und in der Disco sammelt sich Mi/Fr/Sa alles was Beine hat. In **McDougall's Bay** 4 km südlich: spartanischer **Caravanpark,** T. 851 8657, mit frischen Langusten, sauberem Strand, 15 Fünfbett-Chalets ab 80 DM, Zeltplatz 32 DM (vier P).

Springbok

119 km südlich von Vioolsdrif, neben der N7/N14. Namaqualands „Hauptstadt" liegt in einer **Kupferregion,** deren reiche Vorkommen europäische Pioniere schon 1685 vermerkten. Heute sind nur noch die Minen von Springbok, Okiep und Nababeep in Betriep. Vieles erinnert aber an die Tage, da Springbok den idealen Schauplatz für John Wayne & Co. abgegeben hätte. ✆ 02771

Publicity Assoc: Namakwa/Van der Stel St, T. 22 071, Fax 81 333, mit *Flowerline* für Namaqualand; Mo-Fr 8-16h, im Frühling auch Sa/So 8-13h. **Postamt:** gleich daneben. **Regional Info Office:** T. 22 011, Fax 21 421, namakwaland@intekom.co.za.

Übernachten

Springbok Lodge, 37 Voortrekker St, T. 21 321, Fax 22 718 - kein aufgeweckter Besucher kommt dran vorbei: billiges Restaurant, Fotoausstellung & Steingalerie in einem. Jopie Kotze vermietet charakterstarke Ex-Arbeiterhäuser (35 DM/P) und weiß über ganz Namaqualand Bescheid - natürlich auch, wo Blumenkinder grade hingehören.

Caravanparks, beide 2 km außerhalb an der Voortrekker St: **Springbok,** T. 81 584, mit Strom & sonst nix, Zeltplatz 6 DM. **Kokerboom Motel,** T. 22 685, auch mit nüchternen EZ/DZ für 55/90 DM, Zeltplatz mit Komfort 16 DM.

Rendezvous Overnight *(kein Puff!),* van Riebeeck St, T. 21 338, mit Zwei- bis Fünfzimmer-Häusern, Küche, Bad & Braai ab 20 DM/P. **Travel Centre,** 75 Voortrekker St, T. 81 600, markus-@melkboschkuil.co.za, mit Logis, Mietwagen, Cafeteria, Rat & Tat.

Hotels: ** **Springbok,** 87 Van Riebeeck St, T. 21 161, Fax 22 257, im klimatisierten Gebäude alten Stils, 26 EZ/DZ ab 50/85 DM, F 10 DM. Die Speisen à la carte sind vorzüglich & preiswert. Im Besitz derselben Familie: **Masonic,** Van Riebeeck St, T. 21 505, einfacher & billiger; und * **Nababeep Hotel** im Nachbarort, T. 38 151, mit einem Schuß Gelsenkirchner Barock und 27 EZ/DZ ab 85/110 DM.

Anschauen, Hin & weg

Stadtmuseum in Ex-Synagoge (1929). In den 30er Jahren besaß Springbok eine rege jüdische Gemeinde, die sich mit dem Rückgang des Kupferhandels auflöste. Das kleine Museum versammelt auch Relikte jener Tage; Mo-Fr 9-16h. Die **Anglikanische Kirche** (1864) gegenüber vom Postamt ist die zweitälteste in Namaqualand, der Alte Friedhof erinnert an Bergbaupioniere und Burenkrieg. Das britische Fort ist längst überwuchert.

Vielleicht das Reizvollste an Springbok wäre der Besuch eines **Kupferbergwerks,** etwa der Blue Mine. Ihr Schmelzhochofen samt Memorial (Überblick über Stadt & Umland) stehen unter Denkmalschutz. In Nababeep präsentiert ein Mini-**Minenmuseum** die alte Tante Clara, die bis zuletzt Kupfer nach Port Nolloth beförderte; täglich 9-16h.

Busse s. Namaqualand/Hin & weg. **Minibustaxis** ab FNB, Monument St, bevölkern zuhauf die N7 Richtung Kapstadt; nach Upington seltener (25 DM). **Richtersveld Challenge,** T. 21 905, Fax 81 460 (Ray van Rensburg) wandert mehrtägig durchs Richtersveld. **Jowell Motors**, Voortrekker/Uitspan St, T. 23 125, mit Mietwagen, Tickets für Bus & Flieger, Ausflügen. **Flugplatz** östlich der Stadt am Weg zum Goegap-NR; National, T. 021/934 0350, täglich von/nach Kapstadt.

Goegap-Naturreservat

14 km südöstlich von Springbok, an der R64. Durch das immense Schutzgebiet (150 qkm) entdeckt man zu Fuß die außergewöhnlichen Facetten Namaqualands. Zwischen Granitkoppies und sandiger Savanne fallen ephemere Pflanzen (kurze Lebensdauer) und natürlich Wildblumen auf. Einige der Sukkulenten und Aloen, die im Hester Malan-Garten auch gezüchtet werden, gedeihen an keinem anderen Ort der Welt. Täglich 8-16h, 2 DM.

Sechsbett-Cottage im NR für 240 DM, buchen unter T. 027/712 1880, Fax 718 1286.

Zum Inventar (45 Säugetier-, 34 Reptilien-, drei Amphibienarten) gehören Löffelhund, Wüstenluchs, Pavian & Bergzebra. Natürlich v.a. Aug-Okt **sehenswert,** wenn im Besucherzentrum eine Video-/Diaschau die andere jagt und Ranger Standorte der Blütenpracht verraten; auch Führung. Mit Picknickplätzchen, Lapa und Kiosk, 17 km-Rundpiste für Pkw, Mountainbikeroute (keine Vermietung) und 6/12 km-Wanderwegen.

Kamieskroon

68 km südlich von Springbok, an der N7. Das verpennte Nest am Fuß der Kamiesberge blüht nur im Frühling auf. Fotografen aus aller Welt geben sich ein Stelldichein, weil der hiesige Hotelier als Fotonarr mit Labor bekannt ist und Profis jede Menge Workshops auch in s/w veranstalten. Im Winter fiese Winde, sogar Schnee. © 0257 - *ändert sich 1999.*

Town Clerk: Rathaus, T. 627, nach Dienstschluß T. 647.

Im Aug/Sep ohne Buchung nix zu machen! ** **Kamieskroon Hotel,** Old National Rd, T. 614, Fax 675, mit 15 Räumen für 110-170 DM, schattige Zeltplätze 14 DM. **Gästezimmer** z.B. auf den Farmen Arkoep, T. 759, und Pedroskloof, T. 666. Im Frühling räumen viele

Hausbesitzer einige Räume für Touristen.

Das Skilpad Wildflower Reserve, 20 km westlich, bietet dank relativ höherem Niederschlag einen der prachtvollsten Blumenteppiche. Nur Juli-Okt, täglich 10-17h, 4 DM. In den nächsten Jahren soll Skilpad um 50.000 qkm (größer als die Schweiz!) zum Nationalpark erweitert werden. Bei Redaktionsschluß war die Suche nach einem passenden Namen voll im Gange. Er sollte *apolitical, descriptive of the area and acceptable to all South Africans*" sein - und das kann dauern ...

Bowesdorp, das Geisterdorf 8 km nördlich, war mal Kamieskroon. Namaqualands erste NG Kerk, heute ziemlich ruiniert, wurde 1864 hier errichtet. Bald rückten immer mehr Häuser nach, bis das enge Tal keine weitere Ausdehnung zuließ. Da packte anno 1924 der ganze Ort seine Koffer und begann am heutigen Standort von neuem.

Weiter Richtung Kapstadt? Bitte sehr, Bitterfontein liegt 104 km südlich bereits im Westlichen Kap; s. Westküste.

Provinz zum bedingungslosen Erholen: vor der Küste schnalzen Surfer und Taucher mit der Zunge, im Hinterland die Freunde historienreicher Schnuckelörtchen.

Östliches Kap

Die gesamte Küste von Tsitsikamma bis Port St Johns müht sich um Abwechslung. Vor Jeffreys Bay bläst sich der Wind eines der Spitzenreviere für Wellenreiter zusammen. Zwischen Algoa Bay und Kei-Mündung kommen auch andere Wasserratten auf ihre Kosten. Das Hinterland gehört den stolzen Xhosa, deren prominenteste Söhne, Nelson Mandela und Thabo Mbeki, aus der Transkei stammen.

☞ **Straßenkarte** *Eastern Cape* kostenlos bei AA.

Jeffreys Bay

74 km östlich von PE, südlich der N2. ***** **Domizil für Goldene Surferjungs!** Sie verschaffen „Südafrikas Muschelzentrum" seit Jahrzehnten eine unsagbar entspannte Atmosphäre. Längst sind die Kiffer nicht mehr unter sich: gemeines Volk, zum Teil Nichtraucher (!), verbreiten eine Lebenslust, die zur Hochsaison Purzelbäume schlägt. Oft kommen Delphinschulen vorbei, um sich das anzuschauen. Da in Schnupperweite der Garden Route, will wohl niemand das Wochenende in romantischer Zweisamkeit verbringen. ✆ 042.

📌 **Publicity Association:** Da Gama/Oosterland St, T. 293 2588, Fax -2227, wenige Meter vom Strand. Mo-Fr 8-17h, Sa 9-12h.

📌 **Banken,** Apotheke & Supermarkt: entlang Goedehoop und Oosterland Sts.

📌 **Post:** 9 De Reyger St, T. 293 1200. **Internetcafé:** The Network,

Highlights der Provinz

*** An der weitgeschwungenen *St Francis Bay* reihen sich fünf Orte mit langen Stränden. Was davor abgeht, sind nicht einfach Wind & Wellen - das sind wahre Surferparadiese.

*** Wer unbedingt Elefanten sehen will: den *Addo NP* durchstöbern so viele davon, daß ihr Mist ganze Scharen einer außergewöhnlichen Käferart in Arbeit hält.

*** Durch die *Amatolaberge* um Hogsback & Katberg schwirren seit alters her Elfen, Schrate und Gnome. Hier holte sich J.R.R. Tolkien Inspirationen für den „Herr der Ringe".

*** Die *Wild Coast* bleibt das Kleinod am Indischen Ozean. Nebenstraßen landen immer wieder in Orten, um deren kleines Hotel sich wenige Häuser, ein Steakhaus und das offene Meer scharen.

Drommedaris/Diaz Rd, T. 293 3239, 6 DM/Std online; Mo-Sa 9-21h, So 14-21h.

Waschsalon: Da Gama/Petunia Rd, gegenüber J´Bay Caravanpark.

Fahrräder: gute Idee, im BP eines zu mieten, da J´Bay merklich ausfranst.

Übernachten

Alle Backpackers auf Baz/Hopper-Bus-Route.

Island Vibe, 10 Dageraad St, T./Fax 293 1625, am Hauptstrand, aus vielen Räumen 270°-Blick auf Wellen & Himmel. Surfspot vor der Tür, Pendeldienst zu Supertubes, freie Bretter/Anzüge & Fahrräder, dickes Fisch/Hähnchen-Braai dreimal pro Woche, Ausritte/flüge zu Wasserfällen & Walen; Schlafsaal 12-15 DM, DZ 35 DM, Zelten 8 DM.

Jeffreys Bay BP, 12 Jeffrey St, T. 293 1379, Fax 296 1763, zentraler & freundlicher geht´s kaum. Zum Strand sind´s zwei Straßenzüge, zur Bushaltestelle einer. Gute Gemeinschaftsküche, Fahrräder, Grillgelände, freie Abholung, Surfunterricht; Schlafsaal 12-15 DM, DZ mit TV 30-35 DM.

Aloe Afrika, 10 Mimosa St, T./Fax 296 2974 (Derrick), aloe@agnet.co.za, 150m von den Supertubes, klassisches Holzchalet von Surfern für Surfer, hilfsbereiter Hausherr. Pubs, Läden & Friseursalon von Derricks Frau in der Nähe, Strandritte auch für Anfänger, Surfsafaris zu den heißen Spots, *Tubing* mit Autoreifen in Tsitsikamma; 35 DM/P.

White House BP, 47 Da Gama St, T. 293 3116, unweit von Stadt und Strand, wenig Atmosphäre, großer Schlafsaal in Garage 12 DM, DZ 30 DM. In **Rest Haven,** T. 293 1248, vermietet ein älterer, gastfreundlicher Herr zwei Dreierzimmer mit Küche; nicht ganz modern, aber nur 15 DM/P.

*„**Splash Inn,** 150m vom Aloe Afrika, liegt direkt am Meer, so daß sich ein Abendspaziergang am Strand mit 5m extra durch den Garten anbietet. Peter & Thea (ältere Herrschaften) kümmern sich mit viel Liebe um einen, dazu herrliches Frühstück. Schlafsaal ab 14 DM, Vier/Sechsbettzimmer ab 40 DM/P." (Sebastian Orthmann)*

Caravanparks an der Da Gama St: **Kabeljous** liegt am nördlichen Ortsende. Besser hat´s der **Jeffreys Bay CP,** T. 293 1111: zur einen Seite Ortskern, zur anderen Surfspots, zur Ferienzeit überfüllt. Windumtostes Gelände, großartiger Stellplatz ab 14 DM. **Beach Cabanas,** T. 293 2323, nahe der Surfplätze, mit der leicht sterilen Freizeitkultur der Caraville-Kette; Zwei- bis Sechsbett-Chalets ab 60-100 DM. **J´Bay Resort,** Drommedaris St, T. 293 1330, 5 min vom Hauptstrand, mit Tennis & Pool; Ferienwohnungen ab 25 DM/P.

B&Bs der 40-50 DM-Klasse auch über Verkehrsamt. **Kynaston,** 23 Chestnut Ave, T. 296 1845 (Sharon & Paul), zählt zu den dienstältesten der Stadt. Immer noch gut & gelsenkirchisch barock, vom Balkon beobachtet man das Treiben auf dem 500m entfernten Meer. **The Guesthouse,** 17 Flame Cres, T. 293 1878 (Madeleine Lardner), schöner Bau 100m vom Strand, mit eleganter Vierbettwohnung, Honeymoon-Suite mit Wanne, drei DZ.

Gehobene B&Bs für 60-80 DM/P: **Wavecrest,** 34 Pride of India Cres, T./Fax 296 2667 (Sabine Raith), sehr freundschaftlich von junger Deutschen geführt, F-Büffet mit selbstgebackenen Brötchen.

Mount Joy, 31 Mimosa St, T./Fax 296 1932 (Renée & John Petrelis), relativ zentral ab Norsekloof Rd, mit netten Gastgebern, schönem Meerblick & üppigem F. **Aston Woods,** 10 Rameron Dr, T. 292 0397, Fax -0398 (Rupert & Karen Brammer), modernes Blockhaus auf einer Düne zwischen Milkwoods an der Aston Bay.

Alle Hotels im Dez/Jan mit empfindlichem Preisanstieg. An der Da Gama Rd u.a.: * **Beach Hotel,** T. 293 1104, alle DZ mit TV ab 80 DM. *** **Savoy Protea,** T. 293 1106, Fax -2445, für gehobenes Publikum, kürzlich aufgemöbelt, Bar am Pool, prima Restaurant; helle, reizende, ruhige EZ/DZ ab 110/150 DM.

Essen, Trinken & Surfen

Genießer lassen sich im **Breakers,** 23 Diaz Rd, T. 293 1975, verwöhnen; nette Bedienung, sehr lecker, griechischer Salat 8 DM, Calamari/Linefish 16-18 DM. Spartip: **Le Grotto** im Sandown Complex, T. 293 2612, Steaks (bis zu einem Kilo!) 12-19 DM, Burger 4-8 DM; Mo-Sa 11-22h, So 11-14h. *"In gemütlicher Atmosphäre ein Steak nach dem anderen für fast kein Geld verdrücken, zudem leckerer Wein." (Christina Krause)*

Schluckspechte & Einheimische treffen sich im **Breakaway** (Savoy Hotel); preiswertes Pub Lunch als Grundlage. **Actors Action Café,** Diaz Rd, T. 293 1848, mit Billard, Ozeanblick und viel Thekenplatz, täglich bis ultimo. **Rick's Café,** Da Gama Rd/nahe Magnatubes, T. 296 1242, zum Lostanzen & Abfeiern, im Sommer oft Bands, täglich bis 2h.

◆◆◆

Jay Bays Supertubes werden in einem Atemzug mit Hawaii geflüstert. Ihr Kamm bricht erst kurz vor dem Strand zusammen. Beste Wellenzeit: Dez-März. Wer die Cracks sehen will, muß früh aufstehen! **Windsurfer** finden beste Bedingungen dagegen beim Wechsel der Jahreszeiten vor. Kenner empfehlen südlich des Hauptstrandes Kitchen Windows & Phantom Reef, die besonders bei Süd- oder Südwestwind reizen.

Surf Classic (Juli) mit Heerscharen von Könnern & Schaulustigen. Der **Billabong Shop,** Da Gama/Goedehoop Rd, verkauft Bretter, auch gebraucht, und die „größte Auswahl an T-Shirts auf diesem Planeten". *Typische Surferbescheidenheit eben.*

Mehr Sport: Bay Dive Shop, T. 296 2171, mit Riff/Wrackgängen, Tauchkursen & Ausrüstung. **Papiesfontein Rides,** T. 293 1898, für Strandritte.

Das Shell Festival (Osterferien) bevölkert den Hauptstrand mit Verkaufs-, Spiel- & Naschständen. Natürlich darf die Krönung der *Festival Queen* nicht fehlen. Während der übrigen 51 Wochen bleibt Muschelfreunden das Charlotte Kritzinger-Museum (seit 1998).

Hin & weg

Busse täglich ab Savoy Hotel, Da Gama/Oosterland Rd. **Sunshine Express** nach PE. **Translux** 8h über Garden Route nach Kapstadt, 17.50h nach PE (11/1½ Std, 60/20 DM). **Intercape** 7.45h/20.45h nach Kapstadt, 5h/16h nach PE (9½ /1 Std, 70/24 DM). **BazBus** täglich Richtung Kapstadt & PE (60/16 DM). **Minibustaxis** ab St Francis/Goedehoop St nur nach

Humansdorp (1/2 Std, 3 DM), dort weitere Fernbusse.

St Francis Bay

22 km südlich von Humansdorp, an der R330. Dürftiges Nest voller Ferienhäuser von der Stange, dessen Existenz sich nur aus einem Wort ableitet: Wassersport. Allerdings können es die Wellen am Seal Point selten mit J'Bays Supertubes aufnehmen. Brauchbare Strände erstrecken sich vom Kap gen Westen. Richtung Tsitsikama wird die Küste immer rauher, Kliffs bieten dem Wind eine umtoste Angriffsfläche. ✆ 042.

Publicity Association: Village Centre, T./Fax 294 0076.

SFB zielt mit seinen Bruces Beauties und Reetvillen auf die Sahneschicht des Urlauberkuchens. Noch bezahlbar: **Jyllinge Lodge,** T. 294 0270, Fax -0230, mit acht DZ & gutem Strandrestaurant; und **Milkwood Cottage,** T. 294 1007, Fax -1099 (Andrea & Allan Leslie), apleslie@iafrica.com, mit viel Reet & Ruh. Tolle B&Bs: **Lovemore,** 34 Lovemore Cr, T./Fax 294 0825 (Fred & Monica Johnson), lovemore@hotelnet.cc; und **Oasis Lodge,** Grand Comore/Poivre Cr, T./Fax 294 0456 (Arthur & Gertrud Honey), honey@agnet.co.za, man spricht deutsch. Jeweils EZ 75-100 DM, DZ 100-175 DM.

Ans Cape St Francis flezt sich ein riesiges **Caraville Resort**, T. 294 0420, Fax -0409, das jeden Geldbeutel anspricht. Zeltplatz plus Auto ab 18 DM/2 P; Vier/Sechsbett-Apartments ab 90/125 DM, teils mit Seeblick; Schnuckelhütten mit sechs/acht Betten ab 145/190 DM. Zu Ostern und Dez/Jan plus 50-100%. Dazu eine Backpacker-Sektion, Da Gama/Panaghia Rd, mit Seeblick, Wama & Billard; Schlafsaal ab 18 DM/P, DZ 70 DM.

Big Time Tavern, der „Grieche", ist jeden Abend spätestens ab 20h voll. Schuld daran sind leckere Souvlakia für 20 DM, Tzatziki/Skordalia 5 DM, Wein ab 18 DM.

Port Elizabeth

769 km von Kapstadt, 927 km von Durban, an der N2. *The Friendly City*, oder PE, ist eine gefällige Fast-Millionenstadt ohne große Sehenswürdigkeiten, aber Herz einer begnadeten Region für Surfer, Taucher und normale Badegäste.

Autos haben dieses Industriezentrum (mit Uitenhage) groß gemacht, genauer die Fertigungsstraßen von VW und Delta/GM. Diese Abhängigkeit von einer kriselnden Branche stieß PE seit den 80er Jahren besonders tief in den Abgrund der Wirtschaftsflaute, mit Massenarbeitslosigkeit, Armut, Kriminalität. Ringsum machten sich bedrückende Townships breit, die z.B. auf der Fahrt nach Addo nicht zu übersehen sind.

Die Innenstadt ist auf steile Hügel oberhalb des Hafens versprenkelt. Wenige Schritte davon harren nette Strände & Parks. Von Grundriß oder Gebäudebestand her könnte PE eine schöne Stadt sein - wenn nicht Verkehrsplaner an jede Ecke eine Autobahn gepflanzt hätten. Oder sind all diese Hochstraßen, Brücken, Pylonen ein knüppeldicker Wink, der Besucher möge seine Spazierenergie lieber für Strand & Nachtleben sparen? ✆ 041.

Kurz & knackig

Tourism PE: im Leuchtturm,

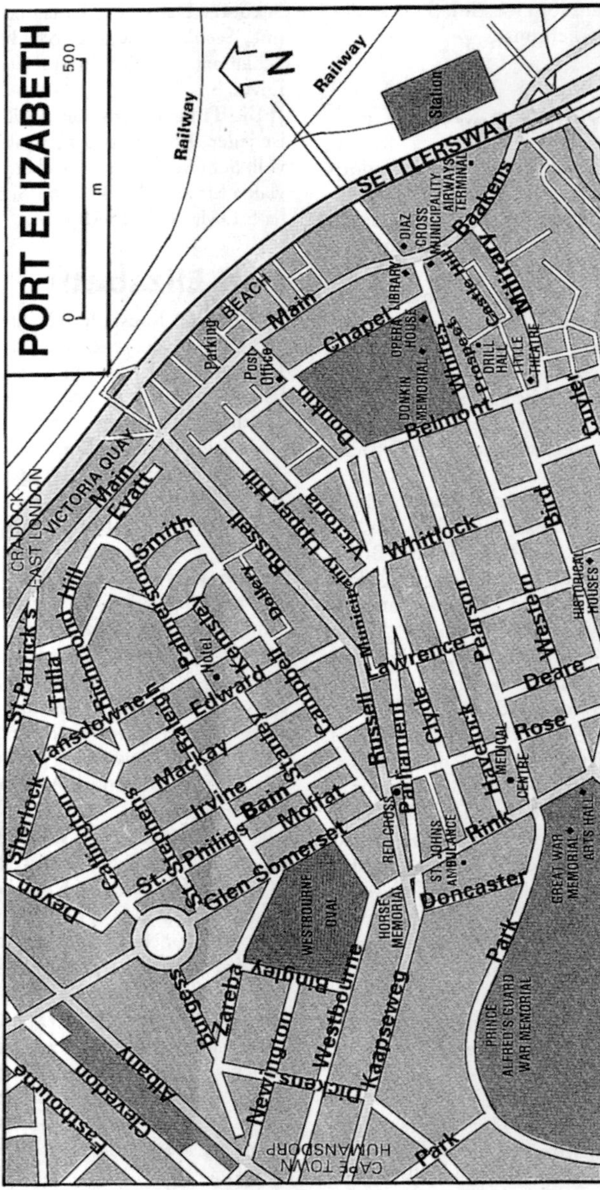
PORT ELIZABETH
0
500
m
Railway
N
Railway
Station
SETTLERSWAY
VICTORIA QUAY
CRADOCK
EAST LONDON
BEACH
Parking
Main
Chapel
Post Office
LIBRARY
OPERA HOUSE
DIAZ CROSS
MUNICIPALITY
AIRWAYS TERMINAL
Baakens
Military
Castle Hill
Whites
Prospect
DRILL HALL
LITTLE THEATRE
DONKIN MEMORIAL
Donkin
Belmont
Cuyler
Victoria
Upper Hill
Russell
Whitlock
Bird
HISTORICAL HOUSES
Western
Pearson
Lawrence
Deare
Rose
Municipality
Evatt
Smith
Palmerston
Kemsley
Hotel
Edward
Campbell
Stanley
Raleigh
Tulla
Richmond Hill
St. Patrick's
Lansdowne
Sherlock
Mackay
Irvine
Bain
Moffat
St. Stephens
Cathington
St. Philips
Somerset
Glen
Devon
Parliament
Clyde
Havelock
MEDICAL CENTRE
RED CROSS
ST. JOHNS AMBULANCE
Rink
Doncaster
HORSE MEMORIAL
WESTBOURNE OVAL
GREAT WAR MEMORIAL
ARTS HALL
Park
PRINCE ALFRED'S GUARD WAR MEMORIAL
Bingley
Westbourne
Kaapseweg
Burgess
Zareba
Newington
Dickens
Albany
Clevedon
Eastbourne
CAPE TOWN
HUMANSDORP

Donkin Reserve, T. 585 8884. Den Stadtplan (hier 1 DM) verteilen fast alle BP umsonst. Mo-Fr 8-16.30h, Sa/So 9-15.30h. **Satour:** 21-23 Donkin St, T. 585 7761, Fax -4975; zugleich Eastern Cape Tourism Board. **AA:** 2 Granville Rd, Greenacres, T. 363 1313.

AmEx: Pamela Arcade, 2nd Ave, Newton Park, T. 363 4625. **Rennies Travel:** Murray & Roberts Bldg, 48-52 Ring St, Greenacres, T. 363 3536.

Notfall: T. 10 111. Provincial Hospital, Westbourne Rd, T. 392 3911. Notapotheke: 13 Lower Mount Rd, T. 584 3838, rund um die Uhr.

Stadtbusse der Algoa Bus Company, T. 414 241, fahren auf Rundkurs im 20-min-Takt bis 18h durch die Innenstadt, zu Stränden und Einkaufszentren; Fahrschein 1-1,50 DM. Bus 2 entlang der Strände zum Happy Valley.

Fahrräder: Bob´s Bike Hire, T. 585 4303, 20 DM/Tag, bei Anlieferung 27 DM.

Taxis muß man bestellen, z.B. Hunter´s Cabs, T. 585 5500, rund um die Uhr.

Übernachten

Zeltplätze in Humewood

Sea Acres, Beach Rd, T. 583 3095, Fax -3966, seaacres@iafrica.com, liegt am nächsten, kein Meerblick, aber nur 3 min zum Strand, oft belegt. Gepflegte Anlage mit Laden, Spielplatz, Wäscherei und endloser Preisliste. 34 Chalets mit 2-6 Betten 150-215 DM, Rondawels mit vier/sechs Betten 125/175 DM, einfache Strandhütten mit zwei/vier Betten 65 DM, 500 Zeltplätze 17 DM plus 6 DM/P.

Pine Lodge Park, Marine Dr, T. 583 4004, taufrische Nobelanlage draußen in den Dünen, 3 km hinter Summerstrand, mit schönem Pool, Restaurant & viel Sport. Hübsche Chalets mit drei-/vier/fünf/sechs Betten ab 110-/150/190/230 DM, Zeltplatz 34 DM (1-6 P). **Willows Park,** Schoenmakerskop Rd, T. 361 717, blickt schon auf den Indischen Ozean.

Backpackers

Jikeleza Lodge, 44 Cuyler St, T. 586 3721, Fax 581 3706, winteam@hinet.co.za, in ruhiger Nebenstraße oberhalb des Zentrums. Mitch & Lynda, selbst vier Jahre lang auf Achse gewesen, lesen einem jeden Wunsch von den Lippen. Dafür die besten Matratzen in Südafrika, gepflegt, mit Küche, TV usw. Dreierzimmer ab 16 DM/P. **Tip!**

Kings Beach BP, 41 Windermere Rd, T. 585 8113, 300m zum langen Strand, gut per Minibustaxi ins Zentrum. Kleines Haus mit zelttauglichem Garten & Veranda, sauber, Wama, oft Partyatmosphäre & Braaiabende. Vier Sechserzimmer ab 14 DM, DZ 36 DM, Camping 8 DM. Nebendran nettes Guesthouse Conifer, #39.

PE Backpackers oberhalb der Innenstadt, 7 Prospect Hill/Whites Rd, T. 585 2032, Fax 586 0697 (Ian, Katrin & Mandy), pebakpak@global.co.za, mit 40 Betten, TV, vielen Touren. Schmuddliges Haus, aber sehr freundlich & entspannt, dazu zentral in der steilen Parallelstraße zum Donkin Reserve. Schlafsaal ab 12 DM, DZ ab 32 DM.

Minus: Global BP, T. 363 3768 - nach nur einer Übernachtung bestand meine Mängelliste aus 17 Punkten. **Port Penguin,** T. 585 4499, mit Dreier-Etagenbetten!

Geschmackssache: Brookes

Hill Bunkhouse neben The Caboose, viel Holz & Ziegel, nur vier Etagenbetten, nur 12 DM/P - sehr gut für 2-3 P ohne Gemeinschaftsbedürfnis. Im **YMCA,** 31 Havelock St, T. 585 5792, kommen Männund Weiblein ab 16 DM unter. Zentral, halbwegs sauber, oft belegt, EZ/DZ ab 30/55 DM.

B&Bs und Ferienwohnungen

B&Bs in rauher Menge. Vermittlung: 112 Church Rd, Walmer, T. 581 3611. Gut in Humewood z.B. **Coral Tree,** 15 Killarney Rd, T. 585 3261, Fax -5182, mit EZ/DZ ab 75/95 DM. Anders im Zentrum: **Calabash Lodge,** 8 Dollery St, ab Campbell St, T./Fax 585 6162 (Paul & Tandi), geführt von zwei registrierten Guides, schwierig zu finden, aber sehr kreativ & fröhlich, EZ/DZ mit generösem F ab 35/55 DM.

Marie Albertyn, T. 585 4276, Fax 583 1964, betreibt zwei Ferienhäuser in Strandnähe: **Humewood Lodge,** 21 Windermere Ave, in Einflugschneise; und **Albertyn Cottage** in Summerstrand, 7 Brighton Dr. EZ/DZ ab 60/100 DM, F 10 DM.

Bichana Kachana Farm, Colleen Glen, T. 721 450 (Bruce & Fiona Johnson), bichana@iafrica-.com, 10 min außerhalb, N2-Abfahrt Seaview, dann über Doorly Rd und Honey Bee Lane. Wunderbares Plätzchen für die Sehnsucht nach Wildnis - viele Trails & Aktivitäten. Drei Zwei/Sechsbett-Cottages nur 75/150 DM. Großartig, aber voranmelden!

Hotels

The Caboose in Humewood, Brookes Hill Dr, T. 586 0088, Fax -0087, caboose@sprint.co.za, am Hang mit Pseudo-Schlafwagenabteilen & viel Holz, sehr eng, aber charmant. Die schöne Empfangshalle will einen Bahnhof nachahmen. Billard, Selbstversorgerküche, Restaurants unterhalb. EZ/DZ-/Dreierzimmer mit WC-Duschen-Kombi und F 35/55/75 DM. Sehr beliebt, also zur Saison vorbuchen. **Tip!**

Zentral & charmant: ** **The Edward,** Belmont Terrace, T./Fax 586 2056, Prachtschuppen aus einer Zeit, als über die breite Auffahrt noch Kutschen ratterten. Heute nicht mehr so flott, 107 EZ/DZ ab 120/135 DM. Zentral & steril: **Formule 1,** Beach Marine, T. 585 6380, neben Ozeanarium, klimatisierte Dreibettzimmer mit Bad 67 DM, F 4 DM.

Strandlage **in Humewood,** südlich der Innenstadt: ** **Humewood Hotel,** 33 Beach Rd, T./Fax 585 8961, wenige Schritte hinter dem Strand; 65 EZ/DZ ab 90 DM, mit Seeblick mehr. ** **City Lodge,** Beach/Lodge Rd, T. 586 3322, Fax -3374, gesichtslos; 148 EZ/DZ ab 90/120 DM. *** **Holiday Inn GC Kings Beach,** La Roche Dr, T. 582 3720, mit 127 EZ/DZ ab 175/185 DM.

Strandlage **in Summerstrand,** alle Marine Dr: *** **Holiday Inn GC S'strand,** T. 583 3131; 230 EZ/DZ ab 150/170 DM. *** **The Beach Hotel,** T./Fax 583 2161, einen Steinwurf vom Hobie-Strand, Bell Restaurant für internationalen Geschmack; 50 DZ/-Dreibettzimmer ab 190 DM. *** **Marine Protea,** T. 583 2101, Fax -2076, Betonklotz auf dem Gipfel des Komforts; über 70 EZ/DZ ab 170/205 DM.

Essen, Trinken & Feiern

Im Summerstrand Village, Marine Dr, sind etliche *Cheapies* versammelt, darunter Paparazzi Pizzeria, T. 583 4060, und Dulce Coffeeshop, T. -3629, mit 24 Eissorten. **Fische** frisch gepflückt: Mamma Leone, 67 Parliament St, T. 585 1125; und Nelson's Arms *(Plural? wie gemein!)*, 3 Trinder Square, T. 585 9049, mit gediegener Piraten-Atmo.

🍴 **Gut südafrikanisch,** also v.a. Steaks & Spare Ribs: O'Hagans in Humewood, Beach Rd, mit Bands; Keg & Fox, 31 Clyde St, T. 585 4547; und Sir Rufane Donkin, 5 George St, T. 585 5534. Dazu gigantisches Salatbüffet: Saddlers und Spurs, beide Beach Rd.

🍴 **Israelisch** à la bonnör: Shuki's, 95 Parliament St, T. 585 7399, mit viel Kunst, lebhafter Bar & sooo leckerer Kost; täglich 16-4h. **Französisch** à votre pläsier: La Fontaine im Park Towers, Rink St, T. 585 9029. **Deutsch:** Barney's im Red Windmill, Humewood Beach, mit gezapftem Bier, Schweinshaxn & Sauerkraut; am Fr/Sa Bands ohne Schuhplattler. **Indisch?** Aber hallo, im Royal Delhi, 10 Burges St, T. 373 8216, empfehlenswert!

🍴 **Gediegen:** St James, 50 Pearson St, T. 585 6420, tut alles, um seinem Untertitel *Turn of the Century Bar* gerecht zu werden. Bedienung ohne Knickerbocker, dafür Hausmannskost, Klaviergeklimper & Kerzenlicht wie aus einer anderen Zeit; hübscher Garten. Reichhaltiges Buffet im **Edward Hotel** 24 DM, mit allem was das Herz begehrt.

🍸 **Jung & dynamisch:** in der Bar des Humewood Hotel, 33 Beach Rd, trifft sich die Studentenszene. Bei **Cagney's** im CinePark, Rink St, T. 585 2422, gibt's unter den Augen ehrwürdiger Filmstars bis spätabends was zum Beißen. **Angelo's Café**, 10 Parliament St, T. 585 2929, für Cosmopolitan-Leser & Redakteure im Urlaub; täglich 8.30-24h. Im **Phoenix Hotel,** 5 Chapel St, T. 586 3553, will man nicht schlafen, sondern sich gut amüsieren. Prima Pub Lunches im Stage Door, scharfe Sachen in der Cantina Mexicana, oft Bands.

Veranstaltungskalender: Holiday Guide im Verkehrsamt, erscheint monatlich.

Wassersport

Bonbons für Fotografen: ums Wrack der *Harlem* (1905) tummeln sich große Fischschwärme in 10-20m Tiefe. Unterwasserpfad bei der vorgelagerten Naturschutzzone St Croix mit Riesengorgonien & Schwämmen. Auch Schnorchler werden gut bedient.

🌴 **Taucher:** hervorragende Kurse & Ausrüstung bei **Ocean Divers Int'l**, T. 585 6536, z.B. *Openwater II*-Wochenende in Sodwana Bay mit Logis 500 DM. Mike's Diving Shop, 63 Western Rd, T. 585 3367, zeigt Lizenzinhabern die Wrackszene vor PE. Tauchangebote über BPs: 100 DM/Tag, 300 DM/Woche ganztags oder zwei Wochen halbtags.

🌴 **Surfer** aller Klassen fühlen sich in der Algoa Bay zuhause. Für Anfänger: Flachwasserrevier am geschützten Hobie Beach. Aufsteiger schielen in die Sylvic Bay: eine Bucht mit Flachwasser, die andere mit Brandung. Könner lassen nicht ab von Swartkop Mouth oder der wilden Noordhoek-Seite, wo die Wellen mit vollem Karacho anrollen. Beachbreak Adventure, 109 Russell Rd, T. 585 2480, mit Ausrüstung, Tips & Windnachrichten.

🌴 **Segler** tummeln sich am Summerstrand, vor der Ex-Farm des

Voortrekkers Piet Retief, 5 km von der Innenstadt. **Hochseeangler** bekommen ihre Touren & Ausrüstung in Hasties Sports Shop, 345 Main St, T. 582 4138; Angelgenehmigung (1 DM) am Hafen.

Schwimmer sind an Stränden südöstlich der Innenstadt zugange; per Humewood Rd, Beach Rd, dann Marine Dr. In keiner Bucht außerhalb Natals hält sich die Wärme so hartnäckig wie in der weitgeschwungenen Algoa Bay: Mai-Okt stets 16-18°, Dez-Feb 21°. **Kings Beach** hinter der Hafenmole bietet Familienvergnügen mit Rutschen & Planschbecken. **Humewood Beach,** mit dem Happy Valley (Spazierterrain!) durch eine Unterführung verbunden, wird von Lebensrettern bewacht; reizvoll auch für Wellenreiter. **Pollok Beach,** noch weiter südöstlich, ist dank ausgewaschener Felsbecken auch für Kinder prima.

Unternehmen & Anschauen

Erste Wahl ist der **Museum Complex** an der Beach Rd, T. 586 1051, neben Happy Valley. Ozeanarium mit Delphinshows 11h-/15h, 6 DM Schlangenpark mit ganztägigen Reptilien, 4 DM. Aquarium auch mit Hai & Schildkröte, Tropenhaus mit kunterbunten Vögeln. Das Museum zählt zu den größten im Lande, mit Kinderabteilung, Anthropo-/Archäologie und ausgezeichneter Fotoausstellung, viel S/W über PE vor & zur Apartheid. Alle täglich 9-13h, 14-17h, Kinder jeweils halber Preis.

Fort Frederick, Belmont Terrace, überblickt den schmalen Baakens River. Zum Schutze des damaligen Ankerplatzes 1799 errichtet, mußte es außer Salutböllern nie einen Schuß abfeuern. Flußaufwärts erstrahlt der weitläufige **Settlers Park** im Pflanzen- und Vogelreichtum, dazu Wanderwege mitten in PE von 2-16 km! Sein nördlicher Nachbar, St George´s Park, brüstet sich gar mit Südafrikas ältester Rasenkegelanlage - wer darob in Wallung gerät, entspannt in der **King George VI-Galerie,** Rink/Bird St.

Das Donkin-Schutzgebiet mit Buchtpanorama oberhalb des Bhfs ward 1820 von Sir Rufane Donkin ins Leben gerufen. Die Pyramide soll an seine Frau Elizabeth erinnern - *na, fällt der Groschen?* Der **Leuchtturm** (1861) hat inzwischen den Dienst quittiert und beherbergt ein Militärmuseum mit üblichem Repertoire. Die Prachtbauten entlang der Donkin St (1860-70) sind nicht zu besichtigen, wohl aber das viktorianische Edward Hotel.

Donkin Heritage Trail: auf dem gutmarkierten 5 km-Rundweg lassen sich zwischen Rathaus und St George´s Park 43 Sehenswürdigkeiten abklappern; nicht unansehnlich, ebenso wie das Museum 7 **Castle Hill** im ältesten Wohngebäude der Stadt (1827), mit Möbeln, Hausgeräten und Puppensammlung; täglich 10-17h, Mo/So erst ab 14h.

Tagestouren

Reiten: Pony Trails Experience, T. 581 1363, für Kurzgrätler ab 30 DM. **Bichana Kachana Farm** (s. oben) mit Thoroughbreds für Anfänger bis Experten, zum Strand 50 DM, durch Wälder und Reservate 15 DM/Std; außerdem UL-Flüge ab Farm 100 DM/Std für zwei P, Charterjacht 300 DM/Tag für sechs P, Tandemflug mit Gleitschirm 30 DM!

Townshipbesuche: möglichst mit Wicliff von ***Gqebera Tours,*** T.

581 2572. Infos aus erster Hand, hausgemachtes Abendessen bei seiner Familie, abschließend Shebeen; Mo/Di/Fr/Sa ab 16h, 30 DM, auch vormittags möglich.

Ausflüge: ***Friendly City Tours,*** T. 585 1801, und ***Paradise Expedition,*** T. 585 1977, holen an BPs ab, z.B. täglich Stadtrundfahrt oder Addo mit Kleinbus (3/6 Std, 30/60 DM). ***Alternative Reisen,*** T. 585 2107, fährt ins Settler's Country oder an die Garden Route (9/14 Std, 95/120 DM), auch Bootsausflüge für 50-90 DM. ***Gaylards,*** T. 362 1935, macht's mit Stil: u.a. täglich 9h Stadtrundfahrt und 14h zum Addo (3/5 Std, 60/120 DM).

Wasser: ***Pink Pleasure,*** T. 585 3089, mit Hafentour & Dinner an Bord, oder Kreuzfahrten zur Pinguinkolonie auf der Santa Cruz-Insel; ab Tug Jetty vor North Union.

Apple Express, T. 507 2333: das Dampfzüglein beförderte einst die geliebten Cape-Äpfel vom Anbaugebiet um Loerie und Thornhill zum Hafen von PE. Heute scheppert es nur noch zur Freude nostalgischer Touristen am zweiten Sa/So jeden Monats über die alte Schmalspur. Die Kohlenpause am Endhalt (2 Std) reicht völlig für alles Sehenswerte. Ab Bhf Humewood 8h, an Thornhill 11h; zurück 13h. Hin-/rück 18 DM, Kinder 8 DM.

Hin & Weg

Bahnhof beim Hafen am Fuße des Glockenturms Campanile. Gepäckaufbewahrung Mo-Fr 9-17h, Auskunft T. 507 3176, Reservierungen T. -2400. **Algoa** Mo/Mi/Fr 14.45h nach Joburg (18½ Std, 150/100 DM), über Addo & Bloem. **Southern Cross** So 8.45h nach Kapstadt (12 Std, 70 DM), über Oudtshoorn & George. Apple Express s. unten.

Busse: Translux, T. 507 1333, ab Algoa-Busbhf, Strand St, täglich zweimal nach Kapstadt (12 Std, 60 DM), über Plett/George (27/42 DM) bzw. Oudtshoorn/Stellenbosch (42/60 DM); Graaff-Reinet, Bloem & Joburg & Pretoria (63/90/120 DM); 6.30h Grahamstown, East London & Durban (2/4/13½ Std, 36/40/96 DM). **Greyhound,** T. 364 4550, ab 107 Govan Mbeki Ave, etwa die gleichen Routen & Preise. Fahrkarten auch bei Computicket im Greenacres Centre. **Intercape Mainliner,** T. 586 0055, ab Bhf, Greenacres Mall (Edgars-Eingang) und N2-Ausfahrt Woodridge, täglich 7/20h nach Kapstadt (10 Std, 69 DM), Mi-Mo 7h nach East London (4 Std, 30 DM), über Kenton & Port Alfred.

Minibustaxis halten entlang Strand St unter der Autobahn. Festpreise für Stadtfahrten, 1-2 DM. **Minilux,** T. 366 6033, Mo 6.50h, Di/Mi/Do 12.50h, Fr 15.50h nach East London (4 Std, 30 DM), außerdem Kapstadt, Joburg & Durban. **Whippet Express,** T. 04932/251, ab Greenacres Centre Mo-Fr 17.30h nach Graaff-Reinet (33 DM). **Norwich Bus,** T. 585 7253, täglich nach Kapstadt, Knysna & Graaff-Reinet (55/18/20 DM). Außerdem täglich: **Leopard Express** nach G'town, **Sunshine Express** nach J'Bay.

Zum PE Airport, 4 km nordwestlich, fährt kein Zubringerbus; mit Taxi rd. 10 DM. SAA, Greenacres Centre, T. 363 4444, und BA Comair täglich ein- bis dreimal nach Joburg und Kapstadt (ab 220/180 DM), regelmäßig nach George, Bloem, East London.

Mietwagen am Flughafen: Imperial, T. 581 1268; Budget, T. -4242; Avis, T. -1306; und Tempest, T. 584 1256. Billiger: Economic Car Hire, Rink/Cape Rd, T. 585 5477.

Cape Midlands

Wieso konnten Farmer hier je mit Elefanten in Konflikt geraten, da es doch in dieser Halbwüste außer Sukkulenten & Dornbüschen nichts gibt und Viehzucht ziemlich aussichtslos erscheint? Dennoch schafften es erstere beinahe, letztere wegen einiger Ziegen auszurotten.

Addo Elephant-Nationalpark

72 km nördlich von PE, an der R335 hinter dem Städtchen Addo im Tal des Sundays. Das Refugium für über 200 Elefanten wirkt auch nach der letzten Erweiterung auf 147 qkm noch mickrig. Es wurde 1931 von Jack & Natt Harvey auf Privatland eingerichtet, um die letzten elf Ostkap-Elefanten vor dem Aussterben zu bewahren (1974: 75 Tiere). Addos fressende, saufende, sch... Planierraupen sind übrigens im Vergleich zu ihren ostafrikanischen Vettern von rötlicherer Farbe und kleinerem Wuchs.

Einlaß täglich 7-19h, Zuurberg-Sektion 7.30-16.30h, Eintritt 10 DM/Fahrzeug inkl. fünf P, jede weitere 3 DM. **Parkleitung:** T. 042/640 0556, Fax -0196. Nach starken Regenfällen kann der Park vorübergehend **geschlossen sein!**

Faltblatt mit Addo-Plan und Tierliste an der Camprezeption, dabei nach guten Aussichtsplätzen fragen. Traditionell hohe „Trefferquote" rund ums Hapoor-Wasserloch. Die Parkverwaltung bietet Tagesausflüge ab 10h und *Sunset*-Fahrten ab 16h; je 25 DM/P.

Wer Elis liebt: bessere Aussichten, sie aus der Nähe zu beobachten, bieten ansonsten nur Zoo & Zirkus. Morgens frühstückt man auf der Campterrasse, und plötzlich stehen sie da, direkt am Wasserloch, wedeln mit den Ohren und sehen aus wie Genscher.

"In zwei Tagen (März) haben wir trotz heftiger Suche keinen einzigen Elefanten, kein Nashorn, keinen Büffel gesehen - das gibt's auch!" (Thomas & Petra Engelhardt)

Tiere & Pflanzen

Büffel haben unter dem Verfolgungsdruck (Siedler jagten das große Tier seit 1820 unerbittlich) gar ihr Verhalten signifikant geändert und wurden zu nachtaktiven Blätterfressern - im Gegensatz zu ihren Artgenossen außerhalb des Parks, die tagsüber durchs Grasland äsen. In Addo bilden Büffel, wiederum im Gegensatz zum übrigen Afrika, selten Herden. Stattdessen bevorzugen sie kleine Familienverbände unter Führung einer Kuh. So überlebten rund 60 Exemplare als einzige der einst großen Kapbüffel-Population bis heute.

Unverzichtbar für Addos Ökosystem ist auch der Elefantenmistkäfer *(Dung Beetle)*, dessen Schutz eines der fünf Parkziele ist. Der stockschwarze Gesell muß wegen rückgebildeter Flugwerkzeuge von Dunghaufen zu Dunghaufen klettern. Einst bevölkerte er weite Areale zwischen Kap und Krüger; heute in großer Zahl nur noch in Addo anzutreffen.

Außerdem: 25 Nashörner (anno 1962 wieder eingeführt), 35 Elands, 280 Kudus, 220 Duiker, 200

Buschböckchen, ungezählte Schildkröten und das übrige Inventar. Trotz einheitlicher Fauna wurden über 160 Vogelarten gezählt, darunter auch Strauße & Sekretärsvögel. Kleinere Vögel sind aus einem Versteck am Campteich zu beobachten.

Auf sanft geschwungenen Hügeln gibt Valley Bushveld den Ton an, zu drei Vierteln beherrscht vom Spekboom, nach dem auch der einzige Wanderpfad im Park benannt ist.

Warum der gemütliche **Spekboom Trail** (3-4 Std) samt seinem botanischen Schutzgebiet so massiv umzäunt ist? Weil er Besucher durch die eigenartige Flora führen soll, die seit über 40 Jahren dem zerstörenden Elefantentritt und -biß entzogen ist, nachdem sie immer mehr Sukkulentenarten im Park ausgerottet hatten. Zugang hinter Spekboom-Wasserloch.

Camp, Hin & weg

Anmelden bei SA National Parks, T. 012/343 1991 und 021/422 2810, reservations@parks-sa.co.za - auch für Zelte/Caravans ratsam. Check-in täglich ab 11h!

Parkcamp mit fünf Logistypen, Restaurant, Pool & Wasserstelle, abends unter Flutlicht; wird ständig erweitert, da meist ausgebucht. Drei Vier/Sechsbett-Cottages mit Bad & Küche 210/250 DM (1-4 P), sechs Zweibettbungalows ohne/mit Küche & Bad 100/110 DM, Vierbetthütte mit Küchenzeile & Dusche 70 DM (1-2 P); weitere P 30 DM. Schattiges Zeltgelände mit geschirrlosem Küchenrondawel 18 DM (1-2 P), weitere P 5 DM.

Im Restaurant wird unter dem beeindruckenden Schädel Hapoors à la carte serviert; ab 12 DM, mittags Wartezeiten. Dazu Picknickplätzchen für Tagesbesucher. Im Souvenirladen gibt's bedenklichen Krimskrams, Lebensmittel & Kudu-Salami; täglich 7-21h.

Der direkte Weg ab PE schlägt sich durch Townships, die nur *ein* Signum des Wohlstands tragen: Tausende von Plastiktüten, vom Wind um jeden Strauch gewickelt. Ab N2 & N10 dagegen gut ausgeschildert. **Algoa** ab Addo Mo/Mi/Fr 15.29h nach Cradock & Joburg (4/17½ Std), 8.35h nach PE (½ Std). Ansonsten bleiben nur Tourenveranstalter.

Zuurberg-Nationalpark

17 km nördlich von Addo. Der junge Park in den Sauerbergen ist um ein Vielfaches größer als sein Nachbar, bisher aber kaum erschlossen. *Offiziell Teil des Addo NP.* Immerhin bietet Zuurberg Lebensraum für kleinere Antilope, Bergzebra, Hippo, Leopard & Schakal. Auf Besucher warten schöne Spaziergänge (1-5 Std) und Ausritte - das war's. © 042.

Im Park selbst nur eine kleine Sechsbett-Hütte.

Die Orte drumrum sind wenig prickelnd. Einfaches **Kabouga Guesthouse** in Addo, T. 233 0581. * **Zuurberg Inn** am Zuurberg Pass, T. 233 0583, Fax -0070, mit DZ ab 150 DM. * **Sandflats Hotel** in Paterson, T. 851 1012, mit fünf DZ und reichem F 50 DM/P.

„Das Sandflats möchte ich wärmstens empfehlen. Klein, sauber, liebevoll geführt. In die Kneipe kommen Leute von nah & fern, Farmer & Bürgermeister, Schwarze & Weiße. Die Atmosphäre ist überaus familiär. Der schwarze Mayor lud mich ein, sein Rathaus anzusehen. Ein Farmer regte

Auf den zweiten Blick

Elefanten: Der Sturz ins dicke Leben

Magere Muskelprotze und halbblinde Geruchswunder

Jedes Elefantenleben beginnt zuallererst mit einem 1,60 Meter tiefen Plumps auf die Erde und mit anschließender Hektik. Da die Wildnis für Neugeborene viele Gefahren birgt, bringen Elefantenkühe ihre Jungen im Schutze der Gruppe zur Welt – und zwar stehend. Wenn bei der Geburt Komplikationen auftreten, greifen »Hebammen« der besonderen Art ein: Forscher haben schon beobachtet, wie sich zwei weibliche Herdenmitglieder an jeweils einer Seite gegen den Bauch der Gebärenden stemmen, um ihr beim Pressen zu helfen. Das 125 kg »leichte« Baby beginnt schon nach fünf Minuten mit ersten Aufstehversuchen, eine Stunde später ist es bereits gehfähig. Und das ist sehr wichtig! Elefantengeburten gleichen nämlich geruchlichen Explosionen, die sofort gierige Aasgeier anlocken, und diese wiederum fungieren sozusagen als Wegweiser für Raubtiere.

Gefahr der ersten Stunden: erwachsene Elefanten sind zwar die einzigen Tiere, die keine natürlichen Feinde (außer dem Menschen) haben. Doch ihr Nachwuchs stellt durchaus einen Leckerbissen für Löwen, Hyänen, Krokodile und Wildhunde dar. So ist schnellstens ein langer Marsch weg vom Schauplatz der Geburt angesagt. Dabei wird das Baby so geschickt vom Rest

Massive Straßensperre im Addo-Park: manchmal bleibt nur der Rückwärtsgang

der Herde in die Mitte genommen, daß es oft gar nicht zu sehen ist. Erst nach mehreren Stunden wird dem Kleinen seine erste Mahlzeit gestattet.
Mit dem Rüssel tastend sucht es die Zitzen zwischen den Vorderbeinen der Mutter - doch o Schreck, diese sind für sein Mäulchen viel zu hoch. Die Aufnahme der Muttermilch erfolgt nämlich nicht über den Rüssel, wie oft fälschlich geglaubt wird, sondern wie bei allen anderen Säugetieren mit dem Maul. Die Kuh erkennt instinktiv das Problem und stellt sich an einen toten Termitenhügel oder ähnliche Erhebungen, auf die ihr Nachwuchs klettern und mühelos seinen Hunger stillen kann.

Einzelkinder: Elefanten kommen fast immer einzeln, ganz selten als Zwillinge zur Welt, und ihre anderen Geschwister sind mindestens vier bis fünf Jahre älter. Zwischen Geburt und erneuter Paarungsbereitschaft der Kuh liegen zwei Jahre, hinzu kommt die Tragezeit von 22 Monaten. Im Alter von etwa zwei Jahren werden die Kinder von der Mutter langsam entwöhnt.

Ist der Nachwuchs männlich, wird er im zehnten bis zwölften Lebensjahr behutsam aus seiner bisherigen Weibchen- und Kindgruppe gedrängt. Er muß sich nun einer reinen Bullenherde anschließen. Nunmehr geschlechtsreif, verläßt er auch diese Gruppe kurzzeitig, um sich einer Herde mit paarungsbereiten Weibchen anzuschließen. Die weiblichen Neugeborenen dagegen bleiben wahrscheinlich lebenslang in der Gruppe, in die sie geboren wurden.

Ausgewachsene Kühe erreichen eine Durchschnittshöhe von 2,70 Meter und wiegen bis zu 2,7 Tonnen. Die Bullen werden mit 3,15 Metern etwas größer und mit 6,5 Tonnen erheblich schwerer. Und dabei dürfen doch gerade

Elefanten als recht magere Tiere gelten! Lediglich 100 kg Fett, aber 2700 kg Muskeln schleppen diese Dickhäuter mit sich herum. Allein ihr spitznamengebender, runzliges 35-Quadratmeter-Organ wiegt schon eine stattliche Tonne.

Muskelbündel Rüssel: das auffälligste Kennzeichen eines Elefanten ist zweifelsohne seine Nase bzw. sein Rüssel. Das 120 kg schwere Muskelbündel dient ihm als Allzweckwerkzeug: mit dem Rüssel werden Äste abgebrochen und Löcher gegraben, Feinde brutal totgeschlagen und kleinste Dinge überaus einfühlsam vom Boden aufgehoben. Außerdem nutzt er das Fassungsvermögen von 15-20 Litern zum ausgiebigen Duschen oder Trinken, und natürlich wird damit auch geschnuppert.

Letztgenannte ist zugleich die allerwichtigste Aufgabe des Rüssels, denn wegen ihres schlechten Sehvermögens sind Elefanten eher »Geruchstiere«. Es wurden sogar schon blinde Leittiere beobachtet, die eine ganze Herde lediglich mit Hilfe ihres Rüssels führten. Die ungewöhnlich lange Nase eignet sich prima, um am Boden zu schnüffeln und zwischendurch - in die Luft gereckt wie das Spährohr eines U-Bootes - kilometerweit entfernte Düfte wahrzunehmen.

Temperaturregler Ohr: ein anderes wichtiges Organ sind die Ohren, denn sie dienen vor allem zur Regulierung der Körpertemperatur. Da Elefanten keine Schweißdrüsen besitzen, erfolgt die Wärmeabgabe über ihre riesigen Ohrmuscheln. Schon bei einer Abweichung um ein halbes Grad Celsius klappen die 80 kg schweren »Lappen« rascher vor und zurück. Ähnlich müssen ja auch Hunde, die ebenfalls keine Schweißdrüsen besitzen, ihre Temperatur über erhöhte Verdunstung durch Hecheln steuern.

Wie beim Hund der Schwanz, so können die Ohren den Gemütszustand jedes Elefanten anzeigen: gemütliches Wedeln deutet auf innere Ruhe und Gelassenheit, stark abgespreizte Ohren auf Erregung und Angriffslust. Klatscht ein Elefant jedoch mit den Ohren gegen seinen Kopf, so werden damit die Kinder herbeigerufen. Eine besondere Pflege kommt der nahezu haarlosen Haut zu (nur die Jungen sind anfangs noch ziemlig haarig), sie wird nach Herzenslust gebadet und geduscht, massiert und mit Staub eingepudert.

Wer Elefanten beim Gehen beobachtet, wird an Kamele erinnert. Ihr Passgang bringt die Kolosse ganz schön ins Schwanken.

Appetithäppchen: den überwiegenden Teil ihres Lebens sind Elefanten mit der Aufnahme von Nahrung beschäftigt, wie andere große Pflanzen-fresser auch. Tagtäglich müssen sie siebzehn bis neunzehn Stunden lang zur Deckung ihres Kalorienbedarfs fressen. Dabei verdrückt das Weibchen 150 kg, das Männchen 170 kg an Blättern, Gras, Rinde und ähnlichem. Trinkfest sind die Dickhäuter sowieso: nicht weniger als 70 bis 100 Liter Wasser werden täglich vom Rüssel in den durstigen Schlund geprustet. Daß diese Mengen ganz schön viele knurrende, rumpelnde Geräusche im Verdau-

ungstrakt verursachen, dürfte einleuchten. Entsprechend viel muß dann aber auch am hinteren Ende wieder rauskommen.
Dies geschieht in 16 »Sitzungen«, deren Ergebnis bis zu 100 kg wiegen. Besonders aufmerksame Forscher haben zwischendurch 14 Blasenentleerungen gezählt, wobei jedesmal rund fünf Liter in die Ecke gestellt werden.
Die sechsten Zähne: bei solch gewaltigen Futtermengen spielen Gebiß und insbesondere die Mahlzähne eine lebenswichtige Rolle. Mit insgesamt sechs Mahlzahnpaaren, die sich nacheinander entwickeln, kaut sich ein Elefant durchs Leben. Die ersten drei Paare sind noch Milchzähne und werden nach ihrer Abnutzung im Alter von zwei, sechs und neun Jahren durch das nachfolgende Paar ersetzt.
Die ersten »richtigen« Erwachsenenzähne bekommt jeder Elefant nach seinem zwanzigsten Geburtstag. Mit dem sechsten Paar ist dann aber die Zahnreihe zu Ende. Ist dieses nach intensivem Einsatz auch abgewetzt, steht kein Ersatz mehr zur Verfügung. Dann werden Gras, Blätter und Rinde völlig unverdaut wieder ausgeschieden. Und obwohl sein Magen immer wieder prall gefüllt wird, ist das Tier im Alter von fünfzig bis siebzig Jahren zum Tod durch Verhungern verurteilt!
Die perverse Lust auf Elfenbein: ganz andere Gefahren lauern in den Stoßzähnen. Manche Neugeborenen (und zwar beiderlei Geschlechts) besitzen schon fünf Zentimeter lange Milchstoßzähne, die nach einem Jahr von den Dauerstoßzähnen verdrängt werden. Sie dienen als Kampfwaffe und Werkzeug. Mit ihnen gelingt es den Elefanten als einzigen Tieren, in Trockenzeiten metertiefe Löcher zu graben, die dann auch anderen Arten das Überleben ermöglichen.
Doch oft wird den Elefanten dieses wunderbare Werkzeug zum Verhängnis. Zehntausende wurden schon von Wilderern abgeschossen, weil ein paar Zeitgenossen, vornehmlich in den Industrieländern, glauben, nicht auf Elfenbein verzichten zu können. Daß sein Verkauf inzwischen im südlichen Afrika wieder erlaubt wird, liegt daran, daß manche Parks, darunter Krüger, unter der Überbevölkerung durch trinkende und essende „Bulldozern“ leiden. Hier wird in regelmäßigen Abständen durch Culling (gezielten Abschuß) Naturschutz betrieben.
☞ **Tips für Begegnungen:** auf Fußsafari unauffällige Buschfarben tragen, stets Windrichtungen prüfen – sofern Sie kein Gebrüll veranstalten, wird der Elefant Sie erst in Riechweite (manchmal Steinwurf) wahrnehmen. Wenn er attackiert: **STEHENBLEIBEN. Wer davonläuft, hat keine Chance!** Wer ihm die Stirn bietet, darf auf ein *Mock Charging* (Scheinangriff) hoffen und liegt in 80-90% der Fälle richtig. Elefantenmüttern mit ihrem Kind auf Autosafari nicht zu nahe kommen; wenn sie aufschauen, ist das Limit erreicht; wenn sie angreifen, hilft nur der Rückwärtsgang. Wir kennen einen Ranger im Krügerpark, der mal 2 km lang *Vade retro!* spielen mußte.

an, seine Schaffarm zu besichtigen. Die Frau des Eigentümers animiert Bewohner umliegender Townships, ihren künstlerischen Begabungen freien Lauf zu lassen und verkauft die Arbeiten im Hinterzimmer." (Alexandra Hüller)

Shamwari: Wildreservat der Luxusklasse, 72 km nördlich von PE hinter Paterson, T. 203 1111, Fax 235 1224, skamwaribookings@global.co.za, mit Spaziergängen durch wildreichen Busch. So ähnlich durften sich die Pioniere fühlen - bevor sie abknallten, was ihren Besiedlungswünschen im Weg stand. Long Lee Manor mit Restaurant, Pool & Tennis; Lodge mit Lapa, sechs Hütten & zwei restaurierten Siedlerhäusern. EZ-/DZ all-in ab 480/640 DM.

Somerset East

80 km nördlich von PE, an der R63. Hübsches Städtchen am Fuße des Bosberg (1600m), an dessen Hängen die Karoo-Wolken jährlich 600 mm in die Ecke stellen. Im Angesicht der letzten saftigen Wälder vor der Karoo ist ein Dutzend Trekkergebäude und ein hübsches Naturreservat (Zweitages-Trail) zu bewundern. Einer dieser Orte, die aus zwei kilometerlangen Hauptstraßen bestehen und noch in 20 Jahren keine Ampel brauchen. ✆ 042.

Info Bureau: am oberen Ende der Beaufort St, T. 243 2079, mit Rosengarten (700 Büsche) aus dem letzten Jh, heute Stadtmuseum; Mo-Fr 9-17h, Sa 10-12h.

Max Clarke Caravanpark, Bestershoek, T. 243 1376, könnte kaum schöner liegen: hinter dem Golfplatz tief im Tal versteckt, vom Bosberg NR eingekesselt. Stellplatz 10 DM, kaum Gäste, bisweilen Schülergruppen auf dem Freizeitgelände eine Etage tiefer. *„Sehr einfach, sehr freundlich, sehr abgelegen, sehr feucht, bei Regen (wie uns geschehen) ein einziger Sumpf." (Thomas & Petra Engelhardt)* **Linci GH,** Paulet St, T. 243 1376, mit DZ ab 60 DM. Etwas teurer: * **Somerset Hotel,** 83 Charles St, T. 243 2047.

Cradock

240 km nördlich von PE, an der N10. Dank warmen Klimas & guter Bewässerung gedeiht im breiten Great Fish-Tal einiges Obst & Gemüse. Für zusätzlichen Reichtum sorgen die Farmer, denen saftige Karoobüsche bei der Woll- und Mohairzucht helfen. Fleischesser meinen gar das typische Karooaroma der Hammel erkennen zu können. ✆ 048.

Publicity Association: im Rathaus, Stockenstroom/Commissioner, T. 881 3942.

Caravanpark beim Sportplatz am Flußufer, Stellplatz 6 DM plus 3 DM/P.

Die Tuishuise, 36 Market St, T. 881 1322, Fax - 5388, tuishuise-@global.co.za, beim Rathaus, besteht aus 15 alten Häuschen, die aufs liebevollste hergerichtet wurden. Jedes Cottage mit Feuerstelle, Küche, Garten - quasi Wohnen im Museum. Deftiger Preisanstieg, seit im Katalog deutscher Veranstalter: B&B ab 60 DM/P - dennoch toll!

* **Victoria Manor,** Market-/Commissioner, T. 881 3020, ebenso der alten Zeit verpflichtet, Bardekor & Räume sehenswert,

EZ/DZ ab 40/80 DM, F 8 DM. ** **New Masonic Hotel**, Stockenstroom St, T. 881 3115, schnörkellos modern, EZ/DZ ab 80/140 DM.

Cradock ist zwar kein Gesamtkunstwerk wie Graaff-Reinet, aber immerhin! Seine NG-Kirche (1867) ist Londons schnuckligem St Martin´s-in-the-Field nachempfunden. Drumrum dämpfen Fluß & Bäume die Hitze. Im Olive Schreiner House, 9 Cross St, hat die Romanautorin ihre Kindheit verbracht und später einige Werke verfaßt; Mo-Fr 8.30-13h. **Das Great Fish River Museum** im Pfarrhaus (1825) widmet sich dem Pionierleben. Cradocks erster Pfarrer, Rev. John Taylor, hatte in seinem ersten Amtsjahr übrigens ein Baby namens Paul Kruger zu taufen; Di-Fr 9-13h, 14-16h, Sa 9-12h.

Zug: Algoa Mo/Mi/Fr 19.27h nach Bloem & Joburg (5/13 Std), 4.55h nach PE (4½ Std). **Busse: Trancity** Mi/Sa 4.25h nach Umtata, Do/So 19.30h nach Kapstadt (8/11 Std, 55/70 DM). **Transtate** täglich 4.30h nach Umtata, 20h nach Kapstadt (8/13 Std, billiger).

Mountain Zebra-Nationalpark

27 km westlich von Cradock. Schon die Anfahrt ab R61 über Schotterpisten ist eine Augenweide. Der 65 qkm-Park an den Nordhängen der Bankberge (bis zu 2000m) besteht aus trockenem Grasland mit Zwergsträuchern und dichtem Forst. Außer dem Namensgeber bevölkern ihn große Antilopenherden, Wüstenluchse, Schakale, Kapfüchse & 200 Vogelarten, darunter eine Kolonie von Kaffernadlern. 1998 wurden auch Büffel ausgewildert.

Einlaß im Sommer 7-19h, Winter 7-18h. Eintritt 4 DM/P.

Bergzebras: der NP wurde zu Ehren einer der seltensten Kreaturen eingerichtet, die in den 60er Jahren nur 50 Zebraleben vom Aussterben entfernt war. Dieses scheue Tier unterscheidet sich deutlich von seinem Vetter aus Kindermalbüchern: kleinere Statur, rotbraune Nase, doppelkinnähnliche Halslappen. Seine Streifen (ohne Schatten) setzen sich bis zu den Hufen fort, lassen aber den Bauch unbefleckt. Nach letzten Zählungen bevölkern 200 Bergzebras den Park, weitere 200 wurden in andere Schutzgebiete am Kap umgesetzt.

Camp mit Tankstelle, YYY-Restaurant, Laden & Wamas (bis 18/19h). 20 Vierbett-Cottages mit Küche, Bad & F 120 DM (1-2 P); geschmackvolles Farmhaus mit sechs Betten 220 DM (1-4 P); weitere P 30 DM. Zeltplatz 18 DM (1-2 P), weitere P 5 DM. Juni-Sep minus 20%. Anmelden bei SA National Parks, T. 012/343 1991 und 021/422 2810.

Der Mountain Zebra Trail (drei Tage, 26 km) wurde zu „Ehren" der Büffel umgemodelt. Immer noch hält der erste Tag die dicksten Anstrengungen bereit. Einfache Hütten mit sechs Etagenbetten & kalter Dusche; 32 DM/P. Wer die Autopisten mal verlassen will, findet auch zwei Pfade (1/3 km) in Campnähe. Im Sommer nicht die Hitze unterschätzen!

Graaff-Reinet

120 km westlich von Cradock, an der N9/R63. Da die Moderne einen weiten Haken um diese Ecke schlug, besteht noch fast das ganze Städt-

chen im reizvollen Flußbogen aus kapholländischem Gemäuer. Alle Reisenden samt ihrer Führer kriegen sich kaum ein über die schönste aller Karoostädte, dieses **Juwel in der Wüste** usw.

☞ **Da aber jede** Schaulust irgendwann befriedigt ist und jeder Reisende dann irgendwas unternehmen will, sollte nicht die grandiose Umgebung von G-R vergessen werden. ✆ 049.

Publicity Assoc: Alte Stadtbücherei, Church/Somerset, T./Fax 8924 248, hier „Walks through Old G-R" besorgen; Mo-Fr 9-13h, 14-17h, Sa/So 9-12h.
www.graaffreinet.co.za.

Übernachten

Urquart Park nördlich der Stadt, zwischen R63 und Ryneveld Dam, T. 892 2136, mit Laden & Pool, nicht aufregend, aber bunte Palette. Wohlausgestattete Vierbett-Chalets plus Klappsofa ab 90 DM; acht einfache Rondawels ab 30 DM plus 10 DM/Matratze; 100 Zeltplätze ab 12 DM.

Le Jardin 50 Somerset St, T. 892 3326, mit den billigsten Betten in der Stadt. Küche, Piano, TV & Kamin frei verfügbar; EZ/DZ 20/40 DM. **Camdeboo Cottages,** 16 Parliament St, T. 892 3180, an zentraler Ecke, acht liebevolle Karoohäuschen (um 1850) mit Pool, Reetdach & Gelbholzböden; DZ 80 DM. **Karoo Park GH,** 81 Caledon St, T. 892 2557, mit kleinem Pool & großer Tradition; Zwei/Vierbett-Chalets ab 55-95 DM.

*„Nicht empfehlenswert fanden wir die **Kingfisher Lodge,** für die unerhört viel Werbung gemacht wird. Besitzerin ist die Verlobte von PW Botha, Empfang sehr burschikos, Frühstück nicht so toll, extrem hohe Rechnung für Wäsche." (Tanja & Frank Weinberg)*

*** **Drostdy Hotel,** 30 Church St, T. 892 2161, Fax -4582, ragt in jeder Beziehung heraus: Rezeption und Speisesaal in der Landvogtei von 1804, gemütliche Cottages (früher Arbeiterhäuschen) über den ganzen Stretch's Court versprenkelt, es gibt sogar Schokolädchen auf dem Kissen. Ein Überbleibsel aus alten Zeiten mit heutigen Preisen: 47 EZ/DZ 100/160 DM, vier Suiten 220 DM, F 14 DM. Großartig, aber vorbestellen!

Panorama Hotel, Magazine Hill, nördlich der Stadt, T. 892 2233, ein weniger reizvolles Produkt der Moderne. Klimatisierte EZ/DZ mit TV ab 90/120 DM. Ein Leser empfiehlt das **Hotel de Graaff** am Marktplatz, unweit der Kirche; B&B 70 DM.

Unternehmen & Anschauen

Die älteste Stadt der Provinz ist berühmt für ihre zärtlich instandgesetzten Bauwerke. Deren 220 (!) stehen unter Denkmalschutz, vom kapholländischen Rundgiebelhaus über reichverzierte viktorianische Villen bis zu typischen Flachdachhütten der Karoo. Aus dieser Riesenauswahl einige Rosinen; allesamt Mo-Fr 9-12h, 15-17h, Sa/So 9-12h.

Der Museumskomplex an der Murray St (1806-12) vertritt die Cape Dutch-Architektur beispielhaft; darin alte Möbel, in der Old Residency auch alte Waffen. Sehenswert! Das **Hester Rupert**-Kunstmuseum, Church St, begann einst als Missionskirche (1821). Umso grotesker wirkt die Sammlung aus den 60er Jahren, *"so trau-*

rig-skurril wie der eingetrocknete Museumswärter und Führer."
(Thomas E.)

Entlang des Stretch's Court lagen die Unterkünfte befreiter Sklaven (heute Zimmer des Drostdy Hotels). Der Landvogt selbst hauste einige Ecken weiter. Zur Drostdy gehörten Büro und Gerichtsaal ebenso wie die Privatgemächer der Familie. Darin pocht heute das Herz dieses einzigartigen Hotels.

Das Karoo NR rund um Graaff-Reinet ist eigentlich dreigeteilt: Tierreservat 8 km nördlich der Stadt, Ostteil mit viel Natur & Drie Koppe Trail, Westteil mit dem atemberaubenden Valley of Desolation und drei Tageswanderungen. Eintritt frei. **Tip!**

Um den Stausee Van Ryneveld haben sich auf 160 qkm flippige Karoopflanzen angesiedelt, viele Vögel, Bergzebras und kleinere Antilopen. Anmeldung beim Dept. of Nature, Bourke St, T. 892 3453. Im abgetrennten Tierschutzgebiet sind auch Büffel, Eland & Kudu zu sehen. Gate rechts der R63 nur Sa/So 7-18h; wochentags begehren Unverzagte den Schlüssel beim *Conservation Officer* im Rathaus.

Im Valley of Desolation, 14 km außerhalb, erhascht man fürwahr einen Zipfel der Ewigkeit. Der Zahn der Jahrmillionen hat die bizarrsten Skulpturen aus dem Fels genagt. Halbstündiger Rundweg; per Auto erreichbar, allerdings verdammt steil! Für den Spandaukop Trail (5-14 km) ist keine Anmeldung, aber der Eintrag am Spandau Gate nötig.

Wer sich lieber 23 Wander-km in wilder Karoo-Landschaft zumutet, beäugt von Bergzebras und anderem harmlosem Wild, findet auf dem zweitägigen Drie Koppe Trail eine Hütte mit zehn Kojen vor. Einstieg an der Lootsfontein Rd, Anmeldung & Schlüssel beim *Conservation Officer,* 6 DM.

Hin & Weg

Von Zügen wird G-R seit der Streichung des Mossel Bay nicht mehr behelligt. **Buspläne** & Fahrscheine im Verkehrsamt. **Translux** täglich nach Cradock & East London (50/80 DM), B'West & Kapstadt (50/80 DM), 3.50h nach PE (65 DM), 22.15h nach Bloem & Joburg (80/100 DM). **Trancity** Mo-Sa 2.30h nach Cradock & Umtata (2/10 Std, 20/50 DM), täglich 21.20h nach B'West & Kapstadt ($2^1/_2/11^1/_2$ Std, 20/50 DM). **Whippet Express,** T. 893 2251, ab Drostdy Toyota Mo-Do 7.30h, Fr 13h nach PE ($3^1/_2$ Std, 35 DM). **Camdeboo Express,** T. 082/923 8493, Fr/Sa nach PE (25 DM).

Aberdeen

57 km südwestlich von Graaff-Reinet, an der N9/R61. Im Epizentrum der Camdeboo-Region dreht sich alles ums Schaf und seinen Pelz (Merino/Angora). Dank mehrerer viktorianischer Lichtblicke im Straßenbild wurde ganz Aberdeen mit dem Bewahrungssiegel versehen. Durchs kleine Fonteinbos NR führen zwei Trails, u.a. zu einem Dino-Fußabdruck im Fels. Besseres Argument für Zwischenstopp: der hübsche Picknickplatz.

*„Von Willowmore, 116 km südlich von Aberdeen, führt die **R332** nach Humansdorp über 184 km, ungeteert und ähnlich wie der Swartbergpaß durch enge Schluchten. Ungesicherte Serpentinen winden sich, gerade so*

breit wie der Pkw, einmalig die Berge hinauf. In vier Std kamen mir zehn Autos entgegen. Hier kommt schnell das Gefühl einer echten Entdeckung auf. Etwa auf halber Strecke findet man außerdem den WWF-Tierpark Bavianskloof. Allerdings sollten ungeübte Fahrer auf diese Strecke verzichten, da nicht ungefährlich. Landschaftlich ***der Höhepunkt meiner Reise.*** *" (Marco Herrmann)*

Aliwal North

307 km nördlich von East London, an der N6. Das Heilbad inmitten fruchtbarer Ebenen am Oranje wurde zu Ehren Sir Harry Smiths benannt, der es 1846 den Sikhs beim indischen Aliwal so richtig gezeigt hatte. Und der Zusatz „North"? Well, ursprünglich hieß Mossel Bay ja Aliwal South. ✆ 051.

Bäderkomplex: einige km außerhalb, T. 633 2951, theoretisch mit Fitneßcenter, überdachten heißen Mineralbecken, Außenpools, Ferienwohnungen/Vierbett-Chalets ab 80 DM und Zeltplätzen. Praktisch: *"Trotz Warnung sind wir mit Freunden hin. Von vier Außenbecken war eines gefüllt, u.a. mit Müll & Algen. Dafür wurden 3 DM Eintritt kassiert, was einheimische Besucher richtig sauer machte. In den drei Hallenbecken (5 DM extra) kommt man/frau sich näher. Schwimmen unmöglich, weil die Becken viel zu knapp & seicht sind. Damenumkleide und Duschen waren dafür kalt & gräulich. Und dann die Badeaufsicht: Kein Gemecker, sonst wird es ruppig!" (Frauke Behrendt)*

Lord Somerset Guesthouse, 66 Somerset St, T. 634 1114, Fax -1602, vollgestopftes Kuriositätenkabinett mit Charme, TV & Heizdecken; klimatisierte EZ/DZ ab 40/60 DM, im Anbau freundliche Billigzimmer. Hotels an der Durban St mit DZ für 60-100 DM: * **Aliwal,** T. 633 2341, ist in Ordnung; **Balmoral,** T. 633 2453, indes zu düster, muffig, teuer. Mehr Komfort an der Dan Pienaar Ave: ** **Umtali Motel,** T. 633 2400, mit nettem Personal & Wandertips; ** **Thatcher's Spa,** T. 633 2772, mit prima Küche.

Bahnstrecke zum Amatola-Bhf Burgersdorp stillgelegt. Mo-/Mi/Fr scheppert aber ein Züglein, T. 633 4202, nach Lady Grey; in Barkly East zeugt eine alte 19D-Lok auf dem Hauptplatz vom Wunsch, irgendwann wieder „angebunden" zu werden. Das letzte Stück durch die Witteberge war so steil, daß acht Haarnadelkurven nötig waren.

Busse: Translux, T. 633 2488, täglich 2h nach East London, 23h nach Bloem & Joburg (5/2/8½ Std, 60/42/70 DM). **Greyhound** ab Knobby's Garage täglich 2.30h nach Joburg und PE (8/7 Std, je 75 DM). **Minibustaxis** ab Grey-/Murray St, T. 634 1545.

Lady Grey

53 km östlich von Aliwal, an der R58. Ja, es schneit in Südafrika! Vom Bergnest starten schöne Touren in die Wittebergen, dazu veranstalten alle Lodges auch gerne Angel- und Biketouren. Ansonsten genießt man die Ruhe & frische Luft. ✆ 051.

Sterley House, 20 Murray St, T. 603 0182, mit antikem Mobiliar und noblem B&B, freie Abholung in Aliwal; EZ/DZ mit TV ab 55/90 DM. **Mountain View Inn,** T. 603 0421, hinter der Kirche mit schönem Balkon; EZ/DZ 50/90 DM, F

12 DM, dazu restaurierter Alter Knast in der Hinterhand. **Dick Isted,** T. 603 1114, im Lammergeyer-Privatreservat etwas außerhalb mit Familienanschluß.

Auf der R392 pirscht man über schöne Pässe & akzeptable Schotterabschnitte nach Sterkspruit oder zur Grenze bei Tele Bridge. Kaum Transitverkehr, also keine Wartezeit.

Barkly East

62 km südöstlich von Lady Grey, an der R58. Die Witteberge wurden mal als südafrikanische Schweiz bezeichnet - vermutlich von Leuten, die gehört haben, auch die Alpen böten im Winter „Skizirkus" und im Sommer Gelegenheiten zum Forellenangeln. Eklektisch, aber sehenswert das Sammelsurium im Dorfmuseum: vom Fell des letzten Witteberg-Leoparden bis zu einer viktorianischen „Waschmaschine". ✆ 045.

Zeltplatz im Victoria Park. **B&B** für 35 bzw. 45 DM/P bei Judy's, T. 971 0302, und im **Old Mill Inn,** T. 971 0277, Fax -0972 (Fred Woodcock).

Sethunzini Trails, T. 971 0722, mit Wanderungen, zwei- bis fünftägigen Reittouren (60-80 DM/Tag inkl. Verpflegung) und Führungen durchs Township Nkululeko. Auf der Denorbin Farm, T. 931 2232, hielten die San eine 32m lange Elandherde auf Fels fest.

Rhodes: weiter bergauf wartet im Angesicht des 3001m hohen Ben Macdhui gar ein Skigebiet (Mai-Aug) und die landesweit bekannte **Tiffindell Lodge,** T./Fax 333 1618. Wer sich auf schwarze Abfahrten freut, faßt aber besser einen Ausritt ins Auge. Das * **Rhodes Hotel,** T. 04542/A21, führt mit gemütlichen DZ ab 140 DM & guter Küche zurück in *Tempi passati.*

Die gesamte Gegend kann auch in Sommernächten bitterkalt werden!

Sunshine Coast

Der Abschnitt zwischen Cape Padrone und Port Alfred (36 km östlich) ist weniger wild als die Wild Coast, aber besser erschlossen & nicht überlaufen. Hinter endlosen Stränden warten etliche Zeltplätze, lassen aber genug Nischen für heimliche Sonnenanbeter oder Schnorchels. Wer gerne durch unberührte Lagunen & Wälder wandert: jeder Ort hat seinen Trail.

☞ **Resorts & Hotels** entlang der Küste schlagen zur Hauptsaison bis zu 50% auf!

Kenton-on-Sea

24 km westlich von Port Alfred, an der R72. Er herrscht so reiche Flora (Wälder, Dünen, Strand) zwischen den Mündungen von Bushmans und Kariega, daß die Fauna schnell nachzog: **Vögel** jeder Farbe & Größe, **Wale** zuhauf zwischen Juni-Okt, Spaßvögel besonders zum **Neptun-Festival** Mitte Dez-Jan. ✆ 046.

Publicity Association: im Zentrum, Middle Beach/Kenton Rd, T. 648 2418.

Wer zu **Silvester** in der Gegend weilt: Kenton feiert die wildeste Party.

Bushmans River BP, 49 Kenton Rd, T./Fax 648 2545, eines der wenigen im Lande, die gezielt als Backpackers gebaut wurden. Dickere Matratzen & weniger Schlafsaalbetten als üblich, mit Kanus, Bikes, Angelausrüstung und allerlei Touren; Zeltplatz 12 DM, Schlafsaal 18 DM, DZ 50 DM, Freibier bei Ankunft.

Kariega Park, 14 km nördlich, T. 636 7904, Fax -2288, kariega@-yebo.co.za, ist ein Privatreservat mit Blick aufs Kariegatal und 20 Wildarten auf 6 qkm unberührter Natur. Ausritte führen durch Bushveld und Wald zum Fluß, in dessen Becken man ungestört badet. 24 eigenständige, luxuriöse Blockhäuser für vier/sechs/acht P ab 120-/210/300 DM.

Port Alfred

58 km südöstlich von Grahamstown, an der R67/R72. Das Seebad westlich der Great Fish-Mündung glänzt mit Myriaden von Kanälchen und ehrgeizigem Jachthafen - alles nur wegen ein paar Anglern & Kanuten, die Zehntausende von Gleichgesinnten im Schlepptau mitbrachten. Dazu viele Häuschen mit schmiedeeiserner Verzierung *(broekie)* um die Veranda *(stoep)*. PA erfüllt hohe Ansprüche und bleibt dank schwarzer Mehrheit dennoch bodenständiger als etwa Plett. ✆ 046.

Sunshine Coast Tourism: Causeway, zwischen Kowie, Postamt und Bhf, T. 624 1235, Fax -4139, mit Internet für alle; Mo-Fr 8.30-13h, 14-16.30h, Sa 8.30-12h.

Übernachten & Essen

Wer das Preisgeschiebe zwischen Haupt-, Mittel- und Nebensaison nicht leiden kann: **Port Alfred BP**, 29 Sports Rd, T. 624 4011, mit allerlei Touren, Wasseraktivitäten & Küche. Schlafsaal 12 DM, DZ 32 DM.

Caravanparks: Willows bei der Kowie-Brücke, T. 624 5201, zentraler, nicht ganz so hübsch, zu nah am Highway; und **Riverside**, Mentone Rd, T. 624 2230, am westlichen Flußufer, 2500m vom Meer, ähnliche Chalets & Preise. Zahllose **Cottages** v.a. um die aufwendige Marina; das Verkehrsamt schaufelt immer irgendwo ein Bettchen frei.

Caraville-Resorts: Medolino in Kowie West, 23 Stewart Rd, T./Fax 624 1651, als typische Clubanlage mit Mini-Pool, feinen Gärten, Miet-TV & viel Sport. Zeltplatz ab 15 DM, Zwei/Vier/Sechsbett-Chalets mit Küche, Bad & Patio ab 60/80/100 DM. **Royal St Andrews**, 19 St Andrews Rd, T. 624 1379, Fax -2080, gediegener mit Kitsch & Eleganz der Tudor-Zeit. Restaurant, Golfplatz, Ferienwohnungen mit 2-5 Betten ab 60-100 DM.

B&Bs für 50-80 DM/P: **The Residency**, 11 Vroom Rd, T./Fax 624 5382 (Debra & Steven Harris), residency@imaginet.co.za, selbstrestaurierte Villa (1898), elegante Zimmer, überall Liebe zum Detail. *"Unsere tollste Unterkunft während der ganzen Reise." (Mathias Müller & Anuschka Gerlach)* - Auch lobenswert: **Port O'Call,** 22 Dickinson Rd, T./Fax 624 4607 (Neville & Wilma Kemp), portocall@power-.co.za, am Westufer.

Hotelsterne: * **Ferrymans**, Beach Rd, T./Fax 624 1122, auf Familien eingestellt; 28 große Gemächer ab 90 DM. ** **Kowie Grand** in Kowie West, Grand/Princess Ave, T. 624 1150, Fax -3769, mit Charakter & Aussicht, 25 schöne DZ mit TV ab 120 DM. **The Halyards,** Royal Alfred Marina, T. 624 2410, mit 36 vornehmen DZ/Suiten ab 220 DM.

Speisen: mindestens einmal im Kowie Grand Hotel. Ausgezeichnete Gerichte ab 12 DM, und gerade der Sonntag ist für Schwelgereien auf der Terrasse berühmt. Tolle Kneipe am Strand: **Guido's Pub** beim Leuchtturm, mit Pfund-Steak für 13 DM.

Unternehmen, Hin & Weg

Bootscharter bei Kowie Marine Services, T. 624 2306; und Kowie Encourage, T. 624 5275, alle mit Kanus für 50 DM/zwei P und Motorbooten ab 50 DM/Std. Ein Kanutrail führt durchs Naturschutzgebiet am Kowie, dessen Unterlauf auch Surfern, Wasserskifahrern und Seglern als Mekka gilt. Um mondäne Ausstrahlung müht sich die taufrische **Royal Alfred Marina** mit vier künstlichen Inseln.

Tauchen: mehrtägige NAUI-Kurse u.a. bei Kowie Dive School, T. 624 4432, ab 450 DM. Tauchscheinbesitzer mieten hier Ausrüstung und werden aufs Meer mitgenommen (je 30-40 DM). Zu sehen sind v.a. Schwämme, Korallen und mittelgroße Fische.

Reiten: *Three Sisters Trails,* T. 671 1269, 14 km außerhalb, laden zu Ausritten über den Strand oder durch das malerische Tharfield NR.

Wandern: der Shipwreck Trail führt 64 km vom Great Fish entlang unberührter Küste zum Ncera River vor Kidds Beach. Hinter idyllischen Buchten & fischreichen Revieren breitet sich eine üppige Küstenfauna aus, die Strände ringsum scheinen endlos. In Ermangelung von Trailhütten wird im Sand übernachtet; Zelten gestattet.

Busse: Intercape ab Halyards Hotel Mi-Mo 8.45h nach East London, 16h nach PE (2½/1½ Std, je 25 DM). **Minilux** ab Bhf Mo-Fr 15h nach East London, Di-Fr 8.30h, So 17.30h nach PE (je 25 DM).

Bathurst

15 km nördlich von Port Alfred, an der R67. Nest zwischen Ananas-

plantagen und Rinderfarmen. Im Horseshoe Bend NR sind Kleinantilopen und viele Vögel zuhause. ✆ 046.

🏠 **Ausweichquartiere,** wenn in G'town das Festival tobt: **Hopewell Farm,** T. 625 0884, Fax -0515; und **Langholm Farm,** T./Fax 622 8338; beide 8 bzw. 5 km außerhalb, mit reichlich Ananas und tollem B&B für 25-40 DM/P. **Cosy Corner Cottages** hinter der Bahn in Bathurst, T 625 0955 (Mike & Hilde Jacobsen), mit B&B ab 35 DM/P. Mike entführt Gäste zum Hochseeangeln, der Fang wird abends gegrillt.

🍸 **Pig & Whistle,** Kowie/Grahamstown Rd, T. 625 0673, bleibt dank prima Pub Lunches ein gutes Pausenplätzchen Das sahen schon die Siedler so, die ihn 1831 errichteten.

☀ **Auf der Ananasfarm Summerville** werden in einem nachgebauten Xhosadorf Handarbeiten verkauft. Die Besitzer versichern, ihre goldene Riesenananas sei die größte außerhalb von Alaska. Wer will das schon nachprüfen? *"Gut die Farmrundfahrt per Traktor & Hänger: unvergleichliche Gaudi, viele Infos." (Michael Beyer)* Eintritt all-in 4 DM.

Settler's Country

In die Gegend um den Great Fish River, zwischen Buren und Xhosa erbittert umkämpft, sandte die Kolonialverwaltung 1820 einen **Treck britischer Siedler.** Man hoffte, daß diese mit ihrem Ackerbau einen Puffer zwischen den verfeindeten Rinderzüchtern bilden könnten. Die Siedler wurden im Irrglauben gelassen, daß sie friedliches, fruchtbares Land erwarte. Binnen zweier Jahre mußten sie jedoch feststellen, daß nichts davon zutraf. Enttäuscht zogen sich die meisten ins Garnisonsstädtchen Grahamstown zurück und nahmen wieder jene Geschäfte auf, denen sie bereits in England nachgegangen waren. Dieser Anschub machte aus G'town ein reiches **Handelszentrum,** und die Flüchtlingswellen der Grenzkriege ließen es endgültig zur „großen" Stadt heranwachsen.

Grahamstown

122 km nordöstlich von Port Elizabeth, an der N2. Trotz bewegter Vergangenheit erweckt die Unistadt stets den Anschein, gerade aus Sussex auf die andere Erdhalbkugel verpflanzt worden zu sein: **kultiviert, bibeltreu & ein bißchen langweilig** im Schatten von 40 Gotteshäusern. 3000 Studenten versuchen, u.a. mit flotten Kneipen die Ruhe zu stören. Doch wenn sie in die Ferien abzischen, klappt G'town die Bürgersteige hoch - und wartet aufs spannendste **Festival** des Landes! ✆ 046.

📌 **Publicity Assoc:** 63 High St, Church Square, T. 622 3241, Fax -3266, mit Stadtplan, Logisliste & Veranstaltungskalender; Mo-Fr 8.30-17h, Sa 9-11h.

📌 **Postamt:** 101 High St, T. 622 2340. **Internet:** Imaginet, 28a New St, T. 622 3807, online 8 DM/Std; täglich 8.30-23h. **SAS Travel Service:** Student Union, T. 622 6791.

🚦 **Zurechtfinden:** alles ist in erträglicher Marschentfernung von allem anderen.

Übernachten

🏠 **Städtischer Caravanpark** zwischen Grey/Mountain Dr an der N1, T. 622 9112, hübsches Fleckchen gegenüber den Botanischen Gärten; Zeltplatz 10 DM, sechs einfache Vierbett-Rondawels mit Kühlschrank, vier Fünfbett-Chalets mit Wohnzimmer, Küche & Bad 30-60 DM. **Zelten** auch in den WR Mpofu und Great Fish River.

Backpackers: The Old Goal BP, 40 Somerset St, T. 636 1001, gegenüber Albany-Museum, zählt zu Südafrikas außergewöhnlichsten - im alten Stadtgefängnis, noch komplett mit Heavy Metal-Türen & schwedischen Gardinen, neu sind TV-Raum & Küche. Wer sich über mangelnde Gemütlichkeit beschwert, kriegt zwei Jahre länger aufgebrummt. Schlafsaal 12 DM, DZ 32 DM. Hier auch fürs BP (!) im Mpofu-Wildreservat buchen.

B&Bs: Longleat, 9 Mount St, T. 622 6163, Fax 636 2113, ascj@warthog.ru.ac.za, mit Geschichte, sonnigem Garten, Aussicht & selbstgebackenem Brot; EZ/DZ ab 35/60 DM. Filigrane Siedler-Eleganz auch in **The Hermitage,** 14 Henry St, T./Fax 636 1503 (Bea & Dick Jaffray); und **Elizabeth House,** 6 Worcester St, T./Fax 636 1368 (Vince & Liz); jeweils EZ/DZ ab 60/100 DM. Das Verkehrsamt vermittelt über 20 Adressen.

Stadthotels: The Cockhouse, 10 Market St, T./Fax 636 1287 (Peter & Belinda Tudge), cockhouse@imaginet.co.za, im Siedlerhaus (1820) mit Pub & gutem Restaurant, beide Mo-Sa; sieben romantische Suiten ab 115/200 DM. *** **Graham Protea,** 123 High St, T. 636 2324, Fax -2424, in ruhiger Nachbarschaft der Uni. Sicherheitsdienst, guter Service, ausgezeichnete Wildgerichte; 24 DZ mit allem Schnickschnack 120-170 DM.

Country Houses: unter vielen Anwärtern mit am besten: **Aucklands,** Howison's Poort/N2, 8 km westlich, T. 622 2401, Fax -5682 (Ian & Cindy Donald), aucklands@imaginet.co.za, mit Service wie aus der Hotelfachschule, die Cindy hinter sich hat. Weitläufiges Gelände, viele Sportangebote, sieben geräumige Zimmer; B&B 55-95 DM/P.

Essen, Trinken & Feiern

Speisen entlang der High St: **The Mad Hatter,** #118, T. 622 9411, bietet Vegetariern eine sehr feine, erfrischende Erlösung in kreativer Umgebung; täglich 8-17.30h, Fr/Sa bis 23h. Im tüchtigen **Redwood Spurs,** #123, wird für 10-20 DM jeder satt & glücklich; gute Salatbar. **Guido's,** wenige Schritte weiter, ist v.a. bei Studenten beliebt. **The Blue Room,** #127a, T. 622 8483, im Oberstübchen, mit junger Kunst, viel Rauch & Lärm, aber alles sehr cool, zumal wenn man zum *Tropical Salad* (5 DM) übergeht; täglich 8.30-24h.

All diese Studenten, was machen die bittschön? Studieren etwa? Von wegen! Die machen (für Eastern Cape-Verhältnisse) die Nacht zum Tag. Brettspiele & hitzige Debatten bei reichlich Kaffee würzen z.B. den **Blue Room.** Mehr Bewegungsdrang befriedigt die New St, eins nördlich der High St. Im düsteren, überfüllten **Rat & Parrot** geht es herzlich zu; das feschere, yuppigere **Pop Art Café** macht jeden Trend mit, Hauptsache die Cocktails bleiben billig (ab 4 DM); beide täglich 11-2h.

Landesweit das Größte: ab Ende Juni feiert G'town seit 1974 das zwölftägige **National Festival of Arts;** über 200 Veranstaltungen, Tanz, Theater, Performances. Programm unter T. 622 4341, Fax -3082, sbnaf@foundation.org.za. Zu dieser Zeit sind Unterkünfte monatelang im voraus ausgebucht - trotzdem nicht verpassen!

Unternehmen & Anschauen

Der Albany-Museumskomplex, Somerset St T. 622 2312, besteht aus drei Einrichtungen. Kombiticket 4 DM, ISIC jeweils minus 25%. **Natural History Museum** mit Dinos, alten Tieren, Frühgeschichte der Menschheit, afrikanischen Alltagsgegenständen und einer Xhosa-Hütte. **1820 Settlers' Museum** grad gegenüber mit Militaria, Möbeln, Fotos & Familienschmuck. Beide Mo-Fr 8-17h, Sa/So 14-17h, je 2 DM.

Das Observatory Museum, 67 Bathurst St, gefällt mit einer exzentrischen Sammlung. Viele Teleskope, die der Uhrmacher & Hobbyforscher Henry Galpin in den 1880er Jahren zusammentrug, und die einzige **Camera Obscura** südlich des Äquators. Galpins Konstruktion, ein raffiniertes System von Linsen & Spiegeln im dunklen Raum, liefert bei heiterem Himmel erstaunliche Ergebnisse. Mo-Fr 9.30-17h, Sa 9-13h, 2 DM. **Tip!**

Fort Selwyn (1836) auf dem Gunfire Hill oberhalb der Botanischen Gärten war eine jener Signalstationen, die bis zum Fish River reichten; Di-Sa 9-16h, So 12-16h. Das **1820 Settler Monument** daneben wurde im Aug 1994 bei einem Brand schwer beschädigt, der Theaterkomplex und Teile des Ausstellungsgebäudes fielen den Flammen zum Opfer.

Dakawa Art Project, 4-11 Froude/Currie St, T. 622 9303. Immer wieder pilgern Reisende zum Verkaufsladen des ANC für Websachen & Kunsthandwerk aus Selbsthilfegruppen. Allerdings oft geschlossen (offiziell Mo-Fr 8.30-18h, Sa/So 10-17h) und schwer zu finden: ab High St runter zum Kreisverkehr, zweite links bis Highschool, rechts bis Albany Rd, bald darauf wieder links zum Backsteinbau mit buntbemalter Fassade.

Hin & Weg

Bustickets für Translux gebührenfrei im Verkehrsamt, für Greyhound & Intercape mit 4 DM Gebühr bei GBS Travel, 84 High St, T. 622 2235. **Translux** täglich 8.40h nach East London, Umtata & Durban (2/5$^1/_2$/12 Std, 36/60/80 DM), 6.30h nach PE (1$^1/_2$ Std, 36 DM). **Greyhound** fährt dieselbe Tour, dazu zweimal täglich Knysna & Kapstadt (4/12 Std, 55/75 DM). **Intercape** Mo/Mi/Fr/Sa zweimal nach PE (25 DM), Di/Do/Fr/So nach East London & Joburg (3/14 Std, 28/92 DM).

Minibustaxis ab Raglans St (Verlängerung der Beaufort St) u.a. nach PE, East London, King Williamstown & Port Alfred (je 12-15 DM). **Leopard Express,** T. 622 4589, täglich nach PE (16 DM). **Minilux** Mo-Fr nach PE & East London (15/24 DM).

Mietwagen: Imperial, 30 Beaufort St, T. 622 3841. Avis, 84 High St, T. 622 8233.

Great Fish River-Naturreservat

35 km nördlich von G'town, ab R67 ausgeschildert. Dem immensen, vom Tourismus fast unbefleckten Schutzgebiet zwischen Great Fish & Keiskamma wurden zu Beginn der 90er Jahre die NR Andries Vosloo und Sam Knott eingegliedert. Durchs dichte Gestrüpp tummeln sich v.a. im Fish-Tal viele Tierarten. Prima Versteck: Khwalimanzi oberhalb einer Pfanne. Die Forts Doubledrift und Bothas Post erinnern an die Grenzkriege; Zugang frei.

EC Nature Conservation, T. 046/622 7909, Fax -8472, betreibt vier Bungalows; mit vier Betten, Küche, Bad & Braai 40 DM, kein Brennholz. Zelten möglich.

Katberg

117 km nördlich von Grahamstown, an der R67. Im wunderschönen Feriengebiet nahe der Winterberge treffen sich **Wanderer & Bergsteiger.** Der Katberg-Paß beschert herrliche Aussichten; allerdings ungeteert, nach Niederschlägen kaum passierbar.

Katberg BP, Waylands Farm, T. 046/684 0151, Fax -0881, betrieben von den Musketieren Carl, Ray & Mark auf einer organischen *Working Farm.* 12 km nördlich von Fort Beaufort von der R67 nach links auf die R351, hier wenige km hinter Post Retief. Mit Schwarzadlern, Höhlen & Quellen, Farmprodukten, Bar, Mountainbikes, Ausritten, Drachenfliegen. Schlafsaal 18 DM, DZ 40 DM, Zelten 10 DM. Voller Magie - lohnt sich!

Mpofu WR südwestlich des Ortes, T. 04052/A11, benannt nach dem Xhosa-Wort für Eland, bietet geführte Pirschgänge zwischen Rhino, Giraffe, Büffel & Leopard. Zelten möglich, einfache Schlafsäle 16 DM.

Durch dieses traumhafte Land führen gutmarkierte Pfade, z.B. der zweitägige Katberg Trail (40 km) vom/zum Forstamt unterhalb der Paßhöhe; hier Karte, unterwegs Holzhütten am Diepkloof. *Rund um Hogsback weisen Elfen, Waldschrate & Hobbits den Weg.*

☞ **Wandersleute** sollten auf Gewitter & Nebel gefaßt sein. Im Sommer viel Regen, im Winter **oft Schnee.** Kaum eine Straße ist geteert - vor Winterfahrten umhorchen.

Hogsback

34 km östlich von Katberg, an der R345 (teils ungeteert). Die spärlich bewachsenen Amatolagipfel ums schnucklige Gebirgsstädtchen erinnern eher ans schottische Hochland. An unberührten Steilhängen kleben noch Urwälder voller Gelbholz, Assegai und Fuchsien, während sich im Tal Zitrusplantagen ausdehnen. Angeblich inspirierte diese Gegend J.R.R. Tolkien zu seinem „Herr der Ringe". ✆ 045.

Away with the Fairies, Ambleside Close, T./Fax 962 1031, noch so'n zauberhaftes BP, völlig vom sanftmütigen Hausherrn John geprägt. *"Treffpunkt von Exzentrikern, Visionären & Ufologisten." (Coast to Coast)* Für mehr Bodenhaftung: Wanderungen, Ausritte, Mountainbikes, Töpfereibesuche. Schlafsaal 14 DM, DZ 36 DM.

Der Caravanpark oberhalb Hogsbacks ist denkbar einfach &

wunderhübsch; Stellplatz 10 DM. Unter vielen Ferienwohnungen herausragend: **Mountain Lodge**, T. 962 1005, mit Romantik, Garten, Pool & HP ab 60 DM/P, oft *Weekend Specials*. Hübsch auch die **Coolin Trout Lodge**, T./Fax 962 1040 (Ron & Elizabeth Kidson). **The Edge**, T./Fax 962 1159, theedge@gis.co.za, bietet Cottages mit Kamin, Urait-Möbeln & hübschen Gärten für 12-40 DM/P. Im ** **Hogsback Inn**, Main Rd, T. 962 1006, wird man vom Eber begrüßt. Auch hier freundliche Leut, Pool & Kamin; 30 DZ/Familienzimmer ab 90 DM.

Magic Mountain Bus, T. 082/972 3681 (Mark), ab PE jeden Mo nach East London, Hogsback, Katberg & Grahamstown; zurück nach PE Fr. **Sugarshack BP**, T. 043/722 8240, in East London mit Pendeldienst von/nach Hogsback; min. drei P.

Fort Hare

23 km südlich von Hogsback, an der R345. Anders als sein nördlicher Nachbarort gehörte Fort Hare zum „Homeland" Ciskei. Die Festung oberhalb des Städtchens Alice *(living next door to Alice* gewissermaßen) wurde 1847 wegen des Axtkrieges erbaut.

Aus dem SA Native College gingen seit 1916 viele afrikanische Spitzenkräfte hervor, neben Nelson Mandela auch die Ex-Premiers Ntsu Mokhele (Lesotho), Robert Mugabe (Simbabwe) & Kenneth Kaunda (Sambia). **Museum**, T. 040/639 2445, auf dem Unigelände mit Zauberamuletten, medizinischem Gerät und mächtiger Sammlung moderner afrikanischer Kunst; Mo-Fr 8-16h.

Minibustaxis stündlich vom Haupteingang der Uni nach KWT (1/2 Std, 3 DM).

King Williamstown & Bisho

56 km westlich von East London, an der N2 und R63. Die janusköpfige Provinzhauptstadt (80.000 Ew) spielt für den Tourismus praktisch keine Rolle. Immerhin sind hier die Läden, Banken & Malls zu finden, die in den umliegenden bitterarmen Städten fehlen. Was sich KWT noch vorgenommen hat, verrät sein Wahlspruch: „Eine Stadt mit Charakter, bunter Vergangenheit und strahlender Zukunft". Bisho dagegen, 6 km nordöstlich von KWT, verwöhnt mit einer traumhaften Aussicht auf die Amatolaberge. ✆ 043.

Tourist Info in KWT: Stadtbücherei, Alexander/Cathcart St, T. 642 3391. **Postamt:** Maclean Square, T. 642 1064. **Eastern Cape Tourism Board** in Bisho: Phalo Ave, T. 040/635 2115, Fax 636 4019, mickey@ectb.org.za, für Reservate & Trailbuchungen.

In KWT: lärmiger **Caravanpark**, Cathcart St, T. 642 3160, am westlichen Ortsende; Stellplätze ab 8 DM. Billigstes B&B am Ort: **Linga Longa**, 11 Rudolph Ginsberg St, T. 642 2614, herbfree@ilink.his.za, 4 km außerhalb mit TV, Bad & Garage; EZ/DZ 40/60 DM. Erwähnenswerte Lodge:
*** **Grosvenor**, 48 Taylor St, T. 642 1440, Fax -4772, davor Beton & Asphalt, darin alles auf Hochglanz; elf DZ ab 150 DM. **In Bisho:** **** **Amatola Sun**, Kei Rd, T. 040/635 1111, mit Nobelkasino; EZ/DZ ab 225/300 DM.

Steakhäuser an der Ecke Alexandra/Cathcart St: **St Louis Spurs** mit Steak-Ranch & breiter Salatauswahl, diesmal aber in altem Gemäuer; **Steers** gegenüber mit rauherem Ambiente. Witzigster Schuppen mit klasse Curries & Masala: **Squirrel's Coffeeshop,** 74 Cathcart St, T. 642 5008, So-Do 8-21h, Fr/Sa 8-24h.

Stadtgeschichte

Anno 1826 stand nur ein winziges Gebäude der London Missionary Society, um das sich immer wieder Streit mit den Xhosa entspann. 1835 zerstörten sie die Mission, 1846 auch die taufrische, zu Ehren von König William IV. benannte Siedlung. Doch jedesmal kehrte der Weiße Mann machtvoller zurück. Nach dem siebten Grenzkrieg (1846/47) machte er KWT gar zum Verwaltungssitz der neuen Provinz British Kaffraria und schlug es später, obwohl vom „Homeland" Ciskei (Retortenhauptstadt Bisho) umzingelt, wegen seiner Bedeutung für Handel, Verkehr & Immobilien dem südafrikanischen Territorium zu.

Kaffrarian Museum, Alexandra/Cathcart St, T. 642 4506 - demnächst mit politisch korrektem neuem Namen! Die Abteilungen zu Natur- & Ortsgeschichte wurde von örtlichen Vereinen seit der Museumsgründung 1884 zusammengetragen. So kam allmählich die größte Säugetierkollektion des Landes zusammen; auch viele Vögel, Reptilien, Insekten, Mineralien. Dazu **Xhosa-Galerie** in der Stadtbücherei mit Alltagskram & *Africars.* Mo-Fr 9-13h, 13.45-16.30h, Sa 10-12.30h, So 14-16.30h, 1 DM. **Tip!**

Das meiste Aufsehen erregt aber eine ausgestopfte Hippo-Dame: **Huberta,** so ihr reizender Name, absolvierte 1928-31 eine Küstenwanderung von 800 km, die sogar von Tageszeitungen eifrig gewürdigt wurde. In St Lucia losmarschiert, erreichte sie das Ufer des Keiskamma südwestlich von KWT - und lief hier drei beknallten Jägern vor die Flinte.

Amatola Trail

Dieser Sechstagemarsch zählt zu Südafrikas schönsten, aber auch anstrengendsten Bergtouren! Er beginnt am Maden Dam bei KWT, verläuft auf 104 km entlang der Amatolaberge, belohnt mit großartigen Ausblicken und endet bei Hogsback. Unterwegs warten unberührte Wälder, durch die auch Knysna-Turakos & Kappapageien schwirren. *Kappapageien, wie schön!* Zum Abkühlen: viele Wasserfälle & natürliche Becken.

Alternativen: der einfache Evelyn Valley Trail (27 km), zugleich erste Amatola-Etappe, führt als zweitägiger Rundweg durch schöne Wälder; ab/zum Maden-Stausee. Der Zingcuka Trail (36 km), mit den letzten Amatola-Etappen, belohnt als zweitägiger Rundweg mit einigen steilen Auf- und Abstiegen; ab/zum Tyumie River bei Hogsback.

Buchung & Karten bei ECTB in Bisho, primitive Hütten auf allen Trails.

Hin & Weg

Bustickets bei The Travel Agent, 94 Alexandra Rd, T. 643 4037; Gebühr 8 DM. **Translux** ab BP-Tankstelle Alexandra Rd täglich zweimal nach East London, Umtata & Durban (1/3/8 Std, 30/45/75

Auf den zweiten Blick

Bisho und die Ciskei: ein Musterbeispiel

Der Irrweg namens Homeland

Ursprünglich war Bisho nur eine an King Williamstown drangeklatschte Siedlung für Schwarze und dementsprechend wirtschaftlich bedeutungslos. Als dann das »Homeland« Ciskei eingerichtet wurde, entschied sich Mitte der 70er Jahre Präsident Lennox Sebe, auf jener Anhöhe, auf der er als Bub Rinder gehütet hatte, seine Hauptstadt zu errichten. Bald zog das ganze Geklüngel von Bürokraten und Politikern hinterher und hangelte sich von einem Militärputsch zum nächsten Skandal. Mitten in die Tristesse von Bisho wurden großmannssüchtige Bauwerke gepflanzt. Unübertroffen ist aber der Flughafen 15 km westlich von Bisho, für den die Staatskasse geplündert wurde: er entspricht den internationalen Normen für Jumbo-taugliche Airports. Viel mehr als die Präsidentenmaschine hat er allerdings nie zu sehen bekommen!
Korruption und Gewalt: das neue Parlament freute sich 1981 über die »Unabhängigkeit«, blieb aber weiterhin fast funktionsunfähig. Beim Sturz Sebes im März 1990, natürlich mit Wissen und Unterstützung der Regierung in Pretoria, kommentierte der Eastern Province Herald: *»Die Nachbarn der Ciskei können nur von Korruption und miserabler Verwaltung berichten, von Bruderkämpfen und politischen Morden.«*
Unter dem Brigadier **Ouba Joshua Gqozo**, einer Marionette Pretorias, verschlimmerte sich die Lage eher noch. Die Armee der Ciskei richtete im September 1992 ein Massaker unter friedlichen Demonstranten gegen Gqozo an, bei dem über dreißig ANC-Anhänger ums Leben kamen. Politik des ANC war es seit jeher gewesen, die »Homelands« wieder dem südafrikanischen Territorium einzufügen und Gqozo abzusetzen.
Doch erst am 22. März 1994, nachdem die Ciskei-Verwaltung längst durch wilde Angestelltenstreiks und rebellierende Polizisten lahmgelegt war, zeigte sich Gqozo einsichtig: »Ich wollte es nicht soweit kommen lassen, daß die ganze Stadt in Schutt und Asche liegt.« Er trat zurück und übertrug fünf Wochen vor den Wahlen sämtliche Machtbefugnisse an die Regierung in Pretoria.
Wer sich in diese »Glanzzeit« Bishos zurückversetzen will, betrachtet mal die überkandidelten Verwaltungsgebäude und das prachtvolle Amatola Sun Hotel, das zu Apartheidszeiten hier eingepflanzt wurde, um den weißen Südafrikanern zwei Vergnügungen zu erlauben, die ihnen in der Republik verwehrt blieben: Glücksspiele und Sex mit Andersfarbigen. Heute sitzen hinter den postmodernen Fassaden die Spitzen der Provinzverwaltung.

DM), zweimal Grahamstown & PE (1/3 Std, 30/40 DM), zweimal Kapstadt & Joburg (8/10 Std, je 90 DM). **Greyhound** ab Nando's, Cathcart/Alexandra Rd. **Minibustaxis** vom unteren Ende der Cathcart St stündlich nach East London (4 DM), täglich min. einmal PE, Grahamstown & Joburg (16/10/50 DM).

Ab Bisho: Stadtbusse nach KWT, **Transtate** nach Umtata, East London & Kapstadt.

East London

292 km nordöstlich von Port Elizabeth, an der N2/N6. Südafrikas einziger Flußhafen, hinter der Mündung des Buffalo, sollte ursprünglich die Versorgung des Armeehauptquartiers in KWT sichern. Dank seiner häufte East London schnell etlichen Wohlstand auf. Autohersteller und -zulieferer ließen sich nieder (Daimler Benz baut hier seine C-Klasse), außerdem Betriebe für Textilien, Süßwaren & Zitrusverarbeitung. Doch weil die Rezession all diese Branchen besonders hart traf, befindet sich East London auf dem **absteigenden Ast.** Andererseits entstand dank des stetigen Bedarfs an Arbeitskräften früh eine **multikulturelle Bevölkerung.** Das macht sich bis heute in Straßenbild & Strandleben bemerkbar. EL ist irgendwie anders - bloß der großspurige Name paßt in keiner Hinsicht. ✆ 043.

Metropolitan Tourism: Alte Stadtbibliothek, 35 Argyle/Oxford St, T. 722 6015, Fax 743 5091; Mo-Fr 8-16.30h, Sa 8-12h. **Satour:** NBS Bldg, Terminus St, T. 722 6410.

AA: 27 Fleet St, T. 722 1271. **Rennies Travel:** Caxton House, 33a Terminus St, T. 722 1375.

Hauptpost: Oxford/Union St, T. 743 3855.

☞ **Transkeireisende** sollten alle Bankgeschäfte in EL erledigen!

Übernachten

Caravanparks: Marina Glen beim Eastern Beach, John Baille Rd, T. 722 8753, hatte unverschämte Preise, ist offenbar jetzt geschlossen - kein Wunder. *„Dafür kann ich den **Nahoon CP** an der Beach Rd empfehlen. Günstig, schattig, Meeresrauschen inbegriffen." (Eva-Maria Kläy)*

Beide Backpackers liegen am Eastern Beach, unweit voneinander. Prima Lage, hier hübscher Strand, dort Aquarium & Museum, Strandbus ab Oxford St. Wer über ein Auto verfügt, sollte nicht das traumhafte Buccaneers Retreat in Cintsa vergessen; s. unten.

Sugarshack BP, Eastern Esplanade, T./Fax 722 8240, direkt am Ozean, mit einfachen Holzhütten, Freiluftbar & Billard, eine Etage höher Küche, Lounge & Aussichtsdeck. Einfaches, feines Plätzchen zum Mögen. Schlafsaal 14 DM, DZ 32 DM, Camping 8 DM. *"Recht hübsch, aber völlig desorganisiert. Mußten bis mittags aufs Auschecken warten, weil die Leute beim Surfen waren." (Simone & Judith)* Die Herrschaften unterhalten auch einen Pendelbus zum Away with the Fairies-BP in Hogsback; 12 DM/P, min. drei P.

Port Rex BP, 128 Moore St, T. 722 3423, manchmal zu klein, mit TV-Raum, mehreren DZ & 30 Schlafsaalbetten. Zuletzt wg. Umbau geschlossen. **YWCA,** 49 St George's Rd, T. 722 9819, mit Frauenzimmern ab 30 DM (auch Paare); meist ausgebucht.

B&Bs übers Verkehrsamt. DZ

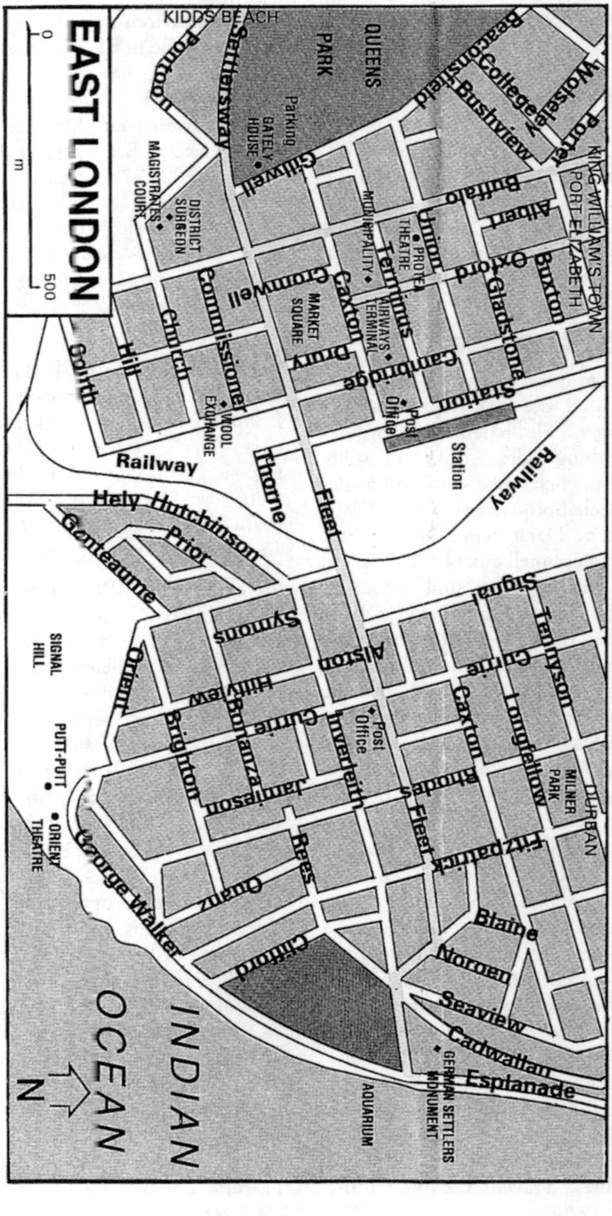
EAST LONDON
0
500
m
KIDDS BEACH
QUEENS PARK
Parking
GATELY HOUSE
MAGISTRATES COURT
DISTRICT SURGEON
Pontoon
Settlersway
Gillwell
Beaconsfield
Bushview
Collegeley
Wolseley
Porter
KING WILLIAM'S TOWN
PORT ELIZABETH
Buffalo
Albert
Oxford
Buxton
Union
PROTEA THEATRE
MUNICIPALITY
Terminus
Gladstone
AIRWAYS TERMINAL
Cromwell
Caxton
MARKET SQUARE
Drury
Cambridge
Commissioner
Church
Hill
Station
Post Office
Station
WOOL EXCHANGE
Railway
Railway
Thorne
Fleet
Hely Hutchinson
Prior
Ganteaume
Signal
Tennyson
Symons
Alston
Currie
SIGNAL HILL
Orient
Hillview
Bonanza
Currie
Caxton
Longfellow
Post Office
Brighton
Inverleith
Jameson
MILNER PARK
DURBAN
PUTT-PUTT
ORIENT THEATRE
Fleet
Fitzpatrick
Rees
Quanza
George Walker
Clifford
Blaine
Noroen
Seaview
Cadwallan
Esplanade
INDIAN OCEAN
N
AQUARIUM
GERMAN SETTLERS MONUMENT

Augen auf bei Buschwanderungen:

Wildtiere im Umfolozi NP.

Was blüht denn da? Farbenpracht in Kirstenbosch,

im Meer vor Hermanus,

an der Garden Route.

Eigene Pflanzenwelt am Kap:
Königsprotea bei Plettenberg Bay,

Fynbos am Tafelberg.

Tagsüber vier Autos pro Stunde: Nationalstraße im Nordwesten.

mit Bad & Balkon ab 80 DM, fast immer in ruhiger Lage. Eines der blumigsten: **Seagulls,** 34 Bonanza/Currie St, T. 722 1049, zwei Ecken nördlich der Esplanade, EZ/DZ mit Bad & TV 50/70 DM, Schlafsaal mit Küche 16 DM. **Devereux Lodge,** 79 Devereux Ave, Vincent, T. 726 9459, Fax -9589, ist das Passende für Frischverliebte; zwölf EZ/DZ mit eigenem Eingang ab 50/70 DM.

Stadthotels: ** **Majestic** in Quigney, 21 Orient Rd, T./Fax 743 7477, neben dem beliebtesten Strand, saubere Zimmer mit Samt, TV & Balkon teils mit Ozeanblick; EZ/DZ 65/90 DM, F 10 DM. Schuhschachteln aus Beton mit DZ für 110-150 DM: ** **Dolphin** in Nahoon, 85 Harewood Dr, T. 735 1435; ** **Esplanade** in Quigney, Beachfront, T. 722 2518; und *** **Osner** in Strandnähe, Esplanade, T./Fax 743 3433. Spitzenreiter: *** **Holiday Inn GC** am Eastern Beach, T. 722 7260, Fax 743 7360, mit knapp 200 DZ ab 160 DM. *** **Kennaway Protea**, Esplanade, T. 722 5531, Fax -1326, mit 83 EZ/DZ ab 120-140 DM, Suiten 130-220 DM.

Gute Restos am südlichen Ende der Esplanade/Currie St. Im **Mövenpick Chalet,** T. 722 1840, trägt die Bedienung Lederhosen (!), **Quarterdeck** ist etwas preiswerter. **Bellami,** 18 Marine Tce, T. 743 2145, mit Eleganz für Gourmets, Wild & Fisch ab 15 DM.

Unternehmen & Anschauen

Vor der unzugänglichen Mündung des Chalumna ging 1938 der erste **Coelacanth** ins Netz - ein lebendes Fossil, denn Forscher wähnten den Quastenflosser seit Jahrtausenden ausgerottet. Seither tauchen immer mal wieder Exemplare aus den Tiefen einer anderen Zeit auf. *Old Fourlegs,* wie die Fischer den Erstling tauften, ist die Attraktion im **East London Museum,** 319 Oxford/Lukin St, T. 743 0686, 3 km nördlich vom Hafen. Außerdem das weltweit einzige Ei des Dodo (mit Sicherheit ausgerottet) und einige Xhosa-Exponate. Mo-Fr 9.30-17h, Sa 14-17h, So 11-16h, 2 DM.

Das Aquarium an der Esplanade, T. 734 2209, wirkt etwas ungepflegt, dazu Gerüche wie in der Jungenumkleide nach Schulsport; täglich 9-17h, 3 DM. Vorführungen mit Pinguinen, Robben & Seehunden täglich 11.30/15.30h. **Queen's Park** mit saftigen, gepflegten Gärten und kleinem **Zoo**; täglich 9-16.30h, 4 DM, Fütterungszeit 14h, Ponyritte.

Kingfisher, T. 781 1835, tourt halbtags durch Umgebung & Townships der Ciskei. ***Kei Leisure,*** Latimers Landing, T. 743 3115, unternimmt luxuriöse Tagestouren & Safaris, ganztägig u.a. *Leaders & Laureates* nach Fort Hare und KWT (110 DM).

Baden: meilenlange Sandstrände ohne Andrang, und das Wasser hält ganzjährig seine 18-20°. Orient Beach für Familien mit Gezeitenpool, Eastern Beach (Hauptstrand) vor der Esplanade, Nahoon Beach mit den schönsten Wellen & Lebensrettern.

Surfer werden von Zauberhand an **Nahoon Point** & Bats Cave gezogen, dem ein Riff, 3-4m hohe Brecher und heftige Südwester zu Weltruhm verhalfen. Springen & Abreiten gelingt auch in der **Bonza Bay** mit „nur" 2m-Wellen und Wechselwinden. Pollock Sports, 33 Union St, T. 722 4921, mit Tips & mehr. Screeming Blue, Fleet St, vermietet Boards & Neoprenanzüge.

Taucher kitzelt natürlich auch das Riff vor Nahoon Point. Vom Ufer aus sind mehrere Wracks zu erreichen, nur per Boot dagegen die Three Sisters, ein Revier für Hochseefische und Sandtiger. Am **Bridle Drift Dam,** 25 km außerhalb, steigen Anfänger aufs Surfbrett - und bemühen sich, Kanuten und Seglern nicht in die Quere zu kommen.

Hin & Weg

Bahnhof mittendrin, zwei Straßenzüge östlich der Oxford St, T. 744 2719; Tickets Mo-Fr 8-16h. **Amatola** So-Fr 12h nach Bloem & Joburg (13/18 Std, erste Kl. 65/95 DM).

Fernbusse ab Windmill Rd House Complex, Moore St. **Translux,** T. 744 2333, täglich nach Umtata, Durban (30/65 DM), KWT, Grahamstown, PE (30/30-/35 DM), Bloem, Joburg (75/95 DM), Graaff-Reinet & Kapstadt (65/80 DM). **Intercape,** T. 742 0735, u.a. Mi-Mo 13.30h nach Port Alfred & PE (2½/4½ Std, 30/35 DM). **Greyhound,** T. 724 9284, u.a. nach Durban, PE & Kapstadt.

Minibustaxis ab North/Buffalo St, täglich nach KWT, Umtata & PE (½/2½/2½ Std, 4/15/20 DM). **Minilux,** T. 366 6033, Di-So nach Grahamstown & PE (30/35 DM).

Autovermieter: Imperial am Flugplatz, T. 746 1533. Budget, 9 Beezievale Rd, T. -2364. Avis in der Stadt, T. -2250.

Amatola Coast

Der Küstenabschnitt von Chalumna- bis Kei-Mündung (Grenze zur Transkei) bietet alles: **goldene Strände** mit Muschelpracht & Felsbecken, ein Dutzend Ferienorte mit Caravanparks & guter Infrastruktur, Gourmettempel für Meeresfrüchte, Wassersport jeder Couleur, im Hinterland saftige Regenwälder, sanfte Berge & kleine Reservate - Urlauberherz willste etwa mehr?

Vor der schwer zugänglichen Mündung des Chalumna ging 1938 der erste Quastenflosser ins Netz. Die Gegend um East London, in der über eine Million Menschen leben, liefert Anschauungsmaterial zur Kultur der Xhosa. Sie stammen von jenen Nguni-Kriegern ab, die im 16. Jh. die große Wanderung entlang der Küsten ins südliche Afrika anführten.

Cintsa

32 km von East London. Wenige Weiße kennen dieses 300-Seelen-Nest, doch unter Backpackern ist es in aller Munde. Bietet alles, was man braucht, auch Lädchen und Restaurant mit schöner Terrasse & üppigem F-Büffet - aber keine Bank! © 043.

Caravanparks: Cintsa East, T./Fax 738 5064, auch mit Sechsbett-Blockhäusern und B&B. Außerdem vier **Ferienresorts,** u.a. Cintsa West, T. 734 3001. Sehr gut: **Cintsa Bay Resort,** T. 734 3075, mit 16 Rondawels, 33 Cottages, 60 Zeltplätzen, Gezeitenpool.

Buccaneers Retreat, T. 734 3012, bucb-p@iafrica.com, unschlagbar romantisch seit 1995. Die Anlage ist völlig zugewachsen, abends turnen Affen auf dem Cottagedach herum. Strandhütten für Selbstversorger (Ex-Ferienbungalows weißer Familien) am 17 km langen, einsamen Sandstreifen 16 DM/P, Schlafsaal (22 Betten) 12 DM; nette Freiluftbar am Pool, Kanu & Surfboard frei, TV & Küche im separaten Haus, saubere

Duschen. Anfahrt etwas verschlungen - in nächster Nähe ist gar nix, der Ort selbst (10 min zu Fuß, 30 min mit Auto) liegt gegenüber auf einem Hügel, dazwischen die Lagune. **This is it!**

Leserbriefe mit Lobliedern auf Buccaneers könnten eine Sonderseite füllen. Absolut unmöglich, hier niemanden kennenzulernen.

Aktivitäten über Buccaneers: Transkei-Tour mit Stopp in Xhosadorf, Kloofing & Sundowner 65 DM, zweistündiger Ausritt 15 DM, Besuch im Township Cintsa East 10 DM Spende (kommt einem Townshipprojekt zugute), Sandboarding.

Baz/Hopper-Bus bis zur Tür, außerdem fährt ständig irgendjemand von/nach E.L. Von Norden N2-Ausfahrt Cintsamond (45 km hinter Kei-Brücke), dann 12 km bis Abzweigung C'West/Buccaneers; von Süden N2-Ausfahrt 26 zu East Coast Resorts.

Haga Haga

72 km nordöstlich von E.L. (N2-Ausfahrt Mooiplaas), zuerst R349, dann 27 km Schotter. Das Dörfchen voller Cottages verdankt seinen Maori-haften Namen dem Xhosawort für Wildschweine, von denen bei seiner Gründung 1926 noch etliche umhersausten. © 043.

Haga Haga Cottages, T. 841 1674, mit Seeblick und 6-12 Betten 40-60 DM. **Haga Haga Resort,** T./Fax 841 1670, hagahaga-@hinet.co.za, mit Sechsbett-Cabanas ab 70 DM, Achtbett-Cottage für Backpacker, direkt am Meer, mit Pool, Gezeitenbecken & Muscheln. *„Totale Einsamkeit, etwas skurril."* (Gisela Doßmann)

Kei Mouth

Ab N2-Ausfahrt Mooiplaas 40 km auf der R349. Der dritte Faulpelz am Meer, gesäumt von Schutzgebieten, hat schon Fähranschluß an die wilde Küste. Neben schönen Trails warten Kanutoren, prima Wellen und Museum mit Muschelsammlung. Irgendwie hat's sogar eine deutsche Kanone aus dem Ersten Weltkrieg hergeschafft! © 043.

Kei Mouth BP, 2 Damba Rd, T. 841 1238, Neuling mit Abholung vom BazBus; Schlafsaal 12 DM, DZ 40 DM, Zelten 8 DM. **Whispering Waves,** T./Fax 841 1030, mit Vier/Sechsbett-Rondawels; 20-60 DM. **Suncoast Cabanas,** T./Fax 841 1102, 5 min vom Strand mit Kanus, Pool & Wama; neun Sechsbett-Hütten mit Küche, Bad & Patio 50-110 DM. ** **KM Beach Hotel,** T. 841 1088, mit extravaganter Küche, 14 DZ ab 170 DM.

Der Strandloper Hiking Trail führt entlang der Küste von Kei Mouth über Morgan Bay, Haga Haga, Cintsa nach Gonubie. 64 km (fünf Tage) über Felsen, Strand & Wald, unterwegs mehrere **Schutzhütten,** die aber auch so zu mieten sind; 15 DM. Geführte Tour mit Guide & Logis 18 DM/Tag. Anfragen an T. 722 6015, Fax 743 5091.

Transkei

Südafrikas größtes „Homeland" wurde 1976 aus der Republik entlassen und begab sich 1994 freiwillig in deren Schoß zurück. Auch wenn der Name Transkei deswegen düstere Erinnerungen weckt, bezeichnet er eigentlich nur die touristisch kaum erschlossene Gegend jenseits des Kei-Flusses. Auf diesem Gebiet, mit 38.700 qkm größer als Belgien & Luxemburg, leben seit dem 15. Jh. die Xhosas und Pondos. **Die Transkei umfaßt einige der schönsten Landschaften im südlichen Afrika, darunter die reizvolle Wilde Küste.**
Ihr Besuch führt aber auch drastisch das Erbe der Apartheid vor Augen. Kein Farmland wie am Kap oder im Freistaat, wo der Nachbar 5 km weiter weg wohnt. Alle Hügel sind übersät mit Hütten - keine eigentlichen Dörfer mit geballter Siedlung. Schwarze wurden auf diese parzellierten Flecken abgeschoben, wenn sie in „weißen" Gebieten als Arbeiter überflüssig waren. Wäre die Transkei je als unabhängig anerkannt worden, so hätte sie zu Afrikas dichtestbesiedelten Ländern gehört und zu den ärmsten der Welt.
Die Hügel sind im Sommer kahlgefressen, überall grasen magere Rinder, rupfen Ziegen an den letzten Hälmchen. Nirgendwo ein Baum, nur Ödland, das plötzlich wieder in Südafrika liegt. Diesen Menschen eine Zukunft zu bieten - daran müssen sich die Nachfolger von Nelson Mandela, dem prominentesten Kind der Transkei, messen lassen.

Wild Coast

Das absolute Filetstück am Ozean zwischen Kapstadt und Durban! Von der Great Kei- bis zur Umtamvuna-Mündung (Provinzgrenze) erstreckt sich die zukunftsträchtigste Tourismusregion in Südafrika - kaum entwickelt, herb, wunderschön. Sie bietet eigentlich alles: unberührte Badebuchten, smaragdgrüne Hügel, zugewucherte Täler, wenig Massentourismus. Die Wilde Küste begeistert Wasserratten ebenso wie Vogelkundler. Taucher finden gute Spots v.a. zwischen Coffee Bay (Kaurimuscheln) und Kei-Mündung. Ganzjährig ist das Wasser 19-21° warm, von Jan-Mai dank ruhiger See auch besonders klar.
Und der Pluspunkt: *hier wartet noch viel Spaß fürs Geld, weil die Preise nicht von ausgebufften Hotelketten diktiert werden. Jetzt kommen - oder später bereuen!*

Wild Coast Tourism: s. Umtata.

Wild Coast Hiking Trail: einer der schönsten auf diesem Planeten, weil er sich just 280 besonders dramatische Küsten-km ausgesucht hat. Zwischen Kei Mouth und Port Edward in fünf Abschnitte unterteilt, die in je drei bis sechs Tagen zu bewältigen sind.

Sicherheit & Straßen

Auch wenn die Zahl der Überfälle seit 1994 stark zurückgegangen ist, zählt die Transkei **nicht zu den sichersten** Regionen Südafrikas. Viele Weiße warnen davor, die über Umtata führende N2 zu verlassen oder Provinzstraßen nach Sonnenuntergang zu befahren.

☞ **Wir kennen viele** Rucksackreisende, die mit Minibustaxis auch abseits der N2 unterwegs waren und unisono nur von einer Reaktion berichten: hemmungsloser Neugier. Daß nicht Mord & Totschlag regieren, zeigt z.B. die stetig steigende Zahl von Hotels & Backpackers. *Unter allen Leserbriefen gab's keine einzige schlechte Erfahrung.*

Hauptstraßen sind alle neu geteert und fast einwandfrei. Auf mancher Schotterpiste (z.B. zum Hole in the Wall) reiht sich aber Schlagloch an Schlagloch, bis *Camel Trophy*-Gefühle aufkommen. Aufpassen auch auf verrückte Fahrer & allerlei Getier!

Umtata

223 km nordöstlich von Bisho, an der N2 und R61. Auch mit viel Fantasie wird der Ex-Hauptstadt der Transkei niemand überbordenden Charme zusprechen. Dafür tobt afrikanisches Stadtleben pur: laut, bunt, nicht klinisch sauber. ✆ 047.

Wild Coast Tourism: Victoria/York St, T. 531 2885, Fax -2887, mit freiem Stadtplan & Wild Coast-Karte; Mo-Fr 8-16.30h. **Reisebüro:** East West Travel, 49 Madeira St, T. 531 2561. **Polizei** T. 531 2221, **General Hospital** neben der N2, T. 531 3000.

Caravanpark gegenüber vom Hospital an der N2; Stellplatz ab 12 DM. **Hotels** im Schachbrett der Innenstadt: **Sutherland,** Sutherland/Owen St, hat fertige DZ ab 40 DM. **Royal,** Sutherland/Durham, T. 532 2231, ansehnlichere DZ mit Bad ab 65 DM. **Transkei,** Elliot-/Madeira St, T. 532 4445, dicker Schuppen mit DZ & F ab 50 DM. **Grosvenor,** Sutherland/Madeira, T./Fax 531 2118, im Kolonialstil, DZ mit Bad, TV & F 120 DM. **Umtata Protea,** 36 Sutherland-/Madeira, T. 532 5654, Fax 531 0083, gediegene Bar, gutes Restaurant, 67 vollklimatisierte EZ/DZ mit TV & Bad 110/130 DM.

Reservate: das kleine Nduli WR in den südlichen Ausläufern Umtatas beherbergt mehrere Antilopen- und Vogelarten sowie einen hübschen Botanischen Garten. Das Luchaba NR am Umtata Dam nördlich der Stadt bevölkern v.a. Wassersportverrückte; 1 DM.

Hin & weg

Keine Bahnlinie mehr, aber Ausgangspunkt für Coffee Bay und Port St Johns - daher folgen alle Infos, die aufzutreiben waren. **Baz-Bus** hält in Umtata & an Shell Ultra City.

Regionalbusse zuhauf, z.B. **Blue Line** Di/Do/Fr/So 11h nach Kapstadt, **Broadway** täglich 18h nach Durban (60/24 DM), **TRTC** zur Wild Coast. **Transtate** täglich 6h nach Joburg, 16h über Karoo nach Kapstadt (14/19 Std, 50/75 DM). **Minibustaxi** ab Stadion, neben Bhf; oder ab Bridge/Elliot St. Nach Port St Johns 1½ Std, 7 DM.

Luxusbusse ab Shell Ultra City, 6 km südwestlich; wer den Fahrer bittet, wird auch im Zentrum Umtatas rausgelassen. **Translux** täglich nach East London & PE (24/63 DM), Port Shepstone & Durban (3/6 Std, 45/60 DM), Di/Do/Fr/So nach Joburg & Kapstadt (12/19 Std, 75/110 DM). **Greyhound** befährt dieselben Strecken.

Mietwagen: Avis, T. 536 0066, am KD Matanzima-Flugplatz.

Cebe & Dwesa-Naturreservate

Halbwegs zwischen Kei Mouth & Coffee Bay, schlecht zugänglich. Im Dwesa-NR leben Nashörner, Büffel, Zebras und viele Vögel. Hinter unberührten weißen Stränden wartet subtropische Flora - ein prima Ausflugsziel, dazu Paradies für Muschelsammler und Küstenurwald mit verschiedenen Trails; Führer stehen bereit, sprechen aber nur Xhosa.

Cebe-NR mit Caravanpark, Zeltplatz (nur kaltes Wasser) und den Hotels Cob Inn und The Haven, darin reetgedeckte Bungalows, Pool, Braai und Restaurant.

Im schöneren **Dwesa-NR** stehen Blockhäuser mit Bad (4-5 Betten, 10-15 DM/P) im dichten Tropenwald, dazu Camping auf einer Lichtung zwischen Fluß, Wald & Meer. Einziger Komfort: ein Wasserhahn, zwei Plumpsklos. Nächster Laden 7 km entfernt. Buchung für beide Reservate im Dept of Agriculture & Forestry in Umtata, T. 047/531 2711.

Ab N2 von Süden kommend Abfahrt Idutywa, von Norden her Abfahrt Jojweni (bis Elliotdale geteert), dann 3 bzw. 1½ Std auf teils schlechter Schotterpiste.

"Dafür ist die Fahrt lohnenswert. Überall nette Leute & winkende Kinder. Jeder ist froh, wenn man ihn mitnimmt, da kaum Minibusse verkehre. Eine ältere Dame wollte uns sogar bezahlen. Als wir später hörten, daß manche Südafrikaner sogar die N2 meiden, weil zu gefährlich, fragten wir uns selbst, ob wir völlig naiv gewesen sind. Ich hätte mich aber geschämt, mit halbleerem Auto an all diesen Menschen vorbeizufahren." (Eva-Maria Kläy)

Coffee Bay

97 km von Umtata, N2-Abfahrt Vietgesville, danach Teerstraße durch herrliche Landschaft mit hübschen Rondawels. **Perle der Wild Coast!** In der Lagune wird gesurft, gebadet und nach Kaurimuscheln Ausschau gehalten. Nur Tauchminuten entfernt liegen mehrere Wracks, u.a. Sao Alberto (1593) und Sao Bento (1554). ✆ 047.

Coffee Bay BP am Westufer des Bomvu River, T. 544 2004, ein tolles Plätzchen ohne TV, mit 30 Betten, heißen Duschen, kleiner Bar, spottbilligen Meeresfrüchten - oder logieren im **White Clay House**, 700m vom Ort mit 26 Betten und Traumblick auf einsame Küste, aber kein Strom. Abends oft warme Mahlzeiten, Braai, Küche, Ausflüge. Kevin & Lyndon unterhalten ausgezeichnete Kontakte zur örtlichen Xhosagemeinde. Zelten 6 DM, Schlafsaal 12 DM, DZ 28 DM. **Tip!**

Gegenüber: Woodhouse BP, T. 564 1576, für Hartgesottene, die besonders alternativ leben wollen; Preise wie oben. **Campingplatz Mapanduli** direkt am Meer, hübsch angelegt, sanitär nicht ganz auf der Höhe, aber auch nur 5 DM/P. **Ocean View**, T. 544 2005, einziges Hotel an der Bay, sehr hübsch mit Bar & Restaurant; mit HP 70-90 DM/P.

Aktivitäten, u.a. über Coffee Bay BP: kostenlos mitfahren auf Fischerboot von 5-18h (keine Toilette an Bord), dreistündiger Angeltrip mit anschließendem Braai des Fangs 15 DM. Oft sind Delphine zu beobachten, Juli-Sep auch Wale.

Minibustaxis regelmäßig von/nach Umtata (4 DM). Beide

BP warten automatisch die Ankunft von BazBus, Greyhound & Translux in Umtata ab (hin/rück 8/12 DM).

Hole in the Wall

Eigene Zufahrt 18 km vor Coffee Bay, am Strand entlang zu Fuß 7 km - 2½ Std durch urige Xhosa-Dörfer voller Rondawels, Schweine, Ziegen & Hühner. Inzwischen betteln immer mehr Kinder - Geldgeschenke helfen niemandem! Das vielfotografierte *Hole* setzt den bizarren Formationen entlang der Wild Coast die Krone auf. Meereswellen haben in Jahrmillionen ein markantes Riesenloch aus dem Fels gefressen.

Hole in the Wall-Anlage, T./Fax 043/726 0582, nicht mehr ganz taufrisch; reetgedeckte Rondawels, Zwei/Achtbett-Familienchalets 80-200 DM, 25 DZ mit F & Braai am Abend 60 DM/P. Angeblich steht jetzt 10 min vom *Hole* auch ein **BP**; Schlafsaal 12 DM.

Port St Johns

83 km östlich von Umtata, an der durchgehend geteerten R61. Erholsame Ex-Kolonialstadt (kein Hafen) am Ufer des Umzimvubu, mit endlosen weißen Stränden und tropischen Uferwäldern zum Streunen. Auch PSJ hat seine „Altlasten" abgekriegt, u.a. das Wrack der Sao Joao, die 1552 die Hafeneinfahrt knapp verfehlte. Ausflüge führen durch subtropische Wälder und Graslandschaften, etwa nach Umngazi Mouth (Badetip). ✆ 047.

Standard Bank: Geldwechsel nur mit langer Wartezeit; Mo-Fr 9-15h, Sa 9-11h. Der **BazBus** hält nur auf dem Weg nach PE/Kapstadt; weitere Busse s. Umtata.

☞ *Das Klima ist nicht mehr mediterran wie Garden Route, sondern tropisch. Oft wechseln heiße Sonnenstunden & warmer Niesel ab. Nachts gern Nebel!*

Übernachten & Unternehmen

Port St Johns BP, T./Fax 564 1517, ohne Adresse, aber in der halben Transkei bekannt, weil geleitet vom BUG-Verfasser Kirk. Von Taxi/Bushaltestelle die Hauptstraße parallel zum Fluß, vierte nach rechts, hinter dem Postamt. Tropischer Garten mit Affenbesuch, nah genug zu First Beach, Fähre, Pubs & Läden. Täglich freie Mfg zum Second Beach, von hier zu Fuß zurück durchs Township. Mehrtägige Ausflüge zu Xhosadörfern mit Übernachtung in Rondawels. Zelten 8 DM, Schlafsaal 12 DM, DZ 32 DM.

Am Second Beach, 5 km von PSJ, nennen sich mittlerweile zwei Plätzchen ebenfalls Backpackers. Kirks Erfahrungsschatz wird aber auch in zehn Jahren niemand aufwiegen.

Städtische Resorts, T. 564 1045, am First Beach mit Sechsbett-Cottages, Zwei/Vierbett-Rondawels (je 15-50 DM) und Strom; am Second Beach mit Zeltplatz, Fünf/Siebenbett-Cottage, elektrisches Licht nur an der Straße und im Sanitärblock. Alles einfach.

Second Beach Resort, T. 564 1245, mit Trampolins, Minitennis, Badminton & Kanutouren; 38 Vier/Sechsbett-Cottages mit Küche & Bad 50-90 DM, dazu 35 Zeltplätze. Neuerer Campingplatz am Ende der Straße: **Bulolo Resort** am gleichnamigen Fluß mit freundlichen Kühen, die Wache halten; Zweibett-Chalets 25 DM.

🏠 **Im Silaka-NR**, T. 531 2711, Fax -2713, 10 km südwestlich am Third Beach stehen 14 spartanische Chalets; ab 12 DM/P. *"Am Reservatsrand verbrachten wir einige Nächte in der empfehlenswerten Lily's Lodge. Vom WWF unterstützt, von Xhosa geführt." (Edeltraud Loos)* Ein Stückerl weiter: **Umngazi River**, T./Fax 564 1115, umngazi@iafrica.com, an der idyllischen Mündung mit Dutzenden reetgedeckter Komfort-Bungalows & VP für 70-115 DM/P.

Was für eine Landschaft: Südtirol wechselt mit Allgäu, dazu immer ein Schuß Afrika. Dichter Urwald, bezaubernde Lagunen, Ausblicke auf den Ozean, gar seltenes Getier.

Garden Route

Irgendjemand hat mal die Garden Route als **schönstes Geschenk von Mutter Natur** an den Menschen bezeichnet. Und auch wenn Übertreibung das schönste Geschenk der Rhetorik an die PR-Abteilung ist - die Garden Route ist nicht zufällig Südafrikas drittgrößtes Tourismusziel. Die Küste zwischen Tsitsikamma und Mossel Bay hat es in sich. Außer Knysna hauen ihre Orte niemanden vom Hocker. Das besorgt dafür die Natur. Auf Wassersportler, Wanderer & Vogelfreunde wartet gar ein kleines Paradies.

Aus drei Gründen läßt kein Reiseveranstalter die Garden Route aus. Das **Klima** ist ausgewogen mild & ganzjährig angenehm, der Ozean sorgt für klare, frische Luft. Die **Flora** zeigt ihre schönsten Seiten. Hinter Knysna bedeckt Südafrikas größter Urwald einen Gebirgszug, an dem sich die Wolken abregnen. Im Frühling breiten Wildblumen farbige Teppiche übers Land. Der **Freizeitwert** ist kaum zu übertreffen. Ausgefüllte Tagesprogramme & unverbrauchte Strände ergänzen das bißchen Nachtleben in Mossel Bay und Plett.

Regional Tourist Info: Box 1514, George 6530, T. 044/873 6355, Fax 874 6840. *www.gardenroute.co.za.*

Hin & weg

Backpackerbusse sind genau, was ein Reisender ohne Auto braucht. Der **Hopper-Bus**, seit April 1996 täglich zwischen PE und

Highlights der Garden Route

*** Das Meeresreservat von *Tsitsikamma* spielt als ältestes des Landes eine Hauptrolle bei der Bewahrung mariner Lebensformen. Beste Perspektive dafür: der berühmte Otter Trail.

*** Näher als im *Robberg NR* kommen Wanderer selten an springende Wale, neugierige Delphinschulen und gleichgültige Robbenkolonien heran.

*** Klassiker unter Südafrikas Schnauferlzügen: der *Outeniqua Choo-Tjoe* krabbelt entlang zerzauster Seen, gönnt sich aber auch ein paar spektakuläre Brücklein & Tunnels.

*** *Nebenstraßen* - die Fahrt hintenrum wird zum einsamen Erlebnis. Glanzlichter setzen die R102 über Nature's Valley (geteert) und die Straße der Sieben Pässe (Schotter), die sich von George durch dichte Wälder nach Knysna hangelt, auf Hügel rauf, zu Bächlein runter. Wo es zu keiner Brücke gereicht hat, muß man Furten mit Karacho durchqueren. Nur Mut, der nächste Jeep mit Abschleppseil kommt bestimmt binnen weniger Tage!

Kapstadt, hält unterwegs in jedem BP, auf Wunsch auch sonstwo. Die gutgelaunten Fahrer machen auch mal Umwege, um ihren Gästen etwas zu zeigen, im Bus (knallbunt!) lernt man andere Reisende kennen. Preis nach Streckenlänge, ab 20 DM. Größerer Radius: **BazBus,** s. Allgemeiner Teil/Verkehrsmittel.

Fernbusse: Intercape, Translux & Greyhound befahren täglich die Routen Kapstadt - George - PE und Knysna - George - Oudtshoorn - Joburg. Alle Garden-Orte nutzen die N2 als Perlenschnur. Straßenzustand prima, nicht alle Nebenstrecken geteert, **Mietwagen** in George & Plett. **Zug: Southern Cross** zwischen Kapstadt, George und PE nur noch So; alle anderen gestrichen.

Tsitsikamma-Nationalpark

Zwischen Woodlands und Plett. Auch wenn die **Provinzgrenze** durch den NP läuft, bildet er für Touristen eine feste Einheit mit der Garden Route. Östlich kommt lange nix Sehenswertes, westlich davon wird Schaulust im Übermaß befriedigt. Das erstreckt sich auf 50 km Länge zwischen Küste und N2, zieht sich bis zu 5 km in den Ozean hinaus. ✆ 042.

Tier & Pflanz: zwischen Fynbos krabbeln scheue Kleinsäuger wie Schirrantilope, Greisböckchen, Blauduiker & Grüne Meerkatze. Dassie (Klippschliefer) und Pavian gehören zu den neugierigeren Wegbegleitern. 35 Seevogelarten bewahren den Überblick. Einzigartig ist aber v.a. die rauhe Flora. Immergrüner Wald bedeckt die Steilhänge, auf Bergrücken wuchern Fynbos. Über Farn, Heidekraut & Protea erheben sich Stinkwood-Bäume und die „Könige des Waldes", riesige **Yellowwoods.** Diese Relikte aus Urzeiten überstanden etliche Jahrmillionen unverändert - was nur wenige Arten von sich behaupten dürfen. In der untersten Etage sind es dauernd Orchidee & Lilie, die nicht getreten sein wollen.

Bester Weg zu Tsitsikammas Reizen: zu Fuß. Sein Name rührt von den Khoisan her: „Funkelndes Wasser" - wie treffend!

☞ **Storms River:** der Name gibt oft Anlaß zu Verwechslungen. Das unwichtige Kaff S.R. liegt außerhalb des Parks abseits der N2. Der unerschlossene Fluß S.R. durchschneidet den Park auf spektakuläre Weise. Über seine Mündung (S.R. Mouth) spannt sich eine lange Hängebrücke; daneben das Hauptcamp mit Unterkünften & Freizeitspaß.

Storms River Mouth

Im Park selbst wurde neben der Mündung des Storms River eine turbulente „Mini-Stadt" errichtet, die sich am Strand entlangstreckt. Ihr Einkaufsladen wird täglich mit dem Notwendigsten beliefert. **Zufahrt** hinter dem Ort S.R., 7 km südlich der N2.

Einlaß täglich 5.30-21.30h, Tagesbesucher 6 DM/P. Vom Gate noch 3 steile km hinunter zum Camp. Hier auch **Reception Office,** T. 541 1607, Fax -7629, täglich 8-13h, 14-18h; mit Tips, Feuerholz, Erfrischungen & Postkarten.

Camp mit vielen Optionen. 48 Familien-Cottages mit Kochgelegenheit, je zwei DZ, teils plus ein/zwei Kojen, mit F 245 DM (1-4 P); fesche Oceanettes mit allem Komfort und drei/vier Betten, mit F 130/245 DM (1-2/1-4 P); Zweibett-Cottages mit Kinderkoje & F

130 DM (1-2 P); simple Zweibett-Blockhütten mit Gemeinschaftsküche & Sanitärblock 50 DM (1-2 P); weitere P 30 DM. Die schönsten Zeltnischen sind Wohnmobilisten vorbehalten. Stellplatz (1-2 P) 28 DM; weitere P 9 DM. Alle Preise Mai-Aug -10%. Anmelden bei SA National Parks, T. 012/343 1991 und 021/422 2810, reservations@parks-sa.co.za.

Camp-Restaurant mit toller Aussicht, günstigen Preisen, auch mäßiger Vegetarierplatte für 12 DM, aber zäher Bedienung.

Schnorcheln ist bei hohem Wellengang nicht möglich. Dafür hübsche 3 km-Kraxelei zum Wasserfall am Anfang des Otter Trails; gutes Schuhwerk nötig. Hinter dem Camp liegt eine Tauchbasis, und die Hängebrücke ist wie geschaffen für den Absprung!

„Im Dez/Jan ist das Camp unerträglich überfüllt. Jeder Braaibauch schiebt sich zur vielgepriesenen Hängebrücke. Tauchen & Schnorcheln ebenfalls im Pulk." (Dan Matzke)

Otter Trail

Wahrscheinlich der schönste, bestimmt der begehrteste Wanderweg in Südafrika. Bis zu acht Monate im voraus ausgebucht, weil Wandererzahl auf zwölf beschränkt; 110 DM/P.

☞ **Ständig gibt** es Absagen in letzter Minute. Einfach im Parkbüro anfragen, möglichst nicht mit allzu großer Gruppe, und ggf. eine Nacht im Parkcamp zelten. Interessenten sollten aber schon gute Schuhe & Proviant dabeihaben.

Zwar wäre er auch flotter zu bewältigen, doch seine vollen Reize entfaltet *The Otter* (41 km) nur, wenn man ihm 4½ Tage Zeit läßt. Von Storms River bis zur Mündung des Groot River im Nature's Valley kraxelt, keucht & watet man entlang der rauhen Küste durch Gezeitenteiche, Wälder & Fynbos. Unterwegs mehrere Flüsse, teils ohne Brücke, aber immer mit großartiger Aussicht, gelegentlich auch auf den scheuen Seeotter.

Entlang des Wegs liegen im idealen Abstand vier Camps mit einfachen Blockhütten; jede mit Toilette, Feuerstelle, sechs Schlafkojen. Anmelden bei SA National Parks.

Storms River (Ort)

5 km außerhalb der Parkpforten. Die ersten beiden Adressen sind auch auf **Backpackers** eingestellt, in der Lodge allerdings dunkle Räume mit 12/16 Betten; 25-30 DM/P.

✆ 042.

** **Old Village Inn**, Darnell St, T. 541 1711, Fax -1669, the_inn@global.co.za, im Jahre 1850 errichtet, kuschelt sich in sein Waldversteck, mit rustikaler Gemütlichkeit, Kamin und gutem Oude Martha-Pub; 49 EZ/DZ mit F ab 125/175 DM.

** **Tsitsikamma Lodge** an der N2, T. 750 3802, Fax -3702, tsitsilodge@pixie.co.za, zwischen Paul Sauer-Brücke und Storms River-Abzweig, ist auf alles eingestellt, auch Flitterwöchner. Viele Blumen, hübscher Trail am Wildbach, großer Pool, F nur 7.30-9h, Dinner 19-20h. 30 grobe Blockhäuser mit Veranda, Braai, Bad & TV 70-130 DM/P.

Gegenüber der Tsitsi' Lodge zweigt eine Schotterpiste zum **Tannenhof**, T./Fax 750 3685 (Annette & Peter). Hübsch eingerichtete Blockhäuser mit F 45-60 DM/P, Mahlzeiten 15-20 DM. Man spricht deutsch. **Cabins & Trails**, T. 750 3816, Fax -3952, bookings-

@tsitsikamma.co.za, hat acht hohe Holzhütten in den Robbehoek-Kloof gesetzt - prima für Radler, Wanderer & Angler. **Greenside B&B,** T./Fax 750 3681 (André & Rosemary), taugt auch für Selbstversorger. Schattige Hütten mit Bad, Veranda & M-Net ab 25 DM/P.

Stormsriver Adventures, T. 541 1836, adventure@gardenroute.co.za, vertreibt die Langeweile: Kloofing, Blackwater Tubing, Traktorsafaris, Mountainbikes, Abseilen usw.

Intercape ab Storms River täglich 3.30/14.30h nach J'Bay & PE, 8.45/21.45h nach Plett & Kapstadt (8 Std). Die wackeren 8 km zum NP-Camp legt kein Bus zurück, Trampen klappt gut. Shell Ultra City an der 139m hohen Paul Sauer-Brücke der N2.

Nature's Valley

48 km westlich von Storms River, **heimliches Kleinod** an der alten Paßstraße R102. Eingeklemmt zwischen Kalanderkloof, Urwäldern und Grootrivier-Lagune, ist Nature's Valley weniger Dorf denn ruhige Ansammlung privater Ferienhäuser. Alle erfreuen sich des schönen Strandes, Ozean & Lagune bieten gute Surfmöglichkeiten. ✆ 044.

☞ **Geld:** im Valley ist man mit Kreditkarte verloren! Hier zählt nur Bares.

Übernachten & Essen

De Vasselot Camp, zwischen Flußarmen 800m hinter dem Strand, T. 042/541 1607, gehört noch zum NP. Ruhiger & netter als am Storms River, mit Lagunenzugang, freundlichem Personal, Permits, Karten & Nachschlagewerken. Parkbüro täglich 7-17h, Parktor schließt um 21h - hier endet der Otter Trail. Zweibett-Hütten mit Sanitärblock 40 DM; 45 Zelt/Caravanplätze teils mit Strom 24 DM (1-2 P), jede weitere P 8 DM; Kanu 4 DM/Std. An der R102 diverse Campings, z.B. **EcoForest** vor Loreda, T. 534 8767, Fax -8686.

Hikers Haven, St. George's St, T./Fax 531 6805, im reetgedeckten Haus, 3 min von der Lagune, mit Küche, Bar, TV-Raum, Billard; Kanu & Boogieboard frei, Mountainbikes & Surfbretter zu mieten. Zwölf Betten im großen Dachgeschoß 16 DM, F 8 DM. **Prima!**

BiBs BP, T. 531 6834, genießt die grandiose Lage ebenfalls in vollen Zügen. Tolle Zimmer (Mann-/Weib getrennt, außer in DZ), großzügig & blitzsauber, dazu Mega-Terrasse & Fahrräder, Kanus 3 DM/Std, abends Mikrowellenmenüs oder Braai. Ab 18 DM/P, oft *Three Days Specials* mit HP. Bib schaut verwegen aus, unterhält aber eine perfekte EDV-Zentrale: Buchungen fürs ganze Land.

Trading Store, St. Michael's St, T. 531 6835, ist ein „Supermarkt" mit begrenztem Vorrat, dazu jede Menge Auskünfte, Zimmervermittlung, Kanus & Restaurant mit Apothekenpreisen; täglich 10-21h. Im N'Valley fehlt ein *Bottle Store* - in Plett eindecken!

Wandern, Schauen, Springen

Zur Storms River-Brücke führt nur der *Otter,* in andere Richtungen schwärmen weitere Trails aus. Das grobmaschige Wegenetz von 72 km Länge erlaubt zwei- bis fünftägige Wandertouren durch Berge & Vasselot-Wald. Simple Hütten mit Matratzen, max. 30 Teilnehmer, anmelden unter T. 042/315 1180. **Unterwasser-Lehrpfad** für

Schnorchler & Taucher vor N'Valley. **Angeln** nur an wenigen Stellen erlaubt; Ködersammeln verboten.

☞ **Zur Regenzeit** werden anschwellende Flüsse schlagartig zum Problem. An Stellen, die sonst durchwatet oder -schwommen werden, bleibt dann nur eines: Rückkehr über eine der markierten *Escape Routes.*

R102: eine der schönsten Straßen im Lande biegt bei The Crags von der N2 ab. Unbedingt **von West nach Ost** befahren, denn Halte- und Aussichtsplätzchen lauern fast ausschließlich auf der linken Seite - und überhaupt die viel ggg-uteren Panoramen!

Blaukrans Bungi, T. 042/281 1458, ist laut Eigenwerbung der Rolls Royce unter den Seilsprüngen: aus 216m Höhe von der R102-Brücke 29 km östlich von Plett. Bislang hielt die Sambesibrücke bei Vic Falls mit 110m Fallhöhe den Rekord, doch der Blaukrans-Spaß hat auch seinen Preis: 180 DM! Crew täglich 9-17h vor Ort. „Und danach wird Dein Leben nie wieder das alte sein, denn Du bist der Superheld der ganzen Welt." Hmmm.

Keurbooms River NR

7 km nordöstlich von Plett. Wer über ein Fahrzeug verfügt, sollte den beliebten Keurboomstrand nicht auslassen, um den sich Steilklippen & Fynboshügel zum geschützten Plateau türmen. In Aventura-Nähe sorgen Motorboote & Tennisplätze für die Geräuschkulisse. Mit Kanu kann man dem Treiben aber binnen weniger Minuten stromaufwärts entkommen - in eine Landschaft so schön wie Laos! ✆ 044.

☞ **Die Vogelbrutkolonie** an der Keurbooms-Mündung steht Besuchern offen; Zufahrt nördlich der Keurbooms-Brücke täglich 8-18h. Auskunft: Nature Conservation in Plett.

Silver Ranch am Flußufer, T. 535 9653, Fax -9477, nur 500m vom Meer, 25 komplett ausgestattete Achtbett-Cottages mit geräumiger Veranda 60-120 DM/P. - **Dune Park** am K-Strand, T. 535 9606, Fax -9896, mit dem „kleinen unverzichtbaren Luxus". Fünf Cottages ab 110 DM, zwölf Blockhütten-Chalets ab 175 DM, viele Stellplätze ab 12 DM. - **El Remo** an der Straße zum K-Strand, T. 535 9814, Fax -9870, einige Nummern hinter Dune Park. Einfache Vier/Sechsbett-Chalets teils mit Meerblick ab 200/280 DM.

Aventura Eco hinter der N2-Brücke, T. 535 9309, Fax -9912, mit Tennis, Angeln, 78 Caravanplätzen & zwei Sanitärblöcken, rund um die Uhr; zum Strand sind's 3 km, zum Fluß drei Schritte. Zelten ab 8 DM/P, Vierbett-Chalets in Neben/Hauptsaison 60/150 DM, Sechsbett-Blockhäuser 80/210 DM, Club Privé-Einheit 105/350 DM. **Tip!**

Kanutour

Die urwüchsige Landschaft ist wunderbar vom Kanu aus zu genießen, mit dem man den Keurbooms weit flußaufwärts durchpaddelt. Mit dem Wassergenerve ist schon nach drei Flußbiegungen Schluß. Motorbooten sind dahinter nur noch 10 km/h erlaubt, was sowenig Spaß macht, daß kaum eines weiterfährt. Am **Whiskey Creek,** 6 km von Aventura, signalisiert eine Kette über dem Fluß: hier dürfen nur Kanus durch, die bei Nature Conservation in Plett die Schutzhütte mit zwölf Kojen gebucht haben, die nach drei Biegungen am linken Ufer auftaucht. Picknickplätze an drei seichten Stellen. **Tip!**

Bei Aventura mieten: Viererkanadier 40 DM/Tag, Zweierkanus 20 DM/Tag. Auf der anderen Seite der Straße mehr Auswahl, höhere Preise. Kanus auch über Albergo BP.

Plettenberg Bay

"Weswegen schwärmen bloß alle von Plett? Hier zählt nur der zahlende Tourist. Tauchen fand ich furchtbar. Das Beacon Hotel verschandelt die Silhouette. Und die Strände sind weitaus unspektakulärer als in Nature's Valley oder Jeffreys Bay." (Dan Matzke)

220 km westlich von PE. „Eine Bucht für alle Jahreszeiten", versichern die Leute in Plett innig. Die entspannungssüchtigen Großstädter sind da anderer Meinung und überschwemmen das bescheidene Städtchen auf hübscher Anhöhe fast nur im **Sommer**. Schätzungen gehen dann von 50.000 statt der üblichen 10.000 Bewohner aus. Zu jeder anderen Jahreszeit herrscht tote Hose zwischen Hunderten leerstehender Ferienhäuser.

Daß Plett überhaupt so weit aufstieg, verdankt es drei langen Stränden, klarem Wasser und den Naturreizen im Osten. Allerdings ist es nicht mehr, wie bis 1994, Spielwiese der Reichen & Ultrareichen. Wer nicht übernachten will, sollte sich zumindest den Robberg nicht entgehen lassen: eine der ältesten geologischen Formationen auf Erden. ✆ 044.

Kurz & knackig

Publicity Assoc: Kloof/Main St, T. 533 4065, Fax -4066; Mo-Fr 9-17h, Sa/So 9-13h. **Nature Conservation:** 7 Zenon St, T. 533 2125, für umliegende Trails.

Post: am südlichen Ende der Main/Jackson St, T. 533 1260, kein Fax; Mo-Fr 8-16h, Sa 8-12h. **Internetcafé:** Plett Business Bureau, T. 533 0075, online 12 DM/Std.

Notfall: Plett Clinic, Marine Dr, 1 km westlich, T. 533 4421. **Apotheke:** 21 Main St, T. 533 1370, täglich 8-20h. **Polizei:** 1 Main St, T. 533 2100, sehr hilfsbereit.

Fahrräder: Kenburn Cycles, Kloof/High St, T. 533 3932, für 16 DM/Tag, 100 DM Kaution; Mo-Fr 8-17h, Sa 8-13h. Busrides, T. 533 3272, auch mit Taxi & Biketouren.

Übernachten

Saftiger Preisanstieg im Dez/Jan in allen Unterkünften außer Backpackers und B&Bs.

Gezeltet wird an Keurbooms River & Robberg; s. dort.

Backpackers alle von Baz/Hopper-Bus bedient.

Albergo BP, 8 Church St, T. 533 4434, ließ sich 1993 an zentraler Stelle nieder, wir haben noch beim Anbringen des Basketballkorbes geholfen. Garten mit Federball, Balkon mit Strandblick, mehrere Sechs- bis Zehnbettensäle mit Partystimmung, hell, sauber, etwas vollgestellt. Zur Saison wird's in Küche, Sälen & Duschen eng - ansonsten prima für Leute ohne Auto! Ausflüge zum Tsitsikamma, Kanus, Reiten, einwöchiger Tauchkurs. 30 Betten ab 12 DM, Zelten im Garten 10 DM, fünf DZ im separaten Haus ab 38 DM.

Nothando BP, 5 Wilder St, T. 533 0220, Fax -0541,

deios@global.co.za, ebenfalls noch zentral in zwei Häusern, geräumiger & luftiger, mit vielen Kuschelelementen, Mahlzeiten, Lunchpaketen, freien Transfers & Ausflügen. Zelten 10 DM, Schlafsaal 14 DM, DZ 40 DM, B&B auf Anfrage. Plätzchen zum Entspannen.

Richtung Knysna an der N2: **Weldon Kaya,** Ecke Piesang Valley, T. 533 2437, Fax -4364, info@weldonkaya.co.za, ein paar Schritte westlich der Shell Ultra City, nagelneues Partyplätzchen; Zelten 8 DM, Schlafsaal 16 DM/P, DZ 40 DM. **Harkerville BP** in Harkerville, T. 533 7777, Fax -7881, mitten im Wald von tollen Trails umzingelt, außerdem Radeln, Reiteln, Braaigelände, Teegarten, Pool & Mahlzeiten; 14 DM/P.

Lodges in The Crags

Ansammlung von Farmhäusern 14 km östlich von Plett an der N 2.

Kurland BP, 500m vor der Abzweigung zu Nature's Valley-/R102, T. 534 8666, Fax -8631 (Adam Whiteman), traumhafte alte Farm, umgebaut mit 50 Betten, ein Schlafsaal nur für Frauen. Toller Garten, Wanderwege, familiäre Atmosphäre, abends wird gekocht; Zelten 10 DM, Schlafsaal 14 DM, DZ 50 DM. *„Das schönste Backpackers, das ich bewohnt habe." (Katharina Bohnekamp)*

Woodgate Farm Hostel, T./Fax 534 8690 (Helmut & Christine), kostenlose Abholung in Plett. Freundliche Deutschland-Exilanten mit Nachwuchs, die schon für zwei Gäste (im Sommer bis zu 50) das Lagerfeuer anwerfen. Salat mit 30 Zutaten aus dem Garten, Miellepap auch dabei, Wandertips sowieso. DZ ab 40 DM. *"Ganz toll, sehr zu empfehlen." (Ingke & Manfred Schocker)*

Forest Hall, T. 534 8869, Fax -8883, foresthall@pixie.co.za, klemmt sechs DZ, Antiquitäten, viel Kunst, Speisesaal, Pool zwischen Wälder & privaten Küstenabschnitt. Haus (1864) unter Denkmal-, Gelände unter Naturschutz. Eine Ehe könnte kaum besser beginnen als in den Honeymoon-Suiten. Mit VP 180-250 DM. **Hog Hollow,** T./Fax 534 8879, hoghollow@global.co.za, genießt dieselben Vorzüge, nur moderner. 12 Zimmer mit Holzdielen, Kamin & F 85-180 DM/P.

Etwas außerhalb

** **Strombolis Inn**, T. 532 7710, Fax -7823, strombolis.plett-@pixie.co.za, westlich an der N2 im saftigen Park mit geschmackvollen Cottages, Wanderwegen, gutbürgerlicher Küche, Gemüse aus dem Garten. Sechs Suiten, drei Familienräume, sieben DZ ab 150 DM. **Jabulani Rondawels** an der N2, 7 km außerhalb, T. 532 7639 (Annette), mit drei DZ beim Golfplatz; ab 30 DM/P.

Lagoon Lodge, 28 Plato Rd, T. 533 3969, zwischen Lagune und N2 mit tropischem Garten & Vergnügungsareal. Suiten der Luxusklasse mit F ab 200 DM. **Wadrift NR** im Bitou Valley, 10 min außerhalb, T. 535 9425, Fax -9453, mit Restaurant; zehn Vierbett-Cottages mit Kochgelegenheit ab 60-80 DM. Direkt am Fluß: **Bitou River Lodge,** T./Fax 535 9577, bitouriverlodge@mweb.co.za, mit fünf gepflegten DZ.

Innerorts

Das **Accomodation Bureau,** T. 533 2101, vermittelt Ferienhäuser & -wohnungen. **Robberg Estates,** T. 533 2505, Fax -4102 (Mandie), info@plettenbergbay.com, hat Zehnbett-Häuser, Zweibett-Cottages & Luxusapartments, alle in Spaziernähe vom Ozean; ab 70 DM/P.

Die **Crescent**-Fahne recken: **Strandhotel,** T. 533 4490, Fax -4491, bei Beacon Island; **High Lodge** in der Stadt, T. 533 1140, Fax -1682, mit 52 Suiten & Aussicht; sowie **Country House** im Piesang Valley mit Reiterhof. B&B ab 50 DM, in Nebensaison dritte Nacht frei.

Stadthotels: ** **Arches,** Marine Way, T. 533 2218, Fax -3884, mit Aussicht, kitschigem Garten, Eichenblatt-Pool und Patio für jedes Zimmer. Abends wird getafelt & unterhalten, im Sommer mit Konzerten. Wenn aber ein Sardinier hört, dies sei sardinischer Baustil, könnte es zu spontanen Gewaltakten wegen Schlipsbetretens kommen. 20 DZ/Familienzimmer ab 120 DM, Mai-Aug billiger. **Bayview Hotel,** Main/Gibbs Rd, T. 533 1961, Fax -2059, steckt mittendrin im Geschehen, drumherum gruppieren sich die Malls.

Sterne: *** **Formosa Inn** an Ortseinfahrt der N2, T. 533 2060, Fax -3343, Familienbetrieb mit weitem Park, in den altbackene Chalets, Pool & Tennisplätze versprenkelt wurden. An Sommerabenden geht's heiß her. 36 DZ/Familienzimmer ab 200 DM. **** **Hunters Country House** auf der Pear Tree Farm 10 km westlich, T. 532 7818, Fax -7878, hunters@pixie.co.za, hat 22 altenglische Gartensuiten mit F, EZ 380-830 DM, DZ 520-1100 DM. ***** **The Plettenberg,** 40 Church St, T. 533 2030, Fax -2074, plettenberg@-pixie.co.za, ist seit Jahrzehnten als „Juwel der Südküste" berühmt. 40 individuelle DZ ab 500 DM. So spektakulär wie *** **Beacon Island,** T. 533 1120, Fax -3085, liegen nur wenige Hotels: auf einem Inselchen im Ozean, das dünnen Kontakt zum Festland hält. Alle Zimmer dieser klobigen Etagenschachtel (Southern Sun) blicken aufs Meer. 179 DZ ab 500 DM.

Essen, Trinken & Feiern

Chez Michele, 200m vom Village Square, nennt sich *German Bakery* (also Apfelstrudel), versorgt aber mit eher faden Croissants im Land der unendlichen Braai-Feuer. An der Main Rd stapeln sich Malls, zwischen die sich bezahlbare Restaurants mogeln, u.a. **Kelly's Steakhouse,** T. 533 3077, mit Suppen, Salaten, Burgern für 3-5 DM. **Cranzgot's,** Main/Kloof St, T. 533 1660, mit gutem F, Pizze ab 8 DM, Steaks für etwas mehr; täglich 8-22.30h.

Erlesener: Seven Cellars beim Formosa Inn, T. 533 2060, mehrfach ausgezeichnet. **The Boma** am Waters Edge, T. 532 9442, mit Wild & *Seafood* nach Burenart. **Captains Cabin,** T. 533 1120, mit verschärft romantischem Getue. **The Plettenberger,** T. 532 3230, mit Gaumenfreuden französischer & englischer (!) Art.

The Lookout, T. 533 1379, sagt was es ist: Ausguck über dem Lagunenstrand. Cocktails auf dem Sonnendeck, frische Austern & Wein an der Beach Bar, prima *Seafood* im Restaurant, Walneuigkeiten von der Infotafel (Juli-Okt). Mo-Sa 9.30-23h.

The Cove, Marine Dr, T. 533 2118, deckt zuverlässig alle Musikgeschmäcker ab. Abtanzen zu Wave bis Rave, stets voll, Eintritt 2 DM, Mi/Fr/Sa 20-4h.

Unternehmen & Anschauen

Zur Ferienzeit ist Plett ein Selbstläufer, im Frühling kommt es auf den Straßen indes zu verschärfter Trostlosigkeit. Also hat das clevere Verkehrsamt ein zweiwöchiges

Spring Festival angeleiert (Anfang Okt), inkl. *German Beer Fest*, Flohmarkt, Biketouren & Öko-Führungen. Mehr Leute kommen zwar nicht - wer aber kommt, darf aber was erleben.

Strände: am **Central Beach** gegenüber Beacon Island läßt sich die Schickeria den Pelz anbraten. Am **Robberg Beach** jenseits Beacon Island geht es beschaulicher zu. Über den breiten, zur Nebensaison menschenleeren **Lookout Beach** dackeln Strandgänger mit ihren Hunden & Hündleinchen, seine Wellen lassen den einen oder anderen Ritt zu.

*Lookout eignet sich auch prima zum flotten Kick Süddeutschland (ohne Bayern & Bayernfans) vs. Rest der Welt. Das Vorrundenspiel haben **wir** mit 4:1 gewonnen!*

☞ **Tip** für Sonnenanbeter und gemütliche Schwimmer: **Robberg-Reservat.** Auf der einsamen Eiland-Zunge im Schutzgebiet muß man nur die Möwen etwas zur Seite bitten.

Monkeyland: 16 km östlich an der N2, T. 534 8906, mit Restaurant. Zoologen haben sich 12 Hektar Regenwald für dieses Schutzgebiet erkoren, um wieder verschiedene Affen- und Lemurenarten auszusiedeln. Tiere frei, Besucher 1 Std lang in Begleitung eines Rangers, täglich 8-18h, 12 DM. *"Tolles Erlebnis, die Affen kamen ganz nahe heran." (Tanja & Frank Weinsberg)*

Aktiv zu Land: ***Busrides,*** T. 533 3272 (Jeff & Shelley), fliegt in die Umgebung aus; auch Zubringerdienst nach George/Knysna. Wer nicht allein unterwegs sein will, schließt sich ihrer *Cycles in the Forest*-Radtour an. ***Equitrailing,*** T. 532 9718 (Vickie), reitet auf vergessenen Pfaden eines uralten Waldes. Der Weg zu den Pferden zweigt von der N2 gegenüber Wittedrift Avonture nach rechts. Geführte Halb- und Ganztagesritte, bei Vollmond *Moonlight Trail* mit Braai-Pause; u.U. inzwischen abgesattelt! Die **Southern Comfort Ranch,** T./Fax 532 7885, läßt auf Mehrtagesritten in Sioux-Tipis übernachten.

Aktiv zu Wasser: Taucher fragen im ***Plett Dive Centre,*** T. 533 0303, nach Touren & Ausrüstung. Motorboote sausen zu versteckten Mysterien des Ozeans - weniger spektakulär als vor Mossel Bay. Ausflüge *auf* dem Wasser bei ***Ocean Adventures,*** T. 533 5083; täglich drei Ecotours, 3 Std 60 DM. Regelmäßig rücken Delphine, im Winter auch Wale ins Blickfeld. Tiefseeangler wenden sich an ***Sonop Charters,*** T. 533 2376; Käptn Scholtz hat sein Deutsch nicht verlernt.

Hin & weg

Busse ab Shell Ultra City, Fahrscheine bei All Travel, Main St, T. 533 0484. **Intercape** täglich 3/14h nach J'Bay & PE (2/3 Std, 20/28 DM), 9.30/22h nach Knysna & Kapstadt (½/7 Std, 15/50 DM). **Translux** 15.40h nach PE, 10h nach Kapstadt (30/54 DM).

Minibustaxis: ab Marine-/High St, eine Ecke vom Verkehrsamt; alle Nase lang nach Knysna (10 min, 3 DM), täglich nach George, PE & Kapstadt (2/2/5 Std, 20/20/40 DM).

Mietwagen: Imperial im Florina Place, T. 533 3176. Avis auf Beacon Island, T. -1315. Budget im Hill House, T. -2197.

Robberg-Naturreservat

9 km südöstlich von Plett. Der Name dieses großartigen NR verrät schon einen Bewohner. Über die 4 km lange Halbinsel, die vorwitzig in

den Ozean hinausklettert, breitet sich so vielseitige Küstenflora aus, das kaum ein Vogel widerstehen kann. Vor der äußersten Spitze The Point halten zu jeder Jahreszeit Delphinschulen & Robben ihre Auftritte ab. Wer einen Flaschenhalsdelphin erblickt, muß sein Bild im Herzen bewahren - diese Art steht vor dem Aussterben. Zufahrt ab Airport Rd weit jenseits des Piesang Valley. ✆ 044.

Einlaß täglich 7-17h, Dez/Jan 7-20h; 2 DM. Auskunft T. 533 2125, Fax -0322.

Camping im NR verboten, dafür vor dem Tor das schöne **Robberg Holiday Resort,** T. 533 2571, Fax -1654. Herrliche Lage, einsamer Traumstrand, Delphine schwimmen davor Parade, kein Laden/Restaurant in der Nähe. Zelten 12 DM/P, strandnah & begrast oder schattig & windgeschützt; Blockhütten mit 4-6 Betten 70-100 DM. *"Man kann auch am Robberg-Kap in einer hübschen Hütte übernachten. Anmelden beim NR Manager. Ich habe dort im Dez/Jan Hammerhaie gesehen." (Frauke Behrend)*

Im Frühjahr entgehen die Wale in Küstennähe nur Augenkranken - Geduld! **Orcas, Bryde- und Minkwale** treten ebenso wie Buckelwale regelmäßig vor Plett & Robberg in Erscheinung. Southern Right Whales, deren Ausrottung rechtzeitig verhindert werden konnte, kommen nur von Juli-Okt von der Antarktis herbei, um im wärmeren Wasser zu kalben und ihrem Nachwuchs ersten Schwimmunterricht zu erteilen.

Robberg Trail: am Parkplatz hinter dem Gate beginnt der Rundwanderweg (9 km, 3 Std); Weicheier verpassen auf der Abkürzung (1 Std) das Beste. Der Pfad tastet sich oberhalb schroffer Klippen an der Nordseite zum Point vor. Von dort auf der Südseite nah am Wasser über teils schlüpfrige Passagen zu Die Eiland, das dank breiter Sandbank gar keine Insel ist. Der Rückweg kennt weitere aufregende Stellen.

☞ **Kaum Höhenmeter**, aber festes Schuhwerk (Umknickgefahr), Trinkwasser, Sonnenschutz und Badetuch mitbringen - den Buchten ums Eiland will fast niemand widerstehen.

„Übernachtung im Robberg Resort zu empfehlen, um frühzeitig auf die herrliche Wanderung zu starten. Im Sommer herrscht nämlich arge Mittagshitze. Wir sahen große Robbenkolonien auf halber Strecke an der steilen Nordseite." (Thomas & Petra Engelhardt)

Knysna

Sprich: Naisna.

32 km westlich von Plett. Die Millionarios beweisen wie üblich erlesenen Geschmack bei der Wahl ihres Refugiums: massenweise Berge & Bäume, Strände & Flüsse, Freizeitspaß & Nightlife. Seine natürliche Schönheit macht Knysna zur 1a-Adresse der Garden Route.

Die Lagune wird von eindrucksvollen Sandsteinfelsen (The Heads) vor dem anstürmenden Ozean geschützt. Mit ihrem Zauber zieht sie Alt & Jung, Wohlhabend & Stinkreich an - aber auch Seepferdchen, die hier eines ihrer letzten Brutgebiete haben. Im **Knysna Forest** (800 qkm) steht Südafrikas größter Baumbestand, und so begann der Ort denn auch als Holzverladehafen. An reiche Holztage erinnern zwischen Möbel- & Kunsthandwerksläden viele alte

Wohngebäude. Die **Stadt** selbst ist hübsch & lebhaft genug. Wer **Strandleben** sucht (Bilharziose in der Lagune), muß aber nach Brenton-on-Sea oder Noetzie. ✆ 044.

Kurz & knackig

Publicity Assoc: 40 Main/Gray St, T. 382 5510, Fax -1646, knysna.tourism@pixie.co.za, am Elefantenskelett vor der Haustür erkennbar; Mo-Fr 8.45-17h, Sa 9-13h. Zimmervermittlung T. 382 6960. **SA National Parks:** Thesen's Island, Jetty, T. 382 2095.

Postamt: 6 Main/Montagu St, T. 382 1465. **Internetcafé:** Long Barn Tavern, 9 Nelson St, T. 382 3839, neben Overlanders Lodge; online 8 DM/Std, Mo-Sa bis ultimo.

Rennies Travel: 40 Main St, T. 382 6863. **Waschsalon:** Christie's, Queen St, über 7-Eleven, T. 382 7480, mit Zustellservice, rd. 6 DM/Ladung, Mo-Fr 8-17.30h, Sa 8-13h.

Notfall: Krankenhaus T. 382 3123. Central Pharmacy, 19 Main St, T. 382 5222, täglich bis 19h. **Polizei:** gegenüber vom Postamt, T. 382 1212.

Übernachten

Daß Logispreise zur Hauptsaison empfindlich klettern, ist nichts Neues. Wenige Orte leistet sich aber solche Sprünge wie Knysna, meist plus 50-100%! Nur BP bleiben sich treu. Hotels & Lodges im Uhrzeigersinn angeordnet, Preisangaben **in Nebensaison.**

Camping & Caravanparks

Waterways Village, Holiday Park Dr, T. 382 2241, Fax -3140, unweit des Ortskerns. 20 freundliche Chalets à zwei DZ ab 130 DM, außerdem fast 100 Campingplätze ab 20 DM, Restaurant & natürlich ein Pool. Östlicher Nachbar: **Monks Park,** T./Fax 382 2609, mit fest installierten Sechsbett-Wohnmobilen; ab 60 DM/zwei P, weitere P 15 DM.

Lagoonside Holiday Park, T. 382 1751, westlich von Waterways mit 14 Chalets/Rondawels am Wasser, 16 Zeltplätze mit Rasen, Schatten & sauberen Sanitäranlagen, außerdem Restaurant, Pool, Bootssteg. DZ ab 90 DM. **Gezeltet** wird auch östlich der Lagune bei Woodbourn und Ashmead, sowie auf einem Plätzchen in Brenton.

Backpackers

Highfield BP, 2 Graham/Montagu St, T. 382 6266, Fax -4012 (Peter, Simon & Amanda), highfld@knysna.lia.net, gepflegt, geräumig & persönlich. Ein Haus voller Kunst & Design, Winkel & Eckchen, dazu erfrischendes Freigelände mit Pool, Bar und viel Gelächter. Spiele, freie Abholung, abends freie Suppe, aber auch respektable F/Abendessen für 5-10 DM. Schlafsaal 14 DM, EZ/DZ 32/40 DM. Ein bißchen anders - und sehr **gut!**

Knysna BP Hostel, 12 Newton St, T. 382 2554, mitten im Ort keine 300m nördlich der Main St im vernachlässigten viktorianischen Prachtbau. Die Jungs wissen über Fahrräder, Kanus & Touren Bescheid. Schlafsaal 14 DM, DZ 32 DM.

Overlanders Lodge, 11 Nelson St, T./Fax 382 5920 (Amauré & Neil), info@gardenroute.co.za, hinter dem Spar. Sauberes, gemütliches Partyplätzchen mit ständig neuen Aktivitäten, freiem Billard, freiem Eintopf, freier Abholung; aber auch alten Lockmitteln wie TV/Video, Mucke & Lagerfeuer. Zelten 10 DM, Schlafsaal 14 DM, EZ/DZ je 36 DM.

The Backpack (ex-Hikers Home), 17 Tide St, T./Fax 382 4362, backpack@gem.co.za, sieben Straßenzüge südlich der Main St, zwischen Queen und Strand. Klein, freundlich, sauber, mit Pool, Billard, Fahrrädern. Zelten 8 DM, Schlafsaal 14 DM, DZ 54 DM.

Peregrin BP, 16 High St, T. 382 3747, Fax -1546 (Chris & Tony), verspricht eines hoch & heilig: keine vollgepackten Dorms, stattdessen zwei Sechsbetträume und drei DZ. Zelten möglich, Fahrräder, Billard, Jacuzzi, Wama, TV/M-Net. Besonders Chris, weitgereister Grieche, ist bei der Reiseplanung gern behilflich. Schlafsaal 12 DM, DZ 35 DM.

The Caboose, Gray/Trotter St, T. 382 5850, Fax -5224, caboose.kny@pixie.co.za, präsentiert ein hübsches Konzept für Budgetreisende. Quadratische Verwöhnanlage zwischen Memorial Square und Bhf mit Pseudo-Schlafwagenabteilen, dazu echte Dampflok als Garrett-Lounge. EZ/DZ/Dreierzimmer mit F 35/55/75 DM. Sehr beliebt, also zur Saison vorbuchen. **Tip!**

Am Südufer: Belvidere & Brenton

Lightleys Cruisers, T. 386 0007, Fax -0018, das außergewöhnlichste Logis in der Lagune. Geräumige Hausboote, großzügig ausstaffiert, dümpeln an der Westseite der oberen Lagunenbrücke. Mit zwei/vier Kojen ab 150/270 DM.

Belvidere Manor unweit der N2-Brücke, Duthie Dr, T. 387 1055, Fax -1059, blaster@pixie-.co.za, im georgianischen Stil. Hübsches Herzstück einer Luxusanlage mit 30 Cottages, Pool, Bell Pub, Landungssteg und viel Schniedeeisen. DZ 310-550 DM.

Lake Brenton Resort an der Lagune, T. 381 0060, Fax -0065, ist Idylle pur im Schatten uralter Yellowwoodbäume hinter den Heads. 48 tolle Chalets mit zwei/sechs Betten ab 60 DM/P, 100 Zeltplätzchen 25 DM, Fitneßraum & neue Sauna frei.

** **Brenton-on-Sea**, CR Swart Dr, T. 381 0081, Fax -0026, brenton.on.sea@pixie.co.za, ist das einzige wahre Strandhotel Knysnas, ohne Auto unerreichbar. 14 freundliche Chalets mit zwei DZ, Küchenzeile, Bad, Lounge 200-310 DM, 70 EZ/DZ ab 105/170 DM, neun Familiensuiten à zwei DZ 70-100 DM/P. In jedes Zimmer leuchtet der 7 km lange Strand. Mit JJ's Restaurant & Bootsvermietung.

Ocean View Lodge in Brenton, T./Fax 381 0063, oceanview.lodge-@pixie.co.za, übers Gelände wird spaziert, geritten, gegolft und gemampft. Acht Suiten mit TV, Kühlschrank, Veranda, Ozeanblick, EZ/DZ ab 120/160 DM.

Westlich des Ortskerns

An der Welbedacht Lane: **Fish Eagle Lodge**, T. 382 5431, Fax -7435 (Klaus & Renate Geisler), in Hanglage mit Blick auf Lagune & Berge - ein Stück Südtirol zwischen Bananenpalmen. Fünf DZ/Apartments mit F, TV & Telefon ab 65/100 DM. Man spricht deutsch.
** **Knysna Lodge**, T. 382 5401, Fax -5265, in abgeschiedenem Parkland unter Eichen, mit Restaurant, Pool & Springbrunnen. Zehn Zweibett-Cottages ab 150 DM.

Am Wasser: **Point Lodge**, T. 382 1944, Fax -3455, pointlodge-.kny@pixie.co.za, Abfahrt *The Point* von der N2 3 km westlich der Stadt. Schönes Gelände mit Aussicht, Pool, Bootsspaß und vielen gefiederten Besuchern. Neun DZ mit legendärem F 105-200 DM.
Beauchamp Place, 150 Old Cape

Rd, T. 382 1653, Fax -4425, beauchampplace@pixie.co.za, wirkt wie ein modernes Motel mit grünem Pseudo-Wellblech & Honeymoon-Suite. Sieben DZ/Familienzimmer 70-145 DM. Man spricht deutsch.

Im Ortskern

Yellowwood Lodge, 18 Handel St, T. 382 5906, Fax -4230, graziöses Gästehaus von 1897 mit ziselierter Fassade am Wald, sattem englischem F-Buffet und Aussicht auf Lagune. Zehn DZ im altbackenen Hüttenstil ab 210 DM. **Inyathi Guest Village,** T./Fax 382 7768, transolv@mweb.co.za, versteckt zwölf romantische, afro-angehauchte Holzhütten im Garten. Mit F 45 DM/P. **Guinea Fowl Lodge,** 13 Faure St, T./Fax 382 2806, mit preiswertem B&B.

** **Knysna Royal Hotel,** Main/Queen St, T. 382 1144, Fax -2686, legt sorgfältig seine kolonialen Ursprünge frei. Auch das Restaurant hält sich an Traditionen, mittags mit Pub Lunch, abends Tellergerichten. 17 DZ ab 150 DM, sieben Familienzimmer. ** **Knysna Hotel,** 16 Gray/Trotter St, T. 382 1151, Fax -5830, gegenüber vom Caboose mit Restaurant, TV-Raum und *Ladies Bar.* 17 umgemodelte DZ mit Bad ab 130 DM. *** **Knysna Protea,** 51 Main St, T. 382 2127, Fax -3568, nennt sich unbescheiden „Perle der Garden Route", und Perlen sind kostbar: 50 luxuriöse EZ/DZ ab 190/230 DM.

Am Ostufer, alle George Rex Dr.

Woodbourne Farm, T./Fax 382 3223, woodb.kny@pixie.co.za, unterhalb von The Heads im hübschen Park. Zweibett-Chalets ab 80 DM, Zeltplätze ab 16 DM.

Ashmead Resort, T. 384 1166, Fax -1173, ashmead.resort-@pixie.co.za, bevölkert den letzten Urwaldzipfel an der Lagune. Gemütliches Restaurant, weite Gärten, 17 komplette Cottages mit F-Büffet ab 45 DM/P, 46 feine Ferienwohnungen 80 DM/drei P.

Under Milkwood, T. 384 0745, Fax -0156, admin@milkwood.co.za, erinnert an thailändische Strandanlagen, dazu bezaubernde Lage beim Eastern Head. 16 hölzerne Vier-/Sechsbett-Chalets mit TV, Sonnendeck, Braai 70-140 DM/P.

Ai Due Camini, T. 384 0648, Fax -0587, mit zwei markanten Schornsteinen, viel Stil und tollem Blick direkt vom Pool aus. Fünf Suiten, zwei mit Bad, 60-120 DM/P.

Leisure Isle Lodge, 87 Bayswater Dr, T./Fax 382 3923 (Peter & Val), auf der gleichnamigen Halbinsel in der Bollard Bay, mit Lagunenblick & nüchterner Fassade. Individuelle Zimmer mit M-Net, Fußbodenheizung, Fön & herzhaftem F 80-135 DM/P.

Weiter außerhalb

Old Drift, Old Cape Rd, Eastford, T./Fax 382 1994, olddrift@-mweb.co.za, 5 km nördlich zwischen Wäldern & Knysna River, war schon mal AAs *Resort of the Year.* Sechs warme Holzchalets mit zwei/vier DZ übers Gelände versprenkelt, ab 80 DM/P.

Blackwaters River Lodge, 10 km westlich an der N2/Goukamma Valley, T. 383 0105, Fax -0021 (Gissie & Margie Fiebiger), blackwaters.kny@pixie.co.za, ruhig & herzlich, mit Kanus, Wanderpfaden, Touren und Satour-Führer. Zehn Chalets mit luxuriösem Bad, Küche, M-Net, Veranda & F 105-210 DM. Man spricht deutsch.

Forest Edge, T. 388 4704, Fax -4778, forest.edge@knysna.co.za, mit vier wohlausgestatteten, abgele-

Romantik & Mythen: Einblicke in Knysnas Vergangenheit

Im Jahre 1804 ließ sich George Rex an der Lagune nieder. Gerüchte wollten bald wissen, daß er ein unehelicher Sohn König Georgs III. sei. Rexy selbst trug mit Namen, Auftreten & Reichtümern kaum zu ihrem Verstummen bei. Bald eröffnete er einen Holzhandel samt Verladehafen und Werft, um der Royal Navy (und seiner Schatulle) stets dienstbar zu sein. Knysnas Stadtvater liegt am Old Place, 6 km westlich der Stadt, begraben.

Auf einer Stippvisite verguckte sich Thomas Henry Duthie so mächtig in Rexys Tochter Caroline, daß er von seinem künftigen Schwiegervater das Westufer der Lagune erwarb und Caroline zu Ehren das schnucklige **Belvidere** errichtete. Er pflanzte eine Eichenallee hin zum wunderhübschen Kirchlein, das aussieht, als hätten es verirrte Normannen im 12. Jh abgestellt und hier vergessen.

Ein Mensch namens Thesen, 1869 unterwegs nach Neuseeland, wurde von seinem Sohn überredet, sich besser in dieser Lagune niederzulassen. Wie Thesen so sind, ging er flott ans Werk: übernahm die Insel, baute Boote, gründete Tischlereien. Zur Jahrhundertwende gehörte ihm eine kleine Handelsflotte. Doch dann kam 1928 die Bahn von George - und Schluß war's mit dem blühenden Thesen-Handel. Übrig blieb nur die Insel seines Namens.

Bereits 1876 war die Idylle durch die Entdeckung von Gold und den folgenden Ansturm junger Glücksritter beeinträchtigt worden. Bald aber waren die Goldadern erschöpft, das Digger-Nest Millwood verleiben sich die Wälder wieder ein. Noch heute sind aber 32 km nördlich von Knysna, hinter Rheenendal, das Matteroli-Museum, der alte Friedhof und Bergwerksschächte von 1885 zu besichtigen.

In diesem Jahrhundert konnte keine Generation der südafrikanischen Eliten Knysnas Reizen widerstehen. Immer wieder ließen sich führende Köpfe aus Politik & Wirtschaft an der Lagune nieder. Bis heute liest sich die Bewohnerliste von Leisure Island wie ein *Who is Who* des Wohlstands und der Macht.

Eingehend mit derlei Histörchen befaßt sich das **Knysna Museum**, Queen St, T. 382 2133, bestehend aus Millwood House (1880), Parkes Cottage aus Gelbholz & Eisen, das bereits mehrere Zwischenstationen erlebte, und Parkes Shop zur Holzindustrie genen Cottages im Stil goldiger Zeiten. Ruhig, romantisch, mit Kamin & Trails in die umliegenden Wälder. Ab 80 DM/Cottage.

Essen & Trinken

In der Lagune werden Austern gezüchtet. Die **Oyster Company** auf Thesen's Island, T. 382 2168, genießt unter Schlemmern einen glibbrig-guten Ruf; Kostproben Mo-Fr 8-17h, Sa/So 9-15h. Ebenfalls auf der Laguneninsel: **Jetty Tapas Bar,** T. 382 1927, am Bootsteg, mit Aussicht, Atmosphäre & Häppchen zum Bedienen (rd. 4 DM). Fensterplatz zum Sonnenuntergang fast ein Muß, danach wird's laut & lustig; täglich 12-4h!

Im Woodmill Lane Centre bekommen nicht nur Shopping-Fanatiker leuchtende Augen. Seinem **Pelican Restaurant** gelingt die gewagte Synthese von Dampfturbinen & Texmex; Enchiladas und scharfe Cajun-Sachen ab 12 DM. **Tramps Tavern** serviert drinnen & draußen F ab 5 DM, Steak mit Pommes ab 12 DM. Unter den Fast Food-Plätzen entlang der Main St verdient **Falcon Creek Spurs,** T. 382 1195, einen Sonderlöffel: Riesenlappen von Steak ab 15 DM, Gemüseteller.

Nach dem Essen trifft man sich in der Tapas Bar (s. oben) oder beehrt das **Gem Cinema,** Pitt/Long St, T. 382 6036; täglich 17.30/20h. Im **Tin Roof Blues,** Main St, T. 382 6870, treten allabendlich ab 22h Bands auf; am Fr/Sa oft landesweite Zelebritäten, dann Eintritt 4 DM. **Al's Dance Club,** Queen St/Waterfront, T. 382 6305, trennt säuberlich: Mainstream-Rocker nach rinks, Raver & Techno Babes nach lechts, oder andersrum, aber nicht vor 22h. Dafür Mi/Fr/Sa bis 4h, 4 DM.

Lagune von Knysna

Beeindruckendes Naturreservat, aber zugleich beliebtes Ferienziel, weil so wassersporttauglich. Dieses Dilemma ist auch SA National Parks wohl bewußt, das die Lagune samt Knysna River zum National Lake Area erklären ließ. Für weitere Schritte sind SANP aber durch Tourismus, Industrie und private Nutzungsrechte die Hände gebunden.

National Lake Area: durch das 13 qkm-Schutzgebiet galoppiert das seltene Seepferdchen. Für ihre Austernzuchten bekannt, besitzt die Lagune nur einen schmalen Durchstich zum Meer: mittenmang zwischen imposantem Wachpersonal aus der Stein-Zeit, **The Heads.** Zum östlichen Aussichtskopf gelangt man per Auto problemlos über George Rex Dr. Der westliche Kopf rund ums **Featherbed NR** ist dagegen so schroff, daß sein Nature Trail (2200m) nur per Boot erreicht wird. Fähre ab Thesen's Jetty, T. 381 0070; im Sommer auch Boote zwischen Eastern Head und Featherbed, T. 381 0590.

Doppeldecker-MS ***John Benn,*** T. 382 1693, Fax -2373, beackert täglich die sanfte Lagune ab Thesen's Jetty, zu Fototouren mit Verköstigung (1½ Std, 20 DM) oder Featherbed-Ausflug mit Spaziergang, Tavernenbesuch & Fischbraai (4 Std). ***Knysna Ferries*** serviert Sekt & Austern zu täglich fünf Lagunenrundfahrten; vorbestellen. ***Lightleys,*** T. 386 0007, veranstaltet täglich ähnliches flußaufwärts; 11/15h ab N2-Straßenbrücke.

Strände: die endlosen Sandbänder von **Brenton** und **Buffalo Bay** bieten brauchbare Schwimm- und Surfbedingungen. Nach Brenton-on-Sea per Auto 16 km, per Choo-Tjoe kurzer Sprung über die Lagune, vom Bhf aber anstrengender Spaziergang über Bergkamm.

Anschauen im Ort

☺ **Das Pledge-NR**, dieser niedlich-friedliche Botanische Garten der Kapflora oberhalb des Ortskerns, lebt von privaten Förderern. Ein Labyrinth von Wegen, insgesamt immerhin 5 km, windet sich zwischen Wäldchen, Bächlein & Fynbos. Zufahrt über Gray/Bond St, am Upper Parking winziges Reservatsbüro und Toiletten. Mit 15 DM wird man Pate eines Baumes. Klein, aber **sehenswert!**

☺ **Der Choo-Tjoe-Bahnhof** an der Remembrance Ave wurde komplett restauriert. Jetzt Teil der Vergnügungsmeile **Waterfront** mit Restaurants & Geschäften in Ex-Fabrikhallen.

☺ Für seltene Regentage: **Anglermuseum** des Smith-Institut für Ichthyologie im Old Gaol-Komplex, Main St; 1 DM, daneben Meeresmuseum & *Underwater Discovery Centre,* beide frei. **Birds For Africa**, Waenhout St, T. 382 5660, mit Holzschnitzereien & Fabriktour Mo-Do 10h/14h. **Fechter-Möbelfabrik** mit ausgiebiger Führung ab Verkehrsamt.

☺ **Mitchell´s** im Industriegebiet, Arend St, T. 382 4685, ist wahrlich nicht die schlechteste Brauerei im berühmten Weinland. Stout, Bitter & das pilsige Draught Lager auch zur Probe, mit/ohne reizvolle Führung (Mo-Fr 10.30h) 6/4 DM. Mo-Fr 8-17h, Sa 9-13h.

Noetzie

Gab´s schon lang vor dem Ötzi! 11 km östlich von Knysna. Zum herrlichen, einsamen Strand gegenüber einer Lagune zweigt bald eine Straße von der N2 ab. Ab Parkplatz steiler Abstieg - und da stehen keine 100m vom Wasser einfach ein paar Schlösser herum. Privatiers ließen sich aus Basaltstein ihre Mittelalter-Phantasien verwirklichen - wirkt in Verbindung mit dem langweißbreiten Traumstrand fast neuschwansteinesk.

☞ **Zwei Schloßbesitzer** experimentierten mit B&B fürs gemeine Volk - hat aber nicht geklappt, also jetzt wieder *off-limits.* Immerhin ein toller Picknickfleck. Unweit der N2 stolpert der Noetziefluß zwischen Gummiplantagen über die Wasserfälle von Brackenhill.

Knysna Forest

Südafrikas größter Wald wird nicht nur von kommerziellem Waldbau (Gelb/Stinkholz) geprägt. Viele Pfade & Picknickplätzchen kauern sich unter Bäume, die bis zu 800 Jahre auf der Rinde haben. Einen Extra-Tupfer in der überreichen Vogelwelt setzt der endemische **Knysna Loerie,** dessen Karmesintöne zwischen dichtem Laub durchschimmern.

☺ **Big Tree:** an der R339 nach Uniondale stößt man 21 km hinter Knysna auf King Edward VII, seines Zeichens größter Gelbhölzler der Region. Im Forstbezirk Diepwalle beginnen auch drei „Elephant Walks", der längste davon 18 km lang.

☺ **Buffalo Valley:** die Wildfarm, T. 382 2481, ist so etwas wie der Zoo von Knysna. Zwischen Küstenwald und Fynbos tummelt sich viel Kleinvieh. Aber auch Zebra, Gnu und Schildkröte geben ihren Mist dazu. Rundweg für Fahrzeuge, hübscher aber der Buschpfad.

Trails: es gibt sooo viele Wandermöglichkeiten, z.B. Kranshoek (9 km) ab Harkerville, 32 km östlich im Kruisfontein-Forst; oder Terblans (8 km) ab Grootdraai-Picknick, 17 km nördlich im Gouna-Forst. Millwood Goldmine Treck führt 2 Std auf breiten

Schneisen durch Kulturwald. Netter dagegen: Jubilee Creek Walk durch Urwald am Flüßchen entlang. Alle frei zugänglich. Der **Harkerville Coast Trail** nach Plett drängt sich als zweitägige Otter-Alternative auf. 22 km durch unberührte Küstenflora, unterwegs Schutzhütte ohne Kerzen/Laternen, max. 12 Teilnehmer, anmelden unter T. 382 3037.

Hoffentlich durchstreift den Wald noch die berühmte **Elefantenfamilie,** die gelegentlich von Forstleuten gesichtet wird. Diese ca. zehn Tiere sind jenseits von Addo die letzten ihrer Art am Kap. Sie leben zwar wild, werden's aber nicht. Derzeit wird die Wiederansiedlung weiterer Elefanten aus dem Krügerpark geprüft.

Knysna Elephant Park: 20 km östlich von Knysna, an der N2, k.e.p.@pixie.co.za. Eine Familie holte aus dem Krügerpark drei verwaiste Elefäntchen (Jahrgang 1990/90/92), um sie für Safaris zu dressieren. Touristen dürfen aufs Gelände (8 DM), beutelweise Trockenfutter kaufen (3 DM) und dann durch den Busch zu den Tieren kutschieren. Wer immer mal einen Eli-Rüssel fühlen wollte - voilà. Blockhütte für Selbstversorger ab 18 DM/P.

Touren

Zu Wasser: ***Blue Sky,*** T. 343 1757, mit Kanufahrten. ***Knysna Divers,*** T. 382 7103, und ***Waterfront Divers,*** T. 382 6737, für Tauchkurse, Bootsmiete, Haikäfige, Wrackausflüge, Wasserski, Windsurfen & Segeltörns.

Zu Land: ***Seal Adventures,*** T. 382 6399, für die trockene Seite des Lebens: Abseilen, Bergradeln, Reiten, Segeln & UL-Flüge. Die Burschen wollen im Featherbed NR die längste Abseilstrecke der Welt einrichten. ***Eco-Ventures,*** T. 382 5920 (Amauré de Villiers), hilft beim Entdecken der Naturgeheimnisse Knysnas, vermietet Kanus, leitet Wanderungen & benutzt Umweltschutzpapier - Rarität in Südafrika. ***Sam's Tours,*** T. 382 3522, fürs Praktische: Transfers zu Flugplätzen, Rückfahrt für Choo-Tjoe-Reisende.

Hin & weg

Outeniqua Choo-Tjoe s. George.

Busse ab Bern's Garage, Main/Long St; Tickets u.a. bei Knysna Travel, Windmill Lane, T. 382 1161. **Intercape,** T. 382 5434, täglich 2.30/13.30h nach Plett & PE (1/2/3 1/2 Std, 16/32 DM), 10h-/23h nach George & Kapstadt (1/7 Std, 20/50 DM). **Translux,** T. 382 1971, täglich 10.30h nach Kapstadt, 15h nach PE (8 1/2/4 Std, 50/40 DM).

Mietwagen: Knysna Camper Hire, T. 384 0141, Fax -0724, knysna.campers@pixie.co.za, mit komplett ausgestatteten *Motor Homes,* zumeist auf Mitsubishi-Basis.

Wilderness-Nationalpark

Zwischen Sedgefield und Wilderness, an der N2. Der 106 qkm-Park erstreckt sich vom Goukamma bis zum Touw River, der in die Lagune mündet. Dazwischen befinden sich die **Seengebiete** Serpentine, Eilandvlei, Langvlei, Rondevlei und Swartvlei. Sieben Trails (1-4 Std), benannt nach den hübschesten Vögeln, tasten sich zwischen Meer & Sumpf voran. Strand, Touw und die Seen taugen zum Baden, Angeln oder Bootfahren; Kanus im Camp.

Flora & Fauna: die Vielfalt der Pflanzenarten läßt erkennen, wie komplex das Ökosystem von Wilderness aufgebaut ist. Jeder See weist einen anderen Salzgehalt auf, nur wenige besitzen reines Süßwasser. Der fischreiche Swartvlei z.B. ist Südafrikas größter Salzwassersee, und entsprechend zählt das Gebiet zu den artenreichsten Wasservogelreservaten überhaupt. Daneben sind Kap-Ottern, Fledermäuse und wenige Antilopen heimisch.

Einlaß täglich 8-13h, 14-17h, Dez/Jan 7-20h; Tagesbesucher 3 DM. Parkverwaltung T. 044/877 1197, Fax -0111. Wer sich nicht an kleinen Dingen oder Vögeln erfreuen kann, wird mit diesem Park **nicht** sehr glücklich - zumal viele Moskitos hier Urlaub machen!

Ebb & Flow Camp

Anmelden bei SA National Parks, T. 012/343 1991 und 021/422 2810, reservations@parks-sa.co.za. Außerhalb der Ferien minus 20%. Unterkünfte teils in schlechtem Zustand.

South Camp, 4 km östlich von Wilderness, wenige Schritte vom Strand, mit Einkaufsladen, Tankstelle & Waschautomat. Vollausgestattete Familien-Cottages mit zwei DZ 130 DM (1-4 P); Viererbungalows mit Küchenzeile & Bad 56 DM, Viererhütte 48 DM (je 1-2 P), weitere P 12 DM; 99 Zeltplätze 20 DM (1-2 P), weitere P 6 DM.

North Camp mit spartanischeren Bedingungen. Zweierbungalows mit Bad & Küchenzeile 60 DM, Zweierhütte 50 DM (je 1-2 P), weitere P 15 DM; Zelten wie oben.

Wilderness

43 km westlich von Knysna. Kleines Paradies der Erholung - auch wenn der Name frech in die Irre führt. Zu unternehmen gibt's eine ganze Menge: Surfen auf Lagune oder Ozean, Kanufahren, Rudern, Radeln, Tennis, Wandern. Allerdings wird das Nest durch Seen, N2 und Bahnlinie ziemlich zerfleddert. ✆ 044.

Eco-Tourism: Leilas Lane/Wilderness Heights Rd, hinter Mall und Postamt, T./Fax 877 0045, mit Trails, Verstecken zur Vogelbeobachtung & Buchungen.

Cherie's Riding Centre, T. 343 1575, mit netter Abwechslung in Sedgefield: der Ausritt am See entlang (12 DM/Std) taugt auch für Anfänger. ***Eden Adventures,*** T. 877 0179, lockt halb/ganztags (40/60 DM) ins Kanu, aufs Downhill-Bike & ans Seil.

Busse: Intercape & Translux ab N2/Holiday Inn, Zeiten s. Knysna (1/2 Std entfernt).

Übernachten

Fairy Knowe BP, T. 877 1285, Fax -1403 (Chris & Monica Rogers), in einer Biegung des Touw 100m vom Choo-Tjoe-Bhf Fairy Knowe, Halt auf Anfrage! Ideal für Wanderungen, da auch mit Auto über Waterside Rd gut zu erreichen; freie Abholung im Ort. Idyllisches Häuschen (1814) mit Holzböden, Hunden, Katze, Kind, Kanus, Bikes, gutem Essen und dem kleinen Extra-Komfort. Zelten 10 DM, Schlafsaal 18 DM, DZ 50 DM.

Elephant's Trunk BP, Beacon Rd, T./Fax 877 0493 (Vincent), am westlichen Ortsrand im knallgelben Haus, weckt den Artisten in seinen Gästen: Jonglierbälle, Einrad, flippige Ideen, bunte Zimmer. Das Bad ist in den Fels gehauen, man duscht „am Berg"! Und Vince from Ireland ist sowieso eine Klasse für sich. Preise wie oben.

Auf der letzten Recherchetour landete folgende Notiz in meinem Block: **Black Dog & Duck,** Lakes Rd (über Die Vleie 1), T. 877 0650, schöner Blick auf Langvlei, Mahlzeiten (vegetarisch) auf Anfrage, Bett 18 DM. *Es ist meine Schrift, dazu ausrufgezeichnet, also interessant. Bloß kann ich mich an dieses Plätzchen partout nicht erinnern ...*

Lakes Resort/Pirates Creek am Touw River, 200m vom Strand neben der N2, T. 879 1101, Fax -0367, lakes@mb.lia.net, mit Schnellimbiß, Laden, Pool & Verleih (also kostenlos!) von Kanu-/Surfboard. 17 schwarzwaldige Vierbett-Chalets ab 80 DM (im Sommer bis 180 DM!), 74 Caravanplätze ab 20 DM. Einfach, aber fein: **Wilderness Bushcamp,** T./Fax 877 1168, mit Blockhütten ab 25 DM/P. B&B mit deutscher Küche: **Haus Wilderness,** T./Fax 877 1923, edda@hauswilderness.co.za.

Gästehäuser mit erheblichem Sportangebot und DZ ab 150 DM: **Lakeside Lodge,** T./Fax 343 1844, lakeside.lodge@pixie.co.za, am Swartvlei. **Wilderness Manor,** T. 877 0264, Fax -0163 (Johan & Marianne), wildman@george.lia-.net, mit Kolonialstil auch bei Teppichen & Einrichtung. **Pink Lodge,** 45 Die Duin, T. 877 0263, Fax -1839, am Strand.

** **Fairy Knowe Hotel** am Touw-Ufer, Dumbleton Rd, T. 877 1100, Fax -0364, bookings-@fairyknowe.co.za, erstaunlich preisgünstig in romantischer Umgebung. Zwei/Dreibett-Rondawels 120-240 DM, 42 DZ ab 125 DM, sehr gute Büffets 20-30 DM. Zur Nebensaison z.B. *Five Night Specials* mit HP ab 240 DM/P.

Sterne: *** **Holiday Inn GC,** T. 879 1104, Fax -1134, oberhalb von N2 & Flat Rock Beach mit tollem Ozeanblick. 156 EZ/DZ ab 200/230 DM. **** **Karos Wilderness,** T. 879 1110, Fax -0600, mitten im Ort, ist auf Konferenzgäste gepolt. 160 Zimmer/Suiten jeder Größe ab 225/375 DM. *** **Far Hills Protea** an der N2 nach George, T. 871 1295, Fax -1951, mit großem Garten in den Outeniqua-Ausläufern. 50 EZ/DZ ab 170-240 DM.

George

61 km westlich von Knysna. Die selbsternannte „Hauptstadt der Garden Route" ist weniger hübsch als Knysna und weniger exponiert als die Mossel-Bucht. Dafür locken schöne Ausflüge, z.B. mit dem liebenswerten Choo-Tjoe. Anno 1811 gegründet, breitet sich das wohlhabende George (90.000 Ew) über mehrere Füße der Outeniqua-Kette aus. Zum Meer sind's immerhin 8 km - wer aber den Weg zur vorgelagerten Herold's Bay auf sich nimmt, findet eine hübsche Bucht mit kaum besuchtem Strand und Kletterfelsen. © 044.

Tourist Office: Civic Centre, 124 York St, T. 874 4000. Prima Anlaufstelle, mit linealgezogenem Stadtplan & Wandervorschlägen; Mo-Fr 8-17h, Sa 9-12h. **Garden Route Reservations:** nebendran, T. 873 0703, mit Zimmervermittlung; täglich 8-18h.

Postamt: York/Market St, T. 874 1212; Mo-Fr 8-16.30h, Sa 8-12h. **SA National Parks:** Tommy Joubert Centre, 38 Courtenay St, T. 874 4032.

Notfall: Provincial Hospital,

Zwei Möglichkeiten, von George nach Knysna zu gelangen: schnaufend mit dem Choe-Tjoe, feucht-fröhlich über die Straße der Sieben Pässe (und ungezählten Furten).

Davidson St, T. 874 5122. Coetzee Pharmacy, 70 York St, T. 874 3188; täglich 8/9-21h. Polizei, 37 Courtenay St, T. 873 2207.
Taxis bestellen bei Zeelie Taxi, T. 874 6707.

Übernachten

George Tourist Resort, York St, T. 874 5205, Fax -4255, als wohldurchdachte Ferienstadt mit Caravanpark, Restaurant, Pool, Schwimmbad & Fitneßraum, aber langer Marsch zur Stadtmitte. Rondawels mit Bad für ein/zwei/vier P 38/58/80 DM, Chalets mit Küche & Bad für zwei/vier/sechs P 75/110/150 DM, in 160-190 DM, 300 schattige Stellplätze ab 20 DM; im Dez/Jan/Apr jeweils plus 30-50%. - Caravanparks auch südlich der Stadt am Meer, in Herold's Bay und Victoria Bay, T. 874 4040.

Backpackers: George BP, 29 York St, T. 874 7807, ebenfalls noch südlich des Geschehens. Vorstadtbungalow mit 40 Betten, TV-Raum, Küche & neuem Anbau: acht schöne DZ mit Bad. Zelten 8 DM, Schlafsaal 15 DM, DZ ab 45 DM. *Zuletzt geschlossen.* - **Sunshine BP,** 103 Merriman/Hibernia St, T./Fax 873 0424, vier Parallelstraßen östlich der York St beim Bhf, also für Ge-Choo-Tjoete praktischer. Mit Pool & viel Platz. Zelten 10 DM, Schlafsaal 14 DM, DZ 40 DM.

B&B: Haus am Berg, 35 Witfontein Rd, T. 870 8337, Fax -8153 (Ulrike Ausling), aussie@georgie.lia.net, mit Ruhe, großem Garten & Bergblick. Mit F ab 35 DM/P. **Imbeza Guestfarm** vor Waboomskraal Valley, T./Fax 886 0067 (Guy & Amelia Spargo), auf halbem Weg nach Oudtshoorn, mit Pferden und Badesee. Mit F 25-35 DM/P.

Lodges: George Lodge, 86 Davidson Rd, T. 874 6549, wenige Schritte vom oberen Ende der York St, mit Pool. DZ ab 90 DM. **Outeniqua Hotel,** 123 York St, T. 874 4488, mit einem der beliebtesten Pubs alter Schule; EZ/DZ mit Bad & F ab 70/110 DM. **Pine Lodge** (Caraville), Saasveldt Rd, T./Fax 871 1974, in George East neben der N2, laut & schattenlos. Cottages mit 2-6 Betten ab 60-120 DM, B&B in Hotelzimmern.

Hotelsterne: ** **Hawthorndene,** Morning Glory Lane, T./Fax 874 4160, mit Fachwerk & Spitzenküche. 24 freundliche Zimmer mit 1-3 Betten 110-170 DM. ***** **Fancourt** im Nachbarort Blanco, T. 870 8282, Fax -7605, neben der N12, hinter dem 27-Loch-Golfplatz. Denkmalgeschütztes Herrenhaus (1860) mit Spitzenrestaurants, erlesenem Mobiliar und gewienerten Planken. 90 Studios/Suiten 350-450 DM.

Essen, Trinken & Vergnügen

The Hop Inn, 70 Courtenay St, T. 873 2052, neben dem Stadtmuseum, mit Sonderknüller: zwei alte Speisewagen wurden zum liebevollen Restaurant zusammengefügt. F ab 6 DM, supergünstiges „Rentnerlunch" mit Bier 8 DM, Hauptgerichte 12-20 DM; täglich bis 2h. **The Old Townhouse** neben dem Rathaus, T. 874 3663, ist ein denkmalgeschütztes Spitzenrestaurant mit großartiger Karte ab 20 DM. **Saddles** im Lambrecht Centre, York/Langenhoven St, T. 874 3776, sprazzelt mächtige Burger ab 8 DM, brauchbare Pizze ab 12 DM, pfundschwere (!) T-Bones für 22 DM - Hauptsache satt; täglich 12-23h.

Kino: im Tommy Joubert Plaza, 100 Meade St, T. 873 2485, ist *Showtime* Mo-Sa 20h, Fr/Sa auch 15/18/22h. Für 5-7 DM führt man sich daheim verpaßte Streifen in OF zu Gemüte, zu Premieren gibt es Sekt & Schnittchen, als ob gleich Robert de Hero reinkäme.

The Carousel, Courtenay St, T. 873 4324, neben Shell ist der Rettungsanker der Dorfjugend, die sich bis gegen 23h gern ein paar Bierchen im Hop Inn reinpfeift. Ausschank Mo-Sa 15-4h, Mi wird regelmäßig als *Little Saturday* gefeiert!

Das Stadtmuseum, York/Courtenay St, in der Alten Drostdy (1813) kommt als Kuriositätenkabinett voller Schreibmaschinen, Möbel, Puppen & naiver Malerei daher - unter anderem! Den Seitenflügel, den PW Botha mit Staatsgeschenken ausstaffierte, ließ der Ex-Präsident & langjährige Abgeordnete im Wahlkreis George leerräumen, nachdem er 1998 auch in „seiner" Stadt immer mehr in die Kritik geriet. Mo-Fr 9-16.30h, Sa 9-12.30h.

Outeniqua Choo-Tjoe

Wichtigster Grund für einen George-Besuch. Im ganzen Land bietet kein Zug mehr Spaß für weniger Geld als der denkmalgeschützte Choo-Tjoe von/nach Knysna. **Sehenswert!**

Die Dampfloks stammen aus den Jahren 1937/48, an Festtagen wird auch die gute alte 7A (1896) aus dem Stall geholt. Die Wagen (1903-50) mit massiver Holzvertäfelung & gediegenen Lederabteilen dienen seit über 50 Jahren auf dieser Strecke. Im kärglichen „Speisewagen" gibt's nur Coke & Schokoriegel, an Bord herrscht Rauchverbot.

Zustieg in Wilderness, Duiwerivier, Rondevlei, Sedgefield & Goukamma möglich. Wer über weniger Sitzfleisch verfügt, hat in Sedgefield Direktanschluß zurück oder 7 min Gelegenheit zum Füßevertreten. Am beeindruckendsten: George - Wilderness.

Fahrplan: täglich ab George 9.30/13h, nach Wilderness 32 min, Sedgefield 83 min, Knysna 2½ Std (hin/rück 16/20 DM). Ab Knysna 9.45/14.15h. **Alternative:** eine Strecke per Zug, zurück per Bus, Buszeiten am Bhf. **Reservieren** zur Hauptsaison ratsam, an den Bahnhöfen George, T. 801 8289, Fax -8286, und Knysna, T. 382 1361, Fax -3465.

Outeniquaberge

Eine der reizvollsten Bergketten am Kap trennt brachial die fruchtbaren Küstenstriche von der halbwüsten Kleinen Karoo. Wunderschöner Rundweg mit dem Auto: eine geschotterte Nebenpiste (National Monument) klettert seit 1843 von George zum **Montagu-Paß.** Am Paß hübsche Picknickplätzchen und immer wieder wilde Fynbos. Dann über Oudtshoorn auf die N12 und zurück über den vielbefahrenen Outeniqua-Paß.

Noch schöner: die Seven Passes Road. Bevor mit hohen Kosten und Mühen die N2 entlang des Ozeans durchgezogen wurde, war dies die Hauptverbindung an der Garden Route. Eng & kurvenreich, schwierig für Pioniere, gefährlich für Ochsenwagen, auch heute auf jeden Fall der N2 vorzuziehen. Zwischen Aufforstungen schiebt sich immer wieder Urwald an/über die Straße. Wegen teils schlechten Zustandes min. 2 Std bis Knysna.

Zufahrt in George über Courtenay/Knysna Rd, 100m nach dem Ort links ab; in Knysna über die Lagune, gleich nach der N2-Brücke rechts rein. Unterwegs sind mehrere Furten zu durchqueren, die zur Regenzeit durchaus ein paar Zentimeter Wasser tragen!

Hin & Weg

Zug: Southern Cross nach Kapstadt, Oudtshoorn & PE nur noch So. Alle weiteren Züge gestrichen. Bahnauskunft T. 801 8202.

Busse ab St Marks Square hinter der Kathedrale. **Garden Line**, T. 874 2823, Mo-Fr 17.30h, Sa 13.30h nach Oudtshoorn (6 DM). **Intercape** täglich 11/23.55h nach Mossel Bay, Swellendam & Kapstadt (½/3/6 Std, 48 DM); 1.30h/12.30h nach Wilderness, Knysna & PE (½/1/4½ Std, 45 DM). **Translux** täglich 0.50h nach Oudtshoorn & Kapstadt (1/7 Std, 24/50 DM); 1.10h nach Knysna & PE (1/4½ Std, 24/45 DM); 17h nach Mossel Bay, Bloem & Joburg (½/10/15½ Std, 25/115/130 DM).

George Airport 8 km Richtung Mossel Bay, T. 876 9310. **SAA**, T. 873 8448, und **SA Express**, T. 876 9215, linienmäßig nach Kapstadt, Joburg (ab 210/240 DM), PE & Durban mit neuen 50-sitzigen Dash 8. **Atlantic Air**, T. 021/934 6619, nach Kapstadt.

Mietwagen stehen sich am Flugplatz die Reifen platt: **Imperial**, T. 876 9218; Avis, T. -9222; Budget, -9216; Dolphin, T. -9071; und Tempest, T. 878 1005. Billiglösung: **Holiday Cars**, 66 Courtenay St, T. 874 0384, ist ein zuverlässiger Familienbetrieb.

◆◆◆

Mossel Bay

54 km westlich von George, abseits der N2. Nicht schöne, aber lebendige Stadt am Anfang/Ende der Garden Route. In der Bucht krachen Südafrikas zuverlässigste Wellen auf Surfer nieder, und die Freaks vom Guinness-Buch haben mit rätselhaften Rechenschiebern rausgefunden, daß Mossel Bay hinter Hawaii das mildeste Jahresklima auf Erden hat.

Weil die Landzunge der Bucht besonderen Schutz gegen den Ozean verleiht, herrscht im Sommer Stimmung wie in der Sardinenbüchse. Und weil es noch Arbeit außerhalb des Tourismus gibt (z.B. riesige Mossgas-Raffinerie für Erdöl/Erdgas), ist Mossel Bay auch im Winter eine lebhafte Stadt - im Gegensatz zu Plett oder J'Bay. ✆ 044.

Marketing Association: The Granary, Museum Square, T. 691 2202, Fax -1912.

Postamt: Marsh/Mitchell St, T. 691 1326, mit Telefonzellen. **Internet:** Compuright, 76 Marash St, T. 691 2171, online 8 DM/Std; Mo-Fr 8-17h, Sa 8.30-13h.

Übernachten

Caravanpark, T. 691 2915, mit drei Nachteilen: etwas außerhalb, dem Wind ausgesetzt, wenig Schatten. Stellplätze 20-25 DM, Vier/Sechsbett-Chalets ab 80 DM. Weiterer CP am Diaz Beach, T. 695 1740, mit denselben Chalets, wiederum ohne Handtücher.

Santos Express, Santos Rd, T. 691 1995 (Eugene & Trudy), mit fünf ausrangierten Schlafwagen 30m vom Meer. Restaurant, Touren, freie Abholung, zu wenige Duschen, ansonsten sehr charmant. Der HopperBus beendet seine

Tagestour hier und beginnt morgens 7h aufs Neue. Bett im Zweier/Viererabteil ab 15 DM, B&B 30 DM.

Mossel Bay BP, 1 Marsh St, T./Fax 691 3182 (Anton Bosman), marquette@pixie.co.za, in toller Lage kurz vor dem Point. Helles, freundliches Haus mit TV, Küche, Kühlschrank, freier Abholung & Fahrrädern. Der St Blaize Trail wandert fast um die Ecke los. Zelten 10 DM, Schlafsaal 14 DM, DZ 45 DM. Unter gleicher Adresse auch das Gästehaus **Huijs Te Marquette:** einfach, charmant, zehn DZ mit Dusche/WC ab 110 DM.

Park BP, 121 High St, T. 691 1937 (Cirkine & Durr Meyer), von nettem Jung-Ehepaar geführt, mit Küche, Mucke, Braai & Garten. Surf/Boogieboards, Tennisschläger & Hobie Cat zu mieten. Schöner Schlafsaal 14 DM. **Dolphin House,** 15 Marsh St, T. 691 4317 (Mary-Ann Kotzé), für militante Raucher, mit 20-Betten-Schlafsaal & Burenkost.

B&Bs: Allemanse Dorphuis, 94 Montagu St, T. 691 3621 (Pieter), im Herzen der Stadt, mit Buchtblick & tollem Chef. Alle Zimmer mit Dusche/WC; man spricht deutsch. **The Old Post Office Tree Guesthouse,** Church St, T. 691 3738, Fax -3104 (JJ & Wilma), posttree@mb.lia.net, gehört zum Museumskomplex. Terrasse zur Bucht, schöne Zimmer eigenwillig ausgestattet, kassiert nach Namenslänge: 30 EZ/DZ ab 105/195 DM.

Sterne: *** **Rose & Crown,** 3 Matfield St, T. 691 1069, Fax -1426, mit Pseudo-Fachwerk, TV & Klimaanlage. Zehn Standardzimmer ab 110 DM. *** **Santos Protea,** Santos Rd, T. 691 7103, Fax -1945, böse Zungen konstatieren die Ähnlichkeit mit einem Knast, gutmütige Herzen freuen sich über die Strandnähe. Knapp 60 DZ ab 260 DM.

Essen & Trinken

The Post Tree, Powrie St, T./Fax 691 4402, tischt preiswerte Pub Lunches, Pizza, Pasta, Steaks auf. Besonderen Ruf genießt sein frischer Fisch. Allseits hochgeschätzt für Fisch & Meeresfrüchte: **The Gannet** beim Old Post Office Tree GH, T. 691 1885, hell & ungezwungen, mit Fischgerichten für 16-24 DM; täglich 7-22h. Für glückliche Pärchen: **Pavillion** am Strand, Menü mit großen Salaten, guter Flasche Wein & Kaffee 50 DM.

Tidals Tavern, T. 691 3777, genießt die herrlichste Lage: oberhalb des Bay Point. Viel Holz, hohe Decke, mittelaltes Publikum, im Sommer fast immer Bands; täglich 8-2h.

Diaz Museum & Post Office Tree

Bartolomeu Diaz „entdeckte" den natürlichen Ankerplatz 1488, Vasco da Gama folgte 1497, und bald waren es immer mehr Schiffe, die sich hier mit Trinkwasser & Proviant versorgten. Der Tauschhandel mit den ansässigen Gouriqua-Khoikhoi funktionierte, bis sie ab den 1760er Jahren immer mehr von europäischen Siedlern verdrängt wurden. Kurz darauf errichtete die VOC einen Vorratsspeicher, und damit begann die Existenz von M'Bay.

Post Office Tree: besonderer Rummel gilt dem denkmalgeschützten Baum, der dank raffinierten Lichteinsatzes abends schön mysteriös wirkt. Anno 1500 hinterließ ein Kapitän eine Nachricht mit Lageplan in einem Stiefel unter dem riesigen Milkwoodbaum n-eben der Quelle. Ein Jahr später fand sein Nachfolger das Schriftstück. Auch spätere Ostindien-Expeditionen bedienten sich dieses „Briefkastens". So war Südafrikas erstes Postamt geboren - mit Zustellzeiten wie einst bei der Bundespost. Heute werden hier Briefe in alle Welt verschickt, natürlich mit Sonderstempel.

Dem Entdecker Diaz ist ein ansehnlicher Museumskomplex gewidmet: mit Verkehrsamt, Sammlung zur Stadtgeschichte, dem ältestem Wohnhaus der Stadt (Munrohoek, 1830), Kornspeicher der VOC (1786), Quelle von Sao Bras, Malaienfriedhof und Da Gama-Kreuz. Sehenswerte Muschelsammlung. Komplex Mo-Fr 9-16.45h, Sa/So-Fr 10-16h.

Das Maritime Museum wird beherrscht vom Nachbau jener Karavelle, mit der Diaz die „Muschelbucht" 1488 erreichte - lebensgroß und doch sooo klein. In Portugal auf Kiel gelegt, wurde das gute Stück zum 500. Jubiläum von Onkel Bartolomeus Trip auf die Reise nach Südafrika geschickt. *Wieviel Todesverachtung für die Durchseglung der Weltmeere mit solchen Nußschalen nötig gewesen sein muß!*

Unternehmen & Anschauen

The Point als äußerster Zipfel der Halbinsel blickt auf Wellenberge, die gegen die Felsküste ankrachen, und Naturbecken zwischen diesen Felsen. Ideal zur Beobachtung von Delphinen, Seehunden und Walen (Southern Right, Humpback, Brydes; Juli-Okt).

Tauchen ist in M'Bay exzellent! Wer mit Frank Grobler (Büro am Hafen, NAUI-Kurse) runtergeht, erlebt den Ozean wie noch nie, u.a. atemberaubender Korallengarten. Infanté Charters im Bhf, T. 691 3738, veranstaltet Angel-/Tauchausflüge und Bootstouren rüber zum **Seal Island** - 3000 Robben! Hin/rück 25 DM, Fahrkarten am Hafen.

Great Shark Cage Diving: in M'Bay wurde das umstrittene „Haitauchen" erfunden - man steht dem durch Futter angelockten Weißen Hai unter Wasser im Käfig Auge in Auge gegenüber; 160 DM/Tagestour (meist 9-16h), inkl. Mittagessen & Getränken, buchen in BPs. Zum Stand der Diskussion s. Allgemeiner Teil/Sport.

Hin & weg

Zug: Southern Cross nur So nach Kapstadt, Oudtshoorn & PE.
Busse: Mossel Bay liegt 45 min westlich von George, Verbindungen s. dort. Alle Luxusbusse ab Shell Truckport/Strijdoms Garage an der N2.

Klassisches Ziel für Südafrika-Besucher, die mehr als Tiere sehen wollen.

Westliches Kap

In mehrfacher Hinsicht eine außergewöhnliche Provinz. Ihre touristischen Vorzüge liegen auf der Hand: Garden Route & Westküste, Weingegenden & das fruchtbare Breede-Tal, dazu natürlich Kapstadt samt dranhängender Halbinsel und einzigartigem Florenreich.

Ihre politische Sonderrolle (Provinzwahlen 1996: National Party 53,2%, erst seit 1999 ANC-Mehrheit) hat historische Wurzeln. Am Westlichen Kap sind „Mischlinge" mit 2,5 Millionen deutlich in der Überzahl; Schwarze 1,5 Mill, Weiße 900.000, Asiaten 40.000. Unter der Apartheid brachte die strikte Trennung zwischen *Coloureds* und *Blacks* ersteren einige Vorteile. In ihrem Stimmverhalten dokumentiert sich nun die Angst, erneut Opfer einer Rassendiskriminierung zu werden, diesmal mit umgekehrten Vorzeichen.

Nach Gauteng ist das Westkap die zweitreichste Provinz. 9% der Gesamtbevölkerung erzielen über 13% des BIP; Durchschnittseinkommen 2620 DM, landesweit 1680 DM. Rund um Kapstadt befindet sich eine hochdifferenzierte verarbeitende Industrie, die dem beständigen Strom der Zuwanderer aber nicht genug Arbeit stellen kann. In einigen Regionen spielen Wein/Obstbau oder Getreide die Hauptrolle. Die Karoo lebt von Straußenzucht & Wollproduktion, Garden Route und die Winelands dagegen fast nur noch vom Tourismus.

Central Karoo

Gute Idee für alle, die gerade das „Kapstadt-Joburg-Ding" abziehen: für ein paar Stündchen in einem Karoo-Städtchen hängenbleiben.

Highlights der Provinz

*** Mit der halbwüsten Karoo wird sich jeder Besucher, der nicht an Kapstadt oder Garden Route klebt, auf irgendeine Weise auseinandersetzen müssen. Besonders pittoresk sind ihre herben Reize & Geschichten im *Karoo NP* und in *Matjiesfontein* vereinigt.

*** Vor der *Whale Coast* sind von Aug-Okt die riesigen Meeressäuger kaum zu übersehen. In dieser Zeit zeigt sich v.a. Hermanus von seiner schönsten Seite.

*** Fynbos machen beinahe das gesamte Westkap zum Traumziel für Botaniker, doch die spektakulärste Naturkulisse dafür bietet die *Cedarberg Wilderness.*

*** In den *Winelands* um Stellenbosch & Franschhoek schmeckt man aufs angenehmste heraus, warum Südafrika zu den fünf großen Weinbaugebieten dieser Erde gehört.

Mehr Aufmerksamkeit hat der Karoo-NP verdient, der alle Besonderheiten dieser beeindruckend bizarren Landschaft vereint.

Entlang der N1 warten preiswerte Unterkünfte jeder Art. Vorzug einer Gästefarm: die Hausherren sind bemüht, ihr Wissen über Geo-, Paläonto- und Ökologie der Karoo zu vermitteln. Einige Wildreservate werden im Sommer von Jägern in Beschlag genommen.

Karoo-Nationalpark

> ☞**Tip für Naturburschen-/mädels!** Wenige Tiere, keiner der Big Five, aber exquisite Landschaft und tolle Wanderungen durch ein sensibles Ökosystem.

Erst 1979 kam die NP-Behörde auf den Gedanken, einen größeren Abschnitt der Karoo, die Südafrikas Bild entscheidend mitprägt, unter ihren Schutz zu stellen. Die Entscheidung fiel auf dieses 328 qkm-Gelände, weil darauf mehrere Habitate abwechseln: flache Hügel, karges Baumland, dichte Talvegetation, schroffe Klippen, offenes Veld. Allein der **Karoo-Busch** aus Zwergsträuchern, Gras- und Knollengewächsen gewährt 60 kleineren Säugetierarten Unterschlupf. Wer in Kapstadt den Tafelberg übersah - hier gibt´s genug davon.

Hauptzufahrt 5 km westlich von B'West an der N1, täglich 5-22h, 6 DM/Fahrzeug. **Rezeption** im Restcamp, T. 0201/52 828, Fax 51 671, täglich 7-20h; mit Checklisten zum „Abhaken" erkannter Vögel, Säugetiere, Reptilien usw. Diavorträge zu parkspezifischen Themen täglich 18h.

Pisten: von **Lammertjiesleegte** sind einige der wieder angesiedelten Bergzebras, Antilopen & Weißschwanzgnus zu sehen. Die andere Strecke erklimmt über den **Mountain Pass** das mittlere Plateau und beeindruckt eher durch steile Schluchten.

Übernachten & Essen

Es lebe die Zweiklassengesellschaft. Anmelden bei SA National Parks, T. 012/343 1991 und 021/422 2810, reservations@parks-sa.co.za.

Camp: wunderhübsch & neu, mit einem Hauch Cape Dutch, alles klimatisiert & luxuriös mit Küche & Bad. Acht Dreibett-Bungalows 110 DM (1-2 P); 20 Sechsbett-Cottages 200 DM (1-4 P); weitere P 24 DM. Am oberen Ende des Camps wartet der schönstgelegene Pool der Karoo vergeblich auf Badende!

"Wenn im Winter wenig los ist, überlassen die netten Damen am Empfang auch mal eine der tollen Hütten zum halben Preis, wenn man ihnen charmant erklärt, daß man aus Germany kommt und als Alleinreisender je nur ein Bett benutzt. Für den Preis kann man in ganz Südafrika nicht angenehmer übernachten." (Jürgen Gerhardt)

Zwischen die Chalets wurde die Parkverwaltung gesetzt, in der Neuankömmlinge sich melden und Souvenirs, aber auch Unwichtigeres wie Lebensmittel, Butter, Gemüse kaufen. Das dazugehörige Restaurant darf - TYYY; letzte Bestellung 20.30h.

Campingplatz: außer Sichtweite ein bezauberndes Gelände mit 30 teils schattigen Nischen und weichem Rasen. Während man das Zelt aufbaut, schauen große Schildkröten nach dem Rechten. Stellplatz 14 DM (1-2 P); weitere P 4 DM.

„Für komplett ausgerüstete Wochenend-Karawanen südafrikanischer Großfamilien zu leicht zugänglich. Hier residieren oft Dauercamper, trotz freier Plätze wurden wir kühlbestimmt abgewiesen. Parkbesuch lohnt aber unbedingt." (Thomas & Petra Engelhardt)

Wandern & Stinken

Springbok Trail: in zwei Tagen nur **26 km**, aber auf anspruchsvollen Wegen. Um dem Wanderer viele Habitate näherzubringen, führt er aus der Ebene schnurstracks in die Nuweveldberge (1900m). Der zweite Tag hat's in sich! Nur März-Mitte Okt, max. 12 Teilnehmer; 18 DM/P. Unterwegs Schutzhütten mit Schlafkojen & WC, Lagerfeuer verboten.

Fonteintjieskloof: wer nicht für Springbok gebucht hat, aber dennoch die rauhen Reize der Karoo erwandern will, ist mit diesem schweißtreibenden Pfad prima bedient. Dessen 11 km (Bestandteil des Springboks) erklimmen zumindest die erste Etage. Außerdem: behindertengerechter Fossil Trail (400m) und weniger aufregender Bossie Trail.

Ou Schuur: das kleine Umweltzentrum klärt über geographische, öko- und biologische Zusammenhänge auf; täglich 8-18h. Umso erstaunlicher, daß diese Aufklärung auf Querfeldeinfahrten fortgesetzt wird! 72 km-Tagesfahrt im offenen LandRover mit SANP-Guide & Lunch 130 DM (1-4 P), kürzerer Trip 32 DM (1-2 P), auch mehrtägig möglich.

Beaufort West

532 km südwestlich von Bloem. Gute Logis-Alternative zum sehenswerten Nationalpark. Die älteste weiße Siedlung in der Karoo (1818) erhielt 1837 das Stadtrecht. Wesentliches ist seither nicht geschehen, bis auf die Zukleisterung der Hauptstraße mit Tankstellen, weil alljährlich Millionen von Südafrikanern über die N1 zu ihrem Sommervergnügen hetzen. Ach ja, B'West säumt als einzige Stadt der Welt ihre Alleen mit Birnbäumen!

Ⓒ 0201 - *ändert sich 2000.*

Central Karoo Tourism: im Rathaus, 87 Donkin St, T. 51 160, Fax 3675, karorose@internext.co.za.

Übernachten & Essen

Wer nix auf dem Kerbholz hat: die **International Police Association**, T. 51 381, beehrt sich, Besuchern ihre weltweit anerkannte Gastfreundlichkeit angedeihen zu lassen. Selbiges geschieht in drei vollausgestatteten Cottages (2-10 P) - preiswert.

Caravanpark am südlichen Ende der Donkin St/Danie Theron, T. 2800, umzingelt von N1, Tankstelle und Fast Food. Zeltplätzchen 15-22 DM, feste Wohnmobile mit Geschirr & Kochzeug 16 DM/P. Kann gegen den Rasenplatz im NP abstinken! *"Besonders unangenehm: Fernbusse entladen ihre Reisenden zum Erfrischen, Duschen, Toilettengang ins Sanitärhäuschen - wie das dann aussieht, kann man sich vorstellen. Camper müssen währenddessen stundenlang anstehen." (Thomas & Petra Engelhardt)*

Donkin House, 14 Donkin St, T. 4287, Fax 51 055, mit TV-Raum, geschütztem Pool, Kinderspielplatz, Dusche gelegentlich nur kalt. Die bewährte Gastlichkeit hat sich gerade bei N1-tüchtigen Geschäftsleuten herumgesprochen.

45 DZ mit Bad ab 70 DM.

Lodges in der Donkin St: **Masonic,** #94, T. 3877, mit 36 Betten, neuer herzlicher Leitung, hübsches historisches Haus mit großer Veranda, Restaurant (auch vegetarisch) und einem Pub, in dem öfter Live-Auftritte zu überstehen sind. **Ye Olde Thatch,** #155, T. 2209, mit 17 Betten, billigem Restaurant, Pool, Info Centre; DZ ab 70 DM.

Lodges in der ruhigeren Bird St: **Matoppo Country Inn,** #7, T. 51 055, Fax -080, in Ex-Drostdy, entsprechend elegant mit Yellowwood auf Dielen & Decken, saftigem Garten und Pool mit Aussicht, dazu aufmerksamer Service, Ausflüge und *Battlefield*-Touren; neun luxuriöse DZ 165-225 DM, F 15 DM. **Beaufort Manor,** #13, T. 52 175, Fax 2178, droloff@mweb.co.za, eifert dem kräftig nach; sechs DZ 120-150 DM. **Treetops,** #17, T. 3022, mit F ab 45 DM/P.

Stadthotels an der Donkin St: ** **Oasis,** #66, T./Fax 3221, eine vergilbende Oase mit eigenem Teich; 30 DZ 70-130 DM, je nach Ausstattung. **Formule 1,** #144, T. 52 421, bietet sterile, klimatisierte Dreibettzimmer mit Bad für 67 DM, einfaches F 4 DM.

Gästefarmen: über die Umgebung sind **18 Farmen** verteilt, um deren Vermittlung sich Rosalie Willis im Verkehrsamt, T. 51 160, kümmert. **Lemoenfontein,** 2 km nördlich abseits der De Jagers Pass Rd, T. 52 847, Fax 51 044, lemoen@mweb.co.za, um 1850 von Großwildjäger errichtet, bietet 13 kommode Zimmer mit Ventilator & Heizung; EZ/DZ mit F ab 85/155 DM.

Ordentliche Restaurants in **Ye Olde Thatch Lodge** und **Oasis Hotel. Saddles** bruzzelt seine Mega-Steaks neben Formule 1.

Stadtmuseum

Christiaan Barnard ist der berühmteste Sohn der Stadt, was nicht geheim gehalten wird. Das B'West-Museum befaßt sich mit „Karoogeschichte, der Rolle der Kirche und berühmten Menschen der Region" - womit v.a. der Herzverpflanzer gemeint ist, der 1000 Dankgeschenke aus aller Welt dem Museum überließ. Verteilt über Missionskirche, Pfarrhaus (Barnards Geburtsstätte) und Altes Rathaus an der Donkin St; Mo-Fr 9-17h, 2 DM.

Der Stadtplan im Rathaus, so frei wie unübersichtlich, skizziert einen 2 km-Marsch, der alles Sehenswerte in 30 min abgeklappert - prima Abwechslung zum Gaspedal.

Hin & weg

Züge: Trans Karoo täglich 18.25h nach Joburg, 4.50h nach Kapstadt (115/60 DM). **Trans Oranje** Fr 21h nach Kapstadt, Di 4h nach Bloem & Durban (60/170 DM).

Busse ab Oasis Hotel: **Translux** Sa-Do 0.20h nach Graaff-Reinet & East London ($2^{1}/_{2}$/9 Std, 55/85 DM); Sa-Do 0.01h nach Kapstadt (6 Std, 85 DM); Mo-/Di/Do/So 22.30h nach Bloem & Joburg (6/11 Std, 65/120 DM); Di/Mi/Do/Fr 4.50h nach Oudtshoorn & Knysna ($2^{1}/_{2}$/5 Std, 30/60 DM). **Greyhound** täglich 3.15-/6.10h nach Kapstadt (95 DM); 20/23.50h nach Bloem & Joburg (90/125 DM); 18.20h nach Bloem & Durban (13 Std, 160 DM); Mo-Sa 4.45h nach Oudtshoorn & Mossel Bay ($2^{1}/_{2}$/4 Std, je 70 DM).

N1 nach Kapstadt

Der 456 km lange, überbreit ausgebaute Abschnitt von B'West nach Kapstadt führt stundenlang durch Steinbüsten & Scheinwüsten, um sich hinter Matjiesfontein unvermittelt doch noch auf Grün einzulassen. Wer sich nach 75 km über den Ortsnamen Leeu Gamka wundern sollte - in diesem Weiler knallten anno 1847 Jäger einen Kaplöwen ab. Er war der letzte Vertreter seiner (damit ausgelöschten) Art. **Waidmannsdank!**

Blue Train: bis ans Kap gerät die Bahnstrecke kaum außer Sichtweite. Wer den Luxuszug inflagranti ertappen will, hält am frühen Abend die Augen offen. Der Zug nach Kapstadt fährt mitten in der Nacht durch, sein Konterpart nach Pretoria hält (Sep-April) Mo/Mi/Fr 16.30h in Matjiesfontein, 21.05h in B'West; Aufenthalt 1 Std/20 min.

Matjiesfontein

225 km westlich von B'West, neben der N1. Das ganze Nest (National Monument), an dem so mancher ahnungslos vorbeirauscht, fiel irgendwann aus dem Zeitrahmen. Möglichst einmal übernachten, um den skurrilen Charme des gesamten Komplexes zu begreifen. **Tip!**
(Mitrecherchiert von Thomas & Petra Engelhardt.)

Ohne Umschweife in die viktorianische Perle: ** **Lord Milner Hotel,** Logan Rd, wegen Preis & Atmosphäre, Dinner bei Kerzenlicht & *Early Morning Tea.* Fontänen plätschern in graziösen Gärten, jedes Möbelstück schwelgt in Erinnerungen ans Jetset; 14 DZ mit tollem F 120-150 DM. Speisesaal und Pool besonders sehenswert. Daneben **billigere Zimmer** in anderen Gebäuden, die nach und nach aus dem Dornröschenschlaf erwachen.

☞ **Vorbuchen** bei der Zentralverwaltung ratsam, T. 023/551 3011, Fax -3020; besonders an Wochenenden oft ausgebucht.

Coffee Shop einige Häuser vom Hotel mit viktorianischem Ambiente & preiswertem Karoo-Frühstück, nur bis 11h. Die **Hotelbar** selbst ist nicht gut geführt, dafür steht jetzt im ältesten Gebäude am Ort (Logans Ex-Wohnhaus) die gastfreundliche **Jimmy's Tavern.** Originale hinter der Theke: Robbie könnte mal die Legende von M'fontein werden, Christie gehen die Infos zu Stadt, Land, Fluß nie aus. Dazu je nach Pegel faustdickes Karoo-Latein.

Die Bibliothek im Lord Milner wirkt ebenso museal, man darf sich aber überall hinsetzen, alles anfassen und die 20er Jahre spüren. Der gepflegte, italienisch wirkende **Park** mit Fischteich & trübem Pool lockt bei Sonnenuntergang zum Lustwandeln.

Züge: Trans Karoo täglich 14.46h nach Joburg, 8.25h nach Kapstadt (100/30 DM). **Blue Train** hält Sep-April Mo/Mi/Fr 16.30-17.30h, Mai-Aug einmal wöchentlich. Wer per **Auto** von der Garden Route direkt nach M'fontein will und sich nicht swartberg-tauglich fühlt, nimmt die **R323** Riversdale - Laingsburg. Bis auf 50 km guten Schotters durchgehend geteert, nicht spektakulär, aber schön genug.

Refugium für Rhodes & den Sultan

1884 wurde Matjiesfontein von James Logan gegründet, der auf dem Weg nach Australien am Kap gestrandet war. Der junge Schotte hatte sich in der Karoo die Farm Tweedside gekauft, an der bereits die Bahnstrecke nach Norden vorbeiführte. In einer Zeit, da Züge noch keine Speisewagen führten, erkannte er die Marktlücke und verköstigte, während die Loks Wasser nachluden, im eigenen Erfrischungsraum hungrige und durstige Reisende.

Zudem war für den Asthmatiker Logan das trockene Karooklima eine Wohltat - warum also nicht ein Heilbad aufmachen? Dank ihres Flairs, aber auch der Energie ihres Besitzers gewann die „Oase der Karoo" rasch an Freunden. Logan importierte eigens Laternen aus London, und ein Londoner Doppeldecker busselt heute noch über die Hauptstraße.

Bald drückte sich das Jetset die Klinke in die Hand. Gerne erholten sich z.B. Cecil John Rhodes, Sir Randolph Churchill und der Sultan von Sansibar in Matjiesfontein von den Mühen des Reichtums. Im Burenkrieg war der Ort drei Jahre lang das britische Hauptquartier. Neben 12.000 Soldaten und vielen Verwundeten (das Hotel diente als Hospital, sein Ziertürmchen als Ausguck) blieb kein Platz mehr für die Schönen & Reichen. Als später auch die N1 das Städtchen links liegen ließ, verfiel es in tiefen Dämmerzustand.

Im November 1970 von einem Hotelier wieder wachgeküßt, schaut Matjiesfontein heute genauso aus wie vor 100 Jahren. Und seine Luft schmeckt wieder **wie trockener Champagner.** So ungefähr.

Kleine Karoo

Im Süden von Outeniqua- und Langebergen, im Norden von Swartbergen abgeriegelt, ist diese von Touristen kaum behelligte Region nur über spektakuläre Pässe zu erreichen. Wer aus der Großen Karoo kommt, nimmt erstaunt die Fruchtbarkeit der Kleinen Schwester zur Kenntnis. Dies ist das Land der Strauße, die sich in der trockenen Wärme wohlfühlen.

Oudtshoorn

179 km südlich von B'West, an der N12. Der Hauptort der Kleinen Karoo kennt nur drei Themen: **Strauße, Strauße, Strauße.** Den fruchtbaren Boden, der sich z.B. zur Straußenzucht eignet, verdankt sie einem Zufluß des O*strich?,* nein: O*lifants.* ✆ 044.

"Ein Abstecher von der Garden Route lohnt auf jeden Fall, und sei es nur, um mal was anderes als Grün zu sehen." (Heiko Binder) "Echt hübscher, gepflegter Ort - den Vergleich mit Plett oder PE gewinnt eindeutig Oudtshoorn." (Dan Matzke)

Tourist Bureau: Voortrekker-/Baron van Reede St, T. 272 2221, Fax -5007. **Postamt:** Church/St Georges St, T. 279 1777.

Fahrräder: im BP Oasis für 4 DM/Std, 15 DM/Tag.

Little Karoo Arts Festival: letzte Märzwoche, Unterkünfte vorbuchen!

Übernachten

Neuankömmlinge erhalten im **Backpackers Oasis,** 3 Church St, östlich Baron van Reede, T./Fax 279 1163, kein Freibier mehr! Schön, daß der Rest im geräumigen Haus mit Katze noch stimmt: komplette Küche, oft Braaiabende oder Potjiekos, saubere Duschen, Kamin mit TV-Untermalung, großer Garten, Pool, Safe, Bungi-Wochenenden, Rabatt für viele Attraktionen, Joyrides Tours. Zelten 10 DM, Schlafsaal 14 DM, DZ 30-40 DM.

BP Paradise, 148 Baron van Reede/Victoria St, T. 272 0725, Fax -0877, jubilee@pixie.co.za, an der Hauptstraße mit Touren jeder Art. Neues Haus, Rauch- und nach 23h auch Lärmverbot, extragroße Betten. Preise wie Oasis.

Ferienanlagen zur Hauptsaison mit sattem Preisanstieg. Städtisches **NA Smit Resort** westlich des Flußes, Park/van Riebeeck St, T. 272 2221, Fax 279 1812, mit großem Pool. Zehn komfortable Vier/Sechsbett-Chalets mit TV, Bad & Küche 60-80 DM, Zwei/-Drei/Vierbett-Rondawels mit Herd & Kühlschrank 35-60 DM, 160 Zeltplätze ab 20 DM.

Kleinplaas Resort, 171 Baron van Reede/Noord St, T. 272 5811, Fax 279 2019, kühl & professionell, guter Pool. 44 komplette Vier-/Sechsbett-Chalets 70-100 DM, 30 Caravanplätze unter großen Bäumen 30 DM. - **Cango Mountain Resort,** Klein Leroux River Rd, T. 272 4506, Fax -6075, 27 km außerhalb am Fuße der Swartberge mit Bikes & Kanus. Sechsbett-Chalets mit Küche, Bad & Patio 70-100 DM; Zeltplatz 20 DM.

Gästehäuser in der Stadt, alle rund 30 DM/P: **Bedstop Accomodation,** 69 Van der Riet St, T. 272 4746, mit Gemeinschaftsküche. **Vrederus,** 13 Vrede St, T. 272 4298, mit möbliertem Fünfbett-Apartment, großem Rasen und Schaukel. **Minifee Lodges,** 33 Albert St, 272 2964, einfach mit vier/sechs Betten, TV, Miniküche & Bad, DZ schon ab 40 DM.

B&Bs am Schoemanshoek rund 15 km nördlich der Stadt: **Oue Werf**, T./Fax 272 8712, mit schönem Farmhaus (1857), eigenem See, Booten, Kanus, Pferden & viel Ruhe; jedes Cottage mit eigenem Zugang und Braai 40-60 DM/P. **Altes Landhaus,** T. 272 6112, Fax 279 2652 (Heinz & Helen Meyer), mit deutschen Besitzern; sechs Suiten 95-150 DM/P. Nette Ferienfarm: **Red Stone Hills,** T./Fax 272 7121, redstone@pixie.co.za, mit Cottages von 1880.

Spitzenhotels entlang der Baron van Reede St, in gebührendem Abstand voneinander: ** **Caves Motel,** T./Fax 272 2511, freundliche Straußenfarm 3 km nörd-lich, 16 DZ ab 130 DM, über 20 Mehrbettzimmer ab 190 DM. ** **Queens,** zwischen Museum und St John St, T. 272 2101, Fax -2104, mit der längsten Tradition, 50 DZ/Mehrbettzimmer 160-200 DM. *** **Holiday Inn GC,** Ecke van der Riet St, T. 272 2201, Fax -3003, mit dem meisten Betrieb; 120 EZ/DZ ab 250/290 DM. *** **Rempie Estate**, T. 272 6161, Fax -6772, sehr gemütlich, Dutzende von Zwei/Vier/Sechsbett-Rondawels, EZ/DZ ab 190/210 DM. ***** **Rosenhof Country Lodge,** #264, T. 272 2232, Fax -3021, Landhotel mit Restaurant und Pool, zwölf geschmackvolle EZ/DZ ab 160/275 DM.

Essen, Trinken & Feiern

Natürlich stammen die Spezialitäten vom Strauß, ob *Ostrich*-Omelett oder -Steak ist Geschmackssache. An Ostrich Biltong verdient aber nur einer: der Zahnarzt danach.

Bernards Taphuis, Voortrekker/Baron van Reede St, T. 272 5404, macht´s gemütlich & delikat. Menüs auch auf dem Balkon ab 25 DM. *"Mein Tip: Straußenfilet mit köstlicher Sauce, Preiselbeeren & Röstkartoffeln 20 DM, gute Salatplatte 10 DM." (Marion Dirk)* **Headlines**, Baron van Reede/St Johns St, T. 272 3434, ist ebenso empfehlenswert: reichlich Straußenkost für 20-25 DM, vegetarische Platte, Burger, Pizze unter 10 DM. Exakt gegenüber: **Spurs** mit Steakranch, **Chopstix** mit China zum Mitnehmen.

Weinkeller: am westlichen Ende der Rademeyer St, von George aus gleich links, liegt die **Kango Co-op.** Kostproben Mo-Do 8.30-16.30h, Fr 9-13h.

Clubs: Alcatraz gegenüber vom Postamt mit Underground-Feeling, woran die Mucke nicht schuldlos ist. **Wiljo´s** wirkt dagegen mehr wie ein Therapiezentrum für wiedervereinigte Pärchen. Beide Mi/Fr/Sa bis ultimo, Eintritt 4/2 DM.

Anschauen im Ort

Das CP Nel Museum, 3 Baron van Reede St, widmet sich einem unerwarteten Thema: der Geschichte des Straußes durch die Jahrhunderte. Seine Pracht in Sandstein verdankt es dem Straußenboom zur Jahrhundertwende. Mo-Sa 9-17h, 3 DM. Das **Townhouse** in der High St ist einer der „Federpaläste" aus Oudtshoorns Glanzzeit.

In der Villa Arbeidsgenot, Jan van Riebeeck St, dichtete CJ Langenhoven auf Afrikaans. Was man dafür braucht, wie man davon lebt - selbst sehen: Mo-Sa 9-13h, 14-17h.

Wo fünf Reisebusse, dort sechs Souvenirstände - logo, muß so sein. In Auzhorn beschleicht einen aber das eigenartige Gefühl, daß die **Andenken** schon da waren, *bevor* die ersten Touristen kamen. Wem der Sinn nach Straußeneiernledernfedern in jeder Form steht, kommt z.B. bei **Kuriopik**, Langenhoven-/High St, aus dem Staunen nicht heraus.

Strauße & Farmen

Natürlich haben sich die größten Farmen auf einen Modus Vivendi geeinigt. Zuerst Wissenswertes über den kuriosen Vogel, seine Aufzucht & Produkte, z.B. daß **das Hirn** des Dummkopfs weniger wiegt als sein Augapfel! Dann allerlei Späßchen im Gehege, die diesen Tatbestand belegen. Man darf das Federvieh füttern und (unter 70 kg) zu **reiten** versuchen. Schließlich treten Angestellte zum Straußenrennen an.

Führungen ganzjährig 8-16.30h, je nach Andrang 1/2-1 1/2 Std; Eintritt 6-8 DM, Kinder die Hälfte. *Alle Ostrich Farms entlang der R328 nach Mossel Bay bzw. Cango Caves.*

Highgate Farm, 10 km südwestlich, T. 272 7115, verdankt ihrer sechzigjährigen Tradition den weitestverbreiteten Ruf. **Safari Farm**, 6 km südwestlich, T. 272 7311, besitzt über 2500 Vögel. **Oudtshoorn Farm**, 3 km nördlich, T. 279 1861, lockt als Neuling mit Reiten und üblichen Spirenzchen zum Caves Motel.

☺ **Cango Farm,** 14 km nördlich, T. 272 4623, mit Weinkeller & Schmetterlingsabteilung. Wenig überlaufen, teils deutsche Führung. Wenn der Chef führt, gibt's neben der üblichen Zahlen- und Effekthascherei auch erstaunliche Hintergründe. Lohnt am meisten!

Cango Crocodile Ranch & Cheetahland

3 km nördlich, an der R328 zu den Höhlen. Zehn Raubtierarten, an die Weiten der Savanne gewöhnt, sind in deprimierende Gehege gepfercht. Dafür werden die Tiere (auch Puma & Jaguar!) zu Kaspern gemacht. Löwen brüllen auf Kommando bis zum Abwinken, für 15 DM extra darf man Gepardenjunge fürs Fotoalbum streicheln, mit Zertifikat ...

☺ **Auf der Croco**-Ranch, T. 272 5593, der ältesten in Südafrika, sind 300 Exemplare zu finden, vom kurzen Kaiman bis zum lethargischen 4m-Alligator. In Afrika sterben mehr Menschen durch Kroks als durch jedes andere Tier. Der Stolz der Ranch, Zindago, hat angeblich in Simbabwe zwei Menschen auf dem Gewissen. Täglich 8-17h, 10 DM, Kinder 5 DM, Führung (1 Std) im Halbstundentakt. *Möglicherweise dichtgemacht.*

Cango Caves

28 km nördlich von Oudtshoorn. Mal wieder greifen die Werbefritzen drei Schubladen zu hoch und posaunen was vom „herausragenden Naturwunder der Welt". Also kommt jeder Tourenveranstalter südlich des Äquators vorbei, und die Führer müssen im Dez/Jan bis zu 100 Menschen durchschleusen - pro *Scenic*-Tour!

Wer Wochenenden meidet oder zur ersten Tour des Tages antanzt, darf sich aber auf ein unterirdisches Wunderland freuen. Die fünf Höhlen, eine davon 18 km lang, sind über eine Million Jahre alt und stehen seit 1938 unter Denkmalschutz. Raffiniert wurden Hallen, bis zu 9m hohe Tropfsteingebilde und „Vorhänge" ausgeleuchtet. In der hintersten begehbaren Kammer kraxelt man durch den dramatisch engen *Devil's Chimney* 7m nach oben, um dann vor der *Letterbox* kurz zu zucken: diese Spalte ist exakt 30 cm hoch - nicht im Brautkleid kommen! Daunenjacke ebenso unnötig, da in der Höhle ganzjährig 18°.

☞ **Zugang** zur Höhle nur mit Führung, Anmeldung T. 272 7410 (nicht nötig). Es gibt drei Varianten von 1/2-1 1/2 Std: *Scenic* (halbstündlich, 6 DM) nur durch zwei Kammern – rausgeschmissenes Geld. *Standard* (stündlich, 8 DM) durch vier Kammern. *Adventure* (10 DM) mit echtem Abenteuergefühl schon vor der letzten Kammer, aber dann ...

Menschen mit Herzproblemen, Klaustrophobie, Asthma sollten auf die Adventure-Tour verzichten, auch wenn der Guide erst in der Höhle mit der Wahrheit herausrückt.

Touren & Trails

Ultima Ratio ohne Auto, denn alles Sehenswerte liegt weit außerhalb. *Joyrides* (BP Oasis) bietet Radtouren für 25-50 DM: vom Swartbergpaß in Schußfahrt zu allen Attraktionen oder durchs Farmland, letztere inkl. Lunch, Weinprobe & De Rust-Wasserfall. *TTT,* T. 272 6643, täglich zu Straußenfarmen, Croco Ranch & Höhlen. **Wanderungen** in den Swartbergen zwischen 1/2 Std und fünf Tagen, Wanderkarten bei BP Oasis.

Hin & weg

Züge: nur So nach Kapstadt bzw. George/Mossel Bay.

Busse: Garden Line, T. 874 2823, Mo-Fr 6.30h nach George, 17.30h zurück nach Oudtshoorn (4 DM). **Transtate** Mo/Di/Do 8.15h, So 10h nach Montagu & Kapstadt (15/30 DM). **Minibustaxi** nach George 4-8 DM. **Baz/Hopper**-Bus zu beiden BP. **Greyhound** ab Flugplatz Mo-Sa 7h nach George & Mossel Bay (1/1 1/2 Std, je 50 DM!); So-Fr nach B'West & Joburg (2/14 Std, 65/130 DM). **Translux** ab Flugplatz täglich nach Montagu & Kapstadt (2/6 Std, 24/50 DM), George & PE (1/5 1/2 Std, 24/50 DM); So-Fr 19h nach B'West & Joburg (30/125 DM), über Bloem oder Kimberley (je 8 Std, je 100 DM).

Flüge: den kleinen Airport, T. 279 2088, steuern nur Privatflieger an. **Mietwagen: Budget** am Flugplatz, T. 272 3673. Avis im Holiday Inn GC, T. 272 7505.

Swartberg Pass

Echtes Erlebnis! Nördlich von Oudtshoorn überwindet die R328 den spektakulärsten Bergpaß der Kapprovinzen - auf Schotter. Auf ihrem Weg läßt sie zunächst die Abzweigungen zu Cango Resort und Rust-en-Vrede-Wasserfällen (74m), dann die Cango Caves rechts liegen und schraubt sich auf atemberaubende Weise immer höher in die Swartberge.

Die Paßstraße zählt zu den Meisterwerken des Ingenieurs Thomas Bain. 1881-88 unter hohem Aufwand gebaut, führt sie durch reiche Fynbos mit wilden Proteen. 24 km hinter den Grotten ist die Paßhöhe (1600m) erreicht - grandioser Blick über die Karoo. Jenseits des Passes stolpert sie durch eine wahre Mondlandschaft hinunter nach Prince Albert, belohnt unterwegs aber mit hübschen Picknickplätzchen & Badenischen.

☞ **Während/nach Regenfällen** wird die Schotterpiste zur gefährlichen Rutschbahn. Weil kaum gesichert, werden dann an beiden Paßzufahrten Absperrungen aufgestellt. Daran ließe sich problemlos vorbeifahren - wer es wagt, muß aber mit dem Teufel im Bunde sein. Ein alleinreisender Ire, der den Paß per BMW im Dauerregen überwunden hatte und danach in unserem Backpackers einlief, war noch abends mit den Nerven am Ende!

Prince Albert

70 km nördlich von Oudtshoorn, an der R328. Dieses schnuffeliges Nest döst seit 1762 am Fuße des Swartbergs vor sich hin. Die reizvolle Mischung aus kapholländischer, viktorianischer & Karoo-Baukunst wird ergänzt durch ein Dutzend toller Absteigen. ✆ 023.

An der Church St: **Saxe-Coburg Lodge,** #60, T./Fax 541 1267 (Richard & Regina), mit wanderfreudigem deutschsprachigem Paar; drei DZ 70-90 DM. **Collins House,** #63, T./Fax 541 1786

(Tessa & Sheila), mit mehr Schmiedeeisen; drei DZ mit Balkon 120-135 DM. ** **Swartberg Country Lodge,** #77, T. 541 1332, Fax -1383, swartberghotel@webmail-.co.za, überaus stilvoll mit Restaurant, Pool, Ausflügen & lieblichem Garten; 19 Zimmer und Cottages 130-150 DM.

Overberg

Keine Region am Kap ist reicher mit Küsten- und Bergfynbos gesegnet. „Hinterm Berg" tat sich zwischen Swellendam und Cape Flats nie sehr viel. Erst die Pässe Sir Lowry (N2) und Franschhoek (R45) bescherten den isolierten Overbergern Anschluß an die Neuzeit.

☞ **Wann kommen?** Von Juli-Nov paaren und kalben die Wale, April-Sep blühen die meisten Fynbos-Arten, Aug fällt der meiste Niederschlag. Wegen ihres floristischen Überangebots gelten diese Winterregengebiete als zweites Blumenparadies hinter Namaqualand.

Gouritz River

40 km westlich von Mossel Bay überquert die N2 das tiefe Tal des Gouritz. Die meisten Autofahrer erblicken stromaufwärts die mächtigen Pfeiler der alten Bahnbrücke, erkennen eine drangekleisterte orangefarbene Plattform (60m über dem Fluß) und fragen sich entgeistert, was bloß die jungen Menschen darauf anstellen. Nun, das sind besessene Brückenspringer. *Bungi* ist inzwischen bekannt, **Bridge Jumping** noch einen Adrenalinschuß länger - und gelenkfreundlicher. Das Seil wird an der benachbarten Brücke angebracht, so daß der freie Fall butterweich in eine 50m lange Pendelbewegung übergeht.

☺ *Gouritz Bungi,* T. 021/424 1580 und 044/697 7001, sind täglich 9-17h zugange. Erster/zweiter Brückenschwinger 50/25 DM, Bungi 60 DM - danach überläßt man das Lenkrad besser einem Mitfahrer. Wer nie genug kriegt, bleibt übers Wochenende: 90 DM inkl. drei Sprüngen. Und danach *The Big One* am Blaukrans ...

Swellendam

156 km westlich von Mossel Bay, 217 km von Kapstadt. Als drittälteste europäische Stadt am Kap (1745) mit entsprechend hoher Konzentration an steinaltem Mauerwerk. 100 Jahre später wurde Swellendam zur Hauptstadt des Overberg gekürt, und nun setzte die zweite große Bauphase ein, mit kapholländischen, später georg- und viktorianischen Stilvorgaben. Weil wogende Weizenfelder im Süden, harsche Bergrücken im Norden und alte Eichen in den Gärten für reizvolle Kontraste sorgen, bleibt man gern ein, zwei Nächte. ✆ 028.

Info Office: Oefeninghuis, 36 Voortrek St, T./Fax 514 2770, mit Zimmervermittlung; Mo-Fr 9-17h, Sa 9-12.30h. **Postamt:** Voortrek-/Rhenuis St. **Internet:** im Swellendam BP.

Stadtgeschichte

Die Expansion von Farmern & Händlern gen Osten schritt zu Beginn des 18. Jhs soweit fort, daß die Beamten der Ostindiengesellschaft (VOC) das Geschehen von Stellenbosch aus nicht mehr im

Griff hatten. Also wurde 1745 ein militärischer und Verwaltungsvorposten gegründet, dessen Name an Gouverneur Swellengrebel erinnern sollte: Swellendam.

Wo hohe Beamte, dort weiche Sessel: der neue *Landdrost* als Vertreter des Gouverneurs sollte die Verwaltung leiten (was schwieriger klingt, als es wohl war) und tunlichst Steuern eintreiben. Eines der ersten Bauwerke mußte also die Landvogtei sein, deren Charme noch heute den grausamen Alltag der Beamten erahnen läßt.

Heute ist die Drostdy, landesweit die letzte aus dem 18. Jh, ein kulturhistorisches Museum erster Güte. Zu ihr gehören Büroräume, Gerichtssaal & Privatgemächer des Landdrost rund um die Swellengrebel St. Im weiteren Sinne von Bedeutung: Old Gaol mit Verwaltungsaufgaben, die Wassermühle Gaoler's Cottage, das Herrschaftshaus Mayville (1853) und die Sekretärsresidenz Morgenzon, Van Oudtshoorn St. **Tip!**

Komplex Mo-Fr 9-16.45h, Sa/So 10-15.45h, 3 DM. Vor dem Abmarsch die Broschüre *The Drostdy at Swellendam* besorgen, um nix zu verpassen. Auf der Anlage auch Zanddrift-Restaurant mit höchst gegenwärtigen Genüßen; F/Tagesmenü 9-12 DM.

Übernachten & Essen

Städtischer Caravanpark, Glen Barry Rd, am Flußufer, T. 514 2705, Fax -2694, tolle Lage am Stadtrand, an die Berge gekauert. 20 reetgedeckte Vierbett-Bungalows ab 90 DM, Zeltplätze auf Rasen unter schönen Eichen 22 DM.

Backpackers: Swellendam BP, 5 Lichtenstein St, T. 514 2648, Fax -1249, backpack@dorea.co.za, liebenswertes Haus & Gelände mit Flüßchen mittenmang, Ausflügen, Lagerfeuer, Internetzugang (8 DM/Std) & Wamas. Zelten 10 DM, Schlafsaal 16 DM, DZ in zwei knubbligen Holzhütten 50 DM. - **Waenhuis BP,** Veldkornet/Buitekant St, T. 514 2281 (Jacques), ist zweite Wahl. Zelten 8 DM, Scheune mit Etagenbetten & Dusche 12 DM, B&B im Haus. Bikes für Overberg, Angeln am Wildbach, Wandern durch Wälder.

Spitzenhotels: *** **Swellengrebel,** 91 Voortrek St, T. 514 1144, Fax -2453, läßt keinen Wunsch offen: Sauna, Rasenkegeln, Pool, Restaurant mit imposanter Menükarte; über 40 EZ/DZ ab 80/140 DM. **Klippe Rivier** in friedlicher Randlage, T. 514 3341, Fax -3337, viel Luxus im *Cape Dutch-Homestead;* sieben Zimmer/Cottage 135-250 DM/P.

B&Bs, weit über 20, haben fast alle Hotels vertrieben; Preise pro Person.

Stunning S'dam, 17 Andrew Whyte St, T./Fax 514 2374. Rose vermittelt Privathäuser, deren Besitzer auf Reisen sind; ohne/mit F 45/50 DM. *"Wir hatten eine grandiose Villa mit drei Terrassen & Garten für uns alleine. Mal was anderes." (Bettina Fromm)*

Adin & Sharon's Hideaway, 10 Hermanus Steyn St, T./Fax 514 3316 (Fam. Greaves), adinbb-@dorea.co.za, bereits zweimal AA-B&B (!) des Jahres. Viele Möbel hat Adin selbst gezimmert, riesengroßes Gartencottage, wunderbares Bad; 75-90 DM. **Babette's,** 14 Church St, T./Fax 514 2406 (Ebbie & Geesje Raubenheimer), ebbie@dorea-.co.za, mit geschmackvollen Garten-Cottages, Kamin, feinem Patio & schönem Garten; 65-90 DM.

An der Drostdy St mit Gärten:

Roosje van de Kaap, #5, T./Fax 514 3001 (Nick & Ilzebet Oosthuizen), roosje@dorea.co.za, mit herzhaftem Frühstück, alte *Geselskamer* mit Reet & Kamin, 100% Vergnügen; 45-65 DM. **Klein Drostdy,** #12, T. 514 1542, mit Pool am Museum; ab 40 DM. **Coachman,** #14, T./Fax 514 2294 (Patsy & Gavin Alexander), zwischen Aloen, Früchten und Nüssen; 40-65 DM. **Hazel Dean,** #24, T. 514 2390, mit bewährter Freundlichkeit in neuem Gebäude; 40-60 DM.

An der Voortrek St in kapholländischen Mauern: **Cypress Cottage,** #3, T./Fax 514 1910, eines der ältesten, liebevoll renoviert, sehr nett; 45-70 DM. - **Kadie Cottage,** #4, T. 514 3053, Fax -2084 (Rupert & Alida Erskine), mit F-Korb oder Selbstversorgung; 35-45 DM. - **De Wagenmaeker,** #211, T./Fax 514 2358 (Danie & Izelle Theunissen), man spricht deutsch und zeigt Memorabilia aus dem Burenkrieg; 45-60 DM. - **Moolmanshof,** #217, T. 514 3258, Fax - 2384 (John & Allison Hely-Hutchinson), hhmodels@intekom.co.za, S'dams ältestes Wohnhaus (1798) ward kürzlich aufgemöbelt; 45-65 DM/P.

Mattsens Steakhouse, 44 Voortrek St, T. 514 2715, für wirklich ausgehungerte Wanderer mit ausgezeichneten Steaks ungeahnter Größe, Veggie-Platte (mit Thunfisch) & griechischem Salat. Trattoria mit Hintergrundmusik im **Roosje van de Kaap:** kleine aber feine Karte, guter Service, Essen als Gedicht, inkl. Vor/Nachspeise & Wein unter 40 DM.

Unternehmen

Das Marloth NR unmittelbar nördlich der Stadt lockt mit einer Vielzahl wilder Blumen an den Fuß der Langeberge. Touren über den Reserve Manager, T. 514 1410. Schön z.B. der Ausflug zum Duiwelsbos-Wasserfall, vom zweiten Parkplatz (für Fußkranke) sind's noch schweißtreibende 1500m durchs Gehölz. Aufsteiger werden mit einem Badetümpel belohnt. Der 81 km-Rundweg durch den **Staatsforst Swellendam** ist in sechs Tagen, mit Abkürzungen schneller zu bewältigen. Unterwegs sechs Schutzhütten mit Kojen & Matratzen; anmelden bei Western Cape Forest Region, T. 021/402 3043.

Aktivitäten v.a. über Swellendam BP: Reiten 25 DM/Std, Skydiving, Rafting 75 DM/Tag, Wasserski 45 DM, Ausflüge zu Bontebok NP, Cape Agulhas und De Hoop NR.

Der Tradouwpaß an der R324 belohnt mit schöner Aussicht (315m). An seinem Fuße im malerischen Tal liegt das Dorf Suurbrak mit runzligem Missionshaus (1812). Jenseits des Passes beginnt die Kleine Karoo mit ihrem Vorposten Barrydale. In dessen Nähe wird im Jahr 2001 das 250 qkm große **Cape Wildlife Reserve** eröffnen, mit den *Big Five,* reetgedeckten Lodges und Thermalbad. Nach über 100 Jahren reibt seit Juni 1999 der erste Elefant seinen Rüssel wieder in der Kleinen Karoo.

Hin & Weg

Busse täglich ab Swellengrebel Hotel. **Intercape** 10/22.45h nach Mossel Bay & PE (2/7 Std, 30/50 DM); 3.15/14h nach Kapstadt (3 Std, 30 DM). **Greyhound** & **Translux** ebenfalls täglich nach Garden Route/PE bzw. Kapstadt.

"Die Fahrt nach Hermanus kam uns manchmal fast unwirklich vor. Nur Kornfelder, kein Baum, kein Strauch, ab und zu auch riesige Schafherden." (Tanja Paterka)

Bontebok-Nationalpark

7 km südöstlich von Swellendam. 32 qkm-Gelände mitten im vielfältigen Reich der Fynbos, die den Park im Frühling in farbenfrohe Blumenteppiche betten. Im Breede wird geangelt & gebadet (in Campnähe), oft treiben Kanus vorbei. Wildbeobachtung von Autopisten aus, zwei halbstündige Naturpfade, himmlische Ruhe dank Anfahrt nur auf Schotter.

Einlaß Okt-April 7-19h, Mai-Sep 7-18h, Eintritt 9 DM/Fahrzeug plus 3 DM/P. Rezeption, T. 028/514 2735, und Laden mit gleichen Zeiten, Filmshow je nach Nachfrage.

Buntböcke sind natürlich die Hauptdarsteller. Einst vom Aussterben bedroht, pirschen heute wieder über 300 Exemplare durchs Veld. Vor der Ankunft der Weißen war das Vorland der Langberge Heimat für riesige Herden dieser Art. Irgendein Bontebok hat sich wohl mal beim Antilopengott wegen seines hellbraunen Wildleders beklagt. Danach bekam jeder Nachwuchs dicke weiße Flecken auf Haupt, Hängebauch und Beine verpaßt.

Camp mit geräumigen sechskojigen Holzhütten (ex-Caravans), Kühlschrank, Gasherd, Geschirr für 45 DM plus 7 DM/P. Außerdem 23 Zeltplätze für 16 DM; Laden mit Souvenirs, Süßigkeiten, Getränken & Holzkohle; Tankstelle ohne Diesel. Anmelden bei SA National Parks, T. 012/343 1991 und 021/422 2810, reservations@parks-sa.co.za.

◆◆◆

De Hoop-Naturreservat

55 km südlich von Swellendam, beschwerliche Anfahrt über Rüttettettelpisten durch Farmland. Von der Landschaft im einsamen 410 qkm-Reservat muß man einfach begeistert sein: wilde Küste mit Stränden, Felsklippen & Sanddünen, dahinter De Hoopvlei und Potberge. Viele der 1500 Fynbosarten sind nur noch selten zu finden. **Tip!**

Einlaß täglich 7-18h, einzige Zufahrt bei Wydgeleë. Eintritt 4 DM/Fahrzeug plus 2 DM/P. Am Reservatstor kostenlose Faltblätter mit Plan. Unterwegs treten massenhaft Bonteböcke, außerdem Paviane, Moor-, Zug-, Raub-, Seevögel und einige scheue Bergzebras in Erscheinung. Vor der Küste befindet sich ein beliebtes Paarungsrevier der Wale.

Camp 15 km von der Küste, der staubige Weg ist nur mit Fahrzeug machbar. Sieben einfache Vierbett-Cottages 40 DM, drei vollausgerüstete Fünfer-Cottages mit Küche & Bad 80 DM; sieben Zeltplätze mit heißer Dusche, ohne Strom 12 DM. Anmelden bei Cape Nature Conservation, T. 028/542 1126, Fax -1247, dehoop@cncjnk.wcape.gov.za.

Auf Wanderer warten Strandspaziergänge, Tagestouren in den Potbergen (bis zu 600m) und ein 8 km-Trail entlang des De Hoopvlei; an dessen winzigem Rest findet man bei leisem Anmarsch alle Tiere! Vor der Küste wäre Schnorcheln ein warmes Vergnügen, aber sehr felsig und wenige Einstiegsplätzchen.

◆◆◆

Bredasdorp

70 km südwestlich von Swellendam. Das größte Nest weit und breit, am Fuß der Bredasberge, lebt von Getreideanbau & Wollindustrie. Als Bredasdorp 1838 gegründet wurde, mußte natürlich eine Kirche her. Über deren Standort zerstritten sich die frommen Farmer aber dermaßen, daß die einen sofort losbauten. Darauf zogen die anderen sich beleidigt in die Ecke und später ihr eigenes Gotteshaus hoch, samt stillem Örtchen Napier. ✆ 028.

Suidpunt Publicity: Dirkie Uys St, T. 414 2584, Fax 415 1019, mit Farmtouren auf Anfrage. Merinozucht hat die Region zur drittwolligsten in Südafrika gemacht.

Suikerbossie Caravanpark, Recreation St (so isses!), T. 415 1919, Fax -1019, mit Zeltgelände, dazu Fünfbett-Chalets mit Bad ab 55 DM. - **Gästefarmen:** über zehn mit einfachen Häuschen, meist vier Betten mit B&B 20-40 DM/P; besonders charmant das denkmalgeschützte **Coachhouse** (1850), 51 All Saints St, T./Fax 414 2539. Nettestes Hotel: ** **Victoria,** 10 Church St, T. 414 1159, mit 28 großen, hellen EZ/DZ mit F ab 70/90 DM.

Blue Parrot in einer Querstraße zur Church St, T. 415 1023, schafft urige Gemütlichkeit mit blauen Möbeln & Kerzenschein. Gute Fleisch/Fischgerichte 12-15 DM.

Das **Shipwreck Museum** ist wohl einmalig: seinerseits in einem Wrack, zeigt es Fundstücke & Dokumente der Schiffsunglücke vor dem Overberg; Mo-Fr 9-17h, Sa 9-13h. Im **Heuningberg NR** schöne Trails zwischen Proteenfeldern, Flechten & Heidekraut.

Arniston (Waenhuiskrans)

24 km südöstlich von Bredasdorp, am Ende der R316. Das hübscheste Kaff am Overberg verdankt seinen Charme reetgedeckten Fischerhütten. Nach 10 min-Fußmarsch entlang des Strandes stößt man auf die riesige, aus den Steilklippen gewaschene Kaverne Waenhuiskrans; nur bei Ebbe. An dieser windumtosten Küste zerschellten schon viele Schiffe, beim Untergang der *Arniston* im Mai 1815 kamen 372 der 378 Passagiere um. ✆ 028.

Caravanpark, T. 475 9620, beim Strand 300m vom Ort; Zeltplatz 14 DM, 22 aufgemöbelte Vier/Sechsbett-Bungalows mit Bad, Küche & Braai 45-60 DM. - *** **Arniston Hotel,** Beach Rd, T. 475 9000, Fax -9633, hotel@arniston.co.za, thront groß & großartig oberhalb des türkisfarbenen Ozeans. Jedes der Zimmer hat eigenen Stil, sein Restaurant einen ausgezeichneten Ruf. 30 DZ/Suiten mit F 195-425 DM.

Arniston Seaside Cottages, Huxham St, T. 475 9772, Fax -9125 (Diane & Robert Haarburger), hübschere Anlage aus 14 blitzblanken, zweigeschossigen Häuschen mit jeder Menge Komfort, von Mikrowelle bis Balkon. EZ/DZ 75/100 DM, F 18 DM. *„Ein herrliches Fleckchen Erde, gut zum Entspannen." (Dan Matzke)* **Tip!**

Cape Agulhas

41 km südlich von Bredasdorp, am Ende der R319. Dieses langweilige Kap ist tatsächlich der südlichste Punkt in Afrika (*Agulhas* bedeutet im Portugiesischen „Nadeln"). Es gibt ein Lighthouse Museum, zwei

Gezeitenpools, drei Postkarten - und sonst? Nix. ✆ 028.

Wer hängenbleibt, steuert die **Agulhas Heights**, T. 465 6934, neben dem Leuchtturm an. Voll ausgestattet von Mikrowelle bis Konservenöffner, drei Cottages à zwei DZ 80 DM. **Caravanpark,** T. 465 6015, mit 16 einfachen Drei/Vierbett-Bungalows für 40-60 DM. - **Gästehäuser:** im **Agulhas,** Main Rd, T. 465 7650, lagulhas@dorea.co.za, wird deutsch gesprochen. Acht EZ/DZ ab 125/150 DM. Charmant auch **Southernmost,** 1 van Breda St, T. 465 6565 (Meg), im Strandhaus von 1926 - nur vier Betten.

Der Leuchtturm am Kap ist der zweitälteste (1848) unter 56 Exemplaren entlang südafrikanischer Küsten; Mo-Sa 9-16.30h, So 9-11.30h, 2,50 DM. *"Bei strahlendem Sonnenschein, guter Laune und nettem Turmwärter gar nicht langweilig." (Gabriele Reichenberger)* Vom Turm kurzer Fußmarsch zum Agulhas Point samt Wrack umme Ecke: der japanische Frachter, 1981 auf Grund gelaufen, ist längst von Seevögeln okkupiert.

Schöne Badestrände 5-8 km östlich vom Kap.

Hermanus

124 km östlich von Kapstadt, 33 km südlich von Botrivier/N2, an der R43. Der Ferienort in der Walker Bay ist bei Mensch & Tier begehrt. Hermanus hat den Fischfang längst eingedämmt, weil Touris stets in reicher Zahl kommen: schon in den 30er Jahren besaß Kapstadts Wochenendrefugium 16 Hotels. Von Juli-Nov einer der besten Orte für die Walbeobachtung - eben *Whale Capital of the World!* Im Dez/Jan ziemlich überlaufen. ✆ 028.

Publicity Office: 105 Main-/Magnolia Rd, T. 312 2629, Fax 313 0305; Mo-Sa 9-17h, So 9-14h. Unerschöpfliche Tips zu Stadt, Umland, Trails, Rundfahrten. **Postamt:** Main Rd, 200m südlich vom Verkehrsamt, T. 312 2319. **Internetcafé:** Virtual Whale, 81 Main Rd, T. 313 1218, online 12 DM/Std; Mo-Fr 11-19h, Sa 11-20h. *www.hermanus.nis.za.*

Mountainbikes: bei Zoete Inval 2 DM/Std. Einfachere Fahrräder bei Cycle Scene, 108 Main Rd, T. 312 4355; und 6 Long St Arcade, T. 312 1933.

Übernachten & Essen

Zeltplätze allesamt etliche Kilometer außerhalb, z.B. **Paradise Park** 5 km Richtung Kapstadt, T. 376 3402, ab 12 DM. Oder **Sonesta Public Resort** im Nachbarort Hawston, T. 315 1740, mit 26 Chalets, 167 Zeltplätzen, Restaurant, Einkaufsladen.

Backpackers: Zoete Inval, 23 Main Rd, T./Fax 312 1242 (Marilyn & Jan), zoetein@hermanus.co.za, nur ein Schlafsaal (14 Betten), Braai, Tische im Innenhof, freie Transfers im Ort, 14 DM/P; Abholung vom BazBus in Botrivier 6 DM extra. Dazu komfortableres B&B mit EZ/DZ 40/70 DM. Weitere Dorms (je 14 DM) bei den Gästehäusern **Fairview,** 54 Westcliff Dr, T. 312 2460; und **Potting Shed,** 28 Albertyn St, T. 312 1712.

Ferienwohnung: Hermanus Esplanade, Marine Dr, T. 312 3610, Fax -2181, wirkt etwas vernachlässigt. Viele Fewos à zwei DZ mit Meerblick 70-120 DM. Das **Accomodation Centre** gegenüber Verkehrsamt, T./Fax 313 0004, hermanus@iafrica.com, vermittelt feinausgestattete Wohnungen (50-80 DM), B&Bs oder Strandhäuschen. Selbst zur Walfestwoche bewegen die freundlichen Damen was. **Whale Route Accomodation,** 12 Dirkie Uys St, T. 312 1820 (Svenia von Thelemann), hat ebenfalls Häuser & Cottages.

Gästehäuser: Mountain Drive GH, 66 Mountain Dr, T./Fax 312 4452, mit gepflegtem Rasen und vier netten DZ/Viererzimmer mit F 40-70 DM/P. **Lakeview** oberhalb der Kleinrivier-Lagune, T./Fax 314 0020, mit Bootssteg. Chalets mit 2-8 Betten, Küchenzeile, Bad & TV 70-140 DM. Gut für Kanufahrer.

Blick in die Sterne: ** **The Windsor** in Strandnähe, T. 312 3727, thront über Klippen, an deren Fuß sich Wale am liebsten vergnügen. Mit Suiten, Aussicht, Restaurant; 24 EZ/DZ ab 110/140 DM. *** **Marine Hotel,** Main Rd, T. 312 1112, Fax -1533, mit großartiger Aussicht & alt-englischer Grandezza; 53 DZ/Mehrbettzimmern ab 150 DM. *** **Whale Rock Lodge** in Westcliff, 26 Springfield Ave, T. 700 014, Fax 312 2932, wrl@itec.co.za, im Landhausstil direkt an der Küste; elf DZ 140-210 DM.

The Burgundy am Market Square, T. 312 2800, begleitet die Walbeobachtung mit Lachs, Straußensteak (je 20 DM) und himmlischem Dessert (6-8 DM).

Wale

Von Juli-Nov suchen *Southern Right Whales* die Walker Bay auf, um hier zu flirten, zu paaren (welch Kunststück!), zu kalben und sich 1000 Kameralinsen in voller Schönheit zu zeigen. Gelegentlich werden bis zu 80 dieser Riesen in der Bucht gezählt - Weltrekord.

Dank der Steilklippen kommen sie bis zu 2m an die Küste heran und bleiben wegen fehlender Rückenflosse dennoch verborgen - bis aus der glatten See ein weißgescheckter Körper herausschießt, 15-18m lang, 50-95 Tonnen schwer. An jedem Aussichtsplatz (prima: vor dem alten Hafen) klickt es dann hundertfach, überall Aahs und Oohs - eine ganze Stadt liegt sich in den Armen.

Selten herrscht in Südafrika eine friedlichere Stimmung als in diesen Augenblicken. Ich bin der festen Überzeugung, daß man danach einen Tag lang ***ein besserer Mensch ist!***

☞ **Tips:** Hermanus besitzt den einzigen ***Whale Crier*** der Welt, der laufend Neuigkeiten & Standorte bekanntgibt, und sogar eine ***Whale Route Hotline,*** T. 0800/228 222. Im Museum am alten Hafen steht eine **Sonarboje,** mit deren Hilfe die Riesensäuger live zu hören sind! Über den Cliff Path entlang der Küste, 12 km von einem Ortsende zum anderen, sind reichlich Sitzbänke verteilt: Picknick mitnehmen, hinsetzen und auf den Wal warten.

Und außerhalb der Walzeit?

Wanderer finden mehrere Trails am Overberg; Karten im Verkehrsamt. **Botaniker** erleben Fynbos in Reinkultur im Fernkloof NR (14 qkm), dessen felsige Hügel, den schottischen Highlands nicht unähnlich, die Stadt umzingeln.

Wasserratten freuen sich auf schöne Strände entlang der Walker Bay. Lagoon Boat Hire, Prawn Flats, T. 312 7925, hat das Nötige: Ruderboot 7 DM/Std, Kanus 20 DM/Tag, Motorboot 50 DM/Tag. **Der alte Hafen** klebt an den Klippen vor dem Ort, mit kleinem

Auf den zweiten Blick

Wale: von Juli bis Oktober vor der Südküste

Die Ozeanriesen mit den traurigen Namen

Alle Wale, die vor der südafrikanischen Südküste zu erspähen sind, zählen zu den Southern Right Whales, wörtlich übersetzt also die Südlichen Richtigen, eine Art in der Ordnung der Bartenwale. Die »Richtigkeit« dieser Tiere erklärt sich nicht durch ihr Aussehen, ihre Größe oder etwa durch ihre Lebensgewohnheiten – wie könnte ein Wesen überhaupt falsch leben! Die Etymologie des Wortes ist weitaus zynischer: für ihre Jäger waren sie die »Richtigen«, denn dank der dicksten Speckschicht und dem längsten Fischbein ließ sich ihr Fang am besten in bare Münze verwandeln – traurig aber wahr. Im deutschen Sprachgebrauch erhielten sie dann den freundlicheren Namen Südkaper.

Kalben und Paaren: die zutraulichen Riesen tummeln sich von Juli bis Oktober in den Buchten von Hermanus, Plettenberg Bay und anderen Orten entlang der Küste. Hier bringen sie ihre Kälber zur Welt und paaren sich erneut, bevor sie wieder in die heimatlichen eiskalten Gewässer der Antarktis ziehen. In der Regel leben Southern-Right-Wale in kleinen Familienverbänden und tun sich nur in der Paarungszeit zu Gruppen mit bis zu fünfzig Tieren zusammen.

Hier bin ich: wer ein wenig Geduld für die Walbeobachtung mitbringt, besitzt gerade in der Walker Bay vor Hermanus gute Aussichten, bald einen ersten freudigen »Hier bin ich«-Sprung eines männlichen Tieres zu erleben. Dann müssen einfach des Betrachters Augen auf jenem Fleck verharren, an dem der Wal wieder wegtauchte – denn mit Sicherheit läßt der nächste Sprung an gleicher Stelle nur wenige Sekunden auf sich warten. Meistens zeigen sich die Walbullen (nie die Weibchen) gleich vier oder fünf Male hintereinander!

Dabei ist auch recht gut der Kräfteverschleiß zu beobachten: beim letzten Versuch kommt die Fluke kaum mehr aus dem Wasser. Bei 50 bis 95 Tonnen Lebendgewicht grenzt es allerdings überhaupt an ein Wunder, daß der 18 Meter-Koloß beim ersten Sprung in voller Länge über den Wasserspiegel schießt.

Stadtmuseum und Ausstellung alter Fischerboote; Mo-Fr 9-13h, 14-16h, Sa 9-13h.

Shell Shop im Royal Centre, Main Rd, T. 313 0209, mit der ultimativen Souvenirsammlung: Muscheln, Hüte, Geschenke, alles was irgendwie mit Walen zu tun haben könnte oder vielleicht irgendwann zu tun haben wird.

Hin & weg

Transtate Mo/Fr/Sa/So 7.15h nach Kapstadt (3 Std, 12 DM), 13h zurück. **Chilwans,** T. 021/934 4786, täglich 14.30h nach Kapstadt (10 DM). **Shiralee Shuttle,** T. 700 526, täglich 8.30h zum Flughafen (35 DM). **Bernadus,** T. 316 1093, und **Hermanus Taxi,** T. 316 2402, auch für längere Touren, z.B. jederzeit nach Kapstadt 40 DM/P.

Sir Lowry's Pass: *der* Knaller für alle, die auf der N2 von Hermanus kommen. Herrlicher Ausblick vom Panorama-Parkplatz (400m) über die Cape Flats zur Kaphalbinsel. Wie bei vielen Bergpässen wurde die Wegführung durch Tierpfade vorgegeben, 1838 aber für die Siedler ausgebaut und nach Gouverneur Sir Lowry Cole benannt.

Breede River Valley

Der Breede schlängeln sich durch unerwartet grüne Täler, mal zwischen sanften Hügeln, mal hohen Bergen. Bis 1720 vertrieben europäische Siedler die Khoisan, die ursprünglich zwischen Kleiner Karoo und Winelands gelebt hatten. Die Region blühte aber erst nach 1850 mit der Eröffnung mehrerer Bergpässe auf, die den Zugang zur Außenwelt vereinfachten. Mehrere Quellen im Becken von Ceres tragen zum Wildbach bei, der über diverse Stromschnellen nach Worcester stürmt. Hier beginnt der zahmere Abschnitt des 310 km langen Breede River, der an Robertson, Swellendam und Bontebok NP vorbeifließt, um in Witsand Bekanntschaft mit dem Ozean zu machen.

„Paß-Straße": Autofahrer lernen eine südafrikanische Version des Begriffs kennen - nicht die Überwindung einer Höhe, sondern einer Furt. Die Straße führt am Hügel entlang, bis ein Fluß zu queren ist, stürzt dann zu ihm hinunter und auf der anderen Seite wieder hinauf. Kerzengerade, ohne Serpentine - wie auf der Vierschanzentournee.

Wildwasser- und Kanutouren

Im allgemeinen ist der Breede ein verträglicher Gesell zwischen saftigem Wein- und Buschland. Wenn ihm aber wie vor Swellendam mehrere Berge auf die Pelle rücken, kann er zum wilden Wasser werden (Kat. II). Kanufahrer dürfen mit einer bunten Vogelvielfalt und kleineren Säugetieren entlang der Ufer rechnen. Oft bieten sich unberührte Sandbänke für Pausen & Übernachtungen an. Tagestouren von Okt-April auf verschiedenen Abschnitten, mit F & Mittagspicknick ab 80 DM/P; Wochenendspaß 150-250 DM.

Felix Unite legen Fr/Sa bei Worcester für einfache Ein- & Zweitagestouren ab, im Dez/Jan sogar täglich. *Wildthing* haben die dickste Vielfalt; in Zweier-Mohawks oder Schlauchbooten ab Rawsonville (zwei Tage 145 DM); wilder ab Swellendam (Wochenende 180 DM); geräumige Kuppelzelte werden in jedem Fall gestellt. ***Breede River Adventures*** packt das Ganze von der Komfortseite an: Camps Round-the-Bend und Up-the-

Creek mit Spitzenmahlzeiten, Zeltbetten, Planwagen, heißen Duschen usw. Adressen s. Kapstadt.

Montagu

46 km nordwestlich von Swellendam, an der R62. Hauptattraktion des 1851 gegründeten Städtchens sind die Thermalquellen. Keine schlechte Idee, hier eine Nacht zu verbringen: Montagu hat 23 liebevoll restaurierte Baudenkmäler, genug Wein & Obst für alle, dazu wilde Wanderwege in die wuchtigen Langberge. ✆ 023.

Um ehrlich zu sein: Montagu liegt gar nicht am Breede. Die Verbindung nach Robertson stellt der **Kogmanskloof** her, eine Pionierleistung der Straßenbauer. Ursprünglich mußte der Weg von der trockenen Karoo ins grüne Breede-Tal nach Ashton achtmal das Flüßchen Keisie queren, das ihn stets aufs neue fortriß. 1877 gelang Thomas Bain dessen Entschärfung durch einen kurzen Tunnel, auf den die Briten 1899 ein mickriges Fort setzten.

Tourist Info: 24 Bath St, T. 614 2471, Fax -1841, herzallerliebst mit handgemaltem Ortsplan - obwohl keine Verirrungsgefahr besteht. **Taxi:** Herr Oosthuizen, T. 614 1268.

Übernachten

Caravanpark am Ende der Bath St, T. 614 1000, kleiner Pool, man kommt hin, baut auf, irgendwann schlendert der Platzwart vorbei und kassiert 6 DM/P; Hütten 30-45 DM.

De Bos Farm, Bath St, jenseits des Keisie, T. 614 2532, gut für Kletterer & Wanderer, sehr nette Gastgeber; Zwei- bis Sechsbett-Zimmer ab 15 DM/P, Sechs/Achtbett-Bungalows mit Küche 80-100 DM, Wanderhütten mit 6-12 Kojen 40-80 DM, Ausritt 20 DM.

B&Bs: das Verkehrsamt findet immer ein freies Bettchen für 30-50 DM/P. **Cottages** für Selbstversorger zuhauf, z.B. bei Cynthia, 3 Krom St, T. 614 2760, Fax -1326, mit Vier/Sechs/Achtbett-Hütten, jede mit Gärtchen, Braai & Charakter; 60-140 DM. Brandneu: **Squirrels Corner,** 3 Bloem St, T. 614 1081 (Peter & Deon), Eckhaus mit Aussicht, EZ/DZ 70/110 DM. Elegant: **The John Montagu,** 30 Joubert St, T./Fax 614 1331 (Geoff & Sherry Tainton), jmontagu@iafrica.com, wie zu Viktorias Zeiten, DZ 150 DM.

Gästehäuser: Montagu Rose, 19 Kohler/Piet Retief St, T. 614 2681, Fax -2780 (Lee Riding), mit TV-Raum, EZ/DZ ab 90/160 DM, Etagenkojen im Anbau ab 30 DM. **Montagu Inn Place,** Bath St, T. 614 1055, Fax -2405, mit TV-Raum, EZ/DZ ab 90/130 DM. Gediegen: **Kingna Lodge,** 11 Bath St, T. 614 1066, Fax -2405, erfreute 1995 schon mal Mandela und de Klerk mit Pool, Veranda & Blumenpracht; acht DZ 230-310 DM. **Montagu Country Inn,** Bath St, T. 614 3125, Fax -1905, montinn-@iafrica.com, mit blaßrosigen Tapeten, Pool & neuen Besitzern. EZ/DZ mit Bad, TV & F 145/230 DM.

Sterne: *** **Mimosa Lodge,** Church St, T. 614 2351, Fax -1408, mit prächtig restaurierter Schale, entsprechendem Mobiliar, Pool & guter Verpflegung; EZ/DZ mit HP ab 130/220 DM. *** **Avalon Springs Hotel,** Uitvlucht St, T. 614 1150, Fax -1906, beim Bäderkomplex mit jeder Menge Luxus, Kuranlagen, tagsüber viel Trubel;

EZ/DZ ab 195/275 DM, Ferienwohnungen mit 4-8 Betten, Küchenzeile, Bad, Hifi & F ab 60 DM/P.

Essen & Trinken

Die Hauptstraße ist besonders abends trostlos. Eine der wenigen Oasen mit Fast Food, Café und Restaurant: **Sour Grape Pub** im mittleren Bath St-Teil. Bester Speisetempel: Kingna Lodge mit Fünfgänge-Dinner bei Kerzenlicht für 45 DM.

> **Tip:** zum bezaubernden Dinner (25 DM) im Country Inn verabreden sich sämtliche Miss Marples der Umgebung. Es herrscht zufriedenes Besteck- und Hörgerätgeklapper wie auf südenglischen Adelssitzen. Menschen unter 70, als Zukunftshoffnung hofiert, senken den Altersschnitt beträchtlich. Obwohl wir einen ereignisreichen Tag hinter uns hatten, mußte jeder nach dem vierten Gang passen. Außerdem Pub Lunches in der Bar.

„Jessica, 30 Bath St (nur sechs Tische), war der lukullische Höhepunkt unserer Reise. Jessicas Salad *ist eine gelungene Mischung verschiedener Salate mit frischem Obst - genial. Die Schweinemedaillons auf Tagliatelle sind sehr gut, der Springbok in Juniperberry-Sauce mit hausgemachten Spätzle (der Chef ist deutscher Abstammung) und der Zwiebelmarmelade ... mir kommen die Tränen. Zum Nachtisch Creme Brulée, und der Bauch ist leider schon voll. Wir bezahlten zu zweit für besagtes Menü mit Getränken & Tip 75 DM und würden es jederzeit wieder tun." (Jens Stein)*

Unternehmen, Hin & weg

Montagu Hot Springs: 3 km nördlich. Der **gepflegte Komplex** versperrt den Zugang zur Baths Kloof. Tagesbesucher haben beliebig lang Zutritt zu den schwach radioaktiven Mineralquellen (43°) und mehreren Planschbecken; Eintritt 10 DM. Massagen & Fitneßraum nur für Hotelgäste.

Rundwanderungen: Bloupunt (15,6 km, 6-9 Std) führt durch Schluchten und über Wildbäche bis in 1000m Höhe zu Proteen & Aloen; vom Gipfel Aussicht bis Robertson. Kogmanskloof (4-6 Std, 12 km) ist weniger steil. Beide ab der Mühle am westlichen Ortsende; hier 2 DM entrichten, Wasser mitnehmen! Unterwegs zwei Sechsbett-Hütten und ein Vierbett-Rondawel mit Holzkamin, Duschen & WC; 15 DM/P, anmelden im Verkehrsamt.

Spaziergänge führen zu Bessiekop und Lover's Walk (1/2 /1 Std). Sehr hübsch: ab der alten Mühle, zugleich Ende des Lover's Walk, durch die Bathskloof (2 Std mit Gucken & Knipsen) direkt zu den Hot Springs, wo man den Staub abspülen kann.

Für Fußkranke: ***Niel Burger,*** T. 614 1791, spannt Mi/Sa 9.30h einen Hänger hinter seinen Trekker und kutschiert Insassen 3 Std durch die Langeberge. Am Burger Pass-R318 nach links zur Protea Farm abbiegen. Warme Kleidung mitnehmen, 20 DM/P; anschließend herzhafte Potjiekos auf Niels Farm 20 DM/P (auch billiges Logis). Kinder je 10 DM.

Transtate nach Kapstadt & Oudtshoorn (je 20 DM). **Translux** ab Avalon Springs Fr 21.50h nach Oudtshoorn & PE (2 1/2/8 Std, 24/60 DM); Mo 4h nach

Robertson & Kapstadt (1/2/4 Std, 24/50 DM).

Robertson

29 km westlich von Montagu, an der N15. Der viertgrößte Weinproduzent am Kap ist bekannt für Brandy & Muskateller. Das schmucke Gartenstädtchen im Boland bringt aber auch frisches Obst und erfolgreiche Thoroughbred-Gestüte hervor. Seine Straßen säumen Tausende von Rosensträuchern, Jacarandas & Eichen. ✆ 023.

Publicity Assoc: Kromhout St, T. 626 4437; Mo-Fr 9-17h, Sa 9.30-12.30h.

Silwerstrand Resort am Breede, T. 626 3321, Fax -2426, 3 km außerhalb, im Sommer lärmig & voll, ansonsten dank hübscher Lage überaus genießbar. Zeltplätze 12 DM/P, Drei/Vierbett-Rondawels mit Herd/Kühlschrank ab 45/60 DM, Sechserzimmer ab 90 DM.

Gästefarmen ab 15 DM/P zuhauf im Umkreis. Sehr liebenswert: **Weltevrede**, T. 626 2073, vier Cottages in reizvoller Umgebung, leckeres Abendessen & reiches F. Sehr preiswert: Pat Busch-Reservat, s. unten. Sehr sportlich: **The Olive Garden**, T./Fax 626 2028 (Desiree), olivegar.rbtson@minds.co.za, mit fünf Sechsbett-Cottages; 50 DM/zwei P, jede weitere 22 DM. Sehr ruhig: **Breede Valley Lodge**, 29 Loop St, T. 626 2296, zweigeschossiges Eckhaus aus viktorianischer Zeit, sechs individuelle EZ/DZ mit F 65/90 DM.

** **Avalon Grand Hotel**, 68 Barry St, T. 626 3272, Fax -1158, mit warmherziger Gastlichkeit, geschmackvoll renoviert, Simone's Grill mit guten Tagesmenüs, sonntags *eat as much as you can* für 20 DM, neun DZ/Mehrbettzimmer ab 140 DM.

Unternehmen, Hin & Weg

Zur Weinregion Robertson gehören auch Ashton, Bonnievale & McGregor. Ein Faltblatt des *Robertson Wine Trust* (im Verkehrsamt) verzeichnet 17 Weingüter mit Rebsorten & Verkaufszeiten. Unser Lieblingskeller: Bon Courage, T. 626 4178, im kapholländischen Landhaus mit dem rechten Tropfen für jede Zeit; Mo-Fr 9-17h, Sa 9-12.30h.

Obst- und Weinfest (Okt) mit häppchenweise Leckereien, vielen Ständen und warte-intensivem Bonsystem; Auskunft T. 626 3167.

In den Langebergen oberhalb Robertsons sind zwei Schutzgebiete ausgewiesen: Dassieshoek NR, T. 626 4035, mit Fynbos, Wildblumen, -tieren & Ausritten; und das private **Pat Busch NR**, T./Fax 626 2033, patbusch@intekom.co.za, mit 40 km Wanderpfaden, Allrad-Trail und Häuser mit drei/vier DZ; ab 20 DM/P, min. zwei Nächte.

Busse ab stillgelegtem Bhf: **Translux** Fr 21.30h nach Oudtshoorn & PE (3/8 1/2 Std, 24/60 DM); Mo 4.30h nach Paarl & Kapstadt (2/3 1/2 Std, je 50 DM). **Transtate** Mi/Sa 11.30h nach Oudtshoorn, Mo/Di/Do/So 14h nach Kapstadt (5/3 1/2 Std, 20/15 DM).

McGregor

26 km südlich von Robertson. *It's the End of the World as we know it - and I feel fine.* Das pittoreske Dörfchen besteht aus wenig mehr als einer Hauptstraße voll strohgedeckter Häuschen und viktorianischer Hütten; einige zu mieten. ✆ 023.

Welch wundervoller Ort weit weg von jeglicher Hektik: Reiher, Adler & Störche ziehen ihre Kreise, Kinder kutschieren auf einem Eselswagen, ein Prediger hat sein Zelt aufgeschlagen und verkündet seine Botschaft über Lautsprecher, Menschen flanieren im Sonntagsstaat. McGregor lockt Aussteiger jeder Couleur an, die unbehelligt ihre Körner knabbern und im Whole Life Centre der Selbsterfahrung auf der Spur sind.

„Wir befinden uns irgendwo zwischen Karibik und den amerikanischen Südstaaten in einem Zeitalter, das sicher nicht das ausgehende 20. Jh ist." (Karin Regnet)

Town Clerk: Voortrekker-/Church St, T. 625 1630. **Fahrräder:** Penny Farthing, Mill St, T. 625 1705, mit Tourenvorschlägen & Karten.

Jeder McGregorianer besitzt oder kennt ein Cottage (nichts unter 30 DM/P), das gerade auf Gäste wartet. Gute Anlaufstellen an der Voortrekker St: **Café Villagers,** T. 625 1951, Fax -1739 (Corrie van der Colff), fein gestaltet. **Country Cottages,** T. 625 1816, Fax -1840, mit acht netten *Volkshuisie* auf einer Aprikosenplantage; für zwei/vier/sechs P 90/150/165 DM. **McGregor House,** T. 625 1925, mit guten Pub Lunches, sämtlichen Alkoholika und B&B ab 50 DM/P. **Old Mill Lodge,** T. 625 1841 (Peter & Helaine), 1445580@beltel.co.za, schön alt mit Kamin, Pool, *Country-cooking* und preisverdächtiger Weinliste; acht gemütliche Räume mit Bad ab 75 DM/P, inkl. Spitzen-Dinner 100 DM.

Worcester

Sprich: Wouster.
50 km nordwestlich von Robertson, an der N15/N1. Das Dienstleistungszentrum im Breede-Tal wurde durch Wein & Obst reich. Dank Bergkulisse (im Winter oft schneebedeckt) recht ansehnlich, Ceres und Robertson sind aber hübscher. © 023.

Publicity Assoc: 75 Church St, T. 347 1408, am zu großen Hauptplatz.

Burger CP, De la Bat Rd, T. 342 3461, rundum durchschnittlich, mit Pool und gelegentlich N1-Geräuschen; Zeltplatz 14 DM. **Nekkies CP** am Breede, 5 km Richtung Rawsonville, T. 342 3461, hat auch sechs Chalets mit Küche, Dusche und sechs Betten ab 60 DM. Wird gern von der örtlichen Jugend bevölkert. *** **Cumberland Hotel,** 2 Stockenstroom St, T. 347 2641, Fax -3613, mit kleinem Pool, Fitneßraum & Squashkäfig; 50 Zimmer ab 115/165 DM.

Probieren & Anschauen

Die Worcester Wine Route, T. 342 8710, umfaßt die Region zwischen Montagu, Robertson, Tulbagh und Ceres. Ihre 27 angeschlossenen Güter produzieren fast 25% des südafrikanischen Weines! Mehr Branntwein als **KWV Cellars,** Smith St, T. 342 0255, schafft keiner. Aus über 120 Destillierapparaten tropft das edle Gesöff, das nach 10-20 Jahren Wartezeit mit allerlei Preisen dekoriert wird. Täglich Führung, auf Anfrage auch in deutsch. Zum Schluß kommen die Kostproben - und ein paar Engelchen ins Spiel.

Das Stadtmuseum kümmert sich in drei historischen Gebäuden um Geschichte. Sehenswert auch die Old Drostdy mit Regency-Fassade, und Beck House (1841) neben dem Hauptplatz mit viktorianischer Einrichtung und Kräutergarten; Mo-Sa 9-17h, So 14-17h.

Das Living Open-Air Museum auf der Kleinplasie Farm (gut ausgeschildert), T. 342 2225, zählt zu den besseren im Lande. Es widmet sich dem Leben der ersten Farmer, vergißt aber auch die Khoikhoi nicht. *Living* bedeutet, daß Menschen in stilechter Kleidung herumspazieren, im Steinofen Brot backen, Tabak rollen, Wolle spinnen und natürlich Witblits destillieren (mit Probe). Täglich 9-16.30h (Juni geschlossen), 3 DM, Vorführungen meist vormittags, Diavortrag auch in deutsch.

Karoo National Botanic Garden: 2 km nördlich, T. 347 0785, großartiges 140-Hektar-Gelände voller (fast) durstloser Pflanzen. Im Herbst blühen die Knollenpflanzen, im Winter werfen sich Aloen in Schale, im Frühling eifern ihnen einjährige Blumen nach, im Sommer explodiert ein Kaleidoskop aus Farben. Für Menschen ohne botanische Vorkenntnisse, die in Südafrika ständig vor der Frage stehen, was dieses oder jenes wohl für eine schöne Pflanze sei, wurde ein großer Garten angelegt, in dem die meisten Arten ein Namensschildchen tragen. Täglich 8-18h, frei. **Tip!**

Die Stauseen Brandvlei und Quaggaskloof südlich der Stadt bedecken 47 qkm; über Jachtclub zugänglich. An ihren Ufern lauern Jachten, Motorboote & Wasserskier auf ihren Einsatz. Drumherum Brandvlei Trail (42 km) ab Nekkies Resort mit Schutzhütte für 18 Menschen, Anmeldung T. 71 408; und die Entspannungsübung Fairy Glen Trail (3 Std).

Worcesters Thermik eignet sich hervorragend für Drachenflieger. Strecken von 4-6 Std sind gar nicht mal selten, dazu schwebt der majestätische Fischadler am Himmel.

Hin & Weg

Züge: Trans Karoo täglich 12.45h nach B'West & Joburg (5 1/2/22 Std, erster Klasse 35/120 DM), 11h nach Kapstadt (3 Std, 20 DM). **Trans Oranje** Mo 22h nach Bloem & Durban (16 1/2/33 Std); Sa 3h nach Kapstadt. Blue Train-Tip s. Kapstadt.

Busse: Transtate ab Bhf Mi/Sa 11h nach Oudtshoorn, Mo-/Di/Do/So 14h nach Kapstadt (6 1/2/3 Std, 22/13 DM). **Translux** ab Shell Ultra City Mo/Mi/Fr 20.45h nach Robertson & PE (1/2/9 Std, 24/60 DM); täglich nach B'West & Joburg (4 1/2/16 Std, 70/140 DM), Mi-Mo 4.10h nach Paarl & Kapstadt (1/2 1/2 Std, je 50 DM); Do-Di 19.50h nach B'West, Graaff-Reinet, East London (4 1/2/7-/14 Std, 70/80/90 DM). **Greyhound** ab Cumberland Hotel täglich 6.10/11h nach Paarl & Kapstadt (60/72 DM); 14.10h nach Bloem & Durban (7/17 Std, 125/180 DM); 19.45h nach Joburg (15 1/2Std, 160 DM).

Ceres

53 km nördlich von Worcester, an der R46. Im Hauptort des fruchtbaren Obstgebietes am Dwars River steht die größte Obstverpackungsfabrik der südlichen Hemisphäre. Ihre süßen Säfte überfluten als Tetra-Paks oder Dosen das ganze Land. Wegen der Lage inmitten (gelegentlich) verschneiter Berge verfiel jemand auf den übertriebenen Beinamen *Switzerland of South Africa.* Dabei erinnern all die Zacken & Zinnen eher an Südtirol. ✆ 023.

Tourism Bureau: Stadtbücherei, Owen/Voortrekker St, T./Fax 316 1287, info@ceres.org.za, mit Zimmervermittlung; Mo-Fr 8-17h, Sa 9-12h. **Postamt** gegenüber.

Übernachten & Essen

Pine Forest Resort, Carson St, T. 312 1170, Fax -2070, am Fuße des Skurweberg, ab Hauptstraße (1 km) ausgeschildert, bietet fast alles was das Herz begehrt: Pool, Trampolinpark, Minigolf, Kanus, Tretboote. 97 einfache/luxuriöse Vierer-Chalets ab 50/110 DM, 230 schattige Zeltplätze im Pinienwald ab 16 DM (1-4 P), Sa/So ab 25 DM. **Island Resort** am Dwars-Ufer, Bloekom St, T. 312 1400, war früher Farbigen vorbehalten. Vierer-Chalets mit Küche/Bad ab 50 DM, gemütliche Bungalows teurer, Zelten ab 16 DM.

Guesthouses: The Herberg, 125 Voortrekker St, T./Fax 312 2325 (Ilse & Suzette), herbergg-@iafrica.com, glänzt mit Kitsch auf hohem Niveau, dazu Café, Pool & Tennis. Lustig eingerichtete DZ ab 70 DM, Chalets mit Bad ab 80 DM, plus TV/Kühlschrank ab 100 DM. **Hindenburg,** Owen St, T. 312 1930, mit herzlichem deutschem Empfang neben Verkehrsamt; EZ/DZ mit Bad, TV & englischem F 60/90 DM, Nebensaison 45/70 DM.

Spitzenhotel: ** The Belmont, Porter St, T./Fax 312 1150, wirkt wie ein Palast aus alten Zeiten: Garten, Mini-Zoo, Ponyritte, Riesen-Pool, Squash/Tennis, Restaurant à la carte, Pizzeria, prima Sunday Lunch. 44 EZ/DZ mit Bad & F ab 70/125 DM, *Deluxe* ab 180 DM; nette Rondawels mit zwei DZ & Bad ab 50 DM/P.

Unternehmen & Anschauen

Das Verkehrsamt bietet zur Erntezeit besondere Obsttouren, von Dez-April auch Waldführungen. Durch Berge und Pine Forest Resort führen Halb- bis Zweitageswanderungen; anmelden unter T. 312 1170, übernachten im Zelt.

Im Transportmuseum, 8 Orange St (nördlich der Voortrekker), erinnert vieles an jene Zeiten, da in Ceres Pferdefuhrwerke jeder Art entstanden. Große Sammlung von offenen/geschlossenen Wagen, Hängern und Kutschen; Mo-Fr 9-13h, 14-17h, 1 DM.

Der Michell´s Pass überwindet die Skurweberge südlich vor Ceres auf sehenswerte Weise. Weil der Breede noch so kraftvoll durch die enge Schlucht braust, zogen die Trekburen den Weg über die Berge vor. Erst 1765 konnte der erste Pfad gelegt werden, dem der geniale Baumeister Andrew Bain 1846-48 eine richtige Straße folgen ließ. Ein Zollhaus erinnert an die Tage, da dies die einzige Verbindung in die Karoo war. Dank des Passes verkürzte sich die Fahrt nach B´West von drei Wochen auf acht Tage. Seine überragende Bedeutung verlor er erst 1875 an den Hex River Pass, über den heute die N2 führt.

Das Bergfynbos NR am Fuße des Michell´s Pass ist das zweitgrößte seiner Art am Kap, verkommt aber allmählich zum Klo der Fernstraße. Freundliche Pfade zu Fynbos & San-Malereien, Besucherzentrum zuletzt geschlossen; täglich 8-16h. Schöner hat´s da der **Tollhuis Trail,** da genauso reichhaltige Botanik wie im NR, nur ohne Nebenwirkungen. Er beginnt und endet am Pine Forest Resort; dort Permit & Karte.

Kagga Kamma

„Buschleutereservat" nördlich von Ceres, für meinen Geschmack **ein würdeloser Zoo** mit entwurzelten

San-Familien. Diese einstigen Nomaden haben dauernd Videokameras vor der Nase und weiße Wurschtfinger im Kruselhaar. Vom ganzen Ertrag (schweineteure Chalets) bleibt den Opfern kaum was. Eines jener Plätzchen, die von Iwanowski & Konsorten fett vermarktet werden. Und wer mir mit *Interessante Erfahrung* kommt, dem/der wird einen Tag lang ´ne japanische Reisegruppe ins Wohnzimmer gesetzt.

Tulbagh

34 km westlich von Ceres, an der R46. Das feine Dorfensemble aus dem 18. Jh ward nach den Erdbeben 1969/70 minutiös wieder aufgebaut. Tulbagh gilt vielen neben Franschhoek als schönster Weinort, der sich jedem *High-Speed*-Spaß verschließt. Hier ist die Zeit schon lange stehengeblieben. Immerhin gibt´s Mountainbikes, Wanderwege, Bars - und gar eine Diskothek. ✆ 023.

☞ **Glanzpunkt** im Schatten der Witsenberge: **Church Street** mit einem Sack voll kapholländischer Nationaldenkmäler.

Tourism Bureau: 4 Church St, T. 230 1348, als Teil des Museums; Mo-Sa 9-13h.

Übernachten & Essen

Kliprivier Park Resort etwas außerhalb, T. 230 0506, Fax -1250, mit bescheidenen Hygienevorstellungen, Einkaufsladen & Pool. 18 spartanische Vier/Sechsbett-Chalets 80/95 DM, 100 Zeltplätze ab 15 DM.

B&Bs in Gästehäusern mit 100 Jahren Tradition - hier lebt man fast wie die ersten Siedler am Kap, z.B. im **Tollhouse**, T. 230 1211, mitten im Ort, geschmackvolle DZ mit F 80 DM. **De Oude Herberg,** 6 Church St, T. 230 0260, ist Teil der Museumsstraße, erstes Gasthaus am Ort (seit 1885); DB&B ab 50 DM/P. *„Sein Restaurant (reservieren) ist nicht halb so teuer, wie man erwarten würde, dafür traumhaftes Ambiente." (Doris Zürl)*

Mittlerweile 30 Unterkünfte, davon **Farm Cottages** zuhauf ab 40 DM im 10 km-Umkreis. Eleganter: **Hunter´s Retreat,** 1500m außerhalb, T. 230 0582, mit vielen Tieren, Pool und gepflegten zweistöckigen Häuschen mit Kochgelegenheit; B&B 60-70 DM. **Silwerfontein,** T. 230 0531, hat neben Cottages (DZ 80 DM) auch Trails mit Logis im Doppeldeckerbus (!), Koch- und Grillmöglichkeit unter Eukalyptus, Dusche/WC; 25 DM/P. **Rijks Ridge,** T. 230 1006, Fax -1125, neville@rijksridge.co.za, Weingut wenige Schritte von dett Janze mit zwölf Suiten und drei Cottages; B&B 90-125 DM/P.

Lemberg Estate, T. 230 0659, Fax -0661 (Uschi & Klaus Schindler), 4 km westlich, junges Weingut mit Pinotage, Hàrslevelü (!) und Sauvignon blanc, geführt von gebürtigen Freiburgern - *und aus dem Breisgau kommen bekanntlich nur Spitzenprodukte.* Stilvolles Vierbett-Rondawel am See mit Küche & Bad 50 DM/P, Mahlzeiten im Gästehaus.

Paddagang, T. 230 0242, war eines der ersten Schankhäuser am Kap. Gemütliches Restaurant mit guter, preiswerter Kapmalaien-Küche, z.B. Lammbraten mit Wasserhyazinthen 14 DM; täglich 8-16h. Dazu Boutique mit Weinprobe/verkauf.

Anschauen & Probieren

☼ **Church Street:** die tolle Schlendermeile steht dank 32 Uralt-Gebäuden komplett unter Denkmalschutz, vier davon bilden den **Museumskomplex**. Die schöne Kirche (1743) stand am Anfang von Tulbaghs Entwicklung. Haus #4 (Verkehrsamt) erinnert mit einer Bilderausstellung an den Wiederaufbau nach den Erdbeben. Im viktorianischen Haus #14 werden Möbel, Kleider & Puppen gezeigt, in Haus #22 die typische Inneneinrichtung des 18. Jhs. Mo-Fr 9-17h, Sa/So 10-16h, Mai-Sep So geschlossen, Eintritt 2 DM. - *Het Land van Waveren* nannte anno 1699 Herr van der Stel die neuen Latifundien, und so heißt heute der netteste Kramladen, #38; täglich 10-17h. Tulbagh Huis, #42, verkauft Stoffe & Wolle.

🍸 **Wein:** die **Tulbagh Cellars** 4 km vor der Stadt, T. 230 1001, gehören der ältesten Genossenschaft im Lande (gegründet Mai 1906). Gute Güter: **Lemberg**, T. -0659, zählt zu den kleinen Feinen; s. oben. **Kloofzicht**, T. -0658, ist stolz auf seinen roten *Alter Ego*; Mo-Fr 11-16h. **De Oude Drostdy**, T. -0230, gilt als Prachtbeispiel der Arbeiten Louis Thibaults; viel Kapmobiliar im Ex-Gefängnis, Proben Mo-Fr 11/15h, Sa 11h.

Winelands

Diese Region blickt auf die **längste europäische Besiedlung** zurück. Nicht selten regiert noch der Charme der Alten Welt: antike Gutshöfe, stets einstöckig & ausladend, weiß gekalkt & strohgedeckt. Ihre farbenprächtigen Gärten kontrastieren kraftvoll mit sanften Weinbergen und fantastischer Landschaft. Viele Güter laden zu **Weinproben** ein, manche führen auch ein kleines Restaurant inmitten der Reben; meist nur mittags.

🚂 **Tagestouren** jeder Couleur ab Kapstadt. Metro-Züge nach Paarl & Stellenbosch, Busse auch nach Franschhoek. Wer aber den vielfältigen Reizen der Winelands gerecht werden will, benötigt ein Auto.

Bonbons: Stellenbosch ist am lebhaftesten, Franschhoek erfreut sich der schönsten Lage, Paarl bietet als emsiges Handelszentrum einiges zu sehen, Wellington „verfügt" über den spektakulären Bainskloof-Paß. Wer mal über die Stränge schlagen will, sollte es als Genießer hier tun, in den Vielsterne-Gasthöfen & Spitzenrestaurants.

Stellenbosch

48 km östlich von Kapstadt, an der R44. Ein fruchtbares Tal umschmiegt die **idyllische Unistadt** (36.000 Ew) inmitten von Weinhügeln, Obstgärten und Felsklippen. Natürlich heißt das schmale Rinnsal Eerste River - von Gouverneur Simon van der Stel 1679 gegründet, war Stellenbosch außerhalb Kapstadts die erste weiße Siedlung. Siedler säumten ihre Straßen mit stolzen Eichen und kapholländischen Bauten. Zahlreiche Gebäude, Straßen, Plätze erinnern noch an die Zeit der VOC. ✆ 021.

Kurz & knackig

📌 **Publicity Assoc:** 36 Market St, T. 883 3584, Fax -8017, glänzend ausgeschildert, mit Zimmervermittlung, dem Allerneuesten aus der Weinszene und kostenlosem Faltblatt *Discover Stellenbosch on Foot*; Mo-Sa 8-17.30h, So 9.30-16h.

📌 **Post:** Bird/Plein St, T. 883 2263,

mit Postlager; Mo-Fr 8-16.30h, Sa 8-12h. **Internet:** Java Café, 2 Ryneveld/Dorp St, T. 887 6261, info-@javacafe.co.za, mit Restaurant; täglich 9-23h, online 8 DM/Std. Weniger charmant: Cybersonic, 8 Plein St, täglich 9-21h.

Rennies Travel: Bird/Church St, T. 886 5259. **AmEx:** Plein/Bird St, T. 887 0818; beide Mo-Fr 8-17h, Sa 9-12h. Viele **Ladenpassagen** auf der Bird St-Seite des Hauptplatzes The Braak, zwischen Dorp St & Uni.

Notfall: Polizei T. 10 111, Krankenhaus T. 887 0310, Apotheke T. 887 9400.

Fahrräder: S'bosch ist nett zu Radlern, es gibt schweißtreibende *Biking Trails* in die Umgebung und genug Vermieter vor Ort. **Easy Rider,** T. 886 4651, im Stumble Inn BP; **Cycle of Fun,** 29 Plein St, T. 887 4279; und am Bhf. Meist 4 DM/Std, 20 DM/Tag.

Taxi: Festpreis 1,50 DM mit Rikki's Sammeltaxis, T. 887 2203; teurer mit S'bosch Taxis, T. 886 5808.

Übernachten

Einzige Zeltmöglichkeit: **Bergplaas Ranch** in Richtung Franschhoek am Ende der Sackgasse Helshoogte Rd, T. 887 0486. Ihr einziger Pluspunkt: viel Ruhe. In den Winelands hat sich Stellenbosch zum obersten BP-Domizil gemausert. Wem das was sagt ...

Backpackers

Stumble Inn, 12 Market St, T./Fax 887 4049, stumble@iafrica.com, 3 min vom Zentrum/Bhf, mit großer Küche, TV, Garten & Touren. Zelten 10 DM, Schlafsaal 14 DM, DZ 55 DM, *Wine Tour Special* mit zwei Übernachtungen 90 DM - hier bleibt man gern.

Hakuna Matata, 100 Dorp St, T. 887 1102, Fax 856 2128, in einem der Uralt-Häuschen mit hübschem Patio, Braai & reetgedeckter Bar. Schlafsaal mit Bad 18 DM, EZ/DZ 45/65 DM.

Backpackers Inn im De Wet Centre, Church/Bird St, T. 887 2020, Fax -2010, bacpac1@global.co.za, zentral & freundlich, einem Internat nicht unähnlich, fürsorgliche Chefin, jede Menge Dienstleistungen. Schlafsaal 18 DM, DZ ab 50 DM.

Hillbillies Haven, 24 Dennesig St, T./Fax 887 9905, nördlich vom Geschehen, setzt die Meßlatte in jeder Hinsicht hoch. Alles blitzblank, Sherry zur Begrüßung, Kamin zum Wohlfühlen & Garten für laue Abende. Zelten 10 DM, Schlafsaal 15 DM, DZ 45 DM.

B&Bs

Liste aller Häuser (ab 30 DM/P) im Verkehrsamt.

Im Ort: Monikas B&B, 3 Brandwacht St, T./Fax 886 6063 (Monika & Kurt), nettes, hilfsbereites Schweizer Ehepaar verwöhnt auf „Ihr sollt euch wie zuhause fühlen"-Art. Ruhig, etwas außerhalb, in Van Reede/R44 erste rechts (Barry), dann dritte links; ab 50 DM/P. **Bonne Esperance,** 17 Van Riebeeck St, T. 887 0225, Fax -8328 (Sue & John), mit viktorianischem Stil, keckem Türmchen & kleinem Pool. 15 EZ/DZ ab 130/150 DM.

Ferienwohnungen: Victoria House, T./Fax 883 2099, mitten im Ort, mit 2-6 Betten ab 30 DM/P. **Weidenhof Lodge,** 24 Weidenhof St, T. 883 2883, 719640@beltel.co.za, mit Bauhaus-Anklängen & viel Komfort. **Caribib Cottages,** 12 km gen Kuilsrivier, T. 905 1357 (Elsa Joubert), mit zwei liebevollen Fünfbett-Einheiten & gutem F 50 DM/P.

Chestnut Cottages, T. 885 1716, noch abgeschiedener, kommt mit Patio, Garten & Kamin dem Idealbild für Idyllen sehr nahe. **Groenerivier,** Annandale Rd, T. 881 3767, mit zwei Vierbett-Cottages, Wama & Veranda 40-60 DM/P. **Natte Valley,** T. 875 5171 (Charles & Charlene), milner@intekom.co.za, mit Vier/Sechsbett-Cottage ab 100/140 DM.

Unter den **Gästefarmen** hervorzuheben: **Mountainwood,** Simonsberg, T./Fax 885 1964 (Vin & Angelique), 10 km außerhalb an der R310 nach F'hoek. Echte Proteenfarm mit Pool, genialem Blick, völliger Ruhe & junger Atmosphäre. DZ mit/ohne Balkon ab 70 DM/P, Rundflüge übers Kap 120 DM/P.

Blick in die Sterne

Alle Hotels mit Restaurant & Pool, manche mit *Green Season Specials* Mai-Aug.

Innerorts: *** **Stellenbosch Hotel,** Dorp/Andringa St, T. 887 3644, zentral mit guter Brasserie & Speisesaal. EZ/DZ ab 150/200 DM. *** **Dorphuis,** 110 Dorp-/Weidenhof St, T. 883 9881, verzaubertes Plätzchen. Hinter viktorianischer Fassade verbergen sich alle Annehmlichkeiten der Moderne. Zwölf DZ/Suiten ab 260 DM. *** **D'Ouwe Werf,** 30 Church St, T. 887 4608, Fax -4626, ouwewerf@iafrica.com, mit Kostbarkeiten derart ausstaffiert, daß man sich kaum zu setzen wagt. 25 Zimmer mit F ab 190/290 DM.

Umgebung: *** **Devon Valley Protea,** T. 882 2012, Fax -2610, in ruhiger Lage mit herrlichem Talblick. 36 EZ/DZ ab 180/210 DM. **** **Lanzerac Manor,** Jonkershoek/Lanzerac Rd, T. 887 1132, Fax -2310, info@lanzerac.co.za, seit 1692 bewohnt, seit 1840 Hotelbetrieb, heute vier Luxussuiten. 40 EZ/DZ ab 360/510 DM. **L'Auberge Rozendal,** Omega Rd, T. 883 8737, Fax -8738, ist Weingut und Lodge zugleich, mit superber französischer Küche, Rotweinen und Reitstall. 16 DZ mit Blick über das Tal von Jonkershoek.

Essen & Trinken

In S'bosch herrscht kein Mangel an Speisetempeln, um deren Winzer- und Käseplatten sich Legenden ranken. Darüber aber nicht die Weingüter vergessen, die mittags ebenfalls das Beste aus der Küche holen; oft feste Mahlzeiten, gelegentlich Picknickkörbe.

Gediegen: **Vinkel en Koljander** im Lanzerac Hotel, T. 887 1131, mit Mittagsküche bis 17h; und **Doornbosch** an der R44 nach Strand, T. 887 5079, mit Cape Dutch-Küche, von einem Münchner geleitet, was sich in Einrichtung & Ambiente niederschlägt. **Volkskombuis,** Old Strand Rd, T. 887 2121, mit dem Schmackhaftesten vom Kap, gelegentlich hakeligem Service. Hauptgerichte ab 12 DM, *Cape Country Sampler* 20 DM.

Studiplätze: Legends, 33 Bird/Du Toit St, T. 887 2313, überaus beliebt dank Pizze, Pub und Sirloin-Pfund (!) für 15 DM. Abends immer rappelvoll, oft Bands. **Avec Mari,** 49 Plein St, T. 883 2654, mit stolzer Bandbreite mediterraner Tapas (ab 6 DM) & Gerichte; täglich 19-23h. **Decameron,** Plein St, mit Pizza & Pasta für 10-15 DM. Statt einer Mensa die einfache Cafeteria **Langenhoven** auf dem Campus (Studentesentrum).

Pubs, Cafés, Clubs? Gibt über 80 davon in S'bosch, und die meisten leben von/für Studis. **De Acker**, Dorp/Herte St, ist eine klassische Anlaufstelle für Post-Klausuren-Exzesse. Bei **De Kelder**, 63 Dorp St, fast nebendran, geht's etwas gesitteter zu. **The Terrace**, 50 Alexander St, ergänzt seine extensive Speisekarte allabendlich mit Bands; 11-1h.

Die Universität, 1918 gegründet und im Umgangston *Maties* genannt, kultivierte Afrikaans als Unterrichtssprache. Nix Wichtiges zu sehen, dank 12.000 Studenten rühmt sich S'bosch aber eines ansehnlichen Nachtlebens - welch Seltenheit in diesem Land!

Stadtrundgang

Steinerne Zeugen alter Zeiten drängeln sich entlang der **Dorp Street**, der besterhaltenen Häuserzeile des Landes. Unbedingt mal entlangschlendern!

Das Village Museum, T. 887 2902, setzt sich aus vier fein restaurierten Gebäuden des 18. Jhs zusammen, darunter dem ältesten Stadthaus des Landes. 1709 erhielt der deutsche Söldner Sebastian Schröder, Verwalter der alten Mühle, von seinem Arbeitgeber VOC ein Grundstück im jungen Städtchen geschenkt, darauf er dies vornehme Haus setzte. Möbel & Hausrat wurden stilecht aus jener Epoche zusammengetragen. Das Karée zwischen den Straßen Ryneveld, Drostdy, Church & Plein gehört zum Museum; Mo-Sa 9.30-17h, So 14-17h, 2 DM. Gutes Erklärungsblatt auch in deutsch, „Altdorfmuseum". **Tip!**

Dorp Street: Museumsdreieck am östlichen Ende bei #29; alle Mo-Sa 9-17h, So 14.30-17.30h. Die **Rembrandt-Galerie** spottet ihrem Namen, ausgestellt wird im sehenswerten Gebäude (1783) südafrikanische Kunst der Gegenwart. **Stellenryck-Weinmuseum** mit alten Möbeln, Winzerbedarf und einer klotzigen Weinpresse vom Kaiserstuhl (1790), die bis 1939 Dienst tat. Weiter hinten beleuchtet das **Oude Meester-Haus** die Rolle des Weinbrandes am Kap. Schöne Giebel zieren auch Vredelust, #63, und La Gratitude, #95. Mittendrin Oom Samie se Winkel, #84, ein viktorianischer Tante-Emma-Laden von 1904.

Braak: der Hauptplatz diente einst der Miliz als Exerzier- und den Bürgern als Festplatz. Inzwischen ist über die Sache viel Gras gewachsen, genug jedenfalls für gemütliche Sit-ins. Umgeben von bedeutsamen Gebäuden, entspannen Stadtwanderer und treffen Studenten ihre Verabredungen. Am Rande des Rasens kauert die anglikanische **St Mary's-Kirche** (1852), das einzige Bauwerk *auf* dem Platz. Im Stadtarsenal (1777, Kruithuis) neben dem Braak lagerten einst sämtliche Waffen & Munition; heute Militärmuseum.

Stellenbosch Wine Route

In den fruchtbaren Tälern zwischen Eerste und Breede River gedeihen mehrere Rebsorten prächtig. Zwischen großzügigen Hängen verstecken sich an idyllischen Plätzchen Winzereien im kapholländischen Stil, die zu einem der Spitzengebiete Südafrikas gemacht haben. In der Wine Route sind 23 Kellereien und fünf Genossenschaften zusammengeschlossen. Auskunft über Führungen T. 886 4310; Mo-Fr 8.30-13h, 14-17h.

Blaauwklippen, 3 km südlich an der R44/Strand Rd, T. 880 0133, steht seit 300 Jahren im Dienst der

Auf den zweiten Blick

Weine aus Südafrika

Mekka für Liebhaber edler Tropfen

Südafrikanischer Wein ist weltberühmt. Kenner versichern, er halte inzwischen jedem Vergleich mit den besten französischen, australischen und kalifornischen Tropfen mühelos stand. Dabei haben Weine aus Südafrika bereits eine lange Geschichte. Wenige Jahre nach Riebeecks Ankunft 1652 pflanzten die Siedler aus Europa erste Reben, die in der Umgebung Kapstadts nahezu ideale Voraussetzungen vorfanden. Hervorragende Böden und gleichförmiges Klima sorgten bald für eine anspruchsvolle, gleichbleibend hohe Qualität der Weine. Der Durchbruch in einer Welt fallender Handelsschranken gelang der jüngsten Winzergeneration. Das Kapland, dessen Weinbau heute 30.000 Menschen Existenz und Einkommen sichert, war längst zum wahren Mekka für Weinkenner geworden. Seit dem Ende der Isolation entdecken aber auch alle anderen Weinfreunde das sensationelle Preis-/Leistungsverhältnis, das europäischen Tropfen längst abhanden gekommen ist.

Ein Prosit auf die Preise: im Lande selbst präsentiert fast jeder Supermarkt in der Weinecke sagenhafte Qualität für 8-15 Rand, der Kauf direkt beim Erzeuger ist nochmals erheblich billiger. Und selbst bei deutschen Wein-Importeuren sind preisgekrönte 0,75-Literflaschen noch unter 10 DM zu haben. Wahrscheinlich polieren irgendwo schon Aldi-Manager ihre Taschenrechner. Überraschen wird den Genießer auch die Vielfalt des Angebots: es gibt über 2500 Weine, von frischen, reintönigen Weißen über duftig-gehaltvollen Rosé bis zu trockenen, noblen Roten, von Chardonnay, Riesling, Steen bis zu Cabernet Sauvignon und Pinotage. Nirgendwo gibt es eine so breite Palette aus einem so begrenzten Anbaugebiet wie am Kap.

Es wird unterschieden nach Constantia/Durbanville, Stellenbosch, Paarl, Tulbagh, Worcester, Robertson und Overberg, Little Karoo, Swartland und Piketberg, und Olifantsriver. Hinzu kommt das weniger bekannte Oranje River-Anbaugebiet zwischen Kimberley und Upington. Kleines Zusatzbonbon für Weinfreunde: das Kapland dürfte dank seiner landschaftlichen Reize der Welt schönstes Anbaugebiet sein!

Reben. Schöne Herrenhäuser, Farm Shop voller Chutneys, Marmeladen & Einmachfrüchte. Familiäre Proben Mo-Fr 9-17h, Sa 9-13h (Weiße, Rote, Port, Sekt - frei); Führung Mo/Fr 11h und 15h.

Morgenhof, 4 km nördlich an der R44 nach Paarl, T. 889 5510, ebenfalls steinalt mit kostbaren Bauwerken. Proben Mo-Fr 9-16.30h, Sa 10-15h (Weiße, Rote); Picknickkörbe im alten Stall oder auf dem Rasen im Sommer täglich 12-14h.

Eikendal, 8 km südlich an der R44 nach Somerset West, T. 855 1422, mittags mit Schweizer Appetitanregern: Okt-April *Country Lunch,* Mai-Sep Wintersuppe, Juni-Sep (nur Fr 18-21h) Chäsfondue. Mo-Fr 9-17h, Sa/So 10.30-15h.

Zevenwacht in Kuilsriver, Langverwacht Rd, T. 906 1560, überträgt den Anspruch *A Class of its own* auch auf die Preise. Lange Liste prämierter Weine, idyllische Lage mit Gartenterrasse, Proben täglich 8-17h (5 DM für fünf Sorten), Zimmer ab 90 DM/P. Spitzenrestaurant **Z' Pride** im niedlichen Manor am Fluß; Di-So 12-14h, 18-21.30h.

Die Käserei Simonsberg, 9 Stoffel Smit St, T. 883 8640, genießt einen Spitzenruf. Camembert, Creamy Blue, Feta, Mozzarella zum Kosten & Kaufen.

Hin & Weg

Lokalzüge Mo-Sa fast stündlich bis 17.50h von/nach Kapstadt (Gleis 1, 55 min, erste/dritte Klasse 4/2 DM).

Busse: Translux ab Bhf Mo 7h nach Kapstadt (1 Std, 20 DM); Fr 19h nach Worcester, Montagu & PE (11 Std, 50/50/70 DM); Mo 4h nach Paarl & Robertson.

Mietwagen: Imperial, S'bosch Auto, Merriman Ave, T. 883 8140. Avis, Donford Motors, 1 Dorp St, T. 887 0492. Budget, 98 Dorp St, T. 883 9103.

Franschhoek

30 km östlich von Stellenbosch, an der R45. Das „Eck der Franzosen" ist ausgesprochen hübsch, seine Umgebung samt herrlichstem Tal am Kap noch viel mehr. Das handzahme Städtchen (5000 Ew) erstreckt sich entlang der Hauptstraße, die von S'bosch tief ins Tal kriecht und an einer T-Kreuzung endet: gradaus das Hugenotten-Mahnmal mit ausgezeichnetem Museum, links beginnt der Aufstieg zur spektakulären Paßhöhe. ✆ 021.

Vallée Tourisme: 2 Main Rd, T. 876 3603, Fax -2768, zugleich Sitz der *Vignerons de Franschhoek,* mit prächtigem *Guide to the Valley;* Mo-Fr 8.30-13h, 14-17.30h, Sa 9-13h. Alles Wichtige liegt entlang der Hauptstraße Main/Huguenot Rd (R45).

Nur Minibusse nach S'bosch; Borland-Busse, T. 862 2114, nach Paarl.

Übernachten & Essen

Backpackers oder Billigpensionen wären hier eindeutig fehl am Platz.

Hotels im Ort: La Cotte Inn, Huguenot/La Cotte Rd, T. 876 2081, Fax -2082, am Ortsanfang Richtung Paarl, freundlicher Country Pub mit Pool; DZ mit Bad & F ab 110 DM. ** **Huguenot Hotel** an zentraler Stelle, Huguenot/Bordeaux Rd, T. 876 2092, Fax -3038; zwölf komfortable DZ mit Bad ab 130 DM. **F'hoek Mountain Manor,** Excelsior Rd, T. 876 2071, Fax -2177, in ruhiger Lage hinter dem Monument mit Restaurant, Cafeteria, Pool, Tennis & Squash; 40 DZ, die ihre schönste Zeit vor sich haben.

Cottages für Selbstversorger: **Weingut La Provence,** Main/Robertsvlei Rd, T. 876 3194, Fax -2503, mit blanker Idylle. **Klein Dassenberg,** T./Fax 876 2107 (Francois & Sally Marais), mit Kaminen, Patios & Pool 70-100 DM. **Victoria Cottage,** jenseits Villiersdorp Rd, T. 876 2148, mit sechs Betten, am billigsten.

Gästehäuser: Cellar House hinter dem Monument, T. 876 3461, drei Räume, B&B 35-50 DM/P. **Erica,** Erica St, gegenüber vom Museum, T. 876 2425, Fax -2825, nüchterne Zimmer mit F ab 50 DM/P. **Quartier Français,** 16 Huguenot/Berg Rd, T. 876 2151, Fax -3105, mit Pool, gepflegtem Garten & Blick auf die nahen Berge; 14 DZ mit Kamin ab 60 DM/P. **Le Ballon Rouge,** 7 Reservoir St East, T. 876 2651, Fax -3743, mit Blau-Gelb-Orgie ab 75 DM/P.

Gourmettempel im sauberen Dutzend, z.B. **Petite Ferme** an der Paßstraße, T. 876 3016, mit Traum-Aussicht; Regenbogenforelle oder Kaplamm ab 25 DM, nur 12-15h. **Quartier Français** mit Vorspeisen und Salaten ab 15 DM, *Nouvelle*-Hauptgerichte (auch vegetarisch) ab 25 DM; Mo-Sa 19-21h. Am billigsten: **Il Mondo Trattoria** gegenüber vom Verkehrsamt, T. 876 2602.

Stadtgeschichte

Hinter dem Namen verbirgt sich das traurige Schicksal der französischen Protestanten (Hugenotten) im 17. Jh. Nach Aufhebung des Edikts von Nantes 1685 wurden sie in ihrer Heimat derart brutal verfolgt, daß sich viele gebildete, wohlhabende Anhänger zur Flucht entschlossen, meist nach Holland. Im April 1688 erreichten 200 Hugenotten Südafrika an Bord der *Oosterland.* VOC-Gouverneur van der Stel wies den Neuankömmlingen dieses unbesiedelte Tal am damaligen Rande der Zivilisation zu.

Das Tal wird an drei Seiten von schroffen Hängen umschlossen, die bis ins 19. Jh. als unpassierbar galten, und vom mäandrierenden Berg River zuverlässig mit Wasser versorgt. Eine ideale Zuflucht also für die Hugenotten, die nun ihre Kultur & Weinbautradition wieder auspacken konnten. Von La Motte bis La Cotte erinnern die Namen vieler Güter an die ersten Siedler, deren Erbe von den *Vignerons de F'-hoek* demonstrativ hochgehalten wird.

In Südafrika begegnen einem ständig Nachfahren dieser Hugenotten. Namen wie Malan, de Villiers, du Toit oder Roux haben ihren Platz in der ersten Reihe von Sport, Kultur, Politik. Einige Abkömmlinge vergaßen die bitteren Erfahrungen ihrer Ahnherren so gründlich, daß sie im 20. Jh. zwischen den Baumeistern der Apartheid wiederzufinden sind.

Hugenotten-Denkmal: 1938 zum 250. Jahrestag der Ankunft der Flüchtlinge eingeweiht. Am Fuße des Passes stehen drei Bögen aus Paarl-Granit (wegen Dreifaltigkeit), davor hat eine versteinerte Frau mit der Bibel in der Rechten die Kette der Unterdrückung bereits zerbrochen. Die Figur tritt den Erdball mit Füßen - *nach meiner Lesart eine vorausschauende Allegorie weltweiter Umweltzerstörung, vielleicht aber anders gemeint ...*

Hugenotten-Museum: 1967 eröffnet, erinnert an die Geschichte der Hugenotten und verfolgt genealogische Spuren bis in die Gegenwart. Rahmen würdevoll, Sammlung erschöpfend, aber unklar gegliedert; Mo-Sa 9-13h, täglich 14-17h, 2 DM. Führung nach Anmeldung, T. 876 2532. Der Museumsteil auf der anderen Straßenseite enthält ein Sammelsurium von Fundstücken, die nur ein Kriterium eint: irgendjemand mußte ihnen irgendeine Rolle in der Geschichte des Franschhoek-Tales zuschreiben.

Franschhoek Wine Route

F'hoek ist ein klassisches Weißweingebiet. Von den 16 *Vignerons* laden elf Güter und der Genossenschaftskellerei zu Kostproben; Öffnungszeiten erfragen über Wine Centre, T. 876 2086. Übersicht im kostenlosen *Guide to the Valley of the Huguenots*, im Verkehrsamt.

Boschendal am Großen Drakenstein/R310, T. 874 1031, wird oft als schönstes Gut am Kap gepriesen; reiche Auswahl, Mo-Sa 8.30-16.30h, So 8.30-12.30h. Angeschmiegt an grimmige Berge, wirken Herrenhaus (zu besichtigen), Winzergebäude & Rebberge wie aus dem Weichzeichner. Spitzen-Restaurant, T. 874 1252, aber sündhaft teuer. Alternative: *Le Pique Nique* mit Leckereien wie Spinatpastete, Lachs/Thunfisch-paté, Salaten, Fleisch, Eis, Baguettes unter Sonnenschirmen für 30 DM. In beiden Fällen anmelden!

Franschhoekberge

Am spektakulärsten nähert man sich F'hoek von Worcester aus über die R43, durch eine Landschaft von Allgäuer Gepräge. Vor dem Theewaterskloof-Stausee rechts ins urige Dutoits-Tal durchschlagen. Im Schatten des Aasvoëlberges hat das Bächlein eine Klamm rausgewaschen, an der man serpentinenreich zum F'hoek-Paß (700m) emporsteigt. Erst 1819 wurde er fahrzeugtauglich ausgebaut - mit ihrem Trampelpfad wiesen Elefanten den Indschinjören den Weg. Noch wenige Meter, und ein grandioser Blick tut sich auf ...

Wer der R321 treubleibt und hinter dem See auf den Viljoens-Paß (525m) fährt, erreicht bald das Tor zum **Hottentots Holland NR.** 400m hinter der Abzweigung, an der Ferienanlage für Schulgruppen, starten Wanderwege in die kleinwildreichen Berge.

Paarl

29 km nördlich von Stellenbosch, abseits der N1. Paarl ist der Dritte im weinseligen Bunde mit illustrer Vergangenheit, herrlicher Umgebung & graziöser Architektur. Das Städtchen im Tal des Berg River (65.000 Ew) wirkt aber schnöder als Stellenbosch, weniger kompakt und schwieriger zu erwandern. 1717 gegründet, bezog es seinen Namen von den gewaltigen Granitfelsen, die nach Regenschauern wie Perlen glänzen und gleißen. ✆ 021.

Paarl Tourism: 216 Main St, T. 876 3829, paarl@cis.co.za, gut bestückt, freie Zimmervermittlung; Mo-Fr 9-17h, Sa/So 9/10-13h. **Postamt:** Main/Lady Grey St, mit langer Telefonlatte. **Fahrräder:** Village Cycles, T. 872 8909, mit Tourenvorschlägen.

Übernachten

Berg River Resort, Suider Paarl, T. 863 1650, Fax -2583, 5 km außerhalb an der R45 nach F'hoek. Ansprechende Anlage mit Laden,

Pool, Kanus, Rollerskates, Trampolins und Ponies vor malerischer Bergkulisse. Auf den Inseln im Fluß tummeln sich Unmengen von Vögeln, auch Ibisse und Kraniche. Zeltplatz 15 DM, über 20 Zwei-/Vier/Sechsbett-Chalets mit Küche, Dusche, Patio ab 50-100 DM, im Dez/Jan mehr. - **Winelands BP,** 91 Main St, T. 863 1378, Fax -2331, 2 km südlich vom Geschehen, mit dürftigem Schlafsaal (16 DM) und Küche, mehr nicht.

Am billigsten für Selbstversorger: **Casa Rosario,** 1 Patriot/Main St, T. 872 2899, Fax -1119, wenige Schritte vom Verkehrsamt, sehr entspannt & nett; und **Shalu,** 15 Louie/Ottawa St, T. 872 1215. Beide mit Küche, dazu TV in jedem Zimmer, 35-40 DM/P. **Oak Tree Lodge,** 32 Main St, T. 863 2631, Fax -2607, baudewig@iafrica.com, gegenüber der KWV mit nobler Anlage. **De Wagenmaker,** 451 Main St, T. 872 0908, dewagen-@iafrica.com, mit sechs klimatisierten Zimmern, Pool, Deck, Restaurant & Denkmalschutz. **Lanquedoc Cottages,** T. 862 3190, Fax -6300, auf Olivenfarm ab 55 DM/P.

B&Bs: Queenslip, 2 Queen St, T. 863 1160, modernes Gästehaus mit Talblick ab 50 DM/P. **Berghof,** Monte Christo Ave, T. 861 1099, ausgezeichnet, mit Restaurant, Sonnenterrasse, Pool, Sauna; 29 DZ ab 130 DM. **Goedemoed,** Cecilia St, T. 863 1102, Fax 872 3051, wsteenkamp@icon.co.za, auf altem Weingut mit Restaurant & Pool; neun EZ/DZ ab 100/175 DM.

Hotels: ** **Paarl Hotel,** 158 Main St, T. 862 3118, einfach, zentral, viel Gegenwert fürs Geld; DZ mit F ohne/mit Bad ab 95/145 DM. **** **Zomerluist,** 193 Main St, T. 872 2117, Fax -8312, zomer@iafrica.com, mondänes Herrenhaus mit 14 EZ/DZ & F ab 185/250 DM, am komfortabelsten im umgebauten Stall. ***** **Grande Roche,** Plantasie St, T. 863 2727, Fax -2220, ist Südafrikas einziges Landguthotel mit fünf Sternen. 29 Suiten, zwei Pools, Flutlicht-Tennis, Komfort wohin man blickt. *Executive*-DZ ab 450 DM, Dez-Apr ein paar Scheinchen mehr.

Bosman's im Gutshaus (1707) des Grande Roche ist der angesehenste Gourmettempel des Landes! Auszeichnungen für Speisen und beste Weinkarte scheint Bosman (ohne Urteil) gepachtet zu haben, ebenso die Höchstzahl an Punktensternenkochlöffeln bei unabhängigen Beurteilungen. Kleidung & Geldbeutel dem Anlaß anpassen.

Außerhalb

Mountain Shadows im Drakenstein Valley, T. 862 3192, Fax -6796, restaurierte Landvilla (1823) mit Restaurant, Pool, Angeln, Touren; zehn DZ ab 190 DM. **Roggeland** im Dal Josaphat Valley, T. 862 7501, Fax -2150, idyllisches Haus (1778) mit sieben DZ und bodenständigem Restaurant; DB&B ab 110 DM/P. **Mooikelder** 5 km nördlich, T. 863 8491, liebevoll restauriertes Herrenhaus mit Pool und Aussichtsterrasse; B&B ab 120 DM.

Amberg Guestfarm 5 km östlich, T. 862 0982, Fax -3978 (Helena Feierabend & Mark Duckitt), amberg@mweb.co.za, am Anstieg zum Dutoitskloof/R101. Hollarödüllióh, man zeigt Schweizer Fahne - und das vor durchaus würdiger Kulisse. Blumenreiches Gelände, Pool, eidgenössische Küche, Wanderwege und feines Logis: Vierbett-Apartment am Pool 220 DM, zwei Zweibett-Cottages mit Bad 90-110 DM, B&B im Haus ab 65 DM/P.

Unternehmen & Anschauen

☼ **Die Hauptstraße,** 11 km lang parallel zum Berg River, reiht im Schatten von Eichen & Jacarandas beeindruckende Gebäude aneinander. In der Alten Pastorei (1714) stehen Relikte aus hugenottischer & kapholländischer Zeit; Mo-Fr 9-13h, 14-16h, frei.

☼ **Afrikaans:** Paarl ist *die* Bastion der Burensprache. An die „Erfindung" der Sprachregeln erinnert das Tal-Monument östlich der Stadt; täglich 8-16.30h, 1 DM. Als Geburtsstätte wird das Haus von Gideon Malherbe angesehen, einst Treffpunkt der „Vereinigung wahrer Afrikaander" und Verlagshaus der ersten Zeitung in Afrikaans; Mo-Fr 9-17h, frei.

☼ **Das Naturreservat** in den Bergen hinter Paarl ist dank Bergfynbos & Proteenvielfalt sehenswert. Zufahrt über Jan Phillips Mt Drive, ab Main Rd ausgeschildert. In Gipfelnähe lädt der schöne **Millwater Garden** zum Picknick: Wildblumen am Plätscherbach, dazu drei Granitformationen, die der Stadt ihren Namen gaben. Wanderkarte im Verkehrsamt.

Paarl Wine Route

Paarl ist eines der reichsten Anbaugebiete am Kap und Hauptsitz der *Kooperatieve Wijnbouwers Vereniging* (KWV), die fast die gesamte Produktion kontrolliert. Das Repertoire ergänzen nussige Sherries und glühende Portweine. Auskunft über Führungen T. 872 3605, Fax -3841. *www.paarlwine.co.za.*

🍸 **KWV Cellars,** Kohler St, T. 863 0877, Fax -2079, soll die größte Kellerei der Welt sein - eine Eigenauskunft, die uns nachzuprüfen noch nicht überall vergönnt war. 1918 schlossen sich all die Winzer zusammen, die unter Überangebot & Preisstürzen litten. Heutzutage trifft KWV bindende Vereinbarungen über Südafrikas Traubenproduktion.

Über 100 verschiedene Weine & Brandys werden ihrer Reife entgegengeführt und dann sofort exportiert. Nur einige Ports & Sherrys bleiben, da konkurrenzlos, in Südafrika. Beeindruckend der berühmte Kathedralenkeller mit prächtig geschnitzten Fässern. Eintritt 4 DM, prima Führungen (1½ Std) in englisch Mo/Mi/Fr 11/15.45h, Di/Do 9.30/14.15h; in deutsch Mo-Fr 10.15h. Danach wird degustiert. **Tip!**

🍸 **Nederberg,** 7 km außerhalb neben der Straße nach Wellington, T. 862 3104, zählt zu den größten Weingütern am Kap. Führung rauh & dürftig; Mo-Fr 8.30-16.30h. Die **Nederburg Auction** gegen Ende des Sommers ist im Weinkalender doppelt unterstrichen.

🍸 **Landskroom,** 6 km außerhalb an der R44, T. 863 1309, bereitet dank schöner Terrasse angenehmere Erfahrungen. Sehr günstig: Chenin Blanc, Pinot Noir, Käse.

🍸 **Rhebokskloof,** 8 km außerhalb neben der R44, T. 863 8606, ist ein echtes Schmuckstück mit guten Weinangeboten. Edles Terrassenrestaurant 12-14.30h, Mi/Fr/Sa auch 19-22h; gar nicht so teuer, *"empfehlenswert z.B. Hühnchenroulade mit Krabbenfleisch an frischem Gemüse." (Franziska von Hünerbein)*

Hin & weg

🚂 **Metro-Züge** von/nach Kapstadt Mo-Fr mindestens stündlich, zu Stoßzeiten häufiger, Sa/So selten (1½ Std, erster/dritter Kl. 6/3 DM).

🚂 **Busse: Transtate** ab Bhf Mi/Sa 9.45h, Fr/So 16h nach Robertson & Oudtshoorn (2/7 Std,

15/30 DM), Mo/Di/Do/So 16h nach Kapstadt (1½ Std, 20 DM). **Translux** ab Bhf täglich nach Kapstadt (1 Std, 50 DM!); Fr 19h nach Worcester, Oudtshoorn & PE (1½/5/10 Std, 50/50/70 DM); Di-So 19h nach Graaff-Reinet & East London (14 Std, 100 DM), durch die schönsten Gegenden leider bei Nacht! **Greyhound** täglich 13.20h nach Bloem & Durban (10/18 Std, 130/180 DM), 19h nach B´West & Joburg (5/16 Std, 90/165 DM).

Wellington

16 km nördlich von Paarl, an der R44/R303. Dröges Zentrum für Trockenfrüchte am Fuße der Drakensteinberge. Wie es sich für Kapstadts Dunstkreis gehört, besitzt auch Wellington mehrere Nationaldenkmäler, darunter Twistniet auf der Uralt-Farm Champagne. Das reicht aber nicht gegen die Reizüberflutung in der Nachbarschaft. ✆ 021.

Publicity Assoc: Main/Church Rd, T. 873 4604.

Tip am Weg zum Bainskloof: niemand kann sich dem Zauber des **Tweede Tol Caravanparks,** T. 02324/607, entziehen. Natürliche Becken im Witrivier, Fynbos wohin man schaut, prima Wanderwege, Zeltplätze 10 DM; Mai-Sep dicht. Das **Fisantekuil GH,** 5 km von Wellington, T. 864 1184, schlummert zwischen Wein, Oliven & Bergen; Dreibett-Cottage mit Küche ab 120 DM, einfacheres Sechsbett-Cottage ab 130 DM.

Züge: Trans Karoo, Trans Oranje & Blue Train halten. **Minibustaxis** am Bhf.

Der Bainskloof-Paß an der R303 nach Ceres bietet eine herrliche Aussicht auf Wellington & Swartland – eine dieser Prachtstraßen, von denen das Westkap so ungerecht viele abbekam. Sie entstand 1848-52 unter Regie Andrew Bains. Rund um den Bainskloof kreisen sieben Trails, davon mehrere nur für Wanderer mit Zelt; Anmeldung bei Tweede Tol. Der **Limietberg Trail** (34 km) beginnt auf der Paarl-Seite des Dutoitskloof und quert zwei Höhenzüge. Zweiter Tag recht anstrengend; Anmeldung für die Schutzhütte beim Dept of Environmental Affairs, T. 402 3043.

Somerset West

50 km östlich von Kapstadt, unterhalb des Sir Lowry´s-Passes/N2. Die ersten freien Bürger ließen sich bereits 1678 im Schatten der Hottentots Holland nieder. Und wer Geld hat, kehrt bis heute dem Moloch Kapstadt den Rücken. SW lebt jedenfalls *zwei* Gegenwarten: Stallgeruch hier, stinkreiche Wohnviertel & Ladenzeilen dort. Als „Monumente" gelten den Somersettern die Brücke über den Lourens (1745) und die NG-Reformierte Kirche (1820), letzte Ruhestätte von „Onze Jan" Hofmeyer, wer immer das gewesen sein mag. ✆ 021.

Info Bureau: 11 Victoria St, T. 852 2421, Fax 851 6207.

Es gibt Dutzende von Ferienwohnungen und -farmen. Vermittlung u.a. über Accomodation Centre, T. 851 3015, Fax -5909, auch für Gordon´s Bay & Strand. - **Gästehäuser: Albourne,** 61 Lourensford Rd, T. 852 2184, Fax -7050, mit Pool & Bergblick; acht kapholländische Gartenhäuschen mit Patio 140-240 DM. **Straightway Head,** Parel Valley Rd, T. 851 7088, Fax -7091, reception@-straightway.co.za, charmant mit Restaurant, Pool & unaufdringlichem Luxus; 20 EZ/DZ ab 140/250 DM. **Willowbrook,** Morgenster Ave, T. 851 3759, Fax -4152, willowb@iafrica.com; zwölf DZ/Suiten mit F 270-390 DM. - ***** **Lord Charles Hotel** in Helderberg, Stellenbosch/Faure Rd, T. 855 1040, Fax -1107, treibt die Exklusivität auf die Spitze; über 190 DZ ab 320 DM.

L'Auberge du Paysan zwischen S'West und Stellenbosch, T. 842 2008, ist einer der höchstdekorierten Landgasthöfe. Was immer der Mâitre auf die Speisekarte hievt - er bekommt Kochlöffel, Sterne oder dergleichen dafür. Mi-So mittags, Di-Sa abends.

Im Helderberg NR nordwestlich von S'West hüpfen Duiker, Bonte- und Greisböcke umeinander. Dazu blühen in der Disaschlucht von Dez-Feb endemische **Disa-Orchideen**.

Auf der Firlands-Farm an der N2 in Paßrichtung, T. 856 3130, geht's richtig ab: Obst/Weinverkauf ab Hof, *Tea Room,* Restaurant, Traktorfahrten, Minizüglein, Ponyritte, Minigolf, viele Tiere zum Anfassen. Für gestreßte Eltern, die sichergehen wollen, daß ihr Nachwuchs abends todmüde in die Koje plumpst. Mo-Fr 9-18h, Sa/So 8-20h.

Strand

3 km von Somerset West, südlich der N2. Turbulenter Badeort in der nordöstlichen Ecke der False Bay, die von warmen Ozeanströmungen begünstigt wird. Wer hierher kommt, hat nur dreierlei im Sinn: Schwimmen, Surfen, Sonnetanken auf dem 5 km langen Streifen weißen Sandes. Mit Fahrzeug lohnt aber auch die Tour zum **Cape Hangklip,** auf der R44 über Gordon's Bay/Pringle Bay und zurück über Kleinmond/Sir Lowry's Pass. ✆ 021.

Tourist Info: Stadtbücherei, T. 853 6796, Fax -8197.

Logis im Übermaß, darunter drei zelttaugliche Caravanparks. Am billigsten: **Voortrekker Park,** T. 853 7316, nahe am Wasser, 36 Sechsbett-Häuschen mit Küche & Bad; acht Vier/Sechsbett-Einheiten auch mit Veranda & Wäscheservice; ab 40-100 DM. Zimmer für 50-120 DM u.a. bei **De Beers Holidays,** 14a De Beers Rd, T./Fax 853 6307.

Highfield BP, 44 Sarel Cillier/Fagan St, T./Fax 853 5565 (Ted, Simon & Amanda), highfld@knysna.lia.net, nur 400m vom Strand, sauber & gemütlich, Bargelände mit Tischtennis und Billard, Wama. Schlafsaal 18 DM, EZ/DZ 35/45 DM.

Westküste

Die Verwaltungsregion West Coast zeigt drei Gesichter, die sich gänzlich voneinander unterscheiden: die spektakulären **Cedarbergen** samt vorgelagertem Olifants Valley, die traurige, kalte **Atlantikküste** von Lamberts Bay bis Tafelbucht, und das **Swartland** zwischen Citrusdal und Wellington.

☞ **Im Frühling** verteilen auch hier blühende Wildblumen riesige Farbkleckse über die Landschaft. **Flower Line:** T. 021/418 3705, von Juni-Okt.

Intercape Mainliner, T. 021/934 4400, Mo/Mi/Fr/So ab Bitterfontein 6.45h, Vanrhynsdorp 7.45h (Turcks Garage), Clanwilliam 8.45h (Olifantsdam Motel), Citrusdal 9.15h (Snoop Motors) nach Kapstadt (an 11h). Di/Do-/Fr/So ab Kapstadt 14h, C'dal 15.45h usw. nach Windhuk (an 6h). **Namaqualand Busdiens,** T. 027 / 712 1115, Mo-Sa ab Springbok 7.15h, B'fontein 9.45h, V'dorp 11h, Clanwilliam 12.15h, C'dal 13.15h nach Kapstadt (15.30h). Mo-Sa ab Kapstadt 6.30h, C'dal 8.45h usw. nach Springbok (an 15h).

Bitterfontein

58 km südlich von Garies, an der N7. Aufschlußreiches über diese Gegend verrät der Name eines Nachbardorfes: **Kotzesrus.** Ausflüge zur tristen Küste entfallen mangels Wegen, und die R358 durch die Halbwüste nach Pofadder verzichtet 200 km lang auf jede Kurve! **1931** geriet Bitterfontein, natürlich nach einer ungenießbaren Quelle benannt, kurz in die Schlagzeilen. Bei einem Diamantenraub verschwanden Steine im Wert von damals 80.000 britischen Pfund spurlos. Der Fall wurde nie aufgeklärt.

Im Granitbergwerk 8 km nördlich, nahe der N7, wird der berühmte grüne Granit des Buschmannlandes gewonnen. In der Nähe liegt das Kersbos-Blumenreservat mit Caravanpark, T. 027/642 7101. Im Ort auch zwei B&Bs und ein Hotel.

Vanrhynsdorp

86 km südlich von Bitterfontein, an der N7. Trekburen erreichten das Tor zum Namaqualand bereits 1732. Sie nannten ihre Siedlung zunächst *Troe-Troe,* da sie von den Khoikhoi mit *Toru-Toru* begrüßt wurden. Später stellte sich heraus, daß dieser Ruf auch „Zurück zurück" bedeutet - eine vergebliche Aufforderung: die Landnahme hatte längst begonnen.

Im trostlosen Nest verdienen nur der alte Knast (1895) und die **Sukkulentengärtnerei** (Kern Nursery) Erwähnung, die als größte ihrer Art in Südafrika gilt; u.a. kleine Kokerbooms zu kaufen. Die Umgebung bietet einigen Stoff zum Staunen. ✆ 027.

Publicity Assoc: Museum Bldg, van Riebeeck St, T. 279 1552, Fax - 1795.

Auf dem **Karavaanpark,** Voortrekker St, T. 279 1287, ist bedrückend wenig los. Dabei können die Preise niemanden verschreckt haben: Zeltplatz 12 DM, Hütten ab 15 DM/P, Lapa für Nicht-Vegetarier. Sechs Gästehäuser mit B&B für 15-30 DM/P im Umkreis, z.B. **Waterval Chalets** am Ouberg, T. 279 2472.

Knersvlakte: die Einsamkeit nördlich von V'dorp verdankt ihren Namen den Trekkern, denen es auf den weißen Quarzkieseln mächtig im Gebälk knirschte. Ihre einzigartige **Sukkulentenvielfalt** steht im Juli/Aug in Blüte, darunter auch so lustige Arten wie Elefantenrüssel & Halbmensch. Dank burischer

Sprachgewalt wachsen in der Knersvlakte sogar Anhalter-, Finger- &Daumen- oder Baba-Boudjies-Aloen. Und dann gibt's natürlich die Blumenpracht im Frühling - Standorte verrät das Verkehrsamt.

Der eindruckvolle Matsikamaberg beherrscht Stadt und Umland. Zu seinen Füßen strebt der Salzfluß der Knersvlakte zu. Von der Ostflanke (Ouberg) stürzt sich ein Wasserfall 120m in die Tiefe, über das Hochplateau führen hübsche Wanderwege.

Vredendal

27 km westlich von Vanrhynsdorp, an der R27. Das recht überlaufene Städtchen verdankt seinen Wein und damit Wohlstand dem feinverästelten Olifants-Bewässerungssystem, das vom Stausee in Clanwilliam gespeist wird. Drumrum regiert im Aug/Sep blumiger Farbreichtum. ✆ 027.

Tourist Assoc: in der Stadtbücherei, T. 213 1045, Fax -3238, vermittelt Zimmer & Farmunterkünfte ab 20 DM/P. Außer einem bescheidenen **Caravanpark** gibt es zwei Landhotels mit Betonfassade; DZ 60-100 DM. Hübscher gelegen: * **Maskam Hotel,** Church/Van Riebeeck St, T. 213 1336, mit gutem Weinkeller.

Wein? Führungen & Proben in den Kooperativen Spuitdrift, T. 213 3086, und Vredendal, T. -1080; Mo-Fr 10/15h.

Die Küste vor Vredendal wird von Einheimischen mehr gelobt, als sie es eigentlich verdient. **Papendorp** bietet einen unberührten Sandstrand, **Strandfontein** gleicht einer baumlosen Trockenfrucht mit Zeltplatz & Mini-Hotel, hinter dem der Teer endet. Im Staub geht's weiter nach **Doring Bay,** dessen Cabin Restaurant, T. 235 1016, ausgezeichneten Fisch auftischt. Walbesuche im Okt/Nov.

Nieuwoudtville

51 km von Vanrhynsdorp, an der R27. Hübsches Städtchen mit viel Sandstein, Rooibos-Tee und unterschiedlichsten Fundgruben für Botaniker. Man kann die weißen Siedler schon verstehen, die vor 250-300 Jahren in dieser schönen Landschaft hängenblieben. ✆ 027.

Publicity Assoc: T./Fax 268 1363, zur Blumensaison -1052.

Es gibt einen schattigen Zeltplatz, T. 268 1052, Gästezimmer u.a. im Greylinghof, T. -1182 (ab 25 DM/P), und ein voll lizensiertes Hotel, T. -1046. **Hendrik Van Zijl,** T. 268 1535, Fax -1426, nieuvz-@intekom.co.za, leitet drei hübsche Gästehäuser und ein schönes Restaurant in der Ex-Schmiede; alles gut & preiswert.

Im Blumenreservat nördlich der R27 wurden 306 Arten gezählt, ein Dutzend davon endemisch in dieser Region. An der R357 nach Loeriesfontein steht ein **Köcherbaumwäldchen.** Nördlich von N'ville tirilliert die Vogelwelt um den 90m hohen **Doring-Wasserfall,** südlich davon hinterließ während der Dwyka-Eiszeit ein Gletscher deutliche Spuren.

Im Oorlogskloof-NR 10 km südlich fühlen sich neben Wanderern auch viele Adler wohl - und die nördlichsten Fynbosse überhaupt. Es umfaßt 50 qkm am badetauglichen Oorlogs-Fluß, reizvolle Gesteinsformationen und Ein- bis Viertages-Trails. Zelten nur entlang der Pfade, ansonsten kein Logis; anmelden unter T. 268 1010.

Abstecher nach N'ville lohnen schon wegen spektakulärer Ausblicke entlang des Wegs. Der **Vanrhyns Pass** zählt zu den 25 Bergstraßen am Kap, mit denen sich Thomas Bain Denkmäler von Dauer gesetzt hat. Sein Meisterstück vollbrachte der Ingenieur aber hier. Die Paßhöhe (820m) läßt das ganze Ausmaß der öden Knersvlakte erkennen. In die andere Richtung, bereits Nordkap, bietet sich ein völlig anderes Bild: grüne Weizenfelder und Blumen zwischen Felsriesen, die Marmor- und Gipsabbau zulassen. Gen Calvinia wird's bald wieder trockener, die Bewohner leben von Schafzucht & Erinnerungen.

Calvinia

69 km östlich von Nieuwoudtville, am Rande der Karoo. Das Zusammenwirken von natürlicher Schönheit und reicher Geschichte am Fuße der Hantamsberge (bis 1673m) hat ein sehenswertes Städtchen hervorgebracht. Eine Gegend voller **Wildwestflair** - aber mit Merinoschafen statt Rindviechern, und Handschur statt Rodeoreiten! ✆ 027.

Hantam Publicity: Church St, T. 341 1712, Fax -2750, mit guter Zimmervermittlung & Beratung; Mo-Fr 8-17h, Sa 8-12h.

☞ **Flower Line** für die gesamte Region: T. 341 1080.

Mäßiger Caravanpark neben dem Schwimmbad, T. 341 1011, Plätzchen ab 12 DM. - **B&Bs** zur Blumenzeit vorbuchen! Die **Zentralagentur,** 63 Water St, T. 341 1606, nimmt 40-60 DM/P: in Tuishuis (1870), viktorianischem Dorphuis (neun Suiten) oder *Knegtekamer* mit Öllampen. **Groenewald**, 24 Dorp St, T. -1188, hat drei DZ ab 30 DM. - Hotels: **Holden's,** T. 341 1020, mit 25 DZ für 85-105 DM; und * **Calvinia,** T. -1491, eigenwillig, aber lobenswert, DZ mit F ab 80 DM; beide mit ordentlichen Restos.

Das Provincial Museum, Van Riebeeck/Church St, verblüfft in jeder Beziehung. Untergebracht in einer jugendstilisierten Ex-Synagoge, befaßt es sich mit der weißen Besiedlung der Provinz, räumt aber auch Skurrilitäten (Doppelkopf und Schafkopf vereint in einem Tier) den gebührenden Platz ein. Mo-Fr 8-17h, Sa 8-12h, 1 DM.

Im Akkerendam-NR (25 qkm) am Fuße des Hantambergs dienen drei Stauseen vielen Vogelarten als Lebensraum. Drumrum pirschen Löffelhund, Impala & Springbock. Wandersleut dürfen wählen: Spaziergang oder Streß-Marsch mit Aussichten (1/7 Std).

Hantam heißt das schönste Gebäude (Hope St) und das berüchtigte *Meat Festival* (letzter Sa im Aug). Zu diesem Anlaß werden viele Lämmer zum Schweigen gebracht.

Intercape ab Postamt Mo-/Di/Do/Sa 0.45h nach Upington, Mo/Mi/Fr/Sa 0.01h nach Kapstadt (36/48 DM).

Fahrt nach Clanwilliam

Die ungeteerte R364, die 35 km westlich Calvinias von der R27 abzweigt, entschädigt für das Gerüttel aber mit menschenleeren Landschaften, durch die noch vor 250 Jahren riesige Wildherden gezogen sein müssen, auf ihren Spuren die tüchtigen Fährtenleser der San.

☺ **Den schönsten Ausblick** gewährt der Botterkloof, von dem aus sich die R364 zum Doring neigt. Flußaufwärts sind seine Stromschnellen beliebtes Kanu-Territorium, hier hält er ein Bewässerungsprojekt am Leben. Mit Blick auf die Cedarberge zweigt bald nach links eine kleine Piste gen **Wuppertal.** Rund um die winzige Rheinische Missionsstation scheint noch die Welt von 1830 lebendig zu sein, in all ihrer Beschaulichkeit.

☺ **Das Biedouw Valley** ist im Frühling ein Geheimtip in Sachen Wildblumen. Mehrere Farmen verkaufen preiswerten Rooibostee und vermieten Cottages. Besonders nett: **Welbedacht,** 55 km von Clanwilliam, T. 027/482 2832, mit fünf/sechs Betten ab 12 DM/P, bei Anmeldung mit HP. Die R364 selbst erklimmt zwischen farbenfrohen Felsen den **Pakhuis-Paß,** wo der Poet Louis Leipoldt begraben ist, und schleicht von hinten nach Clanwilliam.

Clanwilliam

56 km südlich von Vanrhynsdorp, neben der N7. Hübsches Städtchen mit freundlicher Hauptstraße, kapholländischen Villen und dem größten Stausee der Westküste. ✆ 027.

***Dieser See** zieht Motorbootspezis aus nah & fern an. Also liefert an seinen Ufern die weiße Mittelklasse untrügliche Belege ihrer kulturellen Überlegenheit: Braai & Bier im Dreimetertakt schon am frühen Sonntag, giggelnde Friseusen im Schlepptau goldbeketteter Schnurrbartträger, mehr Dampf unter der Haube als im Hirn. Wenn je ein **Opel Manta** in Südafrika landen sollte - er wäre sonntags am Clanwilliam Dam zu finden.*

Publicity Assoc: The Old Gaol, Main Rd, T. 482 2024, Fax -1933, mit ***Flowerline*** für das gesamte Olifantstal, von Citrusdal bis Bitterfontein.

Im Holiday Resort, T. 482 2133, Fax -1933, am Ostufer des Clanwilliam Dam kommt es an Wochenenden zu wasser- und grillsportlichen Exzessen. 64 baumlose Zeltplätze ab 25 DM (1-4 P), nette Chalets mit zwei/drei DZ, Küche und Bad 60-100 DM.

Wer an Wochenenden Ruhe sucht: **Klein Kliphuis** an der R364, 12 km außerhalb, T. 482 2564, mit drei Einheiten à 2-4 Betten für 20-40 DM. Durch das kleine, von Steinmauern umgebene Zeltgelände im **Kliphuis-Staatsforst** vor dem Pakhuis-Paß plätschert ein Gebirgsbach; einfacher Sanitärblock, sonst nix, Stellplatz 10 DM; s. Cedarberg.

Gästehäuser sind dank der geschilderten Umstände dutzendfach vertreten. **Hotels:** * **Olifantsdam** neben der Bushaltestelle an der N7, T. 482 2284, mit einfachen Zimmern, Seeblick, Fastfood und Steakhaus (Mi-Sa). ** **Clanwilliam,** Main St, T. 482 1101, Fax -2228, mit viel Komfort für wenig Geld: Sauna, Pool, TV, dazu Reinholds vielgerühmtes Restaurant; EZ/DZ ab 100 DM, drei Familien-Cottages ab 90 DM.

Blumen werden im Frühling nicht nur bestaunt, etwa im Ramskop NR am Stausee (täglich 7-17h) oder im Biedouw Valley, sondern auch in großem Stil gefeiert: am letzten Fr im Aug beginnt das zehntägige ***Flower Festival.***

☺ **Der Rooibos,** der im warmen Olifants-Tal prächtig gedeiht, liefert den gleichnamigen Tee, der so reich an Vitamin C ist und in alle Welt ausgeführt wird. Mo-Fr

10/12/14/16h Führungen durch die Teefabrik an der (!) Rooibos Ave.

Cedarberg Wilderness Area

Östlich der N7, zwischen Clanwilliam und Citrusdal. Wind & Wetter kerbten aus dem Sandstein so bizarre Gebilde wie **Malteserkreuz & Wolfbergbogen** (wer kennt die Arches von Utah?), aber auch Überhänge oder Schutzhöhlen jeder Größe. Zwischen Tal und Berg tummeln sich Pavian, Stachelschwein, Aardwolf und auch mal ein Leopard. ✆ 022.

☞ In diesen urwüchsigen Bergen übten die Götter, einige Jahrtausende später auch die San das Malen. Grandiose Aufgabe für Fotografen, zumal am späten Nachmittag.

Govt Forester: T. 682 3440, für Trails, Packesel & Unterkünfte. Wanderkarte und gute Broschüre in der **Algeria Forest Station** des CNC, N7-Abzweigung auf halber Strecke nach Citrusdal, dann 18 üble Schotter-km Richtung Cederberg/Ceres.

Übernachten & Wandern

Die Cape Nature Conservation, T. 921 2289, Fax -3219, unterhält im Algeria Forest eine großartige Anlage. Nichts zu kaufen, also alles mitbringen. Zwei Chalets (7/14 Betten) mit Küche und Bad, sechs spartanische Chalets mit 4-10 Betten (ohne Lampen), jeweils ab 12 DM/P. 45 Riesenparzellen für Zelte am Rondegat-Ufer 20 DM/-zwei P, gute Sanitäranlagen, frisches Bächlein als Kühlschrank. **Tip!**

Cedarberg Tourist Park am Kromrivier, T./Fax 027/482 2807, nahe Malteserkreuz auf einer Farm, die ans Schutzgebiet grenzt. Zwölf Vierbett-Bungalows mit Kamin, Küche & WC 70 DM, einfachere Camphütten 55 DM, Zeltplatz 22 DM (1-4 P). 23 km nördlich von Citrusdal abbiegen, vorbei an Algeria und Dwarsrivier, 57 km Schotter ab N7.

Cedarberg Recreation Area auf der Farm Sanddrift, Dwarsrivier, T./Fax 027/482 2825, am Ufer des Sand River, 70 km von Citrusdal, mit Zeltgelände, Braai & Tankstelle; Cottages mit 5-9 Betten 45-80 DM. Näher am Wolfbergbogen, besser für Rundwanderungen, hier Zugangserlaubnis für eine Vielzahl stark ausgehöhlter Felsen voller Säulen.

Nuwerust Restcamp, T. 027/482 2813, 96 km von Citrusdal, mit Farm-Cottages (6-14 Betten), Wohnzimmer, Küche und Bad. Wer nicht Esel reitet, schaut bei Tabakproduktion, Mühlenbetrieb oder San-Malereien vorbei.

Wandern: täglich werden nur 150 Permits für die gesamte Wilderness im Parkbüro Citrusdal oder Algeria Forest Station ausgestellt. Kann zu Ferienzeiten eng werden.

Die Cedarberge sind für Autos unpassierbar, nur eine Schotterpiste durchquert sie an Algeria vorbei von Ost nach West. Dafür sind querbeet Zeltplätzchen und Wanderwege verteilt. Mühelos kann man mit Wasserflasche & Sonnenschutz jeden Spaziergang auf den ganzen Tag ausdehnen. Die spektakulärsten Plätzchen erreicht man nach mehrstündigem Marsch, zu vielen Ausgangspunkten gelangt man nur per Auto. Die Farmer sind zwar unglaublich hilfsbereit, auch zu Trampern; aber kaum Verkehr.

Auch Kletterer, Wasserfallfans & Wildbachschwimmer kommen auf ihre Kosten. Aus den Flüssen darf bedenkenlos getrunken werden. Besonders Glückliche entdecken in der Blumenvielfalt gar eine **Schneeprotea,** die sich kaum je unter die Schneegrenze wagt.

Wildwasser auf dem Doring

Für das weißeste Wasser und die wildesten Schnellen (Kat. II/III) am Kap sorgt der Doring auf seinem Weg durch die Cedarberge. Besonders Juni-Sep herrscht auf dem Abschnitt unter Clanwilliam buntes Treiben. Mehrere Veranstalter bringen aus Kapstadt Schlauchboote für 6-8 P mit; 250-450 DM/Wochenende, Paddelerfahrung nicht nötig, da erfahrene Guides vorne drinsitzen. Einfach Klamotten anziehen, die ein paar Tröpfchen vertragen.

Veranstalter: u.a. über ***Felix Unite, River Runners*** und ***Wildthing;*** s. Kapstadt.

Citrusdal

54 km südlich von Clanwilliam, östlich der N7 im Tal des Olifants. Stützpunkt zur Erkundung der Cedarberge, wenn einem die Algeria Forest Station zu rustikal erscheint; allerdings 60 km Anreise zumeist auf Schotter. Ansonsten werden auf weißen Plantagen Orangen angebaut und im Mai/Juni von farbigen Hilfsarbeitern exportfertig gemacht. ✆ 022.

Tourist Centre: Church St, T. 921 3210.

Camping im Bäderkomplex The Baths. **Gästezimmer** für 25-35 DM/P vermittelt das Verkehrsamt. **Olifantsrus,** 9 km südlich, T. 921 3557, hat vier DZ mit Küchenzeile. **Dassieklip** bei der N7-Abzweigung 4 km außerhalb, T./Fax 921 3316, nimmt für sein Farmhaus mit Kamin & acht Betten etwas mehr. ** **Cedarberg Hotel,** 57 Voortrekker St, T. 921 2221, Fax -2704, mit etwas muffigen Zimmern, B&B ab 50 DM/P, Mehrbettsuite ab 175 DM, uriges Restaurant.

Für Führungen durch Golden Valley-Weinkeller (täglich, mit Probe) oder Zitrusfarm Karnemelksvlei (seit 1767!) melde man sich im Verkehrsamt an. **Mountainbiker-Herzen** dürfen höherschlagen: Citrusdal ist eines ihrer südafrikanischen Mekkas, jeden Sep steigt das größte Rennen, zudem viele Radwege. Besucher mieten ihr MTB bei The Baths.

Wer sich fürs *Weekend of a Lifetime* fit fühlt und weniger als 95 kg wiegt: der ***WPS Parachute Club,*** T. 021/461 0677 (Mark), veranstaltet zweitägige Fallschirmkurse für Anfänger vor den Toren Citrusdals; all-in 200 DM, ISIC 170 DM.

The Baths

18 km südlich auf einer Orangenfarm, Anfahrt geteert. Prima Refugium im Winter! Im Thermalbad sprudeln Heilquellen (43°), in hübschen viktorianischen Steinhäusern (seit 1739) werden Farmerzeugnisse feilgeboten. Dazu warme und kalte Becken, Bikes, Tennisplätze, Farmtouren. Ein Trail mit Schutzhütte erklimmt die Berge. Wer übernachten will:

Fünf Chalets mit Lounge, Küche, Bad & sechs Betten ab 20 DM/P, acht DZ mit Küche, hinter dem Braaigelände schattige Zeltplätzchen ab 10 DM/P; Anmeldung T./Fax 921 3609. 8 km hinter Citrusdal: **Staalwater GH,** T. 921 3337, auf Orangenfarm mit grandiosem Blick; Fünfbett-Lodge 60 DM/zwei P, pro weitere P 25 DM.

Olifants River Valley

Als die ersten Weißen unter Jan Danckaert das Tal 1660 entdeckten, bot es noch großen Elefantenherden mit 200-300 Tieren Heimat. Ihnen zu Ehren ward der Fluß benannt - und dann wurden sie ausgerottet, da einer dichten Besiedlung im Wege. Heute wird das Tal so intensiv bewirtschaftet, daß nur die Regionen Ceres und Villiersdorp/Grabouw mehr Obst abwerfen. Ein Netz von Bewässerungskanälen bringt Orangen und Weintrauben zur Reife.

☞ **Wer ein paar** Stündchen übrig hat, sollte eine der Nebenstrecken beackern, etwa die sehenswerte R303 über Middelbergpaß und Piekenierskloof nach Ceres, oder die nicht minder schöne Schotterpiste zwischen Fluß und Berg nach Clanwilliam.

Malmesbury

109 km südlich von Citrusdal. Das Swartland ist die Kornkammer des Kaps. Weizenfelder engen den Horizont ein, aber auch Reben werden nicht vernachlässigt, und so rühmt sich der Coop-Weinkeller in Malmesbury, zu den größten im Lande zu zählen; Mo-Sa 9-17h.

Swartland Tourism: T. 022/482 2996, Fax -2935, mit ***Flowerline*** für die Region.

Auch wenn der *Ortsname stark nach Oscar Wilde klingt - er ist dem Gouverneur Lowry Cole zu verdanken, der das Heilbad 1829 besuchte und in einer schwachen Stunde beschloß, die Siedlung daneben solle fürderhin den Namen seines Schwiegervaters tragen, des seligen Sir Malmesbury. Zu weiteren Histörchen: Stadtmuseum in der Ex-Synagoge am Ufer des River Diep. Kein Mountain High in der Nähe ...*

Lamberts Bay

62 km westlich von Clanwilliam. Noch so einer dieser reizlosen Westküstenorte, mit Fisch und Fischkuttern und Fischindustrie? Ja, schon. Einen Grund für einen Abstecher gibt's aber dennoch - siehe unten. Im Hafenbüro werden Sep-Nov Kutterausflüge vor die Küste angeboten, zwecks Walbeobachtung mit mäßigem Erfolg. ✆ 027.

Tourism Assoc: T. 432 2335, Fax -1036.

Caravanpark nördlich der Stadt, hinter dem Strand. 250 Plätze zu 20 DM. - **Gästehäuser** verteilen sich im sauberen Dutzend z.B. entlang der Spence St. Einfach anklopfen z.B. bei Alta Louw, #29, T. 432 1719; oder Kosmoshuisie, #24, T. 432 1305. **Eureka Centre** am Meer, T. 432 1211, Fax -2627, mit jeder Menge Ferienwohnungen. 2-6 Betten ab 65 DM. - Jedes DZ im *** **Raston Hotel,** 24 Riedeman St, T. 432 2431, Fax -2422, ist individuell eingerichtet, alle umweht gutbürgerliche Gemütlichkeit; 120-140 DM. Unterkühlter: *** **Marine Protea,** Voortrekker St, T. 432 1126, Fax -1036, knapp 40 DZ ab 150 DM, dazu Restaurant mit ausgezeichneten Meeresfrüchten.

„Muisbosskern, T. 432 1017, ist ein sensationelles windgeschütztes Open-Air-Restaurant am Strand. Man fühlt sich sofort wie auf einer Strandparty: Wein & Säfte zum Einschenken, Vorspeisen auf Marmortischen, über mehreren Feuern brodeln Fischtöpfe oder werden Fische gegrillt. Man guckt in die Töpfe, plaudert, ißt bis zum Umfallen und bezahlt zum

Schluß 35 DM. Voranmelden! Insgesamt macht der Ort den Eindruck, als würde er sich auf große Tourismuszeiten vorbereiten." (Doris Zürl & Sven Gruschkus)

Quetsch, Tölp & Ping

Der erwähnte Grund für einen Abstecher heißt **Bird Island,** ist eigentlich eine Halbinsel jenseits der Hafenmole und bietet Platz für 17.000 lärmende, schreiende, stinkende Kaptölpel (Mai-Juli wesentlich weniger).

Quetsch: nicht daß Bird Island allzu groß wäre - aber die Vögel drängeln sich von Sep-Nov Flügel an Flügel auf dem blanken Fels. Hier werden die Eier gelegt, aus denen nach 40 Tagen frische Schreihälse schlüpfen. Nach jedem Ausflug findet jeder Vogel sein „Nest" im Massenauflauf wieder. Dabei werden erstmal die Nachbarn zur Seite gepickt und geschimpft, die sich gerade erleichtert etwas Platz verschafft hatten.

Tölp: mitten im Geschehen steht ein hölzerner Beobachtungsturm, quasi als Flugtower, um den unentwegt Landeanflüge zelebriert werden. Darin stehen ausgezeichnete Schautafeln - doch auch erklärte *Birder* türmen vor dem Gestank zentimeterdicken Vogelmists, noch bevor sie zum letzten Satz vordringen ...

Ping: wer genug vom Federvieh hat, sollte den Hafenkai bis zum Ende spazieren. Bald schauen neugierige Pinguine vorbei, etwas distanzierter auch einige Seelöwen, und verspielte Robben kramen in ihrer Showkiste. Wellenbrecher erleichtern das Kraxeln runter ans Wasser, wo jeder sein Kommunikationstalent mit Tieren unter Beweis stellen kann.

"Am Hafen bietet ein stolzer Jachtbesitzer Touren an. 1_ Std entlang der Küste für 18 DM, dafür sieht man neugierige Delphine, Robben und Seelöwen aus nächster Nähe, mit etwas Glück auch Wale. Lohnt schon aufgrund des faszinierend schnellen Bootes. Nur zwei bis sechs Gäste, also keine Massenveranstaltung." (Sylvia Hipp)

Elands Bay

27 km südlich von Lamberts Bay. Langsam wird die Küste grüner. Unentschlossene Hügel führen sich schon fast wie Berge auf. In einer laaangen Lagune (nur unterhalb des Baboon Point zu überqueren) stehen Wasservögel vielerlei Gestalt herum, auch Flamingos. Weil Wochenendrefugium für Kapstädter, gibt´s das Nötige: Bank, Tankstelle, windumtosten Caravanpark und verfallendes Hotel mit Strandblick. Surfer finden ein windreiches Terrain mit großen Wellen vor - *best left hand break in SA, dude!*

Langustensterben: vor wenigen Jahren krabbelten Millionen von Langusten aus dem Ozean, um einer zu warmen Strömung mit zu wenig Sauerstoff zu entkommen. Stattdessen verendeten sie am Strand von E´Bay - ein trauriges Spektakel, das manchem Tierschützer (und Feinschmecker) das Gewässer ins Auge trieb. Verzweifelt mühten sich erstere, die Tiere auf Baggerschaufeln in kühlere Buchten zu schleppen. Sobald man das Stichwort *Kreef* oder *Crayfish* fallen läßt, holen Einheimische ihre Fotos von damals raus.

Südwärts auf der R27

Die Weiterfahrt bereitet so gut wie kein Vergnügen. Meist führt die Schotterpiste entlang der Bahngleise nach Saldanha. Die sanftgeschwungene **St Helenas Bay** will sich zu keinem Strand entschließen. Einzig sehenswert an **Velddrif** ist die vogelreiche Mündung des Great Berg River, in der auch Pelikan & Flamingo nisten. Bald schon reiht sich eine Fischfabrik an die andere. Wer von Velddrif enttäuscht war, wird auch an **Vredenburg** kein gutes Haar lassen: ein neues Backpackers, T./Fax 022/766 1645, winder@mweb.co.za; das preisgekrönte B&B Jacobsbaai, T./Fax 715 3105, mit EZ/DZ ab 100/160 DM; dazu viele Chalets und ein sauberes Kleinstadthotel - das war´s.

Saldanha

13 km südlich von Vredenburg, an der R79. Der Hafen an der gleichnamigen Bucht lebt von und für Erze, die vornehmlich in Japan an Land gehen. Das natürliche Hafenbecken ist mit 70 qkm das größte in ganz Afrika. Also fiel 1971/72 die Entscheidung auf Saldanha, als nach einer Möglichkeit für die Verschiffung der Erze von Sishen (Kalahari-Region) gefahndet wurde. Der Pier ist seither für Frachter bis zu 250.000 BRT ausgerichtet! ✆ 022.

West Coast Publicity: T. 714 2088, Fax -4240, mit ***Flowerline*** für die Westküste.

Städtische Resorts mit 190 Zeltplätzen für 15 DM und Dutzenden von Vier/Sechsbett-Cottages für 40-60 DM: **Saldanha** am Strand, Camp St, T. 714 2247, und **Tabakbaai** wenige Schritte vom Meer, T. 714 2248. B&B u.a. auf der Farm **Oranjevlei,** T. 714 2169, in umgebauten Stallungen; und bei **Jane,** 8 Beach Rd, T. 714 3605 - großartiges F!

Hotels: ** **Hoedjiesbaai,** Main Rd, T. 714 1271, Fax -1677, nüchterner Betonklotz am Wasser, manche Fische schwimmen fast in den Kochtopf. 16 DZ mit F 90-120 DM. Doppelt so teuer, dreimal so gemütlich: *** **Saldanha Bay Protea,** 51b Main St, T. 714 1264, Fax -4093. Das Café im Jachthafen läßt seine Gäste förmlich auf dem Steg sitzen.

Wer sich die umgeschlagenen Erzmengen nicht vorstellen kann, fragt im Verkehrsamt nach der nächsten Zugankunft! Auf der Strecke von Sishen (860 km) durch Südafrikas wüsteste Gegenden verkehren wöchentlich Güterzüge von über 2 km Länge! Dank der Zugkraft dreier Monster-Loks befördern sie bis zu 20.000 Tonnen Erz. Zwischen Bahnhof und Verladehafen rollen 7 km lange Förderbänder.

Transtate So-Fr 17h von Kapstadt nach Langebaan & Saldanha (2/2½ Std, 12/16 DM), gegen 12h zurück. **Intercape** Do/Fr/So 18.30h von Kapstadt nach Langebaan & Saldanha (1½/1½ Std, 15/18 DM); zurück Mo 8h, Fr/So 16.30h.

West Coast-Naturreservat

Südlich der Saldanha Bay, 100 km nördlich von Kapstadt. Zufahrt ab R27 über neue Straße zum Postberg Gate, oder von Langebaan aus. **Der Glanzpunkt der Westküste!** Zum 320 qkm-Schutzgebiet, das die blaue Lagune von Langebaan umschließt, gehört auch ein 30 km langer Strand. Von Mai-Aug währt die

Regenzeit, bis Okt blühen danach u.a. Gänseblümchen und Gatzanias im Überfluß.

Einlaß 9-17h, privates Postberg NR am nördlichen Zipfel der Halbinsel nur Aug/Sep geöffnet. Eintritt 12 DM/Fahrzeug (1-5 P). **Umweltzentrum Geelbek,** T. 022/772 2798, am südlichen Ende der Lagune mit Teegarten, Wanderwegen, Kanurouten & *Birdhides.*

Die Lagune ist das artenreichste Feuchtbiotop entlang der Küste. Tausende von Kormoranen, Sandpfeifern und Flamingos bevölkern die seichten Stellen, auf den Inseln tummeln sich Pinguine. Im Sommer wurden bis zu 55.000 Vögel gezählt. Für viele Zugvögel aus Europa ist erst Langebaan Endstation. Rund um den Postberg kommen auch Eland, Bonte-, Spring- und Gemsbock vor. Wegen mannshoher Flora bleibt die Erfolgsquote für Späher aber niedrig. Die Lagune selbst gilt als größter Austernfriedhof der Welt - ihrem seit El Ninjo veränderten Mikroklima fielen über 30 Millionen Austern zum Opfer.

Im Reservat selbst keine Unterkunft, nahe der nördlichen Parkzufahrt wartet aber die Langebaan Lodge. An drei Picknickstellen (Sanitäranlagen) darf das Fahrzeug verlassen, an der Kraalbaai unterhalb des Postbergs sogar gebadet werden.

Der Postberg Trail (25 km) führt im Aug/Sep um die Spitze der Halbinsel, mit Zeltübernachtung an der Plankiesbaai. Anmelden in der Langebaan Lodge, 10 DM/P. **Boote** starten zu Studienausflügen auf verschiedene Inseln in der Saldanha Bay, Hochseejachten tuckern zur Insel Malgas mit ihrer großen Tölpelpopulation (3 Std).

Langebaan

23 km von Saldanha. Dürfte mal ein hübsches Fleckchen an der fjordartigen Bucht gewesen sein, die ihrem türkisfarbenen Wasser eine herrliche Landschaft zeigt. Doch dann kamen die Immobilienhaie aus Kapstadt und kleisterten das Gelände mit Gästehäusern, Geister-Cottages und Wochenendapartments zu. ✆ 022.

Publicity Assoc: im Rathaus, Bree St, T. 772 2115, Fax 772 2825.

Von den drei **Caravanparks** ist nur einer zu empfehlen. **Old Park-/Seebries,** Bree St, bietet über sandigem Untergrund nahe der Lagune genug Schatten; Platz 18 DM, *u. U. geschlossen.* **New Park/Oostewal,** Suffren St, liegt ungünstiger, läßt jetzt aber hinter seinen undurchdringlichen Hecken auch Zelte zu; Platz mit Strom 21 DM, Großfamilien grillen in ihren Zeltburgen rund um die Uhr.

Die Langebaan Lodge, T. 772 2144, glänzt mit tollem Blick auf die Lagune. Schönstes DZ 190 DM, höchstkomfortable Drei/Vierbett-Zimmer 130-175 DM; Mai-Juli und Okt/Nov minus 30%. Im Restaurant regiert Seafood, Ausflüglern werden aber auch Burger gereicht. - Im **Club Mykonos,** T. 772 2101, Fax -2303, 4 km nördlich, gibt's geweißelte Vier/-Achtbett-Kalivas wie auf den Kykladen (90-250 DM), Tavernen wie in der Plaka und nach fünf Ouzo freien Blick auf Zypern. Mit Pool, Sonnendecks & Fitneßräumen.

Top-Restaurants an der Bree St, Reservierung nötig: **La Taverna,** T. 772 2870, von Österreichern betrieben, mit Wiener Schnitzel & Eisbein, recht teuer. **Pearly's** am Strand, T. 772 2734, herrlich zum

Sonnenuntergang, Terrasse für ein schnelles Bier, gute Bedienung, empfehlenswerter *Fish of the day* mit Beilagen unter 20 DM.

„Alles ist in Veränderung, viele Häuser & Geschäfte stehen leer, werden abgerissen und durch öde, mit hohen Mauern umgebene Feriensiedlungen ersetzt. Oft weht ein heftiger kalter Wind. Dazu gastronomisch eine absolute Wüste, fast nur schlimme Pizzabuden & Steakhäuser." (Thomas Engelhardt) "Mir persönlich hat die Westküste nicht so gut gefallen. Aufgrund ständigen Windes ist es trotz Sonnenschein eher kühl." (Tanja Paterka)

Segler & Schwimmer sind's zufrieden, denn in der Lagune erwärmt sich das kühle Naß im Sommer bis auf 22°. Surfer finden im Flachwasser vor Mykonos oder bei Churchhaven reinrassige High-Speed-Kurse auf glattgebügeltem Wasser vor.

Bloubergstrand

100 km südlich von Langebaan, westlich der R27. Schön & berühmt - der Bloubergstrand ermöglicht **das** klassische Kapstadt-Foto, samt Tafelbucht und umwölktem Tafelberg. Surfer freuen sich von Nov-Feb auf herzhafte Südostwinde, der Sand geht flach in den Ozean über. Allerdings wird's am Sa/So verdammt eng, zu Wasser wie am Strand. ✆ 021.

Gästehäuser ab 30 DM/P: u.a. **Schmidt,** 36 Briza Rd, T./Fax 557 6554; und **Hanse,** 119 Pentz Dr, T./Fax 557 2635. - **B&Bs** für 60-90 DM/P: u.a. die preisverdächtige **Sunset Lodge,** 41 Gull Rd, T. 556 1818, Fax -2592 (John & Silvia), clutten@iafrica.com. - Ferienwohnungen ab 150 DM/zwei P: u.a. **Blouberg Executive Apts,** T. 511 2699, und **Dolphin Beach Apts,** 12 Pikkewyn Rd, T. 556 1191; beide mit langer Komfortlatte. - Gezeltet wird am Melkbosstrand im **Ou Skip Park,** Du Plessis Dr, T. 948 2058.

Romantiker bestellen einen Tisch mit Tafelbergblick im italienisch-ungezwungenen **La Pasta** am Ende der Promenade, T. 556 1591. Daneben nutzen auch exklusivere Tempel wie The Rocks die Aussicht; viele pferchen ihre Gäste aber arg zusammen.

Als *Mother City* gepriesen, als Lieblichstes Kap oder Juwel des Südens - das Zusammenspiel von Tafelberg und Ozean machen Kapstadt zur schönsten Stadt Afrikas!

Kapstadt

Einzige Metropole, die an zwei Weltmeeren zugleich liegt. In Kapstadts Rücken beginnt jene schmale Halbinsel, die erst im Laufe der Kontinentalverschiebung von der Landmasse am Südpol zu Afrika dazustieß. Seit Dienstag vor 60 Millionen Jahren umarmen sich Indik und Atlantik stürmisch jeden Tag aufs neue. *Ich weiß, offiziell passiert das erst am Cape Agulhas. Aber immerhin treffen hier der kalte Benguela- und der warme Agulhasstrom aufeinander - und romantischer is' hier schon ...*

Die Townships an den Ausfallstraßen dreckig und deprimierend; die Nobel-Vororte an den Osthängen des Tafelberges bewußt zurückhaltend; die Häuserschluchten der Innenstadt leiser als Joburg, uncharmanter als Sydney oder San Francisco; zwischen all dem Stahlbeton nur ein paar gepflegte kapholländische, edwardianische und viktorianische Reste - ja was bitte schön macht denn Kapstadts Reiz aus?

Es ist seine bezaubernde Lage zwischen Tafelbucht & Tafelberg: eine einzigartige Komposition aus Wasser, Landschaft und blankem Fels. In Sea Point, Camps Bay oder Rondebosch läßt es sich gut aushalten, zwischen Villen am Hang, wuchernden Gärten und jeder Menge Ausblick. Hier wirkt Kapstadt wie ein Stück Europas, das sich wegen der herrlichen Umgebung eben für Afrika entschied. Wer den „schwarzen Kontinent"

Tips für Schnelldurchgang

*** Der *Tafelberg,* ein majestätisches Kraxelziel der Sonderklasse, zählt außerhalb von New York und Paris zu den meistfotografierten Motiven der Welt. An seinem Osthang unbedingt die Botanischen Gärten von ***Kirstenbosch*** beehren.

*** Wer Charme mit Patina sucht, schlendere vom ***Greenmarket Square*** mit seinen Kopfsteinpflasterecken zum ***Malaiienviertel*** unter dem Signal Hill, und natürlich durch die ***Company Gardens*** (SA Museum).

*** Den modernen Gegenpunkt setzt die ***Waterfront,*** eine gelungene Synthese zwischen Gemütlichkeit und Gewinnstreben. Wer das Two Oceans Aquarium bewundert hat, bricht zum Bootsausflug nach Robben Island auf - Mandelas Gefängnis für über 20 Jahre.

*** Die ***Kaphalbinsel*** könnte allein ein dickes Kapitel füllen. Auf jeden Fall lohnend: ganztägige Rundfahrt zum Kap der Guten Hoffnung mit Pinguinpäuschen in Simonstown.

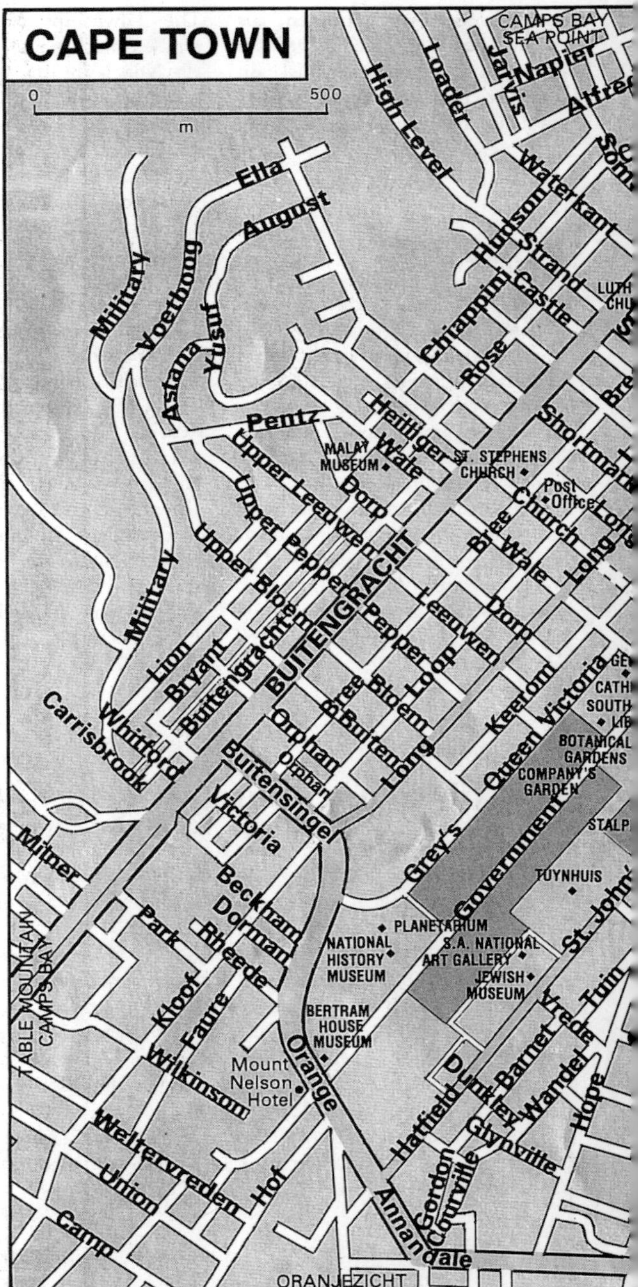
CAPE TOWN
0
500
m
CAMPS BAY
SEA POINT
High Level
Loader
Jarvis
Napier
Alfred
Waterkant
Hudson
Strand
Chiappini
Castle
LUTH
CHU
Rose
Ella
August
Military
Voetboog
Yusuf
Astana
Pentz
Heiliger
Wale
MALAY
MUSEUM
ST. STEPHENS
CHURCH
Post
Office
Shortmarket
Dorp
Upper Leeuwen
Upper
Upper Pepper
Upper Bloem
BUITENGRACHT
Bree
Church
Wale
Long
Leeuwen
Dorp
Pepper
Bloem
Loop
Military
Lion
Bryant
Buitengracht
Carrisbrook
Whitford
Bree
Bloem
Buiten
Orphan
Long
Keerom
Queen Victoria
CATH
SOUTH
BOTANICAL
GARDENS
COMPANY'S
GARDEN
Buitensingel
Victoria
STALP
Milner
Grey's
Government
TUYNHUIS
Beckham
Dorman
Rheede
Park
PLANETARIUM
NATIONAL
HISTORY
MUSEUM
S.A. NATIONAL
ART GALLERY
JEWISH
MUSEUM
St. John's
TABLE MOUNTAIN
CAMPS BAY
Kloof
Faure
BERTRAM
HOUSE
MUSEUM
Vrede
Tuin
Wilkinson
Mount
Nelson
Hotel
Orange
Hatfield
Dunkley
Barnet
Wandel
Hope
Welterevreden
Glynville
Union
Hof
Gordon
Courville
Camp
Annandale
ORANJEZICHT

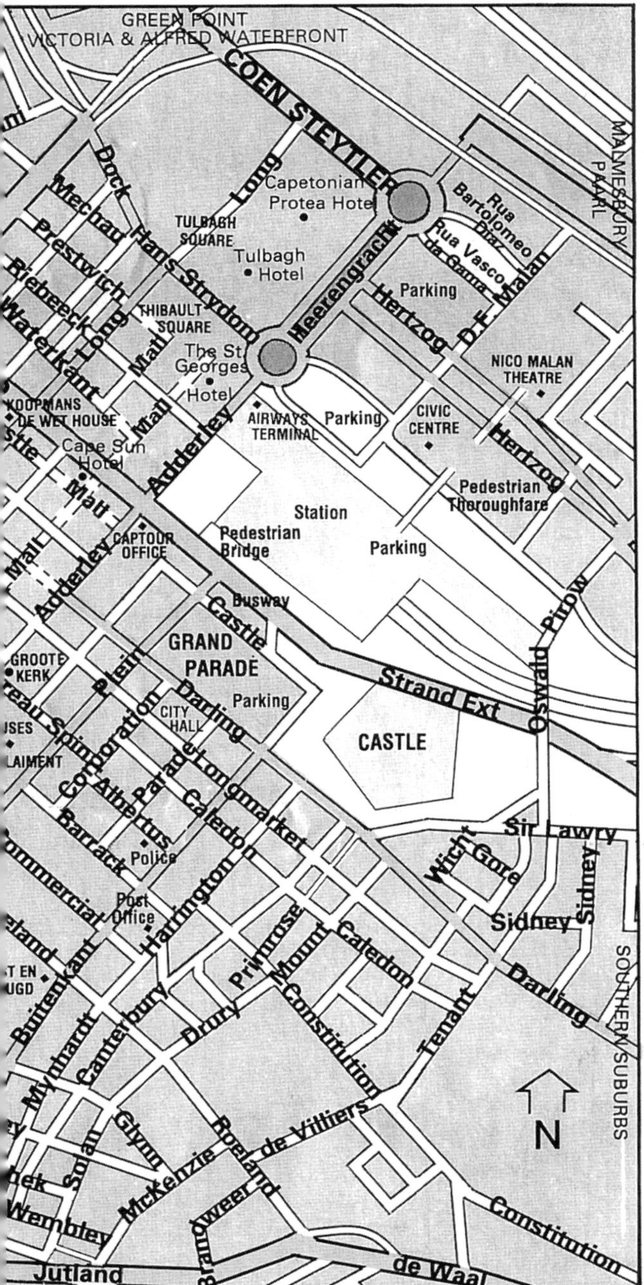
GREEN POINT
VICTORIA & ALFRED WATERFRONT
COEN STEYTLER
MALMESBURY
PAARL
Capetonian
Protea Hotel
Rua Bartolomeo Diaz
Rua Vasco da Gama
Dock
Mechau
Long
TULBAGH SQUARE
Tulbagh Hotel
Prestwich
Hans Strydom
Heerengracht
Parking
Hertzog
D F Malan
Riebeeck
Long
THIBAULT SQUARE
Waterkant
Mall
The St Georges Hotel
NICO MALAN THEATRE
KOOPMANS DE WET HOUSE
Mall
Adderley
AIRWAYS TERMINAL
Parking
CIVIC CENTRE
Hertzog
Cape Sun Hotel
Mall
Adderley
Station
Pedestrian Thoroughfare
Pedestrian Bridge
Parking
CAPTOUR OFFICE
Mall
Adderley
Busway
Castle
Pirow
GRAND PARADE
GROOTE KERK
Plein
Darling
Parking
Strand Ext
Oswald
CITY HALL
Spin
Corporation
CASTLE
Parade
Longmarket
Albertus
Caledon
Barrack
Police
Sir Lowry
Wicht
Gore
Sidney
Sidney
Commercial
Post Office
Harrington
Primrose
Mount
Caledon
Buitenkant
SOUTHERN SUBURBS
Darling
Canterbury
Drury
Constitution
Tennant
Mynhardt
N
Glynn
Roeland
de Villiers
Solan
McKenzie
Wembley
Brandweer
Constitution
Jutland
de Waal

sucht, wird wenig finden - wer Entspannung sucht, dagegen umso mehr. ✆ 021.

Kurz & knackig

🖈 **Tourism Gateway:** 3 Adderley St, neben dem Bhf, T. 418 5222, Fax -5227, captour@iafrica.com. Klassisch & hilfreich, mit Prospekten ohne Ende, Autovermietern, BazBus-Schalter, Zimmervermittlung - akute Hängenbleibgefahr, weil man soviel Neues entdeckt! Mo-Fr 8-19h, Sa/So 8.30-17h. **Satour:** Golden Acre, 10th Fl, T. 421 6274, Fax 419 4875.

🖈 Infos für Rucksackreisende, auch deutsch: **One World Travellers Space,** 309 Long St, T./Fax 423 0777 (Helen, Mark & Trevor), auch leckeres Essen, Musik, Geschichte/n, Touren in Townships und unter Xhosa-Leitung an die Wild Coast. Täglich 10-18h.

🖈 **SA Student Travel Services:** Isaacs House, 8th Fl, 5 Heerengracht Foreshore, T. 418 3794. Mit Bahn/Bus/Flugtickets, Infos zu Stadt & Land, Liste sämtlicher ISIC-Rabatte. **STA Travel:** 31 Riebeeck St, T. 418 6570, info@studenttravel.co.za.

🖈 **Hauptpost:** Parliament/Darling St, T. 461 5543, postlagernde Sendungen am Auskunftsschalter; Mo-Fr 8-16.30h, Sa 8-12h. Elf weitere Postämter über die City verstreut, z.B. 155 Loop St.

Internetcafés: inzwischen über ein Dutzend (8-10 DM/Std), außerdem lassen fast alle BPs ihre Gäste mailen. Sehr freundlich: The Virtual Turtle, Long/Longmarket St, T. 424 1037, virtual@turtle.co.za; Directions, 31a Long St, T. 424 8360, directions@intekom.co.za; Interpla.net, 68 Main Rd, Sea Point, T. 434 5454, bis 1h nachts!

🖈 **Bankautomaten** an jeder Ecke, **Wechselstuben** in der Regel Mo-Fr 8-17h, Sa 8-13h. **AmEx:** u.a. am Thibault Square, St Georges Mall; und Alfred Mall, Waterfront, T. 421 6021, auch Sa/So 9-17h.

Rennies Travel: u.a. Southern Life Centre, 2 St Georges St, T. 418 1206; und Victoria Wharf, Shop 249, Waterfront, T. 418 3744; auch Sa/So 9-17h. Alle anderen kassieren deftige Gebühren für Reiseschecks!

🖈 **Gepäckaufbewahrung:** in allen BPs möglich; am Flughafen (Ankunftshalle Inland) und im Bhf, nur Mo-Fr. **Waschsalons:** v.a. in City Bowl (z.B. oberes Ende der Long St) und in Sea Point (hier auch Sa/So). Für waschen, trocknen & legen mit 6-8 DM rechnen.

🖈 **Automobile Association:** Long St, zwischen Strand/Waterkant, T. 421 1550.

🖈 **Buchhandlung Ulrich Naumann:** 17 Burg/Castle St, T. 423 7832, führt die wichtigsten deutschen Zeitungen/Zeitschriften, Bildbände, Bücher über Tier-, Vogel- und Blumenwelt des südlichen Afrika - *und diesen Reiseführer.*

🖈 **Konsulate: Deutschland:** 825 St Martini Gardens, Queen Victoria St, T. 424 2410. **Schweiz:** NBS Waldorf, 80 St George's Mall, T. 426 1040. **Österreich:** Standard Bank Centre, 662 Hertzog Blvd, T. 421 1440.

☞ **Notfall:**
Polizei T. 10 111,
Ambulanz T. 10 177,
Feuerwehr T. 461 5555,
Tourist Assistance Police Unit am Tulbagh Sq, T. 418 2853.

Verkehrsmittel

Kapstadts Nahverkehr steckt in den Jugendschuhen. Tages/-Netzkarten oder S/U-Bahn sind unbekannt, **Stadtbusse** genießen keinerlei Vorrechte oder eigene Spuren. Sie verkehren über ein zuverlässiges Netz ab Golden Acre, Castle St, neben dem Bhf. Fahrpreis z.B. bis Sea Point 1 DM, Camps Bay oder Kirstenbosch 2 DM, Hout Bay 3 DM; für jede Linie günstige Zehnerblocks *(Clipcards).* **Info-Kiosk** am Grand Parade Terminal, T. 461 4365; Mo-Fr 7.45-17.45h, Sa/So 8-13h.

Taxis bleiben nachts und für Gruppen ohne Alternative. Größter Standplatz nahe Bhf, Parade-/Adderley St. Viele Zentralen, u.a. Star Taxi, T. 419 7777; Marine Taxi, T. 434 0434; und Sea Point Taxi, T. 434 4444. Mit knapp 2 DM/km rechnen! Billiger und für Südostasien-Fans mit Wiedererkennungswert: **Rikki's,** T. 423 4888, schickt Tuk-Tuks kreuz & quer durch die Stadt, bis Simonstown.

Per Fahrrad ist Kapstadt eine stressige Sache. Überall Steigungen, rücksichtslose Autofahrer - und Radweg ein Fremdwort. Wer die Tips von **Mike Hopkins,** 133a Bree/Wale St, T. 425 4332, beherzigt, kann mit dessen Mountainbikes & Trekkingrädern dennoch einigen Spaß haben. MTB für 10 DM/Std, 25/40 DM pro halben/ganzen Tag auch bei **The Great Outdoors,** Waterfront; und **Budget** in Stellenbosch.

Motorrad: Bike 2 Oceans, T. 423 4530, Fax -0065 (Christoph), bike2oceans@intekom.co.za, beweist Stil: nur BMW F650, tage- oder wochenweise. **Freedom Africa** in Rondebosch, T. 685 7082, africatour@icon.co.za, setzt Harleys dagegen. - **Motorroller: African Buzz,** 202 Long St, T. 423 0052, gibt seine Vespas nur mit Helm her; inkl. Versicherung & freien km 50 DM/Tag, dazu fette Kaution. **Cape Freedom,** 345 Main Rd, Sea Point, T. 439 6036, Fax -6049, schon ab 35 DM/Tag. **Mietwagen** s. Hin & weg.

Backpackers & Jugendherbergen

Camping ist rund um Kapstadt keine Überlegung wert. Die wenigen vorhandenen Plätze, z.B. Bellville, liegen ungünstig und laut, meist zwischen Autobahn und Bahngleisen. Wer auf seinem Zelt beharrt, geht besser nach Noordhoek/Kommetjie - oder schlägt es im Hof eines Backpackers auf.

Backpackers: hab mir Mühe gegeben, aber die Szene ist nicht mehr überschaubar. Selbst altgediente BP-Betreiber wissen nicht, ob sich ungefähr 65 (meine Zählung bei Redaktionsschluß) oder schon über 100 Häuser *Backpackers* nennen. Darunter sind echte Trittbrettfahrer, die einfach ein paar Räume mit Etagenbetten vollstellen.

Drum werden nur die Klassiker (im Sommer vorbestellen) genannt, mit echten Kontaktbörsen, Postlager, Billard, Wamas, Nutzung von Fax, teils auch E-mail. Alle verfügen über (halbwegs) saubere, gut ausgestattete Küchen. Einlaß rund um die Uhr, Nachteulen kriegen meist den Schlüssel. Wer eine neue ***gute*** Adresse entdeckt - umso besser.

☞ **Preise pro Person: generell 15-18 DM im Schlafsaal, 22-26 DM im DZ.** Nach sechs Nächten eine frei.

Gardens

The Backpack, 74 New Church St, am oberen Ende der Buitengracht, T. 423 5555, Fax -0065, backpack@gem.co.za, war 1990 die erste Herberge für Rucksackreisende in Südafrika und bleibt unter den Besten. Toni, Lee & Wilma betreiben das Africa Travel Centre und öffnen gerne ihren ungeheuren Erfahrungsschatz - prima Ort zum Organisieren der nächsten Tage-/Wochen. Drei ineinandergestrickte Häuser mit hellen, liebevoll ausstaffierten Räumen, aber nur wenigen Duschen und teils auf die morgens laute Straße. Echtes Partyplätzchen mit Bar, grünlosem Innenhof, Planschbecken, TV-Zimmer, dazu schwarze Bretter voller Angebote & Tips. Die Mädels sind bei Neuerungen (z.B. Safes, gute Matratzen) oft die ersten, nehmen dafür ein paar Rand mehr. Ab Bhf Kloofnek-Bus bis Stop 068.

Zebra Crossing, 82 New Church St, T./Fax 422 1265, ist der direkte Nachbar des Backpack. Freundliches Häuschen mit ruhiger, fast meditativer Atmosphäre, Wäscheservice und niedlichem Innenhof. Alles hell, drei DZ, je ein Vierer/Achterzimmer.

The Pink BP, 116 New Church St, T. 423 6992, Fax 426 1350, besetzt ein schönes viktorianisches Gebäude (Farbe dürfte wohl klar sein). Bei meinem letzten Besuch kickte mich eine Haschischwolke fast rückwärts die Tür wieder raus - und das am Vormittag. Macht aber nix, das Gärtchen ist auch recht hübsch.

Albergo BP, 5 Beckham St, T. 422 1849, Fax 423 0515 (Jochen Beckert), in einer Seitenstraße zwischen Kloof und Orange St, hinter Government Ave, hat alles was ein gutes Backpackers auszeichnet, auch Autovermietung, stattliches Ausflugsprogramm und Spar um die Ecke (bis 20h, mit Telefonkarten). Sauber und prosaisch eingerichtet; Schlafsäle mit 8-10 Betten, DZ. Deutsche Hochburg.

Oak Lodge, 21 Breda/Vriende St, T. 465 6182, Fax -6308 (Detlev), oaklodge@atlantic.co.za, von einem verrückten Deutschen, dem die Verschönerungsideen nie ausgehen. Weil er so viele Künstler kennt, die gerne mitspachteln-/malen/metzen, hat sein Eichenheim mehr Charakter als ganz East London. Wäscheservice, freier Tee-/Kaffee, Billard, Videos bis zur Röhrenimplosion, jeden So fetter Braaiabend. Wer woanders wohnt: einmal kommen & mittrinken!

Cloudbreak, 219 Upper Buitenkant, T. 461 6892, Fax -1458, cloudbrk@gem.co.za, oberhalb Jutland Ave/M3, 27 Schritte vom Gardens Shopping Centre und 277 von den Gardens selbst, mit sicheren Parkplätzen und zwei Häusern voller Schlafsäle, Vier/Drei/Zwei/Einbett-Zimmer, so daß man jederzeit seine Ruhe hat. Solange im Geschäft, daß sie über alles & jeden Bescheid wissen, besonders aber über Surfen; Brett/Anzug zu mieten.

Backpackers Lodge, 15 Faure St, T. 423 5485, Fax -5471 (Amanda), bella@iafrica.com, nicht selbst gesehen, aber laut Experten *a fabulous, funky, friendly place with lots of good energy. (Coast to Coast)*

Ashanti Lodge, 11 Hof/Orange St, T. 424 4016, Fax 423 8790, ashanti@iafrica.com, gebäudetechnisch unter den allerschönsten. Großzügige Villa mit Holzdielen, gepflegte & gestylte Dorms, geniale Duschen, Riesenküche mit viel Kühlschrank, Pool, Safe, E-Mail, große Partyecke *(Moment, muß* *kurz Luft holen),* Gärtchen für Zelte, Tennisplätze & Tafelberg als Kulisse. Sein Reisebüro macht dem Backpack redlich Konkurrenz.

Innenstadt

City Slickers, 25 Rose/Hout St, T. 422 2357, Fax -2355, im Malaienviertel Bokaap. Bewußt für turbulente BP-Tage konzipiert, mit räumlicher Trennung zwischen Partylöwen und Kissenhorchern, dazu großartiger Dachgarten mit Bergblick, jede Menge Platz, Küche, Wamas - und das alles noch sauber. Nur DZ, dennoch billig.

Cat & Moose, 305 Long St, T./Fax 423 7638, seit Dez 1995, kriegt einen Sonderpreis für den schnuffigsten BP-Namen außerhalb von Hogsback. Mit Balkon & Innenhof, Zimmer aber etwas überfüllt & muffig, die Matratzen haben schon (zu) viel durchgemacht und die Küche ist so klein, daß gute Ausstattung gar nicht möglich.

Lions Den, 255 Long/Green St, T. 423 9003, Fax -9166 (Jackie & Leon), lionsden@iafrica.com, mit Küche, Eßzimmer, Fahrrädern, TV & großem viktorianischen Balkon. Alles da, alles nett, aber ein wenig laut von der Straße und der Disco im Untergeschoß. Schlafsäle nur 4-6 Betten, auch EZ/DZ.

Long Street BP, 209 Long St, T. 423 0615, Fax -1842, longstbp@mweb.co.za, läßt das Leben toben, und das Personal macht mit. Bäder nicht allzu sauber, Schlafsäle max. vier Betten, mit Internet, Satelliten-TV & satter Videosammlung. Extrem beliebt.

Bob's BP, 187 Long St, T. 424 3584, oberhalb des populären Bistros hat den hellen Dorms gleich noch Küchenzeilen & Bad mitgegeben. 50 Betten, immer noch eines frei.

Green Point

St John's Waterfront Lodge, 4-6 Braemar/Wessels Rd, T. 439 1404, Fax -1424, fredgeof@ilink.nis.za, liegt nicht direkt an der Waterfront, sondern sechs lebensgefährliche Fahrspuren westlich davon. Dafür sauber & großartig zum Erholen nach langer Reise. Bar mit TV, Innenhof mit zwei Pools und Liegewiese, Wama, viele Ausflüge. Achtbett-Dorm, EZ/DZ. *„Selten eine so ehrliche, freundliche Leiterin getroffen!" (Imke Groß)*

Hip-Hop Travellers Stop, 11 Vesperdene Rd, T. 439 2104, Fax -8688, hiphop@cis.co.za, oberhalb der Waterfront in Seitenstraße der Main Rd/Green Point. Einer der Veteranen, unter deutscher Leitung, Anmeldung rund um die Uhr, ein Freibier pro Neuankömmling, alles Wichtige in Reichweite. Partyplätzchen zum Mitmachen, z.B. am langen Dinnertisch und am Pool, um den sich die Zelte stapeln. Sehr gute Infobörse.

Astors, 37 Main Rd, T. 439 9045, entbehrt jener Tüpfelchen, die ein Haus gegenüber den anderen hervorheben. Dafür zuviele Betten und Verkehrslärm.

Sunflower Stop, 179 Main Rd, T. 434 6535, Fax -6501 (Ashley), ist das blanke Gegenstück dazu. Liebevoll für Sonnenkinder angerichtet, mit knalliger Blumenfassade, Pool, Charme & Wassermelone. Gegenanzeige: ungeeignet bei Gelballergie.

Bird's Eye View, 55 High Level Rd, T. 434 4143, eine Hangvilla in ruhigem Gäßchen, wird von drei Nicht-Reisenden geführt, die im ersten Stock wohnen und (wegen empirischer Studien?) Ausländer mit Rucksack im Erdgeschoß einquartieren.

Sea Point

The Globe Trotter, 17 Queens/Victoria Rd, T./Fax 434 1539 (Lillian), am südlichen Promenadenende hat eine Chefin, die vielleicht mehr gesehen hat als die Hälfte ihrer Gäste zusammen. Echte Profi, die weiß worauf es ankommt: mit die billigsten DZ, TV-Raum, gute Küche für Selbstversorger, Strandnähe.

Abs-Fab, 1 Albany Rd, T. 439 4067, ersetzt Größe durch Gediegenheit. Schwarze Ledersofas, intelligente Details, bei Schwulen beliebt. Außerdem: **St John´s Lodge,** 5 St John´s Rd, T. 439 9028.

Camps Bay

Stans Halt Youth Hostel, The Glen, T. 438 9037, zu Füßen des Lion´s Head ist anders als alle anderen! Kloofnek-Bus ab Bhf bis Endhaltestelle (hier übrigens Pendelbus zum Cablecar), danach 15 min lang den JH-Zeichen hinterherstiefeln. Unpraktisch ohne Fahrzeug, da selbst der Einkauf unten in Camps Bay zum Schweißtreiber wird. Dennoch ein toller Tip: weil das Bettchen (nur 30!) nirgendwo weniger kostet - sechs Säle getrennt für Männ- und Weiblein, JH-Ermäßigung. Weil das süße, denkmalgeschützte Haus rund um die Uhr geöffnet bleibt. Weil morgens der herrlichste Blick aller Kapstädter BPs auf die Terrasse lockt. Weil Märsche auf Lions Head und Tafelberg vor der Haustür beginnen. Und weil Rentnerin Karen so eine angenehme Herbergsmutter ist.

Observatory

Mit Metro-Zügen 10 min vom Hauptbahnhof.

Green Elephant, 57 Milton Rd, T./Fax 448 6359, greenele@iafrica.com, ist *das* Partyhaus im Univiertel. Entspannt mit dezent bröckelnder Fassade, Jacuzzi, Hängematte & ruhigen Ecken, ausgeprägt umweltbewußt, wie leidenschaftliche Bergsteiger eben so sind. Jeden zweiten Abend ansehnliches *Dinner* für 8 DM.

Riverview Lodge, 5 Anson Rd, T. 447 9056, Fax -5192, info@riverview.co.za, direkt an der Bahnlinie, zwei Steinwürfe vom Obs-Bhf. Nicht wirklich ein BP - kaum Gemeinschaftseinrichtungen oder Weltenbummler, dafür billiges B&B in Ein- bis Fünfbettzimmern, sehr gepflegte Lounges mit/ohne TV, Selbstversorgerküche.

Tin Roof, 22 Barrington/Ossian Rd, T. 447 4400, Fax 448 0546, tinroof@dockside.co.za, ist noch so ein Abweichler: alles gepflegter, nobler, teurer als im 0815-BP. Mit Internet, Wäscheservice, Safe, Touren und Spaßareal unter blauem Himmel. Schlafsaal max. sechs Betten; DZ mit F, Handtüchern & verschließbarem Küchenfach 60 DM.

Rolling Stones Hostel, 94 Lower Main Rd, T. 448 1124, zu Füßen der Uni. Ausweichmöglichkeit rund um die Uhr für Paare, fast nur noch DZ. Musikkneipen und Restaurants in der Nachbarschaft. *Unter Umständen geschlossen.*

Muizenberg

Abe Bailey Youth Hostel, 11 Maynard Rd, T. 788 2301 (Gäste T. 788 4283), liegt schon an der False Bay, 30 Auto-min vom Zentrum. Ab Metro-Bhf Muizenberg die Beach Rd bis Ecke Maynard entlangspazieren. Unscheinbar, rund um die Uhr, mit TV-Raum im langweiligen Wohnviertel. Wasserratten sind nah an ihrem Element, entsprechend viele Surferboys. Nix spezielles, aber billig, und es gibt ISIC-Rabättle.

◆◆◆

Gästehäuser und B&Bs

Forschungslage: wer es auf kleinfeine Gästehäuser in und um Kapstadt abgesehen hat, fordert bei Portfolio, Fax 021/686 5310, places@aztec.co.za, die kostenlose ***Retreats Collection*** an. Darin über 50 Adressen mit Bild und ausführlicher Beschreibung, alle 75-150 DM/P. - Wer weniger zahlen will, fährt mit ***Self-Catering Getaways Southern Africa*** besser; in jedem Büro der Automobile Association billig zu kaufen, allein für Kapstadt & Vororte über 120 Apartments, Studios & Cottages ab 40 DM/P.

Die Auswahl an Vermietern & Agenturen ist unüberschaubar. Vorteil von Gästehäusern gegenüber Hotels: man trifft auf Gastgeber, denen es eine Mission ist, den Aufenthalt mit Tips zu Sicherheit, Einkaufen, Restaurants usw. zu verschönern. Durchweg **im Sommer** plus 30-50%.

Tamboerskloof: Camden Mansions, Warren/Camden St, T. 423 1818, Fax -1817, großzügige Ferienwohnungen mit 4-6 Betten, Lounge, Küche, Bad & Braai 40-55 DM/P. Bus 62 fährt eine Ecke östlich davon durch die Kloofnek Rd.

Oranjezicht: Flower Street Villa, 3 Flower St, T./Fax 465 7517, hinter dem Gardens Centre ist zentral & ruhig, da von zwei Spitzenhäubchen-Ladies geführt. Mit Gemeinschaftsküche, TV-Raum & Parkplätzen. EZ/DZ mit Bad 40/70 DM. **Ambleside GH,** 11 Forest Rd, T. 465 2503, Fax -3814 (John & Leonora McDonnell), acht Zimmer mit Bad und F ab 40 DM/P.

Green Point: Head South Lodge, 215 Main Rd, T. 434 8777, Fax -8778, headsouth@kingsley.co.za, verspricht von außen wenig. Innen aber sehr geschmackvoll, hell & angenehm, jedes Zimmer mit M-Net, Minibar, Heizung & sogar Handtuchwärmer. EZ/DZ mit F ab 90/140 DM. *"Die **Altona Lodge,** 19 Croxeth Rd, T./Fax 434 2572, ist freundlich, sauber & einfach. Peter sorgt rührend für seine Gäste. Zehn EZ/DZ mit F ab 50 DM/P." (Gerhard Walker)*

Bellville ist ein schicker Vorort, allerdings weitab von Tafelberg und Meer. Zwei Beispiele aus einer Serie von B&Bs um 50 DM/P: **PJ's,** 71 Eleventh Ave, Tyger Valley, T. 948 1385; und **12 Lincoln St,** T. 946 4711, Fax -1969, mit Garten, Braai, Pool, Sauna. **Markotter Place,** T. 945 4879, kclj@iafrica.com, für 70-140 DM, F 10 DM.

Unter deutscher Leitung

Gardens: Gästehaus Lennox, 2 Mill St, T. 465 3118, in ruhiger Ecke, mit TV-Raum, Gästeküche & strengem Reglement. 45 Zimmer mit F 30-45 DM/P. **Bayernhaus,** 11 Leeuwendal Cres, T. 423 5602, Fax 424 0257, mit Aufenthaltsraum & Küche. Zimmern mit Dusche 30-40 DM/P.

Tamboerskloof: Bergheim, 12 Constantia Rd, T./Fax 424 3646, mit Küchenbenutzung. Bequeme Zimmer & Zwei- bis Fünfbett-Cottages 60-120 DM. **Haus Tsumeb,** 28 Kloofnek Rd, T. 423 6521, Familienräume mit Küchenzeile ab 50 DM.

Oranjezicht: Villa Lutzi, 6 Rosmead Ave, T. 423 4614, Fax 426 1472 (Eric & Dagmar Lothaller), villalutzi@hot.co.za, zeigt dem Tafelberg stolz ihren Nacken. Elf Zimmer mit F 230-250 DM. **Nahoon GH,** 14 Hilton St, T. 461 2777, Fax -3458, vier DZ und ein Dreibettapartment mit Bad & F 50 DM/P.

🏨 **Sea Point: Olafs GH,** 24 Wisbeach Rd, T. 439 8943, Fax -5057 (Olaf Dambrowski), olafs@icon-.co.za, wurde bereits preisgekrönt. Acht Räume mit F 215-255 DM.

Hotels

☞ **ISIC-Rabatt:** Cape Budget Hotels in Green Point, Main Rd, T. 438 9818, mit 10 DM. Belvedere Accomodation in Muizenberg, T. 423 1316, mit 15%. Friendship Group (The Metropole, Cape Swiss, Townhouse), Reservierung T. 421 1700, mit 20%.

Wegen heftiger Verteilungskämpfe gibt's oft *Midweek-* oder *Weekend-Specials,* aber auch saisonale Erhöhungen. Preis vorher abklären, bei Buchung über Reisebüro oft billiger.

Preiswert-Tips

🏨 **Formule 1-Hotels** bieten klimatisierte Dreibettzimmer mit Bad für 55 DM (einfaches F 4 DM), plus eine Atmosphäre wie im Klon-Labor. Dafür wie üblich an der Autobahn: **F1 Foreshore,** Jan Smuts Ave, T. 418 4664, zentrumsnah; **F1 Milnerton,** Koeberg/Freedom Way, T. 551 6314, an der M5 bei Caltex; und **F1 Parow,** Arnold Wilhelm/Jean Simonis St, T. 930 5158, neben der N1/M14 Off-ramp.

🏨 **Budget Hotel** in Sea Point, 2c Glengariff/Main Rd, T. 439 6974, Fax -5374, steht ganz in der Nähe des Hard Rock Café beim Wasser. Mit Kochgelegenheit, Billard & allerlei. Haben angeblich immer ein DZ ab 80 DM frei.

🏨 *** **Breakwater Lodge** hinter der Waterfront, Portwood Rd, T. 406 1911, Fax -1070, war von 1901-26 ein Knast, bis 1989 Heim für schwarze Dockarbeiter, wurde dann zum Hotel veredelt. Fenster unvergittert & schmal, Zimmer mit Bad/Dusche, TV, Telefon & Wasserkocher, dazu SB-Restaurant. 327 EZ/DZ ab 90/130 DM, winzige DZ ab 95 DM (Bad mit Nachbar teilen), mächtiges F-Büffet 12 DM. Für diese Lage **rundum klasse!**

Mittelklasse (DZ ab 120 DM)

🏨 **City Bowl:** ** **Carlton Heights,** 88 Queen Victoria St, T. 423 1260, an den Gardens. 50 DZ/Familienzimmer ab 130 DM. - ** **Tudor Hotel** am Green Market, 153 Longmarket St, T. 424 1335, in toller Lage. 13 EZ/DZ ab 80/135 DM, Restaurant & Bar ebenfalls günstig. - ** **Pleinpark Travel Lodge,** 9 Barrack St, T. 465 7563, hinter dem Rathaus mit altholländischem Stil. 21 DZ ab 135 DM. - ** **The Metropole,** 38 Long St, T. 423 6363, Fax -6370, in der Straße mit dem besten Nachtleben. 31 attraktive EZ/DZ mit echter Klasse ab 100/140 DM. - ** **City Lodge,** Dock/Alfred Rd, T. 419 9450, zwischen Waterfront & Innenstadt. 164 EZ/DZ ab 110/150 DM. - *** **Mijlof Manor Hotel,** 5 Military Rd, T. 426 1476, am Tamboerskloof. 20 DZ ab 150 DM. - *** **Cape Swiss,** 1 Nicol St, T. 423 8190, Fax 426 1795, moderner Klotz mit hübschen Aussichten und den Unverzichtbarkeiten des Schneller-Höher-Besser-Lebens. DZ ab 160 DM.

Spitzenklasse (DZ ab 180 DM)

🏨 **City Bowl:** **** **The Townhouse,** 60 Corporation St, T. 465 7050, Fax -3891, townhous@intekom.co.za. 104 EZ/DZ ab 130/175 DM. - Drei *** **Holiday Inn GCs** mit DZ ab 180 DM: **Greenmarket Square,** T. 423 2040; **De Waal,** Mill St, T. 465 1311, in allerbester Lage; und **St Georges Mall,** Trustbank Bldg, T. 419 0808. - *** **Tulbagh Hotel,** 9 Ryk Tulbagh Square, T. 421 5140, schräg gegenüber vom Bhf. 41 DZ ab 190 DM. - **** **Capetonian Protea,** Pier Place Heerengracht, T. 421 1150. DZ ab 230 DM. - ***** **Cape Sun,** Strand St, T. 423 8844, ist das Wahrzeichen der Innenstadt. Mondäne Diplomaten-Absteige, EZ/DZ ab 430/590 DM.

Waterfront: *** **City Lodge,** Gateway, T. 419 9450. DZ ab 220 DM. - **** **V&A Hotel** hinter der Alfred Mall, T. 419 6677, viel Luxus im alten Warenhaus (1904), Blick auf Tafelberg oder Piazza. DZ ab 350 DM. - Neues Flaggschiff, auf drei Seiten von Wasser umgeben: ***** **Cape Grace,** West Quay, T. 410 7100, Fax 419 7622, cghres@iafrica.com. 92 DZ ab 520 DM, über Reisebüro daheim buchen.

Camps Bay: Place on the Bay, Victoria/Fairway Rd, T. 438 7060, -2504, als Spartip: 20 Apartments in Nebensaison ab 110 DM. - ***** **The Bay Hotel,** Victoria Rd, T. 438 4444, Fax -4455. 70 DZ & Suiten 280-1050 DM, Penthouse ab 600 DM.

Sea Point: *** **The Centurion,** 275 Main Rd, T. 434 0006. Nur Suiten ab 240 DM. - **** **Ambassador by the Sea,** 34 Victoria Rd, T. 439 6170. DZ ab 290 DM. - **** **Karos Arthur's Seat,** Arthur's Rd, T. 434 1187. 69 DZ ab 330 DM.

Blick zum Gipfel

Über 50 Hotels in & um Kapstadt vereinen mindestens drei Sterne auf sich. Wer sich aber was ganz Besonderes gönnen will ...

Das ***** **Mount Nelson** oberhalb der Gardens, 76 Orange St, T. 423 1000, zählt zu den Extravaganzen dieser Welt. Wegen seiner reichen Tradition wird es liebevoll nur noch „Nellie" genannt. DZ *Executive/Luxury* ab 460/630 DM, Garden Suite 1500 DM. Tip für alle: schönes Kuchenbuffet für 15 DM.

Essen, Trinken & Feiern

Kapstadt versinkt im Überfluß von Meeresfrüchten und Fischgerichten erster Güte, von Languste bis *Perlemoen* (Abalone). Und natürlich ist traditionelle Burenküche allenthalben zu finden, weswegen wir unsere Nase lieber in die exotischere Kochtöpfe stecken.

Waterfront

Dutzende von Restaurants aller Preisklassen. *Fast Food* v.a. auf den Terrassen vor den V-Wharf, dazu zwei **St. Elmos**, Südafrikas Antwort auf Pizza Hut. **Cantina Tequila,** T. 419 8313, gibt sich offen & ehrlich, zum Trinken auf mexikanisch gibt's prima Quesadillas & Fajitas ab 12 DM; täglich 11-23h, Bar bis 2h.

Empfehlenswert: **The Musselcracker** im Obergeschoß der V-Wharf, T. 419 4300, mit tollem Büffet mittags/abends für 28/32 DM; täglich 12.30-22.30h. **Hildebrand** gegenüber V&A Arcade, T. 421 2583, ohne Jeansverbot, mit Hafenblick, Fischgerichten ab 20 DM und gürtelsprengend-leckerem *Pecan Pie* für 9 DM. Tischbestellung in beiden Fällen ratsam. - The Edge, einst unter meinen Favoriten, ist zur verdächtigen Schummerlichtbar verkommen, im Erdgeschoß aufgemotzter Italiener mit unverschämten Preisen.

Musik: Dock Rd Complex, T. 419 7722, mit Theater, Rockbühne, örtlichen Jazzgrößen und berühmtem **Dock Rd Café**, in dem auch gut verköstigt wird. Zum **Green Dolphin,** V&A Arcade, T. 421 7471, muß man Jazzfreunden wenig erzählen, Südafrikas Stars gingen hier ein & aus. Wegen zu großer Beliebtheit wird aber auf Service kaum noch geachtet, dazu miese Pasta, durchschnittliche Meeresfrüchte. Bei Livemusik 8 DM extra.

Long Street

The Place to Be in den Abend- und Nachtstunden. Durch Long & Loop St läßt sich's prima pirschen und in Kneipen, Restaurants, viele gute Clubs reinschnuppern. Die Discos sind sehr laut, sehr voll, sehr exaltiert; Eintritt 3-8 DM. Und weil so viel los ist, bleibt's nachts auch *etwas* sicherer als sonstwo.

169 on Long, 169 Long St, lohnt sich: gutes Essen, toller Service, verschiedene Böcke, Fisch nicht nur gegrillt wie üblich, gepflegtes Ambiente, aber nicht teuer. Oder einfach auf dem Balkon zur Straße sitzen, ein Bierchen zischen & Tapas mampfen. **Mr Pickwick's,** 158 Long St, T. 424 2696, tischt unheimlich lange, witzig benannte Sandwiches auf: z.B. Edwin Drood mit Mozz-Tom-Basilikum für 8 DM, dazu leichtverdauliche Spiele und gelegentlich Bands; täglich 8.30-3/4h.

Mama Africa, 178 Long/Pepper St, T. 424 8634, bruzzelt tagsüber Kudu, Strauß, Krokodil, Curryhuhn usw.; Mo-Sa 19-23h, Hauptgerichte ab 20 DM, reservieren! Abends ab in die Metamorphose: *„Am Fr/Sa wird der Billardtisch zur Seite geschoben. Schwarze, Weiße, Inder, Juden steppen zu afrikanischen Klängen ab. Hier hatte ich das Gefühl, im Neuen Südafrika zu sein." (Christine Kellmann)*

Long St Café, 259 Long St, T. 424 2464, stapelt Krawatten- und Cellphoneträger zwischen Weintheke & Backwaren. Dazu viele Veggie-Gerichte bis zu *Seafood Tagliatelle with Smoked Salmon* (14 DM); täglich 8-1h, abends Tisch reservieren. **The Maharajah,** 230 Long St, T. 424 7636, zaubert die besten Samoosas (3 DM). Nordindische Hauptgerichte ab 12 DM, Mo-Sa 18-22.30h.

The Lounge, 194 Long St, hämmert bis ultimo den drängelnden Freaks Technoklänge in die Ohren. Satte Salate ab 8 DM, starke Typen, gute Musik. **Bob's Bistro** oberhalb der Long St Baths, T. 424 9437, ist eher auf Bier- und Whiskykundschaft eingestellt. Häufig *Buy one, get one free.*

The Loft: *"Hout/Bree St, was für Girlies & Pillenschlucker, ziemlich abgefahren. Die Jungs & Mädels stehen vorm Klo nicht weil sie müssen, sondern weil die Klotür kleiner als der Rahmen ist."* **Hemingways:** *"Auch im City Bowl, älteres Publikum, schön bei schönem Wetter, weil draußen. Schlanke Schokoladenmädels grooven zu heißen Rhythmen. Teuer!" (Jo Kellmann)*

Gardens

Wangthai, 31 Heerengracht-/Adderley, T. 418 1858, bereitet Siam-Food *at its best.* Sechs komplette Menüvorschläge 16-30 DM; Mo-Fr 12-15h, täglich 18.30-23h. **Kaapse Tafel,** 90 Queen Victoria St, T. 423 1651, neben den Public Gardens, ist so klein wie gemütlich. Sehr gute kapmalaische Küche, z.B. *Lamb Bredie* oder *Chicken Biryani für* 12-18 DM; Mo-Fr 12-15h, Mo-Sa 18.30-22h.

Backpackos, Albergos oder Ashantisten, denen zu später Stunde die Kehle kratzt, finden Heilung in mehreren Bars entlang der Kloof St. **Maestro,** 60 Kloof St, T. 423 0853, ist morgens, mittags, abends gerüstet; Kuchen & Scones auch nicht zu verachten - und die Cocktailbar erbarmt sich unser bis 2h. **Naked on Kloof,** 51 Kloof St, T. 423 4177, liefert dazu die exquisiten Schnellgerichte (5-10 DM), auch zum Mitnehmen; täglich 7-24h.

Maria's Tavern, T. 465 2096, vereinnahmt den Dunkley Square, als ob's die Plaka wär; täglich 19-24h. **La Bohème,** T. 465 2550, an der Westseite des Platzes versucht sich erfolgreich mit französischer Bistro-Atmo; Mo-Sa 12-22h. Der „Italiener" des Viertels: **Pizza & Pasta Factory,** Hatfield St unterhalb Engen, T. 465 7387, fabriziert genau das.

Old Colonial Restaurant, Wandel/Gordon St, T. 465 4909, holt traditionelle *Cape Cuisine* und Meeresfrüchte ins ehrwürdige Gemäuer; Mo-Fr 12-15h, Mo-Sa 18.30-22h.

Im Roxy Café, 14 Wandel St, T. 461 4092, zwischen Dunkley Square & Glynneville Terrace, ward so manch durchzechter Abend abgerundet. Kultschuppen mit Spiegelkacheln, Kerzenschein & riesiger Kaffeeauswahl; Mo-Fr 12-2h, Sa/So 18-4h, Filmklassiker jeden Mo 19.30h.

The Fringe im Gardens Center, 46 Canterbury/Constitution, ist bei Studenten beliebter als jede andere Disco. Schwarz, Weiß & Farbig tanzen sich unter freiem Himmel zu *World Music* in Rausch; Eintritt 3-5 DM, ISIC 50%. **Klaus' Jazz Pub** im Winehouse, Loop/Wale, serviert gern auch internationale Bands.

G & S Point

In Green Point: **Seagulls,** Fritz Sonnenburg Rd, T. 419 0295, läßt seine Gäste bei Pub Lunches, Pizza & Pasta draußen oder drinnen sitzen; täglich 12-15h, Mo-Sa 18-23h. **The Star Club,** 29 Somerset Rd, T. 421 2958, mit Jazzbands v.a. Sa/So. Ansonsten regiert die Konserve.

An der Main Rd, Sea Point: **Caponero Pizzeria,** #142, T. 434 9056, mit mächtiger Weinliste, noch mächtigeren Pizze (M-Größe 10 DM, L 12 DM) und herzlicher Stimmung; täglich 18-24h. **Watney's** im Nu-Metro Centre, T. 434 4424, mit vollverglaster Taverne; täglich 10-2h. Dazu preiswertes Restaurant mit gutgelauntem Service; Mo-Sa 19-0.30h.

Camps Bay

An der Victoria Rd: **Tuscany,** #4, T. 438 1213, an der Beachfront mit leckerer Pasta & Fisch. Nicht gar so teuer, wie es ausschaut - dafür *baie lekker.* **Blues,** The Promenade, T. 438 2040, paart köstlichen *Seafood* mit modernem Ambiente. **The Bayside Café,** #51, T. 438 2650, macht dasselbe mit Spare Ribs & Vegetarischem ab 15 DM; täglich 12-14h, 18-23h, reservieren. Auch für die Bar im Oberstübchen muß man vorzeigbar ausschauen.

Sports Club, The Meadway, T. 438 9996, unweit des Strandes steht allen offen. So 16h wird *Baytime Jazz* zelebriert. Dazu reicht **Ref & Whistle** ordentliche Pub Lunches, preiswerte Dinner, Shwarma & Salate ab 6 DM; täglich 12-23h. **Dizzy's Jazz Café,** 41 The Drive, T. 438 2686, auf kapholländischem Anwesen erlebt häufig Live-Auftritte; kleine Speisen, große Getränkekarte.

La Med, Victoria Rd, T. 438 5600, lungert am Strand zwischen Camps Bay & Clifton, Schilder nicht zu verfehlen; Mo-Do 15-2h, Fr-So 11h bis in die Puppen. *"Ideal für Sonnenuntergänge & Rugbyevents. Kneipe und Restaurant wurden großzügig getrennt, Fr-So herrscht beste Partystimmung auf der Tanzfläche. Getrunken wird wie* *überall im Land, was das Zeug hält - die Theke ist entsprechend lang." (Christine Kellmann)*

Observatory

An der Lower Main Rd: **The Africa Café**, #213, T. 447 9553, wird als schwarz-weißes Gemeinschaftsprojekt mit Stolz geführt. Die kulinarische Reise durch den Kontinent, von Madagaskar bis Coffee Bay, kostet 25 DM - eat as much as you can. Mo-Sa 18.30-24h, Massenandrang am Wochenende, reservieren. **Pancho's**, T. 447 4854, mit gemütlichem Obergeschoß & üppigem TexMex für 8-18 DM. Mal die fleischlose Zucchiniplatte versuchen!

Spiced Orange, 61 Station Rd, T. 447 5094, mit exotischen Leckereien am Kamin; täglich 12-14h, 18-23h. **Fiddlewoods,** 40 Trill/Station Rd, T. 448 6687, kümmert sich v.a. um Gesundes - der siebte Himmel für Vegetarier & preisbewußte Frühstücker; Mo-Fr 8-17h, Sa 8-14h. **Carte Blanche,** Trill St, *"verteilt nur fünf Tische auf zwei Etagen. Eingerichtet wie ein Kuriositätenladen, dabei sehr geschmackvoll. Gute Weinauswahl & günstige Mahlzeiten." (Walter Götte)*

Obz Café, 115 Lower Main Rd, T. 448 5555, wendet sich an Menschen über 25, die es zumindest schon zum BMW gebracht haben. Salate und Sandwiches bis Sonnenuntergang, danach was Seriöseres vor dem Cocktail; täglich 10-2h. **Whatever Café,** 90 Main Rd, T. 448 9129, für entspanntes Speisen, ganztägiges Frühstück und eine gepflegte Schachpartie; Mo-Sa 10-0.30h.

Lansdowne: einer der besten Jazz/Tanzschuppen, erreichbar über M24-Exit Claremont, dann Race Course Rd, dann Lansdowne Rd: **49-Complex** am Flamingo Crescent, T. 797 0020, spielt alles mögliche unter einem Dach. Hier Funk, dort Disco, dazwischen mehrere Bars & Restaurant à la carte, beinahe täglich Bands. Eintritt 5-10 DM.

Termine

☞ **Veranstaltungskalender** *What's on in the Cape* bei Captour, Hotels & Geschäften.

Nico Malan Theatre zwischen Hafen und Hertzog Ave ist Kapstadts modernster Kulturtempel. Allabendlich Opern, Schauspiele, Konzerte oder Ballett; vorbestellen bei Nico Dial-A-Seat, T. 421 7695.

Festtermine locken ganzjährig. Das neue Jahr wird mit einer prächtigen Parade begrüßt. Am **Silvesterabend** singen, tanzen, jubeln Malaiiengruppen in regenbogenbuntem Satin durch die Adderley St. Das **Cape Festival** im März ist der Musik (Klassik bis Jazz) vorbehalten; Programm T. 425 3320. Im April sorgt **Community Chest** für Hochdruck.

Tafelberg

Die berühmte Cablecar schwebte seit Okt 1929 ohne Zwischenfall in 6 min auf den Gipfel. Für den Massentourismus nach 1994 waren die Gondeln aber überfordert. Als die Warteschlangen an manchem Sommertag fast schon die Waterfront lahmlegten, entschloß sich der Berg zum Handeln und bestellte eine flippige, demokratischere **Nachfolgerin** aus der Schweiz: bis zu 60 Menschen (kaum Wartezeit), während der Fahrt Drehung um 360°! Vor den teils offenen Fenstern spielt damit einmal das komplette Kapstadt-Panorama.

Burische Baukunst: Hugenotten-Denkmal in Franschhoek,

Reformierte Kirchen in Graaff-Reinet und Clanwilliam.

Freizeitvergnügen: Sonntagsspaziergang in der Nordprovinz,

Rugbyspiel im Freistaat.

Keep smiling: Rikschafahrer in Durban,

Rangernachwuchs vor dem Addo NP.

Souvenirs, nur teilweise handgepäckgerecht: Giraffenherde aus Holz,

Rondaveldorf aus Ton.

Täglich 8.30-18h, Dez-April 8-22h; hin/rück 12/22 DM, ISIC 50%. Bei Sturm kein Betrieb. Kloofnek-Bus ab Adderley St, von der Endhaltestelle Cableway-Bus zur Talstation.

Über 300 Wanderpfade unterschiedlicher Schwierigkeitsstufen führen auf & um den Tafelberg, vom lockeren Spaziergang bis zu Kletterpassagen. Nicht vergessen, daß es ordentlich bergauf geht: der unscheinbare „Gipfel" (Maclear's Beacon) liegt 1088m über dem Ozean, Bergstation 1067m, Talstation 366m!

Der meistbegangene Fußweg beginnt **an** der Talstation, gemütlich 1½-2 Std rauf - hier trifft man auch Kinder und ältere Herrschaften. Teils dürftige Markierungen, kaum Wegbeschreibungen. Da helfen Nachfragen in der Unterkunft, eine Wanderkarte (in jedem Buchladen) oder der Rückgriff auf erfahrene Führer, z.B. Table Trail Tours, T. 461 0533.

☞ **Der *Table Cloth*** ist ein dichter Nebelvorhang, der sich an vielen Nachmittagen von der Kaphalbinsel über die Kante des Tafelberges schiebt und über der Stadt unauffällig zerbröselt. Natürlich ergibt in diesem Fall Wandern wenig Sinn. Wer nach dem Aufwachen wolkenlose Bläue über dem Berg entdeckt, sollte die Gelegenheit beim Schopfe packen - manchmal kehrt sie erst Tage später wieder!

Auf dem Gipfel: mehrere Rundwege mit fantastischer Sicht auf Kapstadt und Kaphalbinsel. Restaurant, Cafeteria (nicht zu teuer) und Souvenirs bei der 1997/98 renovierten, jetzt massentauglichen Bergstation. Stempelfans schicken ihre Postkarten hier oben ab.

Wandertips: an solides Schuhwerk, volle Wasserflasche, Sonnenschutz, Pullover, Regenzeug denken - und natürlich an die Kamera. **Nicht alleine** marschieren, es gibt viele seltenbegangene Wege. **Wetterumschwünge** bringen jähe Abkühlung, Nebel & peitschenden Regen. Feuer, Müll, Radios & freilaufende Hunde haben in Naturschutzgebieten nix zu suchen, Blumenpflücken ist verboten. **Cape Nature Conservation,** T. 948 7490, und Mountain Club of SA, T. 465 3412, stehen mit Rat & Tat zur Seite.

Castle of Good Hope

Das zweitälteste Bauwerk am Kap (nach Fort Wynyard hinter der Waterfront) diente den ersten Gouverneuren als Residenz. Die Festung liegt heute mitten in der Stadt, Buitenkant/Castle St, T. 469 1060, hinter dem Bhf. Als sie 1666-79 errichtet wurde, brandeten an ihre Mauern noch die Wellen der Tafelbucht, heute 500m entfernt! Ihren fünf Bastionen wurden ausschließlich Namen niederländischer Prinzen verpaßt: Buuren, Nassau, Catzenellenbogen, Oranje & Leerdam.

Täglich 9-16h, 5 DM, ISIC 50%. Kostenlose Führung durch die gesamte Anlage um 10/11-/12/14h; ausgezeichnet trotz einiger Effekthascherei - zweimal werden Teilnehmer in stockfinsteren Verliesen alleingelassen, was die mitgeführten Kids gar nicht witzig finden.

William Fehr Collection: der steinreiche Geschäftsmann schenkte 1965 der Stadt all seine erstklassigen Gemälde der Entdecker- und

Auf den zweiten Blick

Tafelberg: das Wahrzeichen Kapstadts

Ein einzigartiges Paradies der Vielfalt

»Ich habe mein Leben niemals mehr genossen als während dieser Zeit unter den wilden Tieren des Tafelberges – denn ich war sicher vor den viel wilderen Engländern.« Joshua Penny, fahnenflüchtiger britischer Matrose, nach vierzehnmonatiger Einsiedelei auf dem Tafelberg 1814/15.

Das weltberühmte Wahrzeichen der Stadt erhebt sich wenige Minuten vom Meer entfernt auf 1088 m Höhe. Der Tafelberg wird umhüllt von einer bunten Pflanzenvielfalt und in lauen Sommernächten in dezentes Flutlicht getaucht, was ihm einen umso dramatischeren, rätselhaften Hauch verleiht.

Seine typische Gestalt nahm er bereits vor über 900 Millionen Jahren an, lange bevor Afrika überhaupt ein eigener Kontinent war. Die ursprünglichen Bewohner des Kaps, die Khoi, nannten die massive, vom Zahn der Zeit angeknabberte Platte einfach Hoeri Kwaggo, »Seeberg«. Seine heutige Bezeichnung verwendet erstmals Antonio de Saldanha im Jahre 1503.

Um diese eigenartige Gesteinsmischung aus Schiefer, Sandstein und Granit, die sich vor rund 250 Millionen Jahren allmählich aus dem Ozean erhob, ist ein Pflanzenreich entstanden, dessen Artenreichtum in der ganzen Welt einzigartig dasteht und das wohl zu den ältesten überhaupt zählt. Es umfaßt ungefähr 1470 Arten – und damit mehr als die Britischen Inseln. Viele dieser Pflanzen kommen endemisch vor, sind also an keinem anderen Ort der Erde zu finden.

Gefahrenquelle Mensch: bis zum Ende des 18. Jhs hatten die europäischen Kolonialherren bereits ihren Blutzoll kassiert: der letzte Kap-Löwe war erlegt, das letzte Quagga (ein Zebra-Cousin) folgte im Jahre 1875, große Waldflächen waren abgeholzt und fremde Pflanzen eingeführt. Ohne forstliche Aufsicht könnten eingeführte Arten wie die Kiefer die natürliche Pflanzenwelt innerhalb von siebzig Jahren zerstören. Selbst unter der Oberfläche rumorte es, weil Spuren von Gold, Zinn und Mangan entdeckt worden waren.

Erst 1957 folgte der Erkenntnis von den einzigartigen Reichtümern, welche die natürliche Oberfläche des Berges zu bieten hatte, die Tat: der Tafelberg wurde zum Nationaldenkmal erhoben, bald darauf erklärte das Ratsgremium von Kapstadt sämtliche Bergabschnitte auf städtischer Gemarkung zum Naturschutzgebiet.

Dennoch zerstören immer wieder Brände aus Fahrlässigkeit wertvolle Pflanzenbestände, trampeln achtlose Wanderer die Pflanzen nieder, trägt rücksichtsloses Picknick-Publikum zur weiteren Erosion bei. Nicht zuletzt der Konkurrenzdruck nicht-heimischer Pflanzen auf das sensible Fynbos-

Gefüge haben bewirkt, daß heute nicht weniger als 174 Pflanzenarten auf dem Tafelberg und der Kaphalbinsel als »gefährdet« einzustufen sind. Als Ironie der Natur erscheint es daher, wenn begrenzte Buschfeuer Wachstum und Keimbereitschaft mancher Pflanzen, darunter Feuerlilie, Belladonna-Lilie, Pink Watsonia und Agapanthus, eher fördern und andere, wie die Waboom-Protea, mit neuen Knospen reagieren.

Fette Schmarotzer: auch aus der Tierwelt kommen keine besseren Nachrichten. Die großen Säugetiere, die einst Tal und Berg beherrschten, sind längst ausgelöscht. Geblieben sind einige wenige Luchse (Rooikats), Greisböckchen, Warzenschweine.

Und natürlich die rotzfrechen Dassies, die sich beim Gipfelrestaurant prima mit den Touris arrangiert haben. An diesen knubbligen Klippschliefer läßt sich die Anpassung an den Lebensraum gut beobachten: die Fußsohlen wirken leicht eingefettet dank einer Substanz, die sichere Tritthaftung gewährleisten soll, und die Wirbelsäule ist beeindruckend flexibel, womit in Windeseile die Flucht auch in engste Felsspalten gelingt. In diesen Spalten und Höhlen setzt sich die einzigartige Flora noch fort.

Allein auf dem Tafelberg wurden bisher 53 verschiedene Schmetterlingsarten gezählt. Der wundervoll grau-blau-lila schillernde »Table Mountain Beauty« mit seinen fünf Augen auf jedem Innenflügel ist der einzige Bestäuber der roten Disa-Blume, auch sie einzigartig und entsprechend schutzbedürftig. Daneben soll es noch Hunderte von Insektenarten geben, die bisher gar nicht bestimmt werden konnten, die aber allesamt ihre unverzichtbare Rolle in diesem höchst störanfälligen Ökosystem Tafelberg spielen.

Wahre Herrscher auf dem tafelberg: die Klippschliefer (Dassies) sind dicke Wutze mit ungezügelter Freßgier

Kolonialzeit. Die unterschiedliche Sichtweise verschiedener Epochen spiegelt sich gut in der Darstellung der Schwarzen wider. Der gute Herr Fehr entdeckte erst spät seine Liebe für Porzellan, Möbel & Altmetall (17.-19. Jh), konnte aber auch in dieser Hinsicht noch Beachtliches zusammentragen.

Gardens

Wer an der Straßenecke Adderley/Wale den Weg gen Tafelberg einschlägt, sollte 2-4 Std mitbringen: hier treten Kapstadts Reize geballt auf. Um die Gärten der Kompagnie drängt sich vieles mit Rang & Namen, die eichengesäumte Government Ave führt mittendurch. Noch bevor sie anhebt, drängt sich die **Groote Kerk**, das älteste Gotteshaus im südlichen Afrika (1702-04), ins Bild. Die großartige Kanzel ist ein Meisterwerk Anton Anreiths.

☺ **Cultural History Museum:** Upper Adderley St, T. 461 8280. Einst Sklavenunterkunft, heute mit Kultur- und Africana-Abteilungen des SA Museums, dazu Briefmarken, Münzen & Waffen. Unter das Rubrum Kultur fällt wohl auch die nachgebaute Apotheke aus Uromas Zeiten; Mo-Sa 9-16.30h, 1 DM. - Gegenüber davon die Nationalbibliothek mit 400.000 Büchern und umfangreichen Africana; Eintritt frei.

☺ **Die Houses of Parliament** am südlichen Ende der Gov' Ave wurden 1885 eröffnet, seither mehrmals erweitert. Hier wird über die Zukunft des Landes entschieden. Session nur Jan-Juni: Mo-Mi 14-18.30h, Do 15-22.30h; nach Anmeldung, T. 403 2537, und Paßvorlage dürfen Ausländer die Debatten mitverfolgen. Juli-Dez: kostenlose Führung durchs Gebäude Mo-Fr 10/11/12h. Der weitere Marsch durch die Gov' Ave führt an Parlament und Präsidenten-Residenz Tuynhuis (1751) vorbei zur **National Gallery**, T. 465 1628. Werke südafrikanischer & westeuropäischer Künstler (auch Moderne), afrikanische Skulpturen, britische Sportbilder des 18./19. Jhs - nicht unskurril; Di-So 10-17h, frei.

☺ **Die Company's Gardens** wurden 1652 von Jan van Riebeeck im Namen der Niederländischen Ostindien-Kompagnie (VOC) errichtet, damit deren Schiffe sich in der Tafelbucht mit Gemüse & Obst für die weitere Reise eindecken konnten. Heute dienen die Gardens, die dem umliegenden Stadtteil ihren Namen liehen, als botanisches Freilichtmuseum für entspannte Stunden. Überschaubares Gelände mit schattigen Spazierpfaden, harten Sitzbänken, Vogelkäfigen & Teestube unter den höchsten Bäumen; täglich 9.30-16h.

☺ **Das South African Museum,** Queen Victoria St, T. 424 3330, setzt das Ausrufezeichen hinter die Gardens. Neben dem Portal deutet eine riesige Meeresschildkröte im Glaskasten an, worum es geht: umfangreiche Sammlung von Reptilien, Fischen, Vögeln & Insekten. Eindrucksvoll auch Walgalerie und Buschmannabteilung mit lebensgroßen Modellen. Täglich 10-17h, 2 DM, ISIC/Mi frei. Das **Planetarium** öffnet nur zu Sternstunden Südafrikas: Mo-Fr 13h, Di 20h, Sa/So 13/14.30h. Alles **sehr sehenswert!**

☺ **Die City Hall,** Darling St, blickt auf die Grand Parade - ein bewegender Schauplatz in Nelson Mandelas Biographie. Im Jahre 1905 erbaut, vereint das Rathaus italienische Renaissance und britischen Kolonialstil aufs protzigste. Drangeklatscht ist jener Balkon, von dem aus Madiba am 11. Februar 1990, dem Tage seiner Haftentlassung, vor 100.000 Menschen (auf diesem Platz!) die Überwindung der Apartheid forderte. Die **Grand Parade** ist nach wie vor belebt, von Euphorie aber wenig geblieben; immerhin Flohmärkte Mi/Sa.

> **Taschendiebe** werden *downtown* zum Problem. Massive Gewalt ist selten, nachts läuft man aber nur in der Gruppe durch den oberen Teil von Long St & Nebenstraßen.

Die Long Street zählt dank ihres mittleren Abschnitts zu den wenigen Schönen der Stadt, auch wenn ihr die Umwandlung zur Fußgängerzone gut zu Gesicht stünde. Ein viktorianischer Bau reiht sich an den anderen, hinter schmiedeeisernen Fenstern verbergen sich tolle Kneipen oder Antiquariate. Putzig auch die vielen ziselierten Türm- und Balkönchen. Das **Sendinggestig Museum,** 40 Long/Castle St, lebt von der Atmosphäre im restaurierten Missionskirchlein (1802); Mo-Fr 9-16h, frei. Das **Koopmans de Wet House** (1701), 35 Strand/-Long St, liefert ein feines Beispiel der Kaparchitektur, voll kostbarer Möbel, Gemälde & Antiquitäten; Di-Sa 9-16h, 1 DM.

Den Greenmarket Square dominiert Mo-Sa ein stimmungsvoller Flohmarkt (nur Profis). Im düsteren **Old Town House** an der Südseite, 1755 für die Stadtwache errichtet, hängen holländische & flämische Gemälde des 17. Jhs aus der Michaelis-Sammlung - an heißen Tagen eine Wohltat; täglich 10-17h. Vom Balkon läßt sich das Treiben auf dem Platz beobachten. Rechterhand die schöne Jugendstilfassade des Market House (1932).

Bo-Kaap & Signal Hill

Zwischen Innenstadt und Signal Hill liegt seit jeher das Wohnviertel der **Kap-Malaien,** der Nachfahren südostasiatischer Sklaven. Die sieben Straßenzüge im Straßengeviert Buitengracht/Wale/Chiappini/Strand sind geprägt von malaiischem Baustil & einigen Moscheen.

Im Bo-Kaap Museum, 71 Wale St, T. 424 3846, darf man tief eintauchen in den Lebensstil einer Patrizierfamilie des 18. Jhs. Die Villa (1763) ist nicht allzu groß, aber interessant; Di-Sa 9-16.30h, 1,50 DM. Shereen von **Tana Baru Tours,** T. 424 0719, lädt täglich 10/14h zu zweistündigen Führungen durchs Bo-Kaap; inkl. anschließender kapmalaiischer Mahlzeit 20 DM.

Der Signal Hill (350m) trennt Sea Point vom Stadtbecken. Zumal nachts wird die Aussicht bezaubernd. Wenn das Mini-Matterhorn nordwestlich der Tafelbergkante der Kopf eines Löwen, **Lions Head** (669m), sein soll, dann darf der Signal Hill oberhalb des Bo-Kaap als dessen Rumpf gelten. Am allerwertesten Ende dieses Rumpfes ertönt täglich ein kräftiger Knall: die **Noon Gun** sollte einst nahende Schiffe ankündigen. Heute harrt eine ganze Stadt sehnsüchtig ihres Signals, weil es die Mittagspause einläutet.

> ☞ **Zweimal:** auf den Signal Hill möglichst einmal tagsüber, einmal abends!

Victoria & Alfred Waterfront

Die Hafenbecken Victoria und Alfred von 1860 waren noch zum Ende der 80er Jahre tote Winkel, weil nur das achtfach größere Duncan-Dock südwestlich davon für moderne Containerschiffe taugte. Doch dann würfelten gewiefte Investoren einen Unterhaltungskomplex von der Größe der Company's Gardens zusammen: Restaurants, Bootsvermietungen, Boutiquen, Kunsthandwerk, Musikkneipen, Theater, Kinos. So entstand fast über Nacht Kapstadts lebhaftestes Vergnügungsviertel. Seit 1992 wirft es unglaubliche Erträge ab, weil Anziehungspunkt für Touristen & Einheimische. Warenlager erlebten ihre Wiedergeburt als Spitzenhotels, weitere Plätzchen sind schon in der Röhre.

☺ **V&A Waterfront:** eingebettet zwischen alten Docks und Hafengebäuden, stellt ihr Gelände mit Konzerten, Kleinkunst, Läden, Restaurants einen willkommenen Kontrast zur Innenstadt her, die bis auf drei Ecken nach Geschäftsschluß schlagartig ausstirbt.

Waterfront Information Centre: im Union Castle Bldg, T. 418 2369, Fax 425 2165, info@waterfront.co.za; täglich 9-18h. **Pendelbusse** ab Bahnhof und Stadtmitte alle 15 min (0,50 DM), ab Tafelberg-Talstation im Sommer stündlich (5 DM), ab Flughafen auf Vorbestellung (30 DM). *www.waterfront.co.za*

Die Waterfront ist *der* Nightlife-Spot in Kapstadt. Bis nach Mitternacht ist in unzähligen Restaurants, Bars & Discos was los. Und an sonnigen Sa/So tobt zwischen Aquarium und Victoria Wharf endgültig der Bär.

☺ **Das BMW Imax-Kino,** Dock Rd, T. 419 7365, glänzt mit ständig neuen 1/2 Std-Dokumentarfilmen, z.B. über Wale, Serengeti oder Weltall; täglich 10-22h, 6 DM, ISIC 3 DM. *"Der Sound ist so gigantisch, daß du denkst, gleich landest du als Imbiß im Rachen des Weißen Hais. Der junge Mann neben mir war so erschrocken, daß er seine Chipstüte fallenließ. Gott sei Dank hatte damit das Geraschel ein Ende!" (Marion Stegmüller)*

☺ **Hafenrundfahrten** klopfen mehrere Aspekte der Waterfront ab. Verschiedene Anbieter vor Quay 4, Quay 5, T-Jetty und V&A-Hotel. Wer den viktorianischen Uhrturm (1887, kleine Marineausstellung nur Sa 14-17h) oder die lebenslustige Taverne Bertie's Landing in Augenschein nehmen möchte, vor der Kaprobben sich so gerne sonnen, nimmt wie vor 100 Jahren die Penny-Fähre über **The Cut**, den Kanal zwischen V- und A-Becken.

☺ **Die Victoria Wharf** ist unter Abend-Shoppern beliebt, weil die Geschäfte täglich bis 21/22h öffnen; dazu preiswerte Bars & Fast-Food. Autofahrer kommen nicht dran vorbei, weil der einzige **kostenlose Parkplatz** unmittelbar dahinter liegt. Desweiteren wurden sechs gebührenpflichtige Undercover Parkings über die Waterfront verstreut.

☺ **Das SA Maritime Museum** hinter dem A-Basin, Dock Rd, T. 419 2506, ein ehrgeiziges Projekt, brummt vor lauter Schiffsmodellen; täglich 10-17h, 3 DM. Im Nordkai des A-Basins ankert die **SAS Somerset,** eine Fußnote der Marinegeschichte. Das 59m-Schiff (1941) braschte bis zu seiner Pensionierung im März 1986 in spektakulären Einsätzen gesunkene Frachter oder Flugzeuge auf. Heute ist rückhaltlos alles zu besichtigen, auch der Komfortunterschied zwischen Offiziersgemach & Mannschaftsräumen; 2 DM - lohnt sich!

Das Two Oceans Aquarium hinter dem Robinson Dock, T. 418 3823, im Okt 1995 eröffnet, ist eines der spektakulärsten seiner Art; täglich 9.30-18h, 12 DM, ISIC 10 DM. 5000 Tiere (300 Arten, auch Haie) gleiten durch Riesenbecken, Pinguin & Seehund treiben ihre Spielchen, Meeresfische schauen in offenen Pools vorbei. Kids dürfen Seesterne, -igel oder bunte Schnekken betasten, während ihre Eltern den Geheimnissen der Unterwasserwelt dank Mikroskopen und schwimmender Lupen auf die Spur kommen. Dazu beeindrucken schleimige Kelpwälder – und der coolste Fisch der Welt.

„Gleich am Eingang nach Feeding Times *fragen. Die Taucher füttern Rochen und andere Meeresbewohner vor einer großen Glaswand." (Tanja Paterka)*

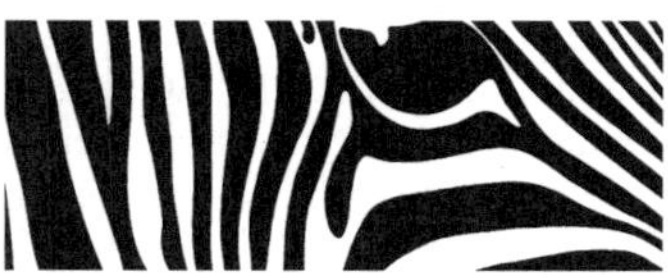

Robben Island

Die einzige Insel in der Tafelbucht erinnert stark ans Chateau d'If vor Marseille. Prompt wurde sie seit Generationen genauso mißbraucht: für Häftlinge. In Südafrikas bekanntestem Gefängnis waren außer Nelson Mandela (später Pollsmoor-Knast bei Kapstadt) so viele renommierte Oppositionelle inhaftiert, daß sich ein selbständiger Klassenbegriff ausgeprägt hat: *„the Robben Islanders"*. Von Robben übrigens seit langem keine Spur mehr.

Seit 1997 wird die Insel nur noch touristisch genutzt. Alle möglichen Boote, auch Makana-Tragflächenboot, viermal täglich ab Uhrturm/Waterfront (s. auch Touren); inkl. 2 Std-Führung mit/ohne ISIC 28/40 DM, reservieren ratsam. Die Insel, fast schon ein Wallfahrtsort schwarzer Südafrikaner, ist für jeden Reisenden **ein Muß!**

☞ **Im Bus wird** man über ganz Robben Island gefahren. Ausstieg nur am Gefängnis, Führung auch zu Mandelas Zelle mit Ex-Häftlingen - für „Hintergrundwissen" und traurige, aber auch komische Anekdoten über die effiziente Inselverwaltung ist gesorgt. Fotografieren im Gefängnis verboten, was besonders die Videofraktion oft mißachtet.

Vororte

Rund um den Signal Hill

☼ **Green Point:** noch ein paar Wochen älter als das Castle of Good Hope, sollte **Fort Wynyard** die holländische Versorgungsstation am Kap verteidigen; heute Museum mit alten Geschützen. Am Green Point selbst steht der älteste **Leuchtturm** des Landes (1824); Besuch nach Anmeldung, T. 405 3285.

☼ **Sea Point** ist ein arg verdichtetes Wohngebiet. Irgendwie haben es scheußliche Hochhäuser geschafft, sich hinter dem Strand aufzupflanzen und den viktorianischen, aber auch eigenwillig-modernen Villen den Blick zu verschandeln. Die 3 km lange **Strandpromenade** dient als Perlenschnur für Hotels, Restaurants & Nachtclubs. Mit Gezeitenpool und getrenntem Männer-/Frauenstrand – *die ganz kleine Apartheid eben.*

☼ **Bantry Bay & Clifton** bestehen

eigentlich nur aus zwei aussichtstrunkenen Straßen, Victoria und Kloof Rd. Drumrum döst Kapstadts nobelste **Villengegend:** viel Cabrio, noch mehr Alarm. Wenn der Berg im Hintergrund des Löwen Kopf ist, dann müssen die schroffen Küstenklippen dessen gesträubte Nackenhaare sein.

Southern Suburbs

Jeder der folgenden Vororte mit eigenem Metro-Bhf.

☼ **Observatory** (für Kapstädter: Obs), der erste in einer langen Reihe von Vororten, die entlang der M3 miteinander verwachsen, verdankt seinen Namen der ältesten **Sternwarte** des Landes (1821). Seit der Errichtung eines High-Tech-Ausgucks bei Sutherland in der finstersten Karoo wird sie nur noch von Hobby-Astronomen benutzt. Das Groote Schuur-Krankenhaus überlebte 1967 die erste erfolgreiche Herzverpflanzung.

☼ **In Rosebank** steht die Mostert's Mill (1796), als einzige **Windmühle** am Kap noch in Betrieb - täglich zu besichtigen! Im Ex-Wohnhaus der Künstlerin Irma Stern werden Mitbringsel von ihren Reisen gezeigt, u.a. Masken vom Kongo, Keramik aus dem Orient, Möbel von Ururoma.

☼ **Rondebosch** ist der Standort der Rhodes-Universität. **Groote Schuur** an den Hängen des Devil's Peak, oberhalb der Uni, gehörte einst Cecil John Rhodes, der sich bis 1902 als Premierminister der Kapprovinz versuchte; heute Residenz des Präsidenz.

☼ **Das Rhodes Memorial,** ein leicht übertriebener dorischer Tempel, wurde in zweijähriger Arbeit von Herbert Baker aus dem Granit des Tafelbergs geklotzt. Es erinnert an einen der reichsten Männer der Weltgeschichte, der diesen Aussichtspunkt allen anderen vorzog. Eines der drei Top-Plätzchen! *„Wenn bei diesem Anblick ein Kapstädter ins Schwärmen gerät, ist er vor halb sechs morgens nicht zu stoppen." (Jo Kellmann)*

☼ **In Claremont** funktioniert die Josephine-Mühle (1818) immer noch. Ein paar Straßenzüge weiter, in **Kenilworth,** rennen die Pferde um Sieg & Quoten. Seine wahre Perle funkelt aber am Osthang des Tafelberges in allen Naturfarben; s. Kirstenbosch. **Wynberg** ist eine Fundgrube für Antiquitätensammler. An Victoria und Durban Rd steht fast alles unter Denkmalschutz, im Maynardville Theatre kommt Shakespeare auf die Freibühne.

☼ **Groot Constantia,** die älteste Weinfarm am Kap, T. 794 5128, ist ein staatliches Versuchsweingut. Im Herrenhaus machte sich ab 1685 Gouverneur Simon van der Stel breit; heute alte Möbel, Glaswaren & Porzellan. Schluckspechte steuern den Keller an: wegen Weinmuseums und -verkaufs. Wer früh kommt, kann den Kellermeister in Ruhe mit Fragen bombardieren; Probe täglich 9-17h, 4 DM; Führung stündlich bis 16h, 4 DM. Die Grundlage für ausgiebigere Proben (15 Sorten) wird in den Restaurants Jonkershuis, T. 794 6255, und The Tavern, T. 794 1144, geschaffen. Auch das benachbarte **Klein Constantia** bringt löbliche Weiße & Rote hervor; Proben Mo-Fr 9-17h, Sa 9-13h.

Kirstenbosch Botanical Garden

15 km südöstlich vom Bhf, M3-Ausfahrt Kirstenbosch, am Rhodes

Kirstenbosch: Ganz Südafrika in einem Garten

Höchstnoten verdient sich Kirstenbosch, weil alles unternommen wird, um auch Nicht-Botaniker für Schönheit, Farbreichtum & Duft der Pflanzenwelt am Kap zu begeistern. An des Tafelberges Osthängen regnet es so ergiebig, daß neben angenehmen Temperaturen auch die Wasserversorgung stimmt. Wir trafen einen 78jährigen Herrn, der täglich aus Muizenberg rüberkommt, ein paar selige Stunden im Garten verbringt und dann mit frisch gezapftem Wasser nach Hause fährt: *"really excellent"*.

Vielfalt: auf 560 Hektar vereint Kirstenbosch über 8000 der 20.000 im südlichen Afrika heimischen Pflanzenarten. Ein Besuch lohnt immer! Wer kurz vorbeischauen wollte, ertappt sich auch nach 2 Std noch bei der Betrachtung von Proteen oder im Kakteengarten. Schönste Blütenpracht: Aug-Okt, weniger lohnend: Mai-Juli. *www.nbi.co.za.*

Drive in Constantia. Weitgereiste Kenner versichern, dies sei der schönste Botanische Garten der Welt - wegen seiner Lage & Pflanzenvielfalt. Unterhalb der schroffen Osthänge des Tafelberges werden eifrig Studien betrieben und die einheimische Flora gepflegt.

Täglich 8-19h, Eintritt 3 DM. Führung Di/Sa 11h, anderthalbstündige themenorientierte Rundgänge mit Freiwilligen täglich für 3 DM. **Info Office,** T. 761 4916, mit Karten; 8-16h. **Cafeteria** mit Terrasse, F & Salaten ab 6 DM. **Open Air-Konzerte** von Klassik bis Pop in einmaliger Atmosphäre, meist 17.30h. *„Die Berge im Hintergrund und das Farbspiel der untergehenden Sonne machen jedes Konzert zum Erlebnis." (Imke Groß)*

Anfahrt ohne Auto schwierig. Mo-Fr Busse nach Claremont; Sa/So nur Metro-Züge vom Hbf zum Bhf Claremont, von hier 2 km zu Fuß bergwärts.

District Six & Townships

Wenige min östlich der Stadtmitte gelegen, pulsierte im sechsten Magistratsdistrikt einst das kosmopolitische Herz der Stadt. Seine Bewohner waren v.a. *Muslim Coloureds,* doch auch alle anderen Rassen kamen gern vorbei, weil es trotz/wegen Armut stets hoch herging: volle Straßen, spielende Kinder, fliegende Händler, Musik an jeder Ecke.

Gerade weil so nah am Zentrum, tummelte sich in D6 allabendlich die halbe Stadt - was nicht im Sinne der Rassentrennung sein konnte. So erklärte die Regierung Vorster den Distrikt 1966 zum „weißen" Gebiet und setzte eine Armada von Bulldozern in Gang. 9000 Menschen, deren Familien seit Generationen hier gelebt hatten, wurden in die gesichts- und hoffnungslosen Townships der Cape Flats zusammengeworfen.

☞ **Heute ist D6** Ödland zwischen den Schnellstraßen Keizersgracht & De Waal - welch bedrückendes Zeugnis der Brutalität! Nur Gotteshäuser blieben verschont, weil die Kirchen ihren Grund & Boden besaßen; bis heute kommen Vertriebene zum Gottesdienst hierher. Angeblich bestehen Pläne, dieses Areal in reizvoller Lage städtebaulich wieder zu nutzen.

Cape Flats

☺ **Langa & Nyanga** (in Xhosa „Sonne & Mond") erstrecken sich mit ihren Streichholzschachteln, die der Staat als Behausungen für Schwarze nebeneinanderstapeln ließ, unübersehbar zu beiden Seiten der N2 zum Flughafen. Überall türmt sich Müll, Autos hüpfen von Schlagloch zu Schlagloch, „Gehwege" stehen oft auch zut Trockenzeit unter Wasser. Laut Schätzungen haben 60-70% der Erwerbsfähigen keine Arbeit.

Und dann dieser Gegensatz: unweit der rußgeschwärzten Wohnkasernen, einst als *Hostels* berüchtigt und seit kurzem voller Familien, liegt Langas schwarzes Edelviertel. Man sieht schicke Gärtchen, neue Häuschen, Mittelschichtsträume in Vollendung. Ihre alte Mittelrolle zwischen Schwarz und Weiß verdeutlicht auch das Wohngebiet der Farbigen in Langa. **Bonteheuwel** ist weniger nobel, verfügt aber über Teerstraßen und Strom für jedes Haus.

☺ **Echte Schocker** sind dagegen die Townships südlich der N2, die sich längst unüberschaubar über die Cape Flats ergießen. In Guguletu, Crossroads und Khayelitsha ("Neue Heimat"!) leben bis zu 2 Millionen Menschen. Das Wellblech reicht von der False Bay bis zum Flughafen, Plastiktüten hängen in jedem Zaun, die „Infrastruktur" besteht oft nur aus Klohäuschen, himmelhohen Flutlichtmasten und schwerbewachten Polizeirevieren.

☞ **Auf eigene Faust** durch ein Township zu fahren erfordert heute nicht mehr soviel Mut wie zu Beginn der 90er Jahre, als u.a. eine US-Touristin erschossen wurde. Allerdings sind die blutigen Taxikriege noch nicht beendet. Armut & soziale Entwurzelung, Stammes- & politische Konflikte können jederzeit die Lage zuspitzen. Wenn man dazu die hoffnungslose Unübersichtlichkeit (kaum Straßenschilder) bedenkt, erscheint es töricht, sich ohne ortskundigen Begleiter in den Cape Flats umschauen zu wollen.

Für Township-Touren (3-4 Std, ab 60 DM) gibt´s über ein Dutzend Anbieter; am besten über eigene Unterkunft buchen. Gedanken zu Township-Touren s. Soweto.

Märkte & Souvenirs

Shopping-Verrückte erwartet ein wahres Fest, denn die Innenstadt hat sich geflissentlich auf ihre Bedürfnisse eingerichtet.

☺ **Greenmarket Square** war einst Tummelplatz für junges Gemüse & Getreide. Längst haben sich auf dem Kopfsteinpflaster zwischen allerlei Jugendstil Flohmarkt-Profis eingenistet, die im Schatten großer Bäume bunte Hippie- & Ethnowaren feilbieten. Preise fair, auch wenn die meisten Teile irgendwo billiger aufzutreiben wären; **Mo-Sa** 9-17h. Wer nix kaufen will, genießt die entspannte Atmosphäre.

☺ **Arts & Crafts,** Kapstadts zweiter guter Flohmarkt steigt an der Waterfront vor dem Marinemuseum. Unterschiedlichste Stände, bunt durcheinandergewürfelt; **nur Sa.** Am Green Point-Stadion großer Gemischt/Trödelmarkt; **nur So.**

☺ **Die Long St,** ohnehin ein Gesamtkunstwerk, hat sich mit Antikem & Krimskrams drapiert, eben so richtig *Bric-a-Brac.* **St George's Mall** und **Golden Acre,** Adderley St, sind was für dicke Geldbeutel. Vom **Blumenmarkt** am Trafalgar Place, neben Golden Acre, ziehen nur standhafte Neinsager ohne Blümchen oder Heidekraut von dannen.

☺ **Kunsthandwerk** aller Art, riesige Holzfiguren, Rahmen, Flugzeuge & Oldtimer aus Coke-Dosen zu fairen Preisen u.a. bei **African Image,** 52 Burg/Church St, T. 423 8385; und **Bundu Arts,** Picbel Parkade, Strand St, T. 421 5363. - Afrikanische Möbel & Körbe u.a. bei **Out of Africa,** Waterfront, 125 V-Wharf, T. 418 5505; und Pezulu, 70 St George's Mall, T. 424 2362. - Viele Juwelenhändler, u.a. **Afrogem,** 64 New Church St, T. 424 8048, mit freier Fabrikführung zu Öffnungszeiten; Mo-Fr 8.30-16.30h.

☞ **Stoffe:** die Suche nach günstigem afrikanischem Design führte uns einen halben Tag lang durch die ganze Stadt. Viele Läden bezögen ihre ethno-gemusterten Tuche aus Tschechien und der Slowakei, wurde uns versichert! Rettungsanker: **Mnandi,** 90 Station Rd, Observatory, T. 476 814; und **Molweni Afrika,** 73 Buitengracht, von Xhosafrauen bemalte Textilien.

Baden & Wassersport

Tolle Badestrände reihen sich von Green Point bis Hout Bay aneinander. In **Clifton** zeigt sich, wer auf seinen neuen Körper oder sein durchtrainiertes Cabrio (wahlweise anders herum) besonders stolz ist – entsprechend knapper Parkraum im Sommer. **Camps Bay** erobert sich seine Fans mit breiter Rasenfläche, Palmen & Apostel-Kulisse. **Llandudno** ist zweigeteilt: Lui Bay/M6 für die Bikinifraktion, Sandy Bay fürs Freikörperkulturkorps.

Tauchen: Kurse & eintägige Einführungen bei Ocean Divers Int'l, Ritz Plaza, Sea Point, T. 439 1803.

Surfen: Brettvermieter sind selten, Schulen fast gar nicht anzutreffen, ausgezeichnete Spots aber umso häufiger! **Bretter:** u.a. Paarmann Promo, Chiappini St, T. 419 1814; und North Sails im Island Center, Paarden Island. **Surfshops** voller Tips: u.a. Waterworks, 57 Loop St, T. 424 8677; und Wild Things in Table View, 40 Beach Blvd, T. 557 5708.

Süßwasserratten tummeln sich im Schwimmbad am Bergende der Long St, T. 210 3302. Kürzlich restauriert, überaus beliebt, mit beheizten Becken, öffentlichen Bädern (je 3 DM), Sauna & Dampfbad mit Massage (12/18 DM); Mo-Fr 7-22h, Sa/So 8-20/17h.

Ratanga Junction: 1998 eröffnete Afrikas erste Vergnügungspark in Century City, 10 km von Kapstadt neben der N1, T. 0861/200 300. Familiengerecht mit über 30 *Rides,* darunter der wilden *Cobra* und zahmeren Wasservergnügen. Eintritt 25 DM, Kids 15 DM.

Touren

Stadtführungen

„**Normale" Stadttouren** haben Dutzende von Veranstaltern drauf, halb/ganztags ab 40/60 DM. Ihre

Unterkunft besorgt den Passenden. Kapstadt einmal anders: **Educa-Tour,** T. 387 5351, streift zu Fuß auch abseits der Trampelpfade.

Auch wenn's so landestypisch frivol klingt: **Topless Tours,** T. 448 2888, bietet ganz spaßige Rundfahrten im offenen Doppeldeckerbus. Stündlich 9.40-14.40h ab Waterfront/Dock Rd Café, 15 min später ab Adderley St/Tourist Info. Zwei Std geht's gemächlich über Innenstadt, District Six, Signal Hill nach Camps Bay, derweil Studentinnen allerhand Wissenswertes erzählen; 20 DM. Lohnend bei schönem Wetter.

Bootstouren

Teuer, aber beeindruckend. Pullover, Windjacke & trittfeste Schuhe mitnehmen! Alle Veranstalter ab Waterfront, mit *Booze Cruises* zum Sonnenuntergang, Angel- & Segeltouren.

Vicky, Afrikas letztes betriebsbereites Dampfschiff, tuckert täglich mehrmals durch Hafen & Waterfront, 1/2 Std 5 DM. **Makana,** T. 419 2875, Fax -2876, düst viermal täglich ab Berties Landing mit *High Speed* zum Robben Island; 2 1/2 Std Aufenthalt.

Le Tigre, T. 419 7746, Fax -0724, allboats@iafrica.com, segelt bis zu 47 Passagiere ab Green Dolphin auf dem 18m-Katamaran *Tigresse* mit Fuji-Riesentuch durch die Tafelbucht. Robben Island & Clifton 2 1/2 Std 50 DM, täglich 11h/13.30h. Buchttour 1 Std 20 DM, täglich dreimal. *Sunset Cruises* 1 1/2-2 Std 30-40 DM, täglich 17.30h.

Waterfront Charters, Old Port Captain's Bldg, Pierhead, T. 425 3804, Fax -3816, absolviert das Ganze mit gemütlicheren Segelbooten. Robben Island 3 Std 50 DM, täglich 10h/13.30h. *Champagne Sunset* 1 1/2 Std 30 DM, Hafenrunde 1 Std 10 DM.

Sechs weitere Charterer an der Waterfront, außerdem Circe Launches, T. 790 1040, in Hout Bay.

„Reizvoll, wenn der berühmte Southeaster bläst - ein kurzer Ausflug auf der Spirit of Victoria, *die an der Waterfront ab/anlegt und auch für eine Std die Segel hißt. Man läßt sich den Wind um die Nase wehen, verschüttet ein bißchen Sekt, und Landratten kreischen ob der Schräglage des Schiffes." (Christine Kellmann)*

Hubschrauber

Sind für jeden Spaß zu haben, einmal über die Stadt, die Weinberge von Stellenbosch oder gar rund ums Kap. Jeder Flug hat aber seinen vierstelligen Preis (in Rand). Court Helicopters, T. 425 2966, Fax -1941; und Civair, T. 419 5182, Fax -5183, ab Heliport hinter der V&A Waterfront, oder ab der Bay Rd Base.

Flamingo Flights, T. 790 1010, bietet Rundflüge mit viersitzigen Wasserflugzeugen ab Bertie's Landing, z.B. 1/2 Std bis Hout Bay und zurück 100 DM/P. *"Besonderes Erlebnis: starten und landen vor der Waterfront war total schön." (Sabine Stankmann)*

Zu Pferd

In den südlichen Vororten laden mehrere Ställe auf vorgegebene Ausritte.

Horse & Carriage in Constantia, T. 794 6385. **Sleepy Hollow Horse Riding** in Noordhoek, T. 789 2341. **Vineyard Horse Trails** in Bottelary Hills, T. 981 2480.

Abenteuer

Alle Tagestouren inkl. Picknick-Lunch, Gebühren und Abholung im BP/Hotel.

Radeln zum Cape Point und über Chapmans Peak Dr, mit Busbegleitung 75 DM; Minibustour ans Kap (max. 15 P) halbtägig 60-70 DM. **Winelands-Tour** per Bike oder per Minibus, dann mit Seitensprüngen in District Six und Townships, je 75 DM. **Abseilen** vom Tafelberg (Long Drop über 100m!) und am Chapman's Peak (40m) 100 DM. **Kloofing** in einsamen Schluchten der Umgebung 90 DM. **Sandboarding** von den größten Dünen am Kap 90 DM. **Kanutouren** auf Oranje, Doring oder Breede; Einzelheiten s. beim jeweiligen Ort. **Wildwasser-**, Tauch- und Klettertouren im 200 km-Radius ab 90 DM/Tag. **Cederberge** mit Wandern & Radeln 380 DM/drei Tage. **Bungi/Bridge Jumping** über dem Gouritz River/N2, s. dort. **Magical Mystery Tour,** die Überraschung von Day Trippers.

Dafür setzen Dutzende von Veranstaltern unterschiedliche Duftmarken. Nur Begeisterndes vernimmt man u.a. von:

Abseil Africa, 227 Long St, T. 424 1580, Fax 425 4336, abseil@iafrica.com, überspringt mit dem Buchungsbüro *Adventure Village* lässig die Provinzgrenzen.

Day Trippers, 8 Pine Way, Pinelands, T./Fax 531 3274 (Steve), trippers@iafrica.com, werden von allen empfohlen, die je tagesgetrippt sind.

Downhill Adventures, Overbeek Bldg, Orange/Long St, T. 422 0388, Fax 423 0127, downhill-@mweb.co.za, mit Sandboarding, Mountainbiking und Surfunterricht.

Felix Unite, 141 Lansdowne Rd, Claremont, T. 683 6433, Fax -6486, tours@felix.co.za, fing mit Kanu & Wildwasser an, inzwischen ist alles möglich.

High Adventure, 3 Waverley Rd, Mowbray, T./Fax 447 8036 (Ross), naledi@adept.co.za, mit halb- bis zwanzigtägigen Kraxeleien auf Kaphalbinsel, Boland & Cederbergen.

Wildthing Adventures, 2 Nicol Court, 54 Vredehoek Ave, Vredehoek, T. 461 9693, Fax -1653, wildthing@icon.co.za, bietet alles auf/im Wasser (v.a. Oranje), Klettern & Bungi.

River Rafters, T. 712 5094, Fax -5241, rafters@mweb.co.za, werfen jeden ins kalte Wasser von Oranje, Richtersveld, Breede, Doring oder Great Fish.

Weitere Kanu-Fritzen: u.a. ***Breede River Adventures,*** 104 Upper Maynard, Vredehoek, T. 461 0033, Fax -4344.

WPS Parachute Club, T. 461 0677, veranstaltet an jedem Wochenende zweitägige Fallschirmkurse für Anfänger bei Citrusdal, mit allem Drum & Dran 175 DM, ISIC-Rabatt.

Und sonst?

Ideal Tours, T. 423 1992, Fax 689 2197, hat *das* Angebot für **Blue Train-Sehnsüchtige** mit halbdickem Portemonnaie: dreimal wöchentlich 10h ab Bhf Kapstadt mit Blue Train bis Worcester (3 1/2 Std, fünfgängiges Menü), danach Freiluftmuseum Kleinplasie, Sektprobe auf einem Weingut, abschließend Sonnenuntergang am Bloubergstrand. *Swartland Splendour Tour* für ein/zwei/drei Tage mit HP 250/450/630 DM.

Konventionelle Bustouren in die nähere Umgebung gibt es in rauher Menge. Drei Beispiele von ***Welcome Tours,*** T. 426 2134, jeweils inkl. Mittagessen: täglich 8.30h ganztägig Cape Point 140 DM; Mo-Sa 8.30h Winelands mit Weinprobe 140 DM; täglich 12h halbtägig Robben Island & Bloubergstrand 180 DM. *Ideal Tours* fährt von Juli-Nov ganztägig zu den Walen nach Hermanus; 100 DM inkl. Abholung, Picknick-Lunch & Besuch des Harold Porter NR.

Hin & weg

Züge

Bahnhof an der Adderley St zwischen Busbhf und Minibusstandplatz Grand Parade. Zugauskunft gegenüber Bahnsteig 23, T. 218 2991; Mo-Sa 6-20h, So 7-19h. Mind. 24 Std vor Fahrtantritt buchen (für dritte Klasse nicht möglich). Preisangaben für erste-/zweite Klasse.

Southern Cross nur So nach George, Oudtshoorn, PE. **Trans Karoo** täglich 9.20h nach Kimberley & Joburg (26 Std, 195/130 DM). **Trans Oranje** Mo 18.50h nach Kimberley (135/95 DM), Bloemfontein (180/120 DM) & Durban (36 Std, 255/170 DM).

☞ **Ermäßigungen** in Name Trains: ISIC 25%; für Touristen erster Klasse und bei Höchstaufenthalt von drei Monaten 25%.
Unter sechs/zwölf Jahren kostenlos/50%.

Vorortzüge (Metro) ab Bhf in die Cape Flats & Winelands. Entlang der **False Bay**: Mo-Fr 5-21h halbstündlich nach Muizenberg & Fish Hoek (1,50/2 DM), stündlich weiter nach Simonstown (2,50 DM). Sa/So nur ein- bis zweistündlich nach Simonstown. In die **Winelands** seltener, aber noch brauchbar. **Anfragen** T. 405 3871 oder T. 218 2991.

◆◆◆

Metro-Züge möglichst nicht allein benutzen, abends gar nicht! Wertsachen zuhause lassen! In den Wagen direkt hinter dem Zugführer einsteigen!

Blue Train: trotz schwindelerregender Preise bleibt die Nachfrage ungebrochen. Reservierung jederzeit nötig, zur Hochsaison mind. sechs Monate im voraus. BT-Büro im Bhf, T. 218 2672. **Abfahrt** nach Pretoria Okt-April Mo/Mi/Fr 11h, Mai-Sep alle fünf Tage; Luxusabteil ohne/mit Toilette 1150/1350 DM, mit Dusche/Bad und Toilette 1550/1575 DM, Suite 2000 DM. *Zweitausend Märker!* S. auch Verkehrsmittel/Eisenbahn.

Busse

Am Busbahnhof Adderley St, hinter Tourist Centre & Bhf, starten alle Überlandbusse. Alle größeren Unternehmen haben ihre Schalter; selten mehr, meist weniger gut informiert. Per Computicket buchbar, teils keine Reservierung mehr innerhalb 72 Std vor Abfahrt. Intercape, Greyhound & Translux etwa auf gleichem Preisniveau.

Intercape Mainliner, T. 386 4444 und 934 4400, hat immer wieder Sonderangebote, etwa Joburg 120 DM. Zum Streckennetz gehören v.a. die Kapprovinzen & Namibia. Ab Kapstadt täglich nach Joburg, Pretoria & Namaqualand s. dort; täglich 7/20h nach Swellendam, Mossel Bay & George (3/5/6 Std), Knysna, Plett & PE (7/7½/10 Std); Do/Fr/So 18.30h nach Langebaan, Saldanha & Velddrif (1½/1½/2½ Std).

Translux, T. 405 3333, Fr 18h nach Robertson, Oudtshoorn, George & PE (12 Std, 70 DM); Di/Do/Fr/Sa/So 18h nach Beaufort West, Graaff-Reinet & East London (15½ Std, 100 DM). Büro: Thibault House, 2nd Fl, Thibault Sq, T. 421 6438. ISIC minus 10%.

🚂 **Greyhound,** T. 418 4310, mit Streckennetz wie Translux. Ab Kapstadt täglich 18h nach Joburg & Pretoria (18/18½ Std, je 180 DM), Mo über Kimberley, Di-So über Bloemfontein (12/11½ Std, je 145 DM); zweimal pro Woche nonstop nach Joburg (15½ Std); täglich nach Bloemfontein, Bethlehem & Durban (11½/14/19 Std, 145/170/190 DM).

🚂 **Chilwans,** T. 905 3910, und **Munniks,** T. 637 1850, am billigsten in die Kleine Karoo/Oudtshoorn. **BazBus & Hopper Bus** über Garden Route nach Durban s. Verkehrsmittel/Backpackerbusse.

Flüge

Flughafen Capetown International (Ex-DF Malan) 20 km östlich der Stadt, überraschend kleine Anlage mitten in den Townships. **Zufahrt** nur über N2, Exit 16 *Airport.*

> Alle anderen Autobahnabfahrten enden in den Cape Flats.

🚂 **Linienflüge** täglich nach Joburg, George, Port Elizabeth, Durban, Kimberley, Upington & Windhuk, mit SAA, SA Airlink, Sun Air oder Comair. Nach Joburg und Durban je 2 Std, je 180-300 DM.

🚂 **Transfer:** Intercape-Pendelbusse rund um die Uhr vom/zum Bhf, neben Bahnsteig 24 (½ Std, 15 DM - billiger zu mehreren!), auf Wunsch auch direkt zum/vom Hotel (20 DM), Abfahrt bei Bedarf, Anfragen T. 934 4400 oder in der Ankunftshalle Inland. Intercape ab Ankunftshalle täglich 7.15/20.15h über die Garden Route nach PE. **Taxifahrt** 60-80 DM. **Mehrere Backpackers** mit kostenlosem Abholservice. *Die Netteren unter den BP-Betreibern, z.B. Jochen vom Albergo, bringen in Ausnahmefällen die Netteren unter ihren Gästen für ein paar Märker zum Flughafen. (Erfahrung von Ursula Bisa u.a.)*

Mietwagen

Vor Vertragsabschluß s. Verkehrsmittel/Mietwagen, auch zu Ermäßigungen, Klippen, Preisen & Konditionen der landesweiten Anbieter.

🚂 **Imperial:** neun Filialen, u.a. Loop/Strand St, T. 421 5190, Fax 425 2382; und Flughafen, T. 934 0213. **Budget:** u.a. 63a Strand, T. 423 4290, Fax -2415; und The Centurion, Sea Point, T. 439 9670. **Avis:** u.a. 123 Strand, T. 424 1177, Fax 423 3601; und Flughafen, T. 934 0808. **HB Car Hire:** 55 Loop St, T. 424 3317, Fax -0897. **Alisa:** 139 Buitengracht, T. 422 1515, Fax 423 5773, und 371 Main Rd, Sea Point, T. 439 1144.

☞ *Im folgenden die **Tagestarife** einiger regionaler Anbieter (es gibt über 80). Einige gewähren für ein paar Mark mehr 100 Frei-km, das reicht fast bis ans Kap und zurück. Weitere Infos: **Wilma** in The Backpack hat mehr Ahnung von diesem Geschäft als viele Vermieter. Sie findet immer den Richtigen! - Ohne **Kreditkarte** geht in der Regel nix.*

🚂 **Easy,** 150 Buitengracht, T./Fax 423 3834, vermietet alte Käfer & Escorts für 280 DM-/Woche, inkl. Versicherung (300 DM SB) und 700 km frei. Nur für die Kapregion, da teilweise in traurigem Zustand. - **Abs Fab,** 1 Albany Rd, Sea Point, T. 439 4067, Fax -7439, vermietet für 65-85 DM/Tag - mit unbegrenten km.

🚂 **Comet,** M5 Freeway Park, T. 510 5797, Fax -5798, kommt seinem Slogan *We rate best* erfreulich nahe. Opel Kadett/Toyota Conquest 36 DM/Tag plus 0,36

DM/km, Toyota Venture (sechs Plätze) 66 DM plus 0,66 DM/km.

Cape Car Hire, 217 Lansdowne Rd, Claremont, T. 683 2441, Fax -2443, vermietet schon an Leute ab 21 Jahren. Fahrzeuge dürfen die Kapprovinzen nicht verlassen! Kadett/Corolla 32 DM plus 0,34 DM/km, VW Combi 1,8 84 DM plus 0,84 DM/km.

Adelphi, 94 Main Rd, Sea Point, T. 439 6144, Fax -5093, hat oft Frei-km-Angebote. Regulär: Corolla 39 DM plus 0,45 DM/km, Venture-Bus 78 DM plus 0,78 DM/km.

ACE, T. 782 6636, Fax -3316, für wilde Vielfahrer ab 25 Jahren, Ausland verboten. Kleinwagen 1,3 Liter 28 DM/Tag plus 0,30 DM/km, Corolla 36 DM plus 0,36 DM/km.

Kaphalbinsel

Unvergeßlicher Ganztagesausflug! Eine halbe Autostunde von der Stadtmitte entfernt lockt der Indische Ozean mit 22-24° molligem Wasser. Am endlosen flachen Sandstrand von Muizenberg laufen mannshohe Wellen auf. Von Sep-Nov kommen **Wale** in die False Bay, um ihre Jungen zu gebären - ein Schauspiel, das von St James (oberhalb M'berg) oft zu beobachten ist; einfach Einheimische fragen, wo und wann Wale gesichtet wurden.

> ☞ **Den Ausflug** im Uhrzeigersinn unternehmen – so ist man stets dem Wasser, später den Klippen nah.

Muizenberg

25 km südöstlich vom Bhf Kapstadt. Einer dieser Orte, die längst von der Agglomeration einverleibt wurden, aber noch ihre Version von Vergänglichkeit ausstrahlen. Pionierhäuser und abgeschabte Villen einstiger Bergbaumagnaten wechseln mit Jugendstil der *Roaring Twenties.* Vielerlei erinnert daran, daß Muizenbergs Geschichte bis zu Kapstadts Anfängen zurückreicht. ✆ 021.

Muizenberg Publicity: Atlantic Rd, T. 788 1898, Fax -7249, mit Auskunft über Wal-Schauplätze im Okt/Nov; Mo-Fr 8.30-17h, Sa 8.30-13h.

Nach meinem Geschmack kein Ort zum Übernachten, wenn man nicht gerade von der Welle geritten wird. Das breite Logisangebot beginnt beim Abe Bailey Hostel; s. Kapstadt. Budget Accomodation: **Cape Sands,** 176 Main Rd, T. 788 1926. Empfehlenswert: **Sonstraal GH,** 6 Axminster Rd, T. 788 1611, man spricht deutsch. Schöne Privatwohnung: **Bema Gardens,** 18 Leicester Rd, T. 788 8397, am Hang. B&Bs: u.a. **Alexander Mews,** Alexander Rd, T. 788 3541; und **The Pottery,** 50 Uitsig Rd, T. 788 7536.

** **Shrimpton Manor,** 19 Alexander Rd, T. 788 1128, Fax -5225, ist für Küche, Gastfreundlichkeit und amüsante Patronin zu preisen. Intimes Haus wenige min vom Meer, zwölf DZ ab 190 DM, sieben Suiten. *"Das Full Breakfast ist so üppig, daß man den Rest des Tages eigentlich ohne Nahrung verbringen kann." (Bettina Fromm)*

Speisen? Indisch bei Gaylords, 65 Main Rd, T. 788 5470. **Pakistanisch** bei Sheherazade, 176 Main Rd, T. 788 8416. **Portugiesisch** bei Don Pepe, 1 Frankfort Rd, T. 788 8459. **Meeresfruchtisch** im La Mer, Bhf M'berg, T. 788 3251. **Deftisch** nach Art des Landes im Boardsail Inn, Sandvlei, T. 788 4697.

Schwimmen & Schauen

M'berg Beach: im Angesicht zerklüfteter Berge und Buchte entspringt ein schier endloser, schnurgerader Sandstrand, der seit jeher Touristen anlockt – und oft auch Delphine, die im tiefblauen Wasser spielen. Baden, Surfen & Wellenreiten sind gefahrlos möglich, letzteres v.a. an der Nordseite der Kalk Bay. Auskunft Wind & Wellen T. 788 8226.

Sport: daneben gibt's natürlich Tennis und den unvermeidlichen Golfplatz. Durch den **Tokai State Forest** führt ein kurzer Wanderpfad (2 Std). Abenteurer dürfen sich aber auch auf Minigolf und Rasenkegeln freuen. Spazierwege erschließen die parkähnliche Lagune des **Sandvlei**, bevor er ins Meer mündet; Vorbestellung für Kanus T. 788 4813, Boote & Bretter T. -4697. Zur Snoek-Fangsaison im Juni/Juli kommt viel Leben in den Hafen.

Das Posthuys, einst Aussichtsposten der VOC, war das erste Bauwerk der Siedler an der False Bay - und empfing 1911 die erste südafrikanische Luftpostsendung. *Nicht genug der Superlative?* Im **Rhodes Cottage** an der Küstenstraße schlug 1902 Cecil Johns letzte Stunde. Das Museum enthält viel aus seinem Privatbesitz, auch zahlreiche Fotos. Das **Natale Labia House**, 192 Main Rd, wurde 1929 für einen Prinzen errichtet, der es aber mitsamt antiker Möbel & Kunstwerke der National Gallery vermachte. Beide Di-So 10-17h.

Das Silvermine NR, westlich der M4, erstreckt sich hinter dem unübersehbaren Kalkbaaiberg (516m) fast bis zum Chapmans Peak. Vom hohen Steenberg-Plateau prima Überblick über die Flora des Kaps, der Ou Kaapseweg (M64) führt in die Picknickidylle.

Fish Hoek

7 km südlich von Muizenberg. Fish Hoek und Clovelly sind Feriendörfer mit sicheren Sandstränden, an denen Alkoholverkauf verboten ist. Der **Jagers Walk** schlängelt sich um die Felsklötze entlang der Küste und bietet zur *Green Saison* gute Wal-Aussichten.

Caravanpark am Strand. *** **Tudor House**, 43 Simonstown Rd, T. 782 6238, Fax -5027, ericab@tudorhouse.co.za, echter Tip oberhalb von Meer & Bahnlinie: sechs Zwei- bis Sechsbett-Apartments 150-400 DM. In Kalk Bay nennt sich ein gelbes Haus **Harbourside Backpackers** - Trittbrettfahrer, Lärm bis in die Morgenstunden!

Ein reizvoller Spaziergang führt von der 21st Ave über Sanddünen zur **Peers Cave**, in der 15.000 Jahre alte Menschenknochen entdeckt wurden. Südlich der Kalk Bay weitere Höhlen mit Hinweisen auf frühe Bewohner. Das **Fire Museum**, 48 Clovelly Rd, T. 782 1386, ist eine Fundgrube für Freiwillige Feuerwehrleute; nur nach Voranmeldung.

Surfen: v.a. im Winter sind Muizenberg, Fish Hoek & Glencairn erste Wahl. Meist weht der Wind schräg auflandig - Bedingungen wie in der Nordsee. Am flachen Sandstrand krachen 2m-Wellen zusammen, hinter der Weißwasserzone beginnt der unvergeßliche Ritt.

Simonstown

15 km südlich von Muizenberg, an der M4. Das Städtchen diente der Niederländischen Ostindiengesellschaft als Ankerplatz im Winter, wenn in der Tafelbucht steife Nordwester Unheil anrichteten. Die Briten machten daraus 1814 einen Marinestützpunkt, und diese Funktion behielt Simonstown bis zum Abzug der südafrikanischen Marine 1976. ✆ 021.

Publicity Assoc: im Stadtmuseum, Court Rd, T. 786 2436; Di-Fr 9-16h, Sa 10-13h.

Übernachten & Essen

Schlafsäle ab 18 DM/P, DZ ab 50 DM im **Boulders Beach GH** (s. unten) und **Cape Point BP**, Main Rd, T. 786 1575, Fax -1151, mittendrin im Standard Bank-Gebäude! **Oatlands Holiday Village** am

Froggy Pond, T. 786 1410, Fax -1162, mit Restaurant, Laden & Pool. 29 Rondawels für zwei P 120 DM, Caravanplätze ab 20 DM.

Bosky Dell, 5 Grant Ave, T. 423 1818, mit tollem Blick & Garten oberhalb des Boulders-Strands. Geschmackvolle Ferienwohnungen mit zwei/drei Betten 40-55 DM/P, vier/sechs Betten 35-40 DM/P, Fr-So mehr. - **Boulders Beach GH**, 4 Boulders Place, T. 786 1758, Fax -1825, stumble@iafrica.com, wenige Meter vom Coastal Park macht alles mit: Restaurant, Info-Schalter, Cocktails auf der Terrasse, 18 unaufgeregte EZ/DZ 90/130 DM, Fewo für Selbstversorger 225 DM, kleine Sektion für Backpacker (na ja).

*** **Lord Nelson Inn**, 58 St Georges St, T. 786 1386, Fax -1009, befriedigt mehrere Bedürfnisse. Vorzügliches Restaurant à la carte, gemütliche Pubs für die Lokalprominenz, zehn feine, schnell vergebene EZ/DZ ab 110/150 DM, Suiten ab 180 DM.

Auf dem Weg zum Kap stößt man beim Millers Point unweigerlich auf **Black Marlin**, T. 786 1621: toller Fisch mit Meerblick und preisgekrönter Weinliste; täglich 12-15h, 18-22h, im Winter nur Fr/Sa.

Kraulen, Kraxeln & Glitzern

Im Boulders Coastal Park südlich der Stadt nistet eine Kolonie von Brillenpingus, deren Vorwitzigste ganz nah an Mensch & Kamera ranwatscheln. Drei Strandbuchten lang läuft man zwischen ihnen durch. Wer der Kälte trotzt, kann auch mit ihnen baden. Irgendjemand hat jetzt daraus einen „Pinguinpark" gemacht; 4 DM, Winter 2 DM. **Tip!**

The Boulders ist der beliebteste Strand. Seaforth Beach liegt S'town am nächsten, typischer Familienstrand mit 2 DM Eintritt und mitteleuren Restaurants. Spaziergänger erkunden in 1½ Std die Historische Meile zwischen Bhf und östlicher Werft. Wandervorschläge bei der Flora Conservation Group, T. 786 1620.

Die Hauptstraße St Georges Street ist gespickt mit 21 steinalten Gebäuden & Souvenirs. **SA Naval Museum** im Masthaus hinter der Court Rd; Mo-Fr 9-16h, So 10-13h. Der **Martello Tower** wurde 1786 von den Briten errichtet; Werften drumrum Mo-Fr 10-15.45h zu besichtigen. Mit Marinegeschichte beschäftigen sich auch **Stadtmuseum**, Court Rd, und **Spielzeugmuseum**, St Georges St; dazu Bleisoldaten, Züge, Puppen.

☞ **Im Bear Basics Shop** im Bhf, T. 786 2410, gibt's Teddys aus eigener Werkstatt, z.B. Matrosen oder Krankenschwestern ab 30 DM, und sogar Bastelpackungen zum Selbermachen; Mo-Fr 9-17h, Sa 9-14h, So 14-18h. Bei **Scratch Patch** am nördlichen Ortsende, Dido Valley, füllt man sich drinn oder drauß ein Tütchen geschliffener Halbedelsteine; 2 DM.

Kap der Guten Hoffnung

11 km südlich von Simonstown, 42 km von Kapstadt, an der M65/M4. Die wunderschöne Halbinsel beansprucht mit Hin/Rückweg im Handumdrehen einen ganzen Tag. Das Naturreservat (77 qkm) an der Spitze des Kaps bietet eine atemberaubende **Aussicht** - auf zwei Ozeane? *Eigentlich nur auf den Atlantik, weil laut Geografen der Indik erst am*

Cape Agulhas beginnt. Aber wen kümmert das schon an diesem schicksalsträchtigen Ort ...
Im Schutzgebiet, das sich über 40 km die Küste entlangzieht, wachsen 1500 **Fynbosarten;** schönste Besuchszeit natürlich zur Wildblumenblüte im Frühjahr. Größere **Tiere** sind bis auf kecke Paviane und die unvermeidlichen Strauße selten zu sehen. Man sagt aber, es seien acht Antilopenarten, Bergzebras und etliche Schildkröten unterwegs.

Täglich 8-18h (Ausfahrt bis 20h); 2 DM. Am einzigen Gate kostenlose Faltkarte mit Logo-Erläuterungen. Keine Unterkünfte im NR, aber mehrere Picknickplätzchen & Homestead-Restaurant (teure Angelegenheit). Seit 1998 gehören weite Teile der Region zum **Cape Peninsula-Nationalpark** (290 qkm), auch Lion's Head, Tafelberg & Silvermine.

☞ **Windjacken** mitbringen, da oft stürmisches Gebläse und kaum Windschatten.

150 Vogelarten kämpfen gegen den Wind an. Die flippigsten darunter sind zweifellos die „Selbstmordversuchsvögel". Voll guter Hoffnung lassen sie sich dutzendweise am wahren Kap von Böen fast an die Steilklippe klatschen, kratzen in allerletzter Sekunde die Kurve - und kichern über den erschrockenen Beobachter.

Unternehmen & Anschauen

Cape Point, die steile Zungenspitze vor der False Bay, läuft unter dem alten Leuchtturm aus. An der Brüstung ein Weilchen den grimmigen Winden die Stirn bieten, dabei an den guten Francis Drake denken (ob sich seine Hoffnungen wohl erfüllten?) - das gehört zum Pflichtprogramm einer Südafrika-Reise. Vom großen Parkplatz (Kiosk, Toiletten) kraxeln Treppen oder eine Standseilbahn für Fußkranke (3 DM) rauf zum Leuchtturm.

Das Kap der Guten Hoffnung wirkt erstaunlich unspektakulär. In 15 min ist der Plankenweg vom Cape Point-Parkplatz zurückgelegt. Waghalsige beugen sich über die Klippen und schauen den „Selbstmordversuchsvögeln" zu. **Wanderer** können das NR entlang/oberhalb des Wassers fast ganz umrunden - abgesehen von zwei Militärgebieten!

Badefreunde finden an der False Bay mehrere Strände - weniger kaaalt und aufgewühlt als am offenen Ozean. Dessen zwei Wracks sind nur von Wanderwegen aus zu erspähen. Zum zauberhaften **Mini-Strand** auf halber Strecke zwischen Cape Point und wahrem Kap steigen 127 Holztreppen hinab: überraschend einsam, weißer Sand, nette Wellen.

Busse? Fehlanzeige. **Touren** ab Kapstadt mit Minibus oder Mountainbike s. oben. Wer keine Lust darauf hat, mietet mit Gleichgesinnten ein Fahrrad bzw. Auto (möglichst 100 Frei-km) – oder nimmt die **Fähre** *Cape of Good Hope* ab Simonstown Jetty, T. 786 1045, allboats@iafrica.com; 1½ Std mit Aussichten, die kaum einer kennt, für 50 DM.

Entlang der Atlantikküste

Die Rückfahrt vom Kap führt nach links auf die M65. Nach 12 km ist das stille **Scarborough** erreicht, zu dessen Füßen mehrere Strände mit

Surfen im Atlantik

Misty Cliffs, Scarborough, Witsands, Outer Kom: wer diese Namen aus eigener Erfahrung kennt, hat sich in die Gipfelregion des Brettsports emporgekämpft - wobei „kämpfen" fast untertrieben ist. Denn schon was der **Wind** in der Tafelbucht veranstaltet, ist nicht von schlechten Eltern. Auf der Peninsula darf man aber getrost noch zwei Beaufort dazuzählen!
Strömungen & **Riffs** in diesen Formel 1-Revieren sind derart tückisch, daß auch mancher Könner schon Kurs auf Südamerika nahm und in der Brandung zerschellte. Angesichts von **Wellenhöhen** bis 4m sollten sich nur Spitzenkönner und radikale Shredder in diesen Grenzbereich begeben - nach gründlicher Recherche.

Surffreuden warten. Der Witsand Dr kraxelt dann oberhalb einer unzugänglichen Steilküste nach **Kommetjie,** einem schläfrigen Langustenfischernest mit Tankstelle (zugleich Laden), Kneipe & Caravanparks. Nix Aufregendes also - es sei denn, man betrachtet die Welt vom Surfbrett aus. Outer Kom zählt zu den kühnsten Spots am Kap. Wer's geruhsamer mag, findet einen Gezeitenpool vor.

Im Naturpark Ocean View am Fuße des Rooikrans werden Kraniche & Strauße aufgezogen. Auf dem Weg zwischen den Gehegen haben v.a. Kinder ihren Spaß. Täglich 9-17h, 5 DM; Führungen auf Anfrage, T. 790 2730.

Noordhoek

32 km nördlich vom Kap-Reservat, an der M6. In diesem Ferienörtchen sieht man am Wochenende wohlhabende Großstädter mit/ohne Walkman die Büropfunde abjoggen, während ihr Hund den Nachbar Strandi führt. Mehrere Caravanparks.

Sleepy Hollow, 1500m von der M6 (ausgeschildert), T. 789 2341, unternimmt täglich Ausritte mit 6-7 P & gepflegten Pferden. Tagsüber 45 DM, zum Sonnenuntergang mit Sektpause 55 DM; Anmeldung ratsam. Übernachtung auf der idyllischen Farm möglich.

Vor dem Long Beach, das sich bis zu Kommetjies Leuchtturm erstreckt, sind Surfer in ihrem Element. Schwimmer müssen mit heftiger Strömung rechnen. Über den 5 km langen Sandstreifen hinter Salzpfannen traben oft Reiter an einsamen Spaziergängern vorbei.

Chapmans Peak Drive (M6)

1915-22 wurde einfach ein Stück aus der Steilwand des Chapmans Peak (592m) gesägt. Dabei ist die Fahrbahn so schmal, daß zwei Autos mühselig aneinander vorbeikommen. **Geologen** studieren stundenlang Falten & Verwerfungen, **Radfahrern** wird das Vergnügen durch Autogedrängel getrübt. Unterwegs immerhin Aussichts- und Picknickplätzchen.

Als schönste Straße der Welt pries uns ein Kapstädter Englischlehrer die 12 km zwischen Noordhoek & Hout Bay. Und auch wenn sich im Verlauf des Abends herausstellte, daß er noch nie außerhalb des südlichen Afrikas war - so unrecht hat der Mann nicht!

Hout Bay

20 km nördlich von Kommetjie, an der M6. **Welch großartige Lage:** hier die heimelige Bucht mit der Felsnase des Sentinel (331m), dort Chapmans Steilwände und der dreizehnte der Twelve Apostles. Dank einiger Fischerhäuser und des alten Hafens bewahrt Hout Bay einen Schuß Romantik, obwohl längst von Kapstadt als Schlafstätte vereinnahmt. ✆ 021.

Viele Gästezimmer, z.B. **Harbour Lodge,** T. 790 0657, mit F ab 40 DM/P. **Hout Bay Manor,** Main Rd, T. 790 5960, Fax -4952, schmal & intim hinter alten Eichen, mit Restaurant und elf DZ ab 250 DM. **** **Houtkapperspoort** an der M63, Constantia Nek Estate, T. 794 5216, Fax -2907, houtkap@iafrica.com, mit 25 Zwei- bis Achtbett-Cottages ab 60 DM/P.

Die blankgewienerte **Mariner's Wharf** am Kai, T. 790 1100, versucht sich als Waterfront-Ersatz, zugleich Umschlagplatz für den Fang des Tages. Souvenirläden, *Takeaways* und ein schwimmendes Restaurant sorgen für Leben. **Dunes** am Hout Bay Beach, T. 790 1876, tischt frischen Fisch, scharfes Fleisch und Balkonblick auf. **Pitchers,** die preiswerte Café-Bar neben eigenartigem Rock Shop, stellt Holztische unter freien Himmel; einfache Speisen, Bands Fr/Sa ab 20h.

Unternehmen, Hin & weg

World of Birds im Disa Valley, T. 790 2730, ist laut Eigenauskunft der zweitgrößte Vogelpark auf Erden. 400 Arten leben in geräumigen Volieren, die ihrer natürlichen Umgebung recht nahekommen. Manchmal fliegt einem mirnixdirnix eine Eule auf die Schulter - *bitte nicht nach Athen tragen!* Daneben weitere Tiere, u.a. die afrikanische Mini-Ausgabe des Känguruhs. Täglich 9-17h, 6 DM, ISIC/Kinder 3 DM.

Hout Bay Museum, 4 St Andrew's Rd/M4, T. 790 3270, zu Geschichte & Ökologie der Gegend, z.B. Veldkos Garden über Essen aus der Natur. Wanderer erfahren hier alles über Trails rund um den Chapmans Peak. Di-Sa 10-12.30h, 14-16.30h, freiwillige Spende.

Ausflüge zu den Kaprobben auf **Duiker-Insel** jenseits des Sentinel mit Circe Launches, T. 790 1040, drei- bis zehnmal von 10.30-16h (1 Std, 10 DM). Außerdem sektselige *Sunset Cruises* zur V&A-Waterfront (25 DM).

Llandudno, 5 km nördlich von Hout Bay, ist ein piekfeiner Villenvorort jenseits von Afrika, der Besucher weder braucht noch wünscht. Dennoch kommen einige, denn **Romelias** weithin sichtbares Wrack (1977) ist Fotomotiv & Abenteuerspielplatz zugleich. Zur **Sandy Bay** südlich von Llandudno, Kapstadts inoffiziellem FKK-Strand, gelangt man nur per Fußmarsch (15 min) vom Sunset Rocks-Parkplatz.

Stadtbusse vom OK Bazaars-/Adderley St nach Camps Bay, Llandudno & Hout Bay, Sa/So nur spärlich. **Minibustaxis** ab Strand auf derselben Route.

Camps Bay

13 km nördlich von Hout Bay. An den Rücken von Lion's Head & Tafelberg geschmiegt, ist Camps Bay mit Kapstadt längst zusammengewachsen. Mehr Pluspunkte als sein sanft geschwungener **Strand** hat selten einer verdient: stadtnah, nicht überlaufen, grandiose Rückendeckung, tolle Wellen - und nicht so versnobbt wie Clifton. *www.campsbay.com.*

☞ **Wer jetzt begeistert** ins Wasser taumeln möchte: der Atlantik ist saukalt. Wellenreiter & Surfer finden schwieriges Terrain vor, und es gibt keine Lebensretter am Strand.

Übernachten & Essen s. Kapstadt. In Camps Bay wird jeder Anspruch erfüllt.

Über eine der schönsten Straßen der Welt gemütlich zurückgeleitet zu werden in eine ihrer schönsten Städte - kann es ein schöneres Ende für eine Südafrikareise geben?

Lesotho überragt das gesamte Südafrika an Höhe, Karg- und Schönheit. Diese Wertung wird jeder bestätigen, der für ein paar Tage durch die zerklüfteten Malotiberge und ihre Dörfchen marschiert ist.

Lesotho

Sprich: Lesuutuu.
Das kleine "Königreich im Himmel" ist ein Land ohne Zäune, ohne Buschland oder Großwild. Dafür empfängt es seine wenigen Gäste mit spektakulärem Gebirge und frischer Bergluft. Darüber wölbt sich ein Firmament, dem man südlich des Kilimandscharo nirgendwo näherkommt und das doch so endlos weit wirkt wie in Tibet. Zugegeben, ich liebe dramatische Bergszenarien - aber auch Flachlandtiroler betrachten Lesotho als einen Glanzpunkt ihrer Südafrikatour. Weil der Tourismus noch in Kinderschuhen steckt, bleibt ein riesiges Segment von Afrikabesuchern weg, die nur wegen wilder Tiere & edler Lodges kommen. Umso mehr erlebt dafür der Reisende, dem schlichte Würde & Freiheit etwas bedeuten.
Khotoso, Pula, Nala - Frieden, Regen, Wohlstand.

Land & Leute

Lesotho ist buchstäblich Millionen von Jahre alt, was fossilierte Bäume, Skelette und Fußabdrücke von **Dinosauriern** ständig vor Augen führen. Lange bevor die zerklüfteten blauen Basaltberge durch seismische Zuckungen übereinandergeworfen wurden, war dies ein

Highlights in Lesotho

Vergessen Sie die Städte. Hier wird nur aufgetankt, Geld gewechselt & eingekauft. Dann aber nichts wie ab in die Wildnis der Maloti - es gibt ja so viel zu tun. Zu guter Letzt wird jeder Tag abgerundet durch die Begegnung mit den warmherzigen Basotho.
*** *Ponyritte.* Auf dem Rücken trittsicherer Basothoponies entdeckt man z.B. ab *Malealea* einen halben bis sechs Tage lang bezaubernde, zaghaft von Siedlungen besprenkelte Landschaften. Da das Terrain nur Schrittempo erlaubt, ist Reiterfahrung nicht nötig.
*** *Wandern.* Mit etwas Geduld sieht man den scheuen Bartgeier in Aktion, aus klaren Gebirgsbächen holen Angler Forellen & Karpfen. Mehr *Wildlife* hat im baumlosen Hochland nicht überlebt. Dabei tummelten sich einst Dinosaurier durchs Land, auf deren Spuren man oft stößt. In Berghöhlen haben sich die San mit Felsmalereien verewigt.
*** *Thaba-Bosiu.* Der Hügel, der nachts zum uneinnehmbaren Berg emporwächst, erlebte die Geburt der Basotho-Nation. Dank guten Führers ein besonderer Schauplatz.

trockenes, sandiges Flachland mit Binnenseen und zähen Flüssen. Klassisches Dino-Terrain also, das ganze Erdzeitalter lang von ungezählten Saurierarten beherrscht wurde.

Ihre Überbleibsel machen Lesotho zum bevorzugten Studienziel von Paläontologen. Erst nach ihrem (der Saurier) Abgang wurden die Berge gewaltig aufgeworfen. Wind und Wetter schufen schließlich die Plateaus, Schluchten und Wasserfälle, an denen es Lesotho ganz und gar nicht mangelt. Es gibt genug Hinweise, daß diese Wildnis einst von Löwen, Leoparden, Hyänen, Hippos, Büffeln, Antilopen, Pavianen und Straußen bewohnt wurde. Das änderte sich erst mit dem Auftritt des Menschen vor relativ kurzer Zeit.

GESCHICHTE

Vor rund 25.000 Jahren rückten **Buschleute (San oder Baroa)** ein. Den nomadisierenden Jägern und Sammlern gehörte der ganze Subkotinent, weil sie sich jedem Ökosystem anpassen konnten. Als bekannteste Sanstätte gilt Sehonghong im östlichen Bergland. Hier gibt es die ältesten Spuren, hier wurde ihr letzter Clan 1871 von Briten und Basotho vernichtet. An Dutzenden von Orten in den Malotibergen haben San Felsmalereien hinterlassen. Die Motive stecken voll symbolischer Botschaften und scheinen von Schamanen unter dem Einfluß von Tranceträumen und mystischen Erfahrungen gemalt worden zu sein.

Sotho bewohnen das südliche Afrika seit 1000 Jahren. Eine Linie, die Tswana, beherrscht heute Botswana. Eine andere, die der südlichen Sotho oder Basotho, wird im 18. Jh. durch Zuwanderung anderer Völker immer näher an die Malotis getrieben. Um 1810 betreten weiße Händler die Szene und bald darauf burische Siedler.

Nach 1820 verlieren ganze Völker in der *Difaqane* (s. Südafrika) Land, Besitz, Angehörige, und greifen wiederum andere an. Innerhalb weniger Jahre gehen viele Stämme unter. Daß dieses Schicksal den südlichen Sotho erspart bleibt, verdanken sie Moshoeshoe dem Großen (sprich: *Moschweschwe*), der Lichtgestalt in Lesothos Geschichte.

König Moshoeshoe

Von 1815-29 vereinigt der junge Dorfhäuptling (* um 1786 in Leribe) bei Butha-Buthe die Überbleibsel von Sothostämmen, die unter den Wirren der *Difaqane* versprengt worden waren. Den Überfällen der Zulu und Matabele folgen die Trecks landhungriger Buren. So läßt Moshoeshoe auf dem Berg **Thaba-Bosiu,** kaum 30 km vom heutigen Maseru, 1824 eine Festung errichten, die leichter zu verteidigen ist. Von hier aus trotzen die Basotho kolonialen Begehrlichkeiten und ziehen immer mehr Flüchtlinge an. 1840 hat Moshoeshoe bereits 40.000 Gefolgsleute, die sich über ein weites Areal um Thaba-Bosiu verteilen. Ihre Zahl wächst bis zu seinem Tode 1870 auf 150.000 Basotho an.

Den zweiten Schachzug betreibt Moshoeshoe auf Rat des Griquaführers Adam Kock, dessen Volk zum Opfer burischer Siedlungspolitik wurde. Im Jahre 1833 wirbt er Missionare der Pariser Evangelischen Gesellschaft als Friedensstifter an. Während sie fleißig Kirchen und Schulen gründen, macht er den hellsten Kopf zu seinem Berater im Umgang mit den unbekannten Europäer. Und wieder gelingt Moshoeshoe diese raffinierte Diplomatie, die bereits seinen Umgang mit örtlichen Häuptlingen ausgezeichnet hatte.

Die Missionare tragen die Botschaft von seiner Autorität in entlegenste Winkel und setzen sich zugleich in Europa für ihre Schutzbefohlenen ein. In den Freistaatkriegen 1858/65 knöpfen burische Truppen den Basotho weite Teile ihres Landes westlich des Caledon ab, was ihre Gier erst recht weckt. So wendet sich der bedrängte Moshoeshoe 1868 an die Londoner Regierung. Ob Basotho nicht auch Christenmenschen mit Recht auf Land seien? Den Briten kann nicht am Dauerkonflikt zwischen Buren und Basotho gelegen sein. Also klauen sie schnell noch das übrige Land westlich des Caledon und annektieren den Rest.

Protektorat

Mit dem Protektorat Basutholand, das ab 1871 von der Kapkolonie mitregiert wird, verschafft Moshoeshoe seinem Volk jene Rechtssicherheit, die außer den Tswana allen Völkern der Region verwehrt bleibt. Die stolzen Zulu, Xhosa, Shona, Matabele werden bis heute nie einen Nationalstaat erreichen - die militärisch kaum in Erscheinung getretenen Basotho bekommen ihn ein knappes Jahrhundert nach Moshoeshoes Tod 1870.

Nachdem sich die Herren vom Kap in Basutholand überall Gegner gemacht und 1880 den *Gun War* verursacht haben, übernimmt die Londoner Regierung 1884 selbst das Kommando. Ihre Entscheidung, weniger auf Verwalter als auf starke Häuptlinge zu setzen, stabilisiert das Land. Unter der Fuchtel der Kapprovinz wäre es 1910 zum Bestandteil der Südafrikanischen Union und nach 1948 zum mißhandelten „Homeland" für Basotho geworden.

Während der Herrschaft der Häuptlinge herrscht innerer Frieden, doch Feudalgehabe und Vetternwirtschaft wecken in den Beherrschten die Sehnsucht nach Selbstbestimmung. So bilden sich die ANC-Schwester *Basutholand Congress Party* (BCP) und die konservative *Basutholand National Party* (BNP) unter Führung von Häuptling Leabua Jonathan.

Unabhängigkeit

Bei den Wahlen 1965 holt die von Südafrika massiv unterstützte BNP die Mehrheit. Damit wird Häuptling Jonathan erster Premier, als London am 4. Oktober 1966 das Protektorat in die Unabhängigkeit entläßt. Im Königreich *(Mmuso wa Lesotho)* soll alle Macht vom Parlament ausgehen, doch das erlebt eine Krise nach der anderen. Trotz Apartheid kungelt Jonathan offen mit dem Nachbarn. Als er auch noch den BCP-freundlichen König Moshoeshoe II. seiner Rechte entkleidet, geht die BNP bei den Wahlen 1970 mit Karacho unter.

Doch Jonathan erweist sich als mieser Verlierer auf der nach unten offenen Berti-Skala. Er setzt die Verfassung außer Kraft, verbietet oppositionelle Parteien, verhaftet den König und weist ihn bald aus. Nach einem Putschversuch von BCP-Führer Ntsu Mokhehle mit einigen Getreuen, der 1974 elend scheitert, zieht Jonathan die Daumenschrauben weiter an und schickt die gesamte BCP-Spitze in den Knast.

Wahrscheinlich wäre Jonathan

noch lange an der Macht geblieben, wenn er es sich nicht mit dem Mentor Südafrika verscherzt hätte. Der Stimmung im Lande folgend, beginnt er in den 80er Jahren die Apartheid zu kritisieren, die Rückgabe von Sotholand zu fordern und mit der Guerilla des ANC zu paktieren. Auf dem Gipfel des Zwistes 1986 schließt Pretoria einfach alle Grenzen, was Lesotho binnen Wochen stranguliert.

Bis dahin hatte das Militär für afrikanische Verhältnisse stillgehalten. Nun sieht es sich zum Eingriff genötigt, setzt Jonathan ab und König Moshoeshoe II. (* 1939), den Urenkel Moshoeshoes des Großen, wieder ein. Als sich an der Mißwirtschaft nichts ändert, ertönt der Ruf nach demokratischen Reformen. Die Militärs schieben also Prinz David Bereng Seeiso (* 1963) vor, der im Nov 1990 seinen zum zweiten Mal gestürzten Vater ablöst.

König Letsie III., benannt nach dem ältesten Sohn von Moshoeshoe I., hatte seine Schul- und Studienzeit 1973-87 auf den Spuren des Vaters in englischen Elitecolleges verbracht, mit Jura-Intermezzo 1980-84 in Lesotho. In seinem Lebenslauf bekennt sich Letsie als passionierter Reiter, Tennis- und Rugbyspieler - nicht als Politiker.

Turbulenzen 1993-96

Die Demokratie kommt in Lesotho auf Zehenspitzen, aber immer im schwindelerregenden Rhythmus. Bei den ersten Wahlen seit 1970 erringt die BCP im März 1993 einen gloriosen Sieg und alle 65 Sitze im Parlament. Ntsu Mokhehle (* 1918), der 23 Jahre zuvor um seinen Erfolg Betrogenene, ist am Ziel. Mit Nelson Mandela hatte er an der legendären Universität Fort Hare studiert, beide waren dort in der Jugendliga des ANC aktiv.

Im Gegensatz zum Friedensnobelpreisträger bekommt Mokhehle aber sein Land nicht in den Griff. Rivalisierende Einheiten der 2000-Mann-Armee liefern sich im Januar 1994 ein zehntägiges Feuergefecht, bei dem fünf Soldaten sterben. Dabei machen die Trupps, die ihr Land nie verteidigen mußten, auch gerne von Granatwerfern und Artillerie Gebrauch. Erst starke Regenfälle kühlen die Gemüter ab. Wegen der Unfähigkeit der Regierung, den Konflikt zu schlichten, rufen Kirchen, Gewerkschaften und Unternehmer zum Generalstreik auf. Im April 1994 wird Mokhehles Vize bei einem Putsch erschossen, der Rest des Kabinetts in die Flucht getrieben. Er mißlingt erst, als Südafrika und Simbabwe offen mit einer Intervention drohen, weil sie eine abschreckende Wirkung auf Investoren fürchten.

Diese Wirren nutzt König Letsie III., um im August 1994 die Regierung ab- und die Verfassung außer Kraft zu setzen. Die Polizei nimmt allen Ministern die Autos und Telefone ab, die Armee, offenbar auf Letsies Seite, erschießt bei Protestmärschen zehn BCP-Anhänger. Diesmal drohen die USA, Schweden und Deutschland damit, ihre **Entwicklungshilfe** einzustellen. Als in Südafrika noch Apartheid herrschte, hatte die Enklave pro Kopf mehr Hilfsgelder erhalten als irgendein Land der Welt. Nun zitiert Nelson Mandela den jungen König, der mit einem Übergangsrat regieren will, „wie einen ungezogenen Schuljungen" *(Süddeutsche Zeitung)* nach Pretoria.

Am 14. September 1994 gibt Letsie dem Druck endlich nach, setzt die Regierung Mokhehle wieder ein und verzichtet zugunsten seines Vaters auf den Thron. Am 26. Januar 1995 erlebt Moshoeshoe II. seine dritte Krönung. Noch bevor Lesotho richtig Luft geholt hat, stürzt sein neuer alter König endgültig. Am 15. Januar 1996 kommt er bei einem Autounfall in den Bergen ums Leben. Ermittlungen von Scotland Yard ergeben, daß der betrunkene Chauffeur am Lenkrad eingeschlafen war.

Aktuelle Lage

Moshoeshoes Nachfolger wird sein Vorgänger, die Versammlung der Häuptlinge bestimmt wiederum Letsie III. zum König. Zur farbenfrohen Krönung Anfang 1997 kommen neben Prinz Charles und Nelson Mandela auch 15.000 Basotho ins Sesothostadion, um ihren König im federbesetzten Kopfschmuck und Überwurf aus Raubtierfellen zu sehen. Das Spektakel kann aber nicht darüber hinwegtäuschen, daß die Lage stets vor dem Chaos steht.

Mit einem kalten Coup stellt Premier Mokhehle im Juni 1997 seine BCP ins Abseits, die ihm längst Selbstherrlichkeit vorwirft. Kurzerhand bildet er eine neue Partei, den *Lesotho Congress for Democracy* (LCD), und nimmt 41 der 65 Abgeordneten mit hinüber. Die BCP, die bisher über alle Parlamentssitze verfügt hatte, fordert Mokhehles Rücktritt und Neuwahlen, alle außerparlamentarischen Parteien schließen sich dem an.

Woche für Woche gehen wieder Tausende auf die Straßen von Maseru, um Bilder von Mokhehle zu zertreten und in Brand zu stecken. So übergibt der 80jährige schließlich sein Amt an Pakalitha Mosisili, der bei den Wahlen im Mai 1998 mit dem LCD 79 von 80 Mandaten erringt. Wieder schreit die Opposition „Foul", doch südafrikanische Wahlkommissare entdecken nur ein paar Unregelmäßigkeiten und räumen dem BCP zwei Sitze ein.

Frustriert ziehen einige Wahlverlierer los, um Regierungsfahrzeuge und -gebäude zu zerstören. Bald darauf meutern auch die Jung-Offiziere wieder. Die Regierung verliert die Gewalt über den staatlichen Sender und schließlich übers ganze Land. Nun wendet sich Premier Mosisili mit der Bitte um Hilfe an Südafrika.

Im Rahmen der *Southern African Development Community* ist dieser Vorgang durchaus legitim, Pretoria reagiert aber arg grobklotzig. Am 22. September 1998 fallen seine Truppen in Maseru ein, um die „Ordnung wiederherzustellen". Nun tobt der Mob richtig. Acht Südafrikaner und rund 60 Rebellen werden bei Straßenkämpfen getötet, Läden geplündert, das Wahrzeichen des Landes, der *Basotho Hat* in Maseru, geht in Flammen auf.

Asiaten, die bisher Industrie und Handel kontrollierten, fliehen scharenweise. König Letsie hatte eigentlich nach China reisen wollen, um Gelder lockerzumachen. Nun muß er den Termin absagen, während die Fernseher in Beijing chinesische Familien auf der Flucht zeigen, im Hintergrund ihre brennenden Läden oder Textilfabriken. Binnen weniger Tage ist es dem Mob gelungen, die Volkswirtschaft mit dem schnellsten Wachstum der Region zu ruinieren. Und Mandelas erstes außenpolitisches Abenteuer endet als Desaster.

Ausblick

Skeptiker argwöhnen, daß viele Demokratien der „Dritten Welt" ohne ein soziales Fundament nichts anderes sind als Diktaturen auf Urlaub. Was in Lesothos turbulenter Politik auch passieren wird - Südafrika und Simbabwe bleiben hinter den Kulissen aktiv. Noch eine Abschreckung ausländischer Investoren wollen sie nicht zulassen. Dazu ist Lesotho eine viel zu kleine Hausnummer.

Oft wird spekuliert, unter Thabo Mbeki werde der große Bruder über kurz oder lang den Zwergstaat wieder eingemeinden wollen. Erst 1910 hatte London ihn ja formal aus der Südafrikanischen Union gelöst. Wirtschaftlich ist Lesotho ohnehin längst zehnte Provinz Pretorias. 94% des Außenhandels werden mit dem Nachbarn abgewickelt, 52% der arbeitenden Bevölkerung steht bei ihm in Lohn und Brot. Ein Hoffnungsschimmer für seine Selbständigkeit ist ausgerechnet das Highlands-Wasserprojekt. Doch alle Planspiele sind Makulatur, solange in Maseru keine stabile Regierung die Interessen ihres Landes vertritt.

GEOGRAPHIE

Lesotho wird vollständig von der Republik Südafrika umgeben. Eine solche „Armut" an Nachbarn müssen daneben nur noch Gambia und San Marino erdulden. Seine Fläche, 30.355 qkm, entspricht auf drei Pommes genau derjenigen von Belgien. Zwar liegt Lesotho vom Äquator so weit entfernt wie Marokko, Jordanien oder Pakistan. Wegen gehobenen Niveaus ist es aber frei von Tropenkrankheiten und mit viel Bergfrische ausgestattet.

Im Kosenamen „Königreich im Himmel" spiegelt sich sein stolzester Superlativ. Als einziges Land der Erde liegt jeder einzelne Fleck oberhalb von 1000m (exakter: über 1388m). Und der Thabana Ntlenyana ist mit 3482m Afrikas Größter südlich des Kili. Topographisch unterscheidet man zwischen dichtbesiedeltem, 10-20 km breitem „Tiefland" (Butha-Buthe bis Mohales Hoek) und unwegsamem Hochland, das die übrigen 80% bedeckt.

Lesothos einziger Bodenschatz ist Wasser. Ergiebige Regen- und Schneefälle werden von ungezählten Wildbächen aufgenommen und an den Oranje/Senqu weitergereicht. Der längste Fluß der Region entspringt an der Grenze zu KwaZulu-Natal, schlängelt sich durch den Süden des Landes und tritt erst bei Mohales Hoek auf südafrikanisches Territorium.

Lesothos Distrikte: Maseru (Autokennzeichen A), Butha-Buthe (B), Leribe (C), Berea (D), Mafeteng (E), Mohales Hoek (F), Quthing (G), Qachas Nek (H), Mokhotlong (J), Thaba-Tseka (K).

BEVÖLKERUNG

Im Angesicht der Malotiberge leben 2,13 Millionen Menschen, mehr als im 28mal größeren Namibia. Mit 70 Einwohnern/qkm ist Lesotho dichter besiedelt als die meisten afrikanischen Staaten. Seine Bevölkerung wächst jährlich um 2,7%, die Lebenserwartung beträgt für Männer/Frauen 58/63 Jahre.

99,9% der Einwohner sind Sotho der Südbantugruppe. Daneben leben 3000 Weiße, Chinesen und Inder. Die Landflucht wurde durch das Highlands-Projekt kaum verlangsamt. Offiziell leben vier von fünf Basotho auf dem Land, die meisten aber im Tiefland. Neben der einzigen Stadt, Maseru (170.000 Ew), gibt es mehrere langgestreckte Siedlungshaufen.

Religion: 85% bekennen sich zum Christentum (43% kath., 30% prot., 12% angl.). Daneben gibt es eine Muslimminderheit und im Hochland noch Anhänger von Naturreligionen.

WIRTSCHAFT & UMWELT

Lesotho ist eines der ärmsten Länder der Welt. Seine große Hoffnung, das Highlands-Projekt, soll durch Wasserexporte Devisen in die marode Kasse spülen. Bislang stehen Ausfuhren (Bekleidung, Schuhe, Mohairwolle, Arbeitskräfte) jährlich Einfuhren in zehnfacher Höhe gegenüber, wodurch die Auslandsverschuldung oft 25% des BSP ausmacht.

Fast alle Nahrungsmittel und Rohstoffe müssen importiert werden. Landwirtschaft und Viehzucht (Ziegen, Schafe) dienen nur der Eigenversorgung. 35% aller Erwerbsfähigen ist arbeitslos, 120.000 Basotho verdingen sich in Südafrikas Bergbauminen.

Naturschutz spielt eine untergeordnete Rolle. Großwild ist längst aufgegessen oder erlegt, so daß nur die bunte Vogelwelt, darunter Bart- & Lämmergeier, dem Tierfreund die Laune rettet. Schafe und Ziegen halten die Vegetation auf Sparflamme, was wiederum die Erosion fördert. Damit verringert sich der ohnehin geringe Anteil kultivierbaren Landes ständig. Noch vor 100 Jahren konnte Lesotho Getreide ausführen - inzwischen ist es auf Einfuhren eingewiesen. Einziges Schutzgebiet ist der kleine Sehlabathebe-Park.

◆◆◆

Reisevorbereitung

Selten so ein fernes Land erlebt, vor dessen Besuch man sich so wenige Gedanken machen muß. Nicht über Krankheiten oder Geldwechseln, nicht über Visum oder Kriminalität, kaum über sprachliche Hürden. Und dazu ist alles höchlichst bezahlbar.

Lesotho Tourist Board: einzige Vertretung weltweit: 209 Kingsway, Maseru, T. 312 896, Fax 310 108. Die überaus freundliche Frau Rakhetla verteilt auch einen Stadtplan, ein Mitarbeiter spricht gut deutsch.

EINREISE

Deutsche, Österreicher und Schweizer benötigen nur den Reisepaß. (Visumspflicht im Januar 1997 abgeschafft.) Besucher müssen eine Zollerklärung ausfüllen. Verboten ist u.a. die Einfuhr von Messern ab 30 cm, „blasphemischem Material, unanständigen Pamphleten oder Postern". Die Aufmerksamkeit der Beamten richtet sich auf Drogen, deren Besitz härter bestraft wird als in Südafrika. Ausreisesteuer am Flughafen/Grenzübergang 8/1 DM.

BOTSCHAFTEN

Deutschland: Godesberger Allee 50, D-53175 Bonn, T. 0228/308 430, Fax 379 947.

Südafrika: 343 Pretorius St, Momentum Centre, West Tower, Pretoria, T. 012/322 6090.

Mosambik: 1138 Ave Kim il Sung, Maputo, T. 01/490 959.

Zu den Botschaften in Maseru gehören die deutsche, T. 312 750, und die südafrikanische, T. 315 758, beide im Lesotho Bank Centre am Kingsway.

GESUNDHEIT

Eine medizinische Versorgung ist nur in Maseru gewährleistet. Im Hochland sehen *Flying Doctors* nach dem Rechten und holen Notfälle ab. Eine Impfpflicht besteht nicht, Malaria und Bilharziose kommen nicht vor. Wasser sollte unterhalb von Siedlungen behandelt werden. Zum Gesundheitsrisiko wird v.a. das wechselhafte Wetter im Hochland. Auf längere Touren bricht man mindestens zu dritt, mit Regenjacke und warmer Kleidung auf.

KLIMA & BESTE REISEZEIT

Bei der Beschreibung von Lesothos Klima stolpert man immer über zwei Begriffe: **sauber & erfrischend.** Über 300 Tage lang zeigt sich die Sonne in voller Pracht. Jahreszeiten grenzen sich deutlich voneinander ab. In Höhenlagen ist jederzeit Schneefall möglich.
Jahreszeiten: der **Sommer** (Nov-Jan) ist gewöhnlich heiß, im Bergland aber gut erträglich. Fast 90% des Regens, immerhin 700-800 mm, fallen von Okt-April. Er läßt die Flüsse anschwellen und schafft prima Bedingungen für Angler und Kanuten. Der warme **Herbst** (Feb-April) ist wie geschaffen für Wanderungen. Dies ist die Zeit früher Sonnenuntergänge und knackender Lagerfeuer. Der **Winter** (Mai-Juli) bringt Schnee auf die Gipfel und bittere Kälte in die Maloti. Obzwar meist sonnig, können diese Tage tückisch sein. Bringen Sie dicke Pullover und Socken mit. Wenn der **Frühling** sich ab Aug meldet, beginnt die Pfirsichblüte. Das ganze Land hüllt sich in blasses Rosa oder andere Blumenteppiche.
Ich hatte mal im Mai in Butha-Buthe und tief ins Hololotal hinein strahlend blauen Himmel. Wenige km später, auf der Fahrt zum Montengpaß, wurde er plötzlich pechschwarz. Mitten am Tag begann es aus allen Kanonen zu schneien und zu blitzen. Kurz hinter der Paßhöhe lag ein Bakkie Hals über Kopf im Straßengraben. Ans Weiterfahren war bei minütlich steigender Schneedecke nicht zu denken. Nur mit Glück schaffte ich kettenlos die Abfahrt zurück ins Hololotal. Jenseits des Passes war der Himmel - wieder himmelblau.

GELD

Lesotho läßt sich sehr preiswert bereisen. In den Bergen wird gezeltet oder für einen kleinen Obolus in Dörfchen übernachtet; feste Unterkünfte ab 10 DM (Herbergen) bzw. 30-100 DM (Hotels). Die wenigen Freizeitvergnügen sprengen kaum die Kasse, keine Busfahrt über 10 DM. Mietwagen gehen bei vier Insassen nicht unter 30 DM/P täglich ab.

100 Maloti = 30 DM. 1 Loti = 100 Lisente. (aktuell unter www.travelsa.com/exchang.-html). Auf 1:1-Basis an den Rand gekoppelt, der überall angenommen wird.

Banken: lediglich Maserus Banken wechseln Devisen und Schecks, auf Anfrage auch in Rand. Lesotho National Development Bank, Standard, Stanbic und Barclays alle Mo-Fr 8.30-15h, Mi 8.30-13h, Sa 8.30-11h. Barclays auch in Butha-Buthe, Leribe, Mafeteng, Mohales Hoek und Teyateyaneng. Meiden Sie den Zahltag am letzten Fr im Monat!
Kreditkarten & Trinkgeld: nur in einer Handvoll Etablissements in Maseru üblich.

ZEIT

Ganzjährig gilt dieselbe Zeit wie in Südafrika. **Öffnungszeiten:** Postämter Mo-Fr 8-16.30h, Sa 8-12h. Behörden Mo-Fr 8-13h, 14-16.30h. Geschäfte Mo-Fr 8-17h, Sa 8-12h.

Feiertage: Neujahr, 12. März - Moshoeshoetag, 4. April - Heldentag, Karfreitag/Ostermontag, 1. Mai - Tag der Arbeit, erster Mo im Juli - Familientag, 17. Juli - Geburtstag des Königs, erster Mo im Okt - Sporttag, 4. Okt - Unabhängigkeitstag, 25./26. Dez.

LANDKARTEN & STADTPLÄNE

Lesotho ist auf allen Karten der Region zu finden, die allerdings im Hochland ihre Schwächen haben. Detaillierter sind die Landkarte (1:250.000, 12 DM) und topographischen Karten (1:50.000, je 4 DM), im Verkehrsamt Maseru, Basotho Hat und *Dept of Land Surveys,* Lerotholi/Constitution Rd (hier sogar Satellitenaufnahmen).

Die Automobile Association of South Africa (AA) gibt eine vorzügliche Faltkarte *Motoring in Lesotho* (1:785.000, 3 DM) mit Miniplan vom Zentrum Maserus heraus. Für Mitglieder eines europäischen Automobilclubs kostenlos in AA-Geschäftsstellen.

Im Verkehrsamt Maseru wird ein Poster verteilt, das links eine unübersichtliche Karte des Landes (1:1.250.000) und rechts zwischen viel Werbung einen guten Stadtplan enthält.

SICHERHEIT

Lesotho ist als Reiseland ungefährlich. Allerdings sollte niemand nachts allein durch Maseru schlendern, schon gar nicht abseits des leidlich beleuchteten Kingsway.

☞ **Eine Gewalt** anderer Art kostet jährlich etliche Menschenleben. Blitz & Donner entfalten in den Maloti eine Urkraft, die selbst hochgebirgserfahrene Besucher das Fürchten lehrt. Blitze stehen sekundenlang über dem Land, und der Donner erinnert mit mächtigem Grollen daran, wie nahe man dem Himmel wirklich ist. Verlassen Sie exponierte Stellen, wenn ein Gewitter sich ankündigt. Verzichten Sie auf Zeltnächte im offenen Gelände.

POST, TELEFON & INTERNET

Postämter in allen Distrikthauptstädten, auch für Anrufe, Telegramme und Faxe. DHL holt Pakete überall ab; Maseru, Options Bldg, Pioneer Rd, T. 311 082.

Im Philatelistenbüro neben Maserus Hauptpost kann man in Ruhe aberwitzige Briefmarken für Postkarten aussuchen, z.B. die 96er-Serie Micky Mouse visits Taiwan *mit sieben Motiven - ein gezackter Nadelstich gegen Präsident Mandela, der kurz zuvor Taiwan die Treue gekündigt und Beziehungen mit der VR China aufgenommen hatte.*

Das **Telefonnetz** funktioniert leidlich: landesweit sechsstellige Nummern ohne Vorwahl, nach Südafrika (0927) Selbstwählverbindung, nach Europa über Satellit (109). Letztere ist aber so sündhaft teuer, daß man Anrufe besser in Südafrika erledigt. Lesotho ✆ 00266.

Internet: nächstes Net-Café in Ladybrand, 28 Erasmus St, T. 051/914 0206; online 12 DM/Std. In Maseru nur zwei Zugangsmöglichkeiten (s. dort), keine aber unter 20 DM/Std!

Hin & weg

Da es bestimmt nie Direktflüge von Europa geben wird, kommt jeder Besucher via Südafrika ins Land, davon die Mehrzahl per Mietwagen. Von den zwölf **Grenzübergängen** sind nur die fünf im Westen geteert. Rund um die Uhr: Caledonspoort/Butha Buthe und Ficksburg/Maputsoe. Meistgenutzt: Ladybrand/Maseru (6-22h) und Van Rooyens Gate an der Straße Wepener-Mafeteng (7-20h). **Afrikas Schönster: Sanipaß** (8-16h, nach Lesotho nur 4WD). Ungeteert: Sepapus Gate vor Mafeteng, 23 km Schotter; Makhaleen vor Mohales Hoek, 38 km Schotter; Telle Bridge vor Quthing, 10 km Schotter; Onguleksnek vor Quthing, ungenießbar; Qachas Nek & Ramatsheliso bei Matatiele, nur 4WD (alle 8-16h).

Bus

Minibusse von Maseru täglich nach Joburg (5 Std, 22 DM), Ladybrand, Ficksburg & Bloem (4/6/12 DM). **Transtate,** T. 057/916 3278, von Joburg Mo/Mi/Fr 8h über Welkom nach Maseru (6 Std, 20 DM), außerdem Mo/Mi/Fr ab Durban, T. 031/361 7504, und Lady Grey. Langsame Busse nach Bloem & Bethlehem (12/10 DM) ab Grenzübergang Ladybrand. Anreise über Sani Pass s. dort.

Flugzeug

Lesotho Airways, T. 312 453 (oder in Joburg, T. 011/970 1046), von Maseru nach Joburg täglich 8h/14h, zurück 10.30h/16h (1½Std, 180 DM); Kapstadt Fr/So (1½ Std, 260 DM); Manzini Di 9h, zurück Di 12h (1½ Std, 220 DM). **SA Airlink,** T. 0800/021 111, täglich von/nach Joburg. Charter auf Anfrage. Abflugsteuer 8 DM.

Kreuz & quer

Von Alternativen zum Auto kann man nicht ernstlich sprechen - es sei denn, man durchpirscht das Land für ein Weilchen von einem Domizil aus zu Fuß oder auf Ponies. Maserus Bhf ist nur Endstation für Güterzüge aus Südafrika. *Mit 2 km dürfte Lesotho das kürzeste Schienennetz der Welt besitzen, wenn man von der Modelleisenbahn des Papstes absieht.*

BUS & MINIBUS

Langsame Busse fahren zu allen Städten im Osten, selten ins Gebirge. Von Maseru nach Teyateyaneng 2 DM, Mafeteng 4 DM, Mohales Hoek 7 DM, Basotho-Ponyprojekt 5 DM, Thaba-Tseka 12 DM. Minibustaxis sind flotter, beschränken sich aber auf die Rennstrecke A1/A2 oder auf Kurzstrecken; Fahrtziel auf Schildern in der Windschutzscheibe. In abgelegenen Gegenden hält man das erstbeste Fahrzeug, meist Bakkie, an und vereinbart einen Preis fürs Mitnehmen. **Im Gebirge auf lange Wartezeiten gefaßt sein.**

AUTO

Lesotho schleudert jedem Straßenbauer schwierigste Bedingungen entgegen. Bis vor wenigen Jahren war Autofahren darum ein echtes Abenteuer. Mit dem Highland-Projekt wurden inzwischen viele Straßen aufgewertet. Sobald man aber im Gebirge den Asphalt verläßt, fängt der Kummer an. Manche in Karten verzeichnete „Pisten" sind **selbst mit 4WD ein hartes Stück Arbeit.** Zum blanken Fels gesellen sich Überflutungen nach Sommerregen.

☞ **Fragen Sie** Einheimische nach dem gegenwärtigem Zustand schwieriger Etappen. Die höchste Konzentration erfahrener *Outback*-Fahrer bevölkert die Bar des Maseru Club. Auf den Rennstrecken im Westen auf umherwandernde Menschen & Tiere achten.
☞ **Straßensperren** sind seltener als in Botswana oder Mosambik, kommen aber vor. Militär ist weniger auf die schnelle Mark aus als Dorfsheriffs, die hinter einer Ecke hervorspringen und Dich natürlich unangeschnallt erwischen; offiziell 20 DM Strafe, auch wenn zunächst bis zu 100 DM gefordert werden - nach Quittung verlangen!
☞ **Tankstellen** stehen im Westen allenthalben, jenseits der Berge nur in einer Handvoll Orte. Tanken Sie voll, wann immer sich die Gelegenheit dazu ergibt. Bezahlt wird bar, Benzin ist mit rund 0,75 DM/Liter etwas billiger als in Südafrika.

Mietwagen

2WD ist in Maseru erheblich teurer als in Südafrika. Und 4WDs, die im Hochland nötig wären, geben die Anbieter (dem Preis nach zu urteilen) am liebsten gar nicht her. Also in Südafrika mieten und Mitnahmeerlaubnis für Lesotho verlangen.

Avis, Kingsway, T. 314 325, Fax 310 216, und Moshoeshoe-Flughafen, T. 350 328. *Budget*, Maseru Sun, T. 316 344, Fax 310 461.

FLUGZEUG

Seitdem alle Städte leidlich zu erreichen sind, wurden Flüge radikal gestrichen. Die Überlebenden wären grandiose Varianten des *Sightseeings*, fallen aber oft Unwettern zum Opfer: von Maseru nach Qachas Nek achtmal pro Woche (40 DM), gelegentlich nach Semonkong und Mokhotlong. **Lesotho Airways**, T. 312 453, Fax 310 126, verfügt über eine Fokker F27 und zwei De Havilland Twin Otters mit 18 Sitzen; nur 15 kg Gepäck, Reservierungsbüro am Kingsway. An Maserus Moshoeshoe-Flughafen stehen auch etliche Charterkisten, z.B. die preiswerten Zwölfsitzer von **Anton Air**, T. 350 420, Fax -029.

Der *Flying Doctor*, ein Rettungsdienst für abgelegene Landesteile, verteilt auch Treibstoff & Arznei und besucht alle Landkliniken im Dreiwochentakt. Dazu stehen zwei Cessnas, je ein Arzt, Zahnarzt, Apotheker und eine Krankenschwester zur Verfügung.

GRUPPENTOUREN

Lesotho Tourist Board, T. 312 896/313 760, Fax 310 108, unternimmt ab Maseru Tagestouren ab 9.30h zu allen Distriktstädten, auch Roma/Thaba Bosiu, Dino-Fußabdrücke bei Quthing, Morija & Basotho-Ponyprojekt. 40-60 DM/P mit Mittagessen - wenn man die Siebensitzer voll kriegt, wird's billiger. Die reizvollste Tour führt nach Katse (80 DM).

Malealea Lodge, T./Fax 0027/51-/447 3200, malealea@pixie.co.za, organisiert so ziemlich alles, worauf man in Lesotho Lust haben könnte: Halb- bis sechstägige Ponytreks, mehrtägige Wanderungen, Allradtouren.

Go Africa, T. 0027/11/447 0815, Fax -0823, goafrica@global.co.za, bietet drei/viertägige Ausflüge von/nach Joburg, inkl. Flug, Kost, Logis & Ponytrekking ab 550 DM/P. Andere südafrikanische

Veranstalter entdecken Lesotho erst allmählich. Zu den preiswertesten gehören ***Absolut Tours*** (s. Albergo Kapstadt) und ***Abantu***, T. 011/487 1557, Fax 648 2186.

Knack & back

Lesotho hat nicht das Zeug zum Schickimickiziel. Stellen Sie Ihre Ansprüche an Kost, Logis & Freizeit darauf ein. Es geht rustikal zu im Angesicht der Malotiberge.

ÜBERNACHTEN

Zelten ist in Stadtnähe nicht angebracht, auf dem Lande mit Einverständnis des Dorfältesten aber überall möglich; Spende von 3-5 DM/P ratsam. Am besten nimmt man das Plätzchen spätestens eine Std vor Sonnenuntergang ein und schlägt Zelte außerhalb der Sichtweite von Straßen/Pisten auf. Brennholz ist in Lesotho kaum zu finden, wer keinen Gas/Benzinkocher dabeihat, sollte also welches mitbringen. Wasser aus Wildbächen unterhalb eines Dorfes nicht unbehandelt trinken!

Wanderern wird zumal bei schlechtem Wetter in fast jedem Dorf das Gästerondawel angeboten; Spende rund 6 DM/P. Wer sich ein Weilchen in den Bergen aufhalten will, wird mehr als eine Nacht auf dem Boden von Schutzhütten verbringen, in Missionshäusern und einem Dutzend halb heruntergekommener *Farm Training Centres.* Okay für Schlafsack & Selbstversorgung, unter diesem Namen aber niemandem geläufig - alle sagen nur *FTC.*

Der **Backpackeridee** am nächsten kommt Malealea.

Außerhalb Maserus sind nur wenige **Hotels** übers Land verteilt. Die meisten entstammen der Protektoratszeit und sind zu Fuselplätzen degeneriert, in denen man nur im Notfall absteigen will. Das Frühstück fällt meist sehr burisch aus: Berge von Wurst & Ei.

ESSEN & TRINKEN

Während Männer in den Minen ihrer Arbeit nachgehen oder in der Stadt welche suchen, bauen Frauen Mais, Sorghum, Bohnen, Kohl und Zwiebeln an. Wie überall in Afrika ist Maisbrei (*Papa*) das Grundnahrungsmittel. Darüber ergießen sich dicke Soßen mit Fleisch oder Gemüse. Fast jede Familie hat ihren Pfirsichbaum, um den sich Schaf & Zieg' schart.

Bis in die 70er Jahre war Maseru pures Fish'n'Chips-Terrain. Seither hat eine Handvoll Restaurants aufgemacht, vor denen auch verwöhnte Gaumen nicht sofort kapitulieren. In Hotelrestaurants werden ab und zu Themenbuffets zu sagenhaften Preisen abgehalten.

☞ **Auch wenn die** Gebirgsbächlein so schön sprudeln: Trinken Sie erst davon, wenn Sie sicher sind, daß stromaufwärts kein Dorf liegt. Stolz des Landes ist das weiche *Maluti Lager*-Bier, das in Lesotho gebraut und in ungewohnt große Flaschen abgefüllt wird.

SPRECHEN & VERSTEHEN

Englisch ist zwar neben Sesotho Amts- und ab der fünften Klasse einzige Schulsprache. Daher spricht ein Großteil der Bevölkerung Englisch, worauf man sich im Hochland aber nicht verlassen kann. Andere Sprachen sind ungebräuchlich.

Ein Einwohner von Lesotho heißt *Mosotho*. Mehrere werden zu *Basotho*, die *Sesotho* sprechen. Bantutypische Pluralbildung auch beim Geld: ein *Loti*, zwei *Maloti*.

☞ **Bei Dino-Fußspuren oder** Sanmalereien lungern stets ein paar Kids herum. Verteilen Sie Geld (keine Süßigkeiten) nur für „Dienstleistungen". Fotografieren Sie nicht den Palast in Maseru, Polizeiwachen, Regierungsgebäude, Flugplätze oder militärische Einrichtungen.

SPORT & SPASS

Auch wenn im Hochland auf jeder halbwegs ebenen Fläche um die Wette gekickt wird, konnte Lesotho in der Sportwelt noch nie auf sich aufmerksam machen. Wenn Ponytrekking aber olympische Disziplin wäre, hätte es neben den Auswahlen aus Himalaya, Pamir und den Anden gute Medaillenchancen.

Wandern. Trekking durch die faszinierende Bergwelt ergänzt Ponytrecks prima. Gewitzte Wandersleut kombinieren beides, indem sie sich Ponies fürs Gepäck mieten. Die Idee des Wanderns hat in Lesotho nichts mit dem Trailgehabe von

Grundbegriffe Sotho

Vor *i/u* wird *l* wie *d* ausgesprochen.
Guten Tag - Lumela ntate/Lumela me/Lumelang (wenn man einen Mann/eine Frau/eine Gruppe begrüßt - sprich: *Dumela*)
Friede - Khotso mtate/khotso me/Khotsong (traditioneller Gruß)
Wie geht es Ihnen? - U phela joang?
Wie sind Sie aus den Federn gekommen? - U tsohile joang? (Morgengruß)
Wie heißen Sie? - Lebitso la hau u mang?
Wie teuer ist das? - Ke bokae?
Welches ist die Straße nach Malealea? - Tsela e eang Malealea ke efe?
Ich spreche nicht Sesotho - Ha ke tsebe Sesotho
Sprechen Sie Englisch? - Na u tseba Sekhoa?
Dankeschön/Entschuldigung - Kea leboa/Ntsoarele
Ja/Nein - E/E-e
Ich habe Hunger/Durst - Ke kopa lijo/metsi
Huhn/Fleisch - Khoho/Nama
Schwein/Rind/Hammel - Nama ea kojobe/khomo/nku
Gemüse/Kartoffeln - Meroho/Litapole
Milch/Wasser - Lebese/Metsi
Auf Wiedersehen - Sala hantle/Tsamea hantle (wenn der Sprechende geht/bleibt)

Südafrika gemein. Es gibt nur unmarkierte Fußpfade, die kreuz und quer durchs Gebirge führen. Aufregung und Anstrengung versprechen v.a. die Gipfelrouten der Drakensberge, Malotis und Thaba-Putsoa.

Kompaß & gute Karten besorgen, am besten die topographischen des *Department of Land Survey* (s. Landkarten). Ausrüstung & Trokkennahrung bringt man aus Südafrika mit; in Maseru nur notdürftig zu ergänzen. Etliche Tourenvoschläge im *Guide to Lesotho* von David Ambrose und *Backpacker's Guide to Lesotho* von Russell Suchet.

☞ Jederzeit kann die Temperatur unter den Gefrierpunkt fallen, können Gewitter oder Nebel Sie überraschen. Warme Kleidung & Regenzeug sind unabdingbar. Im Sommer tragen viele Flüsse Hochwasser, was ihre Querung nicht erleichtert. Gegen Ende der Trockenzeit wird sauberes Wasser knapp. Auf längere Touren sollte man nur zu dritt aufbrechen.

Angeln. Viele Gebirgsbäche strotzen vor Forellen, sind aber kaum zugänglich. Angellizenz für alle Gewässer nötig, gegen geringe Gebühr vom *Ministry of Agriculture* in Maseru, Raboshabane Rd, T. 323 986. Schutzsaison Juni-Aug,

Ponytrekking: Sozialverträglich durch die Berge

Die Hauptattraktion des Landes erlaubt es, Natur und Menschen auf wunderbare Weise näherzukommen. Startplätze für halb- bis sechstägige Trecks sind Malealea, Semonkong und Basotho-Ponyprojekt. Hier muß man sein Interesse spätestens am Vortag bekunden, weil die Lodges Ponies tageweise von ihren Nachbarn ausleihen. Übernachtet wird in einfachen Dorfhütten mit Matratzen, Kochzeug, Pfannen und Eimern voll Quellwasser. Wer sozialverträglich reisen will, tut's hier in schöner Form.

Alle Anbieter arbeiten eng mit Bewohnern umliegender Dörfer zusammen. Die einen leiten den Treck, die zweiten stellen ihre Hütten zur Verfügung, die dritten versorgen die Tiere oder besorgen Proviant. Nach eigenen Angaben stecken die Lodges selbst den geringsten Batzen ein. Ponytrecks führen über spektakuläre Gebirgspässe zu Felsmalereien, Wasserfällen und anderen Naturwundern. Zu jeder Jahreszeit sollte man Regenzeug, Badesachen, Taschenlampe, Wasserflasche, Micropur, Schlafsack und Isomatte mitnehmen. Meist verpflegt man sich selbst. Die Lodges verkaufen Grundnahrungsmittel teurer als in Maseru.

Wer lange Haxen hat und beim Wort Pony ins Grübeln gerät, der sei beruhigt: Die Tiere entstammen Kreuzungen aus kleinen Jawa- und normalgroßen europäischen Rössern, so daß niemand seine Beine hinterherschleifen muß. Sie sind so stark, trittsicher und sanftmütig, daß auch auf ungeübte Reiter ein ungetrübtes Vergnügen wartet. Vorsicht ist nur geboten, wenn sich zwei Ponies gegenseitig nicht riechen können. Dann sollte man sie auf flacheren Passagen auseinanderhalten, bevor sie bocken und treten. *Gell, Elisabeth?*

zulässig max. zwölf Forellen.

Kanutouren. In Anbetracht der vielen Flüsse ist erstaunlich wenig darauf los. *Durham Link*, T. 325 166, Fax 312 614 (Stephen Mabula), steckt einen Zeh in diese Tür: Tagestour im Zweierkanadier auf idyllischen 11 km des Phuthiatsana 25 DM/P, nur 1/2 Std von Maseru, Mittagspause an Stromschnellchen. Daneben ist dieses Jugendprojekt stets im Einsatz, um Basothokindern Schwimmen, Klettern und Kartenlesen beizubringen.

UNTERHALTEN

Wer Kultur braucht, muß mit homöopathischen Dosen rechnen: Kino in Maseru, Bands an einigen Schauplätzen, Hotel-Diskos in Maseru, Mohales Hoek & Mafeteng. Galerien oder Theater sucht man vergebens, das Nationalmuseum ist keine epische Veranstaltung. Bester Schauplatz für einen Open-Air-Kurs in Landesgeschichte ist zweifellos Thaba Bosiu.

Medien. Unter den schmalbrüstigen Tageszeitungen, die erst nachmittags die Provinz erreichen, fällt keine besonders auf. Ihre beste, *Lesotho Today*, wurde 1997 eingestellt. In Maseru stößt man auf Blätter aus Südafrika vom Vortag, in Spitzenhotels laufen dessen TV-Programme. *Lesotho TV* füllt täglich eine Stunde mit „ausgewogenen Beiträgen". Leider überwinden nur Radiosender aus dem Free State die Grenze - und die sind ungenießbar.

Einkaufen. Basotho haben sich mit Handarbeiten einen guten Ruf erworben. In ihren Werken finden sich Glaube & Träume des Hochlandes wieder. Feine Mohairteppiche, vielfältige Körbe, bedruckte Stoffe, Tongeschirr - alles erfreut nicht trotz sondern wegen seines Gebrauchswertes. Landesweit in *Crafts Shops* & Märkten; auf letzteren tapfer verhandeln!

Der konische Basotho-Hut ist das Nationalsymbol und beliebteste Mitbringsel, während geschmückte Wanderstöcke für den sofortigen Gebrauch taugen. Ihren Ruf bei feinen Wandbehängen aus Wolle & Mohair verteidigen zwischen Maseru und TY Dutzende von Webereien. In Gruppen zusammenhockend, entlocken Frauen auf dem Lande ihren Nadeln einen hochwertigen Wollpulli nach dem anderen.

Maseru

438 km von Joburg, 157 km von Bloemfontein. Die Hauptstadt (170.000 Ew) ist in eine weite Biegung des Caledon hineingewachsen, und die Brücke westlich des Zentrums ist zugleich der meistgenutzte Grenzübergang. Wegen dieser günstigen Lage wurde Maseru ("roter Sandstein") 1869 von den britischen Verwaltern zum Sitz des Protektorates gekürt. Die ältesten Gebäude stammen allerdings aus der Zeit nach den Burenkriegen. Dazu gehören St. James-Kirche (1906), St. Catherines College (1909) und St. Johns-Kirche (1912). Dazwischen drängt sich häßliches „Kleinstadt-will-Metropole-sein"-Einerlei: moderne Banken, ausdruckslose Büroklötze, ein paar Hotels, viel Straßenleben.

Im tiefsten Inneren läßt sich Maseru davon nie aus der Ruhe bringen. Morgens sieht man Basotho zu Pferde auf die Märkte ziehen, und weil sich nur die „Prachtmeile" Kingsway Bürgersteige leistet, bevölkern uniformierte Schüler die Fahrbahnen. Maserus Entwicklungssprünge mag man daran ablesen, daß der Kingsway erst 1947 gepflastert wurde, zum Besuch des britischen Königspaares. Jahrelang blieb er • Lesothos einzige Teerstraße.

Da Staus in einer Stadt dieser Größe absurd wären, gilt im Berufsverkehr: die Moshoeshoe Rd wird Einbahnstraße nach Westen, der Kingsway nach Osten. Wenn sich die Minibusaufregung gelegt hat, sind beide Hauptachsen in beide Richtungen offen. Einen schönen Überblick über Maseru, dessen Vororte sich dank ungehemmter Zuwanderung den Steilhängen im Osten nähern, gewährt Lancers Gap an der Straße nach Thaba-Bosiu.

Erstaunlich, daß noch kein japanischer Geländewagen den Namen der Hauptstadt trägt.

Kurz & knackig

Mehrzahl der Unterkünfte, Restaurants & Läden am Kingsway, der sich vom Grenzübergang 5 km bis zu *The Circle* hinzieht und hier teilt: Main Rd A1 nach Nord, A2 nach Süd.

Lesotho Tourist Board: 209 Kingsway, Hotel Victoria, T. 312 896, Fax 310 108, mit Touren, Stadtplan, Straßenkarte, Zimmernachweis & Poster des Königs. Mo-Fr 8-16.30h, Sa 8.30-13h. **National Parks Office:** Kingsway, gegenüber Lesotho Bank, T. 323 600, Fax 310 349, für Treckbuchungen & Logis in Sehlabathebe. Mo-Fr 8-16.30h

Banken: Devisen & Schecks nur am Kingsway, bei Lesotho National Development Bank, Standard, Stanbic & Barclays. **Postamt:** Kingsway, gegenüber OK, T. 325 668. Postlagernde Sendungen werden oft verschlampt, Auslandsgespräche aus dem Telefonamt um die Ecke sind sehr teuer. Mo-Fr 8-16.30h, Sa 8-12h. **Internet:** Lesotho Office Equipment hinter Basotho Hat, T. 316 437, hans.loe@lesoff.co.za, nimmt 28 DM/Std online; Maseru General Services gegenüber vom Krankenhaus, T. 320 663, dagegen 4 DM/E-Mail-Seite, 2 DM/min online, auch teure Faxe in alle Welt. Beide Mo-Fr 8-17h, Sa 8-13h.

Reisebüros: American Express Travel, Kingsway, T. 312 554, Fax 310 216, gegenüber Book Centre (keine Finanzgeschäfte); und Cimex Travel im Lesotho Sun, T. 320 514, Fax 322 964; für Hotels,

Mietwagen, Flüge, Touren & Ponytrekking.

Notruf: Polizei 123, Feuerwehr 122, Ambulanz 121. **Krankenhaus:** Queen Elizabeth II Hospital beim Lesotho Sun, T. 312 501.

Neuer Haarschnitt ab 12 DM gefällig? Mr. Allan im Lesotho Sun hat nach eigenem Bekunden „Erfahrung mit ethnischem & kaukasischem Haar"; täglich 9-18h.

Übernachten

In Stadtnähe zu zelten entfällt. Es gibt keinen Zeltplatz (außer beim Khali Hotel) und kein Backpacker. Unterkünfte der Entwicklungshelfer stehen Reisenden nicht mehr offen.

Anglican Centre (Kereke Ea Chache), Assisi Rd, T. 322 046, steht am höchsten im Kurs. Nur 500m nördlich des Kingsway, über Lerotholi Rd und dann hügelan; kein Außenschild. Wenn das Tor nachts schon verriegelt, stellt man das Auto auf dem Nachbargrundstück ab, nicht auf der Straße. Bei Mahlzeiten lernt man seine Mitbewohner kennen, oft Studenten aus allen Teilen Afrikas. Spartanische, saubere DZ 14 DM/P. **Tip!**

Notlösungen, Schlafsaal je 8-12 DM/P: zum **Phomolong Youth Hostel**, Lancers Gap Rd, T. 332 900, biegt man 2 km stadtauswärts von der Main North Rd nach rechts (hinter der Brücke), erreicht nach 2600m das unscheinbare Gebäude im ärmlichen Viertel. 1975 eröffnet, düster, dürftig eingerichtet. - **Workcamps Association**, 917 Cathedral Rd, T./Fax 314 862, hinter der kath. Kirche mit Waschgelegenheit & kleiner Küche.

Alle folgenden Zimmer mit Bad, TV & Heizung.

Mittelklasse-Hotels mit Restaurants, Bars, Wäschedienst & Safe: **Khali**, T. 325 800, bedeckt ein hermetisches Gelände jenseits des Knastes, vom Kingsway über Pioneer Rd 800m nach Süden. 40 DZ 40-60 DM, Zeltplatz 20 DM. - **Lakeside**, T. 313 646, abseits der Main North Rd 5 km östlich wurde aus Sandstein zusammengeklinkert. 52 gute EZ/DZ 45/60 DM, im Neubau 55/75 DM.

Komforthotels am Kingsway zusätzlich mit Disco, mehreren Bars, Pool & Fitneßraum: **Lancers Inn** hinter der Stadtbücherei, T. 312 114, Fax 310 223, verknüpft rustikalen Charme mit gestutzter Akkuratesse. 21 Chalet-EZ/DZ für Selbstversorger 80/100 DM. **Tip!** - Der klotzigen **Victoria**, T. 312 922, Fax 310 318, täte eine Aufmöbelung ganz gut. Zehngeschossig in der Art bulgarischer Schwarzmeerquartiere, mit Babysitter & Wechselstube. 103 klimatisierte EZ/DZ-/Familienzimmer 85/120/150 DM.

Sterne: die beiden Sun-Hotels haben alles, was man sich von den besten Häusern des Landes erwartet, sogar Sauna, Tennisplatz & himmelblaue Pools. Im **Maseru Sun**, 12 Orpen Rd, T. 312 434, Fax 310 158, zwischen Kingsway und Fluß spielen Stein, Bäume, Rasen & Becken harmonisch miteinander. 112 EZ/DZ 190/240 DM. - Das **Lesotho Sun**, T. 313 111, Fax 310 104, auf dem Hügel hinter dem Sanlam Centre geriert sich wie ein Ferienclub, dessen Gäste nie mehr in die reale Welt wollen sollen. Viel Beton, Joggingpfad, sechs Cafés und Restaurants, einziges Kasino im Lande. 230 EZ/DZ 195/245 DM, *Royal Suite* 675 DM.

Essen, Trinken & Feiern

Straßenstände entlang des Kingsway grillen tagsüber preiswerte Häppchen. Wer endlich was für seinen Zahnarzt tun will, findet im **Candy Candy Candy**, T. 316 773, Agric Bank Bldg, eine herrlich klebrige Auswahl.

Angenehmstes Hotelrestaurant: **Rendezvous** im Lancers Inn reizt die *Teatime* geschickt aus; dazu Cocktailparties, Sonntagsbuffet 18 DM, Bäckerei. Hotel Victoria mit Pizzeria & Gourmet-Restaurant im **Penthouse.** Im Maseru Sun serviert **Ximenia** à la carte, im Lesotho Sun schmeißt **Lehaha** abends seinen Grill an; Dreigängemenü 15 DM.

Auch wenn Boccaccio, Bowker/Orpen Rd, T. 325 853, hinter dem Basotho Hat italienisch klingt & kocht, wird es doch seit 1995 vom deutschen Paar Ralph & Christina Schubje geleitet. Gute Vorspeisen ab 5 DM, Pizza/Pasta ab 8 DM, Salatplatten, „deutsche Nacht" mit Eisbein, Sauerkraut, Spätzle 15 DM; Di-So bis 22.30h. **Tip!**

Multikulti: gegenüber vom Lancers Inn versprüht **Auberge**, Kingsway/Airport Rd, T. 312 775, einen Hauch von französischem Landgasthof. Mäßig dekoriert, Kerzenlicht, internationale Küche Mo-Sa bis 22h. Der langgestreckte **China Garden** gegenüber von Boccaccio, T. 313 915, bereitet seine Kost nach westlichen Vorstellungen, während **Classic Cuisine**, T. 324 481, nordindischen Rezepten treu bleibt.

What's On? dient als monatliches Gewerberegister, in das sich Veranstaltungstips & Kinoprogramm verirren; frei beim Verkehrsamt. Es gibt ein schummriges **Kino** an der Airport Rd, eine Ecke hinter Auberge, und ein gediegenes Cine 2 im Lesotho Sun. Letzteres serviert täglich 14.30/17.15/20h *Action* oder Thriller, aber auch Juwelen wie *Clerks.* Der **Maseru Club**, Lagden Rd, im feinen Kolonialgebäude fungiert als Treffpunkt der Ausländer; mit Bar, Restaurant, Badminton, Tennis, Squash, Snooker & Fußballspiel Di/Do. Mitgliedschaft 15 DM/Monat, für einen Abend findet man aber immer einen Patron.

Discos: im **Crossroads** (Hotel Victoria) schlagen sich die jungen Schönen die Nacht um die Ohren. Im **Studio One** (Lancers Inn) geht's gemäßigter & glitzeriger zu. Im **Penthouse** auf dem Victoria-Dach treten Fr/Sa Jazzbands auf.

Unternehmen & Einkaufen

Maseru bietet an Sehenswürdigkeiten rein gar nichts. Der Königspalast ist Tabuzone, darf nicht mal photographiert werden. Dafür winden sich **Spazierwege** über die Hügel im Süden & Osten; dazu *Hill Walks in & around Maseru* (2 DM) u.a. im Verkehrsamt.

Unter dem Basotho Hat, Kingsway, der tatsächlich genauso geformt ist, verbirgt sich die staatliche *Handicrafts Cooperative.* Hübsche Auswahl auch an Körben, Strohmatten, Töpferwaren & Basothohüten (8-12 DM). Preise höher als bei Direktkauf auf dem Lande. Das Gebäude wurde bei den Unruhen im Sep 1998 arg ramponiert.

Fabriktouren mit Einkaufsmöglichkeit haben nichts mit deutschem Kaffeefahrtengetue zu tun. Wandbehänge, Teppiche & Textilien im Industriegebiet, z.B. Thorkild Hand Weaving, T. 322 378. Wollsachen im Thabong Weavers beim Flughafen.

Hin & Weg

Busse, Mietwagen, Flüge s. Kreuz & quer. Busbahnhof weit draußen an der Main South Rd; Gepäck nie aus den Augen lassen. Minibustaxen stehen zwischen Circle und Markt bzw. neben dem neuen Hyperama-Supermarkt; Stadtfahrt 0,50 DM.

Moshoeshoe Airport 18 km südlich, abseits der A2. Das Khali-Hotel betreibt einen Pendelbus vom/zum Zentrum. *Flying Doctors* noch ab altem Flughafen. In Maseru selbst kommt man gut zu Fuß durch. Wer das Gegenteil befürchtet: Moonlite Taxi, T. 312 695.

Tiefland

Entlang der Main North Rd sind wie Perlen jene Industrieunternehmen aufgereiht, die Lesotho ein paar Devisen einbringen. Im Viereck Maseru-Thaba Bosiu-Roma-Morija liegen dann jene Sehenswürdigkeiten, die nicht nur mit Natur zu tun haben. Wer sein Domizil in Maseru behalten will, kann alle drei Ziele in einen hübschen Tagesausflug packen.

Butha-Buthe

124 km von Maseru. BB („Platz zum Niederlegen") wurde 1884 als Amtsbezirk gegründet, weil der örtliche Clan sich weigerte, zur Steuerabgabe nach Hlotse zu reisen. Der Name weist auf den Hausberg, der drei liegenden Löwen ähneln soll. Eine Moschee erinnert daran, daß nach dem Burenkrieg viele indische Händler in BB hängenblieben.

Ha Thabo Ramakatane ("die Herberge von Herrn Ramakatane") liegt 4 km außerhalb im Dorf Ha Sechele. Wer die Schilder an der Straße nicht sieht, fragt sich durch. Alles besorgt man sich wie die Nachbarn - am Markt, Brunnen oder Gaskocher. Bett 10 DM.

Außerdem Crocodile Inn, T. 460 223, und die kleinere **Cindi Lodge**, T. 460 616, beide mit Restaurants & Wäscheservice, dazu einige Cafés am Straßenrand.

Die Berge warten mit San-Höhlen auf, von denen diejenigen bei Qalo, 14 km nordöstlich, und Sekubu ("Ort der Flußpferde"), 18 km östlich, zu besichtigen sind.

Teyateyaneng

42 km von Maseru. Die Stadt ("beweglicher Sand"), die alle nur TY nennen, wurde nach dem Treibsand im Bett ihres Flusses benannt. Neben Maseru *das* **Handwerkszentrum** des Landes. Die Preise sind fair, die Qualität der Wandbehänge, Mohair-Pullis usw. ausgezeichnet. In der Töpferei von Kolonyama steht der größte Brennofen im südlichen Afrika.

Zwei Hotels mit Restaurant, Bars, Wäscherei, Safe & Pool. EZ/DZ ab 45/55 DM.

Thaba-Bosiu

33 km östlich von Maseru. Eine natürliche Festung: vom Hügel überblickt man ein weites Gebiet, während nur zwei steile, mühelos zu verteidigende Wege Zugang bieten.

Eintritt 2 DM, Mo-Fr 8-16.30h, Sa 8-13h, So auf Anfrage. Besucherzentrum am Fuße des Hügels, T. 357 212. Hier wird man vom ausgezeichneten Führer Moses empfangen. Wenn kein Andrang herrscht (und der herrscht fast nie), erzählt Moses stundenlang Anekdoten, weist auf eigenartige Pflanzen hin und beantwortet eigenartige Fragen.

Mmelesi Lodge, T. 357 215, Fax 312 369, 2 km vor dem Besucherzentrum. Prima Restaurant, saubere Rondawels, jedes mit Veranda & Ausblick. EZ/DZ 55/80 DM.

Die Zufahrt von Maseru biegt Richtung Roma auf die A5, in Ha Makhalanyena nach links auf die B20; ab hier ausgeschildert. Minibusse vom Hyperama/Maseru Circle bis vors Besucherzentrum. *Mit eigenem Auto macht ein 60 km-Umweg mehr Spaß: Von Maseru durch Lancers Gap, nächste Möglichkeit links und dann den weiten Bogen über Senekal, Sefikeng und Fako (zuletzt Schotter) schlagen, dabei stets die Maloti im Blick.*

Roma

35 km östlich von Maseru, an der A5. Hübscher Name, natürliches Amphitheater - hier *denkt* Lesotho. Neben der ersten Katholischen Mission sind die Nationaluniversität (1945), drei Seminare und zwei höhere Schulen vertreten. Entsprechend gemischt ist die Studierendenschaft. Als Pater Gerard den Ort 1862 gründete, nannte er ihn Motseoa-Ma Jesu ("Dorf der Mutter Jesu"), was die Einheimischen dann aber doch eine Spur zu dick fanden.

Eine feste Kapelle und mehrere Sandsteingebäude erinnern an die Gründertage. Weiter bergwärts zieht der Bartgeier in der sehenswerten Maphotongschlucht seine Kreise. Der Handelsposten aus Sandstein wurde 1903 von John Th. Thorn errichtet.

Thaba-Bosiu: Hügel bei Tag, Berg bei Nacht

Als Moshoeshoe I. im Juli 1824 in Butha-Buthe davon vernahm, hieß er sein ganzes Volk mit Sack und Pack aufsitzen und in Thaba-Bosiu („Berg bei Nacht") neu aufbauen. Dank seiner Uneinnehmbarkeit beförderte dieser Hügel, der getreu einer Legende jede Nacht zum Berg wird, die Bildung der Sothonation. Zum 200. Jubiläum der Geburt seines Landesvaters 1986 vollzog das halbe Land die Wanderung vom alten zum neuen Stammsitz nach.

Wer heute das Plateau besteigt, findet noch ein paar Ruinen. Blickfang ist aber die Felsnadel von Qiloane, die die Basotho zu ihrem Hut inspiriert haben soll. *Lang genug durften sie ja hinschauen.* Im hinteren Teil, vor längst versiegten Quellen, sind auf einem farben- und formenfrohen Gottesacker jene Männer bestattet, die durch Tapferkeit und Diplomatie den Nationalstaat ermöglichten. Bis heute werden Lesothos Könige hier bestattet.

Am steilen Zugang sind Reste des ursprünglichen Verteidigungswalles zu sehen. In diesem Engpaß wurde auch der letzte Ansturm abgewehrt, diesmal gegen Burenkommandeur Wepener im Krieg 1865-68. Davor waren schon 1827 Mankoane, 1829 Batlokoa, 1831 Matabele und 1858 Burentruppen unter Senekal gescheitert. Erst als Basutholand 1868 Protektorat wurde, gaben die Bewohner ihre Festung auf. **Heute rankt sich der Nationalstolz um die Tatsache, daß Thaba-Bosiu nie bezwungen ward.**

Heute führt die vierte Generation in Gestalt von Ashley & Jennifer Thorn das **Trading Post GH**, T. 340 202, inmitten eines gepflegten Gartens. Wie einst schleppt der Esel das Getreide heran, während Schwein, Rind & Huhn den Besucher umschwirren. Wanderweg zu Dino-Fußspuren, vier DZ & Küche im Haus, zwei Rondawels im Garten, Reittouren. Zimmer 20 DM/P, Zelten 6 DM/P. Gut gespeist wird bei **Roberto's**.

Morija

45 km südlich von Maseru. Missionare benannten das weitgehend unveränderte Dorf 1843 nach dem Berg Moriah im Heiligen Land, bevor sie ihre Druckpresse installierten. Damit war Morijas Weg zum Zentrum von Lehre, Buchdruckerei & Bibelstudium vorgegeben.

Hierher: im Windschatten von Lesothos ältester Kirche mausert sich das **Morija-Museum,** T. 360 308, zum hoffnungslos überfrachteten Schatzkämmerchen. Funde aus Vorgeschichte, Stein- und Eisenzeit, dazu Alltagsbedarf der Basotho, Schilde & Speere. Aus dem Nationalarchiv hat Kurator Stephen Gill Schriften der ersten Missionare hervorgekramt, und die höchsten Orden, die Lesotho zu vergeben hat. Eintritt 2 DM, Mo-Sa 8-17h, So 14-17h. Wie sagt Gill: „Lesotho's only museum - don't miss it!"

Im Foyer wird eine Handvoll feiner Bücher über Geschichte, Musik & Mission verkauft, darunter auch Gills Short History of Lesotho *(20 DM) mit 266 Seiten! Ich vergaß zu fragen, wie er sich wohl eine* große *Landesgeschichte vorstellt. Mit dem Peace Corps, dessen Freiwillige heute noch in den entlegensten Winkeln anzutreffen sind, kam der Jung-Lehrer Gill in den 60er Jahren aus Idaho ins Land. Er blieb, heiratete eine Masotho und baute mit unermüdlicher Energie Morija Museum & Archives auf.*

Mophato-oa-Morija: im Ökumenischen Jugendzentrum, T. 360 219 (Azael Buti), in dem bis zu 150 Erwachsene unterkommen, ist immer was los. Schlafsaal 15 DM, Zeltplatz 10 DM/P, Mahlzeiten & *Tea Room* mit Panoramaterrasse. Wer Ruhe braucht, ist mit dem renovierten **Ha Matela Cottage**, T. 360 308, Fax -001, talaufwärts prima bedient. Anmeldung im Museum, Ponies, Mountainbikes & Kanutouren. Fünfbetthütte 25 DM/P.

Mafeteng

78 km südlich von Maseru. Hat alles, was eine Distrikthauptstadt braucht, inklusive mehrerer Tankstellen, Postamt und freiem Blick auf die Thaba-Putsoa-Berge.

Zwei vernünftige Hotels mit Restaurant & Bar; EZ/DZ ab 48/55 DM. Im **Golden Hotel**, T. 700 566, an der A2 verfügen alle 16 Zimmer über TV/Heizung/Bad. Wer's nicht geahnt hat: dies ist *The Home of the Golden Boys.* Zum **Hotel Mafeteng**, T. 700 236, biegt man vor dem westlichen Kreisverkehr nach rechts. Mit Wechselstube & Nachtclub.

Mohales Hoek

125 km südlich von Maseru. Häuptling Mohale, der Bruder Moshoeshoes, teilte den Briten

1884 dieses friedliche, von einem Sandsteinhügel überragte Eck zwecks Verwaltung zu.

Diesmal muß keiner ins **FTC** (Bett 10 DM), denn es gibt ja das **Hotel Mount Maluti**, T. 785 224, Fax -341. In seiner Disco tobt am Wochenende der wenig erforschte Basothobär. Restaurant im Ostblockdesign, zwei Bars, Wäschedienst, Safe, Pool, Tennis. 35 EZ/DZ mit TV, Bad & Bildern der kanadischen Rockies (!) ab 55/80 DM.

Dinos: vor Maphutseng haben Saurier am letzten Freitag ihre Füsse eingedrückt, während Kannibalen in den Höhlen von Motlejoa bis 1810 ihren Lieblingen auflauerten.

Moyeni (Quthing)

180 km südlich von Maseru. Moyeni („Platz des Windes") wurde 1877 als Verwaltungszentrum für den Südwesten gegründet. Drei Jahre später brachte es der *Gun War* aber so aus der Fassung, daß die Briten sich zum Wiederaufbau ein Eckchen weiter entschlossen. Das Leben spielt sich v.a. in **Lower Moyeni** (Unterstadt) ab, während sich Unterkünfte & Kolonialbauten in **Upper Moyeni** treffen, das die Oranjeschlucht überblickt.

☞ **Durchreisende** amüsieren sich mit dem Klicklaut im Namen des Distrikts *Qu*thing (110.000 Ew). Wer es mit *para-chuting* probiert, liegt ziemlich daneben.

Quthing-Merinofarm 2500m von Upper Moyeni. Saubere DZ mit Bad 30 DM. - **Hotels: Orange River** in Upper Moyeni, T. 750 252, erfreut sich einer tollen Aussicht, die Freude wird in Restaurant & Bar fortgesetzt. 16 einfache EZ/DZ mit Bad 38/57 DM. **Mountainside** in Lower Moyeni, T. 750 257, holt bei der Ausstattung auf. Restaurant, Bars, Wäschedienst, zwölf EZ/DZ mit TV, Heizung & Bad 46/60 DM.

Dinos: rund um Moyeni verteilen sich eingedrückte Fußspuren von Dinos bei Masitise und erhabene Spuren unweit der Straße zum Mt Moorosi. Bei **Qomoqomong** (üben!) 10 km südöstlich versteckt sich eine ganze Galerie von San-Felsmalereien. Allerdings muß man im örtlichen Krämerladen nach dem 20minütigen Fußweg fragen.

Schlupf: ein gewisser Pater Paul Ellenberger baute 1866 einen Unterschlupf der San 5 km westlich von Moyeni zum **Höhlenhaus** mit fünf Zimmern aus. Sein Sohn Edmund, 1867 darin geboren, wurde später Höhlenforscher (natürlich!), brachte es aber auch zum Bürgermeister von Bethlehem. Hausschlüssel in der Schule von Masitise.

Bergwelt

Für Fahrzeuge gibt es nur drei Möglichkeiten, die **Maloti** zu überwinden, die das Tiefland von der menschenleeren Bergwelt trennen: übers Dach Afrikas, auf der vielbefahrenen Straße Leribe-Katse und über die Panoramastrecke Maseru-Thaba Tseka.

Südlich der Linie Maseru-Sanipaß erreichen Berg & Straße nicht die Höhenrekorde der Maloti. Entsprechend häufiger trifft man auf Siedlungen & Ackerbau. Doch auch wer Wildheit in Einwohnern/qkm mißt, soll's zufrieden sein: in **Thaba Putsoa** und **Central Range** verstecken sich zwei Lodges, derentwegen viele überhaupt nach Lesotho kommen!

Roof of Africa Highway

Hinter Butha-Buthe macht sich die A1 auf den 182 km langen Weg nach Mokhotlong. Die höchste Straße auf dem Kontinent ist inzwischen asphaltiert, mit Leitplanken und tiefen Straßengräben versehen. Aussichten jagen einander in solchem Tempo, daß man mit **Staunen & Ablichten** kaum hinterkommt. Kummer bereiten je nach Wetter die letzten 50 km von Mokhotlong zum Sanipaß.

Die Straße erlebt bis Khukhune (km 22 hinter BB) jede Menge Hütten, Schulkinder & Ziegenherden. Das schlagartig sich verjüngende Hololotal zwingt sie dann zur Kletterpartie: teilweise 19% Steigung, was nicht ohne Spitzkehren abgeht, bis der 2840m hohe Motengpaß (km 58) und kurz dahinter Oxbow erreicht ist.

Oxbow

68 km von Butha-Buthe. Seine Wildbäche strotzen vor Forellen, was sich in Anglerkreisen natürlich längst herumgesprochen hat. Doch auch Ponyreiter & Skifahrer können sich die Zeit vertreiben, wenngleich der Winterzirkus etwas nachgelassen hat. *Tankstelle.*

Moteng Lodge, T. 460 350, am Fuße des Passes, spartanisch, mit Speisesaal & Bar. Zehn Zimmer mit Heizung & Bad ab 30 DM/P. **New Oxbow Lodge**, T./Fax 0027/51/933 2247, mit keimfreier Ansammlung wellblechiger Häuschen, zwei Rondawels und Bar. 16 Zimmer mit Heizung, Bad & HP ab 50 DM/P. Die **Skihütte** wenige km östlich wird im Winter von Skiclubs belegt, zu anderen Zeiten muß man den Hausmeister finden; 12 DM.

Jenseits von Oxbow bewegt man sich ständig auf 3000er-Niveau, die Pässe sind gar 3220-75m hoch, ihre Aussichten also traumhaft. Die Diamantenmine Letseng (km 44 von Oxbow) ist längst stillgelegt. In Mapholaneng (km 72) gibt es gelegentlich Treibstoff, immer aber Forellen im Bach. In Thabang (km 104) muß man sich vom Asphalt verabschieden: links nach Mokhotlong (km 114), geradeaus Sanipaß (km 153), rechts Stauseen.

Mokhotlong

Min. 3 Std südöstlich von Oxbow. Lesothos trockenster & kältester Ort regiert einen weiten Distrikt, in dem nur 75.000 Menschen leben, die meisten davon im 1905 gegründeten Mokhotlong ("Platz des glatzköpfigen Ibis"). Obwohl die Stadt stets auf Packpferde angewiesen war, stieg sie schnell vom Polizeiposten zum Handelszentrum. *Tankstelle.*

Farm Training Centre jenseits des Hotels mit kaltem Wasser & Gemeinschaftsküche; Bett 10 DM. **Mokhotlong Hotel**, T. 920 212, mittendrin mit Restaurant, zwei Bars und 16 Zimmern mit Heizung & Bad. Gleiche Preise auch im **Senqu Hotel**, T. 920 330, 5 km vom Flugplatz: EZ/DZ je 50/60 DM. Ansehnliche Speisen nur in Hunter's Restaurant.

Mokhotlongs glatziger Namensgeber geht schwärmeweise beim Fluß zum Regenbogen. Sofern er nicht denselben Forellen auf die Schuppen rückt, wandert, klettert und skitourt der Mensch nach Herzenslust.

Mokhotlong-Thaba Tseka

Wer in Thabang die Piste nach Süden einschlägt, muß zur Oranje-Überquerung die Koma-Koma-Brücke nutzen. *Ihr Name verspricht nicht zuviel,* Regen verhindert das Vorankommen gerne tagelang. Möglichst Konvoi mit anderen 4WDs bilden!

☞ **Diese Strecke** führt durch unfaßbar schönes Terrain. Einziges Logis unterwegs: **Molumong Lodge,** T. 0027/33/701 1491 (Mike Campbell), liegt in Upper Rafalotsane, 15 km südwestlich von Mokhotlong; drei Busse täglich. Rondawels, Schlafsaal, Gemeinschaftsküche, Bett 15-25 DM, Zelten 7 DM/P.

Sanipaß

59 km von Mokhotlong, 1½ Std über eine gute Schotterpiste. Die Zufahrt von Natal führt über den 2874m hohen Paß, in atemberaubenden Kurven an Felswand & Abgrund entlang. Himeville und Underberg sind ähnlich weit entfernt wie Mokhotlong, dazwischen frönt man stundenlang der puren Berglust. Mit etwas Glück erlebt man einen phantastischen Sonnenuntergang und blickt bis zum Ozean, der laut Luftlinie 160 km entfernt ist. ✆ 0027/33.

☞ ***Wie der Paß** seinen Namen abbekam, hüllt sich in Nebelschleier. Die einen vermuten, damit werde den San eine letzte Ehre erwiesen, die diese Gegend bis vor 150 Jahren durchjagt hatten. Andere glauben, daß die ersten Missionare den Namen des damaligen Häuptlings Rafolatsane nicht auf die Reihe kriegten und mit Sani abkürzten.*

Sani Top Chalet, T. 702 1158, Fax 701 1626, travel.underberg-@pixie.co.za (Jonathan Aldous), ziert die Paßhöhe in stolzer Einsamkeit. Gemeinschaftsküche, Mahlzeiten, Bar, Reittouren, Abholung in Underberg. Im Winter würden die Schneemassen Touren erlauben, wenn man Skier dabeihätte. Zimmer mit F 40 DM/P, Schlafsaal 14 DM.

Sani Pass Carriers, T. 701 1017, fährt von Durban Mo/Mi/Fr, von Pm'burg Mo-Fr nach Underberg (40/25 DM); dort häufig Anschluß mit gutgefüllten Bakkies & 4WD-Taxis nach Mokhotlong. **Lesotho Shuttle** fährt vom Sunduzi BP in Pm'burg Di/Do/Sa über Sani Lodge zum Molumong GH (hin 20 DM). **Thaba Tours** in Underberg, T./Fax 701 1419, bietet Transfers & Tagestouren, z.B. nach Mokhotlong 70 DM.

Für Selbstfahrer: am Grenzposten kommt man paßaufwärts **nur mit 4WD** vorbei, die Abfahrt wird auch 2WD gestattet. *"Der Paß ist von lesothischer Seite ohne 4WD bestens befahrbar, die ersten 800m in Südafrika bieten aber extrem steile Serpentinen. Die Schönheit der krassen Streckenführung wird durch 30 cm Lockerschutt erhöht. Unser Toyota schaffte es gerade so, weil runter kommt man bekanntlich immer. Bei anderen 2WD ist aber der Bodenabstand zu niedrig, und wenn die Bremsleitung beschädigt ist, dann ..." (Frauke Behrend)*

Thabana Ntlenyana

Vom Sani Top Chalet aus sind tolle Tageswanderungen möglich. Deren anstrengendste überwindet 600 Höhenmeter, um den Thabana Ntlenyana zu bezwingen. Sein Name ist einem Vertreter der Spezies Spaßvogel zu verdanken: **„Kleiner Berg, ganz hübsch anzusehen“**. Daß er der höchste Gipfel im südlichen Afrika sei, wurde 1951 ermittelt. Doch es dauerte nochmals drei Jahrzehnte, bis Satelliten das exakte Ergebnis (3482m) bestätigten.

Da der Pfad nicht immer gut zu erkennen ist, lohnt die Mitnahme eines Führers, bei Gepäck auch eines Pferdes. Energische Wandersleut schaffen die Tour hin/zurück an einem Tag. Eine leichtere Tour führt zu den Hodgson Peaks 6 km südlich des Sani Top Chalets. Von diesen Gipfeln genießt man freie Sicht auf die Schönheiten beider Länder.

Katse

105 km südöstlich von Leribe. Das Hauptquartier am Katsesee liegt an der geteerten B25. Bisher einzige Attraktion ist die Beobachtung des gigantischen Dammes bei der Arbeit.

Staunen: mit 185m Höhe & 710m Länge ist er der größte in Afrika und fünftgrößte der Welt. Am 22. Januar 1998 wurde das 6 Milliarden DM teure Monstrum aus Stahl & Spannbeton (2,3 Millionen m^3) eingeweiht. Jetzt beginnt sich das Wasser zu stauen, bis der See bald 35 km lang und vom tiefen Felstal des Malibamatso nicht mehr viel zu sehen ist.

Im gelben Gebäude mit blauem Dach wartet das gepflegte Visitors Centre der Highlands Development Authority, T. 910 276, mit Herrn Bereng, sehr sympathisch und eigentlich Radiosprecher. Drei weitere Dämme sind geplant, das Tunnelsystem nach Clarens wurde bereits auf 82 km Länge durch die Berge gefräst.

Ansonsten ist Katse eine triste Siedlung für Projektmitarbeiter. Im Besucherzentrum werden Zimmer gebucht. Die brandneue **Katse Lodge,** T. 910 202, bietet saubere Zimmer und gutes Restaurant; B&B 25 DM.

Ab Leribe Minibusse & Trucks. Nachdem die Straße Pitseng (km 28) passiert hat, steigt sie im Mphosongtal mächtig zum **Mafikalisiupaß** rauf. Jenseits davon schwingen sich zahlreiche Räuber in den Himmel, darunter auch der seltene Bartgeier. Bei **Ha Lejone** (km 61) wird man eines Tages auf den Katse-See stoßen, schon heute ist die 465m-Brücke über den Malibamatso eine phänomenale Ingenieurleistung. Nach einer weiteren hügelreichen Std erreicht man Katse. Von hier gute Staubkiste (45 km) nach Thaba-Tseka.

Thaba-Tseka

174 km östlich von Maseru, an der A3. Bis in die 70er Jahre war das Herz des Hochlands so gut wie unbesiedelt. Dann entschloß sich die Regierung, einen Zentraldistrikt einzurichten. Weil ein ordentlicher Distrikt sein Zentrum haben muß, wurde Thaba-Tseka mit Hilfe kanadischer Finanzspritzen aus dem Fels gestampft und im März 1980 eingeweiht.

Zugleich dient TT als Prototyp für Entwicklungsprojekte in Bergregionen. Einsame Helfer schlagen sich jahraus jahrein mit Erosionsschutz, Wasserversorgung & Hangbebauung herum. Dann & wann schauen sie an den überdachten Wasserstellen von Maseru vorbei und erzählen ihrem Thekennachbarn Geschichten aus dem Hochland.

Auf den zweiten Blick

Highlands Water Project:
Größenwahn im Zwergenstaat?

Eine der größten Baustellen der Welt in einem ihrer abgelegensten Winkel - wenn man vom *Lesotho Highlands Water Project* spricht, purzeln die Superlative wie reife Kastanien. Es ist wohl das ehrgeizigste Vorhaben, das ein Entwicklungsland dieser Größe je angepackt hat. Von Südafrika gebaut und mit internationaler Hilfe finanziert, wird ab dem Jahr 2020 ein gigantisches Netz von fünf Stauseen den Nachbarn mit Wasser versorgen. Niederschläge sollen dann nicht mehr nur über den Oranje in den Atlantik abfließen. Große Mengen werden vielmehr durch ein 82 km langes System von 5 m starken Röhren nach Norden in den Ashfluß gepumpt, von wo es über den Vaalstausee v.a. ins durstige Gauteng gelangt.

Dafür bekommt Lesotho kostenlosen Strom. Bisher haben die meisten Dörfer allerdings keine Stromleitung. Durch den Wasserverkauf flossen 1998 erstmals 103 Millionen DM in die Staatskasse, ein Fünftel des gesamten Etats. Doch nachdem seit 1995 viele der 130.000 Basotho, die sich einst in Südafrikas Bergwerken verdingten, arbeitslos zurückkehren, gleicht der Wasserverkauf zunächst nur den Rückgang ihrer Geldüberweisungen aus.

Weil schon so viele Staudämme nicht nur Nutzen brachten, hat die halbstaatliche Betreibergesellschaft mehrere Bonbons dazugepackt. Die Seenlandschaft, die da zwischen eindrucksvollen Bergketten entsteht, wird zum Ferienparadies mit Surfen, Wasserski, Kanufahren - lauter Dinge, die Lesotho bisher fremd waren. Außerdem sollen sich wieder Hunderte von Tierarten ansiedeln, denen massive Aufforstungen eines Tages Schutz gewähren.

Damit und durch bessere Straßen, neue Zeltplätze & Lodges soll der Tourismus angekurbelt werden. Seine Einnahmen ergänzen die Erlöse aus dem Wasserexport, womit Lesotho eines Tages nicht nur beim Strom zum Selbstversorger würde. Bereits heute versorgt allein der Katsesee das gesamte Johannesburg mit Wasser. Zwar führen ausländische Unternehmen die Bauarbeiten durch, doch stehen auch viele Basotho im Sold.

Der Katse-Staudamm wurde im Januar 1998 eingeweiht. Mitte 1998 ging sein E-Werk ans Netz. 2002 soll der Mohaledamm fertiggestellt sein und dem Katsesee über Tunnel soviel Wasser zuführen, daß die Liefermenge für Südafrika von derzeit 18 auf 27 m^3/Sekunde steigt. Das wären dann 57 Millionen m^3/Monat. Wann die nächsten Ausbaustufen verwirklicht werden, ist wegen der Kosten fraglich. Südafrikas Regierung führt mit einem Sonderprogramm Wirtschaft und Haushalte zu maßvollem Wasserkonsum.

Bei derartigen Dimensionen können ökologische Folgen nicht ausbleiben. Zwar mußten im Vergleich zu anderen Dämmen, etwa den Drei Schluchten in China, wenige Menschen den Baggern weichen. Genau 145 Familien wur-

den umgesiedelt und für die nächsten 15 Jahre mit Naturalien entschädigt. Zwar waren Natur- oder Kulturschätze nicht betroffen. Noch ist aber unklar, wie die Bergbewohner den Sprung vom Ponyzeitalter mitten in die Moderne von 4WD, Plastikmüll und Freizeittreiben schaffen. In die Stille der Berge platzt das Getöse gigantischer Steinbrecher und Lastwagen. Bauarbeiter berichten, daß viel geklaut werde, wo noch vor wenigen Jahren nichts einen Diebstahl wert gewesen wäre.
Und schließlich kann niemand sagen, welche Auswirkungen sich für die Naturräume am 1900 km langen Oranje ergeben, wenn er nur noch halb soviel Wasser führt wie in all den Jahrtausenden zuvor. Die Konsequenzen dieses gigantischen Eingriffs wurden nie einer Studie unterzogen - oder, falls doch, ihre Ergebnisse nie veröffentlicht.

Farm Training Centre oberhalb der Post, immer ist ein Bett für 10 DM frei.
Weiterfahrt über den Mokhoabongpaß (2860m) bei Regen & Schnee etwas schwierig. Täglich vier Busse von/nach Maseru (12 DM), morgens ein Minibus nach Katse.

Thaba Tseka - Qachas Nek

Nach Südosten bleiben nur Trucks, mit deren Fahrern man handelseinig werden muß. Weiterfahrt über Sehonghong auf eigene Faust kaum zu bewerkstelligen. Nur eine miserable Spur schafft das ständige Auf & Ab ins wilde Tal des Oranje. Hier hat jede Siedlung noch ihre Landepiste. Gästebetten im Café an der Piste von Sehonghong.

Bei der nahen Soaihöhle wurde der letzte San-Stamm 1871 von den Briten vernichtet - nach Zehntausenden von Jahren war die Zeit der Buschleute im Hochland beendet.

Basotho-Ponyprojekt

54 km östlich von Maseru, an der A3. Jenseits der ersten Malotikette sparen die Panoramen aber auch an gar nichts: zackige Berge, grüne Hänge, wilde Schluchten. Der Makhalaneng wurde schon mehrfach mit Setzlingen versehen, und weil Maseru am nächsten, sind seine Angelplätzchen sehr begehrt.
Das Basotho Pony Centre, T. 314 165, krönt den Molimo Nthuse-Paß (2318m). Ein- bis vierstündige Trecks führen zu Wasserfällen, wo man im klaren Wasser badet und Grillplätzchen nutzt; 15-30 DM. Zwei/drei/fünftägige Trecks 75/105/150 DM/P, siebentägiger Königstreck im Sommer nach Semonkong 240 DM; übernachtet wird in Dörfern entlang des Wegs für 10 DM. *Ums Projekt machten sich zu Beginn der 90er Jahre irische Entwicklungshelfer verdient. Seit ihrem Weggang läuft es nicht mehr ganz so rund.*
Keine Unterkunft im Pony Centre. Da mehrtägige Trecks gegen 9h aufbrechen, zeltet man auf dem Grundstück oder steigt 3 km

paßabwärts ab: **Molimo Nthuse Lodge**, T. 370 211, mit hochgiebligem Speisesaal und zwei Bars; 15 DZ mit Bad & Heizung 65 DM.

Malealea

43 km südöstlich von Morija. Bei Motsekuoa biegt man nach links von der A1, bei km 11 nach rechts, bei km 26 nach links zum **Gate of Paradise-Paß,** bei km 33 ist die Lodge erreicht. Mietwagen können bekanntlich alles, also bewältigen sie auch diese Holper- und Stolperpisten spielend. Eine Tafel auf der Paßhöhe befiehlt dem Wandersmann seit alters her, einzuhalten und herabzublicken auf diesen „Vorhof des Paradieses".

Gut gesprochen, o verblichener Ahnherr. Es soll Leute geben, die Malealea links liegen lassen, um Wasserfälle, Dörfer & Schönheit der Umgebung auf eigene Faust zu erkunden. Sie verzichten aber fahrlässig auf die **schönste Lodge des Landes.** Um mit ihren Besitzern Di & Mick Jones zu sprechen: „Lesotho in einer Nußschale" - das bietet Malealea, T./Fax 0027/51/447 3200, T. 082/552 4215, malealea@pixie.co.za.

1905 wurde die kleine Siedlung vom Engländer Mervyn Smith gegründet. Sein *Trading Store* versorgte Diamantensucher & Bauern mit dem Nötigsten. Um Smith ranken sich die wildesten Anekdoten, auch daß er nach rauschenden Kasinonächten in der Stadt auf dem Heimweg im Ponysattel schlief - nicht ohne sich stündlich den Wecker zu stellen, um dem Pony die nächsten Schritte einzuflüstern. Nicht gewillt, seinen gewohnten Komfort aufzugeben, ließ sich der alte Haudegen einen Billardtisch aus der alten Heimat in die Berge kommen und baute einen Swimmingpool. Bloß der heutige Stahlhangar, in dem ein buntes Sammelsurium verkauft wird, hat nichts mehr mit dem ursprünglichen *Store* zu tun. Der war im März 1987 bis auf die Grundfesten abgebrannt. Erst drei Monate zuvor hatten Mick & Di Jones, englischstämmige weiße Basotho der dritten Generation, das Areal erworben. *Harter Tobak für den Anfang, doch sie haben das Beste daraus gemacht.*

Tagesmärsche & Ausritte führen zu Botsoela-Wasserfall (4WD-Piste), Pitsengschlucht mit Badebecken, Echogrotte oder Felsmalereien. Der reizvollste Pfad schlängelt sich über den Matelile-Grat zum Gate of Paradise. Tagesritte, auf denen man zweimal den Makhalengfluß durchquert (Kamera wasserdicht wegpacken!), mit Führer 30 DM; mehrtägige Touren mit Führer & Packtier 45 DM/Tag, plus 10 DM/Nacht in Basothodörfern (Hütte/Zelt); zwei- bis sechstägige Trecks zum Wasserfall von Ribaneng & Maletsunyane.

Übernachten & Essen

Wer einfach ein Weilchen im Schatten vieler Bäume die Seele baumeln lassen oder auf dem Rasen Purzelbaum üben will, wird ebenso glänzend bedient. Abends begutachten sich Neuankömmlinge beim Lagerfeuer gegenseitig, während Mick schöne Cricketerlebnisse ausplaudert. Im Kühlschrank hinter dem Billardtisch findet sich immer noch ein Bier, wenn nicht gerade Junggesellen aus Joburg on tour sind. Im Laden um die Ecke muß teuer büßen, wer sich nicht in Maseru mit Lebensmitteln eingedeckt hat. Mahlzeiten 8-14 DM.

Unterkünfte für jedes Budget: Zweibettnischen mit Sperrholzwänden 14 DM/P, acht Rondawels mit Gemeinschaftsbad/küche 24 DM/P, zehn DZ mit Bad und teilweise Küche 30 DM/P, zehn neue elegante DZ mit Bad 50 DM/P. Zelten auf dem Rasen möglich. *Nach Lobeshymnen in allen Reisezeitschriften und -führern werden die Preise jährlich erhöht. Trotzdem lohnt jeder Lesothobesuch schon wegen dieser Lodge.* ***Zuckerguß Ende.***

Semonkong

78 km südöstlich von Roma, an der A5. Auf Lesothos schönster Sackgasse passiert man die zwei Ketten der Malotiberge. Einzige Begleiter am Rand des ungeteerten Weges (2WD-tauglich) sind Schutzhütten der Hirtenjungen, ab und zu auch die behirteten Objekte selbst. Jenseits des Nkesipasses (2020m) und seiner Fatimakapelle wartet bis Semonkong keine Siedlung mehr. Busse von Maseru allmorgendlich (7 DM).

Semonkongs Name ("Ort des Rauches") deutet schon auf seinen Beitrag zum Touristenglück. 6 km südlich stürzt sich der Maletsunyanefluß über eine Kante im grünen Land 196m in die Tiefe. So viel Urgewalt erzeugt einen konstanten Sprühnebel, der bis Semonkong hinüberweht. Die **Maletsunyane Falls**, im Sommer am spektakulärsten, lassen sich vom Grund der Schlucht besonders würdigen; Zelten möglich. Die 122m hohen Ketane Falls (Luftlinie 12 km entfernt) hätten ebenfalls Aufmerksamkeit verdient, sind aber so abgeschieden, daß man von Semonkong einen, von Malealea zwei Tage dorthin braucht.

Die Semonkong Lodge, T./Fax 0027/51/933 3106, ist das dritte Zentrum für Ponytrekking. Prozedere wie Basotho-Projekt: je vier Reiter teilen sich ein Packpferd, mit Führer 50 DM/Tag. Sieben Tage ab ein/zwei/fünf P 600/400/280 DM, mit Mahlzeiten 900/700/580 DM. Auf mehrtägigen Touren sitzt man 6-7 Std im Sattel. Wer das seinem Allerwertesten ersparen will, angelt Forellen, beobachtet Vögel oder zählt die Zacken der Spiral-Aloe *Polyphylla.* Der Hausherr erschließt ständig neue Trails für Wanderer & 4WD.

Jonathan & Armelle Fraser haben aber auch ein nettes Quartier mit Stein & Reet aufgebaut. Sie nennen ihre **Semonkong Lodge** „rustikal elegant": Strom, heiße Duschen, kein Telefon, Speisesaal, Bar, Küche. Neun Zimmer mit zwei/drei/vier Betten 78/132/156 DM. Bett im 15er-Schlafsaal 15 DM, Zeltplatz 9 DM/P. - **Mountain Delight Lodge**, T. 322 516, liegt quasi eine Tür weiter westlich. Zwei Bars, elf einfache Zimmer 40/65 DM.

Qachas Nek

207 km östlich von Moyeni, neben der A4. Der einzige Distrikt (64.000 Ew) ohne ein Zipfelchen Teerstraße ist von Moyeni gut, von Mokhotlong und Transkei mühevoll mit 4WD zu erreichen. Seine Blüte verdankt das hübsche Nest einem Fluß, der neben Rinderzucht auch Weizenanbau erlaubt und Redwoodbäume 25m hoch werden läßt.

Häutling Qacha („der Versteckte") mischt unter den skurrilen Gestalten in Lesothos Geschichte mit. Bisweilen verschwand er monatelang in den Bergen und verriet selbst engsten Beratern sein Versteck nicht, um in Ruhe über seinen Stamm nachzudenken.

Zum FTC abseits der A4 biegt man beim Schild *Forestry Div.* Bett 10 DM. - **Hotels:** das **Central**, T. 950 224, besteht aus einer Bar und sechs Zimmern, im größeren **Nthatuoa**, T. 950 260, gibt es vier Kategorien, alle mit TV, Heizung & Bad. DZ 70-140 DM. Beide mit Restaurants, in denen der Dekorateur der DDR-Volkskammer geübt hat.

Im Winter ist diese Gegend oft von der Außenwelt abgeschlossen. Wenn es der Weg erlaubt, macht sich täglich 12h ein Bus auf denselben nach Sehlabathebe (9 DM). Mehr Verkehr auf der spektakulären A4, Bus von/nach Moyeni täglich 9h (6 Std, 15 DM).

Sehlabathebe-Nationalpark

105 km nordöstlich von Qachas Nek. Lesothos einziger Nationalpark (nur 75 qkm) wurde 1970 eingerichtet - warum, weiß keiner mehr! Seine Hauptattraktion ist das Gefühl, zwischen Sandsteinbögen **ans Ende der Welt** gelangt zu sein. Das muß man auf 2400m mit wenigen Tieren teilen, hier einer Maloti-Elritze, die als ausgestorben galt, dort einem Bartgeier oder Adler, Oribi oder Pavian. Mehr Tier gibt's auch bei noch so langer Safari nicht. Dafür darf man durchs ewige Grün wandern, klettern & ausreiten; Parktour 25 DM.

☞ **Im Sommer** regnet es viel, genauso oft legt Nebel Wanderer matt. Im Winter ist die Luft klar & kalt. Obwohl es seltener schneit als am Sanipaß, ist Wasser ganzjährig im Überfluß da. Kleine Seen speisen den forellenreichen Tsoelikane, der im Zuge des Highlands-Projektes als letzter gestaut werden soll.

Im gesamten NP ist Zelten gestattet. Nahrungsmittel & Sprit im Lädchen 4 km außerhalb, Brennholz & Kohle auch in der **Sehlabathebe Lodge**. Vier EZ/DZ 15/25 DM, Vierbettzimmer mit Bad 45 DM, komplette Lodge (zwölf Betten) 120 DM; buchen s. Maseru. - **Ranger Centre** im Dorf Sehlabathebe 1500m außerhalb. Schlafsaal 8 DM.

Die Zufahrten zum Park sind nach Regenfällen unpassierbar! Nach Sehlabathebe gekommen zu sein, bedeutet nicht, es auch heil wieder hinaus zu schaffen. In jedem Fall wird schon der Weg zum Abenteuer, daß die Mühen lohnt.

Länger, aber besser: Bus täglich 5.30h nach Qachas Nek (5-6 Std, 9 DM), zurück 12h. Schwieriger: Piste von Thaba-Tseka nach Qachas Nek, von der man bei Matebeng in die Berge biegt. Anmarsch auch zu Fuß oder mit Pferd (20 DM) ab Bushmans Nek/Natal. Charterflüge aus Maseru landen beim Dörfchen Ha Paulus, 12 km außerhalb.

Wer aus Südafrika kommt, wird schnell die entspannte Selbstsicherheit bemerken, mit der Swasi auf europäische Besucher zugehen. Willkommen in Afrika.

Swasiland

Afrikas letztes Königreich (neben Lesotho & Marokko) ist zugleich das kleinste Land der südlichen Erdhalbkugel. Auf dem Weg von Zululand zum Krügerpark oder nach Mosambik lohnt sich dieser Abstecher weitaus mehr als die Gurkerei durchs monotone Veld von Mpumalanga. Es ist ein warmherziges Plätzchen, dessen Schutzgebiete ein paar Tage verdient haben.

Land & Leute

Zwischen Big Bend und Piggs Peak wurden Hinweise darauf gefunden, daß das Gebiet des heutigen Swasiland seit 110.000 Jahren von Menschen bewohnt wird. Das Volk der Swasi ist indes ein Neuankömmling. Die Gnade der Geschichte teilte ihm Landesgrenzen zu, die exakt mit seinem Siedlungsgebiet übereinstimmen - das kann südlich der Sahara kein anderes Volk behaupten.

GESCHICHTE

Im Laufe der großen Bantumigration nach Süden ziehen um 1600 auch die Nguni entlang der Ostküste voran. Ihr größter Clan läßt sich in der Nähe des heutigen Maputo nieder und begründet die Dynastie der Dhlamini. Um 1750 wächst der Druck benachbarter Stämme dermaßen, daß **König Ngwane III.** seine Leute ins Vorland der Lebomboberge führt, zwischen Pongolafluß und dem heutigen Big Bend. Damit gilt Ngwane den Swasi als erster König Swasilands, was sich auch im Landesnamen spiegelt: *Umbuso kaNgwane*.

Doch auch hier besteht der Migra-

Highlights in Swasiland

Mbabane ist die herzigste „Metropole" der Region und Ausgangspunkt der schönen Abfahrt ins Ezulwinital, in dem sich mehrere Häppchen befinden. Und dann ab in die Natur.

*** In mindestens einen ***Big Game Park*** sollte jeder mal seine Nase reinstecken. ***Mlilwane*** ist für Buschwanderungen & Ausritte zu rühmen, ***Mkhaya*** für die hohe Konzentration an Rhinos, ***Hlane*** für seinen generellen Wildreichtum.

*** Das Naturreservat ***Malolotja*** läßt sich tagelang durchwandern. In den angrenzenden Wälder versteckt sich die Perle unter Swasilands Unterkünften: ***Phophonyane Lodge.***

*** Schönste ***Transitroute:*** Piggs Peak - Mbabane - Ezulwini - Hlathikulu - Nhlangano.

tionsdruck fort, diesmal vom Süden durch die erstarkten Zulu. Also zieht sich der nächste König, **Sobhuza I.**, ins Ezulwinital zurück, das heute noch Herzstück der Monarchie ist. Seinem Nachfolger **Mswati I.** gelingt es, eine geeinte Nation zu hinterlassen. Seither nennen sich ihre Angehörigen „Volk von Mswati" - Swasi.

Ab den 1860er Jahren erlebt Swasiland einen stetigen Zustrom europäischer Jäger, Händler, Missionare und Siedler. In Pachtverträgen tauchen dabei oft Windhunde oder Champagner für den König als Sonderposten auf. Nun beschließt auch noch die Südafrikanische Republik, ihren Machtbereich bis Delagoa Bay (Maputo) auszudehnen. Kurz bevor sie das Königreich Swasiland annektieren kann, wird sie aber 1877 von den Briten zerschlagen.

In der Konvention von Pretoria bezahlt Swasiland 1881 für die „Unabhängigkeit" mit dem Verlust weiter Gebiete und der ständigen Einmischung durch Briten und Buren. Es herrscht Chaos, bis die Verwaltung mit dem Burenkrieg ab 1899 zusammenbricht und die Briten Swasiland 1902 unwidersprochen zu ihrem Protektorat erklären können.

Solange der junge Thronfolger Sobhuza minderjährig ist, führt seine Mutter Labotsibeni geschickt das Kommando und ringt nimmermüde um die Rückgewinnung des Landes. Bodenbesitz steht nicht nur für wirtschaftlichen Erfolg. Traditionell „besitzt" der König das Land nur treuhänderisch im Dienste seiner Untertanen. Je mehr Grund und Boden aber in ausländischer Hand sind, desto geringer die Legitimation der Monarchie.

Nach der Krönung von **Sobhuza II.** 1921 verschärft sich dieses Bemühen. Da die britische Überlegenheit offenkundig ist, müssen die Swasi ihr Land wohl oder übel zurück*kaufen.* Mit Subsistenzwirtschaft sind die dazu nötigen Gelder nicht zu erzielen. Also verdingen sich viele in den Minen des Witwatersrandes.

Bis 1968 liegen 70% des Bodens wieder in Swasihänden. Diesen Weg wählte kein anderes Volk der Region, mit dem Ergebnis, daß kein Land weniger weiße Grundbesitzer hat. Erstaunlich an der 66jährigen Fremdherrschaft ist aber auch die Gewaltfreiheit, mit der sie überwunden wird. Noch heute tragen Mbabanes Straßen ihren Namen der Protektoratszeit, seine Hauptstraße ist gar nach dem ersten in Swasiland geborenen Europäer benannt.

Unabhängigkeit

In den 60er Jahren entstehen erste Parteien, darunter **Mbokodvo,** die Swasiwerte ohne Rassendiskriminierung betont. Als die Briten sich 1964 zu Wahlen bereit erklären, erringt Mbokodvo die Mehrheit und 1967 gar alle Sitze im Parlament. Am **6. September 1968** entläßt London das Protektorat Swasiland in die Unabhängigkeit.

Nachdem die Opposition bei den Wahlen 1973 eine Handvoll Mandate gewinnt, verbietet Sobhuza II. alle politischen Verbände. Die Verfassung sei sowieso das Werk der Briten und entspreche nicht der Swasikultur, verkündet der König. Seither ist das Land kein Ein-, sondern ein **Keinparteienstaat,** der alle Macht im König vereint. Mittlerweile der am längsten regierende Herrscher der Welt, hinterläßt Sobhuza II. bei seinem Tod 1982 ein gefestigtes Reich, dem niemand das Attribut demokratisch erteilen würde. Dennoch gilt er seinem Volk bis heute als Nationalheiliger, als der „verstorbene König".

Sobhuzas Sohn Mswati III., der nach mütterlicher Regentschaft den Thron 1986 besteigt, repräsentiert weiterhin die traditionelle Kultur. Damit entspricht er der größten Sorge vieler Swasi, daß ihr Erbe im Angesicht der Moderne verloren gehen könnte. Die Geschicke des Landes lenkt allein der König als Autokrat mit einem harten Kern von Beratern. Als ***Disco King*** bekannt, gilt Mswati als ziemlich fortschrittlich - er nimmt sich nur neun Frauen, während sein Vater noch deren 60 ehelichte und mit 116 Frauen 500 Nachkommen zeugte.

Auch wenn Parteien weiterhin verboten bleiben, äußert sich gelegentlich Unmut. Mühsam knöpfen *People's United Democratic Movement* (Pudemo) und Jugendkongreß (Swayoco) dem König einige Zugeständnisse ab. 1993 wird das Wahlrecht auf Druck von UN und Weltbank ein bißchen frisiert. Der König läßt parteifreie Wahlen abhalten, behält sich aber das Recht vor, ein Drittel der Abgeordneten, alle Minister und den Premier zu ernennen.

Unmerklich bringt dann die Wirtschaftsflaute Mswatis Thron ins Wanken. In den 80er Jahren erfreute sich der Standort Swasiland großer Beliebtheit. Weltkonzerne hatten Zugang zum südafrikanischen Markt, ohne mit der Apartheid zu kungeln und dafür zuhause Hiebe einzustecken. Coca-Cola errichtete eine Sirupfabrik, andere Branchen zogen nach. So fiel Swasiland ohne eigenes Zutun ein konstantes Wachstum von 8% in den Schoß.

Doch seit Südafrika salonfähig ist, büßt Swasiland an Anziehungskraft ein. Die Erträge sinken, die Unzu-

Kreativer Minister: Binnenstaat sucht sein Schiff

Juni 1995: Das Rätsel um Swasilands Handelsmarine ist gelöst. Der Binnenstaat war auf der Suche nach der legendären *Swazimar*, seit sich ein Abgeordneter nach ihrem Verbleib erkundigt hatte. Verkehrsminister Enoch Magagula antwortete im Parlament mit blumigen Details: „Wir glauben, Sie befindet sich irgendwo auf dem Meer. Zwar haben wir einen Suchtrupp entsandt, doch dann ergab sich ein Problem mit Alkohol, so daß die Männer das Schiff nicht fanden." (*Weekly Mail*, 24. Juni 1995) Er wies jedoch Vorwürfe zurück, der Verlust sei der Inkompetenz der Regierung anzulasten. „Die *Swazimar* ist mit bunter Farbe angemalt, die man auch nachts sieht. Ich kann dem Land versichern, daß sie eines Tages auftauchen wird", gab Magagula zu Protokoll. Wenig später berichtete dieselbe Zeitung, *Swazimar* sei eine Transportgesellschaft. Der Minister räumte seinen Irrtum ein.

friedenheit steigt, der mächtige Gewerkschaftsbund SFTU fordert Reformen. Studierende gehen auf die Straße, weil sie sich nicht mehr züchtigen lassen und ihre Haarlänge selbst bestimmen wollen. *Lange federt der König die Proteste durch feine Gesten ab. Als Studenten vor seinem Palast aufmarschieren, spendiert Mswati III. ihnen einen Ochsen. Daraufhin ziehen sie satt von dannen und preisen den Monarchen.*

Ausblick

Inzwischen ist der Schmusekurs in den Städten aber vorbei. Mal streiken Lehrer, mal Arbeiter, dann wieder Studenten. Die Polizei weiß sich oft nur mit Tränengas zu helfen. Selbst vor dem Besuch von Prinz Charles (Nov 1997) geht es hoch her. Der Prinz übergibt fünf PC für die Berichterstattung aus dem kastrierten Parlament und fordert Mswati III. diskret zu Reformen auf. Lange wird der seit 1973 per Dekret regierte Staat mit seiner unterdrückten Opposition kein Fossil mehr bleiben können. Zugleich muß aber gesagt werden, daß die Swasi auf dem Lande unter allen Umständen ihrem König loyal bleiben.

GEOGRAFIE

Mit 17.363 qkm das kleinste Land südlich des Äquators, wird Swasiland von offener Savanne und etwas Regenwald bestimmt. Das Highveld im Westen besteht aus scharfkantigen Bergen, zwischen denen vier Gebiete mit Kiefern und Eukalyptus aufgeforstet wurden. Zur Landesmitte hin schwingen die Berge sanft aus und lassen eine dichte Besiedlung zu. Der Osten besteht aus Buschsavanne, die sich bis zur schroffen Lebombokette an der Grenze zu Mosambik fortsetzt und wegen Malariagefahr nie viele Menschen anzog.

Distrikte: Manzini (4068 qkm), Hhohho (3569 qkm), Lubombo (5946 qkm), Shiselweni (3780 qkm).

BEVÖLKERUNG

Über 95% der 910.000 Einwohner sind Swasi und mit den Zulu eng verwandt. Daneben gibt es 3000 Zulu, Tsonga, Shangaan und etwa 2000 Weiße, Inder und Pakistani.

Derlei Homogenität schlägt sich im schmalen *Swasiland Phone Directory* nieder. Elf engbedruckte Seiten lang ist nur der Name der Königsdynastie verzeichnet: Dhlamini.

Bei 52 Einwohnern/qkm wird Swasiland bald an einen kritischen Punkt kommen. Seine Bevölkerung wächst jährlich um 3,9%, trotz hoher Sterblichkeitsrate wegen Aids. Eine Swasifrau gebärt durchschnittlich 6,4 Kinder. Die Siedlungsfläche ist ausgereizt, stellenweise erodieren Böden wegen Überweidung. Die Lebenserwartung beträgt für Männer 53, für Frauen 60 Jahre. Einzige Städte: Mbabane und Manzini mit 56.000 bzw. 66.000 Einwohnern. Über 40% bekennen sich zu Bantureligionen, 34% sind Protestanten (Zion Apostolic) und 12% Katholiken. Der Rest hängt Naturreligionen an.

WIRTSCHAFT & UMWELT

Swasiland ist arm, aber nicht hoffnungslos. Der Boden gibt außer Asbest, Kohle und (in homöopathischer Dosis) Diamanten keinerlei Schätze her. Dafür entstand im Osten eine weitflächige Zuckerrohr- und im Westen eine Forstin-

dustrie, beide exportorientiert.
Drei von vier Swasi leben von der Landwirtschaft, zumeist auf Subsistenzniveau. Dennoch muß das Land Maschinen, Energie und auch Nahrungsmittel einführen. Wie bei Lesotho besteht eine ungesund starke Bindung an Südafrika. Gut 80% aller Einfuhren stammen vom großen Nachbarn, fast die Hälfte der Ausfuhren gehen dorthin.

Reisevorbereitung

Das *Ministry of Tourism* begreift sich selbst als Lieferant von „allem was Sie über Swasiland wissen müssen könnten", hält den Ball aber sehr flach: Verkehrsamt nur im Swazi Plaza Mbabane und am Grenzübergang Ngwenya/Oshoek. Wer noch im Ausland etwas wissen müssen könnte, bekommt mit etwas Glück bei einer Botschaft Hazel Husseys ausgezeichneten ***Swaziland Jumbo Tourist Guide***, der seit 1991 jährlich neu aufgelegt wird.

EINREISE

Deutsche, Österreicher, Schweizer und Beneluxier brauchen ein Visum, das bei der Einreise **kostenlos** in den Paß gestempelt wird. Wer über zwei Monate bleiben will, wendet sich an den *Chief Immigration Officer*, Mbabane, T. 404 2941. **Straßennutzungsbühr** 5 DM, nur bei Einreise. Swasiland gehört zur Zollunion Südliches Afrika; s. Südafrika.
„Wir wurden am Übergang Mananga/Komatipoort nicht reingelassen, weil man angeblich Einreisevisa nur bekommt, wenn man im Land übernachten will. Transitvisa seien in Joburg zu beantragen, gebe es nicht an der Grenze."(Jens Kleinert)

BOTSCHAFTEN

Swasiland unterhält Botschaften in Brüssel, Kopenhagen, London, Maputo, Nairobi, Ottawa, New York und Washington. Kein Konsulat im deutschsprachigen Raum.
EU-Länder: 71 rue Joseph II, B - 1040 Brüssel, T. 0032/2/230 0044, Fax -5089.
Südafrika: Trade Mission, Rand Central Bldg, 165 Jeppe St, Joburg, T. 011/299 776, Fax -763. High Commission, 1090 Arcadia St, Hatfield, Pretoria, T. 012/342 5782, Fax -5682.
Mosambik: 608 Ave do Zimbabwe, Maputo, T. 01/492 451, Fax -117.
In Mbabane
Deutschland: Dhlan´ubeka House, 3rd Fl, T. 404 3174, Fax -6729.
Südafrika: New Mall, 2nd Fl, T. 404 4651, Fax -6944.

Mosambik: Princess Dr, T. 404 3700, Fax -3692, Abzweigung 1 km südlich des Swazi Plaza. Visum preiswerter als in Joburg, bei sieben/zwei Tagen/1 Std Wartezeit 14/32/40 DM. Zwei Paßfotos nötig, worauf bei rechter Tageslaune aber verzichtet wird. Alle kriegen einen Monat Aufenthalt - und wie schön die Visa sind! Mo-Fr 9-13h.

GESUNDHEIT & KLIMA

Krankenhäuser nur in Mbabane, Manzini und Piggs Peak. Bilharziose ist landesweit, **Malaria** im östlichen Lowveld ein Problem. Wer aus gelbfieberinfizierten Ländern einreist, muß eine entsprechende Impfung nachweisen.
Niederschlag fällt v.a. von Dez-März. **Sommertage** werden im Lowveld über 40°, im Highveld nicht über 27° heiß. Nov-Feb sorgen für die höchsten, Mai-Aug für erträgliche Temperaturen. **Win-**

ternächte sind in den Bergen kühl, im Lowveld manchmal saukalt.

GELD

Swasiland ist billiger zu bereisen als Südafrika. Nirgendwo bieten Wildparks mehr Leistung für wenig Geld. Backpacker kommen prima mit 30-50 DM/Tag aus.

100 Emalangeni = 30 DM. 1 Lilangeni = 100 Cents. Emalangeni auf 1:1-Basis an den Rand gekoppelt. Auch wenn nicht mehr Zweitwährung, werden **Rand überall angenommen.** Außerhalb Swasilands sind Emalangeni nirgendwo zu wechseln.

Banken öffnen Mo-Fr 8.30-14.30h, Sa 8.30-11h. Am letzten Fr im Monat feiert das ganze Land Zahltag. Barclays (T. 404 2691), First National (T. -5401) und Stanbic (T. -6589, Mo-Fr bis 15.30h) in Mbabane wechseln Schecks & Devisen; für beides Rand auf Anfrage. Barclays-Zweigstellen u.a. in Manzini, Nhlangano, Piggs Peak & Big Bend.

Mit Schecks hat man wenig Freude. Hotels wechseln sie schnell, aber zu schlechten Raten, Banken zu hohen Gebühren (8-10 DM). In Restaurants & Hotels wird mit **Kreditkarte** und 10% Trinkgeld gezahlt. An immer mehr Bankautomaten kann man Bargeld ziehen.

ZEIT

Ganzjährig gilt dieselbe Zeit wie in Südafrika. Öffnungszeiten: Postämter Mo-Fr 8-16h, Sa 8-11h. Behörden Mo-Fr 8.30-17h. Geschäfte Mo-Fr 8.30-17h, Sa 8.30-13h, große Supermärkte So 8.30-12h. Punkt 17h sind alle Türen ratzeputz dicht.

Feiertage: Neujahr, Ostern, 19. April - Geburtstag des Königs, 25. April - Flaggentag, Christi Himmelfahrt, 22. Juli - Wandertag, Aug/Sep - Umhlangatanz, 6. Sep - Unabhängigkeitstag, Dez/Jan - Incwala, 25./26. Dez.

LANDKARTEN & BÜCHER

Swasiland quetscht sich auf alle Gesamtkarten des südlichen Afrika. Es gibt keine guten Detailkarten, doch die sind in diesem überschaubaren Land auch nicht nötig. Brauchbar ist die AA-Faltkarte *Motoring in the Kingdom of Swaziland* (1:535.000, 3 DM), mit Miniplänen von Mbabane und Manzini. Für Mitglieder europäischer Automobilclubs kostenlos.

Wer von den Hauptstraßen nicht abschweift, bekommt mit dem werbelastigen *Jumbo Tourist Guide* (8 DM) Karte genug. Objektiver ist Marco Turcos *Visitor's Guide to Swaziland*, erhältlich im Buchhandel auch in Südafrika. Lesenswertes Magazin; *The Lion Roars Again* ist reich bebildert & schön gestaltet; s. Hlane.

SICHERHEIT

Swasiland war als Reiseland jahrelang ungefährlich. Heute ist es nicht mehr ratsam, nachts durch Mbabanes und Manzinis Straßen zu ziehen. Mit dem Überfall auf The Chillage im Juni 1997 wurde erstmals nachgeahmt, was in Joburg längst gang und gebe war.

POST, TELEFON & INTERNET

Postämter in acht Städten, für Anrufe, Telegramme und Faxe. Briefmarken auch in Hotels. Briefe bis 10 g und Postkarten/Aerogramme kosten nach Europa 0,60/0,40 DM. DHL im Karlyn Centre, Mbabane, T. 404 5829, versendet Pakete weltweit.

Telefonversuche brauchen ihre Zeit, im Outback oft erfolglos. Seit der landesweiten Umstellung 1999 gibt es siebenstellige Nummern ohne Ortsvorwahlen. *Auskunft T. 91.* Selbstwahl nach Südafrika 0727. Anrufe nach Europa besser bis Südafrika aufschieben. Landesvorwahl © 00268.

Internet: mindestens drei Webpages haben Nützliches über Swasiland mitzuteilen:
www.mintour.gov.sz,
www.swazi.com und
www.realnet.co.sz, hier auch mit Big Game Parks:
/real/tour/biggame.html. Inzwischen sind weitere Anbieter verlinkt. Netcafé s. Mbabane. Hausgäste läßt Lizzie von **The Chillage** auch mal an die Tastatur.

Hin & weg

Nachts ist Swasiland hermetisch abgeriegelt. Elf Übergänge führen nach Südafrika, nur fünf sind auf Teer zu erreichen. **Transit** v.a. über Lavumisa/Golela bei Big Bend (7-22h), Mahamba/Nhlangano (7-22h), Ngwenya/Oshoek bei Mbabane (7-22h, ideal für Anhalter) und Matsamo/Jeppes Reef bei Piggs Peak (7-20h); alle anderen nur 8-16/18h. Den langen Grenzstreifen zu Mosambik übergeht bisher nur Lomahasha/Namaacha (7-17h).

Bahn: seit 1998 verkehren auf der Trasse **Durban-Maputo** (25 Jahre außer Betrieb) wieder zwei Züge pro Woche. Die Fahrt über Lavumisa, Mkhaya & Mlawula dauert 20 Std; 60 DM/P im Sechsbettabteil, großzügiges Freigepäck wegen vieler Händler. Auskunft in Durban, T. 031/361 7621, und bei **Swazi Railway** in Mbabane, Johnson St, T. 404 7211, Fax -7210. Eine neue Bahnlinie Joburg-Manzini-Maputo ist im Gespräch.

Minibusse: mehrmals täglich von Joburg nach Mbabane (5 Std, 35 DM), von Manzini zum Grenzübergang Lomahasha (1 Std, 4 DM), dort Anschluß nach Maputo. ***Baz-Bus*** viermal pro Woche in Lavumisa rein, anderntags in Ngwenya wieder raus.

Transtate-Busse: Joburg-Mbabane-Manzini Mo-Sa 7.30h, zurück So-Fr morgens (10½ Std, 40 DM). Joburg-Hlathikulu Mo-Sa 8h, zurück So-Fr (10 Std, 30 DM). Durban-Manzini-Mbabane Mo-/Mi/Fr, zurück Di/Do/Sa (11 Std, 40 DM).

FLUGZEUG

Matsapha, der einzige Flughafen im Lande, 8 km westlich von Manzini, bietet echt afrikanische Erfahrungen, mit Ankunft/Abflug, Wechselstube (11 DM Scheckgebühr!) & Ticketschalter in einer schmalen „Halle", dazu viel Zaun und wenig los. Autovermieter warten im Vorhof zwischen bunten Blumen und rostigem Tower. Abflugsteuer 10 DM.

Royal Swazi Airlines setzt bevorzugt Fokker F-28 ein. ISIC-Ermäßigung nur *nach* Swasiland. Büros am Flughafen, T. 518 6025, und im Swazi Plaza Mbabane, T. 404 3486.

Scan Air, T. 518 4331, Fax -6340, unterhält mit fünf- bis neunsitzigen Sportfliegern einen Pendeldienst nach Maputo. Charter zu jedem anderen Ziel der Region. **Steffen Air,** T./Fax 363 6531, steffenair@iafrica.sz, hat neben Charter auch eine Linie von/nach Durban.

Von Manzini nach
Durban mit SA Airlink Di/Fr/So (320 DM).
Harare mit RSA Mo/Fr 11.45h (1½ Std, 450 DM), mit Air Zimbabwe Di.
Joburg mit BA Comair Di/Mi/Sa (180 DM), mit RSA Mo/Di-/Do/Fr/Sa morgens, Mi/Do/So nachmittags (½ Std, 180 DM, bei Bezahlung sieben/drei Tage im voraus 120/150 DM).
Lusaka mit RSA Mo/Fr 11.45h (3 Std, 550 DM).
Maputo mit RSA Di 9.30h, Mi 17h, Sa 12h, So 15h (½ Std, 135 DM), mit LAM Fr/So.

Kreuz & quer

In keinem Land der Region fällt der Verzicht auf ein eigenes Fahrzeug so leicht. Besitzer abgelegener Lodges nehmen Gäste gerne in die nächste Stadt oder zu Naturzielen mit. Niemand vermietet bislang Fahr-/Motorräder. Entfernungen so überschaubar, daß man gerne ein paar Schritte selbst tut - ab Mbabane: Ngwenya 23 km, Manzini 42 km, Piggs Peak 65 km, Hlane-Camp 110 km, Nhlangano 132 km, Lomahasha 145 km, Lavumisa 190 km.

Große Busse bedienen „große" Orte, unterwegs kommt der Schaffner durch, was überhöhte Preise ausschließt: 100 km rund 4 DM. **Minibusse** befahren kürzere Strecken für etwas höhere Preise; Fahrtziel selten angeschrieben, also Fahrer fragen & bezahlen. Mit **Taxen** in Mbabane & Manzini kann man zu viert recht teure Tagestouren arrangieren.

Anhalter haben ein leichteres Leben als in Südafrika. Weder sie noch die Fahrer ziehen die Hautfarbe des Anderen zur Entscheidungsfindung heran. Wer Platz hat, hält. Wer mitgenommen wird, zahlt ein paar Rand. Viel „Konkurrenz" durch Einheimische.

Swazi Trails, T. 416 2180 und -1001, Fax 404 0957, bietet Wildwasserrafting auf dem Usutu, Mountainbike/Wandertouren, Abseilen, Safaris zu Fuß und im Pferdesattel, Halb/Ganztagestouren mit Minibussen, Transfers, Hotel/Parkreservierungen. **Tip!**

AUTO

Die Fernstraßen sind gut, der steile Malagwanehügel (Ezulwinital), der schon viele Todesopfer forderte, wird seit 1998 durch eine Umgehungsstraße entschärft. Kürzlich asphaltiert wurden Big Bend-Lavumisa und Manzini-Hlathikhulu-Nhlangano. Viele Orte sind erst unmittelbar an der Abzweigung ausgewiesen, oft durch dürftige oder verrostete Schilder.

Über Schotterpisten im Hinterland darf man nicht klagen. Eine Gefahr stellen hier Kind & Rind dar. Für die meisten Swasi bleiben die eigenen Füße das Haupttransportmittel.

Regeln: Anschnallpflicht, Linksverkehr. Wenn ein offizieller Konvoi ranbrettert, muß man zur Seite fahren und halten. Tempolimit 80 km/h auf Landstraßen, 60 km/h innerorts - auf den Rennstrecken MR3, MR8 und MR1 gelegentlich durch Radarpräsenz unterstrichen. Das Tempo senken brachiale Schweller, ausgefranste Straßenränder, lahme Klapperkisten.

Tankstellen: haufenweise, viele rund um die Uhr. Bezahlt wird bar, mit rund 0,75 DM/Liter billiger als in Südafrika.

◆◆◆

☞ **Augen auf!** Selten habe ich so viele verunglückte Fahrzeuge gesehen. Swasi sind nicht eben für souveränen Fahrstil berühmt. Das gilt auch für Minibusse, die im Hinterland gerne die Mittellinie als Peilhilfe nutzen. Außerhalb von Ezulwini und Mbabane sollte man auf Nachtfahrten verzichten. AA-Agenturen in Mbabane, Manzini und Piggs Peak.

Autovermieter in Mbabane und Matsapha verlangen ähnliche Preise wie ihre südafrikanischen Kollegen. Kunden werden im Hotel abgeholt. Preise inklusive Versicherungen.

Avis: am Flughafen, T. 518 6228, Fax -4928. Gruppe A/B ab 420/600 DM/Woche, 200 km/Tag frei. *Weekend Special* 62 DM/Tag, 125 km/Tag frei.

Imperial: Mbabane, Sheffield Rd, T. 404 1384, Fax -0459, und am Flughafen, T. 518 4393, info@imperial.ih.co.za. Golf 427 DM/Woche, 200 km/Tag frei.

Affordable Car Hire: Shop 4, Swasi Plaza, T. 404 9136, Fax -9137. Tarife wie Imperial, Knüllerchen auf Nachfragen: Ford Laser fürs Wochenende 51 DM/Tag, 125 km/Tag frei.

Knack & back

Swasiland ist ein klassisches Ziel für Rucksackreisende: genug Minibusse, preiswerte Unterkünfte, viel Natur & Freizeitprogramm. Jederzeit sind Begegnungen möglich.

ÜBERNACHTEN

Kaum Campingparks außerhalb der Reservate. Also sucht man sich außer Sichtweite der Orte ein geeignetes Plätzchen, nachdem man den Dorfältesten um Erlaubnis gebeten hat. Dessen Wort bewahrt auch vor unerwünschten Besuchen.

Backpackers stehen bereits in Mlilwane und Mbabane. Angesichts des Booms ist Zuwachs aber nur eine Frage der Zeit. In der Hauptstadt gibt es kirchlich geführte Herbergen.

Jeder größere Ort hat sein mehr oder weniger miefiges **Hotel.** Spitzenkomfort darf man nur im Ezulwinital und von Casinohotels erwarten, die sich an Südafrikaner wenden und ihre Tarife danach gestalten. Zu den besten Unterkünften zählen die **Big Game Parks.**

Falls Ihnen Preislisten in Hotels arg schief vorkommen, z.B. DZ für 151,20 E, liegt das an der Mehrwertsteuer: 12% auf alle Unterkünfte. Preise inklusive MWSt.

ESSEN & TRINKEN

Supermärkte haben Angebot und Preise denen in Südafrika angepaßt (kein Nutella, keine Tempos). Restaurants im Ezulwinital bieten internationale Küche, also mehr als Huhn & Pizza. Eine Swasispezialität ist Marulabier, man kann aber überall aufs bewährte *Castle* zurückgreifen. Leitungswasser ist im allgemeinen trinkbar; im Zweifel nachfragen.

SPRECHEN & VERSTEHEN

Englisch ist mit Siswati Amtssprache. Konversation in fließendem Englisch darf man aber nur in den Städten erwarten. Siswati, diese sanfte Sprache, ist dem Zulu eng verwandt.

Halten Sie sich an Gurtgebot & Tempolimit, die Polizei kennt kein Pardon. Fahren Sie besonders im

Grundbegriffe Siswati

Guten Tag - Sawubona nkhosi/Sanobonani bonkhosi (für eine Person/Gruppe)
Wie geht es Dir/Ihnen? - Unjani/Ninjani?
Mir geht's gut, danke. Und Ihnen? - Ngikona. Ngeva wena?
Wie heißen Sie? - Ngubani libito lakho?
Ich verstehe nicht - Anguia kutsiwani
Ich bin hungrig/durstig - Ngilambile/Ngomile
Gestern/Heute/Morgen - Italo/Lamuhla/Kusasa
Männer/Frauen (auf Toilettentüren) - Indvodzo/Umfadzi
Dankeschön/In Ordnung - Ngiyabonga/Kulungile
Ja/Nein/Bitte - Yebo/Cha/Tsine
Huhn/Fleisch - Yenkhukhu/Inyama
Maisbrei/Eier - Phutu/Emacandza
Milch/Brot - Lubisi/Sinkhwa
Tee/Kaffee - Litiya/Likhofi
Wasser - Emanti
Auf Wiedersehen - Sala kahle/Hamba kahle (wenn der Sprechende geht/bleibt)

Hinterland vorsichtig, Kinder und Tiere scheren sich nicht um Verkehrsregeln. Fotografieren Sie keine Königspaläste, Polizeiwachen, Behörden oder Bankgebäude.

UNTERHALTEN

Sport: Swasiland jagt nicht dem allerletzten Adrenalinkick oder Fitneßtrend nach. Natürlich finden Golfer und Tennisspieler im Ezulwinital ihre Plätzchen. Das besondere Erlebnis bieten aber Ausritte beim Forester Arms oder auf Hawane, Wanderungen in Malolotja und Mlilwane, Rafting durchs Wildwasser von Mkhaya.

Nachtleben: Sun-Hotels verschaffen jene Art von Unterhaltung, die man von ihnen erwartet: Glücksspiel, gepflegten Tanz und die immergleichen Männergespräche auf Teppichboden. Wer es bodenständiger mag, kann in Mbabane und Ezulwini mit einem Kinobesuch beginnen und sich dann durch eine Handvoll Bands und Clubs arbeiten. Auch Nachteulen wird es aber nicht gelingen, das Morgengrauen woanders als im Bett zu erleben.

Für verzechte Nächte zieht man eine Hausnummer weiter - nach Maputo!

Kultur: Swazitraditionen bringt der Königsort Lobamba dem Besucher näher. Die Monarchie in Aktion erlebt man am besten während der Incwala- und Umhlangazeremonien.

Medien: es gibt zwei englischsprachige Tageszeitungen, darunter die bisweilen erfrischend kritische *The Times of Swaziland*, und einen

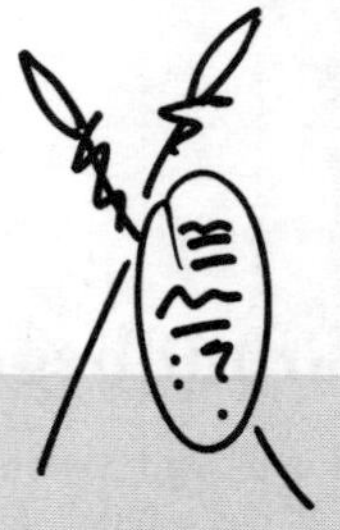

Auf den zweiten Blick

Swasizeremonien

Braut- und Kriegerschau für den König

Mehrere Feste erneuern Jahr für Jahr die innige Beziehung jedes Swasi zu seinem König. An allen dürfen auch Touristen teilnehmen. Allerdings gelten Einschränkungen, die im Verkehrsamt zu erfahren sind. Fotografieren ist beim Incwala verboten, beim Umhlanga nicht.

☞ *Incwala.* Das symbolträchtige „Fest der ersten Frucht" ist das wichtigste im Swasikalender. Sein genaues Datum bestimmen des Königs Astrologen nach aufmerksamem Studium der Planetenkonstellation. Meist wird die Zeremonie aber im Dezember oder Januar abgehalten. Sie beginnt mit der Reise der Bemanti ("Menschen des Wassers"), eines Clans bei Manzini, an die Meeresküste in Mosambik. Hier nehmen sie Gischt mit, in der sich Heil- und mystische Kräfte verbinden, außerdem Wasser und bestimmte Pflanzen.

Ihre Rückkehr (kleines Incwala) markiert bis zum nächsten Vollmond den Auftakt zu den großen Festivitäten im Ezulwinital. Junge Männer aus dem ganzen Land treffen sich vor dem Königskraal in Ngabezweni und schweifen dann aus, um in der Vollmondnacht Zweige des heiligen Lusekwanestrauches zu sammeln. Teilnehmen dürfen nur Jugendliche, die nie mit einer verheirateten Frau geschlafen oder eine unverheiratete Frau geschwängert haben. Wer dies Gebot bricht, dem schrumpeln die Zweige auf dem Rückweg zusammen.

Mit den Zweigen wird im Morgengrauen eine Einfriedung für den König errichtet, in die er sich zurückzieht, um von den ersten Früchten zu naschen. Am dritten Tag des Festes wird ein Bulle geschlachtet, am vierten erscheinen alle Regimenter des Königs an der Einfriedung, bis er das Refugium verläßt und vor seinem Volk tanzt. Wenn die Früchte seinen Wohlgefallen und Segen fanden, darf auch das Volk von der neuen Ernte essen.

Während des Incwala treffen sich die Männer beim Königskraal in Ludzidzini zu wochenlangen Tänzen, meist unter den Augen des Königs. Dafür gibt es Lieder, die zu anderen Zeiten verboten sind. Bis vor kurzem war auch traditionelle Kleidung vorgeschrieben. Das Incwala endet, wenn die Krieger alle Felder des Königs vom Unkraut befreit haben. Dann werden alle Zeremonialobjekte feierlich verbrannt, und der Regen darf kommen.

☞ *Umhlanga.* An Bedeutung dem Incwala untergeordnet, besticht der „Riedtanz" umso mehr durch Farbenpracht. Der einwöchige Debütantinnenball, der Ende August oder Anfang September in Lobamba stattfindet, war ursprünglich für unverlobte Jungfrauen vorgesehen, die dem König und der Königinmutter (*Indlovukati*) ihre Aufwartung machen. Die Gelegenheit, sich ihrem Monarchen in der Blüte ihrer Jahre zu zeigen, nutzen Mädchen aus dem ganzen Land - nach Erläuterung eines Swasi: *The beauty of the maidens is*

totally displayed. Der 1982 verstorbene König Sobhuza II., der über 60 Gemahlinnen hatte, nutzte sie ausgiebig zur Brautschau. Inzwischen haben sich die Akzente etwas verschoben.
König Mswati III. begnügt sich mit neun Frauen (Stand 1998) und läßt auch junge, noch nicht heiratsfähige Mädchen teilnehmen. Wie die Jungen ein paar Monate zuvor ziehen die Mädchen aus und bringen Ried aus verschiedenen Gegenden, um der Königinmutter einen Zaun zu errichten und ihre Hütten zu reparieren. Dafür legen sie den gesamten Weg zu Fuß und teilweise nachts zurück. Am sechsten und siebten Tag treffen sich die Mädchen zum Umhlangatanz. Prinzessinnen sind dabei an den roten Federn im Haar zu erkennen.

Radiosender in Siswati (93,9 MHz). Im Nordosten schaffen tanzwütige Sender aus Mosambik Vorfreude.
Einkaufen: ein gutes Dutzend *Crafts Centres* verdient einen zweiten Blick. Zu den Flechtwaren gehören Matten & Grasflaschen (*liqhaga*), in die tatsächlich Wasser gefüllt wird. Beliebt sind auch Holzgegenstände, von Schüsseln bis Wanderstöcken. Einige Läden verkaufen Schmuck, Glas- und Tonwaren, andere Batik, Kerzen & traditionelle Waffen.

NATIONALPARKS

Sehr beachtlich! Die fünf Reservate spiegeln die Vielfalt der Vegetationszonen wider. Am leichtesten zugänglich: **Mlilwane Sanctuary** im Ezulwinital. Perlen des Lowvelds: **Mkhaya WR** ist für seine Rhinos berühmt, **Hlane Royal NP** vereint auch Löwen, Elefanten und eine „Safarirennstrecke". Alle drei stehen unter der Spitzenführung von Big Game Parks; s. Mbabane. Dieser private Betreiber macht Mlilwane und Hlane so billig, daß auch Einheimische sich den Besuch leisten können. Mkhaya schlägt beim Preis-Leistungs-Verhältnis alle Reservate um den Krügerpark.
Malolotja ist ein Wandergebiet im Hochland mit pflanzlichen Besonderheiten, die einen Umweg rechtfertigen. In **Mlawula** geht dagegen das Lowveld schroff in die Lubomboberge über. Für diese Reservate ist die National Trust Commission zuständig; s. Lobamba.

Mbabane

Das Schluß-e wird verschluckt

371 km östlich von Joburg, 236 km westlich von Maputo. Nicht daß die Konkurrenz sonderlich groß wäre - aber die Hauptstadt (55.000 Ew) ist zugleich **der angenehmste Ort des Landes.** Ihr Name („scharf, bitter") bezieht sich eindeutig auf Wesenszüge eines früheren Häuptlings. Die Höhenlage in den Dlangenihügeln sorgt für Abkühlung, der nächste Baum ist nie weit, und das ständige Auf und Ab verschafft überraschende Überblicke. All das erwog die Briten anno 1902, ihre Verwaltung von Manzini hierher zu verlegen.

Geschäftstreiben findet v.a. um den Busbahnhof statt, in Swazi Plaza, Mall & New Mall. Dadurch muß die bisherige Schlagader **Allister Miller St,** die hinter dem Swazi Plaza entspringt, ziemlich bluten. Immer noch versammelt sie aber Unterkünfte und Restaurants. Die starke taiwanesische Präsenz schlägt sich in Schnellimbissen und der eindrucksvollen Botschaft, einem veritablen Tempel, nieder.

☼ **Dem ordentlichen** Angebot an Kost, Logis & Freizeitspaß steht rein gar nichts an Sehenswertem gegenüber. Das folgt weiter unten im Tal. Dafür ist die Stadt so kompakt, daß man es nie weit hat zum Busbahnhof. Und von hier kommt man schnell in alle Ecken. Auf Swazimarkt und Swazi Plaza ist jedes erdenkliche Kunsthandwerk vertreten.

Kurz & knackig

Von der Hauptkreuzung/Swazi Plaza erstreckt sich das Zentrum nach Norden; kinderleicht zu Fuß zu bewältigen. Hinter der Post steht der prägnanteste Hochbau Dhlan´ubeka.

Verkehrsamt: Swazi Plaza, T. 404 2531, verständnisvoll & bemüht, bloß von Internet weiß keiner was. Veranstaltungskalender, gute Broschüren, Mo-Fr 8-16.45h, Sa 9-13h. **Nationalparks:** Info & Buchung bei Big Game Parks, The Mall, T. 404 4541, Fax -0957.

Banken: in Swazi Plaza bzw. The Mall. Barclays wechselt Schecks schnell, bei Stanbic gab´s zuletzt bessere Kurse. **Postamt:** Warmer-/Tin St, 400m östlich des Swazi Plaza, mit langer Reihe von Telefonzellen, noch längerer Reihe von Anrufwilligen. Telex, Fax, Postlager, Mo-Fr 8-16h, Sa 8-12h.

Internetcafé: im Omnicentre, T. 404 1676, box31@icafe.co.sz, mit vier PCs; online 5 DM/Std, Mo-Fr 8-19h, Sa 8-17h.

Fotosachen im Swazi Plaza: Diafilme (15/18 DM) bei Fotorama, Photofix & SNA, Farbfilme auch bei Clicks & OK, 400er-Filme nur bei Foto First, New Mall. Diaentwicklung in 2 Std bei Fotorama; gründlicher & teurer bei Omnifoto, Omnicentre.

Reisebüros: Connections Travel, T. 404 1954, Fax -6120, und Sundown Travel, T. 404 0769, Fax -4291, beide Swazi Plaza, für Hotels, Flüge, Touren, Ausflüge, Visa.

Friseur: wer für die Hauptstadt seinem Haupthaar einen Kick geben will - Graham Irons von Elevated Levels, Coventry Cres, T. 404 7667, ist auf der Höhe der Zeit. **Health Shop:** Swazi Plaza, T. 404 3472, mit Kräutermitteln & Teeauswahl. **Waschsalon:** New Mall, T. 404 5276, eine Ladung waschen-/trocknen 4 DM. Mo-Fr 8-17.45h, Sa 8-16h.

Notfall: Polizei 999, Feuerwehr 404 3333, Ambulanz 404 2423. Bestes Krankenhaus: MediSun Clinic im Lugogo Sun, T. 416 2381, 25 DM/Untersuchung.

Übernachten

Gezeltet wird in Mlilwane und Ezulwinital. Seit April 1997 gibt es ein Backpackers - und was für eines. Damit sind Budgetreisende nicht mehr auf kirchliche Herbergen angewiesen, die bei Dunkelheit Fußmärsche durch nicht ganz koschere Viertel erfordern.

The Chillage BP, Gilson/Nicholson Cres, T. 404 8342 und -8854, lizzie@realnet.co.sz, 1500m nordwestlich des Zentrums rechts der Gilfillan St. Lizzie aus England könnte die kleine Schwester von Simply Red sein, Desmond aus den West Indies lacht, spricht, raucht wie Bob Marley. Im urgemütlichen Haus wird rund um den Kamin auf Entspannung geachtet. Die beiden haben lange im Norden Mosambiks gelebt und daher reichlich Tips parat. Wenn unter den Gästen einer kochen kann oder das behauptet, kocht er gleich für alle. Internetzugang, halb/ganztägig für 25/50 DM zu Hexenwinkeln und anderen *Funky Spots.* Schlafsaal mit sechs bzw. 14 Betten 18 DM, *Cave House* 45 DM. **Tip!**

Herbergen christlich nüchtern: **Thokosa Centre**, T. 404 6682, 500m hinter der Polizeiwache Walker St, ist afrikanischer als alle Sun-Hotels zusammen. Großes Gelände, Zimmer über der Kantine, Waschräume im langen Gang, jedes zweite DZ mit Dusche/WC, alles picobello. Bett 8-10 DM, mit VP 24-26 DM. Im **Youth Centre**, Isomi St, T. 404 2176, jenseits des Flusses 800m vom Swazi Plaza, beendet Kindergeschrei die Nacht um 7h, so daß man den Morgenblick auf Mbabane nicht verpaßt; ab 21.30h dicht. Spartanische DZ 28 DM, 16er-Schlafsaal 14 DM, Mahlzeiten 4 DM. - **Minus:** auf die runtergekommene Hill St Lodge würde ich selbst bei fortgeschrittener Verzweiflung verzichten.

Die feineren Quartiere geben sich ein Stelldichein im Ezulwinital: mehr Aussicht auf Ruhe & Landschaft. Wer ohne Fahrzeug ist, kommt auch in Mbabane erträglich unter.

City Inn, All. Miller/Walker St, T. 404 2406, Fax -5393, mward-@realnet.co.sz, steht seit jeher bei schwarzen Geschäftsleuten hoch im Kurs. Nackte EZ/DZ mit F, Sesseln & TV 38/50 DM, im helleren Ostflügel 60/80 DM, mit Bad & Klimaanlage 75/95 DM. - **Tavern Hotel**, Gilfillan/Smuts St, T. 404 2361, Fax -0373, läßt seinen Garten bis an die zweitbelebteste Kreuzung reichen. Fachgewerkelte Fassade, viele Bäume & Pool. 40 gut ausgestattete, teilweise aber winzige EZ/DZ mit F ab 57/99 DM. - **Khula Golden GH**, T. 404 7323, in einer Nebengasse von All. Miller (ausgeschildert), blickt selbstsicher auf die Stadt herab. Abschließbarer Parkplatz, Pool, Braai, Küche. DZ mit F ab 90 DM.

Essen, Trinken & Feiern

In Swasiland könnte man fast vergessen, daß es mehr gibt als Hähnchen. Wie schön, daß wenigstens Mbabane das weiß.

The Mall: Steers hat solide Burger, Steaks & Salate ab 3 DM, die man auch am Bach verzehren darf. **Phoenix Spur**, T. 404 9103, erweitert dieses Angebot Di um *Mexican Nights,* Mi um Livekonzerte; So-Do 9-23h, Fr/Sa 9-24h.

Auch wenn **Pablo's**, T. 404 2406, neben dem City Inn stark an KFC erinnert, bietet er doch auch schnelles Rind für 5 DM, vegetarische Pita für 4 DM, Zeitungen für

Durchblätterer. **Copacabana**, ein paar Türen südlich, schreckt von außen fast ab. Drinnen aber portugiesische Herzlichkeit, gute Kost & satte Salatteller für 5 DM.

Im **Mediterranean**, All. Miller-/gegenüber Kino, T. 404 3212, ist der coolste 70jährige Kellner des Landes zugange, samt Krawatte & Cordblouson. Selbst wenn man die Suppe dreimal ordern muß - es lohnt sich. Gemütliche Nischen, Halalkost, Tortillas ab 7 DM, gute Grillsachen, *Seafood* & Curries ab 13 DM; täglich 10-24h.

Marco's Trattoria, All. Miller, T. 404 5029, liegt eine Etage über Straßenniveau, was auch für die Speisen gilt. Balkon, Fisch, Steaks, Pasta; täglich 10-14.30h, 17-22h. **LM**, Gilfillan/All. Miller, T. 404 3097, fügt portugiesischer Kost eine Prise Mosambik bei. Königsgarnelen, Periperi-Huhn, Abkürzung von Lourenco Marques (nicht Zigaretten).

Hwa Li, T. 404 5986, im Dhlan'ubeka-Haus kocht südchinesisch, wobei jeder Gast den Schärfegrad bestimmen darf & sollte! Prima Suppen, oft eine Mahlzeit für sich. Gedämpfte Stimmung dank Musikgesäusel, Pastellfarben & Beleuchtung. Reservieren.

La Casserole, T. 404 6426, im Omnicentre hat sich unter deutscher Führung einen Spitzenruf erobert. Eisbein & Schnitzel, Holzofen für Pizza, Cocktailbar, dazu ein Patio fast wie ein Münchner Biergarten, bloß mit Blick auf afrikanische Berge. Nicht ganz billig.

What's On?, der inoffizielle Veranstaltungskalender, verrät was los ist - nicht viel. **Cinelux**, All. Miller/gegenüber Omnicentre, T. 404 2818, und **Maxi Movies**, Swazi Plaza, T. 404 6083, sind bei Kassenschlagern & Hollywood-Action fast auf der Höhe der Zeit; Cinelux täglich 17.30/20h, Maxi Mo-Sa 14.30/18.30h, Eintritt je 4-5 DM.

Als Begegnungsstätten meist überfüllt: **Plaza Bar** hinter dem Swazi Plaza und Kellerbar im Tavern Hotel. Im **Green Room** des City Inn steigen oft Discos und jeden Sa 19h Glücksspiele; Eintritt 3 DM. **Maxim's**, Johnstone/fast Post St, backt bis 24h prima Pizza ab 6 DM. Dazu herrscht an Bar, Billard, Bühne aufgekratzte Stimmung, und die Disco im Keller rasselt Fr/Sa bis 4h; Eintritt 8 DM. - Nicht ganz geheuer: Tinker's und Ecstasy Bar.

Hin & Weg

Transtate nach Joburg ab Coventry Cres, 500m südöstlich vom Swazi Plaza. Alle anderen ab Busbahnhof gegenüber Swazi Plaza, Einheimische weisen zum richtigen Fahrzeug. Busse/Minibusse nach Manzini (2 DM) müssen durchs Ezulwinital. Sagen Sie dem Fahrer beim Einsteigen, wo Sie rauswollen. Keine Direktverbindung zum Flughafen.

Taxen jederzeit bei Busbahnhof oder All. Miller St. Fahrt ins obere Ezulwinital rund 12 DM, Mlilwane 20 DM, Flughafen 35 DM. Bestellen unter T. 404 2014 und -2530.

Der Südwesten

☞ **Im Ezulwinital** landet jeder unausweichlich. Um aber auch **das reale, rurale Swasiland** kennenzulernen, lohnt sich (sofern Auto vorhanden) eine ganztägige Rundtour durch Grand Valley und Hochland, über Schotterpisten, zerfranste Dörfer und abgeweidete Hänge wieder hinunter ins Malkerns Valley. Wer nach soviel Afrika genug Puste hat, gibt sich hinter Bhunya das weiße Kontrastprogramm: weitläufige Waldgebiete ohne Siedlungen, aber mit Landgasthöfen an den schönsten Fleckchen. *Schwarzwald meets Transkei.*

Ezulwinital

An der Straße Mbabane-Manzini. Der Mbabanefluß hat das breite Tal der Swasikönige geschaffen, das erst hinter Lobamba in offenes Buschland übergeht. Den oberen Teil hat der Tourismus in eine lange Vergnügungsmeile mit Souvenirs, Discos & Schönheitssalon verwandelt. Im unteren Teil befriedigt Lobamba die Schaulust. Bus/Taxi s. Mbabane.

Übernachten & Essen

Alle Etablissements liegen an der alten Talstraße, die ersten beiden noch stadtnah am Malagwanehügel. **Preisanstieg zur Hauptsaison,** Auflistung in Fahrtrichtung Manzini (samt Entfernung ab Swazi Plaza). Kostenloser Pendelbus aller Sun-Hotels vom/zum Flughafen.

Mountain Inn, T. 404 2781, Fax -5393, mountaininn@realnet.co.sz, linkerhand (1 km), genießt den Überblick über das Tal. EZ/DZ ab 115/140 DM. **Friar Tuck** im Gewölbekeller ist eine ordentliche Mischung aus Restaurant, Pub & Aussichtsplätzchen.

Die schöne Anlage des **Swazi Inn**, T. 404 2235, Fax -6465, linkerhand (3 km), leidet leider unter dem Lärm der MR3. EZ/DZ mit F ab 95/115 DM, Extrabett 35 DM, Suite mit Jacuzzi 115/125 DM. Im **Red Feather**-Restaurant wird auf teppichgedämpfte Gemütlichkeit geachtet. Steaks/Fisch ab 12 DM, letzte Bestellung 21.30h.

Mgenule Motel, T. 416 1041, Fax 404 6465, linkerhand (8 km), kommt unter den Preiswerten dem Taltrubel am nächsten. Pool, Bar, Liegewiese. 30 klimatisierte EZ/DZ mit TV & Bad ab 35/50 DM, teils eigene Küchen; am Wochenende plus 30%. Im ganzen Land kocht keiner besser indisch als sein **Tandoori**-Restaurant - frische Scharfmacher.

Timbali Caravanpark, T./Fax 416 1156, rechterhand, glänzt mit Pool, Spazierlaune & Supermarkt. Auf Wunsch wird Gästen das Zelt geputzt! Preise in Neben/Hauptsaison: Zeltplatz 12/16 DM plus 3 DM/P, Vierbett-Rondawel mit Herd & Kühlschrank 40/45 DM plus 5 DM/P, Achtbett-Chalet mit Sanitärblock 45/50 DM plus 5 DM/P. **Tip!**

Im **Calabash**, T. 416 1187, rechterhand, hat Egon Hernler österreichisches, schweizer & deutsches Rezeptgut zusammengestellt. Damit schafft Swasilands Spitzenrestaurant eine der kostbaren Gelegenheiten, sich und seine Gefährten mal richtig zu verwöhnen, von Austern bis Champagner. Hauptgerichte ab 14 DM, täglich mittags-/abends, reservieren.

Mit dem **Swazi Spa**, T./Fax 416 1164, rechterhand, hat der *Wellness*-Trend endlich auch Afrika erreicht. Joburgs Bürohocker kriegen kostenintensiv verklickert, wie sich der moderne Mensch und sein Geldbeutel entspannen. Daß dazu unbedingt *Cuddle Puddle*, Sauna, Whirlpool, Sauerstoff- und Aromatherapie gehören. Massiert wird unter der Bank und auf dem Wasser. Oder umgekehrt. Täglich 10-18h.

Royal Swazi Sun, T. 416 1001, Fax -1859, swazisun@realnet.co.sz, rechterhand, setzt die feudalen Maßstäbe im Königreich. Marmorimitate ohne Ende, Casino, Golf, Reisebüro, drei Restaurants. Cinelux zeigt Mi/Fr 20h, Sa 15h Filme von Cleese bis Nicholson. F 20 DM. 136 EZ/DZ ab 215/275 DM, Wochenende 285/315 DM, mit Balkon plus 30-45 DM, *Royal Suite* 625 DM.

🏨 Dem **Ezulwini Sun**, T. 416 1201, Fax -1782, linkerhand, hat die Konzernregie Rang drei im Tal zugewiesen, was dem Komfort keinen Abbruch tut. Restaurant, Coffeeshop bis 22.30h, Reitpferde, Apotheke. 120 EZ/DZ ab 125/165 DM, Wochenende 155/195 DM.

🏨 Im **Lugogo Sun**, T. 416 1150, Fax -1111, rechterhand, scheint die Sonne auch für den schwarzen Mann. Weniger Klasse, näher an der lärmigen M3, dafür nicht so gedämpft und bessere Parties. 202 EZ/DZ mit F ab 155/205 DM, Wochenende 190/245 DM.

🍴 Im **First Horse**, T. 416 1137, rechterhand, verleugnen Muriele & Rudi Hofer ihre schweizer Heimat bei Dekor & Speisekarte keineswegs. Dazu ausgezeichnete Curries, Fisch, Steaks & Desserts zu jedermanns Wohlgefallen.

🏨 Im familienfreundlichen **Smokey Mountain Village**, T. 416 1291, Fax -1146, rechterhand, ist für Ruhe, Frieden & Schatten gesorgt. Kleines Restaurant, Pool, TV-Zimmer, Pub *The Usual Place* mit Darts & Billard. 18 klimatisierte Kiefernholzchalets mit hoher Decke, Wohnzimmer, Küche, Bad, Veranda & drei/vier/sechs Betten ab 68/84/110 DM.

🏨 **Happy Valley Motel**, T. 416 1061, Fax -1050, linkerhand, hat seine ruhigen, gesichtslosen Zimmer mit zwei Doppelbetten ausgestattet, dazu Bad, Klimaanlage, TV, Kühlschrank & *Adult Video*. EZ/DZ ab 85/95 DM. **Sir-Loin Steakhouse** Mo-Sa bis spät in die Nacht, **Vienna Coffeshop** mit satter Kuchenauswahl täglich bis 24h, Roadhouse-Takeaway täglich bis 4h. Und dann ist da noch der halbseidene Teil, s. unten.

🏨 Hinter dem Mantenga Craft Centre kriecht ein Pfad hinan zur **Mantenga Lodge**, T. 416 1049, Fax -2168. Das charmante Landhotel verteilt Pool, Sauna, Terrasse, edles Restaurant und intime Bar über den bewaldeten Hang. Standard-EZ/DZ mit F 60/90 DM, 18 uniforme Chalets unter hohen Bäumen mit Aussicht & F 80/105 DM. Tief im Nebental versteckt sich ein **Cultural Village** zwischen Wasserfällen und natürlichem Badebecken. Wenn nach endlosen Anläufen fertiggestellt, soll es dereinst Tänze, Theater, Kunsthandwerk & Kostproben vom Swasibier bieten. *Rund ums Dorf kamen schon Überfälle vor.*

Tanzen & Feiern

Ⓒ Besonders happy wird das Valley im **Why Not**, dem berüchtigsten Schuppen zwischen Joburg & Maputo. Südafrikaner kamen scharenweise aus ihrer Apartheidslüge herüber, um schwarze und weiße Mädels beim *Cabaret* (also Ausziehen) nach Mitternacht anzufeuern oder im **If Not Go-Go** *Adult Entertainment* zu erleben. Die Frage, ob man dieses Treiben neben dem Happy Valley Motel zulassen könne, entzweit Swasiland. Immerhin gestehen alle, daß dies sein einziger echter *Nightspot* sei. Dazu Sports Bar mit Großbild, Pub mit harmlosen Spielen. Eintritt 10 DM, Fr/Sa 15 DM.

Kultiviertere Formen, zumindest zu Beginn des Abends, nehmen Barabende in den **Sun-Hotels** an. Am Mi treffen sich Kühlmittelvertreter (wenn *er* wieder da ist, dann nix wie weg!), Alleinunterhalter und die Belegschaft der übrigen Hotels ab 22h im Lugogo. Am Fr/Sa zieht die Rasselbande ins Royal Swazi, obwohl dort Bands auftreten.

Lobamba

18 km von Mbabane. Auch wenn das Herzstück des königlichen Tales von der MR3 aus unspektakulär aussieht, versammeln sich hier doch Parlament, Nationalmuseum und die Sippe des Monarchen. Sein Embo-Palast ist für Besuche & Fotos ebenso tabu wie Lozitha, die eigentliche Residenz. Incwala- und Umhlangafest in Lobamba sind aber Pflichttermine für alle, die zu dieser Zeit in Swasiland weilen.

Im Nationalmuseum links der MR3 wird man bedächtig in die Swasikultur eingeweiht, auch per Modellsiedlung. Eintritt 4 DM, täglich 8-16h. Beim **National Trust,** T. 416 1151, Fax -1875, bucht man für Mlawula & Malolotja. Im Gedenkpark für König Sobhuza II. ist ein kleines Museum seinem Leben & Wirken gewidmet. Im **Somhlolo-Nationalstadion** werden große Ereignisse, Fußballspiele und Staatsanlässe ausgetragen.

Mlilwane-Wildreservat

Hangaufwärts von Lobamba. Das schöne Reservat wurde in den 50er Jahren von **Ted Reilly** auf der 45 qkm großen Familienfarm eingerichtet. Nach diesem Erstlingswerk eröffnete der Mentor des Naturschutzes später auch Mkhaya und zog bei Hlane die Fäden.

Mlilwane wird vom schroffen Nyonyaneberg beherrscht, um den sich eine Anzahl hübscher Legenden & Wanderpfade rankt. Man kann aber auch Fahrräder oder Reitpferde mieten. Abends pirschen Jeeps den Zebras, Giraffen und Antilopen hinterher, die hier keine Raubtiere zu fürchten brauchen, wohl aber wildernde Menschen. Am See sind Hippos, Krokodile und eine bunte Vogelschar zuhause. Vom Restaurant aus sind die Hippos in Aktion zu beobachten, besonders bei der Fütterung um 15h.

Eintritt an Wochentagen/enden 3/4,50 DM.

Zu Mlilwanes Pluspunkten zählen seine Unterkünfte. Im Wäldchen 4 km nördlich des Camps versteckt sich das **Sondzela BP**, T. 416 2366. Im neuen Gebäude mit hoher Reetdecke, sesselreichem Wohnzimmer & Braai geht's abends in der Küche hoch her. Regelgestrüpp, Besteck gegen Kaution. 35 Dorm-Betten 15 DM, DZ 36/42 DM. **Tip!**

Wer nicht kochen oder Schuhe ausziehen will, bezieht im großzügigen **Camp** am See Quartier, T. 404 4541, Fax -0957. Reetgedeckte Holzhütten mit Kühlschrank & Bad 85/110 DM, Cottage mit Küchenzeile 115/130 DM, *Beehive Village* mit Schlafsaal & Gemeinschaftsküche 33/39 DM, Zeltplätze ganzjährig 9 DM/P.

Im lauschigen Hippo Haunt wird drinnen oder draußen gesessen. Am Kiosk bestellt & bezahlt man die Speisen, gibt den Gutschein in der Küche ab und wartet dann am Tisch auf Gnuwurst, Warzenschweineintopf oder Impalacurry ab 9 DM. Täglich 6-19h. **Tip!**

Malkerns Valley

11 km südlich von Lobamba. Am Ende des Ezulwinitales zweigt nach rechts eine grüne Schneise zwischen kahlen Hängen. In Malkerns, dem Hauptort im gleichnamigen Tal, haben sich mehrere Ateliers eingerichtet; alle täglich geöffnet.

üü19 Ihr ältestes, **Tishweshwe Crafts**, T. 528 3336, besteht seit Beginn der 80er Jahre aus einer Rondawelreihe mit knallbuntem Wanddekor. Darin Teppiche, Leder- & Mohairarbeiten, daneben kleines Restaurant. Dahinter verarbeitet **Gone Rural**, T. 528 3078, jede Menge & Länge Stroh zu Bodenmatten oder Körben. Ein paar Schritte weiter beginnen Ananasplantagen. Deren Früchte werden samt Orangen & Grapefruits aus dem Lowveld zu **Swaziland Fruit Canners** befördert und als Saft, Marmeladen, Konserven exportiert. Wer Hunderten von Frauen beim Akkordschuften zuschauen will, meldet sich für eine Führung, T. 83 001; Do 8-13h, 14-16h. Das Angebot komplettieren **Swazi Candles**, T. 528 3219, mit Kerzen jeder Farbe & Form, und **Baobab Batik** mit bedruckten Stoffen.

Nyanza Stables, T. 528 3090, natürlich von Wandy und Nandy (Hanni & Nanni?), unternimmt Braairitte, Frühstücksritte, Abenteuerritte, Mondscheinritte.

Bhunya

27 km westlich von Malkerns. Schönes Tal, derber Schlag auf die Nase! Bhunya ist um eine Papierfabrik herum entstanden. Den Rohstoff für das Tag & Nacht qualmende Monster liefert der Usutu-Staatsforst, der sich von Mlilwane bis an die Grenze erstreckt.

Mhlambanyatsi

15 km nördlich von Bhunya. Die Waldarbeitersiedlung mit dem lustigen Namen gehört der Usutu-Forstgesellschaft. Für Reisende hat sie nichts übrig außer Verboten und Brutalo-Straßenschwellen. Davor und dahinter aber zwei Spitzen-Unterkünfte.

Alles im **Foresters Arms Hotel**, T. 467 4177, Fax -4051, foresterarms@iafrica.sz, mitten im Wald versprüht die Gemütlichkeit altenglischer Landsitze. Beinahe erwartet man, daß der Butler vom Eaton Place hinter dem Ohrensessel hervortritt, um Tee nachzugießen. Seit der Eröffnung 1954 hat sich wenig geändert, bloß Television sendet jetzt in Farbe. Bibliothek, TV-Raum mit Kamin, Mittagsbuffet 13 DM, Sauna 6 DM/Paar. 30 EZ/DZ mit Wanne, TV, Teppichen & HP zur Poolseite 155/255 DM, zum Garten 135/215 DM. Mountainbike für Tagesbesucher 5 DM/Std, Ausritte durch den Wald 15 DM/Std.

Zum **Meikles Mount**, T. 467 4110, zweigt 18 km von Mbabane ein 4 km langer Schotterweg ab, den man leicht übersieht: von Norden großes grünes, von Süden winziges braunes Hinweisschild. Auf der Waldplantage am Fuße der Berge stehen acht reetgedeckte Hütten mit einem/zwei/drei DZ, Kamin, Küche, Bad, Patio & Grillstelle. Mit Wäschedienst, Bibliothek, Tennis, Reitpferden, Wanderwegen, Angeln, Pool. Ab 30 DM/P.

Manzini

39 km südöstlich von Mbabane. Weitläufige Industriegebiete stimmen den Reisenden auf die Bedeu-

tung der produktivsten Stadt im Lande ein. Als Drehscheibe für Handel & Verkehr kriegt Manzini nichts vom Tourismuskuchen ab. Jeder wurschtelt sich über den hektischen Busbahnhof, vorbei an Taschendieben und frechen Stadtkids, um gleich weiterzukommen. 1892 gegründet, unternimmt Manzini keine Anstrengung, Reisende aufzuhalten.

☞ **Im Gegenteil:** Travel Centre in The Hub, T. 505 2983, und Ultra Travel im Manica House, T. 505 2237, befördern ihn noch.

Hotels: Moçambique, T. 505 2489, Fax -4044, gegenüber vom Busbahnhof hält, was seine angekratzte Fassade verspricht. Geschäftsleute, Kontraktarbeiter, Stundengäste. Im urigen Restaurant werden Huhn & Fisch zubereitet, wie das nur Portugiesen können. EZ/DZ 45/70 DM. - **New George**, T./Fax 505 2061, an der MR3 nach Siteki bemüht sich um hohen Standard. Im Coffeeshop wird leicht gespeist, im Grill Room begleitet ruhiges Ambiente verlockende Gerichte, im City Pub treffen sich die Chefs jener Krawattenträger, die im Moçambique absteigen. 55 klimatisierte EZ/DZ mit TV, Bad & F ab 85/120 DM.

Wie jede solide afrikanische Stadt hat Manzini zwei Shoppingmeilen: **Bhunu Mall** mitten im Zentrum u.a. mit OK Bazaar, **The Hub** am Ende der Mhlavukane St u.a. mit Kino & Restaurants. Reizvoller ist der **Markt am Do/Fr**, wenn bei Sonnenaufgang Großhändler aus allen Landesteilen ihr Kunsthandwerk aufbauen - realistische Preise.

Lebhafter Busbahnhof an der Martins St, eins nördlich der West-Ost-Magistrale Ngwane St. Taxi zum Flughafen 20 DM, Bus nach Mbabane 2 DM. **Transtate** nach Mbabane/Joburg & Big Bend/Durban. **Minibus** nach Lomahasha ab Ngwane St, kurz vor dem östlichen Kreisel. *Holen Sie sich ein paar* Chicken Nuggets - *alle anderen tun's auch.*

Der Nordwesten

Der Distrikt Hhohho lebt vom Waldbau. Bei Bulembu erreicht das Hochland mit 1883m seine höchsten Höhen, was im Winter oft Nachtfrost und manchmal auch Schnee beschert. Seit durchgehend geteert, trägt die **MR1** nach Piggs Peak den hochtrabenden Titel *King Mswati-Highway*. Von Mbabane kommend erreicht man nach 18 schönen km eine Kreuzung. Gradaus führt die MR3 an zwei Schauräumen vorbei zum Übergang Ngwenya.

In Teilen Südafrikas genießt **Ngwenya Glass**, T. 442 4053, einen Ruf wie hierzulande Meißener Porzellan. Seit 1979 schaffen Swasi-Bläser eigenwillige Ornamente, Vasen und knubblige, kugelrunde Hippos; täglich 9-16h. Die kunstvollen Teppiche von **Endlotane Studios**, T. 442 4149, hinter der Glasfabrik werden seit 1974 von Albert Christoph Reck entworfen und finden weltweite Beachtung; täglich 8-17h.

Wir aber biegen an besagter Kreuzung rechts ab, treffen bei km 21 auf Restaurant/Logis von Hawana Park, bei km 23 aufs Gate zum See. Linkerhand wiederholt sich dieser Doppelpaß mit Malolotja: Erst Umweltzentrum (km 31), dann Reservatstor (km 36).

Von der klickklickverdächtigen Anhöhe rollt man sanft zur Brücke über den Komati (km 52) hinab, dem ein Schicksal als Stausee bevorsteht - und damit mehreren Wasserfällen, San-Malereien und dem magischen *Well of the Spirits* der Untergang. Er soll seinen Normalpegel im Jahr 2000 erreichen und nur der Wasser-, nicht Stromversorgung dienen. Bei km 58 beginnen die Kieferpflanzungen von Mondi, die Piggs Peak umgeben.

Hawana Park

21 km von Mbabane. Im Privatpark, T./Fax 432 4335, dreht sich alles um einen kleinen Stausee. Auf fast baumlosem Gelände sind Angler & Reiter in ihrem Element.

Am Damm stehen 15 *Honey Huts*, in der Blumenwiese fünf nette Hütten auf Stelzen mit Küche, Bad & Veranda. Erstere mit zwei Betten 32 DM (Extrabett 6 DM), letztere mit vier Betten 84 DM (Extrabett 12 DM), zur Hauptsaison 36/108 DM.

Malolotja-Naturreservat

36 km von Mbabane. Das langgestreckte Schutzgebiet (180 qkm) mit ausgeprägten kahlen Gipfeln bildet über 22 km die Grenze zu Südafrika. Darin treten schüchterne Antilopen auf, Hauptattraktion sind aber die **Wildblumen, Orchideen, Proteen & Zykadenbäume.** Das kleine Herbarium im Camp zeigt einen aussagekräftigen Querschnitt. Beim 90m hohen Malotjafall leben Kolonien glatzköpfiger Ibisse, blauer Schwalben & Kraniche. Der wilde Komati erfreut seinerseits mit einem Wasserfall, der vom Staudamm nicht gefährdet ist.

Eintritt 4 DM (ISIC 2 DM) plus 2 DM/Fahrzeug, Gate 6-18h, mit Buchung länger.

Herrlich gelegenes Camp für Selbstversorger. Eine Dreier- und fünf Sechsbetthütten So-Do/Fr-Sa 9/12 DM/P, 15 Zeltplätze mit Sanitärblock 5 DM/P. Buchung beim National Trust in Lobamba oder beim Senior Warden, T. 432 4241.

Derlei unberührte Wildnis ruft geradezu nach Wanderwegen, und der National Trust hat dem Ruf mit 200 km entsprochen. Dazu gehören kurze Spazierpfade und ein auch etappenweise zu bewältigender Siebentages-Trail durch Höhenlagen von 615-1829m (Ngwenya). Im Reservatsbüro dürftige Karte & *Permit* für 5 DM.

☞ **Kompaß, Verpflegung** & Campingkocher mitbringen, da offene Feuer außerhalb des Camps verboten sind. Unterwegs begradigte Zeltflächen. Winternächte sind bitterkalt, das Wetter kann ohne Vorwarnung kippen und mit Regen & Nebel die Orientierung erschweren. Einzige Markierung sind Steinmännchen. Es gibt zwar auch ein 25 km kurzes Pistennetz für Selbstfahrer, doch per pedes erlebt man eindeutig schönere Fleckchen.

Parkhinweis: *Please do not even consider picking, cutting or uprooting any plant.*

Bei Ngwenya im Süden des Parks wird seit 43.000 Jahren Erz abgebaut, was weltweit kein zweiter Ort von sich behauptet. Vermutlich nutzten die San die rote & schwarze Erde zu Pigmentzwecken. Wenig zu sehen, Zufahrt nur mit Anmeldung & Rangern.

◆◆◆

Piggs Peak

64 km von Mbabane. Das hübsche Nest inmitten riesiger Kieferplantagen dient der Holzindustrie als Umschlagplatz. Es ist nach dem französischen Goldsucher William (!) Pigg benannt, der 1883 seine Zelte auf der gipfellosen Anhöhe aufschlug. Seiner Goldmine unterhalb der Wasserfälle war kein Vermögen zu entlocken. In den letzten zwei Jahren vor dem Torschluß 1954 holten 300 Arbeiter genau zwei Unzen Gold aus dem Berg. Mehr Wohlstand brachte die riesige Asbestmine Havelock bei Bulembu, die durch eine 20 km lange Drahtseilbahn mit Barberton/Mpumalanga verbunden ist.

Im Ort: BP-Tankstelle, Banken, Obst/Gemüsemarkt, Läden, Krankenhaus, Kunsthandwerk bei Tintsaba neben Highlands Inn. Mehr Stoff zum Staunen bietet die mächtige Feuerwache am nördlichen Ortsende - Postmoderne im Dienst des Waldbaus.

Das Highlands Inn, T./Fax 437 1144, an der Hauptstraße südlich des Ortskerns verstreut großzügig saubere, aber irgendwie langweilige Zimmer; am besten #18. Immerhin reizvolle Aussichten & Restaurant. EZ/DZ mit Dusche/Bad & F 45/80 DM.

10 km nördlich zweigt der schwellenreiche Weg zum **Protea PP**, T. 437 1104, Fax -1382. Im Casino spucken Entertainer & Daddels Blech aus. Pool, Restaurant, Pianobar, Tennis, Squash, Reitpferde. 96 EZ/DZ mit Bad, Balkon & Talblick ab 205/230 DM.

Taxi nach Protea Hotel/Mbabane 10/60 DM. Minibusse beim Markt am oberen Ortsende, nach Mbabane 4 DM, über Schotter mit Affenzahn nach Tshaneni 6 DM.

Phophonyane

14 km nördlich von Piggs Peak. *Kommen Sie mit Kleinkindern hierher, und sie werden's Ihnen nie vergessen - den Namen des Reservats (5 qkm) spricht man* **Poponjane** *aus.* Hier ist alles vom Feinsten: der wildwuchernde Urwald kontrastiert so stark mit den angrenzenden Schonungen, der Wasserfall schafft serienweise Badetümpel ohne Bilharziose, jeder Wanderwege von 1-4 Std Länge ward mit viel Liebe angelegt. Dank Spazierkraft & Barterrasse lohnt die Anreise auch für Tagesbesucher; Eintritt 4 DM. Wanderer bekommen eine handgemalte Karte, Wegbeschreibung und Abhaklisten der Vogel- und Reptilienarten.

Darauf u.a. Schwarze Mamba, ägyptische Kobra, mosambikanische Spuckkobra (!), Boomslang, Puffotter & Felspython. Immerhin stirbt keiner an Malaria, dafür ist die Lage zu hoch. Für anderes Gemück indes nicht, also Lotion mitbringen.

Die wundervolle Phophonyane Lodge, T. 437 1429, Fax -1319, lungile@iafrica.sz, verteilt max. 30 Gäste über ein weitläufiges Waldgelände mit Blick bis ins Lowveld. Vier heimelige Cottages mit Küchenzeile, Dusche & WC, zwei mit ausgebautem Dach, 75-90 DM/P. Fünf Zweibettzelte mit Safarilook & Sanitärblock 55-70 DM/P. Im Pool an der Hangkante läßt man gern Nachmittage verstreichen. Wer nicht kochen will: F/VP für 10/28 DM. Da einige Schritte zu tun sind, lohnt gutes Schuhwerk. **Mega-Tip!**

Zufahrt ab MR1 ausgeschildert, 1400 bzw. 2500m vor dem Protea Hotel. Auf steiler Piste erreicht man ein Brücklein über die Wasserfälle. 500m weiter biegt ein noch steilerer Weg rechts runter - nach Regenfällen ohne 4WD verzwickt; Abholung in PP möglich.

Lowveld

Von Manzini stößt die MR3 in östlicher Richtung nach 8 km auf **Hhelehhele.** Im Nest am Straßenrand schlummern eine Tankstelle und ein Metzgerladen, während der allseits beliebte Pub Gobble&Gossip auch dank kühlen Biers oft überschäumt. Dahinter senken sich MR3 (Mosambik) und MR 8 (Big Bend) ins Lowveld, man läßt Wälder und grasgrüne Hügel hinter sich und taucht in die rondawelgesprenkelte Trockensavanne ein.

Mkhaya-Wildreservat

Einlaß nur mit Vorausbuchung. Zufahrt ins WR gesperrt, Abholung zur vereinbarten Zeit im offenen Jeep in Phuzamoya, 50 km von Manzini. Swasilands exklusivstes Schutzgebiet wird von denselben Aktivisten geführt, die bereits Mlilwane zum Erfolg verhalfen. Mkhaya verdankt seinen Namen der **Knopfdornakazie,** die auf gute Böden hinweist und bei Insekten, Vogelwelt & Bierbrauern hoch im Kurs steht. 1979 begann auf dem Ex-Farmland ein Zuchtprogramm für lowveldtaugliche **Ngunirinder.** Deren Verkauf trägt bis heute alle Projekte im Reservat!

Viele Wildarten wurden wieder eingeführt, darunter Weiße Rhinos, Elefanten, Rappen- & Säbelantilopen. Unumstrittene Stars sind aber die Schwarzen Rhinos, die nirgends im südlichen Afrika besser zu beobachten sind! Die Vogelwelt läßt sich u.a. durch viele Adlerarten vertreten. Während es im heißen Sommer gewittert, glänzt der Winter mit warmen Tagen & kühlen Nächten. Sechsstündige Pirschfahrt am Wochentag/ende 60/70 DM, dreistündige geführte Wanderung 27/33 DM. Beide sind ihr Geld wirklich wert. **Tip!**

Das Stone Camp besteht aus zehn Safarizelten im Schatten, einem reetgedeckten Steinhäuschen und einem Sommerhaus. Komfort à la „Jenseits von Afrika", gegrilltes Wild, selbstbackenes Brot, südafrikanische Weine. Vorbestellen bei Big Game Parks. EZ/DZ all-in im Safarizelt ab 225/355 DM, im Steinhaus ab 355/425 DM.

Rafting auf dem Usutufluß

Eine von Swasilands Top-Attraktionen. Über weite Strecken ein zäher Gesell, quetscht sich der Usutu in der Nähe Mkhayas durch die Bulungu Gorge, was nicht ohne Stromschnellen abgeht. An einer Stelle muß man einen 10m-Wasserfall umwandern. Den Rest des Tages gleitet man wieder gemächlich an sonnenbadenden Krokodilen vorbei. Nur Dez-Mai, inkl. Ausrüstung & Mittagessen 120 DM, min. vier P, Anmeldung T. 404 4541.

Big Bend

82 km von Manzini. Von Zitrusplantagen & Zuckermühle umzingelt, bietet Big Bend keinen Grund anzuhalten, wenn man nicht gerade an der Usutubiegung übernachten will.

New Bend Inn, T. 363 6111, auf einem Hügel mit feinem Flußblick; und **Riverside Motel**, T. 363 6012, 2 km südlich mit Dachgarten & Dartzimmer; jeweils EZ/DZ/Dreierzimmer mit F & Bad ab 45/60/75 DM. **Lubombo Lobster**, T. 363 6308, serviert abseits der MR8 südlich der Stadt prima *Seafood* und Highway-Huhn mit Periperi.

Busse täglich vier- bis sechsmal nach Lavumisa/Manzini (3/5 DM).

Hlane Royal-Nationalpark

67 km nordöstlich von Manzini. Im traditionellen Jagdgebiet der Könige hatte Wilderei in den 60er Jahren alle Bestände vernichtet. Dank Ted Reillys unermüdlichem Einsatz entzog König Sobhuza II. dann dem Häuptling Mlimi die Herrschaft über das Gebiet und proklamierte 1967 den NP Hlane ("Wildnis"). Nach und nach kamen wieder Steenbok, Kudu, Zebra, Gnu und Weißes Rhino. Elefanten & Löwen werden im getrennten Areal gehalten.

Eintritt an Wochentagen/enden 3/4,50 DM.

Mit der Einführung der Rhinos nahm die Wilderei solche Ausmaße an, daß ihre Hörner vorsorglich abgesägt wurden. Die Ebene zwischen den Flüssen Mbuluzi & Mlawula zieht v.a. zur Trockenzeit viel Wild an; gutes Schotternetz für Autosafari. Buschwanderungen mit bewaffnetem Führer v.a. im Winter erfolgreich; vor Ort buchen, 8 DM.

Camps: Nhdlovu westlich neben der Fernstraße besteht aus zwei reetgedeckten Hütten mit drei/acht Betten, Paraffinlampen & Kerzen, dazu Zeltgelände mit Sanitärblock. Ein elektrischer Zaun hält Großwild fern, erlaubt kleinerem Gekreuch aber den Durchschlupf. Die nahe Wasserstelle dient der Vogelbeobachtung. Zu **Bhubesi** tief im nordwestlichen Parkteil gehören drei Hütten mit Strom. Hinter einem 250m hohen Hügel blickt es auf den Mbuluzwanafluß. Vorbestellen bei Big Game Parks. Zelten 10 DM/P, Hütten in Ndhlovu an Wochentagen/enden 80/90 DM, in Bhubesi 90/110 DM.

Mlawula-Naturreservat

Reservatstor 6 km östlich der MR3 nach Lomahasha. Auf 180 qkm werden harsche Landstriche geschützt, die man besser im Winter besucht - der Sommer fällt zu schwül aus. Wanderwege führen durch Dornsavanne & Bergwälder, allerdings lassen sich nur Antilopen blicken, während Hyänen im Busch bleiben. Eintritt 4 DM (ISIC 2 DM).

1000 Pflanzen- und 350 Vogelarten wurden bisher verzeichnet - Rekord in Swasiland. Mlawula ist dagegen nichts für eine andere Spezies, den **Gemeinen Angsthasen.** Im Wasser lauern Crocs & Bilharziose, im Busch zwicken Zecken, dazu sonnt sich das tödliche Trio Schwarze Mamba, Puffotter & Mosambikanische Spuckkobra. Letztere Kreatur spuckt ihrem Opfer aus 5m zielgenau Gift in die Augen.

Sara Camp mit drei Zweibettzelten für Selbstversorger; So-Do/Fr-Sa 15/21 DM/P. Im **Ndzindza Cottage** kommen nur Wanderer unter; 45/60 DM. **Zeltplatz Siphiso** mit Sanitärblock & Kochgelegenheit für alle; 5 DM. Buchung beim National Trust, T. 416 1151.

Lomahasha

106 km von Manzini. Am verträumten Übergang bestürmen Geldwechsler den Reisenden mit passablen Kursen. Jenseits des Schlagbaumes wartet das Gelobte Land: Mosambik.

Teerband durch Hlane: Die Schande der Zuckerbarone

Naturschutz hatte in Swasiland nie einen leichten Stand. Einen besonders schweren Schlag mußte Hlane aber Anfang der 80er Jahre hinnehmen. Ständig traten südafrikanische Zuckerbarone mit Visionen von Industrie, Shopping & Arbeit im armen Nordosten an den greisen Sobhuza II. heran. Was dazu fehle, sei nur eine gute Fernstraße. Naturschützer setzten sich sofort für die Variante westlich des Parks ein. Dort würde sie 31.000 Menschen erreichen, zu denen noch keine Straße führte - und es bis heute nicht tun.

Die Interessen der Spekulanten lagen nämlich nordöstlich des Parks, in Simunye & Maphiveni. Mit ungeklärten Mitteln setzten sie die östliche Trasse durch, mitten durch Hlane. Damit würden zwar nur 8200 Menschen erreicht, aber eben auch ihre Grundstücke. Ihr Einsatz hinter den Kulissen ging soweit, daß Gutachter der (vorgeblich neutralen) Universität von Natal Nachteile für den Naturschutz „vergaßen". Das Kalkül der Zuckerbarone war simpel: man muß nur Hlane zerstören, dann ist der Weg zum Kauf des fruchtbaren Landstrichs frei. Im April 1981 genehmigte der König die Straße, die den Park in zwei Hälften seziert. Die Vision zerstob dennoch bald, die Herren von *Simunye* und *Tambankulu Estates* gingen nach Südafrika zurück. Übrig blieb eine traurige Teerschneise.

Auf der schnurgeraden MR3 durch den Park kamen seither Tausende von Tieren und Dutzende von Menschen um. Eule, Hase und selbst Steenbok treten in ihrer Nähe längst nicht mehr auf. Vier der nur sechs Pangoline, die Parkgründer Ted Reilly in seinem langen Buschleben zu Gesicht bekam, präsentierte ihm die MR3 - tot auf dem Teer. Der Wilderei wurde damit Tür und Tor geöffnet, Tausende von Tieren fielen „Durchreisenden" zum Opfer, das Müllaufkommen stellt für Parks unerreichte Rekorde auf. Mittlerweile gesteht selbst die Afrikanische Entwicklungsbank, die das Projekt damals finanzierte, ihren Fehler ein. Seit einigen Jahren regt sie an, die westliche Variante nochmals zu prüfen.

Hintergründe in der reich bebilderten Farbbroschüre *The Lion Roars Again - History & Significance of Hlane Royal National Park* (72 Seiten, 8 DM), die Ted & Liz Reilly 1994 herausgaben; in allen Camps & Büros von Big Game Parks. Lesenswert.

Dieses Kapitel will Reisende zum Abstecher verleiten, bevor der einsetzende Boom auch dieses herrliche Land kenianisiert. Auf Be schreibungen der Ziele nördlich von Vilanculos wird mangels Infrastruktur vorerst verzichtet.

Mosambik

Das preiswerteste Reiseland im südlichen Afrika erobert sich mit Siebenmeilenstiefeln seine Anhänger zurück. Während weiße Südafrikaner schon hundertfach an den schönsten Stränden einfallen, hat sich bei Europäern noch nicht herumgesprochen, daß der brutale Bürgerkrieg, den alle mit dem Landesnamen verbinden, seit 1992 beendet ist.

Der Süden ist wieder so weit entwickelt, daß er die Sehnsucht nach Sonne & Spaß, Angeln & Tauchen täglich erfüllt. Den Norden nehmen bislang nur Abenteurer ins Visier, seine Unterkünfte, Straßen, Verbindungen sind noch mangelhaft. Wo immer Sie aber hingehen, was immer Sie unternehmen wollen: **Mosambik ist wieder eine Reise wert!**

Land & Leute

Der Krieg hat unübersehbare Armut und noch ungesäuberte Minenfelder hinterlassen. Aber auch ein aufbruchswilliges Volk, dessen Freundlichkeit den Mangel an Komfort spielend wettmacht. Die lebhafte Mischung aus afrikani-, arabi- und portugiesischen Einflüssen prägen den Charakter des Landes, das sich so stark von seinen Nachbarn unterscheidet.

Highlights in Mosambik

Planen Sie Ihre Zeit großzügig: das Land ist lang, die Heimkehrlust bald im negativen Bereich. Da die Strandziele sich ziemlich ähneln, setzen Sie lieber ein, zwei Schwerpunkte.

*** Am Anfang jeder Mosambikreise steht die elegante Hauptstadt *Maputo,* die selbstbewußt zu alter Schönheit zurückfindet. Genießen Sie Markttreiben, Nachtleben, kulturelles Angebot - nichts davon ist an einem anderen Ort der Rede wert.

*** Traumtage am & unter Wasser bescheren *Inhambane & Bazaruto.* Die kokospalmenübersäte Halbinsel, in Zeitlosigkeit versunken, glänzt mit kilometerlangem Sand und dem Paradieszipfel Linga-Linga. Von Streifzügen durch *Vilanculos* ermattet, endet jeder irgendwann zwischen den Riffen des Bazaruto-Archipels.

*** Der *Gorongosa-Nationalpark* zog einst fast so viele Besucher an wie der Krügerpark. Nach seiner Wiedereröffnung pirscht er sich erst langsam wieder heran.

GESCHICHTE

Als **Vasco da Gama** 1498 erstmals in Mosambik an Land geht, stößt er auf blühende arabische Vorposten, darunter Quelimane und Ilha de Moçambique. Als Vorratslager auf dem Seeweg nach Indien gründen die Seefahrer eigene Enklaven, die schnell zu Umschlagzentren für Gold aus dem Hinterland, später für Elfenbein und seit den 1750er Jahren auch für Sklaven reifen. Bis 1860 wird eine Million Sklaven aus Mosambik nach Europa verschifft.

Ursprünglich beschränkt sich Portugals Interesse auf den Handel und die Sicherung seiner Küstenstandorte. Doch als um 1880 der koloniale Wettlauf um Afrika beginnt, erkennt es die Chance, aus Mosambik stolze Gewinne herauszupressen. Rivalitäten zwischen England, Frankreich und Deutschland retten ihm die Vorherrschaft, nachdem es der Ausbeutung des Nordens durch ausländische Kolonialgesellschaften zustimmt.

Angespornt von deren Erfolg, erklärt Portugal 1919 das Land zur Kolonie, verzichtet aber darauf, sie zu entwickeln. Der Ausverkauf der Rohstoffe und männlichen Bevölkerung bringt ja viel schnelleres, müheloses Geld. Unter Portugals faschistischem Diktator Salazar (seit 1929) werden *Cash Crops* wie Baumwolle und Reis eingeführt. Männer über 15 Jahren müssen jährlich sechs Monate lang auf den Plantagen Arbeitsdienst zu Minimallöhnen verrichten. Darüber wird die Nahrungsproduktion so weit vernachlässigt, daß in den 40er und 50er Jahren Tausende bei Hungersnöten in diesem fruchtbaren Land sterben.

Nie haben die Kolonialherren aufgehört, Einheimische als Untermenschen zu betrachten. Die wenigen Schulen und Krankenhäuser, die sie überhaupt einrichten, sind anderen Weißen und Mischlingen vorbehalten. Als sich im Juni 1960 Bauern in Mueda zum Protest gegen eine Steuererhöhung versammeln, erschießen Kolonialtruppen 600 Teilnehmer.

Was Sharpeville für Südafrika, wird Mueda für Mosambik: Die Initialzündung im Kampf um Unabhängigkeit. Wenig später bildet sich die Volksbefreiungsfront *Frelimo*, angeführt vom charismatischen Eduardo Mondlane. Nach und nach befreit sie den Norden, doch die Portugiesen haben die bessere Ausrüstung und betreiben eine Politik der verbrannten Erde, um den Guerillas die dörfliche Unterstützung und Versorgung zu entziehen. Der gnadenlose Befreiungskrieg findet erst mit dem Sturz von Diktator Salazar 1974 ein Ende.

Nach dem schlagartigen Rückzug der Portugiesen wird das Erbe ihrer 300jährigen Herrschaft offenbar: Es gibt im ganzen Land 40 Ärzte, fast keine Akademiker, kaum Straßen, kaum Krankenhäuser, keine verarbeitende Industrie. Die Kolonialherren ziehen sämtliche Kapitalreserven ab und lassen ein Land in Trümmern hinter sich.

Unabhängigkeit

Am 25. Juni 1975 wird die Volksrepublik Mosambik ausgerufen. Nachfolger für den im Kampf getöteten Eduardo Mondlane und damit erster Präsident ist **Samora Machel,** der sich angesichts des Kalten Krieges einem radikalen Wandel verschreibt. Südafrika schiebt Zehntausende von Bergarbeiter in ihr Heimatland ab, was dort die Arbeitslosigkeit erhöht und Finanzquellen versiegen läßt. Weil Machel sich den UN-Sanktionen gegen Rhodesien anschließt, entfallen Transiteinnahmen. Bald sitzt der Hafen von Beira auf dem Trockenen.

Trotzdem hält die *Frelimo* am Sozialismus fest. Privater Grundbesitz wird in Genossenschaften umgewandelt. Schulen, Banken, Gewerbe werden verstaatlicht, Bildung an die erste Stelle gesetzt. Für eine medizinische Grundversorgung sorgen „Barfußärzte", die nach kurzer Schulung aufs Land gehen und die Bauern impfen, über Hygiene und Erste Hilfe aufklären.

Während die kalten Krieger im Westen auf Distanz bleiben, erfährt Mosambik Unterstützung durch Freiwillige aus aller Welt, v.a. Schweden. 1982/83 steht das Land dennoch vor dem Offenbarungseid. Die Inflation frißt den Geldwert auf, Ladenregale sind leer, die LPG ein Fiasko. Wie zur Bestätigung beginnt dazu eine dreijährige Dürre. Um Machels wankendes Regime vollends zu stürzen, setzt Südafrika auf eine Gegenguerilla *(Renamo)*.

Bürgerkrieg

Unter den vielen dreckigen Kriegen, die die Apartheidsherren in Nachbarländern entzündeten, wird derjenige in Mosambik zum allerdreckigsten. Pretorias Schergen bilden die *Renamo*-Kämpfer aus und impfen ihnen nur ein Ziel ein: die Vernichtung von Straßen, Brücken, Gleisen, Schulen, Krankenhäusern. Blitzartig überfallen sie Siedlungen und stecken sie in Brand. Alle Lehrer, Ärzte und Krankenschwestern werden erschossen. Wo die *Renamo* regiert, macht sie es zwar kaum schlechter als die *Frelimo*. Wo aber der Gegner herrscht, erfindet sie jede Grausamkeit neu - **Pol Pot auf afrikanisch.**

Als zur Hungersnot 1983 Hilfslieferungen eintreffen, geht sie gezielt gegen die Transporte vor und legt Getreidelager in Schutt und Asche. Sobald Infrastruktur und Kommunikationswege zerstört seien, werde die Regierung Machel stürzen, lautet Pretorias Kalkül.

Die „größte Mörderbande des Kontinents" (Geo 11/90) erhält kaum Unterstützung aus dem Volk und muß ihre 12- bis 17jährigen Kämpfer aus „befreiten" Gebieten pressen. Doch dank steten Waffen- und Finanznachschubs aus Südafrika ist sie nie auszuschalten. Für die Jahre 1976-92 ist der Begriff „Bürgerkrieg" eigentlich irreführend - eher ist es ein Kampf zwischen Regierung und südafrikanisch ferngesteuerten Zombies, der 600.000 Menschen das Leben kostet.

Samora Machel stirbt 1986 unter mysteriösen Umständen, als sein russischer Pilot in Maputo bruchlandet. Sein Nachfolger als Präsident und Parteisekretär, **Joaquím Alberto Chissano,** setzt den Kampf gegen die Renamo fort, gibt aber 1990 auch bekannt, daß sein Land dem Marxismus abschwöre, zur Marktwirtschaft überlaufe und freie Wahlen abhalten werde. Dieser Schwenk und der gleichzeitige Regierungswechsel in Pretoria entziehen der *Renamo* die Basis. Vor die Alternative „Straßenräuber oder Partei" gestellt, stimmt ihre Führung Ende 1990 in Rom einem Waffenstillstand zu und unterzeichnet im Oktober 1992 ein Friedensabkommen. Um wählbar zu sein, wird schnell ein Parteiprogramm zusammengeflickt. Plötzlich trägt die größte Mörderbande des Kontinents wieder Krawatte.

Mehrparteienstaat

Jetzt nimmt sich die UNO des Landes an. Vor den für Oktober 1994 geplanten Wahlen werden 7000 Blauhelme, Militärbeobachter und Helfer nach Mosambik entsandt. Die meisten sollen während der zweijährigen Übergangszeit bleiben. Entgegen der Erwartungen verlaufen die Wahlen, die in den November hinein verlängert werden, dann fast so glatt wie sechs Monate zuvor in Südafrika. Der UN-Beauftragte nennt sie „frei und fair".

Wahlsieger wird die *Frelimo* mit 129 von 250 Parlamentssitzen. Eine zweite Abstimmung bestätigt Joaquím Chissano mit 53,3% im Präsidentenamt, so daß er seinen Parteigenossen Pascoal Mocumbi zum Regierungschef ernennen kann. Die Unzufriedenheit über Fehler der *Frelimo* äußert sich aber in 112 Mandaten für die *Renamo* und 33,7% für ihren Vorsitzenden Afonso Dhlakama, der nach langen Verrenkungen das Ergebnis akzeptiert. Die *Uniao Democrática* kommt als einzige kleinere Partei über die FDP-Hürde (neun Sitze).

Im Wahlergebnis spiegelt sich die afrikanische Tendenz, „ethnisch" abzustimmen. Die *Renamo* hat ihre Gefolgschaft in Sofala, Zambezia und Nampula, während die *Frelimo* den gesamten Süden und Norden beherrscht. Die nächsten Wahlen sind für 1999 angesetzt.

Auch wenn das Tagesgeschäft beiden Seiten nach 16 Kriegsjahren viel abverlangt, gelingt die Normalisierung verblüffend rasch. Zu stark drücken Arbeitslosigkeit, Armut, zerrüttete Wirtschaft und Ausverkauf der Ressourcen. Doch zum ersten Mal in seiner Geschichte erhält Mosambik die Möglichkeit, sein Schicksal selbst zu bestimmen. Frei und in Frieden.

GEOGRAPHIE & UMWELT

Die Republik Mosambik ist mit 799.380 qkm fast so groß wie Deutschland und Frankreich zusammen. Ihre Landschaft wird von der 2500 km langen Küste geprägt, die ihre Schönheit voll entfaltet, wann immer eine Bucht, Lagune oder Flußmündung das Band weißen Sandes unterbricht. Hinter dem Strand machen sich Küstenebenen bis zu 200 km breit. Vom Bergland gen Simbabwe (Mt Binga im unzugänglichen Chimanimani 2436m) und Sambia bekommen Besucher wenig mit. Die mächtigen Sambesi und Limpopo wälzen sich durch Mosambik zum Ozean, haben ihre spektakulären Momente aber hinter sich.

Das Land ist in zehn Provinzen aufgeteilt, jede mit Hauptstadt, Gouverneur und ein bißchen Autonomie, was zumal bei Rohstoffen nicht ohne Spannungen bleibt. Von Süd nach Nord: Maputo, Gaza (Xai-Xai), Inhambane, Sofala (Beira), Manica (Chimoio), Tete, Zambézia (Quelimane), Nampula, Cabo Delgado (Pemba), Niassa (Lichinga).

Naturschutz steht so weit unten auf der Präferenzenliste, daß man sich um die tropischen Wälder sorgen muß, die noch 17% des Landes bedecken. Der Raubbau, flächendeckend und jenseits staatlicher Kontrolle, hinterläßt nährstoffarme, unbrauchbare Böden und beschert dennoch wenig Einnahmen, weil Tropenholz stammweise exportiert wird. Dabei könnte gezieltes Fällen und Verarbeiten vor Ort durchaus Arbeit schaffen.

BEVÖLKERUNG

18,3 Millionen Einwohner (23/qkm) teilen sich in 16 Bantugruppen. Deren bedeutendste sind Makua (47%) und Makonde im Norden, Sena in den mittleren Provinzen sowie Shangaan im Süden. Im Süden trifft man auf 200.000 Portugiesen, andere Weiße und Inder.
Die Lebenserwartung ist mit 46 Jahren (Frauen 48, Männer 45) eine der niedrigsten der Welt. Obwohl jede Frau laut Statistik 6,8 Kinder zur Welt bringt, wächst die Bevölkerung wegen hoher Säuglings- und Kindersterblichkeit (16/27%) nur um 2% pro Jahr.
Jeder dritte Mosambikaner lebt in Städten. Neben Maputo (1,2 Millionen) gibt es sechs weitere Großstädte: Beira hat 330.000, Nampula 275.000, Quelimane 160.000, Nacala 140.000, Tete 125.000, Chimoio 120.000 Einwohner.
Noch überwiegen alteingesessene Naturreligionen (48%). Der Islam wurde von Händlern seit dem 7. Jh. an der Küste eingeführt (21%). Das Christentum katholischer Prägung (11%) folgte seit 1498 mit den Portugiesen. Daneben gibt es 20 protestantische Kirchen (18%) und afrikanisch-zionistische Gemeinden nahe Malawi und Simbabwe.

Reisevorbereitung

☞ **Von Mike Slater** stammt der bislang beste Führer: *Guide to Mozambique. The Essential Visitors Companion* (Struik Kapstadt 1994, 24 DM); nur in Südafrika, etwas veraltet. Mia Coutos Roman *Das schlafwandelnde Land* (dipa Frankfurt 1994, 38 DM) mit seiner fremdartig schönen Bilderwelt bereitet gut auf den Besuch Mosambiks vor.
Empresa Nacional de Turismo: 3 Stiemens St, Braamfontein, Joburg, T. 011/339 7275, Fax -7295, entur@virconn.com, für Visum, Mietwagen, Tauchen, Hotels & Touren. In Europa wendet man sich an die Botschaften. Im Lande: nur ENT in Maputo.

Bildung: Zwei Mark zu wenig

Durch den Bürgerkrieg fehlt dem Land eine ganze Lehrergeneration. Dabei hatte die Regierung bereits am Tag der Unabhängigkeit vor einer Titanenaufgabe gestanden. Beim Abzug der Portugiesen konnten 90% der Menschen weder lesen noch schreiben. 1997 war diese Quote auf 59% geschrumpft. Die Schulpflicht für Kinder bis zwölf scheitert aber auf dem Lande daran, daß es an Lehrern, Schulen und Büchern fehlt. Zudem können sich viele Eltern Uniform und Schulgebühr von 2 DM/Jahr nicht für alle Kinder leisten.
50% der Sieben- bis Zwölfjährigen auf dem Lande besuchen regelmäßig den Unterricht, in den Städten sind es 90%. Offiziell ist sogar der Besuch einer Sekundarschule vorgeschrieben, doch nur 5% der Jugendlichen leben in Reichweite einer solchen. Der Wiederaufbau des Bildungswesens ist die größte Herausforderung für die Regierung Chissano.

EINREISE

Alle Ausländer benötigen ein Visum. Dazu reichen sie den Reisepaß mit zwei Paßfotos bei einer Botschaft ein. Transitvisum 10 DM (sieben Tage - ideal für Tetekorridor nach Malawi), Monatsvisum 14-40 DM, Sechsmonatsvisum für mehrfache Einreise 100-160 DM.

☞ **Jede Botschaft** hat unterschiedliche Wartezeiten & Preise - Minimalaufwand in **Swasiland.** Seit 1997 dürfen auch Grenzübergänge das Visum umgehend in den Paß stempeln (70 DM). Verlängern im *Immigraçao* jeder Provinz und in Reisebüros (Maputo 15 DM). Das Visum gilt ab dem Tag der Ausstellung, nicht der Einreise. **Bei Überziehung droht eine Geldstrafe von 200 DM/Tag!** Führen Sie den Reisepaß immer bei sich, Polizeistreifen kontrollieren in Städten häufig - bis zu 60 DM Strafe.

Die Einreise gestaltet sich lässig, selten mit Gepäckkontrollen, immer mit Grenzgebühr von 4 DM/P und Straßengebühr von 8 DM/Fahrzeug. Bewahren Sie im Land eine beglaubigte Kopie von Reisepaß, Fahrzeugschein und anderen Dokumenten getrennt vom Original auf.

MOSAMBIKANISCHE BOTSCHAFTEN

Deutschland: Adenauerallee 46a, 53113 Bonn, T. 0228/262 993, Fax 213 920.

Sambia: 46 Mulungushi Village, Kundalile Rd, Lusaka, T. 01/290 451.

Simbabwe: 152 Herbert Chitepo Ave, Harare, T. 04/790 837, Fax 732 898.

Südafrika: Cape York Bldg, 252 Jeppe St, Joburg, T. 011/336 1819, Fax -0133. Monatsvisum nach sechs/einem Tag 28/40 DM. Konsulate in Pretoria, T. 012/343 7840; Kapstadt, T. 021/426 2944; Durban, T. 031/304 0222; und Nelspruit, T. 013/752 7396.

Swasiland: Princess Dr Rd, Mountain Inn Area, Mbabane, T. 43 700, Fax -692. Mo-Fr 9-13h. Monatsvisum nach sieben/zwei Tagen/sofort 14/32/40 DM.

Weitere Botschaften in Addis Abeba, Brüssel, Daressalam, Genf, Lilongwe, Lissabon, London, Luanda, Moskau, Nairobi, Paris, Rom, Stockholm, New York und Washington.

BOTSCHAFTEN IN MAPUTO

Deutschland: Rua de Mapulangwene 506, T. 492 714, Fax -888.

Österreich: Ave 24 de Julho, T. 423 244, Fax 429 112.

Schweiz: Ave Julius Nyerere 1213, T. 492 744, Fax -474.

Simbabwe: Ave Martires da Machava, T. 490 404.

Südafrika: Ave Julius Nyerere 745, T. 490 059.

Swasiland: Ave do Zimbabwe 608, T. 492 451. Visum kostenlos bei Einreise.

GESUNDHEIT & SICHERHEIT

Malaria ist außerhalb Maputos weit verbreitet (v.a. Nov-April), Prophylaxe noch wichtiger als in Südafrika oder Swasiland. Auch wenn Krankenstationen auf dem Land wenig Vertrauen erwecken, sind die meisten doch zuverlässig und die Ärzte engagiert. Malariatest 10-20 DM, bar bezahlen, ebenso die fast immer vorrätigen Medikamente.

An fünf Tagen in Tofo sind mir insgesamt 20 Reisende begegnet. 15 hatten zu diesem Zeitpunkt Malaria oder sie gerade erst auskuriert.

Auf einigen Märkten in Maputo treten Taschendiebe & Autoknacker auf. Raubüberfälle sind trotz riesiger Waffenmengen selten, hie und da werden aber unbeaufsichtigte Zelte am Strand aufgeschlitzt. Dem Geldbeutel droht die größte Gefahr durch freche Straßenposten.

☞ **Der Bürgerkrieg hinterließ eine Million Antipersonenminen.** Nur in Kambodscha & Angola war die Lage je schlimmer. Inzwischen sind Städte, Hauptstraßen und Küsten bereinigt. Allein deutsche Teams beseitigten bisher über 150.000 Minen. Sie bedrohen aber wieterhin Reisende im Hinterland. Minengebiete sind von Totenkopfschildern umzingelt. Benutzen Sie ausgetretene Pfade. Fragen Sie bei Einheimischen nach, bevor Sie in abseitige Gegenden aufbrechen. Die Zahl der Beinamputierten spricht eine entsetzliche Sprache.

KLIMA & REISEZEIT

Die Trockenzeit (April-Sep) eignet sich gut, Juni/Juli sind am besten. Die Tagestemperaturen liegen dann in Maputo bei 24-27°, nachts 13-19°. In der Regenzeit wird es schwül, auch nachts nicht unter 20°. Je weiter nach Westen, desto kühler. Während südafrikanischer Schulferien sind die Strände bis Bazaruto überlaufen.

GELD

Durch Mosambik reist sich sehr preiswert, wenn man mit einfachen Unterkünften oder Zelt vorlieb nimmt. Wer Busse nutzt, kommt unter 30 DM/Tag durch. Währungseinheit ist der Meticál (Plural: Meticais, sprich *Metikäsch*).

10.000 MT = rund 1 DM.
Bei Schwarzwechslern gibt´s geringfügig mehr.

Banken in allen Städten, meist Mo-Fr 8-11h. Sie wechseln Devisen, brauchen aber eine halbe Ewigkeit

Preise: So viel kostet Mosambik

Weißbrot 0,40 DM/Pfund, Milch 1,50 DM/Liter, Margarine 0,90 DM, acht Bananen 0,90 DM, Cadbury-Schokolade 100 g 4,50 DM, Coke am Straßenstand/Restaurant 0,50/0,80 DM, Bier in Kneipe 2-3 DM.
Zeltplatz 5-8 DM/P, einfache DZ ab 20 DM, Vierbettchalets ab 60 DM.
Gerichte in gutem Restaurant ab 8 DM, Essen am Straßenstand 2-3 DM.
Discos in Maputo 5-15 DM.
Transport: Fernbus Maputo-Inhambane 13 DM, Zug Maputo-Joburg zweiter Klasse 37 DM, Mietwagen ab 50 DM/Tag, Dhaumiete 25-30 DM/Tag, Stadtfahrt mit Taxi 3-5 DM, Stadtbus 0,30 DM.

dafür und nehmen stolze Gebühren, v.a. für Schecks (9-12 DM). Mancher **Wechselstube** gehen ab und zu die Meticais aus - ansonsten schneller, dazu bessere Kurse.

Auch wenn ich´s ungern empfehle: die einzig sinnvolle Lösung ist **Bargeld**, in US-$ oder Rand (nicht DM). Viele Unterkünfte oder Veranstalter wollen in Devisen bezahlt werden. **Kreditkarten** nur in gehobenen Hotels & Restaurants; für Fahrzeugmiete nötig. Barabhebung mit Karte kostet bis zu 18 DM! Trinkgelder sind nicht üblich.

Obwohl sich die Lebensbedingungen ständig verbessern, ist ***bittere Armut*** *verbreitet. Jeder Ausländer wird als Quelle des Wohlstands angesehen (die er ja auch ist) und gelegentlich angebettelt. Geben Sie Geld nur, wenn irgendeine Form der Dienstleistung vorliegt, etwa für Jungs, die Ihr Auto bewachen oder Einkaufstüten tragen. Zahlen Sie bitte nie für das Recht, eine Person fotografieren zu dürfen - dann lieber aufs Foto verzichten.*

ZEIT

Mosambik liegt in derselben Zeitzone (OEZ) wie Südafrika. Postämter Mo-Fr 8-12h, 14-17h, Sa 8-12h. Behörden Mo-Fr 8-12h, 14-16h. Geschäfte Mo-Sa 8-12.30h, 14-17.30h.

Feiertage: Neujahr, 3. Feb - Heldentag, 7. April - Frauentag, 1. Mai, 25. Juni - Unabhängigkeit, 7. Sep - Tag des Sieges, 25. Sep - Revolutionstag, 25./26. Dez.

LANDKARTEN & STADTPLÄNE

Die besten Übersichtskarten bieten Michelin (die legendäre 955) und Ravenstein. Das Mosambik-Faltblatt der *Automobile Association* ist zu grob und voller Fehler; 3 DM. Jeder in Südafrika erscheinende Autoatlas deckt zumindest die südliche Landeshälfte ab. Das kostenlose Heft *Time Out* enthält einen guten Plan Maputos, aber keine Karte mehr.

POST, TELEFON & INTERNET

Jede Stadt besitzt ein Postamt. Briefe nach Europa (rund 1,70 DM) gehen selten verloren, brauchen aber ab Maputo zwei, ab kleineren Städten vier Wochen und mehr.

Telecomunicaçoes de Moçambique bringt das gesamte Netz auf Vordermann. Gegenwärtig ist Direktwahl ins Ausland aus 21 Städten möglich, darunter Maputo (✆ 01), Xai-Xai (022) und Inhambane (023). Telefonamt in jeder Stadt, Dreiminutenanruf nach Südafrika 9 DM, Europa 23 DM; 100 vorwählen. In Maputo und Beira können Faxe aus Postämtern versendet werden. Andernorts wendet man sich an Spitzenhotels. Mosambik ✆ 00258.

☞ **Notruf: Polizei 119, Feuerwehr 198.**

Bislang kein **Internet**-Café bekannt, aber erste Links über ENT, *www.entur.imoz.com.*

SPRACHE

Portugiesisch ist Amtssprache. Wer Spanisch kann, ist aus dem Schneider. Mit Englisch kommt man in Maputo gut, je weiter nördlich, desto dürftiger durch. Jede Bantugruppe hat ihre eigene Sprache.

Hin & weg

Air Portugal und Air France fliegen dreimal pro Woche von Lissabon bzw. Paris nach Maputo. Da selten unter 1800 DM, empfiehlt sich die Anreise über Joburg. Abflugsteuer 18 DM, nach Übersee 36 DM,

zahlbar in US-$ oder Rand.
Flughafen: alle Maputo-Flüge landen in Mavalane International, 10 km nördlich, inzwischen mit Duty-Free & Wechselstuben. Abholung durch Hotels oder Reiseveranstalter auf Anfrage. Taxipreis verhandelbar (10-15 DM). *LAM - Linhas Aeréas de Moçambique.*

Von Maputo nach
Durban mit SA Express Di/Fr/So; Metavia dreimal über Richards Bay.
Harare mit LAM einmal.
Joburg mit LAM, SAA und Metavia täglich (1 Std, hin/rück ab 300/450 DM).
Manzini mit LAM und Royal Swasi Airlines.

GRENZEN

Grenzgebühr für Ausländer 4 DM/P, zusätzlich 8 DM/Fahrzeug plus Haftpflichtversicherung *(Seguro)* für 32 DM/Monat; Mindestdauer ein Monat, auf Quittung bestehen.
Von/nach Südafrika: Bahn. Maputo - Komatipoort/Nelspruit - Joburg Mo/Mi/Fr 11h (17-19 Std), ab Joburg Di/Do/Sa 17.45h. Erster/zweiter/dritter Klasse 50/40-/20 DM, zahlbar in Rand oder MT, Bettzeug 5 DM. Pro Zug ein Wagen mit sechs verschließbaren Zwei/Vierbett-Abteilen erster-/zweiter Klasse, dritte Klasse nur Großraum mit Sechser- und Vierersitzgruppen ohne Tisch. Zug Maputo - Mlawula - Durban s. Swasiland/Hin & weg.

> ☞ **Reservierung** kostenlos am Bhf Maputo, T. 431 269. Ticket am Abfahrtstag bis 9h abholen. An der Grenze müssen alle Fahrgäste raus; Wertsachen mitnehmen!

Von/nach Südafrika: Bus. Minibusse ab Joburg/Nelspruit zum Übergang Ressano García (7-17h) hinter Komatipoort, dort Anschluß nach Maputo (6 DM), zurück ab Bhf Maputo.
Panthera Azul mit Klimaanlage, Video & Toiletten: Joburg - Nelspruit - Maputo Mo-Sa 7.30h, Fr auch 21h, So 9h (8-11 Std, 80 DM), zurück Mo-Fr 8h, Sa 9h, So 9/12h. Durban - Manzini - Maputo Di/Fr/So 7h (10 Std, 100 DM), zurück Mo/Do/Sa 7.30h. Joburg - Mutare/Simbabwe - Beira Mo 21h (19-20 Std), zurück Mi 10h. Ticketverkauf in Joburg, 105 Kerk/Polly St, T. 011/337 7409; Durban, Station Shop 5, T. 031/309 7798; und Maputo, Ave Mao Tse-tung 746, T. 01/494 238, Mo-Fr 8-18h, Sa/So 9.30-12h, 14-18h.
Tropical Express in Joburg, T. 011/337 9169, und Maputo, T. 01/425 078, macht Joburg - Maputo auch mit Komfort. Rabatt für Senioren, Frühbucher (zwei/eine Woche vor Abfahrt 40/52 DM), Gruppen & Studenten. **African Elephant** in Durban, T. 031/307 5361, aetours@iafrica.com, rühmt sich des *most luxurious coach service in South Africa.* Durban - Maputo und Joburg - Maputo je einmal pro Woche (hin/rück je 100/180 DM), zurück ab Cardoso Hotel. **Expresso Tours** in Maputo, rua Joaquí Lapa 95, T. 431 663,exptours@zebra.uem.mz, fährt Nelspruit - Maputo Di/Mi/Do 18h (36 DM), zurück 6h.
Von/nach Swasiland. Viele Minibusse (5 DM, plus 2 DM/Rucksack) ab KFC-Parkplatz in Manzini nach Lomahasha (7-17h), dort Anschluß mit Minibus oder Pickup nach Maputo; einer wartet immer, 4 DM. Zurück in Maputo

ab Ave Guerra Popular/Manganhela. Backpacker-Minibus The Chillage/Mbabane - Fatima/Maputo (40 DM). Zug s. Swasiland.

Kreuz & quer

Bahn & Boot zu selten, Flugzeug zu teuer - da reduziert sich die Überlegung auf Bus oder Mietwagen. **Für den Bus** sprechen extrem niedrige Preise, Sicherheit & Lokalkolorit. Dagegen sprechen extremer Zeitverlust und die ungestillte Sehnsucht nach vielen Plätzchen.

BAHN

Geduld bitte. Zur Zeit verkehren Personenzüge von Maputo nur nach Komatipoort, Joburg, Durban & Mutare (täglich 8h, 5 DM), außerdem Beira - Simbabwe und Nacala - Malawi. *Allesamt bieten Reiseerfahrungen aus uralten Tagen. Da oft zu Schrittempo gezwungen, nehmen die 82 km von Komatipoort nach Maputo 5 Std in Anspruch. 1996 absolvierte ein englischer Backpacker die Bahnfahrt Maputo - Harare in fünf Tagen!*

Den Wagen geht´s den Umständen entsprechend gut. Richtung Joburg wird südafrikanisches Material eingesetzt, Richtung Maputo werden Speisewagen & Spoornet-Lok aber in Komatipoort abgehängt und durch schwächere CFM-Zugmaschinen ersetzt. Bahnauskunft T. 431 269. Auch wer die Bahn verschmäht, sollte sich Maputos Bahnhof anschauen.

BUS

Hauptstraßen werden täglich von Fernbussen in jede Richtung beackert. Oliveiras im Süden, Virginia in der Mitte und TransNorte im Norden setzen zwei Bustypen ein. ***Expressos*** sind geringfügig teurer, z.B. Maputo-Maxixe 13 DM, Maxixe-Vilanculos 6 DM, Vilanculos-Beira 15 DM; dafür brechen sie seltener zusammen. Falls doch, kommt nach 1-3 Std Wartezeit ein Ersatzbus. Abseits der Hauptstraßen ersetzen Pick-ups *(Chapas)* den Bus.

Städte verfügen über Busbahnhöfe, in Dörfern zockeln Busse oder *Chapas* an dem Ortsende los, das dem Zielort zugewandt ist, oft vor 6h. Abfahrt wenn voll, also früh aufkreuzen. Auf Hauptstraßen bewältigt man per Bus 400 km in 8-10 Std, im Süden schneller. Da er keine Brücke unterquert, sind der Hochstapelei auf dem Dach keine Grenzen gesetzt.

AUTO

Hauptstraßen, Brücken & Fähren sind dank ausländischer Hilfe großteils repariert. Die Straßen Namaacha - Maputo, Komatipoort - Maputo und der „Beirakorridor" Mutare - Inchope erreichen fast Highwayqualität. Für Abstecher an den Ozean ist oft 4WD nötig.

Sicherheit ist an Nationalstraßen tagsüber kein Thema, nach zwei Überfällen 1996 patrouillieren Sicherheitskräfte entlang notorischer Abschnitte. **Verzichten Sie auf Nachtfahrten. Halten Sie außerhalb von Ortschaften nur im Notfall. Fahren Sie möglichst im Konvoi.** *Nachdem das gesagt ist, darf ich gestehen, gegen jede dieser Regeln mehrfach verstoßen zu haben. Noch bin ich gesund und von Mosambik begeistert.*

Gefahren: viele Vehikel sind ohne Licht oder Blinker unterwegs. Trucks biegen gerne ohne Vorwar-

Straßenverkehr: Die Regeln & ihre Hüter

Verstöße gegen die Verkehrsregeln sind tagsüber nicht ratsam. Dazu zählen: Warndreieck mitführen, auf Vordersitzen Gurte anlegen, Tempolimit von 30 km/h in Städten (hält sich natürlich niemand dran) und auf Brücken. Sie müssen Führerschein und Kfz-Papiere dabeihaben, bei auswärts zugelassenen Autos auch Einfuhrerlaubnis und Versicherungsschein *(seguro)*. Letztere Dokumente an der Grenze besorgen.

Für uniformierten Ärger ist gesorgt. Oder für Unterhaltung, wie man's nimmt. Allein der Gedanke an Mosambiks Verkehrspolizei läßt manchen Reisenden erschaudern. Diese Wegelagerer der Landstraße sind oft auf die schnelle Mark aus. Verkehrspolizisten tragen weiße Hemden, blaue Hosen/Röcke und dürfen nur Regelverstöße bestrafen. Andere Uniformierte sind nicht befugt, Sie wegen Tempoverstoß oder Gurtverzicht zu belangen!

An Straßensperren ist wie üblich mit Höflichkeit, Geduld und Zigaretten viel zu erreichen. Wenn Sie herangewunken werden, verbreiten Sie den Eindruck, als ob Sie für dieses Spielchen alle Zeit der Welt hätten. Wenn aber Papiere und Ausstattung in Ordnung sind und ein Beamter dennoch freche, an den Haaren herbeigezogene Forderungen stellt, hilft nur eines: Widerstand! Bezahlung verweigern! Vorgesetzten verlangen!

Falls ein Verstoß vorliegt oder andere Gründe eine Zahlung ratsam erscheinen lassen, verlangen Sie nach einer Quittung. Oft verringert sich damit die geforderte Summe erheblich. Geldstrafen liegen selten über 10 DM. Auskunft zu Verkehrsfragen: ATCM, rua C. Pedroso 202, Maputo, T. 01/422 653.

Als wir zu sechst im Kleinwagen erwischt wurden, forderte ein grimmiger Beamter zuerst 20 DM. Während unseres längeren Disputs bretterten ständig völlig überladene Chapas vorbei. (Eines wurde herausgewunken, durfte aber gleich weiter, nachdem eine Hand aus dem Passagiergetümmel dem Polizisten ***ein krächzendes Huhn*** *überreicht hatte.) Mit Mühe konnte ich unseren Gesetzeshüter überzeugen, daß ich erst auf der Wache den Geldbeutel zücken würde. Dort blätterte ein anderer Beamter im Strafenkatalog nach und fand die offizielle Summe für Sechs im Auto: 1,50 DM.*

nung ab. Abgebrochene Zweige auf der Straße ersetzen das Warndreieck. Seien Sie auf Nebenstraßen stets auf abgestellte Fahrzeuge, Schlaglöcher, Fußgänger & Tiere gefaßt. Verzichten Sie nicht auf den Einsatz der Hupe, wenn nötig. Noch besitzen wenige Mosambikaner ein Auto, darunter sind aber jetzt schon etliche Bekloppte.

Tankstellen: an der N1 bis Vilanculos alle 50-100 km, im Hinterland dünn gesät. Diesel/Sprit kosten rund 0,70/1 DM pro Liter und sind bar zu bezahlen.

Mietwagen

Avis, Hertz und Imperial sind in mehreren Orten vertreten, in Maputo auch kleinere Agenturen. Einwegmieten nicht möglich. Wenn das Auto nicht zur vereinbarten Stunde zurückgegeben und keine Verlängerung vereinbart/bezahlt ist, melden Vermieter es als gestohlen. Auf keinen Fall dürfen Mietwagen ins Ausland. Mindestalter 23 Jahre.

Ohne Vollkasko muß der Mieter nach Unfall/Diebstahl 10%, bei *Weekend-Specials* und 4WD 20% des Schadens selbst zahlen. Hauptproblem der Branche ist die Verletzungsanfälligkeit der Fahrzeuge, weil jeder Touri sie über Sandkuhlen & Schlaglöcher jagt. Wenn das gute Stück im Busch den Geist aufgibt, ist kaum an Ersatz zu denken. Abseits der Hauptstraßen ist 2WD oft zu schlapp. In Beira ist die Auswahl eingeschränkt auf untere Mittelklasse, die Miete 10-20% teurer als in Maputo. Alle Preise inklusive 10% Steuer.

☞ **Kleinwagen** bei Avis und Hertz für drei/vier/fünf/sechs Tage 125-/115/100/80 DM/Tag (200 km/Tag frei). **VW Chico** bei Avis ab 20 Tagen 50 DM/Tag (100 km/Tag). **Toyota Tazz** bei Imperial 58 DM/Tag plus 0,50 DM/km. Versicherung je 18-23 DM/Tag. **4WD-Geländewagen** bei Avis 175 DM/Tag plus 1,75 DM/km, bei drei/vier/fünf/sechs Tagen 385-/350/300/250 DM/Tag (200 km-/Tag). Versicherung 45 DM/Tag.

Vermieter in Maputo: ***Auto-Car,*** Ave Karl Marx 1022/24 de Julho, T. 423 733, Fax -734. - ***Avis,*** Ave Mao Tse-tung 5, T. 494 473; und Flughafen Mavalane, T. 465 140, Fax -493. Mo-Fr 7-18h, Sa/So 7.30-12h, 14-17h. - ***Hertz,*** Ave 24 de Julho 2006, T. 331 723, Fax 426 077; und Hotel Polana, T./Fax 494 982. - ***Imperial,*** Ave Julius Nyerere 580, T. 493 545, Fax -540. Täglich 8-18h. - ***Interfranca,*** Ave 24 de Julho 1550, T. 427 253.

FAHRRAD

Mosambik wäre ein vorzügliches Tourenziel: flach, geteerte Fernstraßen, wenig Verkehr, genug Schatten & Wasser, dazu nach 100-150 km die nächste akzeptable Unterkunft. Auf der Minusseite stehen der Mangel an Werkstätten, die Entfernungen und Sandpisten, über die allein viele Strände zu erreichen sind. Jeder Nachteil wird aber durch die Freundlichkeit und Hilfsbereitschaft der Einheimischen wettgemacht.

☞ *Erfahrungsberichte werden in der nächsten Auflage abgedruckt.*

FLUGZEUG

Die staatliche LAM bietet Linienflüge zwischen Maputo, Beira, Nampula, Quelimane, Tete, Pemba und einigen anderen Orten; in MT zahlbar. Verspätungen & Gepäckschäden sind an der Tagesordnung. Maputo-Bazaruto hin 280 DM.

Air France: Maputo, Ave Karl Marx 171, T. 420 337, Fax 422 936.

LAM: Maputo, Ave 25 de Setembro/Karl Marx, T. 426 001; Joburg, T. 011/331 6081.

Metavia: Flughafen Mavalane, T. 465 487; und Nelspruit, T. 013/741 3141.

SAA: Maputo, Ave Samora Machel, T. 420 703; und Joburg, T. 011/356 1111.

Saban Air: Flughafen Mavalane, T. 465 108, Fax -011.

Tap Portugal: Maputo, Ave 25 de Setembro, beim Hotel Tivoli, T. 420 635.

SCHIFF

Wenige Naturhäfen zieren den 2500 km langen Küstenstreifen. Regelmäßig verkehren nur die Fähren über die Bucht von Maputo und Beira - Quelimane. Im Norden sind etliche kleine Frachter unterwegs; Mitnahmepreis verhandelbar. Ansonsten hört man sich im Hafen nach *Dhaus* (Einmastsegler) um oder spricht weiße Südafrikaner mit Jacht an.

Wenn weibliche Wesen eine Mfg suchen, schmeißen einige Jachtbesitzer gerne ihre Pläne für ein paar Tage um. Für den Verzicht auf Spritbeteiligung muß frau mit Alkohol & Anzüglichkeiten rechnen. Wenn Buren sich zum zehntägigen Wettsaufen vor Mosambik verabreden, hat eine Mitfahrerin an Bord wenig zu lachen.

GRUPPENTOUREN

Während Hotellerie & Gastronomie noch in den Kinderschuhen stecken, ist das Tourenangebot um Maputo bzw. Bazarutoarchipel schon sehr differenziert. Mit etwas Zeit und Portugiesisch/Spanischkenntnissen läßt sich vieles selbst organisieren.

Empresa Nacional de Turismo, in Joburg T. 0027/11/339 7275, Fax -7295, in Maputo T. 01/421 794, Fax -795, entur@virconn.com. Besorgt alles.

Expresso Tours, rua Joaquím Lapa 95, Maputo, T. 01/307 105, Fax 431 665, exptours@zebra.uem.mz. Reiseagentur, alles maßgeschneidert.

Go Africa, 32b Piccadilly Centre, Rockey St, Yeoville, Joburg, T. 0027/11/447 0815, Fax -0823, goafrica@global.co.za. Tauchen im Bazaruto-Archipel, Überlandtouren, Logis.

Mextur, Ave 25 de Setembro 1226/Vladimir Lenine, Maputo, T. 01/428 427, Fax -430. Pakete, Hotelbuchungen, Ausflüge, Mietwagen, Kreuzfahrten nach Xefina & Inhaca.

Mozambique Connection, Joburg, T. 0027/11/803 4185, Fax -3861, mozcon@pixie.co.za. Ein- bis zweiwöchige Touren mit Tauchen, Schnorcheln und Faulenzen, z.B. zwölf Tage Budget-Küstensafari 720 DM, 14 Tage Luxussafari 2800 DM. Spezialist seit 1991, der Beste im Budgetbereich.

Mozambique Tours, Durban, T. 0027/31/303 2190, Fax -2396 (Ricky & Mercia Jacobs), mit@iafrica.com. Tauchen im Bazaruto-Archipel, alle teuren Strand-Lodges.

Nkomati Safaris, Maputo, T. 01/492 612. Tagestouren in die Umgebung inkl. Mahlzeiten & Wein ab 90 DM, mit Katamaran oder 13sitzigem Landrover nach Inhaca, Xefina, Macaneta, Elefantenreservat, Santa Maria & Incomatimündung. Mehrtägig auf Anfrage.

Polana Tours, Hotel Polana, Maputo, T. 493 533, Fax -538. Reisebüro, Tagesausflüge.

Prosol, Ave Filipe Samuel Magaia 809, Maputo, T. 01/425 322, Fax 421 908, prosol@las.uem.mz. Inseln, Hotels, Visa, Touren, Tickets, Spaß.

Knack & back

Verzichten Sie auf Leitungswasser und Eiswürfel. Nicht vergessen: Sonnenhut/mütze, alte Tennisschuhe für Schritte unter Wasser, Malariaprophylaxe, Insektenschutz, Taschenlampe. Jacke oder Pulli nur Mai-Juli nötig.

ÜBERNACHTEN

Die Qualität der Unterkünfte unterliegt herben Schwankungen. Es gibt ungelüftete Grotten voller Kakerlaken; Strandhütten mit Schilfwänden, Betten, Moskitonetz und sonst nix; Prachtschuppen mit dem morbiden Charme der Kolonialzeit; und Luxuslodges im Zurück-zur-Natur-aber-bitte-mit-Komfort-Stil. Aus dem Preis kann nicht immer auf Sauberkeit, Strom usw. geschlossen werden. Häufig treten „inoffizielle" Unterkünfte ohne Genehmigung auf. Sobald sie zu beliebt werden, rückt die Polizei mit dem Kuckuck an.

Für Strandschläfer ist Mosambik *der* Schauplatz schlechthin. Lassen Sie tagsüber das Zelt nicht außer Sichtweite stehen. Das Heer von *Campismos* entlang der Küste kassiert humane Preise, und viele bieten Duschen, WCs und eine Bar. Allmählich kristalliert sich eine Backpackerkultur heraus. Unter den Kontaktbörsen mit Schlafsälen, Mahlzeiten, Küche und Plauscheckchen war Fatima in Maputo die Pionierin.

In jeder Stadt gibt es mehrere Hotels, Gästehäuser *(Pousada)* oder Pensionen, an Stränden oft auch *Complexos Turisticos.* Die Standards sind selten hoch, die Preise immer niedrig. Verhandeln außerhalb der Hochsaison möglich, zumal für Alleinreisende. Viele Unterkünfte besitzen keine EZ und nennen deshalb den DZ-Preis. Gelegentlich wird unterschieden zwischen zwei Einzelbetten und einem billigeren Doppelbett (*Casal*). Wenn sich ausländische Helfer an einem Ort einnisten, feiern dessen Hotels einen dreifachen Salto.

ESSEN & TRINKEN

Mosambiks kulinarische Wurzeln liegen zwischen Afrika und Portugal - eine willkommene Abwechslung zu britisch-burischer Kost. Grundlagen sind Mais, Reis und Maniok, über die sich gern eine Sauce aus Bohnen, Gemüse oder Fisch ergießt; auf Märkten und Busbahnhöfen für Pfennigbeträge. Außerhalb Maputos keine Supermärkte. Selbstversorger kaufen auf Märkten oder direkt bei Fischern. Alles ist sehr billig, bis aufs Bier.

Jeder Ort besitzt mindestens ein Restaurant (gelegentlich *Salao da Cha),* in dem Fleischgerichte mit Reis, Hähnchen mit triefenden Pommes, Eierspeisen und Sandwiches *(Prego)* bereitet werden; 4-8 DM, in nobleren Fällen ab 10 DM. Meeresgetier tritt in solch Übermaß auf, daß eine mächtige Krabben- oder Calamaresplatte selten über 20 DM kostet.

Überall wird Wasser in Plastikflaschen verkauft; auf intakten Verschluß achten. Auf dem Land ist sauberes Trinkwasser selten. Daher auffüllen wann immer möglich oder abkochen/mit Micropur behandeln. Mosambiks Biermarken, darunter *3M* und *Lourenco*, werden glücklicherweise durch südafrikanische Importe ergänzt.

UNTERHALTEN

Sport: Mosambik besitzt ein ungeheures, wenig entwickeltes Potential für aktive Menschen. Wandern, Radfahren, Palmenklettern, Beachvolley & Strandkicks erfordern keine Vorbereitung, im Hinterland aber Vorsicht wegen Tretminen. Die Voraussetzungen für Tauchen, Schnorcheln, Angeln, Surfen & Segeln sind glänzend: Wasser sauber, Luft immer warm, Wind nicht zu knapp, eine Unterwasserwelt bunter als Gauguins Malkasten.

Tauchen: ausgebildete Diver bringen ihren Tauchausweis samt Logbuch mit. Andernfalls verlangen Lodges die Teilnahme an einem Auffrischungskurs (rund 200 DM), bevor sie Ausrüstung verleihen und Taucher auf hohe See rauslassen. Anfänger können in den meisten Lodges einen Tageskurs (200 DM) oder den viertägigen *NAUI Open Water 1*-Schein (600 DM) absolvieren. Dann dürfen auch sie abtauchen.

Nachtleben: alles spielt sich in Maputo und (mit erheblichen Abstrichen) in Beira ab: Kultur, Museen, Theater, Kinos. Die Hauptstadt ist für ihr leidenschaftliches Nachtleben bekannt, Discos & Bars hält aber auch jedes Küstennest bereit.

Wenn es in der Region einen Ort gibt, an dem man problemlos bis in den Sonnenaufgang tanzt & zecht, dann ist es Maputo.

Zeitungen: die beiden Großen, *Notíçias* in Maputo (alle Veranstaltungen) und *Diário* in Beira, erscheinen ebenso in portugiesisch wie die meisten Zeitschriften. In den *Mozambique Files* (englisch) faßt die Nachrichtenagentur monatlich das nationale Geschehen zusammen. *Sensaçoes* in Maputo verkauft englische Publikationen.

Radio/TV: Radio Maputo (88 MHz) strahlt täglich 13/20h englische Programme aus. BBC sendet auf Kurzwelle 19h *Africa News* und 19.30h *Focus on Africa.* Die beiden Fernsehanstalten, das staatliche TVM und das private RTK, flimmern nur abends. RTPI wird aus Portugal eingespeist. In guten Hotels ist M-Net zu empfangen.

NATUR & TIERWELT

Mosambiks Fauna hat unter den Kriegswirren erheblich gelitten. Die Wilderei nach Elfenbein & Rhinohorn stieß auf keinerlei Beschränkungen, ganze Herden wurden abgeschlachtet. Unbeschadet blieb dagegen die Vogelwelt mit vielen endemischen Arten.

Vor dem Krieg gab es ein Dutzend Nationalparks, seit den 60er Jahren standen 11% der Landesfläche unter Naturschutz. Vom Krieg unbehelligt blieb aber nur der Meeresnationalpark Bazaruto. Das **Maputo-Elefantenreservat** und der **Gorongosa NP** stehen Besuchern wieder offen. In den Nationalparks Zinave und Banhine, zwischen Vilanculos & Simbabwe, werden noch Minen beseitigt, Anlagen eingerichtet und die Tierwelt aufgepäppelt. Derzeit stehen in der Bilanz vier NPs, vier Wildreservate und 14 Waldreservate mit insgesamt 89.600 qkm. Zu ihrem Entwicklungsstand wissen Reisebüros in Maputo Bescheid.

Auf den zweiten Blick

Maria Mutola:

Mit Machtwort der Mutter zum Weltrekord

„Der Afrikaner an sich" sei wie geschaffen für den Fußball, hat Franz Beckenbauer *(„Nigerien, Nigeria oder wie die da heißen")* mal festgestellt. Den Mosambikaner an sich kann Kaiser F. nicht gemeint haben. Der tritt zwar gern, aber im Team erfolglos gegen den Ball. Bei der WM-Qualifikation '98 schied Mosambik wie üblich in der ersten Runde aus, diesmal gegen Namibia, das dann seinerseits in Runde zwei Tabellenletzter wurde.

Dagegen wird Laufen groß geschrieben, wie tagtäglich nach Unterrichtsschluß an vielen Schulen zu beobachten ist. Die Abc-Schützlinge wetzen barfuß nach Hause, was die Fußsohlen hergeben. Aus Freude an der Bewegung, und weil Maria Mutola es auch tut. Mutola (* 1974) ist die bekannteste Mosambikanerin, dank Sportprämien eine der wenigen Reichen im Lande und spätestens seit ihrem Weltrekordlauf im Februar 1998 über 800 m Nationalheldin: „Mit 25 habe ich noch einige gute Jahre vor mir. Vor allen Dingen will ich in Sydney endlich Olympiasiegerin werden", jubelte sie den Reportern zu.

Die Weltmeisterin von 1993 verdankt ihre Karriere den Funktionären und ihrer strengen Mutter. Das IOC hatte die Ex-Fußballspielerin (sic) mit den kräftigen Beinen 1989 nach Oregon geschickt, mit einem Hilfsprogramm für junge Athleten aus der „Dritten Welt". Weil sie nur wenige Worte Englisch verstand, bekam Maria schreckliches Heimweh und wollte bald nach Hause. Da sprach ihre Mutter ein Machtwort: „Du bleibst, wo du bist. Was sollen die Nachbarn denken, wenn du jetzt schon nach Hause kommst? Was man begonnen hat, führt man auch zu Ende." Das nahm sich Maria Mutola sehr zu Herzen. Ab 1992 errang sie über 800 m nicht weniger als 42 Siege in Folge - ein Rekord.

Der Karriereknick kam erst, als die 22jährige im WM-Halbfinale 1995 einen Schritt über die Bahnmarkierung tat und disqualifiziert wurde. Plötzlich landeten andere ganz oben, so 1996 die russische Doppel-Olympiasiegerin Masterkowa. Erst im Februar 1998 rannte Maria Mutola endlich wieder an der Spitze. Und erhielt 35.000 Dollar Prämie für ihren Weltrekordlauf, während in Mosambik das Pro-Kopf-Einkommen unter 100 Dollar im Jahr liegt. Der Mutter sei Dank: es wird weiterhin prächtig laufen für Maria Mutola.

Maputo

Neben Kapstadt die schönste Metropole im südlichen Afrika!
599 km östlich von Joburg, 625 nordöstlich von Durban. Das frühere Lourenço Marques erfreut mit breiten Akazienalleen und sanfter Architektur. Die 70er-Bausünden halten sich in erträglichem Rahmen. Stattdessen überwiegen Bauhaus und lusitanischer Kolonialstil. Und natürlich ist da noch die herrliche Lage oberhalb des Ozeans. Das Zentrum, obwohl breitgefächert, läßt sich wunderbar zu Fuß erobern. Auf schattigen Bürgersteigen tobt das pralle Leben mit Straßenhändlern und Flaneuren, Cafés, Nachtclubs und feschen Fassaden.

☞ ***Einheimische** drängen Neuankömmlingen oft Führerdienste zur erwählten Unterkunft auf. Verzichten Sie darauf, weil es am Ziel oft Ärger mit der Bezahlung gibt. Fragen Sie sich durch, es gibt genügend hilfsbereite Passanten. Führen Sie den Reisepaß immer bei sich, ansonsten sind bei der nächsten **Polizeipatrouille** 60 DM Strafe fällig.*

Zurechtfinden

Für Besucher einzig interessant sind die Bezirke Polana-Cimento und Central A/B/C, die den Stadtkern zwischen Ozean, Hafen, Ave Guerra Popular und Ave Mao Tse-tung bilden. Dieses 4x3 km große Karrée wird durch ein Schachnetz an Straßen erschlossen, in deren Namen jeder bessere Revolutionär dieser Welt zu seinem Recht kommt.

Weil nur 450 der 2400 Straßen Namen trugen, wurde 1997 ein neues Kennsystem eingeführt. Jeder Straße wird eine vierstellige Zahl zugewiesen. Die erste Ziffer bezeichnet den Stadtteil, anhand der anderen läßt sich die Lage ermitteln. Bei gerader letzter Ziffer verläuft die Straße von Ost nach West, bei ungerader von Süd nach Nord. Hausnummern geben die Entfernung vom Anfang der betreffenden Straße in Metern an, gerade Zahlen auf der rechten, ungerade auf der linken Seite. Wer in der Ave Mao Tse-tung vor #2 steht und zur #1317 will, muß auf die linke Straßenseite wechseln und nach 1315m klingeln.

Kurz & knackig

ENT: Ave 25 de Setembro 1179, T. 421 794, Fax -795, für Touren. **Info Bureau:** Ave Ed. Mondlane/Fr. Magumbwe, T. 492 622, mit Karten, Broschüren & Zeitschriften.

Banken: über die ganze Stadt verteilt, meist nur Mo-Fr 8-12h. Größte Dichte an der Ave 25 de Setembro/Samora Machel. Gute Wechselstube: Africambio beim Hotel Tivoli.

Hauptpost: Ave 25 de Setembro 30, mit Postlager, Telefon & Fax; Mo-Fr 8-12h, 14-17h, Sa 8-12h. Auslandsanrufe besser in Postämtern führen, da in Hotels sehr teuer.

Bücher: Sensaçoes, Ave Julius Nyerere 657 und im Hotel Cardoso, mit Taschenbüchern, Zeitungen aus Südafrika, *Newsweek* & einheimischen CD; Mo-Sa 9-21h. **British Council:** rua John Issa 226/Vl. Lenine, T. 421 574, mit englischsprachigen Zeitungen/-schriften; Di-Fr 10-17h, Sa 9-12.30h.

Foto: alle Alpha-Läden, u.a. Ave 24 de Julho 850 und 33, entwickeln & verkaufen. Farbfilme auch in Supermärkten. **Fotokopieren:** Xero

Serviços, u.a. Ave 24 de Julho 293. **Wäscheservice:** Polana Laundry beim Hotel; Mo-Sa 7.30-18.30h. Billiger bei Fatima.

Reisebüros: Cotur, Ave Karl Marx 1242, T. 424 341; und Set Travel, beim Hotel Turismo, T. 422 363; für Mietwagen, Unterkünfte & Touren.

Notfall: Polizei T. 422 001. **Spezialklinik** für Barzahler im Zentralhospital, Ave Ed. Mondlane, T. 424 633; Malariatest 2 DM, Untersuchung 5 DM, Privatzimmer 180 DM. **Urgençias Médicas,** Ave 24 de Julho 823, T. 431 736, mit Ambulanz & Hausbesuchen. Beide mit 24-Std-Dienst & Apotheke. **Zahnarzt:** Dr. Robert Hammer im Polana.

Übernachten

Zelten: beim **Clube Marítimo**, Marginal, T. 741 345, und auf dem **Parque Municipal de Campismo** an der Costa do Sol; auf vier Hektar aber fast keine Einrichtungen.

Backpackers: Fatimas, Ave Mao Tse-tung 1317, T. 421 425, fast Ecke Amilcar Cabral, ist die einzige Adresse. Markt, Läden & Strände zu Fuß erreichbar. Nur zwei Schafsäle & ein DZ im engen Hof hinter der Villa, aber alles sehr nett, mit zwei Duschen, winziger Küche, Sitzecke, Bier im Kühlschrank & Wäscheservice. Nachts lärmen die Hunde. So wenig Platz, so viel Ruhm - oft sind sogar die Plätzchen unter Papayabäumen pickepacke ausverkauft. Schlafsaal 12 DM/P, DZ 30 DM, Zelten 8 DM/P. **Tip!** *Die freundliche Fatima spricht englisch und weiß alles über Vergnügen in Maputo, Reisen in Mosambik & Frauenkonferenzen in Peking. Bei Taxifahrern und Einheimischen kaum bekannt, da kein Schild.*

Billig-Pensionen: Taj Mahal, Ave Ho Chi Minh 1817, T. 432 122, liegt gut auf der Mehrwertskala, aber in nicht ganz koscherer Gegend. EZ/DZ 27/36 DM, F 4 DM. - **Hotel Universo**, Ave Karl Marx 1304, ist nahe der Bushaltestelle, aber heruntergekommen. EZ/DZ 36/40 DM. - Beim **Hotel Central**, rua Consiglieri Pedroso, nicht von der Fassade schrecken lassen. DZ 50 DM. - In Ordnung an der Ave 24 de Julho: **Pensao Central**, 500m vom Bhf, Bett 12 DM; und **Hotel Santa Cruz**, T. 420 147, EZ/DZ 28/32 DM.

Kakerlakenliga mit Grotten für 10 DM/P: u.a. Pensao Alcobaca, Hotel Girassol und Pensao Tropical. Die **Pensao Nini,** Ave Julius Nyerere 584, T. 491 846, taugt nur als Notquartier. Miefig kleine DZ 30 DM, alle mit Balkon, aber ohne Aussicht.

Mittelklasse-Hotels

F inbegriffen, alle mit Restaurant.

Costa do Sol am nördlichen Ende der Marginal, T. 455 115, Fax -162, rcsol@rsc.uem.mz, 7 km vom Zentrum, ist seit 1938 Familienhotel und das einzige mit Jugendstil. Meerblick, Surfen, Ausritte, Mietwagen, sicherer Parkplatz. Klimatisierte EZ/DZ 50/80 DM, Dreibettbungalows 90 DM. - Für **The Burger Inn**, Bairro do Triunfo, T. 455 211, vor Costa do Sol sprechen Sauberkeit & gute Lage. EZ/DZ mit Etagentoiletten 50/90 DM.

*** **Residencial Hoyo-Hoyo**, Ave Fr. Magumbwe 837/Ed. Mondlane, T. 490 701, Fax -724, ist jung, zentral, sauber & freundlich. EZ/DZ ab 65/80 DM, Suite ab 125 DM, Extrabett 20 DM. - Die **Pensao Martins**, Ave 24 de Julho 1098, T. 424 930, Fax 429 645, machen geschmackvolles Dekor, Pool & italienisches Restaurant zum Mittelfeldhit. EZ/DZ

80/105 DM, mit Bad 115/140 DM.

Blick in die Sterne

Selbstverständlich mit Klimaanlage, Flughafenshuttle und mindestens einem Restaurant.

*** **Hotel Moçambicano**, Ave Filipe Magaia 961/Ed. Mondlane, T. 429 252, Fax 423 124, erlebt einen Aufschwung unter neuer Leitung. Pool, sichere Parkplätze, EZ/DZ mit F 105/140 DM. - Auch das *** **Hotel Terminus**, Ave Fr. Magumbwe 587/Sekou Touré, T. 491 333, Fax 491 284, ist ruhig & zentral. EZ/DZ ab 115/160 DM, F 9 DM. - In der *** **Escola Andalucia**, Ave Patrice Lumumba 508, T. 423 051, Fax 422 462, wird der Nachwuchs im Hotelgewerbe ausgebildet. Entsprechend makelloser Service, Pool, Bar, Café. EZ/DZ mit F 115/200 DM.

**** **Rovuma Carlton**, rua da Sé 114, T. 305 000, Fax -305 (Pestana), wurde kürzlich runderneuert. 500 Zimmer, Einkaufszeile, Pool, Bar. EZ/DZ mit F ab 170/260 DM, Suiten bis 330/420 DM. - **** **Hotel Cardoso**, Ave Martires de Mueda 707, T. 491 071, Fax -804, wird wohl immer die Nummer zwei bleiben, trotz des spektakulären Blicks über die Bucht. EZ/DZ mit F ab 210/260 DM, Suiten bis 380/430 DM.

Kultstatus genießt nämlich nur das legendäre ***** **Hotel Polana**, Ave Julius Nyerere 1380, T. 491 001, Fax -480, mail@hpolana.uem.mz, das Sir Herbert Baker 1922 vollendete. Es versprüht noch den Glanz der Kolonialzeit: edles Mobiliar, riesige Blumensträuße in der Lobby, livriertes Personal. DZ im Nebenflügel 230-420 DM, Hauptflügel 420-680 DM, Suiten 680-1800 DM, preiswerter im Dachgeschoß.

Essen & Trinken

Maputo hat eine derart aufregende gastronomische Szene, daß einem auch nach acht Testtagen die Spucke wegbleibt. Wer hier sein Campinggeschirr auspackt oder Sandwiches selbst baut, begeht einen groooßen Fehler!

Feira Popular: mit hohem Spaßfaktor speisen läßt sich auf der Kirmes zwischen Ave 25 de Setembro & Fähranleger; Eintritt 0,60 DM. Hinter quietschenden Karrussells und fünf Kinderschüttlern aus der Disneyland-Eisenzeit (extra bezahlen) liegt über ein Dutzend kleiner Bars, unter freiem Himmel u.a. indische oder griechische Küche für 4-12 DM. Empfehlenswert z.B. Palma d´Ouro, T. 424 281, äthiopisch, aber mit Besteck. Auf der Feira tobt Do/Fr/Sa abends der Bär, und einige Bars verwandeln sich in Discos. An anderen Tagen schmeckt alles eher wie Familienausflug. *Langärmlig wegen Mückenplage! Wer abends anrückt, parkt sicherheitshalber auf dem Messegelände.*

Multikulti ab 8 DM. Mosambikanisch u.a. bei **Ivana**, abseits Ave dos Presidentes linkerhand ausgeschildert, T. 418 554, mit Köstlichem aus Zambezia, z.B. Hähnchen in Kokosmilch; Mi-Mo 12-21h. Äthiopisch im **Café Lily**, Ave Ho Chi Minh, gegenüber *Direcçao de Migraçao*, T. 426 831, nach Landesart ohne Besteck. Indisch im **Taj Mahal**, Ave Filipe Magaia/Fern. Magalhaes, und O Petisco im Res. Hoyo-Hoyo. Chinesisch bei **Tai Pan**, rua Cons. Pedroso 343, T. 425 534, etwas teurer, aber schöner Blick. Thailändisch im **Coimbra**, Ave Albert Luthuli 225; von der Lage nicht schrecken lassen.

Portugiesisch u.a. bei **Zé Verde**, Ave de Angola 2952, mit Fado, Vinho verde & Kohlsuppe, Mo-Sa; und **A Tasquinha**, Ave de Angola 2770, T. 465 628, nördlich Praça 21 de Outubro, mit Steaks vom Stein, Badminton & Tischtennis (!); täglich 8-24h. Französisch im **O Baú**, Ave Vl. Lenine 1180, T. 423 262, mit Fondue & Überraschungen vom Grill; Mo-Sa. Meeresfruchtig im **Clube Marítimo**, T. 741 345, mit Ozeanblick & Sonntagsbuffet für 20 DM; Mi-Mo.

Ave Julius Nyerere: unterhalb des Hotels Polana verläuft seit eh und je die Meile, auf der man das schicke Abendvergnügen einläutet. **A Grelha**, #967, T. 492 702, kombiniert Italien & Portugal; ab 10 DM. **Joy's**, #945, geriert sich als Western-Saloon mit allabendlicher Pianomusik, Eiskrem, Sandwiches & großer Mattscheibe. **Canoa**, #939, ist ein um Steaks erweiterter Italiener; ab 15 DM. **La Bussola**, #866, serviert prima Bacalhau drinnen und auf der Terrasse; ab 15 DM. **Pequim/Lulas**, #822, T. 493 899, ergänzt seine Karte laufend mit neuen Überraschungen; ab 8 DM, gute Salate.

Im **Mundo's**, #657, T. 494 080, braucht man bei Pizza, Pasta, Tex-mex & Bier dank Satellitenschüssel kein großes Sportereignis zu verpassen. An der Theke reiben Streuner und Helfer aus aller Herren Länder die Schultern aneinander. Frühstück am Sa/So. **Piri-Piri**, Ave 24 de Julho 3842, T. 492 379, zählt dank scharfer Hühner seit Jahren zu den Favoriten. Wenn drinnen alle Tische besitzt sind, wird auf dem Bürgersteig angebaut; ab 8 DM.

Spitzenhotels: das romantische **Al'Andalus**, Escola Andaluçia, glänzt mit flambierten Krabben, Filetmedaillon & Lachssalat; ab 30 DM. Im **Cardoso** wird auf Vitamin & Gemüs geachtet; ab 30 DM. Im **Terraço**, Hotel Polana, regiert allabendlich eine andere Weltregion die Karte, von Iberien, Italien, Indien bis Brasilien; Spitzenbüffet 30-40 DM. Das ausgezeichnete Restaurant **Terminus** lockt mit Terrasse unter Jakarandabäumen.

Vornehm: beim Kolonialdekor des **Restaurant 1908**, Ave Ed. Mondlane/Salvador Allende, T. 424 834, wurde nicht an blütenweißer Livrée fürs Personal und Messingarmaturen für die Waschbecken gespart. Neben einheimischer, italienischer und indischer Kost kommen auch Fisch und Steaks auf den Tisch. Vor-/Hauptspeisen ab 8/14 DM.

Beste Lokalität, um mal richtig erlesen zu speisen: **Ungumi**, Ave J. Nyerere 1555, nördlich des Polana, T. 490 911 - reservieren! Michelin spricht ihm die *hauteste Cuisine* im Lande zu, auch Ausstattung und Ambiente sind exquisit. Komplett à la carte 60-110 DM, dreigängige Mittagsmenüs 50 DM. Im untergründigen Nautilus Pub wählt man seine Lieblinge der letzten drei Jahrzehnte aus der CD-Jukebox. Nix für Jesuslatschen.

Kaffee & Kuchen: eine ordentliche Tasse mit Häppchen dazu bieten u.a. Continental, Ma'Stop (Andaresgebäude) und Scala, alle Ave 25 de Setembro. Über jede Kritik erhaben sind die **Terrassencafés** von Cardoso und Polana; täglich 8-23h, klassische Musik vom Piano. Die **Aquarius Bar** im Polana feiert Mo-Do 18-18h *Happy Hour*; wie üblich Drinks halber Preis, unüblich aber: warme Canapées frei. Die **Pastelarias Primavera**, Ave 24 de Julho und Ave Vl. Lenine/Kenneth Kaunda, erfreuen mit europäischen Kuchen & Brotsorten. Zum Hotel Polana gehört eine wohlbestückte

Konditorei, u.a. mit *Chausson aux pommes*. Das Hotel Cardoso hat sich neuerdings dasselbe zugelegt.

Eis: wer in Mosambik Eiskrem schlemmen will, muß es hier tun. Im **Splash**, Ave Vl. Lenine, PH8-Gebäude/Coop, hält die Dorfjugend bei Pop & Fifties-Look zaghaft Händchen. Zu den guten *Gelados* zählen auch **Ti'Palino**, Ave 25 de Setembro 1195, und **Tropical**, Ave Julius Nyerere, beim Piri-Piri.

Tanzen & Feiern

Vergeßt Kapstadt, vergeßt Joburg - in Maputo gibt es die heißesten Pubs, Clubs & Discos. Fr/Sa geht der Spaß gegen 23h los. Wer vor Sonnenaufgang schlappmacht, darf nächste Nacht nicht wieder antreten. Das Geschehen ist so über das Stadtgebiet verzettelt, daß die billigen Taxen kaum mit der Arbeit nachkommen.

In der Unterstadt (Baixa) bieten sich die erwähnte Feira Popular mit mehreren Discos und was zu beißen an, außerdem **Eagles Bar**, Ave Zed. Manganhela, und Clube Desportivo dahinter. Eagles besaß immer schon eine extrem sommernachttaugliche Terrasse, jetzt kommt noch ein *Seafood*-Restaurant dazu; Di-So, bis der letzte Gast von dannen wankt. Im **Clube Desportivo**, der 300 Leute faßt, wird an Wochenenden mit einigen der heißesten Bands von Mosambik abgerockt; Eintritt 5 DM.

An der Rua do Bagamoyo beim Hotel Central residiert das Rotlichtmilieu.

Im kleinen, stets vollen **Clube Kwuana** im Vorort Xipamanine werden die neuesten Rhythmusforschungen aus Kongo aufgelegt; Ortskundige mitnehmen. Die Kunst des Feierns zelebrieren auch **Sunsplash** beim Catembe-Fähranleger mit Hip/Triphop und die bodenständigere Disco **Zambi**, Ave 10 de Novembro 8; 4-8 DM, für freche Mädels oft frei.

Sheik, Ave Mao Tse-tung 67, unweit des Polana, nimmt sich der Schickis an, die fürs Abhotten 15 DM, für *Events* gar 40 DM hinlegen; nur Do-So, Do/So für Mädels frei. Am Marginal liegt der lebenslustige **Complexo Minigolf** mit Sporthalle, Restaurant, Pool & Minigolf! Seine Open-Air-Disco trällert Fr/Sa bis ins Morgengrauen; 12 DM. Funk- & jazziger geht's im **Tchova Xita Duma**, rua Sansao Muthemba 287, zu. Mi/Do/Fr/Sa Bands, gelegentlich unter freiem Himmel - *yesss.*

Clube 7, Ave Vl. Lenine 2236, hinter BP-Tanke, kommt Schwabing derzeit am nächsten. Getakeltes Publikum, zeitgeistiges Dekor, Charts von morgen, und zwischendurch jault Sting überraschend seiner *Roxanne* hinterher. Eintritt 25 DM, in Begleitung von Clubmitgliedern (z.B. Fatima) erträglicher. Bar Di-Sa 17.30-23h, Disco Do-Sa 23-5h.

Kulturkalender

Obwohl Maputo vor Veranstaltungen nur so brummt, gibt es noch keinen entsprechenden Kalender; also in der eigenen Absteige nach aktuellen Angeboten fragen. Auf Theaterbühnen wird portugiesisch gesprochen, so im renommierten **Teatro Avenida**, Ave 25 de Setembro, und der Casa Velha, Ave P. Lumumba, mit Amphitheater unter freiem Himmel.

Kinos: Ciné Africa am östlichen Ende der Ave 24 de Julho zeigt OmUs spottbillig. Das renovierte **Scala**, Ave 25 de Setembro, T. 422 901, auf dem Balkon des alten Theaters kündigt auch Filme jenseits des Mainstream an; 3 DM. Die anderen beschränken sich auf fliegende Fäuste und wilden Sex. *Gibt's etwa mehr im Leben?*

Kulturzentren: im **Franco-Moçambicano**, Praça da Independençia, T. 420 786, steigen Filmfestivals, Tanz-, Theater- und Musikaufführungen, teils auf der Freilichtbühne. Gute Bibliothek über Mosambik. Mo-Fr 8-12h, 14-17h & für Veranstaltungen. Mit entspannter Atmosphäre glänzt das **Centro de Estudos Brasileiros**, Ave 25 de Setembro, T. 420 899. Ausstellungen, Sprachlabor/kurse, Caféterrasse. Di-Fr 9-19h, Sa 10-16h.

Stadtrundgang

Die Praça da Independencia wird beherrscht von der strahlend weißen Kathedrale und dem neoklassizistischen, 1945 vollendeten Rathaus *(Conselho Municipal)*, das ein bißchen an den Berliner Reichstag erinnert. Ins Pflaster vor dem Rathaus haben die Kolonialherren *Aqui é Portugal* graviert. Wie man sich doch täuschen kann!

Wenige Schritte südlich davon betritt man den **Jardim Tunduru**, der Pflanzen & Bäume aus allen Landesregionen enthält und 1885 vom Engländer Thomas Honney entworfen wurde. Honney hatte zuvor schon dem osmanischen Sultan und dem griechischen König ähnliche Freuden bereitet. Mehrere Tenniscourts am oberen Ende der Gärten.

An der Ave Samora Machel liegt Maputos bizarrstes Bauwerk. Die **Casa de Ferro**, ein gotisches Stahlmonster, wurde 1892 von einer belgischen Gesellschaft mit Gustave Eiffel (ja, der vom Turm) für die Tropen entworfen, vorgefertigt und dann vor Ort Stück für Stück zusammengebolzt. Darin sollte der Gouverneur residieren, doch dem ward nach ersten Probeschwitzungen viel zu heiß. So stand das Eisenhaus bis zur Erfindung der Klimaanlage nutzlos herum. Heute hat sich die Museenverwaltung darin eingerichtet.

200m westlich des Platzes beherbergt das **Kunstmuseum**, Ave Ho Chi Min 1233, die größte Sammlung mosambikanischer Malerei und Bildhauerei. Mit Wechselausstellungen und Atelier, in dem man den Künstlern über die Schulter gucken darf. Di-So 15-19h. Wer zum Hafen hinabstiefelt, stößt auf die Praça 25 de Junho und ihre **Fortaleza** mit Militärmuseum. Reizvolles Gebäude, Sammlung zur Kolonialzeit, Nachlaß von Häuptling Ngungunhane, der als einer der ersten gegen die Unterdrückung kämpfte. Sa/So 7-17h.

Gegenüber der Festung liegt der im Krieg arg verwahrloste **Hafen.** Das erste Schiff landete 1502 in der Bucht von Maputo, doch erst 1784 begannen die Arbeiten an einem Hafen und erst 1867 wurde er konsequent zu Handelszwecken genutzt. Östlich der Fortaleza beginnt die Feira Popular, westlich davon die **Praça dos Trabalhadores** mit einer steinernen Kriegerin zum Völkerschlachten 1914-18. Hinter der Statue erinnert der frisch renovierte **Bahnhof** an die guten alten Tage des Reisens, u.a. mit holzbetriebenen Dampfloks der Jahrhundertwende. Für Kuppelkonstruktion und krönenden Globus verwendete Gustave Eiffel 1910 wie üblich Eisen, ließ sich aber auch zu marmornen Bögen erweichen.

Sechs Straßenzüge nördlich sind im **Museum der Revolution**, Ave

24 de Julho 3003/Albert Luthuli, auf vier Etagen Fotos, Karten und Militaria ausgestellt. Unter den Heiligtümern entdeckt man aber auch den VW von Revolutionsführer Eduardo Mondlane (1920-69) und Josina Machels Gymnastikklamotten. Do-Di 9-12h, 14-18h.

☺ Die palmenbestandene **Promenade Marginal** entspringt der Bucht von Maputo, blickt an klaren Tagen bis nach Inhaca rüber und zieht sich dann über 10 km zu den Fischerdörfchen jenseits der Costa do Sol. 800m nach dem großen Knick verfügt der **Clube Naval** über Pool, Tennisplätze, Restaurant und Boote für Angel- oder Inhaca-Touren. Vorbei an der unspannenden Praia do Polana erreicht man rechterhand die Rondawels von **Artedif**. Diese Behindertenwerkstätte verkauft Souvenirs und Lederwaren.

☺ **Die nächsten 5-6 km** bieten nur bei Flut Badespaß. Bei Ebbe zieht sich das Meer so weit zurück, daß man fast zur vorgelagerten Insel spazieren kann. Im Fischerdörfchen 4 km hinter dem Hotel Costa do Sol kehren abends Hunderte kleiner Boote mit dem Tagesfang zurück. Dahinter dienen Mangroven der Vogelwelt als Nistplätze.

Museen & Galerien

☺ **Das Museum für Naturgeschichte**, Praça da Travessia do Zambeze, 500m westlich der Ave Nyerere, zeigt in einem gotischen Gebäude, was Meer & Land seit 1900 hergaben: Korallen, Muscheln, Insekten, ausgestopfte Vögel und Reptilien, Coelacanth (s. East London) und Elefantenföten. Mo-Fr 8-12h, 14-16.30h, frei. Das **Geologische Museum**, Ave 24 de Julho 355, verzaubert Freunde edler Steine & Mineralien. Wärter erzählen gerne die Geschichte der kostbarsten Exponate. Di-Fr 15-18h, Sa 9-12h, 15-18h.

☺ **Kunst:** im **Nucleo de Arte**, rua da Argelia 194, genau 194m westlich der Ave Nyerere, stellt die örtliche Künstlervereinigung selbst aus. Regelmäßig Workshops, Atelier frei zugänglich. Mo-Sa 9-12h, Mo-Fr 14-18h. Das **Museu Chissano**, rua Torre de Vale, im Vorort Matola widmet sich Alberto Chissano & seinen Spezis. Im Restaurant dazu landesübliche Menüs mit *Matapa*, Maisbrei, Hähnchen & Maniokchips. Di-So 9-12h, 15-17h. In der **Cooperativa de Arte Maconde**, Ave Marianne N´gouabi 798, T. 416 331, stehen Mapikomasken & Schnitzereien auch zum Kaufen bereit. Mo-Sa 9-12h, 14-18h.

Märkte & Souvenirs

Mosambik ist berühmt für farbenfrohe Märkte. Zwischen winzigen Ständen entfalten sich Leben & Handel in voller Pracht. Außer bei Lebensmitteln sind alle Preise Verhandlungssache. Achten Sie auf Taschendiebe & manipulierte Waagen. Protzen Sie nie mit Bargeld oder Kamera.

☺ **Der Mercado Central** in der Unterstadt, Ave 25 de Setembro, bietet alles von Meeresfrüchten bis Gewürzen, von Haushaltskram bis Körben. Gegenüber davon besitzt die Casa Elefante, #1841, eine reiche Auswahl an bunten Wickeltüchern *(Capulanas)*. Rund um den Zentralmarkt haben sich begabte Autoknacker niedergelassen.

☺ **Der Mercado Janeth** wenige Schritte von Fatimas BP hat eine große Auswahl an Obst & Gemüse. Man freut sich auf Kokosnüsse, Ananas, Bananen, Kräuter, Maniok, Bohnen & frisches Brot.

Größer als alle im Lande ist der **Mercado Xipamanine**, u.a. mit Tierschwänzen, Köpfen, Häuten & Klauen für traditionelle Medizin, aber auch *Capulanas.*

Der Künstlermarkt, Praça 25 de Junho, ist erstklassiges Terrain für Souvenirjäger: Holzschnitzereien, Masken, Malachitschmuck, Drahtmodelle; nur Sa vormittag. Hier ist Verhandlungsgeschick gefragt! Noch hartnäckiger treiben's jene Burschen, die mit feinen Arbeiten den Bürgersteig vor dem Polana unpassierbar machen. Je weiter man sich vom Hotel entfernt, desto rascher sinken die Preise.

Der Complexo Interfranca, Ave 24 de Julho 1550, erfüllt jeden Shopping-Wunsch: Supermarkt, Weinhandel, Bäckerei, Computer, Blumenhandlung, Fotoentwicklung, Apotheke, Boutiquen, Lederwaren. Mo-Sa 9-19h, So 9-13h.

Sport & Spaß

Flug- und Skydiving-Unterricht erteilt der Maputo Aeroclub, T. 491 464. Dessen Pub überzieht seine *Happy Hour* bis 21.30h - für harte Rowdys mit weichem Kern. **Ausritte** beim Reitclub *(Centro Hípico de Maputo)* beim Zoo an der Straße nach Xai-Xai.

Squash wird im TDM-Komplex, Ave do Zimbabwe/Kim il Sung, gespielt; außerdem im Helena Park am Weg zur Costa do Sol (Nichtmitglieder nur Mi/Fr 18-21h). **Tennis** am Jardim Tunduru, im Clube Naval, Hotel Polana & Helena Park. Über **Schwimmbecken** verfügt jedes bessere Hotel, am reizvollsten natürlich am Polana. Dessen **Fitneßzentrum** läßt nur Mitglieder ran (100 DM/Monat), duldet Besucher aber auch tageweise in Kursen.

Hin & weg

Verbindungen und Autovermieter s. Kreuz & quer.

Busbahnhof an der Ave 24 de Julho, hinter Praça 16 de Junho, 3 km vom Bhf; per Taxi 4 DM ab Zentrum. *Oliveira* u.a. nach Maxixe, Vilanculos, Beira (13/20/35 DM). *Virginia* ab Hotel Universo, Ave Ed. Mondlane/Karl Marx, zu denselben Zielen. Zum Flughafen 10 km nördlich keine Busse; Taxi 10-15 DM. Flugauskunft T. 465 074.

Stadtbusse haben nur Zielangaben, bedienen alle Vororte über die großen Avenidas, versammeln sich an drei Punkten: Naturgeschichtsmuseum, Praça dos Trabalhadores und Ave Karl Marx/Manganhela, eine Ecke hinter Mercado Central. Einfach 0,30 DM.

Taxen, schwarz-grün wie in Lissabon, sollen Fahrgäste nur an Standplätzen aufnehmen. Noch sind erfreulich viele Mercedes-Strichachter unterwegs; dafür müssen Fahrgäste gelegentlich selbst anschieben. Standplätze u.a. am Flughafen, Bahnhof, Mercado Central, Feira Popular und vor Spitzenhotels. Abends hat man mit Herwinken meist Glück. Stadtfahrt 3-6 DM, Preis vorher ausmachen. Vorbestellen: Polana Taxis, T. 493 255.

Südlich von Maputo

Die Straße nach Komatipoort weist bis Boane (km 27) viele Schlaglöcher auf. Danach ist sie prima ausgebaut und wird von Soldaten mit AK47s patrouilliert, seitdem im März 1996 ein südafrikanischer Jeep nachts in einen Hinterhalt geriet und der Fahrer erschossen wurde. Rasant gleitet man durch

Buschveld ohne *Wildlife,* die Kreuzung bei Moamba (km 87) erinnert an ein deutsches Autobahndreieck ohne Verkehr. Ressano García (km 130) verteilt sich über mehrere Hügelhänge. Direkt dahinter liegen Grenzanlagen à la DDR. Auch die Fernstraße nach Swasiland ist geteert. Pisten südlich davon krächzen nach 4WD.

Am Südufer der Maputo-Bucht liegt das Städtchen **Catembe.** Netter Tagesausflug dank Spazierterrain & Fischrestaurant Diogo. Eine antike Fähre durchpflügt die Bucht unbeirrt. Vom Fähranleger Maputo, Ave 10 de Novembro, ab 8.30h exakt im Zweistundentakt (hin 0,20 DM, Sa/So 0,40 DM), letzte Fähre zurück 23.45h.

Das Inselchen Xefina blickt auf Maputos Costa do Sol und bereitet dennoch Robinson-Gefühle. Außer einem sauberen Quell gibt es keine Einrichtungen. Nördlich der Stadt findet sich immer ein Fischer, der für ein paar MT mit der *Dhau* übersetzt. Wer auf Xefina zelten will, verabredet mit dem Dhaumann die Abholung - und zahlt natürlich erst auf dem Rückweg. Polana Tours kassiert für Tagesausflüge mit Braai 90 DM/P.

Ilha de Inhaca

34 km vor Maputo. Welch Reichtum an einsamen Stränden, Korallenriffen & Unterwasserreizen. Inhaca steht wie seine Nachbarinsel Portuguesa weit oben in den Ranglisten von Schnorchels, Tiefseeanglern & Seglern. Da unter Naturschutz, ist sie ein Muster ruhiger Beschaulichkeit. Die 1600 Inselbewohner leben vom Fischfang, auf dem Markt sind aber auch Brot, Reis, Früchte & Getränke zu kaufen. ✆ 01.

☞ **Wasserflaschen** im Hotel; Leitungswasser ungenießbar. Verzichten Sie auf Kontakte mit dem giftigen Steinfisch, der die hübsche Lagune von Santa Maria bevorzugt. Von Aug-Okt sorgen Winde für eine rauhe Überfahrt.

Übernachten & Genießen

**** **Inhaca Island Lodge**, T. 305 000, Fax -305 (Pestana), zwischen dichten Palmenhainen und Tropenvegetation am Strand, veranstaltet Traktorausflüge zu Meeresbiologiestation & Leuchtturm (9/10 DM), Bootsausflüge nach Portuguesa & Santa Maria. Salzwasserpool, netter Garten, Restaurant, Disco, Billard, Tennisplatz. 55 moderne EZ/DZ mit Bad, Balkon & F ab 80/120 DM, Dez/Jan ab 120/185 DM. - Die **Coconut Lodge**, 20 min vom Hotel, ist in Wahrheit ein Campingplatz mit Wächtern, Wasseranschluß, WC & Getränken. Zelten 8 DM/P.

Beim Markt im Dorf versteckt sich das **Restaurant Lucas**. Dessen Wanddekoration, T-Shirts aus aller Welt, verrät Generationen zufriedener Gäste. Meeresfrüchte vom offenen Grill ab 12 DM, Parties bis in den Morgen.

Blue Print Diving im Hotel Inhaca bieten Tiefseeangeln, Tauchkurse am Pool mit einem Meergang (110 DM), Ausrüstung (komplett 55 DM/Tauchgang), Transfer zu guten Spots (55-90 DM/Boot), Wasserskifahren (90 DM/Std) und *Turbo-Tube* (25 DM/15 min).

Hin & Weg ab Maputo

Fähren: die lahme staatliche gehorcht keinem Fahrplan; bis zu 4 Std, nur 3 DM. **Letoni Ferries,** T. 498 139, täglich 9h ab Maputo, zurück gegen 15h; 1 Std, rück 65 DM/P, bei Übernachtung 90 DM,

Ausflüge auf Anfrage. **Nkomati Safaris,** T. 492 612, setzt *Buttcats* mit 16 Sitzen ein; 90 DM/P.

Bootsvermietung im Clube Naval an der Marginal. **Inhaca Safaris,** T. 401 912, mit Tagestouren unter 100 DM, Tauchen & Angeln. **Mozambique Yacht Charters,** T. 0027/12/805 2472, hat günstige Katamarane mit acht Kojen, Küche & Angel/Tauchbedarf.

Saban Air, T. 465 108, fliegt Sa/So von/nach Maputo (1/2 Std, rück 90 DM).

Maputo Elephant Reserve

Das Reservat zwischen Bela Vista und dem Ozean hatte unter dem Krieg massiv zu leiden, jetzt steht es Safarigästen wieder offen. Trotz langer Vernachlässigung leben zwischen bewaldeten Dünen, stillen Seen und Flutebenen noch 150 Elefanten in zwei Herden. Auch der seltene rote Dücker tritt wieder auf. Noch kein Logis, aber bald Teil des Superparks.

Nur mit 4WD über Bela Vista oder Ponta do Ouro.

Superpark: Das Projekt der Jahrtausendwende

Seit Jahren gab es Gerüchte über einen „Superpark", der im Süden Mosambiks geplant sei. Nun, seit Anfang 1998 werden Zäune errichtet, eine touristische Infrastruktur im großen Maßstab nimmt Gestalt an. Der bislang namenlose Park umfaßt die Inhaca-Insel und das gesamte Terrain vom Cabo Santa Maria, gegenüber von Maputo, bis nach Ponta do Ouro und nach Westen bis zum Maputofluß. Inklusive seines Herzstücks, dem Elefantenreservat, sind das über 20.000 qkm, exakt die Größe Israels und etwas mehr als der Krügerpark.

Das entsprechende Areal hat die Provinzregierung von Maputo Mitte 1997 auf 99 Jahre an den US-Milliardär Jim Blanchard aus New Orleans verpachtet. Dafür sicherte er u.a. zu, daß Ortsansässige ausgebildet und beschäftigt würden. In der Region leben 8000 Menschen, neben Hüttensiedlungen gibt es auch die Städtchen Bela Vista, Manhoca & Ponta do Ouro. Blanchard will die Wilderei stoppen, den Zugang zu Tauchplätzen reglementieren und das Areal mit mehreren Unterkünften überziehen. Schließlich sind seine Investitionen, über deren Höhe nur spekuliert wird, nicht ganz uneigennützig.

Das neue Schutzgebiet - so hoffen Verfechter des Superpark-Puzzles - soll nach Swasiland reichen und entlang der Lebomboberge mit dem Krügerpark zusammenwachsen. Dahinter steht der Wunsch, die aus dem Gleis geratenen NPs Zinave & Banhine zu reaktivieren, so daß irgendwann ein gigantisches Schutzgebiet von Krüger bis Inhambane reicht. Längst tüfteln Experten im Regierungsauftrag an Mach- und Finanzierbarkeit des Mammutvorhabens - immerhin eines der heißesten Themen im Lande.

Ponta do Ouro

150 km südlich von Maputo, ab Boane nur mit 4WD & Geduld. Das Dörfchen heißt „Platz des Goldes", weil die kilometerlangen Strände im Sonnenuntergang so gülden schimmern. Über das rauchende Land *(Terra que fuma)* streicht an kühlen Wintermorgen ein Nebelschleier, der sich mit zunehmender Wärme zu Schloten formt und gen Horizont entweicht. **Eine Sandbank schützt** die Bucht vor dem offenen Ozean, darin sind bei Ebbe die Fischer beim Auswerfen der Netze zu beobachten. Mehrere Delphinschulen bevölkern die Gegend. Bei Tauchgängen kommt man oft mit diesen neugierigen Tieren in Kontakt.

Übernachten & Genießen

Auf dem Campismo, T. 0027/11/425 2866, Fax 849 5184, gibt´s kein heißes Wasser. Restaurant bis 22.30h. Zelten 8 DM/P, Zweibetthütten mit Bettzeug, Gaskocher & Waschbecken 36 DM, Vierbettchalets mit Dusche & Kühlschrank 80-180 DM. **African Watersports** haben schon Forschungsprojekte ausgestattet. Tauchgang 34-40 DM, Fünferpaket 160 DM, Ausrüstung 20 DM/Tag, sechs Tauchgänge und drei Campismo-Nächte im Chalet/eigenen Zelt 280/220 DM.

Das Motel do Mar, T. 421 798, Fax -795 (ENT),ponta@icon.co.za, wurde 1997 kräftig renoviert. Vollausgestattete Vierbettkabinen mit Küche (kein Kühlschrank), Bettzeug, Bad & Parkplatz 140 DM, Strandrestaurant mit Terrasse, Tauchausrüstung, Disco.

Die beste Unterkunft liegt 10 km nördlich, eine Düne hinter dem Strand. **Ponta Malongane**, T. 421 794, Fax -795 (ENT), ponta-@ icon.co.za, hat familiengerechten Clubcharakter fast wie in Griechenland. Viele Bäume, Sanitärblock, Küche, Strom, Laden, Bar, Restaurant. Zeltplatz 16 DM/P, Mietzelte auf Planken 40 DM, peinlichst saubere Zwei/Vierbett-Rondawels 65/110 DM, Vier/Sechsbett-Chalets mit Küchenzeile & Kühlschrank 140/190 DM. **Malongane Dive Charters** bietet Tauchgang 45-60 DM, Fünferpaket 200 DM, sechs Tauchgänge und drei Ponta-Nächten im Chalet/eigenen Zelt 360/315 DM.

Hin & weg

Grenzübergang Ponta do Ouro (8-17h) auch von Zululand zu erreichen; Teerstraße ab N2 über Manguzi nach KwaNgwanase; hier volltanken und etwas Luft aus den Reifen, die letzten 18 km zur Grenze werden holprig. Bis zu den Ferienanlagen ist 4WD zu empfehlen, dahinter unabdingbar. Die Sandpiste ab der Grenze stößt bei km 3,9 auf eine Landebahn. Hier nach rechts bis km 13, wo der Weg sich gabelt: nach Norden zur Ponta Malongane (km 21), nach Südosten zu Motel do Mar und Ponta do Ouro (km 19).

Maputo bis Vilanculos

Der Süden Mosambiks ist dem Norden KwaZulu-Natals aus dem Gesicht geschnitten. Je weiter man nach Norden gerät, desto häufiger palmt & lagunt es. Entlang der 2500 km langen Ozeanküste warten ständig dieselben Attraktionen: Tauchen & Schnorcheln zwischen Korallenriffen, Baden im Kaleidoskop tropischer Fische. Jede gute Unterkunft hält für Gäste Angel- und Tauchausrüstung zur freien Benutzung bereit.

Die N1 durch monotone Buschsavanne ist in tadellosem Zustand. Bis Manhica (km 75) hält sie europäischen Standard. Nur hinter Quissico (km 366-70) treten größere Löcher auf, und bei Inharrime (km 392-94) ersetzt festgebrannte rote Erde kurzzeitig den Teer.

Marracuene & Macaneta

47 km nördlich von Maputo. Marracuene läßt erahnen, warum Maputos Jetset seine Wochenenden einst hier verbrachte: Feine Häuser, schattige Allee, dazu der vorgelagerte Strand von Macaneta. Während Fischer den frischen Fang am Fluß feilbieten, versammelt sich die Dorfjugend in Julios Kiosk nebendran. ✆ 01.

Incomati River Lodge, T. 425 322, Fax 421 908, glänzt mit hübscher, seelenruhiger Lage am Fluß. Dezente Eleganz, Restaurant mit Krabbencurry, *Matapa & Seafood.* Surfen, Boote, Kanus, Vögelbeobachtung, Strandausflüge. EZ/DZ mit VP 125/220 DM. - Bei km 48,5 liegt das niedliche **Casa Lisa Restcamp,** T. 0027/13/744 9412 (Paul & Liz Hallowes). Sauberes, sicheres Gästehaus, dazu Zeltplätze ab 8 DM/P.

Am Strand: zum **Complexo Turistico** gehören aufgemöbelte Unterkünfte und ein gutes Fischrestaurant. Chalets mit zwei/vier Betten 60/110 DM, Zelten 7 DM/P. - **Jays Beach Lodge**, T. 082/300 143, Fax 330 143, sorgt für Entspannung pur. Angeln, Bootsausflüge, Volleyball, Strandbar, Fischbraai am So. Zeltplätzchen zwischen Dünen mit Grill, Brennholz, Reetdach & heißen Duschen 36 DM. Vier/Sechsbett-Chalets mit Bad, Küche & Zimmerservice 170/220 DM. Tagesbesucher 9 DM/Auto. - Nobler Neuling: **Macaneta Lodge,** T. 499 455, Fax -466, mlodge@m-global.com.

Von der N1 zweigt vor der Tankstelle eine Allee nach rechts zur Inkomati-Fähre; letzte Überfahrt 17h. Vom anderen Ufer sind's noch 6 km auf Sand, manchmal Matsch zum Strand; 4WD nach Regenfällen nötig. Wer seinen Fahrkünsten nicht traut, steigt am Fährsteg ins Boot des Complexo Turistico; 20 min bis Macaneta, 8 DM.

Xai-Xai

224 km von Maputo, gleich hinter der unspektakulären Limpopobrücke (0,04 DM Maut). Das langgestreckte Kaff ist in koloniale und sozialistische Viertel geteilt. BP-Tankstelle, Supermarkt, Autowerkstatt, einfache Restaurants und eine *Pensao* (10 DM/P). ✆ 022.

Der Ortsname wird Schai-Schai *ausgesprochen, wie einst (man erinnert sich mit Graus) bei Kajagoogoo:* Tuu schai schai, hasch hasch, ei tu ei. *Was die wohl heute treiben?*

Zum dazugehörigen Stranddorf 9 km hinter den Dünenketten führt diesmal guter Teer. Praia do Xai-Xai lebt als exzeßfreie Retortensiedlung Exzesse nur dem Tourismus. Vor allem Südafrikaner haben sich teils schicke Häuschen mit Meerblick zugelegt.

Der Weg zum umzäunten **Campismo Xai-Xai**, T. 22 942,

führt nur über den Mann an der Schranke - nachts ans Wachhäuschen klopfen. Schatten, heiße Duschen, saubere WC, Gemeinschaftsbraai, Restaurant, Bar mit M-Net. Bungalows mit zwei/vier Betten, Moskitonetzen & sonst nix 40/55 DM, Zeltplatz 10 DM plus 5 DM/P, außerdem Chartertouren für Angler (80 DM/Tag) und Taucher (30 DM/Tauchgang).

Zum **Complexo Halley**, T. 22 493, gehört die heißeste Disco am Ort und ein billiges Restaurant; DZ mit F ohne/mit Meerblick 45/60 DM. Außerdem **Pensao Africano** im Stranddorf mit EZ ab 12 DM; und hübscher Campingplatz mit Hütten 10 km nördlich. Im Strandrestaurant Azul wird man dank *Seafood*, Steak oder Hähnchen für 8-12 DM satt.

An der Mündung des Limpopo, zwischen Leuchtturm, weißen Dünen & Kokoswald hat 1998 die **Zongoene Lodge**, T. 0027/12/346 1286, Fax -1269, zongoene@satis.co.za, eröffnet. 21 Chalets mit blankem Luxus ab 350 DM/P.

Bus ab Maputo zur Praia täglich 6h (4 Std, 6 DM), zurück 13h. Für Langschläfer: Minibus nach Xai-Xai 5 DM, regelmäßig *Chapas* von der Stadt zum Strand 0,30 DM.

Quissico

348 km von Maputo. Die nächste Stadt macht dank Anhöhe, die eine Kette zauberhafter Lagunen überblickt, gleich was her. Drei Tankstellen, und hoppla, noch eine Hommage an die Popkultur. Piepste nicht Olli Newton-John circa 1980 *"Let's get quissical, quissico"*?

Einziges Logis: die melancholisch einfache **Pousada de Zavala.** Etagenklo, warmes Wasser auf Bestellung, DZ 12-15 DM, Mahlzeiten 5 DM.

Zu den Stränden jenseits der Lagunen führt hinter dem nördlichen Ortsende eine 11 km lange Piste; nur 4WD. Für das derbe Geschaukel entschädigen herbe Strände, die bisher vom Tourismus ignoriert wurden.

Inhambane

484 km von Maputo. Das schnucklige Städtchen eröffnet den Zugang zur schönsten Halbinsel am Ozean. Den Vorteil der sicheren Lagune nutzten die Portugiesen schon 1534 mit einem Handelsposten, der damit zu den ältesten europäischen Siedlungen südlich des Äquators zählt. Heute wirkt Inhambane wie die angestaubte Karikatur eines Provinznestes am Algarve. Zwei Tankstellen, Post, mehrere Banken (pro Reisescheck 9 DM!), Krankenhaus am Ortseingang (Malariatest 2 DM). ✆ 023.

Noch bevor man im Kaff einläuft, zweigt gegenüber der Fischfabrik eine Sandpiste (4WD) durch Palmenplantagen zur **Baía dos Cocos.** Rudimentäre Anlage mit dem Allernötigsten, auch Getränken. Zeltplatz 4 DM/P.

Wer über ein Auto verfügt, nutzt Inhambane nur für Einkäufe & Ausflüge. Verwegene Backpacker haben schon im Internat beim stillgelegten Bahnhof oder im **Clube Ferroviario** geknackt; 10 DM/P. Das Inhambane Hotel, T. 2855, hat sein Verfallsdatum längst überschritten; DZ 25-30 DM. Sein Restaurant ist geschlossen, als billiger Ersatz dienen Bar Tuno und Restaurant Tic Tic beim Markt.

Am besten ist aber der **Kiosk Ti'Jamin** am Bootssteg, mit schattiger Terrasse & feinsten Tapas. Der **Mercado Central** mitten im Ort schließt bei Sonnenuntergang. Drumrum Milchladen, Bäckerei, *Bottle Store*, Café und Restaurant - mehr Shopping is' nicht.

Busse ab Maputo meist nach Maxixe; täglich 6.30h Expreßbus nach Inhambane (7 Std, 13 DM). **Flüge:** Metavia zweimal pro Woche ab Joburg (rück 560 DM).

Halbinsel von Inhambane

Karibikspaß ohne *All-inclusive-Resorts* - so stellt sich Mosambiks zweitgrößte Halbinsel dar. Es gibt Kokospalmen und weite Mangrovensümpfe, tischbreite Schildkröten und weißen Sand soweit das Auge reicht. All das lockte bereits die Kolonialherrschaften zuhauf. Seit dem Ende des Krieges sind Barra & Tofo wieder auf dem Weg zu alter Form.

Paradies: am äußersten Zipfel der Landzunge gegenüber von Inhambane liegt Linga-Linga. Hinter dem unschuldigen Namen verbirgt sich ein verzaubertes Fleckchen, unzivilisiert und ohne Einrichtungen, nur über Wasser zu erreichen und wie geschaffen für wildes Zelten. *Dhaus* im Hafen von Inhambane für 25-30 DM/Tag mieten.

Ponta Barra

24 km hinter Inhambane. Die Landzunge zwischen Lagune und breitem Ozeanstrand ist fest in Händen südafrikanischer Strandflitzer & Gewohnheitstrinker. Schöne Lodges, nerviges Publikum. Unregelmäßig *Chapas* oder Pick-ups von Inhambane nach Barra; 1 DM. Bei der **Babalaza Bar** (km 16) knickt der Teer nach Tofo rechts ab, während Jeeps durch Sandgruben geradeaus nach Barra hüpfen. In der Bar selbst sorgt eine charmante Gastgeberin für feine Küche, bei Stromausfall wird's im Kerzenschein umso romantischer.

Barra Reef, T./Fax 0027/11/867 3982, execupol@mweb.co.za, hat allen Schließungsgerüchten zum Trotz noch offen. Alles andere wäre auch schade, da prima Plätzchen, wenn gerade nicht von Horden aus Pretoria okkupiert. Schnorchelkram, heiße Duschen, Mahlzeiten, auch vegetarisch, Küche & Getränke, aber kein Laden weit & breit. 4 km ab Praia de Barra (ausgeschildert). Schlafsaal 7 DM, DZ ab 20 DM, Zeltplatz 5 DM/P.

Barra Lodge, T. 0027/11/314 3355, Fax -3239, barra@pixie.co.za, ist ganz auf Aktivurlauber eingestellt. Wäscheservice, Strandbar, nettes Restaurant. 20 Sechsbett-Cottages 200 DM, 20 *Casitas* mit Bad & HP ab 75 DM/P, *Bunkhouse* 14 DM/P, Zelten 8 DM/P; in Gauteng-Ferien 20-40% mehr. Tauchkurs auf der Anlage 100 DM, *Open Water & PADI II* mit Ausrüstung je 320 DM, Transfer zu Korallengärten 25-35 DM.

Praia do Tofo

24 km hinter Inhambane. Wer bei Babalaza dem Teer treu bleibt, endet zwangsläufig in Tofo *(nicht Tofu)*, einer unaufgeregten Feriensiedlung an der sanften Bucht. Oft Pick-ups von Inhambane; 1 DM. Noch einsamer ist der hübsche Tofinho-Strand acht Fußminuten hinter Nick's Place. Prima Wellen, Denkmal zur Revolution, 300m dahinter Gebeinhaus.

Das beste Plätzchen hat mehrere Namen, aber kein Schild: **Nick's Place**, T. 023/29 021, weil der Besitzer so heißt. Americanos, weil Nick zwar griechischstämmiger Südafrikaner ist, den Nachbarn aber wie ein Ami vorkam. Turtle Cove, weil Nick es so will. Dazu geht's 500m vor dem Ort Tofo den kleinen Buckel rechts rauf. Das gesamte Anwesen besteht nur aus Kokospalmen, Sand & Schilf. Dusche unter freiem Himmel, Lagerfeuer, Ausrüstung, Mahlzeiten. Reethütten 9 DM/P, Zelten 8 DM. **Tip!**

Casa Barry vermietet geräumige Vierbettchalets im Ort für 120 DM. Mit Wasseranschluß, Kühlschrank & Herdplatten, ein Restaurant soll folgen. - Vom **Complexo Tofo-Mar**, T. 01/427 352, hüpft man über die Terrasse auf den Strand. Schachtelförmige Bauweise & zu großes Restaurant erinnern außerhalb der Saison an sozialistische Schwarzmeerbäder. Ordentliche Zimmer mit Bad (kaltes Wasser) 50-70 DM, Mahlzeiten 8-12 DM.

Centro Sociale, T. 023/2453, hinter dem Complexo gehört der Staatsbahn. Einfache Zimmer mit drei/vier Betten, Kochplatten & Bad (kaltes Wasser) 60 DM, Mahlzeiten 4 DM. Zum Coconut Bay Camping, 12 km südlich, nur mit 4WD über den Strand.

Maxixe

Sprich: *Maschiesch.*
470 km von Maputo, von Inhambane durch eine seichte Lagune getrennt. Der Nationalstraße verdankt Maxixe einigen Trubel samt BP-Tankstelle. ✆ 023.

Der Campismo, T. 2351, zwischen N1 und Fähranleger am südlichen Ortseingang hat jede Menge Platz, heiße Duschen & F nach Vorbestellung. Der Besitzer spricht englisch und weiß alles über Ausflüge oder Boote. Schmucke Bungalows 45 DM, Häuschen am Strand 32 DM, Zeltplatz 20 DM, Backpacker 8 DM. **Tip!**

Pousada de Maxixe an der Hauptstraße und **Golfinho Azul** zwischen Bushaltestelle & Markt bieten einfachste Zimmer für 12-15 DM, auch Mahlzeiten. **Dom Carlos** bei der Bushaltestelle ist das beste Restaurant, während der Kiosk **O Veleiro** am Fähranleger mit Lagunenblick, kühlem Bier & Snacks lockt.

Wer Inhambane nur eine Stippvisite gönnt, spare sich die 60 km-Umfahrung der Lagune: ab Maxixe stündlich Motorboot (1 DM) oder langsamere *Dhaus.* **Busse** nach Maputo & Vilanculos (7/3 Std, 13/7 DM).

Auf der Weiterfahrt nach Norden verwandelt sich die Vegetation schlagartig. Kokosnuß & Cashew machen endemischen Bäumen Platz, auch Baobabs. Massinga bei km 550 verfügt über ein abgehalftertes Hotel plus Tankstelle. Exklusiver Neuling: **La Rosa Lodge** bei km 570, T./Fax 0027/42/294 1709, mit Camping, Baracas, Chalets & Restaurant.

Vilanculos

735 km von Maputo, 15 km östlich der N1. Das Städtchen stand als Sprungbrett zum Archipel von Bazaruto seit jeher im Blickpunkt des Tourismus. Immer noch sieht man von der Dona Ana-Veranda die Inseln winken. Wer rüberwill, hat die Wahl zwischen Romantik

und Zweckmäßigkeit: *Dhaus* brauchen je nach Windstärke einen halben Tag, Motorboote eine knappe Stunde.

Drei Brennpunkte bestimmen das Geschehen. Wo die Straße aufs Meer trifft, ist der Dorfkern mit Tankstelle, Markt, mehreren Bars und Kirchlein. 3 km nördlich davon liegen Hafen, Hotel, Bushaltestelle (täglich nach Beira & Maputo), Bank und andere Bars. Nochmals 2 km nördlich im Sand liegen Last Resort und Simbira Lodge; nur 4WD.

Übernachten & Essen

Nirgendwo schießen neue Unterkünfte, Restaurants & Bars so schnell aus dem Boden. Etliche werden auch ebenso schnell darauf zurückgeholt. *www.vilanculos.co.za.*

Wer Boot & Bus nahe sein will, muß zu **Dona Ana.** In ihrem Hotel scheint die Zeit fast stehengeblieben - was diesmal nicht böse gemeint ist. Hafenblick, Bar, einfaches Restaurant. EZ/DZ mit Bad 16/28 DM, Mahlzeiten 7-12 DM.

The Last Resort am Meer nördlich von Dona Ana zieht Backpacker magisch an. Schattige Lounge, billige Mahlzeiten, zerlesene Bücher, sauberes Trinkwasser. John Henderson gibt gerne Auskunft über Schnellboote & Dhaus zu den Inseln, Wanderpfade & Unterkünfte im Archipel. Hütten (*Cabanas*) 7 DM/P, Zeltplatz 6 DM. *Zuletzt geschlossen.*

Simbira Lodge, T. 0027/21/465 6182, 200m hinter Last Resort, auch bekannt als Phillips Place, wird oft von *Overlandtrucks* überflutet. Phillip und Debra bieten Mahlzeiten, Hängematten & Surfbretter. Prima Plätzchen für Vollmondparties. Traditionelle Hütten 5 DM/P, Zelten 4 DM. **Tip!**

Der große Campismo am Strand 1 km südlich von Dona Ana verfügt über Restaurant & Bar. Nacht im eigenen oder gemieteten Zelt 7 DM/P. Rechts daneben tischt **Quiosque Tropical** ausgezeichnete Hähnchen & Fisch ab 7 DM auf - vorbestellen. Drei Haustüren südlich vermietet **Casa Josef** reetgedeckte Bungalows mit F für 15-30 DM; Zelten auf Anfrage. Unter den Bars im Dorfkern wirkt Mozambicano am freundlichsten.

Neuling: Vilanculos Beach Lodge, T. 0027/21/683 5337, Fax - 5336, info@vilanculos.co.za, 5 km nördlich. 10 Reetchalets mit jedem Komfort & F 135-170 DM/P.

Archipel von Bazaruto

Eines der feinsten Ferienplätzchen im südlichen Afrika. Vor 20.000 Jahren trennte der Anstieg des Meeresspiegels den Archipel 24 km vor Vilanculos vom Festland. Auf der Ozeanseite markiert tiefes Blau die Kante, an der die Kontinentalplatte abbricht. Zu den Inseln zählen von Norden nach Süden die winzige Ilha Santa Carolina, das 35 km lange, maximal 7 km breite Bazaruto, das 10 km lange Benguerra und der Sandtupfer Magaruque.

Nie berührt von den Kriegswirren, bietet der Archipel alles für den Neckermann-Prospekt: türkisfarbenes Meer, feinen Palmenstrand, unberührte Riffe. Strandläufer stolpern über Relikte arabischer oder phönizischer Händler, während Sportsmänner tropische Zierfische anblubbern. Taucher loben den Archipel für einige der weltbesten Spots. Weiche, harte und Schwammkorallen tragen soviele Facetten wie die Fischwelt.

Daneben wurden 240 Vogelarten gezählt, u.a. jede Menge Flamingos und die seltenen Fregattenvögel.

Der gesamte Archipel steht auf der UN-Liste der Naturdenkmäler; WWF-Büro in Bazaruto. Die Parkgebühr (7 DM/Tag) fließt in Naturerhaltung & kommunale Projekte. Auf Bazaruto leben 2300 Bewohner, die zumeist Chitwa sprechen. In Lodges ist Englisch die Verkehrssprache. Finger weg von lebenden Muscheln und Korallenteilen!

☞ **Malariagefahr ganzjährig.** Nov-Feb sind teils unerträglich, auch kurze Stürme sorgen kaum für Linderung. Für Mai-Juli empfiehlt sich abends eine mollige Jacke.

Übernachten & Genießen

Die Zahl der Unterkünfte wird bewußt gering gehalten, und die meisten zählen zur Spitzenklasse. Dez/Jan 10-20% mehr, Kinder bis zwölf 50%, Reservierung über Reisebüro ratsam. In Lodges können auch Tagesausflügler Tauch/Angelzeug mieten und sich am Buffet schadlos halten. Auf jeder Insel wird gegen Gebühr gezeltet.

Santa Carolina

Die einzige Lodge steht zur Renovierung an; bisher Chalets 30 DM/P. Lebensmittel und Wasser mitbringen.

Bazaruto

Campismo Zengelemo wird von der Parkverwaltung betrieben. Genehmigung über *Direcçao Distrital de Agricultura* in Vilanculos.

**** **Bazaruto Lodge**, T. 01/305 000, Fax -305 (Pestana), hat sich zu einer der edelsten Unterkünfte in Mosambik gemausert. Pool, Bars, Restaurants, Billard- und Dartraum, Tauchen, Jeeps zu Krokodilseen, Jacht zur Verfügung. EZ/DZ mit VP, Wäscheservice & allen Transfers ab 290/450 DM, Jeepmiete halber/ganzer Tag 65/90 DM, Tauchtouren 65-80 DM, Tauchkurs 220 DM, Wasserski 9 DM, *Dhau*-Kreuzfahrt 9 DM.

Sabal Bay Lodge, T. 0027/11/849 4890, ist der Neuling in der ersten Liga. EZ/DZ 175/250 DM, Achtbettbungalow 80 DM/P, jeweils mit HP. Anglerboot 200 DM/Tag plus Spritkosten. Und für den Skipper nicht vergessen: *Big fish, big tip.*

Benguerra

Groß genug für Süßwasserseen mit Krokodilen, aber klein genug für die Umwanderung an einem Tag. *www.benguerra.co.za.*

Marlin Lodge, T. 0027/12/543 2134, Fax -2135, marlinlodge@mweb.co.za, auf der Leeseite zielt mehr auf Familien ab. Alles aus Holz, feine Küche. 20 komfortable Chalets mit Bad & VP ab 360 DM/P, Bootmiete 290 DM/Tag plus 2 DM/Liter.

Benguerra Lodge, T. 0027/11/483 2734, Fax 728 3767, benguerra@icon.co.za, bietet rustikalen Barfuß-Luxus zwischen weißem Sand, türkisenem Meer und saftiger Vegetation. Chalets auf Stelzen, versteckt zwischen Dünenwäldern, nur Holz und Schilf am Bau. Nur Pakete inkl. Flug, MedRescue, VP, Getränken & allen Aktivitäten, von drei Tage Nebensaison 1200 DM/P bis elf Tage Hauptsaison 3300 DM/P, Boote 40 DM/Std.

Magaruque

Bei Ebbe kann man vom Festland fast herüberwandern.

Ilha de Magaruque, T. 0027/11/706 7624, Fax -7627,

ward noch zu Kolonialzeiten von einem Finanzmogul gegründet. Stets Tummelplatz der Reichen & Schönen, Spitzenlage für alle Aktivitäten. Mit VP ab 180 DM/P, *Reefrunner* 45 DM/Std plus 2 DM/Liter.

Hin & Weg

Jachttrampen ist immer noch der billigste Weg - nachfragen im Hafen von Vilanculos oder Inhassoro. Mädels werden oft kostenlos mitgenommen, Jungs beteiligen sich an Spritkosten. ***Dhaus*** segeln von Inhassoro nach Santa Carolina (8 DM), Bazaruto & Benguerra, von Vilanculos nach Benguerra & Magaruque. Am besten mit anderen Reisenden eine *Dhau* mieten; rund 30 DM/Tag, Überfahrt je nach Wind & Gezeiten 2-6 Std.

Fünftägige Kreuzfahrt mit der **Dhau Fundazi** um alle Inseln 180 DM, inkl. Parkgebühr, VP, Camping & Abschiedslunch. Max. zehn P, Anmeldung in der Casa de Margarita (David & Ema) in Vilanculos, 400m südlich von Dona Ana.

Transfer für Lodgegäste mit Schnellbooten ab Vilanculos 150 DM/Boot, Miete nach Magaruque 180 DM/Tag, nach Bazaruto 300 DM/Tag.

Flüge nach Bazaruto: Metavia wöchentlich ein- bis dreimal ab Joburg, Durban (rück je 760 DM), Nelspruit & Maputo (500/380 DM). LAM ab Harare & Joburg (560 DM bei 3-10 Tagen).

Gorongosa-Nationalpark

Mosambiks Pendant zu Krüger/Südafrika und Gonarezhou-/Simbabwe zog vor dem Krieg jährlich 30.000 Touristen in seinen Bann. Immerhin liegt der 5300 qkm-Park im Herzen einer klassischen Wildgegend mit urtümlich bewaldeten Täler und Hügeln.

Krieg: dann erkor ihn die Renamo zum Zentrum ihrer schmutzigen Aktivitäten, zumal dadurch Einnahmen aus dem Elfenbeinhandel winkten. Fast 16 Jahre lang war Gorongosa eines der am heftigsten umkämpften Schlachtfelder. Entsprechend schwierig war 1992ff die Räumung des verminten Geländes. Das oftmals bombardierte Chitengo Tourist Centre wurde zum Stützpunkt für 47 Ranger, zumeist Ex-Soldaten beider Parteien. Nun unternahmen sie Seite an Seite Streifengänge gegen Wilderer und Holzfäller.

☞ **Bei der Tierzählung 1994** kam zutage, daß Arten, die vor dem Krieg in Gorongosa auftraten, in geringen Zahlen schon wieder da waren, u.a. Löwe, Leopard, Büffel, Elefant, Hippo, Wasserbock, Kudu und Säbelantilope. Wilderer, die von Rangern aufgegriffen werden, müssen Schlaglöcher auf der N1 zum Park ausbessern. 1996 konnte Gorongosa seine Pforten wieder öffnen, zunächst nur für Vogelfreunde, später für die Allgemeinheit.

Mehrere Investoren sind an der Errichtung von Lodges interessiert. Wann die ersten eröffnen, stand bei Redaktionsschluß nicht fest. Lodgebetreiber zwischen Maputo & Beira wissen Bescheid.

N1-Abschnitt von Inchope zum Ort Gorongosa (62 km) minenfrei, aber noch holprig.

Wir wünschen Ihnen einen guten Rückflug und hoffen, Sie bald wieder an Bord des Interconnections-Verlagsprogrammes begrüßen zu dürfen.

Index

Reihe Jobs, Praktika, Studium

- Handbuch Praktikum Deutschland – Erfolgreich bewerben
- Zum Arbeiten in die USA – Bewerben bei den erfolgreichsten Firmen aus dem deutschsprachigen Raum
- Ferienjobs u. Praktika – USA
- Ferienjobs u. Praktika – Frankreich
- Ferienjobs u. Praktika – Großbritannien
- Großbritannien – Bewerben, Jobs und Studium
- Jobs u. Praktika, Studium u. Sprachschulen – Italien
- Kibbuz, Moschaw & Freiwilligendienste – Israel
- Ferienjobs u. Praktika – Europa u. Übersee
- Das Au-Pair-Handbuch
- Abenteuer Au-Pair – USA u. Europa
- Abenteuer Kreuzfahrt – Jobs u. Feste Stellen auf See
- Jobben Weltweit
- Jobben für Natur u. Umwelt
- Zivi Weltweit – Der andere Dienst im Ausland als Alternative zum Zivildienst
- Zivi-CD – Alles über Kriegsdienstverweigerung Zivil- u. Friedensdienst auf CD
- Als Schüler in den Vereinigten Staaten
- Die US-Greencard – Leitfaden für die Bewerbung
- Study Abroad – UNESCO-Hochschul- u. Stipendienführer
- Nieder mit den Hausaufgaben!
  15.000 Seiten Referate u. Hausarbeiten auf CD zum Ausdrucken

www.interconnections.de
Ferienjobs, Praktika, Reise

www.autorenboerse.net
Forum aller Autoren und Journalisten

www.fortbildung-online.de

www.au-pair-box.com
Kostenloser Service für Aupairs und Gastfamilien

www.zivi.org
Alles für den Zivi

www.green-card.org
Kostenlos bewerben für die unbefristete amerikanische Aufenthalts- und Arbeitsgenehmigung

www.prag-online.de
Die „Goldene Stadt", gesehen mit den Augen eines wirklichen Kenners. Ein Reisesparbuch mit den besten Adressen zu Übernachtung, Essen und Trinken sowie Freizeit und Kultur.

www.interrailers.net
Vorbereitungen, Preise, Strecken, Unterkünfte, Landeskundliches, Reisepartnerbörse, Europabus

www.study-abroad.de
Stipendien und Studien weltweit

www.natur-und-umwelt-org

www.eurocd.com

www.schenken.net
Was bloß schenken? Nettes, Originelles, Ausgefallenes zum Kaufen oder Selbermachen